KB157094

한길그레이트북스

인 류 의 위 대 한 지 적 유 산

GB

한길그레이트북스

인류의 위대한 지적유산

헤겔의 체계 1 <small>체계의 발전과 논리학</small>

비토리오 회슬레 | 권대중 옮김

한길사

GB

HANGILGREATBOOKS

Vittorio Hösle
Hegels System 1 Systementwicklung und Logik

Translated by Kwon Dae-Joong

Copyright © 1988 by Vittorio Hösle. All rights reserved.
Korean Translation Copyright © 2007 by Hangilsa Publishing Co., Ltd.

게오르크 빌헬름 프리드리히 헤겔(Georg Wilhelm Friedrich Hegel, 1770~1831)

현실을 가능케 하는 초월적 근본구조를 해명하는 논리학과 이를 바탕으로 전개되는 실재철학으로
이루어진 헤겔의 체계는 철학사에서 유례를 찾아볼 수 없는 방대한 규모와 심오한 사유로 가득 차 있다.
그러나 '철학사에서 가장 야심찬 사상가'라는 그의 체계도 결정적인 난점들에 봉착해 있는데, 회슬레는
그 근본원인을 '간주관성 범주의 누락'과 그에 따른 '논리학과 실재철학의 실질적인 불일치'에서 본다.
결국 헤겔의 21세기적 수용과 이를 통한 새로운 객관적 관념론의 가능성은 간주관성을
선험적 · 거시구조적으로 정초하는 논리학적 선형식의 개진에서 찾아야 한다.

요한 고트리프 피히테(Johann Gottlieb Fichte, 1762~1814)

흔히 유아론적 자아철학의 대표자로 간주되지만, 회슬레가 지적하듯 피히테의 강점은 오히려
'자아'의 주관성을 가능케 하는 근거로 '타아'와의 관계를 연역했다는 데 있다. 서양철학사, 특히
근대철학의 종별적 특징을 오로지 주관성에서만 찾는 일각의 해석적 관행을 충분히 반증할 수 있는
많은 간주관성 명제들을 피히테는 이미 『자연법의 기초』 등의 저작을 통해 제출해놓고 있다.

마르틴 하이데거(Martin Heidegger, 1889~1976)

나치에 봉사하는 등 정치적 이력으로 큰 오점을 남겼으나, 전 세계 철학도들에게 끼친 그의 영향은
아직도 지대하다. 그러나 회슬레가 보기에 하이데거의 탈도덕적 · 냉소적 사유방식은 그의
나치주의 행태와 불가분의 관계에 있으며, 이와 연관하여 회슬레는 "거장"으로 일컬어지는 하이데거를
오히려 "전 독일 철학의 수치"라고 비판한 바 있다. 나아가 이러한 그의 비판의 화살은 모든 형태의
(특히 포스트모던을 표방하는 현대의) 상대주의와 회의주의를 겨냥하고 있기도 하다.

카를 - 오토 아펠(Karl-Otto Apel, 1922~)

초월화용론 철학의 대표주자이다. 회슬레는 의사소통이론의 선구자 하버마스에 대해서는
그 사상의 유효기간이 다만 한시적일 뿐인 대중철학자라고 하는 반면, 아펠을 그의 사상적 스승의
한 사람으로 존중한다. 아펠의 관심은 철학의 최후정초(Letztbegründung) 문제에 있으며, 결국
선험적 · 초월적 논증에 의해서만 그것이 가능하다고 생각한다. 회슬레는 이미 헤겔의 철학에도
이 최후정초의 문제가 훌륭하게 다루어지고 있다고 본다.

GB
한길그레이트북스

인류의 위대한 지적유산

헤겔의 체계 1 체계의 발전과 논리학

비토리오 회슬레 | 권대중 옮김

한길사

헤겔의 체계 1 체계의 발전과 논리학
차례

간주관성의 범주를 통한 헤겔 체계의 혁신[1]

권대중 계명대 교수 · 철학

　"객관적 관념론"(objektiver Idealismus) 하면 철학 교육을 조금이라도 받은 사람이라면 자연스럽게 "헤겔"이라는 이름을 떠올린다. 그러나 '사유의 규정이나 법칙들이 단지 주관성의 영역에서만 타당한 것이 아니라, 객관성의 영역 전체에 대해서도 동일하게 타당하며, 더욱이 존재 전체의 영역을 가능케 하는 궁극적인 근거가 바로 사유이다'라는 명제를 객관적 관념론의 본질적 확신이라고 한다면, 헤겔은 이 철학적 노선의 단지 한 대변자일 뿐이다. 실로 플라톤과 신플라톤주의자들 그리고 라이프니츠 같은 이들은 이러한 확신의 대변자들 중에서 결코 무시할 수 없는, 헤겔의 훌륭한 선배들이다. 물론 그럼에도 객관적 관념론의 역사에서 헤겔이 차지하는 위치가 각별하다는 점에는 이론의 여지가 없다. 즉 현실의 거의 모든 영역을 철학적 범주화를 통해 체계화했을 뿐만 아니라, 그 체계화를 단순한 확신이 아닌 논증적 필연성에 의거해 이룩하고자 한다는 점에서, 더욱이 그 실재적 체계를 가능케 하

---

[1] 이 해제는 기본적인 내용 면에서는 한국헤겔학회 학술지인 『헤겔연구』 제19호에 실린 나의 논문 「3의 변증법과 4의 변증법, 그리고 간주관성: 헤겔 체계의 구조적 수정을 위한 회슬레의 대안적 제안」에 기초하고 있으며, 다만 이 번역서의 해제를 위해 다시 수정 · 보완한 것이다. 특히 많은 변화가 있는 부분은 글의 앞부분과 뒷부분이다. 또한 최근 내가 저자 회슬레를 비롯한 몇몇 학자와의 만남을 통해 알게 된 새로운 연구동향과 중요한 문헌학적 정보도 이 해제에 추가되었다.

는 초월적 원리로서의 순수 논리의 세계를 또한 수준 높은 논리를 통해 구축한다는 점에서, 다시 말해 그 규모의 면에서나 엄밀성의 면에서나 헤겔은 2500년 서양 철학사에서 가히 최고의 거장이라 일컬어지기에 손색이 없는 사상가이다.

그런데 나는 방금 앞에서 "객관적 관념론의 역사"라는 말을 썼다. 이는 앞에서 언급했듯이 헤겔의 체계가 여러 형태의 객관적 관념론의 단지 하나의 판본에 불과하다는 것을 의미할 뿐만 아니라, 그 엄밀성과 완성도의 면에서 보더라도 그것보다 더 나은 판본이 있을 수 없는 바의 영원한 독점적 지위를 누릴 수 없다는 것을 또한 의미한다. 다시 말해 우리가 객관적 관념론을 그 근본적인 철학적 노선의 면에서 최고의 형태로 인정하더라도, 그 궁극적인 형태가 반드시 헤겔의 판본이어야 한다고는 말할 수 없다는 것이다. 헤겔 스스로도 자신의 체계 중 최고의 근본학문인 『논리학』을 "일흔일곱 번" 고쳐 쓰고픈 소망을 피력했을뿐더러(5.33), 그의 갑작스런 죽음은 그밖의 많은 과제들을 만족스럽게 해결되지 못한 상태로 우리에게 남겨놓았다. 따라서 객관적 관념론의 이른바 '동지들'에게도 그 가장 최근의 판본인 헤겔의 체계는 적지 않은 내재적 비판(immanente Kritik)을 요구하고 있다. 그럼에도 여전히 헤겔의 체계를 일종의 "성서"로 받들어 모시는 것이 많은 헤겔 학도들에 의한 일종의 관행이었던 것 또한 부정할 수 없는 헤겔 연구의 현주소이다. 바로 이러한 관점에서 회슬레의 『헤겔의 체계』는 우리에게 많은 시사점을 제공한다. 이 책은 철학사에 등장한 가장 방대하고 야심찬 체계에 대한 실로 방대하고 야심찬 연구서이다. 왜냐하면 이 책에서 저자는 헤겔의 체계를 요약적으로 따라가는 데 그치지 않고 거기에서 드러난 많은 부정합성과 부적합성을 드러낼 뿐 아니라, 나아가 새로운 판본의 객관적 관념론 체계를 이룩할 수 있는 이론적 방향성을 설정함으로써, 객관적 관념론을 단지 철학사의 한 지점으로 과거화하는 것이 아니라 지속적으로 현실화할 수 있게 해주는 동인을 제공하기 때문이다.[2]

이러한 문제의식에 근거하여 이 해제에서 나는 회슬레에 의한 헤겔 체계의 근본적인 구조적 수정의 시도를 추적하고자 한다. 이를 위해 나는 먼저 헤겔의 근본적인 변증법적 방법을 그 출발과 전개 그리고 종결의 문제와 연관하여 재구성함으로써 헤겔이 처할 수밖에 없었던 난점들을 드러내고, 그 난점이 바로 그의 논리학이 단지 이원적인 범주적 구성에서 나왔으며, 이에 이 문제의 해결을 위해 회슬레가 제시하는 새로운 논리적 선형식이 바로 간주관성의 범주임을 밝힐 것이다. 그런 다음 이를 통해서는 체계 전체의 구조가 자연스럽게 삼분적 구성이 아닌 사분적 구성으로 재편성되게 됨을 또한 드러내고자 한다. 나아가 이러한 새로운 범주를 통한 체계의 재구성과 이에 의한 헤겔 체계의 진정한 완결성 달성 모색은 자연스럽게 그의 주지주의적 종말론의 극복 노력과 연결됨을 또한 드러낼 것이다.

1. 헤겔 체계의 출발과 전개 그리고 종결의 문제

헤겔의 체계는 "철학적" 체계인만큼 이 모든 시도와 주장들은 엄밀한 정초를 결여한 한갓 선언으로 그치는 것이어서는 안 되거니와, 그 최초의 '출발'과 그에 이은 '전개' 그리고 전체의 '종결' 모두는 어떤 반론적 주장에 의해서도 거부될 수 없는 거역불가능한(unhintergehbar) 근거를 통해 정초되어야 한다. 그런데 이 중에서 두 번째 단계라 할 수 있는 범주들의 '전개'는 출발이나 종결에 비해 상대적으로 덜 까다로운 문제일 수 있다. 왜냐하면 '출발'의 문제에 관해서는 더 이상 그것에 선행하는 것이 없다는 점이 증명되어야 하며, '종결'의 문제에 관해서는 더 이상 그것에서 더 나아간 상위의 범주가 없다는 점이 증명되어야 하는 반면에, '전개'의 문제는 일단 하나의 확고한 출발근거와 방법론이

---

2) 이에 M. W. 로치는 이 책을 단지 그 시도 면에서 대담할 뿐만 아니라 근거부여 면에서도 훌륭한 근거를 갖춘 탁월한 작품으로 평가한다. M. W. Roche (1989), 632 참조.

확립되면 저자가 자신의 저술행위를 당분간 '사상의 본성'에 맡기면 되는 것이기 때문이다.

1.1. 체계의 출발 물음

잘 알려져 있듯이 헤겔의 체계는 크게 논리학과 실재철학으로 나뉜다. 그 중에서 논리학은 "자연과 유한정신의 창조에 앞서 자신의 영원한 본질 가운데 존재하는 바의……신에 대한 기술"(5.44)이다. 즉 헤겔의 논리학은 전통적으로 '존재'의 영역과 구분되는 의미에서의 '사유'의 법칙만을 그 대상으로 하는 형식논리학을 넘어서, 존재론적 · 형이상학적 성격을 함께 지니는 학문영역으로, 현실세계의 모든 것을 가능케 하는 초월적 구조로서의 "사유" 또는 "객관적 사상"을 내용으로 하는 제1의 근본학문이다. 그리고 실재철학은 논리학의 내용을 이루는 범주들이 현상계에서 어떠한 방식으로 실현되는지를 그 내용으로 한다는 점에서 "적용된 논리학"으로 규정될 수 있다. 이에 헤겔은 하나의 철학체계 안에서 "하늘"과 "땅"의 모든 것을 다루고자 하는 셈이다. 따라서 그의 구조화된 체계서에 "철학적 학문들의 백과"(Enzyklopädie der philosophischen Wissenschaften, 이하 "철학대계"[3]로 약칭)라는 제목이 붙여진 것도 그리 무리가 아니다. 그러나 일반적인 백과와 "철학적" 백과는 본질적으로 다른 방법에 의해 구성된다. 왜냐하면 전자가 내용들의 논리적 선후관계와는 무관하게 단순히 알파벳 순서에

---

3) 지금까지 헤겔의 체계서인 *Enzyklopädie der philosophischen Wissenschaften im Grundrisse*는 일반적으로 이 책의 독일어 약칭의 발음을 그대로 따라 "엔치클로페디"로, 아니면 이 단어의 일상적인 의미를 살려 "철학백과"나 "철학강요"로 표기되어왔다. 그러다가 최근 우리 철학계에서는 외국어 철학개념어 번역의 표준화 작업에 관한 논의가 진행되고 있는데, 그 가운데 한국헤겔학회에서는 이 책이 지니는 주제영역의 광범위함과 그것들에 관한 헤겔의 논증이 지니는 수미일관한 체계적 성격을 나타내는 번역어로는 "철학대계"(哲學大系)가 가장 적절하다는 의견이 지지를 얻음에 따라 이 글에서는 이 새로운 표현을 따르기로 한다.

16

따라 기계적으로 구성되는 반면에, 철학적 백과로서의 "체계"는 오로지 앞의 범주에 의해 뒤의 범주가 필연적으로 이어지도록 구성되는, 엄밀하고도 유기적인 논리적 선후관계에 의거해야 하기 때문이다.

이러한 방식으로 논리학과 실재철학이 체계 전체를 구성한다면, 체계 전체가 도대체 무엇에서 출발하느냐 하는 문제는 바로 논리학이 어떤 것에서 출발하느냐의 물음과 동일할 수밖에 없다. 그런데 헤겔 스스로가 『철학대계』의 첫 절 첫 문장에서 밝히듯이 "철학은 다른 학문들에는 이로울 장점, 즉 자신의 대상을 표상에서 직접 주어진 것으로 전제할 수 있고, 시작하거나 진행하기 위한 인식방법을 이미 승인된 것으로 전제할 수 있다는 장점을 지니고 있지 않다"(E. §1, 8.41)는 매우 당혹스러운 사정에 처해 있다. 왜냐하면 ──그것이 "철학적"인 것이라면── 내용의 모든 전개과정뿐 아니라 그 최초의 출발 역시 필연성을 지녀야 하며, 더욱이 이 필연성이 "출발의 필연성"인 한 다른 범주들처럼 앞의 범주로부터 필연적으로 따라나오는 식의 파생적 필연성보다도 훨씬 어려운 문제이기 때문이다. 게다가 전통철학에서처럼 가령 "실체"나 "신"을 그 출발점으로 삼는 것은 연역법 일반에 가해지는 "뮌히하우젠-트릴렘마"(Münchhausen-Trilemma)[4]의 하나에 빠질 수밖에 없다. 왜냐하면 그러한 최고의 범주들은 결코 근거지어지지 않은 자의적이고 독단적인 출발점에 불과하기 때문이다. 그리고 그것을 근거짓고자 시도한다면 하나의 근거는 또 하나의 근거를 요청하게 되며, 이 제2의 근거는 다시 제3, 제4의 근거를 요청하게 되는 무한소급(regressus ad infinitum)의 문제가 필연적으로 발생하기 때문이다. 더욱이 이러한 정초상의 문제를 회피하기 위한 또 하나의 방식인 "순환논증"(Zirkel) 역시 언제나 "오류"라는 이름을 덮어쓰고 있다. 그렇다면 헤겔은 자신의 체계를 그 정초상의 완결성 문제로 인해 아예 시작도 못하고 좌절하게 될 난관에 처해 있는 것이 아닐까?

---

4) H. Albert (1968), 13 참조.

그러나 적어도 "학문은 무엇으로 출발해야 하는가?"(5.65)라는 유명한 문제제기를 통해서 잘 알려져 있는 이 출발물음(Anfangsfrage)에 관한 한 헤겔은 다른 그 어떤 철학자보다도 천재적인 해결책을 마련하고 있다. 그에 따르면 최초의 출발은 가장 추상적이고도 가장 무규정적인 것과 더불어 이루어져야 하는데, 이것이 바로 "존재"(das Sein)이다. "왜냐하면 여기에서 중요한 관건이 되는 것은 가장 단순한 규정, 즉 그것과 경쟁할 수 있는 다른 모든 규정들에서도 이미 전제되어 있는 바의 규정이기 때문이다."[5] 다시 말해 "존재"는 그것 이외의 그 어떠한 술어화(Prädikation)에서도 이미 그 근저에 놓여 있는 범주인 것이다. 더욱이 이 최초의 출발점이 철저히 무규정적이라는 점은 전체 체계의 이 최초의 범주를 기술하는 최초의 언명방식에서도 철저히 반영되거니와, 그것은 "존재, 순수 존재,—그 어떤 더 이상의 규정도 없는"(Sein, reines Sein,—ohne alle weitere Bestimmung)이라는 파격문체로 이루어진다(5.82).[6] 왜냐하면 어떤 술어나 계사가 추가된다면, 그것은 무규정성을 규정성으로 만드는 모순을 범하는 것이기 때문이다.

1.2. 체계의 전개논리

이렇게 해결된 출발물음에 이어지는 두 번째 문제는 회슬레가 지적하듯이 "앞서의 〔최초의〕 범주〔=존재〕로부터는 정확히 어떤 범주가 이어져나와야 하는가?"라는 물음이다.[7] 물론 이 물음은 최초의 범주로부터 제2의 범주를 도출하는 문제에 관한 것이지만, 이 문제의 해결은

---

5) V. Hösle (1988), 193.
6) 이와 유사하게 이미 1812년판 존재논리학의 두 번째 주석에서도 "순수한 존재, 또는 오히려 그저 존재; 어떠한 주장이나 술어도 없는 무명제(無命題)의"(*reines Seyn*, oder vielmehr nur *Seyn*; satzlos ohne Behauptung oder Prädikat)라는 표현이 등장한다(G. W. F. Hegel, *Wissenschaft der Logik, 1. Band, 1. Buch. Das Sein*, Faksimiledruck nach der Erstausgabe von 1812, hg. von W. Wieland, Göttingen 1966, S. 36).
7) V. Hösle (1988), 194.

그 다음에 이어지는 모든 범주들을 계속해서 파생시킬 수 있는 것이므로, 궁극적으로는 전체 범주의 전개의 문제를 또한 해결할 수 있는 방법을 제공하는 것임에 틀림없다.

1.2.1. 헤겔에게서의 화용론적 모순과 규정적 부정

잘 알려져 있듯이 "존재"에서 이어지는 두 번째 범주는 "무"(無, Nichts)이다. 그렇다면 '존재'에서 '무'로 이어지는 이행을 가능하게 하는 근거는 무엇일까? 첫째, 존재가 진정 비규정적인 것이라면, 그것은 기실은 그 대립물인 무와 어떠한 차별성을 지니지 못한다. 즉 절대적 비규정성이라는 이 범주의 특징은 그것이 무와 동일한 것이라는 점을 결코 부정하지 못한다. 따라서 존재는 겉보기에는 그것의 대립물이지만 그 내용적인 면에서는 오히려 동일하다고 할 수 있는 무로 이행할 수밖에 없다. 둘째, 존재의 절대적 비규정성을 앞에서 인용한 파격문체의 형식으로 표현했음에도 불구하고 존재는 바로 그러한 비규정성으로서 규정되었다. "그러나 바로 이러한 비규정성이 그것의 규정성을 형성하는 것이다"(1812년판 논리학, 34쪽). 다시 말해 그 어떠한 철저한 비규정성이라 할지라도 그것이 '비규정성'이라고 규정될 수 있다면 그것은 결과적으로 더 이상 비규정성일 수 없는 것이므로, 자신을 부정하게 되며, 따라서 그 반대범주인 무로 이행할 수밖에 없는 것이다. 여기에서 존재의 비규정성을 더 이상 비규정성이게 하지 못하도록 하는 '규정성'은 무엇을 말하는가? 그것은 바로 존재 범주가 명시적으로 주장하는 바(='존재'와 '비규정성')의 것이 오히려 그것이 실제로 행하는 것(='비존재'와 '규정성')과 일치하지 않는다는 사실을 가리키는데, 이것이 바로 헤겔의 방법에서 핵심적인 역할을 담당하는 '모순'이다. 회슬레에 따르면 헤겔에게서 모든 범주의 이행을 가능케 하는 이 모순은 'p와 ¬p가 공존한다'는 식의 존재론적 모순이 아니라, 오로지 "[함축적으로] 전제된 것과 명시적으로 표현된 것 사이의 불화에서만 성립"하는 바의 모순, 즉 "화용론적(話用論的) 모순"(pragmatischer Widerspruch)이다.[8] 화용론적 모순은 명제적 진리문제와 연관해서는 "하나의 이론이 어떤 것을 참이라고 주장하지만, 그럼에도 그것의 전제들에서는 동시에 이 언명이 거짓일 수밖에 없다는……결론이 나올 때" 드러나는 모순이라는 의미에서 "논증논리적 모순"(argumentationslogischer Widerspruch)이라고 불릴 수도 있지만,[9] 방금 "존재"의 예에서 보았듯이, 단지 명제적 차원에서만이 아닌, 어떤 범주나 사태에 대해서도 적용될 수 있다. 또한 어떤 명제·범주·사태의 명시적 주장과 함축적 수행 사이의 불화에서 성립한다는 점에서, 이 모순은 근본적으로는 아펠(K. -O. Apel)과 쿨만(W. Kuhlmann)의 초월화용론(Franszendenfalpragmatik)에서 제기된 "수행적 모순"(performativer Widerspruch)과 동의어라고 할 수 있다.[10]

따라서 "존재"에서 출발하여 "절대이념"에 이르는 모든 논리학적 범주들의 진행은, 최초의 가장 단순한 무규정적 범주에서조차 범해지는 화용론적 모순을 드러내는 데서 출발하여, 그에 이어지는 모든 중간단계의 범주들에서 이루어지는, 화용론적 모순의 점차적인 지양을 통해

---

8) 같은 책, 198. 물론 헤겔이 다루는 모순율이 화용론적 본성을 지닌 것이라는 지적은 이미 빌란트에 의한 것이다. W. Wieland (1973) 참조.

9) 같은 책, 158. 예를 들어 "모든 명제는 거짓이다"라는 언명은 명시적으로는 모든 명제가 거짓임을 주장하지만, 그럼으로써 이미 그 스스로가 참임을 주장하는 명제이므로, 그것과 반대의 명제인 "어떤 명제는 참이다"를 이미 전제하기 때문에, 자기모순적인 주장일 수밖에 없다. 크레타인 거짓말쟁이의 패러독스나 존재, 인식 그리고 의사소통의 가능성을 모두 부정한 고르기아스의 3대 명제도 전형적인 논증논리적 모순의 예로 설명될 수 있다. 나아가 모든 상대주의적·회의주의적인 명제들도 결코 이 모순의 혐의를 벗을 수 없다.

10) 최근 들어 아펠과 쿨만의 작업이 답보상태에 빠져 있는 것에 비해 "최후정초" 문제와 연관한 젊은 신진학도들의 작업이 새로이 눈에 띈다. B. Braßel (2005) 참조. 브라셀 박사와 마찬가지로 나의 아헨 유학시절 동학이었던 미리암 오사(Miriam Ossa)도 최근에 발표된 자신의 박사학위 논문에서 한 발 더 나아간 접근을 보여주고 있다. 그러나 이 논문은 아직 단행본으로 출간되지 않은 상태이다. 또한 그레고르 담쉔(Gregor Damschen)은 현대의 최후정초 문제를 고전문헌학과 연관지어 신선한 관점을 발전시키고 있다. G. Damschen (1999); (2000) 참조.

전개되어, 드디어 그 어떤 화용론적 모순도 더 이상 발견되지 않는 하나의 완전한 범주에 이르는 과정에 다름 아니다. 헤겔에 따르면 논리학의 최종범주인 이념은 '개념과 그 실재성의 통일'이거니와, 이는 "자신이 함축적으로 전제하고 있는 바로 그것을 명시적으로 주장하는 범주"라는 의미에서 "모순 없는 것"이다.[11]

이 모순의 문제와 매우 긴밀하게 연관된 또 하나의 문제가 있는데, 그것은 하나의 모순적인 범주와 그 다음의 모순적 범주, 그 다음다음의 모순적 범주……로의 이행을 가능케 하는 요소는 무엇인가 하는 것이다. 즉 모든 각각의 선행범주와 바로 이어지는 모든 각각의 범주는 서로 어떤 관계에 있는가? 헤겔에서 모든 후행범주는 제각각 그것들의 선행범주에 대한 무조건적 부정이 아니라, 오로지 규정적 부정(bestimmte Negation)으로 이해되어야만 한다. 즉 후행범주는 물론 선행범주의 부정이지만, 오로지 선행범주에서 발견된 화용론적 모순을 제거하는 의미에서의 부정이다. "그 〔후행〕범주들은 자신의 반대개념〔=선행범주〕이 아님을 통해서 구성되는데, 바로 그럼으로써 그 반대개념들은 함축적으로는 그 〔선행〕범주들에 속하는 것이다. 반대개념을 취급한다는 것은 곧 〔선행범주에서 단지 함축되었을 뿐인〕 그것들을 명시화하는 것일 따름이다."[12] 다시 말해 하나의 선행범주에 바로 이어지는 후행범주는 그 선행범주에 대해 모순적 대립(kontradiktorischer Gegensatz)의 관계가 아니라, 오로지 반대적 대립(konträrer Gegensatz)의 관계에 있어야 한다. 예컨대 "존재"에 이어지는 범주는 오로지 "무"일 수 있을 뿐, "정량"이나 "상호작용"과 같은 전혀 다른 맥락의 범주일 수는 없는 것이다. 즉 후행범주는 선행범주를 "부정하면서도 동시에 그것과 동일한 지평에 머무르는 것이다——반면 모순적 대립은 그것의 무규정성으로 말미암아, 부정되는 개념 이외의 모든 가능한

---

11) V. Hösle (1988), 201.
12) 같은 책, 195.

여타의 개념을 허용한다."[13]

이에 회슬레는 논리학에서 헤겔이 수행하는 논증적 절차를 다음과 같이 압축한다. "그것은 모순적인 것으로 드러날 하나의 규정과 더불어 출발한다. 이는 새로운 하나의 범주의 도입을 요청하는데, 이때 오로지 최초의 범주에 대한 규정적 부정만이, 즉 그것의 반대적 대립만이 이 새로운 범주일 수 있다. 그런데 이 새로운 범주에서도 모순은 또다시 드러나고 이는 또 하나의 새로운 범주의 도입을 요청하거니와, 이러한 방식의 진행은 모순이 없는, 또는 그 어떤 모순도 더 이상 드러날 수 없는 하나의 규정에 도달할 때까지 계속된다."[14]

1.2.2. 절대자의 귀류적 증명

흥미로운 것은 헤겔은 이러한 논증의 방법을 구사함으로써 또 하나의 문제를 함께 해결하고 있다는 점인데, 그것은 바로 전통 형이상학을 오래도록 괴롭혀왔던 이른바 "신의 현존재 증명"의 문제이다. 종교적 표상의 단어인 "신"에 대응하는 헤겔의 논리적 개념은 바로 '절대이념' 인데, 우리가 주목할 것은 헤겔은 그 어떤 전통 형이상학에서와도 달리, 이 절대적 범주를 서술의 맨 처음이 아닌, 맨 나중의 단계에 위치시킨다는 점이다. 헤겔의 이러한 방법이 다른 형이상학 체계들에 비해 지니는 질적인 우월성은, 그것이 철학의 가장 중요하면서도 가장 어려운 문제인 정초불가능성의 혐의를 피해갈 수 있는 유일한 길이라는 점에 있다. 즉 이를테면 가류주의(可謬主義, Fallibilismus)의 전형적 대변자인 한스 알베르트(Hans Albert)가 엄밀한 철학적 논증을 근원적으로 좌초하게 만드는 결정적인 함정으로 제시한 뮌히하우젠-트릴렘마처럼 절대적 정초의 절대적 불가능성을 주장하는 테제에 따르면 생각할 수 있는 그 어떤 최후정초(Letztbegründung)의 시도도 무한소급이

---

13) 같은 곳. 반대적 대립과 모순적 대립에 관해서는 또한 M. Wolff (1981), 103 도 참조할 것.
14) V. Hösle (1988), 196.

나 순환논증 또는 절차단절(Abbruch des Verfahrens) 중 하나에 빠지지 않을 수 없지만,[15] 헤겔의 방법은 이 어느 함정에도 빠지지 않을 수 있는 길을 제공하는 것이다. 회슬레가 거론하는 헤겔의 방법은 일종의 "귀류적(歸謬的) 증명"(apagogischer Beweis)이다. 이 증명은 문맥에 따라 "간접증명"(indirekter Beweis) 또는 "부정적 증명"(negativer Beweis)이라고도 불리는데, 회슬레는 이것을 "거역불가능성의 논증을 방법[론]적으로 엄밀하게 재구성할 수 있는 유일한 길이며, 또한 소급문제에 대한 생각할 수 있는 유일한 해결책"[16]으로 평가한다. 더욱이 뮌히하우젠-트릴렘마 중 가장 피해가기 어려운 덫이 바로 대부분의 철학이 채택하는 정초방법인 연역(Deduktion)에서 범해지는 절차단절의 오류인데, 헤겔의 방법은 이마저도 피해갈 수 있는 천재적인 것으로 평가될 수 있다.

가장 엄밀한 정초의 예로 자주 일컬어지는 스피노자의 방법과 비교하면 헤겔의 우월성은 특히 잘 드러날 수 있다. 『에티카』(Ethica)에서 스피노자는 기하학적 증명의 모델에 따라 철학적 정리들을 증명하고자 한다. 이때 정리들을 근거짓는 것은 공리와 정의들이다. 문제는 그 공리나 정의의 타당성이 단지 가언적(假言的, hypothetisch)이라는 점에 있다. 즉 그것들이 어떠한 반론의 여지도 없이 타당할 경우에만 아르키메데스의 점처럼 정초상 최초의 출발점으로 설정된 것은 유의미할 수 있지만, 어떤 끈질긴 가류주의자가 정의와 공리의 타당성에 대해서조차 이의를 제기할 때 기하학적 연역의 방법은 속수무책임이 드러나는 것이다. 어떤 정의나 공리가 최후정초된 것으로 증명되지 못하는 한, 가류주의자는 더 이상의 소급을 계속해서 요구할 것이다. 그런데 이 소급의 문제를 벗어나는 전래의 방법은 더 이상의 근거를 묻는 절차를 어느 특정 단계에서 인위적으로 단절하는 것에만 있을 뿐이다. 그러나 그

---

15) H. Albert (1968), 13. W. Kuhlmann (1985a), 62ff. 참조.
16) V. Hösle (1988), 188.

러한 인위적 단절은 필경 독단론의 혐의를 뒤집어쓸 수밖에 없다. 왜냐하면 그 단절이 인위적인 한 그것은 필연성을 갖추지 못한 자의적 폭력에 불과하기 때문이다. 이렇게 볼 때 모든 철학적 언명을 비로소 유의미할 수 있게 해주는 최후정초는 전적으로 불가능한 것으로 여겨질 것이다. 그러나 이러한 절대적 정초불가능성은 증명의 방식에 오로지 직접적 또는 긍정적 증명만 있을 때 타당한 것이므로, 이 역시 다만 가언적일 뿐, 어떤 부동의 정언적인 것이 되지 못한다. 왜냐하면 간접적 · 부정적 · 귀류적인 증명은 뮌히하우젠–트릴렘마의 문제를 아주 쉽게 해결할 수 있기 때문이다.

그렇다면 이러한 새로운 방향의 증명은 어떻게 수행되는가? 이미 그 명칭에서도 보이듯이, 귀류적 증명은 최후정초가 불가능한 어떤 궁극적인 원리를 연역상의 출발점으로 제시하지 않는다. 그 대신 이 증명은 자신이 증명하고자 하는 명제 또는 범주의 타당성을 부정하는 주장이 오히려 그 명제나 범주를 이미 전제하지 않고서는 그러한 부정조차도 할 수 없음을 밝히는, 일종의 역공적(逆攻的)이고 의미비판적(sinn-kritisch)인 방법에 의거한다.[17] 다시 말해 자신의 주장에 대한 반대주장이 이미 자신의 주장을 전제하고 있음을 드러내는 것이다. 이는 비유적으로 말하면 적이 자신의 무기로 스스로를 죽이게 만드는 방식이라고 할 수 있다. 예를 들어 알베르트가 자신의 가류주의를 "모든 것은 불확실하다"는 입장을 통해 주장할 때, 이에 맞서 아펠은 "그렇다면 '모든 것은 불확실하다'는 것은 확실한가?"라고 되묻는데, 이에 대해 자신의 주장을 철회하지 않기 위해서는 알베르트는 "그것마저도 불확실하다"고 대답할 수밖에 없다. 물론 이에 대해 다시 한 번 아펠은 "그렇다면 그것마저도 불확실하다는 것마저도 불확실한가?"라고 또다시 묻는다.[18] 결국 알베르트는 이 질문에 대하여 어떤 대답을 하든, 결과적으

---

17) K.-O. Apel (1973), 358ff. 참조.

18) K.-O. Apel (1987), 178. 또한 W. Kuhlmann (1985b), 357ff.; V. Hösle (1994),

로 자신의 주장이 틀렸다는 것을 인정하지 않으면 안 된다.[19] 이렇게 볼 때 이 증명의 방식은 앞에서 말한 화용론적 모순을 자신이 증명하고 자 하는 주장의 반대주장에서 찾아내는 방법에 의거하는 셈이다. 연역 의 방법에 따른 대부분의 다른 증명들과 비교해볼 때, 물론 귀류적 증 명은 한편으로는 거대한 공리를 전면에 내세우지 않기 때문에 감각적 '통쾌함'의 면에서는 미진한 것일 수 있지만, 그럼에도 다른 한편으로 는 뮌히하우젠-트릴렘마의 강력한 파괴력을 결정적으로 분쇄할 수 있 는 (적어도 내가 아는 한) 유일한 방법이므로, 우리는 이를 의미심장한 것으로 받아들여야 한다. 더욱이 이러한 간접적 증명의 방식은 철학사 에서 고질적으로 재등장해온 모든 유형의 회의주의와 상대주의를 근원 적으로 격퇴할 수 있는 강력한 논증적 무기이기도 하다. 예를 들어 악 성의 극단적 니체주의자가 "모든 이른바 진리라는 것은 쓰레기이다"라 고 주장할 때, 우리는 그에 대해 "모든 이른바 진리라는 것이 쓰레기라 는 말이 옳다면, 너의 그 말이야말로 너 스스로가 옳다고 주장하는 한 쓰레기에 불과하다"라고 역공함으로써 어떻게든 진리의 필연적 존재를 옹호할 수 있다.

물론 헤겔의 방법이 명시적으로 이러한 귀류적 증명의 예라고 규정 하기는 어려우며, 회슬레가 지적하듯 헤겔이 『논리학』의 그 어느 지점 에서도 귀류적 증명을 다루지 않은 것도 사실이다. 그러나 그럼에도 회 슬레는 헤겔의 논리학뿐만 아니라 실재철학까지도 그 구조적인 면에서 는 절대이념의 절대성 또는 절대철학의 절대성에 대한 귀류적 증명이 라고 지적한다.[20] 왜냐하면 앞에서 말했듯이 헤겔은 절대성을 지닌 범

168: D. Böhler (1985), 99도 참조할 것.
19) 물론 이 당연한 귀결을 알베르트는 고집스럽게 인정하지 않는다. 2000년 가 을 에센(Essen) 대학에서 열린 한 콜로퀴움에서 알베르트는 나를 포함한 몇 몇 청중에게서 또다시 이러한 질문을 받았는데, 결국 그가 할 수 있는 답변 은 근거지어지지 않는 고집불통의 궤변이나 탈철학적인 수사에 속하는 것이 었다.

주를 결코 대전제로 설정하여 여타의 유한한 범주들을 파생시키는 것이 아니라, 오히려 그 역의 방향에서 논증하는 방법을 취하기 때문이다. 즉 절대이념이나 절대철학과 경쟁할 수 있는 모든 유한한 범주들——그 최초의 것이 바로 "존재"였다——이 화용론적 모순에 빠져 있으며, 그럼으로써 스스로를 지양할 수밖에 없다는 것을 밝힘으로써 다음 범주로 이행하도록 하는 것이 헤겔 체계 전체를 관통하는 근본방법인 것이다. "유한자의 비존재가 바로 절대자의 존재이다"(6.79f.)라는 『논리학』의 한 문장이 이를 압축적으로 보여준다.

1.3. 체계의 종결물음:
논리학의 최종범주와 실재철학의 최종범주의 불일치 문제

그러나 이를 통해 우리는 헤겔 체계와 관련한 세 번째 중요한 물음과 만나게 되는데, 그것이 바로 체계의 종결물음(Abschlußfrage)이다. 다시 말해 최초의 출발과 그에 이은 전개의 문제가 화용론적 모순의 개념이나 반대적 대립에 의거한 규정적 부정, 귀류적 증명 등을 통해 잘 해결될 수 있다고 하더라도 여전히 남는 물음은 "우리는 범주들의 그러한 전개에서 우리가 과연 종착점에 도달했는지의 여부를 도대체 어떻게 알 수 있는가?"[21] 하는 것이다. 물론 헤겔이 그 모든 모순이 해소된 최종의 범주로 제시하는 것은 절대이념과 (절대)철학이다. 그러나 이에 대해 예컨대 맥타가트(J. M. E. McTaggart)는 "절대이념이 최종적인 범주라는 우리의 믿음은 〔그것이 진정한 무모순성에 근거한 것이라기보다는 오히려〕 그러한 부적합성〔=모순〕을 〔더 이상〕 발견할 수 없는, 우리의 무능력에 의존한다"고 지적한다.[22] 그리고 회슬레 역시 맥타가트의 주장을 "헤겔의 방법이 지닌 하나의 한계를 발견"한 것으로 평가한다. 왜냐하면 회슬레는 헤겔의 논리학에서 "절대이념" 이후에도 지

---

20) V. Hösle (1988), 188 참조.
21) 같은 책, 197.
22) J. M. E. McTaggart (1910), 308f.

속적인 범주들의 전진이 가능하다고 보기 때문이다. 다시 말해 회슬레는 헤겔이 논리학의 최종범주로 설정한 "절대이념" 역시 어떤 모순에 빠져 있으며, 이 모순 때문에 더 이상의 범주로의 논리적인 이행이 필연적이라고 생각한다.

그렇다면 객관적 관념론을 최고의 철학으로 본다는 점에서 헤겔과 근본적으로 일치하면서도, 그 구체적인 기술 면에서는 헤겔에 대해 이의를 제기하는 회슬레의 비판을 가능케 하는 근거는 어디에 있을까? 먼저 체계의 완결성 면에서 보면 논리학과 실재철학은 무엇보다도 그 각각의 최종범주가 서로 대응하지 못하고 오히려 불일치를 보인다는 점에서 커다란 결함을 지니고 있다고 회슬레는 지적한다. 이미 말했듯이 헤겔이 설정한 논리학과 실재철학의 최종범주는 각각 주관논리학에서의 "절대이념"과 절대정신철학에서의 "철학"이며, 이는 당연히 헤겔이 이 둘 사이에 구조적인 상응관계가 성립하는 것으로 여긴다는 것을 뜻한다. 따라서 회슬레의 주장은 헤겔이 설정한 이러한 상응관계를, 다시 말해 절대정신이 철학을 논리적으로 근거짓는다는 헤겔의 주장을 거부하는 데서 성립한다. 이는 동시에 전체 체계의 최종범주인 "철학"을 비롯한 중요한 실재철학적 범주들은 헤겔이 제시한 "절대이념"의 구조를 능가하는 범주적 발전을 이룩하고 있음을 뜻한다.

1.3.1. 절대적인 주관적 반성성을 통한 논리학의 종결

잘 알려져 있듯이 헤겔의 『논리학』(=대논리학)은 세 부분으로, 즉 ① 존재논리학, ② 본질논리학 그리고 ③ 개념논리학으로 이루어져 있다. 또한 이것은 익히 알려져 있는 헤겔의 삼분구조적 변증법에 충실한 구성인 것처럼 보인다. 그러나 헤겔의 논리학은 이러한 삼분적 구성 말고도 동시에 ① 존재논리학과 개념논리학을 함께 포함하는 "객관논리학"과 ② 개념논리학의 다른 이름인 "주관논리학"이라는 이분적 구성을 또한 취하고 있다. 물론 변증법적인 구조적 완전성을 손상시키는 이러한 미관상의 오류를 제거하기 위해 헤겔은 『철학대계』의 논리학(=소논리학)에서는 "객관논리학"과 "주관논리학"이라는 용어를 더 이상 사용하지 않는다. 그러나 회슬레의 지적에 따르면 단순히 이분적 구성을 폐기하고 삼분적 구성으로 논리학의 구조를 확정하는 것만으로 문제가 해결되는 것은 아니다. "왜냐하면 완전한 구성은…… 동시에 변증법적이어야만 하기 때문이다."[23] 즉 세 번째 단계는 첫 번째와 두 번째 단계를 종합하는 것이어야만 한다. 그런데 이러한 기준에 따를 때 헤겔의 논리학에서는 심각한 결함이 발견된다고 회슬레는 지적한다. 왜냐하면 논리학의 구성은 헤겔의 단언과는 달리 두 번째 단계가 첫 번째와 세 번째 단계를 매개하는 식으로 구성되어 있으며, 이에 변증법적인 것이 아니라 직선적인 것이기 때문이다. 즉 헤겔은 "존재로서의 개념"을 논리학의 첫 번째 단계로 그리고 "개념으로서의 개념"을 세 번째 단계로 설정하고, 그 사이에 "반성규정들의 체계로서의 개념"을 기술하는 본질논리학을 끼워넣고 있다. 이에 대해 회슬레는 "우리가 진정으로 헤겔의 입장에 대해 기대해야 하는 것은, 객관논리학과 주관논리학의 매개가 그 둘 사이에 〔인위적으로〕 끼워넣은 부분에서 일어나는 것이 아니라, 오히려 최종의 종합적인 부분에서 이루어지는 것—즉 논리학의 전개가 직선적으로가 아니라 변증법적으로 이루어지는 것—이다"라고 강조한다.[24] 게다가 본질논리학에서 헤겔이 도모하는 이러한 "매개"는 한편으로는 이렇게 그 순서상의 위치에도 문제가 있지만, 그 질의 면에서 보더라도 변증법적 종합의 기능을 수행한다기보다는 오히려 개념도 존재도 아닌 모호한 중간위치를 차지할 뿐이다.

이에 덧붙여 회슬레는 헤겔의 논리학 구성에서 발견되는 더욱 중요한 문제를 지적하는데, 그것은 바로 "드디어 객관성은 개념이 자신의 추상성의 지양과 매개를 통해 스스로를 〔다시금 직접성으로〕 규정하는 바의 직접성으로 존재한다"(6.406)는 헤겔 자신의 언명에서 비롯된다.

---

23) V. Hösle (1988), 212.
24) 같은 책, 213.

즉 "'존재'에서 출발하여 '본질'을 거쳐 '개념'으로 나아가는 〔논리학 전체의〕 전개가 점점 더 강력한 내면성을 향해 나아가는 전개——즉 존재의 외면성에서 출발하여, 내면성과 외면성 사이에서 모호한 동요 상태에 있는 본질의 단계를 거쳐, 개념의 순수한 내면성으로 나아가는 전개——인 반면, 주관논리학 내부에서는 하나의 **재객관화** (Reobjektivierung)가 이루어지고 있다"는 것이다.[25] 이는 방금 지적된 직선적 구성과는 다른 변증법적 방향성을 충분히 엿볼 수 있게 하는 중요한 대목이며, 헤겔의 개념논리학이 지닌 "기이한 양면성"을 극명하게 보여주는 것이기도 하다. 다시 말해 이 경우 "개념"은 한편으로는 "존재"와 "본질"에 맞서 절대적인 내면성 또는 반성성을 의미하면서도, 다른 한편으로는 다시금 "존재", 즉 객관성으로의 복귀를 의미하는 것이다. 물론 이러한 복귀는 논리학 전체의 구성 면에서가 아니라, 단지 개념논리학의 한 절에서만 규정되고 있어 썩 만족스럽지 못한 것은 사실이지만, 그럼에도 논리학과 체계 전체를 재구성할 필요성이 자명한 것으로 드러날 경우 그 근본적인 방향을 설정할 수 있게 해준다. 그러나 이에 대해서는 잠시 후에 상론하기로 한다. 왜냐하면 개념논리학 내부에서만 시사되는 이러한 '객관성으로의 복귀'는 논리학과 실재철학의 완전한 대응이라는, 헤겔의 전체 체계의 완전성의 이념을 좌절시키는 또 하나의 중요한 구성상의 맹점과 연관되어 있기 때문이다. 따라서 먼저 실재철학의 구성을 잠시 따져볼 필요가 있다. 여기에서는 특히 논리학의 최종범주와 실재철학의 최종범주가 그 구조적인 면에서 엄밀하게 일치한다고 보기 어렵다는 점이 비판의 중요한 단서를 제공한다.

1.3.2. 논리학을 "넘어 나아가는" 실재철학

주지하듯이 헤겔의 체계에서 실재철학은 자연철학과 정신철학으로 구성되며, 이 중에서 정신철학은 주관정신·객관정신·절대정신으로

---

25) 같은 책, 214.

이루어져 있다. 그리고 체계의 대단원을 구성하는 절대정신은 예술·종교·철학의 세 부분으로 이루어지며, 변증법적 이념에 상응하여 헤겔은 철학을 예술의 객관성과 종교의 주관성을 종합하는 것으로 규정한다. 외적인 형식만 보면 이러한 배치는 설득력 있어 보이는 것이 사실이다. 그러나 그 내용적 규정의 면을 보면 헤겔의 논증은 우리로 하여금 그것에 쉽사리 동의하기 어렵게 만드는 언명들로 이루어져 있다. 왜냐하면 절대정신의 세 가지 형태는 주관정신철학의 "이론적 정신" 부분을 이루는 직관·표상·사유에 각각 대응하거니와, 이에 예술의 객관성이 대상과의 직접적인 시간적·공간적 접촉에 의존하는 감각적 직관에 해당하고, 종교의 주관성이 내면화된 직관으로서의 표상에 해당하며, 철학이 이 둘을 종합한 것이라고 헤겔은 주장하지만, 철학에서 종교의 주관성과 종합된 예술의 객관성은 기실은 더 이상 미학적 의미의 객관성이 아닌, '절대적 타당성' 또는 '구속력'으로 그 의미가 변화하기 때문이다. 다시 말해 방금 언급한 외적 형식상의 변증법적 구성과는 달리, 절대정신철학은 내용적으로는 여전히 앞 절에서 지적된 직선성을 띠는 것이다. 물론 이에 대해 대다수 헤겔주의자들은 그 의미변이야말로 진정한 변증법적 "지양"이라고 강변할 것이다.

그러나 이러한 "지양" 개념을 통해 헤겔의 체계 종결방식을 긍정적으로 평가하는 데 어렵사리 동의한다고 하더라도, 헤겔의 체계구성은 논리학과 실재철학의 상응관계라는 중요한 과제를 달성하기에는 여전히 역부족인 것으로 드러난다. 왜냐하면 헤겔의 체계구성이 엄밀한 것이라면 논리학의 최종범주인 "절대이념"과 실재철학의 최종범주인 "철학"이 완전한 대응관계에 있어야 하지만, 실제로 그 규정상 "절대이념"에 대응하는 실재철학적 범주는 절대정신의 마지막 단계인 "철학"보다도 훨씬 앞 단계에서 달성되기 때문이다. 즉 논리학과 실재철학 사이의 대응관계는 "주관정신"과 더불어 더 이상 성립하지 않는다는 것이 회슬레의 비판의 핵심 가운데 하나이다. 주지하듯이 헤겔을 비롯한 독일 관념론 철학의 최고원리는 '자기 스스로를 파악하는 절대적 주관성'이며, 헤겔의 논리학에서 그러한 주관성은 "절대이념"에서 그 궁극적 완성태에 이른다. 그리고 이에 상응하여 실재철학은 절대이념이 지니는 '자기 스스로를 파악하는 주관성'에 대응하는 범주가 출현할 때 그 정점에 이르러야 한다. 그런데 회슬레에 따르면 문제는 이러한 완전한 실재철학적 주관성은 "절대정신"이나 그 최종단계인 "철학"에서가 아니라, "한편으로는 「현상학」의 마지막 부분인 '이성' 장에서, 다른 한편으로는 「이론정신철학」의 마지막인 '사유' 장에서, 또는 전체 「정신론」의 마지막인 '자유로운 정신'을 다루는 데서 볼 수 있는 것"이라는 점에 있다.[26]

그렇다면 주관정신 영역의 이러한 완전한 주관성의 단계 이후에 헤겔이 개진하는 실재철학적 범주들이 도대체 왜 필요한가 하는 의문은 매우 자연스러운 것으로 여겨진다. 다시 말해 헤겔의 실재철학에서 "자기 자신 이외의, 즉 자신의 고유한, 형식의 내재적인 내용을 구성하는 규정들 이외의 어떤 다른 내용도 지니지" 않는 것은 바로 "사유"라는 주관정신철학적 범주에서 이미 달성되어 있는 것이다. 따라서 "사유" 이후에 이어지는 수많은 정신철학적 범주들, 즉 "사유"로 완성되는 이론적 정신 이후에 뒤따르는 "실천적 정신"과 "자유로운 정신"뿐 아니라 헤겔이 많은 지면을 할애하는 "객관정신"과 "절대정신" 전체는 이미 논리학의 최종지점으로 설정된 절대적 주관성만으로 해명되지 않는 더 이상의 다른 범주들로 여겨져야 한다는 지적이 타당할 것이다. 실재철학적 범주들이 논리학의 범주로 완전히 포섭될 수 없게 되는 이러한 초과현상을 회슬레는 객관정신과 절대정신이 논리학을 "넘어서 더 멀리 나아가는 것"(Überschießen)이라고 특징짓는다.[27] 헤겔의 체계의 완결성 요구에 따르면 이는 심각한 문제라고 아니할 수 없다. 왜냐하면 논리학의 틀에서 벗어난 피원리항이 이토록 많이 존재한다는 것은 체

---

26) 같은 책, 117.
27) 같은 책, 118, 123.

계 전체를 운동시키는 원리로 기능하는 논리학의 위상을 근본적으로 위태롭게 하기 때문이다. 즉 객관정신 이후의 체계 전개는 거의 "논리적인 진공상태"에서 이루어지고 있는 셈이다.[28]

2. 회슬레의 수정 제안

이러한 불일치의 문제를 해결하기 위한 생각 가능한 대안은 두 가지뿐이다. 하나는 논리학적 범주의 전개에 상응하도록 실재철학을 절대적 주관성 또는 내면성의 단계에서 종결하는 것이며, 다른 하나는 실재철학의 더 나아간 범주적 진행에 맞게 논리학에서 "절대이념" 이후의 범주들을 이끌어내는 것이다. 이 중에서 우리가 진정한 해결책으로 택할 수 있는 대안이 전자가 아니라 오로지 후자일 뿐이라는 점은 자명하다. 왜냐하면 모든 존재와 유한성의 영역을 관통하는 근본원리를 다루는 것이 제일철학으로서의 논리학이라면, 기존의 논리학을 통해서는 결코 구조적으로 근거짓지 못하는 현상이 실질적으로 목격될 경우, 논리학의 근본학적 본질을 유지하기 위한 옳은 선택은 오로지 그 논리적 정초를 가능케 하는 새로운 범주를 기술하는 것일 뿐이기 때문이다. "주관성의 관념론과 간주관성의 문제"라는 부제가 이미 시사하듯, 회슬레는 ("존재"와 "본질"을 아우르는) "객관성"과 ("개념"의) "주관성"이라는 두 범주에 이은 실질적인 제3의 종합적 범주의 도입을 요청하거니와, 그것이 바로 "간주관성"(間主觀性, Intersubjektivität)이다. 이 범주의 도입은 지금까지 문제로 지적된 체계의 완결성 요구를 충족시킬 뿐 아니라, 현대 철학의 중심화두 가운데 하나인 의사소통적 간주관성을 근대 철학의 결정판과 조화시킬 수 있으며, 이를 통해 객관적 관념론이 단지 하나의 지나간 철학에 머무르지 않고 지속적인 발전을 이룰 수 있게 하는 단서로 기능하기도 한다.[29]

---

28) 같은 책, 121.

2.1. 간주관성의 범주를 통한 주체 중심 관념론의 극복

간주관성을 가리키는 "우리인 나와 나인 우리"라는 표현은 이미 『정신 현상학』에서 등장하지만(3.145), 앞에서 보았듯이 헤겔은 이를 하나의 근본철학적 범주로는 전혀 다루지 않았다. 이에 맞서 회슬레가 간주관 성을 새로운 논리학적 범주로 제안하는 이유가 단지 『논리학』이 객관 성과 주관성의 두 범주에 의해서만 가동되기 때문에 그 둘을 종합하는 범주가 요청된다는 점에만 있지는 않다. 즉 그는 헤겔의 실재철학에서 논리학을 '넘어서 더 멀리 나아가고 있는' 부분인 객관정신과 절대정신 의 중심범주를 바로 간주관성으로 보며, 이에 체계의 완결성에 요구되 는 중요한 것들 가운데 하나가 논리학과 실재철학의 완전한 구조적 대 응이라면 그러한 실재철학적 간주관성을 원리짓는 근본철학적 범주로 서의 간주관성이 필연적으로 요청된다고 보는 것이다.

---

29) 최근에 출간된 자신의 철학적 장르론에 관한 저서에서도 회슬레는 이러한 사 상을 계속 발전시키고 있다. V. Hösle (2006a) 참조. 특히 17ff.를 주목해서 볼 것. 이 도입부에서 회슬레는 철학적 글쓰기 방식을 바로 이러한 범주에 의 거하여 "객관성의 장르" "주관성의 장르" 그리고 "간주관성의 장르"로 구분 한다. 이렇게 본다면 철학의 내용 면에서뿐만 아니라 그 쓰기의 방식에서도 지금까지의 철학사는 심대한 위축을 경험한 것으로 평가된다. 왜냐하면 범주 적으로 볼 때 최고단계인 "간주관성의 장르"는 바로 "철학적 대화"를 의미하 거니와, 플라톤 이후의 철학적 글쓰기 방식이 점차적으로 논고(Traktat)나 성 찰(Meditation)의 형태로 축소되어온 것은 오히려 정립적 범주와 반정립적 범주인 "객관성"과 "주관성"으로 분열된 것이기 때문이다. 이러한 문제의식 에 의거하여 회슬레는 최근에 심신(心身) 문제에 대한 자신의 심리철학 논문 을 실제로 대화체 형식으로 펴낸 바 있다. V. Hösle (2006b) 참조. 회슬레처 럼 이렇게 엄밀한 범주론적 관점에 의거하지는 않으며, 더욱이 회슬레와는 근 본적으로 적대적인 철학적 입장에 서 있지만, 슬로터다이크(P. Sloterdijk) 역 시 2004년 가을에 나와 나누었던 한 대화에서 아리스토텔레스 이래 철학적 장르의 주류가 된 논고 형식을 심각한 "손실"로 평가한 바 있다. 물론 슬로터 다이크 이전에 이미 현대 철학에서 건조한 논고를 피하고 수사학적 에세이 방 식을 옹호한 대표적인 인물로는 니체나 아도르노 등을 들 수 있다.

2.1.1. 논리학적 범주로서의 간주관성: 실재적 간주관성의 논리적 선형식

근본철학으로서의 논리학에 간주관성의 범주를 끌어들이는 것을 정당화하기 위한 회슬레의 논변은 먼저, 모든 객관성이 필연적으로 인식하는 주체에 정향되어 있기에 주관성의 범주가 절대적으로 거역불가능하다는 것을 정당화하는 논변과 비슷한 구조로 이루어진다. "존재자의 전달가능성 역시 그것의 인식가능성과 마찬가지로 거역불가능한 것이 아닌가? 즉 존재하는 어떤 것을 원칙적으로 인식불가능한 것으로서 언표하는 것이 모순적인 것과 마찬가지로, 존재하는 어떤 것을 원칙적으로 전달불가능한 것으로서 설명하는 것 또한 모순적인 것이 아닌가? 〔……〕 인식과 전달은 그야말로 밀접하게 연관된 것이어서, 인식의 논리적 선형태〔=주관성〕에 대한 취급은 또한 전달의 선형태에 대한 취급을 수반하는 것이 아닌가?"[30] 다시 말해 회슬레가 지적하고자 하는 것은, 헤겔에서 완결된다고 인정되는 독일관념론에서 최고의 범주로 설정되는 인식적 주관성이 기본적으로 주체-객체라는 두 개의 측면으로 설명되지만, 사실 인식이란 이미 주체-객체-주체라는 세 개의 측면으로 이루어진다는 사실, 다시 말해 주객관계는 그 자체가 벌써 간주관적으로 매개되어 있다는 점이다.

이러한 주장을 뒷받침하는 근거로 우리는 적어도 두 가지를 생각할 수 있다. 첫째, 앞에서 잠시 거론했던 고르기아스의 주장에 내포된 근원적 모순에 대한 플라톤의 논박에서 드러났듯이, 초월철학적 의미에서 거역불가능한 범주에는 존재(객관성)와 인식(주관성)뿐만 아니라 전달가능성(간주관성)도 포함된다는 점이다. 이와 연관하여 둘째, 주관성이 지닌 최고의 주관적인 힘은 바로 자기 스스로를 타자화하고, 이로써 하나의 단수로 머무르는 것이 아니라 스스로를 복수화하는 능력에 있다. 이미 플라톤이 『테아이테토스』에서 사유를 '자기 자신과의 대화'로 설명했듯이[31] 주관성은 그 순수한 형태에서도 언제나 간주관성

---

30) V. Hösle (1988), 124.

을 수반하며, 심지어 절대적 주관성은 그 절대성을 위해 이미 간주관적인 구조를 자신의 가능성의 조건(Bedingung der Möglichkeit)으로서 내포한다고, 그런 점에서 간주관성은 초월적(transzendental)이라고까지 말할 수 있다.[32] 물론 순수 주관성의 단계에서 이러한 간주관성은 아직 함축만 되어 있을 뿐——또는 헤겔 식으로 말하자면 다만 "즉자적"인 상태에 머물 뿐——, 명시적으로 드러난(즉 "대자적"인) 것은 아니다. 이러한 간주관성이 명시화된다면, 또한 그럼으로써 "객관정신"과 "절대정신"이라는 실재철학적 범주를 논리적으로 정초할 수 있다면, 그것은 바로 "주관성"과 그 이전의 범주인 "객관성"을 종합한 것으로서의 제3의 종합적인 범주가 되는 것이다.

2.1.2. 간주관성 도입가능성의 이론적 단초들

객체와 주체의 통일로서의 제3의 종합적인 범주는 "주체와 구별되면서도 동시에 주체와 동일한 객체"[33]이다. 이 점에서 볼 때 이미 피히테가 매우 중요한 단초를 제공한다. 왜냐하면 그는 주체인 '나'(Ich)와 객체인 '그것'(Es)의 종합으로서 '너'(Du)라는 개념을 도출하는데,[34] 이 제2의 주체인 '너'의 관점에서는 애초의 '나' 역시 '너'가 되며, 이에 이 '너'-관계는 필연적으로 상호적일 수밖에, 즉 간주관적일 수밖에 없기 때문이다. 즉 제3의 종합적 범주는 '주체-객체'가 아닌 '주체-주체'의

---

31) *Theätet*, 188e-189a.
32) 사유의 이러한 구조는 언어 영역의 독백에도 그대로 적용될 수 있다. 예컨대 훔볼트는 "말하는 행위의 가능성은 그 자체가 발화와 청취를 통해 조건지어진다"고 지적하며(W. v. Humboldt, *Werke III*, 138), 하이데거 역시 "말하는 행위로서의 언어행위는 그 자체가 하나의 듣는 행위이다"(M. Heidegger〔1959〕, 254)라고 설명한다. 물론 해석학적으로 밝히자면 이러한 사상은 이미 「창세기」에서도 엿볼 수 있다. 즉 절대적 주체인 신 스스로가 "우리의 모상으로서의 인간을 우리와 닮게 만들자"(Laßt *uns* Menschen machen als *unser* Abbild, *uns* ähnlich. Gen. 1.26)라고 말하고 있는 것이다.
33) V. Hösle (1988), 263.
34) Fichtes Werke, 1.502.

관계로 설정되는 것이다. 헤겔이 논리학의 개념론에서 궁극적으로 성취하고자 하는 절대적 주관성이 "←a→(또는 ←←a→→)"라는 구조로 정식화될 수 있는 반면, 새로운 범주인 간주관성은 "←a→←→←b→"로 규정된다.[35]

이에 대해 혹자는 절대적 관념론의 결코 양보할 수 없는 원리인 "반성성"(Reflexivität)이 근원적으로 훼손되지 않을까 하는 우려를 품을 수도 있다. 그러나 이에 대해 회슬레는 간주관성이 지니는 "대칭적이면서도 타동적인 관계"(symmetrische und transitive Relation)에서 충분히 반성성을 도출해낼 수 있다고 해명한다. "왜냐하면 타동성을 함축하는 논리적 관계인 R(a, b)∧R(b, c)⊃R(a, c)와 대칭성을 보증하는 언명인 R(a, b)∧R(b, a)가 타당하다면, c에 a를 대입할 경우 바로 R(a, a)가, 즉 관계 R의 반성성이 타당해지기 때문이다."[36] 물론 맥타가트나 토이니센(M. Theunissen) 같은 이는 헤겔의 논리학이 이미 간주관성의 이론을 포함하고 있다고 주장하지만,[37] 이에 대해 회슬레는 헤겔이 논리적 차원에서는 그 어떤 주체-주체의 관계도 하나의 범주로

---

35) V. Hösle (1988), 217.

36) 같은 책, 265.

37) J. M. E. McTaggart (1910), 310; M. Theunissen (1978), 45ff. 참조. 이 글들에서 맥타가트와 토이니센은 각각 '사랑'과 '의사소통적 자유'를 헤겔 논리학에서 끌어낼 수 있다고 주장하지만, 그것은 어디까지나 헤겔 연구가들에 의한 해석적 확장일 뿐, 어쨌거나 헤겔이 간주관성을 본격적인 논리학적 범주로서 명시적으로 취급하지 않았다는 점에 대해서는 그들도 시인할 수밖에 없다. 『헤겔의 체계』에 대한 서평에서 개진된 샤버의 주장도 이와 마찬가지이다. 그는 개념이 인격으로서 "투과될 수 없는 원자적 주관성이면서도, 그와 마찬가지로 또한 배타적 개별성이 아니라 보편성이기도 하며, …… 자신의 타자 속에서 바로 자기 자신의 고유한 객관성을 대상으로 지닌다"는 대논리학의 구절(5.549)을 끌어들이는 가운데, 그 타자를 또 하나의 주관성으로 해석함으로써 회슬레의 입장에 강한 반대를 표명한다. P. Schaber (1990), 677 참조. 그러나 샤버의 주장 역시 철학사의 최고의 거장에 대한 무조건적 선의에 근거한 확장적 해석일 뿐, 그 역시 헤겔이 간주관성의 어떤 논리적 선형식을 논리학적 범주로 개진한다는 증거를 대지는 못한다.

결코 다루지 않음을 지적하면서, 헤겔의 논리학이 '너'의 이념을 포함하고 있지 않다는 귄터(G. Günther)의 주장을 옹호한다.[38] 그런데 앞에서 언급했듯이 이러한 새로운 범주의 도입은 헤겔 체계의 작은 한 측면을 내용적으로 풍부화하는 것에 그치는 것이 아니라 그의 변증법적 체계 전체의 구성방식을 근본적으로 건드리게 만든다.

2.2. 헤겔 체계의 삼분적 구성 대 사분적 구성

회슬레가 헤겔 체계의 이러한 구조변경의 필연성을 성낭화하기 위해 먼저 눈여겨보는 것은 논리학이 지니는 이중적 측면이다. 즉 논리학은 한편으로는 실재철학의 토대가 되는 프로그램이자 동력원이면서도, 다른 한편으로는 그 자체가 전체 체계의 한 부분이기도 한 것이다. 그 때문에 논리학과 실재철학의 관계 그리고 전체 체계의 구성 측면에서 다음과 같은 결론이 나오는 것은 지극히 당연하다. "논리학이 체계의 부분이면서도 동시에 실재철학에 상응해야 한다면, 체계[전체]가 n개의 부분들을 지닐 경우, 실재철학에 속하는 부분들의 수 m은 ─체계의 첫째 부분인 논리학이 제외되어야 하므로─ n-1이 되어야 한다는 것은 분명하다. 그러나 논리학과 실재철학이 서로 상응을 이루어야 하기

---

38) G. Günther (1959), 109; V. Hösle (1988), 267, 272 참조. 이와 더불어 회슬레는 헤겔 연구가들에게 거의 알려지지 않은 중요한 사상가를 우리에게 알리는데, 그가 바로 스웨덴의 철학자 예이예르(E. G. Geijer)이다. 더욱이 예이예르는 앞에서 내가 거론한 바 있는 '절대적 주관성의 가능성의 조건으로서의 간주관성'에 관한 사상을 이미 구조적으로 명확하게 제시하고 있다. 최고의 대립과 최고의 통일이 바로 주관성과 주관성 사이에서야 비로소 성립한다고 강조하는 가운데 그는 다음과 같이 말한다. "하나만으로 성립하는 인격은 없거니와, 그것은 모름지기 또다른 인격 안에서 그리고 그러한 또 하나의 인격을 통해서 존재한다. 너가 없이는 그 어떤 나도 없다. 최고의 대립은 자아와 비아 사이의 대립이 아니라 자아와 또다른 자아 사이의 ─즉 나와 너 사이의─ 대립이다"(1842; 133). 이와 유사하게 로이스(J. Royce)도 '공동체'의 범주를 사변철학의 근원적 원리로 제시한다. "자기도, 로고스도, 일자도 그리고 다수도 아닌, 오로지 공동체(Community)만이 그러한 철학의 지배적 범주가 될 것이다"(1968; 344).

때문에, 논리학 역시 m개의 부분들로 나뉘어져야 한다."[39] 그런데 문제는 많은 헤겔 연구자들이 별 고민 없이 n과 m 모두에 3을 대입시킨다는 점에 있다. 그러나 m=n-1이라면 m과 n이 동시에 3일 수가 없음은 명백하다. 즉 근본적으로 헤겔의 체계는 "체계 전체가 세 개의 부분으로 이루어지거나, 아니면 논리학과 실재철학이 각기 세 부분으로 이루어질 뿐, 전자와 후자가 동시에 삼분구조를 지닐 수는 없는" 바의 아포리아에 빠져 있으며,[40] 이에 따라 두 가지 체계구성 방식을 생각할 수 있다는 결론이 또한 따라나오는 것이다.

논리학·자연철학·정신철학으로 이루어지는 노장 헤겔의 체계는 방금 언급된 기준에 따르면 n=3으로 구성되어 있다. 그리고 n=3을 기준으로 사람들은 헤겔의 체계가 완결된 구조로 이루어져 있다고 간주해왔다. 그러나 이러한 구성은 "현저한 미관상의 오류"에 빠져 있다. 왜냐하면 n=3이라면 논리학과 실재철학에 해당하는 m=n-1=2가 되며, 또한 실제로도 헤겔의 실재철학은 자연철학과 정신철학으로, 그리고 논리학은 엄밀한 의미에서는 객관논리학과 주관논리학으로 이루어져 있거니와, "삼분적 구성을 통해서만이 비로소 완전성을 갖출 수 있는 철학에서 이는 자못 껄끄러울 수밖에 없는" 일이기 때문이다.[41] 이 문제와 연관하여 우리가 생각해볼 수 있는 판정은 특히 논리학과 실재철학 가운데 적어도 하나가 불완전하게 구성되어 있다는 것일 수밖에 없다. 그리고 앞에서 논의된 바에 따르면 이에 대한 대답은 바로 논리학이 심각한 구조적 결함을 내포하고 있다는 것이었다. 이를 해결할 수 있는 길은 엄밀한 변증법적 숫자 '3'을 n이 아닌 m에 대입하는 것이다. 왜냐하면 모든 존재영역을 원리짓는 논리학이야말로 철저한 변증법적 원칙 그 자체가 되어야 하며, 그 피원리항인 실재철학은 그러한 논리학의 구조에 그대로 상응해야 하기 때문이다.

---

39) 같은 책, 128.
40) 같은 책, 129.
41) 같은 책, 131.

그런데 이러한 조치를 취할 경우 흥미로운 결과가 따라나온다. 즉 m=3이라면 n=m+1=4가 되기 때문이다. 다시 말해 변증법적 원칙에 충실하도록 만들어진 새로운 엄밀한 체계는 전체적으로 삼분구조(Triade)가 아니라 사분구조(Tetrade)가 된다. 더욱 흥미로운 것은 우리에게 익히 알려진 삼분구조의 완성자 헤겔 역시 『차이』를 비롯한 초기의 체계구상에서는 ──헤겔의 직접적 제자인 로젠크란츠(K. Rosenkranz)의 보고와 이를 기반으로 한 킴메를레(H. Kimmerle)의 연구에서 드러나듯이[42]── 종종 사분구조를 택했으며, 심지어는 『철학대계』에서조차 몇몇 부분(가령 §384Z, 10.30)에서는 실재철학을 삼분화함으로써 전체 체계가 사분적으로 구성되게끔 설명하고 있다는 점이다. 회슬레는 사분적 구성은 실로 중대한 철학적 의미가 있는 것이지만, 기존의 헤겔 연구 관행은 삼분적 구성의 모델에 너무나 오래도록 친숙해진 나머지 이를 쉽사리 받아들이지 못했으며, 1970년대 말에 가서야 비로소 제대로 인정받기 시작했다고 지적한다.[43] 로젠크란츠는 특히 예나 시기의 헤겔이 전체 체계를 논리학, 자연철학, 실재적 정신의 철학 그리고 종교철학으로 구성하고 있음을 이미 알린 바 있다. 그러나 이와 함께 특히 비중 있게 눈여겨보아야 할 텍스트로 회슬레가 거론하는 것은 1801/02년의 헤겔의 한 강의록이다(GW 5, 263). 여기서 헤겔의 체계는 ① "이념 그 자체의 학문", 즉 "관념론 또는 논리학"과 ② "이념의 실재성의 학문" 즉 후일의 "실재철학"에 해당하는 부분으로 나뉘며, ②는 다시금 2-1 "이념의 실재적 신체", 즉 자연의 영역에 관한 학문, 2-2 "표상과 욕망"과 "욕구들과 법의 왕국"을 포함하는 "정신"의 영역에 관한 학문 그리고 2-3 "네 번째 부분인 종교와 예술"의 철학으로 나뉜다. 물론 이에 대해 회슬레는 객관정신의 영역을 2-2에 편입시키는 방식에 대해서는 이의를 제기한다. 왜냐하면 정신의 첫 번

---

42) K. Rosenkranz (1844) 중 "Didaktische Modifikation des Systems" 부분; H. Kimmerle (1967), 80; (1969), 89 참조.
43) V. Hösle (1988), 136.

째 단계는 자연과의 대립에 머무르는 유한한 정신(=주관정신)인 데 반하여, 인륜성의 체계인 객관정신은 절대정신과 마찬가지로 그러한 대립을 지양한 단계로 보아야 하기 때문이다. (앞에서 잠깐 거론한 『철학대계』의 한 지점에서도 이 점은 동일하다. 즉 거기에서 헤겔은 실재철학을 ① "외면적이고 개별화된 현존재의 직접성"(=자연), ② 자연과 대립하여 자기 내로 반성된 정신(=주관정신과 객관정신) 그리고 ③ 유한성을 완전히 극복한 정신(=절대정신)으로 나눈다. 나아가 『철학대계』의 종교 장(章)에서는 이러한 생각이 더욱 확연히 드러난다. 거기에서 헤겔이 구분하는 세 "왕국들"은 각각 ① 논리학, ② 자연과 유한한 정신의 철학 그리고 ③ 절대정신에 대응하는 구조로 이루어져 있거니와, 이 중 ②를 다시 두 영역으로 나누면 전체 체계가 사분적 구성을 취하는 것은 명백하다.)

이러한 사분적 체계구성의 선택은 또한 '3'이라는 이상적인 변증법적 숫자가 훼손되는 데 대한 거부감을 불식시킬 수 있는 논증을 제공한다. 왜냐하면 사분적 구조는 궁극적으로는 삼분적 구조로 환원될 수 있거니와, 그것은 바로 삼분구조의 두 번째 단계가 차이의 단계로서 그 자체로 이중화되어 있는 것으로 설정되기 때문이다.[44] 즉 삼분구조는 '첫 번째 계기' '이중적으로 이루어진 두 번째 계기'와 '세 번째 계기'로 구성되므로, 두 번째 계기의 이중성을 밝히면 전체적으로 사분구조임이 드러나게 된다. 그리고 이미 보았듯이 전체의 체계에서 이중화된 두 번째 단계는 바로 자연과 정신이라는 대립항이다.

3. 이론지상주의의 극복과 체계의 완결성 달성

앞에서 얘기된 삼분구조와 사분구조의 대결 문제는 단지 3과 4라는 한갓된 숫자놀음에 그치는 문제가 아니다. 즉 그것은 "미관상의 오류"

---

44) V. Hösle (1988), 147ff. 참조.

와 관련된 문제로 그치는 것이 아니라, 헤겔 철학 전체의 근본적인 방향 설정과 거기에서 야기되는 또 하나의 중대한 결함과도 매우 깊은 관련이 있는 것으로 드러난다. 회슬레가 주목하는 그 또 하나의 결함이란 바로 헤겔 철학의 뿌리 깊은 이론지상주의(Theoretizismus)이다. "과거주의"(Passatismus)라고도 할 수 있는 이러한 기본노선은 예를 들면 마르크스의 "지금까지 철학은 세계를 단지 여러 상이한 방식으로 해석만 해왔다"라는 유명한 언명[45]에서도 잘 드러난다. 다시 말해 헤겔의 체계에서 모든 실재하는 것은 오로지 (헤겔 자신의) 철학을 위해서만 그 궁극적인 존재가치를 지니는, 따라서 결국에는 절대자의 인식인 철학에서 모두 지양되는 것이 마땅한 것으로 설정되어 있다. 우리가 철학에서 기대하는 미래적 전망의 가능성이 헤겔에게서는 철저하게 절멸되어 있다. 미네르바의 올빼미는 황혼녘에야 비로소 날기 시작한다는, 그의 『법철학』 서문의 유명한 명제(7.28)가 여실히 보여주듯이, 헤겔의 체계에서 "철학의 너무 늦게 옴"(Zuspätkommen der Philosophie)[46]은 종종 그의 철학 전체에 대한 거부감을 불러일으키는 구실이 되고 있다. 가령 "나는 무엇을 해야 하는가?"와 같은 칸트의 문제의식(KdrV, B 833=A 805)은 헤겔의 체계에서는 거의 의붓자식 취급을 받고 있다. 이 질문에 대한 헤겔의 가능한 대답은 기껏해야 "현실에 깃들어 있는 이성을 인식하라!" 정도에 그친다.[47]

그러나 헤겔에게서 직접 나타나는, 실재철학의 삼분적 구성을 통한 전체 체계의 이러한 사분적 구성을 회슬레가 제안하는 간주관성 범주의 도입과 조화시키면, 헤겔 철학의 또 하나의 중요한 맹점인 이 이론지상주의가 원리적으로 극복될 수 있게 된다. 간주관성의 범주에 객관정신과 절대정신이 함께 편입된다면, 특히 이 둘의 관계가 이행과 지양

---

45) K. Marx, "Thesen über Feuerbach" 11, in: *Karl Marx/Friedrich Engels, Werke*(MEW), Bd. 3, S. 7.
46) V. Hösle (1988), 424ff. 참조.
47) V. Hösle (1986), 28f. 참조.

의 관계가 아닌 생산적 상호작용의 관계로 인식된다면, 절대적 "인식"만을 목표로 함으로써 헤겔이 빠져들 수밖에 없었던 철학의 무력함은 근본적으로 해결될 수 있다. 왜냐하면 원래의 헤겔판 절대정신철학은 "개념 속으로의 도피"(Flucht in den Begriff)로 끝나도록 설정되어 있지만, 회슬레는 철학에서 이루어진 절대적 인식이 객관정신의 영역에서 재객관화되는 가능성을 이론적으로 구조화함으로써 정치적 현실에 대한 철학적 선취를 가능케 하며, 많은 헤겔 비판가들이 헤겔에게 요구하는 철학의 규범적 기능 역시 복원할 수 있기 때문이다. 이는 말하자면 헤겔의 미네르바 올빼미를 새벽에도 날 수 있게 하는 것이다.[48] 회슬레의 이러한 작업이 특히 철학적으로 의미심장한 것은, 그는 이론적 인식을 위해 모든 존재 영역이 지양되는, 헤겔식 관념론의 극복을 —— 대부분의 자칭 '실천철학자'들처럼—— 그저 요구하거나 목청 높여 선언하는 것을 넘어, 냉정하고도 엄밀한 논증을 통한 진정한 학(學)의 형식으로 모색한다는 점에 있다.

게다가 이를 통해서는 헤겔의 여러 주장 가운데 또 하나의 악명 높은 종말론적 사고가 극복될 수 있는바, 그것은 예컨대 '예술의 종언'이라는 그의 미학적 테제를 근본적으로 수정할 수 있게 해준다. 다시 말해 철학 이후에 객관정신이 다시 올 수 있게 하는 논법은 예술 역시 철학 이후에 올 수 있는 것으로 설명하는 이론적 장치로도 매우 강력한 기능을 발휘할 수 있기 때문이다. 게다가 절대정신의 영역 안에서 예술이 철학에 대해 지니는 위치가 이렇게 수정된다면, 미적 영역에서 이론적 영역과 실천적 영역을 매개하는 교량 역할을 기대했던 초기 독일 관념론의 이념이 다시 활성화될 수 있게 된다. 더욱이 이러한 회슬레의 수정 모색이 지니는 매력 가운데 하나는, 그것이 정신철학의 영역에서 절대정신과 객관정신의 관계를 재설정하고 또한 절대정신철학에서 철학과 예술의 관계를 재설정하고 있음에도, 인식적인 측면에서 철

---

48) 권대중 (2003), 114 참조.

학이 지니는 양보할 수 없는 우월성을 계속해서 인정할 수 있다는 점이다. 다만 인식 그 자체가 모든 존재영역의 궁극목표는 아니라는 것이다.[49]

간주관성의 범주 그리고 실천철학의 본질과 관련하여 회슬레는 또한 프락시스와 포이에시스의 근본특징을 독일관념론과는 다른 방식으로 재설정할 것을 제안한다. 왜냐하면 피히테와 마찬가지로 헤겔이 실천철학의 근본개념으로 끌어들이는 "선의 이념"(Idee des Guten)은 그 규정에 따르면 아리스토텔레스의 분류법에서의 '프락시스'가 아닌 '포이에시스'에 해당하는 것이기 때문이다. 즉 실천철학의 근본원리가 주체들간의 간주관적 관계인데도, 헤겔은 주체-객체 관계를 그 근본범주로 끌어들이는 오류를 범한다는 것이다. 이에 회슬레는 포이에시스를 "주체에서 출발하는, 객체에 대한 작용"으로 그리고 프락시스를 "주체에서 출발하는, 주체에 대한 작용"으로 재설정함으로써,[50] 객관정신철학의 내용에 제대로 상응하는 범주를 도출하고자 한다. 이에 따라 테오리아·포이에시스·프락시스에 각각 해당하는 범주는 바로 객관성·주관성·간주관성이라는 결론이 자연스럽게 나올 수 있게 된다.

물론 앞에서 보았듯이 회슬레의 이러한 제안은 어떤 정치철학적 당파성에 의거한 단순한 선언으로 그치는 것이 아니다. 왜냐하면 그는 궁극적으로는 실재철학에서 객관정신과 절대정신을 관통하는 간주관성에 대한 논리학적 선형식이 마련되어야 한다는 것을 분명히 하고 있으며, 그럼으로써 논리학이라는 근본철학의 제일과제인 **보편적 정초**의 역할을 강하게 요구하기 때문이다. 더욱이 이 새로운 범주의 도입을 통해 근본학으로서의 논리학은 겉보기에는 존재론·본질론·개념론이라는 삼분적인 구성으로 이루어졌지만 실질적으로는 객관성과 주관성이라는 이원적 구성으로 이루어졌다는 심각한 구조적 결함에서 벗어나

---

49) (2004)에서 나는 이러한 문제의식을 상세하게 개진한 바 있다.
50) V. Hösle (1988), 258.

형식적으로나 내용적으로나 진정한 삼분구조의 골격을 갖출 수 있게 된다.[51]

　이상에서 논의된 회슬레의 입장을 마무리하면 다음과 같이 축약될 수 있을 것이다. 그는 세계의 본질적 이성성을 확신한다는 점에서 헤겔의 입장과 기본적으로 일치하지만, 그렇다고 헤겔의 체계를 이를 위해 가능한 유일한 판본으로 보지는 않는다. 헤겔이 할 수 있었던 것보다 더 탁월하고 엄밀한 철학적 기준에 의거했을 때 그의 진술들에서 사실적 부적합성이나 논리적 부정합성이 발견되었다면, 그것은 마땅히 반박되어야 한다. 즉 객관적 관념론 그 자체는 결코 양보할 수 없는 철학적 노선이지만, 맹목적인 헤겔주의자들이 보지 못한, 헤겔 철학의 현대화와 개선의 여지는 꽤 많이 발견된다. 바로 이것이 진정한 의미의 객관적 관념론적 자세이자 21세기의 사상계를 이끌어갈 새로운 체계철학을 세울 수 있는 길이다.

　물론 헤겔의 체계를 대체할 수 있는 '회슬레의 체계'는 아직 세상에 그 모습을 드러내지 않고 있다. 즉 회슬레 판본의 실재철학 분과들은 이미 여러 형태로 우리에게 주어져 있지만, 우리가 특히 기대하는 그의

---

51) 물론, 회슬레가 지적하듯이, 논리학의 진정한 삼분적 구성을 이루기 위한 노력은 이미 로젠크란츠에 의해서도 매우 유의미한 방식으로 이루어진 바 있다. 그는 『논리적 이념의 학』(*Wissenschaft der logischen Idee*, 2 Bde., Königsberg 1858~1859)에서 논리학을 ① "형이상학" ② "논리학" 그리고 ③ "이념론"으로 나누었는데, 이 중 ①은 헤겔의 객관논리학에, ②는 개념논리학의 "주관성" 부분에 해당하며, ③은 개념론의 세 번째 절을 확장한 것이다. 그러나 이러한 로젠크란츠의 논리학 재구성 역시 회슬레가 보기에 충분한 것이 못 된다. 왜냐하면 로젠크란츠의 관심은 단지 논리학의 형식적 구성 면에서의 완전성 추구일 뿐, 주관성의 재객관화로 특징지어지는 제3의 종합적 범주의 도출은 여전히 이루어지지 않기 때문이다. 즉 "그의 구성 역시 객관성에서 출발하여 주관성이 점점 더 강화되는 방향으로 되어 있다"(V. Hösle〔1988〕, 262). 따라서 로젠크란츠에게서 어떤 주체-주체 관계를 기대하기는 근본적으로 불가능할 수밖에 없다.

형이상학적 논리학은 아직 제 모습을 드러내지 않고 있다. 그러나 아직 그의 나이가 46세인 점을 감안하면, 언젠가는 철학계에 다시금 새로운 빛을 던져줄 근본철학이 출현하리라는 기대는 충분히 할 수 있을 것이다. 그리고 아마도 그때에야 비로소 이 '신동'은 진정한 '대가'로 거듭나, 오랫동안 사상적 정체상태에 머물러 있는, 아니 어쩌면 오히려 극심한 퇴폐화 일로에 있는 오늘날의 지성계가 다시 한 번 긍정적인 질적 도약을 이룩할 수 있도록 이끌어줄 것이다.[52]

---

52) 회슬레 스스로는 세간에서 자신을 "대가"(Meister)라고 부르는 것을 매우 언짢아했다. 예컨대 그의 또다른 대저인 『도덕과 정치: 21세기를 위한 정치적 윤리학의 기초』(*Moral und Politik. Grundlagen einer politischen Ethik für das 21. Jahrhundert*, München 1997)가 출간되었을 당시 『남독일 신문』(*Süddeutsche Zeitung*)에서는 "대가 회슬레, 세상을 구원하다"(Meister Hösle kuriert die Welt)라는 제목의 신간 소개 기사를 실었는데, 회슬레는 이를 단지 유치한 저널리즘이라고 매우 조소적으로 평가한 바 있다.

참고문헌

1. 1차 문헌

1.1. 헤겔 원전

G. W. F. Hegel, *Werke in zwanzig Bänden*, hrsg. von E. Moldenhauer und K. M. Michel, Frankfurt a. M. 1969-1971
- Bd. 3:   *Phänomenologie des Geistes*
- Bd. 5-6:   *Wissenschaft der Logik*
- Bd. 7:   *Grundlinien der Philosophie des Rechts*
- Bd. 8-10: *Enzyklopädie der philosophischen Wissenschaft im Grudrisse* (1830) (= E.)
_____, *Gesammelte Werke* Bd. 5: Schriften und Entwürfe (1799-1808), hg. von M. Baum und K. Meist, Hamburg 1997
_____, *Wissenschaft der Logik*, 1. Bd., 1. Buch. Das Sein, Faksimiledruck nach der Erstausgabe von 1812, hg. von W. Wieland, Göttingen 1966

1.2. 회슬레의 저작

V. Hösle(1984): *Wahrheit und Geschichte. Studien zur Struktur der Philosophiegeschichte unter paradigmatischer Analyse der Entwicklung von Parmenides bis Platon*, Stuttgart-Bad Cannstatt 1984
_____(1986): "Die Stellung von Hegels Philosophie des objektiven Geistes in seinem System und ihre Aporie," in: Ch. Jermann (Hrsg.), *Anspruch und Leistung von Hegels "Rechtsphilosophie"*, Stuttgart-Bad Cannstatt 1986

_____(1988): *Hegels System, Der Idealismus der Subjektivität und das Problem der Intersubjektivität*, Hamburg ¹1988, ²1997

_____(1994): *Die Krise der Gegenwart und die Verantwortung der Philosophie. Transzendentalpragmatik, Letztbegründung, Ethik*, München ²1994

_____(1997): *Moral und Politik. Grundlagen einer politischen Ethik für das 21. Jahrhundert*, München 1997

_____(2006a): *Der philosophische Dialog. Eine Poetik und Hermeneutik*, München 2006

_____(2006b): "Encephalius. Ein Gespräch über das Leib-Seele-Problem," in: F. Hermanni/Th. Buchheim (Hrsg.), *Das Leib-Seele-Problem. Antwortversuche aus medizinisch-naturwissenschaftlicher, philosophischer und theologischer Sicht*, München 2006, 107-138

1.3. 그밖의 1차 문헌

Fichtes Werke, hrsg. von I. H. Fichte, Bd. 1, *Zur theoretischen Philosophie 1*, Berlin 1834, Nachdruck Berlin 1971

W. v. Humboldt, Werke III, *Schriften zur Sprachphilosophie*, Darmstadt 1963

I. Kant, *Kritik der reinen Vernunft* (=KdrV)

W. Kranz (Hrsg.), *Die Fragmente der Vorsokratiker*, Griechisch und Deutsch von H. Diels, Berlin 1954

K. Marx, "Thesen über Feuerbach," in: *Karl Marx/Friedrich Engels Werke* (MEW), Bd. 3

2. 2차 문헌

권대중 (2003): 「헤겔의 정신론에서 '감각적 인식'으로서의 직관」, 『미학』 제36집

_____ (2004): 「헤겔의 '예술의 종언' 명제의 수정가능성 모색」, 『미학』 제39집

임재진, 「주관성과 상호주관성: 회슬레의 헤겔 해석을 중심으로」, 『철학연구』 제48집

H. Albert (1968): *Traktat über kritische Vernunft*, Tübingen 1968

K.-O. Apel (1973): "Das Apriori der Kommunikationsgemeinschaft und die Grundlagen der Ethik," in: *Transformation der Philosophie* Bd. 2,

Frankfurt a. M. 1973

_____(1987): "Fallibilismus, Konsenstheorie der Wahrheit und Letztbegründung," in: *Philosophie und Begründung*, hrsg. von Forum für Philosophie Bad Homburg, Frankfurt a. M. 1987, 116-211

D. Böhler (1985): *Rekonstuktive Pragmatik. Von der Bewußtseinsphilosophie zur Kommunikationsreflexion. Neubegründung der praktischen Wissenschaften und Philosophie*, Frankfurt a. M. 1985

B. Braßel (2005): *Das Programm der idealen Logik*, Würzburg 2005

G. Damschen (1999): "Das Prinzip des performativen Widerspruchs. Zur epistemologischen Bedeutung der Dialogform in Platons 'Euthydemos'," in: *Méthexis 12* (1999), 89-101

_____(2000): "Formen der Begründung. Zur Struktur und Reichweite reflexiver Argumente bei Platon, Cicero und Apel," in: M. Bauchmann (ed.), *Tradita et inventa. Studien zum Nachleben der Antike*, Heidelberg 2000, 549-573

E. G. Geijer (1842): Tillögg (1842), zu: *Om falsk och sann upplysning med afseende på religionen* (1811), jetzt in: *Samlade Skrifter*, förra afdelningen, Bd. 5, Stockholm 1852, 119-144

G. Günther (1959): *Idee und Grundriß einer nicht-Aristotelischen Logik*, 1959, Hamburg ²1978

M. Heidegger (1959): *Unterwegs zur Sprache*, Pfullingen 1959

H. Kimmerle (1967): "Dokumente zu Hegels Jenaer Dozententätigkeit (1801-1807)," hg. von H. Kimmerle, in: *Hegel-Studien 4* (1967), 21-99

_____(1969): "Die von Rosenkranz überlieferten Texte Hegels aus der Jenaer Zeit. Eine Untersuchng ihres Quellenwertes," in: *Hegel-Studien 5* (1969), 83-94

W. Kuhlmann (1985a): *Reflexive Letztbegründung. Untersuchungen zur Transzendentalpragmatik*, Freiburg/München 1985

_____(1985b): "Reflexive Letztbegründung versus radikaler Fallibilismus," in: *Zeitschrift für allgemeine Wissenschaftstheorie 16* (1985), 357-374

J. M. E. McTaggart (1910): *A Commentary of Hegel's Logic*, 1910, New York 1964

M. W. Roche (1989): Bookreview: "Vittorio Hösle. *Hegels System, Der Idealismus der Subjektivität und das Problem der Intersubjektivität*," in: *Journal of the History of Philosophy* 27: 4, October 1989

K. Rosenkranz (1844): *Georg Wilhelm Friedrich Hegels Leben*, Berlin 1844, Nachdruck Darmstadt 1977

_____(1858f.): *Wissenschaft der logischen Idee*, 2 Bde., Königsberg 1858-1859

J. Royce (1968): *The Problem of Christianity*, with a new introduction by J. E. Smith, Chicago/London 1968

P. Schaber (1990): Rezension: "Vittorio Hösle: Hegels System," in: *Zeitschrift für philosophische Forschung* 44 (1990), 675-679

M. Theunissen (1978): *Sein und Schein. Die kritische Funktion der Hegelschen Logik*, Frankfurt a. M. 1978

W. Wieland (1973): "Bemerkungen zum Anfang von Hegels Logik," jetzt in: *Seminar: Dialektik in der Philosophie Hegels*, hrsg. und eingeleitet von R.-P. Horstmann, Frankfurt a. M. 1978

M. Wolff (1981): *Der Begriff des Widerspruchs. Eine Studie zur Dialektik Kants und Hegels*, Königstein/Ts. 1981

한국어판 간행에 부쳐

이 책의 번역은 현재 세 나라에서 각각 그 작업이 진행되고 있는데, 그 중에서 한국어판이 가장 먼저 출간되는 것을 나는 무엇보다도 기쁘게 생각한다. 이는 한편으로는 개인적인 이유에서 그러하다. 이 고요한 아침의 나라에서 이루어진 정치적·경제적·학문적·문화적 발전은 급속도로 이루어진 효율적 경제의 부흥, 안정된 민주주의로의 이행 그리고 수준 높은 학계의 형성 등 많은 면에서 전세계의 모범이 되고 있는데, 한국인을 아내로 맞이한 나로서는 나 자신도 나름의 특수한 몫을 맡아 이러한 발전에 동참하고 있다고 생각한다.

나는 나의 한국인 제자들을, 그리고 그 중 한 사람인 권대중 교수를 특히 자랑스럽게 생각한다. 독일에서 나의 지도로 헤겔의 미학에 관한 뛰어난 논문을 발표하여 박사학위를 받았으며, 지금은 대구에서 교수직을 맡고 있는 그는 자신이 담당하는 수많은 책무에도 불구하고 엄청난 수고를 마다하지 않고 나의 이 책을 번역하여 한국의 독자들에게 소개하는 일을 기꺼이 떠맡았다.

다른 한편으로 나는 다른 곳도 아닌 바로 동아시아의 한 나라에서 이 책의 첫 번역서가 나왔다는 사실에서, 세계정신이 그것에 대한 위대한 이론가인 헤겔이 생각했던 것과는 오히려 정반대로 겪고 있는, 일종의 아이러니를 목도한다. 왜냐하면 그의 저작들 중 [직접적인] 시대연관성이 가장 강하게 드러나는 ──그리고 그 때문에 이 책에서는 단지 그 개요만 간단하게 논의되었던——『역사철학강의』에서 헤겔은, 세계사의 전진은 지나(支那)에서 출발하여 서쪽으로 나아가는 방향으로 이루어지는바, 최초의 원류가 된 동쪽의 지역은 영원한 정체상태로 머무를 수밖에 없다고 보았기 때문이다.

그러나 지구는 둥글다. 그리고 이는 한편으로는——칸트가 깨달았듯이——세계의 여러 개별 문화가 갈수록 서로 통합된다는 것을 의미하며, 다른 한편으로는 지금까지 세계정신의 기나긴 서진운동이 대서양을 넘어 북아메리카에까지 뻗어나갔다고 한다면, 이제 그 세계정신은 당연히 다시 동아시아를 향해 전진할 수밖에 없다는 것을 의미한다. 나는 아주 가까운 미래에 세계정신의 이러한 계속적인 서진운동의 징후가 실제로 나타나리라 믿는다.

또한 나는 드디어 자신의 발원지인 동아시아로 회귀한 세계사가 생태학적 위기의 시대가 요청하는 바의 전지구적 책임을 발전적으로 잘 수행해내기를 희망한다.

이미 여러 해 전부터 헤겔 철학에 관한 그들의 심오한 이해를 통해 나에게 강렬한 인상을 심어준 많은 한국분들을 나는 감사의 마음과 더불어 기억하고 있다. 내가 가까이 알게 된 최초의 한국인인 후남 젤만 박사, 헤겔 저작의 중요한 번역가이면서 나의 첫 한국행을 주선하셨던 임석진 교수, 서울대학교 미학과와 예술문화연구소가 주최한 강연에 나를 초청해주셨던 김문환 교수와 이창환 교수(바로 그 당시의 강연을 기회로 나는 권대중 교수와 이후 내 아내가 된 김지언을 처음 알게 되었다) 그리고 독일에서 역시 나의 지도로 비코와 헤겔에 관한 뛰어난 논문을 써서 박사학위를 받은 나종석 박사 등이 바로 그들이다.

나는 철학사에서 가장 유의미한 체계——헤겔의 체계가 바로 그것이다——의 지속적이고도 진일보한 관철이 그리고 우리가 지금 살고 있는 세계를 이해하는 데 그 체계를 더욱 훌륭하게 응용하는 것이 바로 한국을 기점으로 이루어지리라 확신한다.

이 한국어판을 나는 존경하는 장인·장모님인 김수근·정준자 두 분께 깊은 감사의 마음을 담아 바친다.

2007년 봄, 노터 데임에서
비토리오 회슬레

책머리에

나는 이 책을 처음 기안할 때부터 항상 학생들을 독자로서 염두에 두고 있었다. 그 때문에 이 저술의 제2권이 나온 지 얼마 안 되어 내용상 전혀 차이가 없으면서도 훨씬 저렴한 가격으로 이 연구서가 출간될 수 있다는 사실은 나를 더더욱 기쁘게 한다. 물론 나는 이 책에서 기존의 연구에서 더 나아간 몇몇 새로운 성과가 달성되었다고 믿는다. 그렇지만 그런 중에도 나는 이 책이 초보자들에게 철학사를 통틀어 가장 복잡한 체계를 〔좀더 용이하게〕 독파해나갈 수 있는 실마리로 기여할 수 있게 하려고 노력하였다.

이 책에 대한 그 동안의 반응에 관해서 말하자면, 물론 아직까지는 그다지 많은 서평이 씌어진 것은 아니지만, 전체적으로 나는 지금까지 나온 서평들에서 용기를 북돋우는 반향을 체험했다. 혹자들에게 이 책의 약점으로 여겨졌던 것이 다른 사람들이 보기에는 오히려 강점이 된다. 그 강점은 바로 "헤겔의 체계"를 단순히 체계론적으로 재구성하는 데 그치지 않고 객관적 관념론의 혁신을 위한 초석을 마련하려는 것이다——객관적 관념론은 간주관성이론적(intersubjektivitätstheoretisch)으로 변형됨으로써만이 근대철학을 "지양"했다고 주장될 수 있다. 같은 출판사에서 곧 간행될, 초월화용론에 관한 책에서 나는 이러한 기획을 현대철학과 연관된, 좀더 체계적인 문제제기를 통해 추진하고자 한다.*

만약 내가 지금 또다시 헤겔을 다루게 된다면 물론 나는 이 책에서는 아직 제대로 다루지 못한 여러 중요한 점을 부각시킬 것이고 또한 많은 물음을 더욱 자세히 상론할 것이다. 모든 객관적 관념론에서 중심적인 문제가 되는 결정론(Determinismus)이 이 책에서는 극히 짧게만 언급되어 있다. 그리고 객관정신에 대한, 특히 '국가' 부분에 대한 이 책의 접근은 (헤겔의 「독일헌법」이 〔단순히〕 헌법에 의거해서는 예상이 불가능한, 권력의 새로운 중심들의 형성──이는 오늘날의 어느 국가에서나 볼 수 있는 현상이다──을 개념적으로 파악할 수 있는 단초들을 지니고 있음에도) 지나치게 규범적-법학적 범주들에 따라 규정되어 있다. 게다가 미학 부분에서 나는 헤겔과 마찬가지로 〔예술의〕 형식적인 국면을 과소평가한 점이 없지 않다. 또한 19세기의 위대한 헤겔 비판가들도 좀더 자세하게 언급되었어야 했다. 이 점과 관련해서 특히 헤겔의 과거주의(Passatismus)와 이론지상주의(Theoretizismus)가 결코 지지될 수 없음을 간파한 최초의 인물인 키에르케고르가 언급되지 않았다는 점은 아쉽다고 할 수 있다(물론 그렇다고 그의 실정적인 제안들을 그대로 수용해야 하는 것은 아니다). 그러나 ──코이너 씨**의 말을 임의로 인용하자면── 우리가 죽지 않아도 되는 것은 바로 우리 스스로가 자신의 작품이 지닌 결함들을 인식하는 한에서가 아닌가.

1988년 이른 계절, 뉴욕에서
비토리오 회슬레

---

* 여기에서 저자가 예고하는 책은 그의 또다른 수작(秀作)인 『현대의 위기와 철학의 책임』(*Die Krise der Gegenwart und die Verantwortung der Philosophie*)이다. 다만 이 책은 1990년에 Felix Meiner 출판사가 아니라 뮌헨에 있는 C. H. Beck 출판사에서 간행되었다. 이 책 「제2판 후기」의 주 11 참조.
** 브레히트(B. Brecht)의 초기 작품 「코이너 씨 이야기」(Geschichten von Herrn Keuner)에 나오는 등장인물.

제1판 제1권 서문

헤겔의 체계에 대한 이 연구서 두 권의 공통된 목표는 헤겔 철학 전체에 대한 체계론적 분석과 객관적 검증을 수행하는 것이다. 제4장〔논리학 부분〕과 그 이후의 〔실재철학에 관한〕 장들 사이에는 자연스러운 내용적 간격이 성립하므로, 이 책이 두 권으로 나뉘는 것은 결코 무리가 아니다. 제1권에서 나는 헤겔 철학의 역사적 배경을 상론하고, 헤겔의 체계구조와 방법을 분석하며, 또한 나의 철학적 핵심 테제——즉 헤겔의 논리학과 실재철학 사이에는 일관된 상응관계가 존재하지 않으며, 〔따라서〕 또한 논리학의 전개방식이 실재철학의 전개방식의 원리로서 정확하게 기능하지 못한다는 테제——를 개진하고자 한다. 제2권에서는 제1권에서 이루어진 성과를 헤겔의 자연철학과 정신철학에 적용하여 자세한 설명을 가하고자 한다. 제2권은 특히 현실에 대한 헤겔의 언명 가운데 어떤 것들이 오늘날에도 여전히 타당한 것으로 평가될 수 있는가 하는 물음을 집중적으로 다룬다.

헤겔의 사상세계가 지니는 복잡함과 풍부함을 충분히 고려하더라도 되도록이면 간명한 진술로 이 책을 꾸리고자 나름대로는 매우 노력했음에도, 이 책은 이토록 두꺼워지고 말았다. 따라서 「참고문헌」란은 이 제1권에만 수록하기로 했다. 본문에서 문헌을 표기할 때 간행연도만 명시한 것도 지면 수를 줄이기 위해서였다. 그 대신 문헌들의 상세한 정보는 「참고문헌」란에 명시했으며, 또한 두 권 전체에 대한 색인은 제

2권에 실었다.*

　이 책이 나올 수 있기까지 도움을 주신 여러 분을 거명하지 않을 수 없는데, 먼저 이 교수자격논문(Habilitation)을 집필할 수 있도록 장학금을 지원해준 독일학술연구재단(Deutsche Forschungsgemeinschaft)에 감사드린다. 또한 이 논문의 심사자들이었으며 내가 존경하는 스승들이신 바이어발테스 교수(W. Beierwaltes, 뮌헨), 가이저 교수(K. Gaiser, 튀빙엔), 크래머 교수(H. Krämer, 튀빙엔), 로어 교수(Ch. Lohr, 프라이부르크), 토트 교수(I. Tóth, 레겐스부르크) 그리고 반트슈나이더 교수(D. Wandschneider, 튀빙엔)께도 가슴에 사무치는 감사의 마음을 표한다. 그 중에서도 나는 특히 H. 크래머와 D. 반트슈나이더, 이 두 교수님과 함께 이 책의 테제들에 관해 더욱 상세한 논의를 할 수 있었다. 더욱이 이 연구 전체를 관통하는, 헤겔 철학에 대한 체계론적 관심은 바로 나의 작업을 모든 측면에서 독려해주신 D. 반트슈나이더 교수님과의 수많은 대화를 통해 구체화될 수 있었다. 나는 이 책을 쓰면 쓸수록 나 자신의 철학적 지향이 얼마만큼 그분의 도움에 힘입고 있는지를 더욱 분명하게 알 수 있었다.

　이 책에는 내가 이전에 행한 여러 강연의 내용이 다수 포함되어 있는데, 그 중 하나는 D. 반트슈나이더 교수의 주도와 나폴리에 있는 이탈리아 철학연구원(Istituto Italiano per gli Studi Filosofici)의 기획으로 1983년 10월에 튀빙엔에서 개최된 콜로퀴움 "헤겔과 자연과학들"(Hegel und Naturwissenschaften)에서 행했던 두 차례의 강연이며, 다른 하나는 1984년 3월 같은 연구원 주최로 나폴리에서 열렸던 학술세미나 "헤겔 『법철학』의 요구와 성과"(Anspruch und Leistung von Hegels *Rechtsphilosophie*)에서 행한 세 차례의 강연이다. 그후 이 강연들은 같은 학술회의의 다른 문건들과 함께 여러 권으로 구성된 논문

---

*그러나 몇 년의 간격을 두고 발간될 이 번역서에서는 독자들의 편의를 위하여 회슬레의 원저와는 달리 두 권 모두에 색인과 참고문헌을 수록하였다.

집에 실렸다. 물론 나는 같은 글을 반복해서 출간하는 것을 좋아하지 않지만, 여러 갈래로 나뉘어 수록된 그 작업들을 좀더 손질하여 하나의 완결된 형태로 묶는 것이 꼭 필요하다고 판단되어, 이와 같은 단행본을 펴내게 되었다. 방금 언급한 학술회의에서 많은 지적 자극과 비판을 제공해준 모든 참가자들에게 감사드린다. 그 중에서도 특히 페트리 교수(M. J. Petry, 로테르담), 젤만 교수(K. Seelmann, 함부르크) 그리고 발스 교수(R. Valls, 바르셀로나)는 다시 한 번 거명하고 싶다.

마지막으로 나는 누구보다도 나의 벗 예르만 박사(Ch. Jermann, 튀빙엔)에게 진심으로 감사의 정을 표한다. 내적으로 볼 때 그가 쓴 『플라톤적 관념론의 구조와 문제에 대한 연구들』(*Untersuchungen zur Struktur und Problematik des platonischen Idealismus*)과 나의 이 연구서는 상당한 근친성이 있다. 또한 이 책 전체의 내용에 관해 나는 그와 철저하고 심도 있는 논의를 할 수 있었거니와, 그의 도움이 없었더라면 이 책은 결코 지금의 수준으로 만들어지지 못했을 것이다. 그와 D. 반트슈나이더 교수님께 무한한 감사와 우정의 마음을 담아 이 책을 바친다.

1. 기본적으로 직역에 충실하고자 노력했지만, 우리말 어법에 맞지 않거나 어색한 부분은 약간의 의역을 통해 수정하였다. 또한 원문에 없지만 옮긴이가 필요하다고 판단하여 부연설명한 부분은 〔 〕로 표시했고, 옮긴이가 추가한 각주는 별표(*)로 표시하였다.

2. 본문에서 저자가 언급하는 쪽수는 독일어 원서의 쪽수와 같으며, 독자들의 편의를 위해 원서의 쪽수는 지면 가장자리에 표기하였다.

3. 본문에서 인용된 문헌들의 표기는 저자의 표기법을 그대로 따랐다. 약호와 표기법 등에 관한 설명은 참고문헌란에 설명되어 있다.

4. 문장부호 중 '──'가 나오는 경우, 바로 앞 문장에 마침표가 있을 때와 없을 때가 있는데, 이는 오타나 오기가 아니라 이 부호가 경우마다 각각 다른 기능을 하기 때문이다. 즉 전자는 문단을 바꿀 정도에는 조금 못 미치지만 앞문장과 연관되면서도 약간의 문맥 전환이 필요한 경우이며, 후자는 앞문장의 내용과 직접적으로 연관된 부연설명이 이루어지는 경우이다. 또한 문장 안에 이 부호가 들어갈 경우, 이는 괄호와 비슷한 기능을 한다.

5. 원서에서 참고문헌란은 제1권 앞부분에만 수록되어 있지만, 이 번역서는 제1 · 2권이 각각 시차를 두고 간행됨에 따라 각권의 뒷부분에 싣기로 했다.

6. 원저에는 인명 색인만 수록되어 있지만, 독자들의 편의를 위해 이 번역서에는 용어 색인까지 추가하였다.

7. 인명이나 지명을 나타내는 고유명사는 되도록이면 원래의 발음에 충실하게 표기하고자 하였다. 예컨대 Euklid는 통상 "유클리드"라고 불려왔으나, 옮긴이는 "에우클레이데스"로 표기하였다.

8. 본문 중 고딕체로 표기된 부분은 대부분 저자가 강조한 것을 그대로 따랐다. 다만 옮긴이가 중요하다고 판단하여 강조한 곳은 〔 〕 안에 그 사실을 명시해두었다. 또한 원문에는 없지만 독자의 이해에 도움을 주기 위하여 경우에 따라 특정 단어를 ' '로 표시한 곳도 있다.

1. 예비적 언급

의심할 바 없이 헤겔의 체계는 철학사 전체를 통해서 볼 때 가장 완 3
결된 사유의 구상에 속한다. 그러한 체계에 맞서서 제대로 된 견지를
피력하는 것은 그리 간단한 일이 아니다. 한편으로 볼 때 헤겔의 사유
는 최고도로 수준 높고 섬세한 정초론적(begründungstheoretisch) 기
본구조를 갖추고 있고, 그의 분석들은 엄청난 백과전서적 광범위함에
토대를 두고 있으며, 또한 여러 개별 현상에 대한 그의 세밀한 통찰은
그 구체성의 면에서 실로 타의 추종을 불허한다. 이 때문에 우리는 그
의 사유에 그대로 무조건적으로 굴복하게끔 쉽사리 유혹되곤 한다. 그
러나 이와 마찬가지로 다른 한편으로는, 그의 언어가 갖는 난이도, 그
의 논증에서 종종 나타나는 불명료함, 그리고 특히 20세기에 와서 생동
감을 발하고 있는 '세계란 하나의 이성적인 전체와는 전혀 다른 것이
다'라는 확신은 '헤겔의 체계는 인간의 자기 과대평가가 낳은, 그 부조
리함에서 타의 추종을 불허하는 광기어린 산물이다'라는 정반대의 생각
을 낳기도 한다.[1]

헤겔의 체계를 진정으로 정당하게 평가하기 위해, 우리가 그 체계에
대한 지적인 자기굴복이라는 극단뿐 아니라 동시에 그것을 싸잡아서
무조건 거부하는 극단 역시 피해가고자 한다면, 이제 남는 것은 그것을

---

1) 나는 예컨대 헤겔에 대한 쇼펜하우어의 비방을 염두에 둔다.

오로지 내재적 비판(immanente Kritik)을 통해 다루는 것이다—이 내재적 비판이라는 취급방식은 헤겔에 대해 무턱대고 적대적인 —그러나 그 역시 근본적으로는 문제투성이의— 입장을 취해서도 충족될 수 없으며, 그렇다고 반대로 헤겔의 사상적 연쇄에 대해 아무런 반성 없이 무조건 옳다고 맞장구치거나 반복한다고 충족될 수 있는 것도 아니다. 헤겔의 논증들을 20세기 후반의 언어로 선입견 없이 그것의 논리적 확실성 여부를 잣대로 하여 검토하는 것만이 —원래 모든 철학에 대해서도 그러하겠지만— 이 철학에 대한 가장 유의미한 접근일 수 있을 것이다.

이 책에서 이루어질 연구의 목적은, 바로 이러한 의미에서 **전체로서의** 헤겔의 체계를 비판적이고 체계론적으로 분석해내는 것이다. 물론 최근 20년에 걸쳐 헤겔 철학의 적확한 이해를 위한 기본적인 작업—헤겔 사유의 발전에서 개별적인 각 단계들에 대한 철학적 해명을 비롯하여 헤겔에게서 나타나는 정초론적인 개별 문제들에 대한 매우 섬세한 분석들까지 망라하는 —이 종종 수행되기는 했지만, 내가 보기에 우리가 정작 필요로 하는 그와 같은 비판적 · 체계적 분석은 아직도 충분할 만큼 이루어진 것이 아니다. (여기서 나는 한편으로는 보훔의 헤겔 서고[Hegel-Archiv]에서 진행되어온 일련의 작업을, 다른 한편으로는 예컨대 디터 헨리히[Dieter Henrich]의 연구들을 염두에 두고 있다.) 그 중에서도 특히 헤겔 체계의 내적인 구조—예컨대 객관적 관념론에서 핵심사안이 되는, 논리학과 실재철학의 관계—는 오늘날까지도 그다지 많이 연구되지는 않았다고 말할 수 있다. 본질적으로 이 점과 관련해서는 특히 1973년에 간행된 푼텔(L. B. Puntel)의 책*을 그 예로 들수 있다. 즉 푼텔의 이 책은 오로지 거시구조들만을 거의 전적으로 취급할 뿐, 헤겔의 체계구상에서 이루어진 근본적인 결정들이 어떻게 개

---

*Darstellung, Methode und Struktur. Untersuchungen zur Einheit der systematischen Philosophie G. W. F. Hegels, Bonn 1974.

별적인 철학적 분과들의 구체적인 완성에 작용하는지는 더 이상 그의 연구주제가 아니다.

이제 나는 헤겔의 체계에 대한 분석을 총체적 견지에서 시도하고자 하는데, 그러한 총체적 분석이 반드시 필요하다는 나의 확신은 바로, 헤겔의 철학은 ——다른 어느 체계들과는 달리—— 하나의 유기적인 전체를 이룬다는 통찰에 의거한다. 다른 어느 사상가에게서와도 달리 헤겔의 경우 개별적인 언명들을 〔전체와의 연관을 배제한 채 단지 그 자체로서 따로〕 고립시키는 것은 전혀 불가능하다. 그리고 다른 어느 사유체계에서도 언명들 사이의 내적 연관이 그토록 내밀하고 수미일관하게 이루어진 것을 보기는 극히 어렵다. 이러한 연관을 그저 서술하는 것마저도 이미 엄청난 노력을 필요로 한다. 〔따라서〕 이 책에서 이루어지게 될 작업의 적지 않은 부분도 필연적으로 그러한 서술작업에 속한다.

물론 체계에 대한 비판적 분석은 그저 서술만으로 충족되는 것이 아니다. 그것은 헤겔이 얻고자 했던 내적인 정합성이 실제로 달성되었는지를 검증하고자 해야만 한다. 이러한 목적을 달성하기 위해서는, 더 정확하게 말해 헤겔의 체계구상이 어떤 내적 필연성을 통해 이루어진 것인지 아니면 그의 단순한 자의에 의한 것인지를 파악하기 위해서는, 여러 다양한 수준에서의 논의가 필요하다고 여겨진다. 첫째, 헤겔의 체계이념은 바로 앞 시대의 철학이 지녔던 아포리아들과 연관하여 설명하는 것이 바람직하다. 이러한 방식으로는 적어도 선행자들과의 연관에서 헤겔이 지니는 상대적 정당성이 드러날 수 있다. 즉 헤겔의 체계에서는 칸트, 피히테 그리고 셸링 등의 철학자들이 제기했던, 그러나 만족스럽게 해명하지는 못했던 문제들이 그 출발점을 이루고 있다. (또한 그 문제들은 부분적으로는 해결되고 있다고도 보인다.)—— 그러나 이러한 역사적인 소급을 넘어서 둘째로 헤겔 자신의 고유한 논증형식, 곧 그의 형식적인 정초방식이 명확하게 드러나야만 한다. 즉 헤겔의 방법에는 종종 그것이 자못 비합리적이라는 혐의가 가해지곤 하는데, 그의 방법이 과연 그러한 혐의에서 자유로울 수 있는지가 구체적으로 해명되어야만 하는 것이다. 특히 중요한 것은 헤겔의 모순이론 그 자체가 과연 일관성을 지니는지를 검증하는 일이다. 셋째로 중요한 것은 헤겔 체계의 실질적 구조가 그것이 요구하는 필연성을 과연 성취하고 있는지를 탐구하는 일이다. 이 점과 관련해서는 생각할 수 있는 다른 구조들을 가능한 경쟁 모델로 설정하여 개진해보는 것이 유익하리라 여겨진다. 이러한 방법은 이미 헤겔 자신의 초기의 사상적 발전에서도 바로 그러한 대안적 구상들이 무시 못할 비중을 차지했다는 점에서 특히 설득력을 지닌다. —— 그러나 초기의 그러한 구상들은 후기에 와서는 가차없이 "지양"되고 말았는데, 내가 보기에 이러한 점은 〔지금까지의 헤겔 연구에서〕 결코 충분히 언급되고 있지 않다. 물론 이 책의 주된 작업은 결코 발전사적 물음에 관한 것이 아니다. 그럼에도 체계론적인 관심은 언제나 헤겔 철학의 그러한 초기 발전단계에 대한 숙고를 거듭 요구

5 한다. 여기서 내가 특히 고려하는 것은 한편으로는 예나 시절의 헤겔에게서 보이는, 사분적(四分的, tetradisch) 구조로 이루어진 체계구상이며, 다른 한편으로는 뉘른베르크 시절까지 견지되었던, 논리학의 삼분적(三分的, triadisch) 구성인데, 이때의 삼분적 구성은 현재 고전적인 〔변증법적〕 구성으로 받아들여지고 있는 후기의 삼분적 구성과는 사뭇 다른 것으로, 내가 보기에는 이후의 철학대계적인 체계구상이 빠져드는 문제들은 바로 이 초기의 구분을 통해 해결될 수 있다고 여겨진다. 따라서 나는 방금 언급한 초기의 사상에 각별한 주의를 기울이고자 한다.

　　그러나 체계론적인 고찰에서 비단 이 초기의 헤겔만이 『철학대계』의 헤겔에 대한 고려할 만한 대안으로서 주목할 가치가 있는 것은 아니다. 즉 이러한 관점에서는 이후 헤겔 학파에서 이루어진 헤겔 체계의 지속적인 발전들 역시 주목의 대상이 될 충분한 자격을 지닌다. 따라서 체계론적 분석의 결과 불충분한 것으로 드러나는 앞서의 『철학대계』에서의 구상들에 맞서는 가능한 대안으로는 헤겔 학파에 의해 이루어진 이

체계의 추후적인 전개들도 거듭 언급될 것이다.

그러나 넷째로, 헤겔 체계의 정합성에 대한 검증작업은 그것의 내적인 구조에 대한 분석으로 단순히 환원될 수 없다. 헤겔은 그 자신의 방법이 지니는 일관성에 근거하여 또한 [구체적인] 세계에 대한 언명도 요구한다.──사유와 세계의 제관계에 관한 그의 개념은 구체적인 현실을 파악하라는 이러한 요구를 필연적으로 제기하게 마련이다. 따라서 '세계에 관한 헤겔의 철학적 이론이 과연 [실제의] 세계와 상응하는가, 또 만약 그렇다면 얼마만큼 그러한가?'라는 물음을 함께 고려하지 않는다면, 헤겔 체계의 정합성에 대한 분석은 결코 완전한 것이 되지 못한다. 이 때문에 헤겔의 철학은 언제나 여러 다양한 학문──그것도 특히 현대 과학──의 언명과 마주치게 된다. 이 점은 언뜻 놀라운 것일 수도 있다. 그러나 헤겔의 철학은 분명코 한낱 역사적인 것으로 머무르지 않고 그 이상의 의미를 지닌 인식형식이 되고자 하기 때문에, 그와 같은 [다른 과학과의] 비교는 근본적으로는 헤겔 자신이 이미 요구하고 있는 것이기도 하다. 결국 헤겔의 철학적 요구는 바로 그러한 비교를 통해 확증되든지 아니면 좌초하게 되는 셈이다. 더욱이 바로 이와 같은 관점에서 헤겔의 철학은 매우 탁월한 성공을 거두고 있다는 점이 이 책에서 도출되는 하나의 결과가 될 것이다. 헤겔의 철학만큼 성공적으로 이후의 과학적 발전과 발견을 많이 ──그것도 가장 다양한 학문분야들에서── 선취한 철학도 드물다.

헤겔의 체계를 현대의 성과들과 연관짓고자 하는 시도와 더불어, 이 연구가 갖는 기본적으로 체계론적인 정향은 체계적 문제제기들로 끊임없이 확장된다. 물론 이는 방금 언급한 것에 따르면 체계론적 분석이 낳는 불가피한 귀결이지, 결코 나쁜 일이라고 할 수 없다. 역사적인 관점에 따른 작업과 체계적인 작업이 서로 엄밀하게 구분될 수 있다는 생각은 철학의 본질에 따라서 볼 때 온당치 못한 것이다. 그러한 생각은 우리 시대와 같은 [이른바] '후기'(後期)[부호는 옮긴이가 붙임]의 시대에 종종 대두하게 마련인 몽상인데, [스스로를 '후기'로 폄하하 6

는〕그러한 시대에서는 결코 근원적인 사유, 즉 전통을 일거에 물리치고 새로운 출발을 수행하는 〔혁신적〕사유를 위해 요청되는 순수함을 찾아볼 수 없다. 철학사의 고유한 특징은, 그것이 체계적인 철학함에 대해 지니는 관계가 가령 과학사가 과학에 대해 지니는 관계와는 사뭇 다르다는 점에 있다. 철학에서 진보는 ——만약 그러한 것이 존재한다면—— 확실히 직선적인 것이 아니다. 그 때문에 독소그라피(Doxographie: 철학자들의 학설을 무비판적으로 종합·정리하는 작업—옮긴이)에 국한되지 않는 철학사적인 작업, 즉 하나의 철학을 여러 견해의 단순한 집합체 이상의 것으로 만드는 일을 결코 등한시하지 않는 작업은 ——과학사의 영역에서는 그러한 작업이 원칙적으로 불가능한 반면에—— 오늘날의 체계적인 사유를 위해서 전적으로 중대한 의미를 얻을 수 있다.[2]

철학사가 진행되는 가운데 위대한 철학들이 다양한 방식으로 재등장하는 것은 〔플라톤 사상의〕중개자들에 의한 플라톤주의에서 고대 후기, 중세 그리고 르네상스 시대의 신플라톤주의적 구상들에 이르기까지 플라톤주의가 여러 차례에 걸쳐 새로운 활력을 띠고 등장했던 사실만 생각해봐도 알 수 있거니와, 위대한 철학의 그러한 재등장은 철학이 동시대의 철학적 명제들에서는 얻을 수 없었던 자극을 〔오히려〕과거의 구상들로부터 지속적으로 받아왔다는 사실을 웅변적으로 증언해준다.[3] 따라서 과거의 철학체계에 대한 체계론적 분석을 통해 우리는 오늘날에도 여전히, 분석을 거친 그 철학은 상당한 정합성과 설명가치를 지닌다는 결론을 도출할 수 있다. 즉 치밀한 분석을 거쳐 도출된 그 철학의 정합성에 의거하여 우리는 그것이 동시대의 철학들에 대해서 ——설령 부분적일지언정—— 지니는 탁월성을 확증할 수 있을 뿐만 아니라, 나아

---

2) 이에 대해서는 특히 H. Krämer (1985), 67 ff.를 참조하라.
3) 내가 (1984a)에서 지적하고자 했듯이, 철학사가 어쨌거나 순환적으로 진행되는 경향이 있다면, 사유의 진행을 위해서는 그러한 재수용들이 어떤 필연성까지 지닌다는 것도 결코 부인할 수 없을 것이다.

가 그 철학을 ──물론 시대의 간격으로 말미암아 요청되기 마련인 일정한 수정과 변형 작업 등을 통해서이긴 하지만── 현재의 시점에서 보더라도 충분히 숙고할 만한 가치가 있는 것으로 평가할 수 있는 것이다. 결국 누구나 인정할 만한 그러한 수준 높은 결과의 가능성은 정합성을 (비록 결정적인 진리기준으로서는 아니더라도) 하나의 진리기준으로서 진지하게 받아들이는 분석이 얼마만큼 철저하게 이루어지는가에 달려 있다. 내가 보기에 체계적인 논의는 그러한 〔분석대상이 되는 철학의 정합성에 대한〕 강조를 통해 많은 유익한 것을 얻을 수 있다. 분석대상인 저자의 주장이 지니는 강점을 가능한 한 명확히 드러내고, 그의 논증이 지니는 명증성을 강조하며, 또한 오늘날의 물음을 설명하는 데서도 그의 사고가 유익하다는 것을 드러내 보이고자 하는 노력은, 더욱이 그 철학자 스스로에게서는 단지 어렴풋한 단초만 있었던 바의 것을 〔오늘날의 논법을 통해 더욱〕 명시적으로 발전시키고자 하는 자세는 (그리고 그 어떤 대철학자라 할지라도 그의 저작은 그 자신에 의해서는 완전히 끝까지 사유되지 못했던 가능성을 여전히 내포하고 있지 않은가!) 논의의 대상이 되는 저자의 철학이 여타의 입장──현대의 것이건, 과거의 다른 사상가의 것이건 간에──에 대해 지니는 영향력과 한계를 드러내주는 대화가 이루어지도록 하는 데 기여한다.

　실로 헤겔에 대한 많은 연구의 근저에는 자신의 대상에 대한 탐구를 이끌어주는 것이 단순히 역사적인 관심에 불과한 것이 아니라 그 이상의 것이라는 확신이 놓여 있다. 예컨대 우리가 몸담고 있는 세기에서 헤겔의 『법철학』은, 빈더(J. Binder) 학파에서 리터(J. Ritter) 학파에 이르기까지, 현재의 인륜적 세계를 파악하는 데에도 결코 이후의 이런 저런 입장에 의해 지양되거나 포기되지 않는 많은 기여를 하는 저작으로 줄곧 해석되어왔다. 이와 유사하게 최근에 특히 반트슈나이더(D. Wandschneider)의 작업들을 통해 이루어진, 헤겔의 자연철학에 대한 접근은, 거기에서 이루어진 여러 해명이 현대의 과학을 통해 각인된 자연관을 상대할 때도 여전히 지니고 있는, 더욱이 바로 이 현대의 자연관을 상대할 때 새삼 부각되는 가치를 드러내고자 한다.

이 책에서 수행될 작업 역시, 헤겔에 대한 고찰에서는 역사적인 문제제기와 체계적인 문제제기를 서로 연결하는 것이 유익하다는 입장에서 출발한다. 물론 앞에서 강조했듯이 이 책의 가장 주된 관심은 ── 방금 언급했던, 그 체계적 정향상 헤겔 철학의 개별 분과들에〔만〕집중된 작업들과는 반대로 ── 바로 체계의 구조에 있다. 왜냐하면 헤겔 자신의 이해에 따르면 그 체계에서는 언제나 개별 분과들의 기본전제들에 대한 근거부여(Begründung)가 이루어지고 있기 때문이다. 헤겔의 주장 가운데 오늘날에도 여전히 설득력을 지니는 것들을 식별해 내는 작업이야말로, 체계의 구조를 분석의 중심에 놓는 과제를 결코 피해갈 수 없다.[4]

그런데 이 식별작업이 〔다름 아닌〕 주관성과 간주관성의 범주를 기반으로 하여 이루어진다는 것은 얼핏 의외로 여겨질 수도 있을 것이다. 물론 이 지점에서는 단지 잠시 스쳐 지나가는 것으로 그치겠지만, 이렇게 주관성과 간주관성의 범주를 문제의 핵심으로 채택하는 것은 그것에 대한 정당화를 필요로 한다. 이 두 범주를 통해 과연 헤겔 체계의 중대한 근본문제가 실제로 포착되는지의 여부는 오로지 논의의 상세한 개진을 통해서만이 결정될 수 있는 문제이다. 따라서 여기에서는 다음과 같이 간략하게 언급하는 것으로 충분하다. 철학사적인 관점에서 볼 때 비교적 근래의 철학 가운데 헤겔의 철학이 하나의 결정적인 전환점

---

4) 크로체는 헤겔의 사상에서 항상 여전히 설득력을 지니는 것과 그렇지 못한 것을 구분하고자 시도하면서도 지속적인 체계분석을 행하지는 않는데, 이에 대해 뮤어(G. R. G. Mure)는 다음과 같이 적절하게 지적한다. "내가 보기에 헤겔에게서 산 것과 죽은 것을 칼로 도려내는 것은 크로체가 생각했던 것보다 훨씬 어렵다. 헤겔의 전 체계는 너무나도 긴밀하게 짜여 있어서 그것의 강점과 오류들은 곳곳마다 혼재해 있다"(1950; 294). 이 말이 구체적으로 의미하는 것은, 헤겔에 대한 하나의 수정은 불가피하게 그 수정 자체에 대한 또다른 많은 수정을 수반하며, 따라서 헤겔에 대한 내재적 비판은 그 비판 자체가 과연 일관성을 유지하는지를 극히 신중하게 고려해야만 한다는 점이다.

을 형성한다는 점에 관해서는 의심의 여지가 없다──플라톤에게서 그랬던 것과 유사하게, 바로 헤겔과 더불어 서구 사상의 한 시대가 종결되고, 그에 연이어 양식과 내용에서 앞 시대와 구별되는 새로운 시대가 8 뒤따른다. 그런데 '근대'와 '현대'의 차이는 ──이렇게 두 시대를 구분해서 부를 수 있다면── 주관성과 간주관성이라는 범주의 대립으로 소급될 수 있다. 물론 이는 필경 극히 단순화시킨 분리기준이겠지만, 그럼에도 상당한 설명적 가치가 있음에는 틀림없다. 데카르트의 "코기토"는 주관성으로 정향된 사유의 패러다임을 통해 근대 철학의 서두를 장식했던바, 그러한 패러다임이 칸트와 피히테의 유한한 초월철학에서 정력적인 지속적 발전을 거쳐 마침내는 헤겔의 절대적 초월철학에서 어느 정도 완성에 다다른 반면, 헤겔 이후 철학들의 그리 많지 않은 공통점 가운데 하나는, 바로 사유의 간주관적인 구조들과 언어적 매개가 그것들의 중심에 있다는 점이다. 적어도 여기에서 거명될 수 있는 조류는 다음과 같은 것들인데, 그 중 몇몇은 바로 헤겔과 결별하는 가운데 형성되었다. 그것들은 곧 포이어바흐(L. Feuerbach)의 인간학, 인간의 사회적 본성에 관한 마르크스주의 이론들, 퍼스(Ch. S. Peirce)의 화용론, 로이스(J. Royce)에 의한 헤겔주의의 해석학적 변형, 에브너(F. Ebner)에서 부버(M. Buber)에 이르는 대화철학, 후설(E. Husserl)의 현상학, 하이데거(M. Heidegger) · 야스퍼스(K. Jaspers) · 사르트르(J. P. Sartre)의 실존철학적 입장들, 그리고 끝으로 하버마스(J. Habermas)와 아펠(K.-O. Apel)의 보편화용론 내지 초월화용론 등이다. 더 나아가 주관성의 구성적 기능에 대한 반성을 대체하는, 언어와 (의사)전달의 의미에 대한 반성에서는 해석학적 철학과 분석철학이 갖는 최소의 공통분모가 감지될 수 있다. 그러나 〔이러한 철학들뿐 아니라〕 고유한 개별학문들도 간주관적 · 사회적 과정들에 관심을 두고 있는데, 이 역시 현대의 소산이다──특히 사회학과 언어학이 그 대표적인 사례인데, 이러한 학문분과들은 제각기 현대 철학에〔도〕 중요한 영향을 끼쳤다. (우리는 한편으로는 마르크스주의를, 다른 한편으로는 언어철학을 떠올린다.)

그러나 현대의 철학이 여러 다양한 형태로 간주관성의 문제와 씨름하고, 또 ──부분적으로는 함축적으로, 부분적으로는 명시적으로── 과거의 철학이 이러한 문제를 소홀히 취급했다고 비난할 경우,[5] 이때 제기되는 물음은 ──근대 철학, 즉 현대 이전의 철학의 종결이 바로 헤겔 철학에서 이루어진다고 보는 것이 결코 부당한 것이 아니라면── 그러한 비난이 과연 헤겔의 철학에 대해서도 타당성을 지니는가 하는 것이다. 헤겔의 체계를 분석할 때 역사적인 문제와 실질적인 문제를 연결하고자 할 경우, 그러한 분석은 20세기 후반 들어서는 방금 제기한 물음에 대한 검토를 피해가기 어려운데, 오늘날의 헤겔 연구에서는 토이니센(M. Theunissen)이 이러한 물음을 특히 심도 있게 제기하고 개진했다.

물론 그러한 물음에 대해서는 두 개의 상반된 대답이 도출된다는 것은 충분히 예측할 수 있는 사실이다. 왜냐하면 헤겔의 체계는 야누스의 얼굴을 가진 것으로, 그것은 근대 철학의 완성이기도 하지만 동시에 현대 철학의 출발점에 서 있는 것이기도 하기 때문이다──따라서 그에게서 주관성 범주와 간주관성 범주의 관계에 대한 철학적 규정상의 ──아마도 지양되지 않은── 긴장이 드러날 수 있다는 점은 여기에서도 이미 짐작할 수 있다. 가령 논리학과 실재철학의 관계는 헤겔의 체계적 구상에 결정적인 중요성을 지니는데, 그 관계에 대해 이하에서 숙고해볼 때, 그러한 긴장은 실은 피상적인 고찰만으로도 이미 드러난다. 헤겔의 논리학은 절대적 주관성의 이론에서 정점에 이른다. 그러나 실재철학에서는, 특히 객관정신철학과 절대정신철학에서는 간주관적인 과정들이 결정적인 역할을 수행한다.[6] 이러한 불일치는 과연 체계론적으로

─────────────

5) 그러한 소홀한 취급에 대한 간접증거──물론 외면적인 것이긴 하지만──는 근대의 철학은 아직 "간주관성"이라는 말조차도 알지 못했다는 사실이다.

6) 데카르트에서 칸트에 이르기까지는 자연과학과 (자기의 내면성찰[Introspektion]에 의거하는) 정신론이 근대철학의 기초학문이었던 반면, 헤겔은 ──비코나 헤

만족할 만하게 해명될 수 있는가? 아니면 바로 여기서 헤겔 체계의 정합성을 위태롭게 하는 어떤 균열이 드러나는 것인가? 이 책의 기본 테제는, 그러한 균열은 실제로 존재한다는 것, 그리고 헤겔은 주관성과 간주관성의 관계에 대한 어떠한 규정도 성취해내지 못하거니와, 그러한 규정과 일관성을 이루는 것은 오히려 논리학과 실재철학의, 즉 원리와 그 피원리항(Prinzipiat)의 필연적인 관계에 관한 그의 또다른[=후기의 체계적 결정과는 다른 방식의] 구상들이라는 것이다. 그러나 이러한 결론에도 불구하고 나는 헤겔의 객관적-관념론적 단초——그가 플라톤 및 여러 형태의 신플라톤주의와 공유하고 있는——는 결코 위험에 처하지 않는다고 생각한다. ——즉 문제가 되는 것은 단지 '주관성의 절대적 관념론'(absoluter Idealismus der Subjektivität)이라 불릴 법한, 절대적 관념론의 특수한 헤겔적 변형일 뿐이다. 객관적 이성, 즉 선험적으로 전개될 수 있는 구조(eine a priori zu entwickelnde Struktur)는 모든 인식에뿐만 아니라 또한 모든 존재에도 선행하며 또한 현실에 대한 선험적인 인식을 가능케 하는 것인바,[7] 그것의 필연성을 옹호하는 헤겔의 더욱 일반적인 논증들은 ——비록 저 객관적 이성에 관한, 그리고 실제의 정신적 과정들과 그 이성의 관계들에 관한 좀더 상세한 규정에 한에서는 일정한 비판이 가해질 수 있음에도 불구하고—— 결코 흔들리지 않는다.

르더 같은 이를 제외하고는—— 해석학적 학문의, 즉 문화학 또는 정신과학의 포괄적인 이론을 전개한 최초의 사상가이다. 그러나 이와 동시에, 전체 독일관념론에서와 마찬가지로, 헤겔의 논리(학)적 기본범주는 바로 주체와 객체인바, 이것들을 토대로 해서는 해석학적 학문이나 윤리학이 정초될 수 없다——하나의 다른 주체를 (그 역시 똑같이 특수한) 객체로서 고찰한다는 것은, [그러한 입장에서는] 이론적으로나 실천적으로나 근본적인 오류라 여겨질 것이기에 말이다.

7) (1987b)에서 나는 현대의 정초론적(begründungstheoretisch) 사고들과 접목되며, 따라서 얼핏 보기에는 헤겔의 방법과 거리가 있는 방식으로 이러한 근본사상을 옹호하는 논증을 재구성하고자 하였다. 그 글은 이 책의 제2장에서 이루어질 역사적 분석에 상응하는 체계적인 대응물로 간주될 수 있다.

10   여기에서 예견한 이러한 결론과 함께 거의 불가피하게 제기되는 물음이 있는데, 그것은 절대적 관념론의 좀더 시의적절한 형식이, 즉 근본적으로 주관성이 아니라 간주관성으로 이해될 수 있는 바의 객관적 이성에 중심점을 두는 형식이 과연 생각될 수 있는가 하는 것이다. 물론 그러한 ──체계론적이 아니라 엄격하게 체계적인── 물음은 더 이상 이 연구의 대상이 아니다. 그러한 물음에 대해서는 별도의 작업이 수행되어야 할 것인즉, 이 연구가 그것의 체계론적 분석의 틀 속에서 체계적인 물음들은 단지 부수적으로만 제기하는 데 반해, 그러한 작업은 체계론적인 출발점을 넘어 더욱 순수한 방식으로 체계적으로 이루어져야 하는 것이다. 그렇지만 그러한 물음의 제기가 이 연구에서 완전히 논외가 되어서도 안 된다──그러한 물음은 바로 체계론적인 분석과 연관하여 '헤겔의 체계구조에 대해서는 정녕, 그것이 요구하는 바대로(앞의 4쪽 이하를 보라), 그 어떠한 대안도 있을 수 없는가' 하는 문제가 제기될 때면 언제나 비록 잠깐일지언정 함께 언급되어야 하는 것이다.

이 연구의 구성과 관련하여 맨 먼저 착수해야 할 것은, 헤겔의 체계 이념을 그의 직접적인 선구자인 칸트, 피히테 그리고 셸링의 초월철학적 구상들로부터 유기적으로 도출해내는 일이다. 내가 보기에는, 벌써 여러 차례에 걸쳐 다루어진, 칸트에서 헤겔로 이르는 이행을 여기서 이처럼 또다시 구성해내는 데에서 특히 새로운 것은, 피히테의 글『지식론의 개념에 관하여』(*Über den Begriff der Wissenschaftslehre*)가 바로 전체 독일관념론의 기획서(Programmschrift)로서의 의미를 지닌다고 해석한 것이다(제2장). 이에 뒤이어 이 연구의 기본 테제에서 중심 문제가 되는, 논리학과 실재철학의 관계가 상론되어야 하는데, 이 작업에서는 필경 논리학적 범주들과 실재철학적 범주들의 구조가 일단은 각각 그 자체로 탐구되어야 할 것이다. 이 장의 말미에서는 헤겔 체계의 사분적 또는 삼분적 구조에 대한 분석이 다루어진다(제3장). 나머지 장들은 헤겔의 체계구성과 같은 순서로 진행된다. 즉 논리학(제4장), 자연철학(제5장), 주관정신철학(제6장), 객관정신철학(제7장) 그리고 절대정신철학(제8장)이 차례로 다루어진다. 그런 다음 이 연구는 극히 짧막한 결론적 고찰과 더불어 끝을 맺는다(제9장). 이 연구가 주관성과 간주관성의 관계를 핵심문제로 다루는 데 근거하여, 논리학에 관한 장과 객관정신철학에 관한 장은 다른 장들보다 특히 광범위하게 이루어져 있는데, 이는 바로 헤겔이 논리학—특히 개념논리학—에서는 그 11 의 절대적 주관성 이론을 개진하는 데 반하여, 객관정신철학에서는 간주관적인 구조들이 그의 고찰의 중심에 서 있기 때문이다. 더 나아가 논리학에 관한 장에서는 헤겔의 변증법적 정초방식에 대한 〔나 자신의〕 입장도 밝히겠다.—〔반면〕『자연철학』에 관한 장은 특히 짧막하게 씌어졌다. 나는 이 장에서는 일반적인 분석은 자제하고, 무엇이 과연 오늘날에도 여전히 유의미할 수 있는가의 문제로 관심을 좁혔다.

아마도 어떤 독자들은 이 연구에 『정신현상학』에 관한 별도의 장이 없음을 아쉬워할 수도 있겠다. 그러나 나는 —이 연구서의 한 대목에서 비교적 길게 쓰고 있듯이— 이 저작이 헤겔의 체계에 관한 한 단지 하나의 예비학적인(propädeutisch) 기능을 지닐 뿐이라고 보기 때문에(제2장 주 78 참조), 그것이 『철학대계』의 테두리 안에서 보더라도 확실히 중대한 의미를 지니는 경우, 그때그때 —즉 본질적으로는 주관정신철학을 다루는 대목에서겠지만, 객관정신철학과 절대정신철학의 몇몇 문제를 논의할 때도— 이 저작의 구절들을 끌어들이는 방식을 선호하였다.

2. 헤겔의 체계이념과 그 역사적 선구자들

2.1. 초월철학자로서의 헤겔. 연구문헌들의 경향

이 연구의 체계론적-정초론적 관심에 따라서 보면 헤겔의 철학은 초 12
월철학으로, 더욱이 어떤 의미에서는 그 최고의 형태로 여겨질 수 있
다.[1] 이는 순수 역사적 이해의 지평에서 보더라도 이미 많은 의미를 함
축하는 사실이다. 즉 헤겔의 철학은 칸트와 피히테의 유한한 초월철학
과 내재적으로 대결하는 가운데 이루어진 것으로, 그것은 바로 이 선행
자들의 문제제기를 계속해서 이어가고자 한다. 노년의 헤겔도 자신이
사망한 해에 집필한, 관념론에 관한 올레르트(A. L. J. Ohlert)의 저술

---

1) 물론 그렇다고 해서 헤겔의 철학이 피히테와 특히 칸트의 유한한 초월철학에
   비해 현격한 편차를 보인다는 것이 부인되어서는 안 된다. 그러나 그러한 실질
   적인 편차도 오로지 정초론적 반성에서의 어떤 플러스에 의한 것일 뿐, 그 기본
   이념에서조차 전혀 다른 것으로 이해되어서는 안 된다──중요한 문제는 바로
   그 자체가 첫째로 칸트 이전의 형이상학과, 둘째로 18세기의 위대한 발견을,
   즉 역사를 자신 속으로 통합해낼 수 있는 바의, 초월철학의 **최고형태**인 것이
   다.──물론 헤겔 스스로는 자신의 입장에 대해 '초월철학'이라는 지칭을 사용
   하는 것을 거부했을 것이다(5.60 참조). 그러나 이 대목은 헤겔이 초월철학을
   한갓 형식적이고 주관적이며 유한한 형태의 정초론적 반성으로만 이해하고 있
   음을 보여준다. 하지만 우리가 '초월적'(transzendental)이라는 단어의 용어법
   을 조금 달리 하여 '자신의 타당성주장(Geltungsansprüche)에 대한 방법적으
   로 엄밀한 반성'을 뜻하는 것으로 이해한다면, 헤겔의 철학 또한 큰 무리 없이
   초월철학으로 이해될 수 있다.

에 대한 서평에서 여전히 "칸트의 비판철학에 대한 탐구야말로 진정 최상급의 탐구일진대, 그러한 방향의 연구들이 홀대받고 있다"는 것을 한탄한다. 그에 따르면 칸트의 저작에 대한 연구는 언제나 범주들을 비판적으로 취급하게 해주고, "그러한 기초적인 교양이 갖춰지지 않으면 어떠한 더 이상의 철학함에도 이를 수 없으며, 사변적인 철학함에는 더더욱 이를 수 없다"(11.476). 그리고 같은 글에서 헤겔은 올레르트에 맞서 피히테를 옹호하는데, 그에 따르면 전자의 저작은 비록 "전적으로 사변적인 이념에" 의거하고 있기는 하지만(467), 그럼에도 이념의 절대성에 대한 "**증명을 결여**"하고 있다는 결함을 지닌 데 반해(484), 피히테의 관념론은 언제나 "철학함에 대해 끊임없이 영향력을 행사하는 바⋯⋯, 필연성을 내재적으로 드러내는 작업을 필수불가결한 것으로 만든다(485f.).[2]

13   그러나 [단지 역사적인 관점에서만이 아니라] 실질적인 관점에서 보더라도, 하나의 철학을 철학으로 만드는 것, 즉 그 철학의 진리주장(Wahrheitsanspruch)은 오로지 그것의 논리적 틀을 분석함으로써만 검증될 수 있다는 점은 쉽게 통찰될 수 있다. 물론 이는 모든 각각의 철학에 공통으로 적용되는 사실이기는 하다. 그러나 이는 특히 하나의 철학이 바로 "논리적인 것을⋯⋯모든 학문에서 [진정] 학문적인 것"(11.524)으로 여길 때, 그리고 [그것의] 실재철학적인 분석도 그것들의 진리를 독자의 표상이나 억견과 일치함으로부터가 아니라, 오로지 그것이 지니는 "논리적 정신"(7.13)에서 끌어낼 때 더더욱 전적으로 타당한 사실이다.

최근에 이루어지고 있는 헤겔 연구에서는 논리적 정초에 대한 문제

---

2) 이와 유사하게 이미 예나 시기에도 헤겔은 오성을 통해 매개되지 않은 어떤 이성을 자신이 완전하게 소유하고 있다고 착각하는, 셸링주의적인 경향에 대해 다음과 같이 쓰고 있다. "오성이 없는 이성은 아무것도 아닌 것(nichts)이지만, 오성은 이성이 없이도 어떤 것(etwas)이다. 오성은 선사될 수 없는 것이다" (2.551; 또한 6.287f.도 참조.).

제기에 점점 더 많은 관심이 집중되고 있는데, 이는 헤겔 연구에서 각별히 희망을 주는 경향 중의 하나로 여겨져야 한다. 첫째, 헤겔의『논리학』이 20세기 초반에는 너무나 기이할 정도로 홀대받았던 데 반해, 최근에는 (좀더 정확히는 1960년대 초반에 들어) 그 저작에 대한 수많은 연구들이 발표되었다. 둘째, 헤겔의 법철학에 대한 작업들도 점점 더 그것이 지니는 논리적 구조로 관심을 집중하였다. 이는 아마도 법철학이 헤겔의 실재철학 중에서도 가장 많이 연구된 분야여서 그렇기도 할 것이다. 1975년에만 해도 리델(M. Riedel) 같은 이가 헤겔 법철학의 "논리적-방법론적 문제들에 대한 유용한 논문들이 부족함"을 여전히 개탄했던 데 반해(I 9), 1982년에는 헨리히(D. Henrich)와 호르스트만(R.-P. Horstmann)의 편찬에 의해 이러한 부족을 메우는 작업에 착수한 논문집이 간행되었다. 여기서 특히 주목할 만한 것은, 바로 이러한 방식으로 (독일의) 헤겔 연구에서 한 주기가 어느 정도 완료되기 시작한다는 점이다. 왜냐하면 헤겔이 서거하기 직전뿐 아니라 이후 그의 체계를 다루었던 거의 모든 연구에는 체계론적인 물음과 정초의 문제가 근저에 놓여 있었기 때문이다. 이는 미슐레(C. L. Michelet)나 로젠크란츠(K. Rosenkranz) 같은 헤겔의 직계 제자들의 작업에서는 물론이거니와, 특히 바이세(C. H. Weisse), I. H. 피히테, 울리치(H. Ulrici)같이 헤겔의 방법을 받아들이기는 했지만 그 방법을 통해 하나의 '사변적 유신론'(spekulativer Theismus)을 이룩하고자 했던 여러 헤겔주의자들의 경우에도 마찬가지이다.

비록 이 저자들의 방식이 오늘날의 헤겔 연구에서 수용되고 있는 것은 아직 아니지만, 그럼에도 전문가의 눈으로 볼 때 그것들이 헤겔 연구의 최근 동향과 지니는 일치점은 가히 놀랄 만한데, 나는 한 예를 들어 이를 짤막하게 드러내보겠다. 이 책의 7.5.3.2장에서 좀더 자세하게 설명되겠지만,『법철학』의 "국내 헌법 그 자체"(innere Verfassung für sich)에 관한 장[R. §§272-320, 7.432ff.]의 구조에서 보이는 실재철학적 단계구분은『논리학』에서 확립된 전개[과정]에 비해 현저한 차이를

보이고 있다. 그의 논리학에서 개진했던 개념의 계기들의 순서와는 정
14 반대로 헤겔은 법철학에서는 개별성의 계기로부터 시작한다. 이러한
편차는 극히 중대한 결과를 초래한다——즉 그럼으로써 헤겔은 궁극적
으로는 민주주의를 철학적으로 근거지을 수 있는 가능성을 놓쳐버린
다. 그러나 이 문제는 여기서는 상론될 수 없다. 다만 이 대목에서 강조
되어야 할 것은, 최근의 헤겔 연구에서 여러 번 강조된 바 있는[3] 이러
한 '개념적 오류'(Begriffsfehler)는 이미 『법철학』이 간행된 직후에도
주목을 끌었고,[4] 자주 비판의 대상이 되었으며,[5] 또한 헤겔의 가장 충
직한 제자들——로젠크란츠와 미슐레——도 그들의 체계를 구상할 때 그
오류를 암암리에 수정했다는 점이다.[6]

헤겔 이후의 세대에서도 여전히 높은 수준으로 유지되었고 우리의
시대가 다시금 이어받기 시작한 논리적 감수성(logische Sensibilität)
은 물론 실증주의와 역사주의가 대세를 이루었던 19세기 후반에는 소
멸되어버렸다. 그리고 20세기 초반에 나온 헤겔에 관한 대저들——그
대표적인 인물로는 예컨대 해링(Th. Haering, 1929ff.)과 글로크너
(H. Glockner, 1929ff.) 등이 거론될 수 있을 터이다——을 보면 특히
헤겔 연구에서 제기되는 여러 문헌학적 물음을 해명하는 데서 그들이
이룩한 공로는 물론 의심할 바 없음에도 불구하고, 거기에서 헤겔의 체
계를 관통하는 정초작업들 사이의 논리적 연관에 대한 심대한 통찰을
기대하기는 극히 어렵다. 이에 예컨대 로젠츠바이크(F. Rosenzweig)
도 헤겔의 국가철학에 관한 그의 저작——물론 오늘날까지도 이 저작을
대체할 만한 걸작은 없다——에서 방금 언급했던, 헤겔의 헌법론에서

---

3) K.-H. Ilting (1971), 69f.; K. Hartmann (1973), 154, (1976a), 178f. 및
   (1982), 311; R. Albrecht (1978), 224ff.
4) 타덴스(N. v. Thadens)가 1821년 8월 8일 헤겔에게 보낸 편지에 첨부한 「『법
   철학』에 대한 사적 서평」 참조. Briefe II 278-282, 281.
5) 예컨대 A. Ruge (1840), Sp. 1228; C. M. Kahle (1845), 92, Anm. 285 참조.
6) K. Rosenkranz (1850), §§780-790; C. L. Michelet (1866), II 175ff. 또한
   K. Ph. Fischer (1848ff.), II/II 210ff.도 볼 것.

발견되는 [범주전개상의] 순서 변화를 비록 언급하기는 하지만, 그러한 변화가 논리적 근거를 결여하고 있다는 점과, 동시에 그것이 미치는 파장을 제대로 파악하지는 못하고 있다.[7]

헤겔에 관한 2차 문헌들 전체를 한눈에 개관하기는 점점 더 어려워지고 있는데, 이러한 2차 문헌들을 다루는 문제에서 이 연구는 나의 정초론적 관심에 따라, 최근 20년 동안 간행된 연구서들뿐만 아니라 헤겔의 서거부터 대략 1870년까지, 즉 그의 탄생 100주년에 이르기까지 이루어졌던, 여전히 체계적인 문제제기와 씨름했던 헤겔 연구서들도 각별한 관심을 갖고 고찰하였다. 내가 아는 한, 헤겔 학파의 작업에 대한 포괄적인 소급이 이러한 형식으로 수행된 적은 아직 없다.[8]——그리고 단지 역사적인 측면에서 완전성을 달성하려는 노력뿐 아니라 헤겔에 대한 체계적인 관심도 또한, 아니 바로 그러한 체계적인 관심이야말로 더더욱 헤겔 학파의 매우 다양한 입장을 충분히 활용하는 것을 임무로 삼아야 한다는 것을 이 연구가 보여줄 수 있다면, 그것만으로도 이 연구의 부분적인 목표는 달성되었다고 할 것이다.[9]

15

---

7) (1920), II 142 참조.
8) 오직 D. 헨리히만이 헤겔 『논리학』의 출발과 방법에 관한 그의 중요한 논문 (1963a)에서 '출발문제'(Anfangsproblem)를 논의하는 가운데 19세기의 헤겔 추종자들과 비평가들의 문헌을 충분하게 수용하였다. 더욱이 그는 분명하게 이 문헌들에 자신의 논의를 한정시키는데, 그는 이를 단지 과거의 그 문헌들이 지금까지 소홀하게 취급되어왔다는 이유에서뿐만 아니라, 동시에 "그 문헌들 이후에는 그 어떠한 그것들 이외의 실질적으로 새로운 것(즉 헤겔에 대한 가능한 반론)도 나오지 않았다"(75, Anm. 2)는 것을 근거로 뒷받침하기도 한다. 물론 헨리히가 (1967a; 95-156; 1978b)에서 본질논리학의 출발문제——이미 헤겔 바로 다음으로 교수직을 이어받은 이도 "선생님(즉 헤겔)의 논리학 중에서도 가장 난해한 부분 가운데 하나"라고 여겼던(Briefe III 208)——에 대해 몇 가지 결정적인 핵심을 파악해 해명해내는 데서 가블러(G. A. Gabler) 같은 인물이 쓴 최고의 명쾌한 대목들(1827; §89 Anm.: 245-256. 이에 대해서는 헤겔 자신도 "탁월하다"고 평가했으며[Briefe III 225], 또한 이 대목들은 실제로 헨리히의 논의를 훌륭하게 보충하고 있다)이 큰 역할을 하기는 하지만, 헨리히의 이후 작업에서는 앞에서 언급한 문헌들에 대한 더 이상의 언급은 보이지 않는다.

2.2. 헤겔의 초월철학적 선구자들

헤겔의 체계구상을 상론하기에 앞서, 먼저 독일관념론의 발전에서 가장 중요한 몇몇 단계에 대한 개괄적인 언급이 이루어져야 한다. 그 점에서 나는 상세한 기술은 의식적으로 피하고, 단지 칸트에서 헤겔로 이르는 도정에서 가장 중요한 체계론적 근본사상들을 이념형적으로 (idealtypisch) 개관하는 데 치중하고자 한다.[10)]

9) 물론 이는 로젠크란츠와 미슐레가 독창적이고 창조적인 철학자였다는 말은 아니다―즉 그들은 그저 아류였을 뿐이며, 괴테 이후 시대의 문학도 그랬듯이(우리는 임머만[K. Immermann]의 "아류들!"[Epigonen]을 떠올린다), 또한 스스로도 자신들이 아류였다는 의식에 시달렸다(특히 Rosenkranz [1844], XVIIIf. 참조). 그러나 그들은 분명 명민하고 지적인 후계자들이었던 바, 내재적 비판의 고되고 세밀한 작업을 통해 우리가 고려할 만한 가치가 큰 견실한 결과들을 생산해냈다.―덧붙여 언급해야 할 것은, 1830년대의 종교철학적 논의에서 기원한, 헤겔 학파를 '우파'와 '좌파'로 나누는, 가장 선호되는 구분기준은 전적으로 쓸데없는 것이라는 점이다. '우'와 '좌'는 (정치학에서도) 그다지 설득력 있는 기준이 아니며, 헤겔의 주요 제자들의 정치적인 성향은 체계에 대한 그들의 신뢰와는 전혀 무관했다. 예컨대 미슐레는 스스로를 헤겔 좌파로 여겼으며, 정치적인 면에서나 종교철학적인 면에서 실제로 로젠크란츠 같은 이보다도 훨씬 더 '좌파적'인 입장에 있었다―그럼에도 다른 한편으로 헤겔의『논리학』에 대해 로젠크란츠가 행한 비판적 수정은 오히려 미슐레를 비롯한 베를린의 헤겔주의자들에 의해 (그 중에서도 특히 정치적인 면에서 결코 '우파'로 볼 수 없는 라살레[F. Lassalle]에 의해) 헤겔주의에서 이탈했다는 혐의를 받은 것이었다(4.2.3장을 보라). 이에 상응하여 정치적·종교적으로 극도로 보수적인 '사변적 유신론자들'이 체계구성의 관점에서 보면 가장 상상력으로 충만했으며, 또한 헤겔 체계가 지닌 논리적 약점들을 가장 빨리 간파했다.―크래머(H. Krämer)는 비전(秘傳)의 플라톤을 발견해냈으며 또한 고대 아카데미에 관해 가장 포괄적인 설명(1983)을 제공하는데, 그는 플라톤·스페우시푸스·크세노크라테스에 대한 자신의 연구에서, 위대한 철학자의 제자들 중에서 철학사적으로 그다지 영향력이 미미한 이들에 대한 연구와 그들이 내놓은 대안적인 체계구상에 대한 연구도 바로 그들의 스승을 이해하는 데 결정적인 기여를 할 수 있다는 점을 분명하게 입증한 바 있다.

10) 이어지는 개괄에서는 특히 초월적인 근거짓기 구조(transzendentale Begründungsstrukturen)에 초점을 둘 것이며, 칸트의 경우는 전적으로 제1비판만을 다룰 것이다. 엄격히 역사적(historisch)이어야 한다는 것은, 즉 독

2.2.1. 칸트 초월철학의 근본사상과 한계

칸트의 『순수이성비판』의 근본동기는 선험적 종합판단을 정당화하는 것이라고 할 수 있다(B 19 참조). 이 문제는 예컨대 "모든 변화는 저마다 원인을 가진다"라고 일컬어지는 인과율을 경험론적으로 근거짓는 것을 흄이 예리하게 비판함으로써(Treat. I 3, 2ff.; Essays conc. hum. und. IVf., VII) 초미의 관심사가 되었다. 흄의 지적에 따르면, 이러한 생각[인과율]은 경험적으로도 형식논리학적으로도 정당화될 수 없다. 왜냐하면 경험은 그 자체가, 경험된 경우를 넘어서는 어떠한 그러한 일반화도 허용하지 않기 때문이다——규칙적으로 관찰된 두 사건의 연쇄로부터는 결코 그것들의 필연적인 연결이 추론되지 않는다. 또한 그 명제는 형식논리학적으로도 타당하지 않다. 즉 그 명제를 부정하더라도 어떤 모순이 생겨나지 않는다. 그럼에도 ——칸트가 보기에—— 인과율은 필연적인 것으로 생각된다. 왜?[11] 칸트에 따르면 이 물음에 답하기 위해서는 모든 선험적인 (종합적) 인식——필연성은 오로지 이러한 인식에서만 주어진다——의 가능성, 원칙 그리고 범위를 규정하는

일관념론의 발전사에서 가장 격렬하게 논박된 명제들(예컨대 근대 자연과학에 의해 의문이 제기된, 의식에 관한 자연주의적 설명이 불가능하다는 피히테의 확신[예컨대 1.298, 435ff.])을 다루는 것은 이 개괄의 요구사항이 아니다. 특히 나는 별로 중요한 의미를 지니지 못하는 중간단계들(라인홀트[K. L. Reinhold]·마이몬[S. Maimon]·베크[J. S. Beck]·바르딜리[Ch. G. Bardili])에 대해서는 언급하지 않겠다. 나는 오로지 오늘날의 시각에서 [볼 때도] 중심적인 논증이라고 여겨지는 것들만을 거론해야 한다고 생각한다.

11) 이 물음에 대한 흄의 대답——즉 인과적인 필연성은, 습관에서 비롯되고 어떤 객관성에도 상응하지 않는, 순전히 주관적인 강박관념(Vorstellungszwang)이라는——은 분명히 받아들일 수 없는 것이다. 왜냐하면 반트슈나이더(1984; 975)가 아주 탁월하게 지적했듯이, 흄은 인과적인 필연성에 관한 우리의 표상들이 어떤 자연적인 습관에 그 원인을 갖고 있다고 주장함으로써 모순을 범하고 있는 것이다. 여기에서 그는 바로 그가 논박하는 인과성의 존재론적 지위를 전제로 하고 있거나, 아니면 그 역시 자신의 설명을 한갓 주관적인 것이라고 설명하고 그럼으로써 그것을 상대적인 것으로 만들어야만 할 것이다.

일이 철학의 가장 중요한 과제 가운데 하나이다. 그에 따르면 선험적 종합판단은 첫째 수학에, 둘째 자연과학의 원리로서, 그리고 셋째 — 그 요구에 따라서 본— 형이상학에 존재한다(B 14ff./A 10ff.). 그러므로 『순수이성비판』의 과제는 어떻게 순수 수학과 순수 자연과학이 (그리고 순수 형이상학이) 가능한가라는 물음에 답하는 일이다(B 20ff.).

17 칸트의 대답은 익히 알려져 있다. 수학의 선험적 종합판단은 공간과 시간의 순수 직관에서 나온다. 그러한 순수 직관은 경험에서 나오는 것이 아니라, 오히려 경험을 가능하게 한다. 칸트는 이를 수학적 인식이 갖는 필증적(必證的, apodiktisch) 성격에 의거해 입증하는데, 그러한 수학의 성격은 경험적인 인식원천을 배제하는바, 이에 오로지 순수한 개념들과 순수 직관만이 남게 된다. 그러나 "한갓된 개념으로부터는 그 어떤 종합적 인식도 얻어질 수 없고, 단지 순수 분석적인 인식만이 얻어질 수 있기"때문에(B 64f./A 47), 오로지 인식의 근거로서의 순수한 선험적 직관만이 물음의 대상이 된다(B 73).— 칸트에 따르면 원리로서의 자연과학의 근저에 깔려 있는 명제들에서 인식의 근거는 **경험의 가능성**이다. 왜냐하면 종합판단에서 전혀 상이한 주어와 술어를 연결할 수 있게 해주는 제3의 것이 언제나 필요하며(B 193ff./A 154ff.), 경험과학을 비로소 가능케 하는 판단들에서 이 제3의 것은 오로지 경험의 가능성일 수밖에 없기 때문이다(B 195/A 156). 그러나 경험은, 그것이 지각의 광시곡 이상의 것이고자 한다면, 현상의 종합적 통일에 근거한다. 바로 이러한 통일은 범주들을 통해 산출되는데, 칸트는 범주들을 판단의 여러 형식에서 도출해내며(B 95ff./A 70ff.), 또한 그 범주들은 통각의 종합적 통일인 "나는 생각한다"(Ich denke) 속에 그 근거를 두고 있어야 한다(B 131ff./A 106ff.). 칸트에 의하면 이러한 범주들은 순수 오성의 원칙들의 체계로 발전될 수 있는데, 순수 오성의 원칙들이란 곧 그것 없이는 경험이 불가능해지는 바의, 경험의 가능성의 조건을 말한다.

방금 기술된, 선험적 종합판단에 도달하는 두 개의 길에 따르면, 이론철학에서 선험적 종합판단은 "직관이 없는 한갓된 개념으로부터는……불가능하다"는 결론이 나온다(KdpV A 73). 이러한 확신에 기초하여 칸트는 제1비판의 파괴적인 부분, 즉 초월적 변증론에서 합리적 영혼론, 우주론 그리고 신학에 대한 비판으로 넘어가는데, 본질적으로 그는 그것들이 원칙적으로 엄밀하지 못한 추리 또는 명제들에 뿌리를 두고 있다고 비난한다. 왜냐하면 그것들은 가능한 경험의 영역을 뛰어넘기 때문이요, 오로지 그 가능한 경험에서만이 선험적 종합판단은 정초될 수 있기 때문이다.

칸트의 초월철학 구상이 갖는 결함들은 즉시 드러난다. 칸트는 수학과 자연과학의 가능성을 전제해야만 한다. 왜냐하면 그가 수학과 자연과학을 "그것들의 현실을 통해" 증명하고자 함에도 불구하고(KdrV B 20/B 128 참조), 자연주의적 오류추리에 대한 흄의 비판을 받아들이는 칸트가 보기에 진리주장이 이러한 방식으로는 결코 진정으로 엄밀하게 근거지어질 수 없다는 것이 분명하기 때문이다—심지어 수학과 자연과학의 어떤 간주관적 타당성을 지닌다고 하더라도, 그것은 어떤 집단적인 오류 같은 것에서 비롯되었을 수도 있는 것이다. 더욱이 칸트는 순환논증을 범하고 있거니와, 이는 그 스스로도 알고 있다. 순수 오성의 원칙은 정리(定理, Lehrsatz)로 불리지 않는다. "왜냐하면 그 원칙은 자신의 증명근거, 곧 경험을 또한 먼저 가능하게 하며, 또한 항상 이 경험에 전제되어 있어야 한다는, 기이한 특성을 지니기 때문이다"(B 765/A 737).[12] 그렇지만 이 순환논증은 원칙적으로 거역할 수 없는 (unhintergehbar) 것이 아니다. 진리능력을 가진(wahrheitsfähig) 사유의 가능성—그 가능성을 반박하는 이들조차도 직접적으로 전제하

18

---

12) 칸트의 『순수이성비판』에서 다루어지는 순환논증에 대해서는 크로너(R. Kroner)의 적절한 설명을 참조하라(1921ff.: 73ff.). 74쪽에는 다음과 같이 분명하게 적혀 있다. "연역은 경험의 사실을 통해 지지된다. 그런데 경험은 연역을 통해 지지되고자 한다."

는—의 경우와는 달리, 경험의 가능성(특히 칸트가 경험적으로 받아들인, 심적 능력의 기재라는 의미에서의)을 부인하는 것은 직접적으로 모순된 것이 아니다. 초월철학과 경험적 방법의 쌍방적인 상호전제는 이 순환 밖에 있는 하나의 점을 배제하지 않는다. 바로 이 점을 『순수이성비판』 자체도 입증한다. 즉 이 비판서는 경험적 이론이 아니며, 따라서 우리가 모름지기 경험의 도정에서[만] 인식을 획득한다는 것을 애초부터 부인한다면 자기모순에 빠지지 않게 될 것이다. 방금 언급된 것은 직관에 적용해볼 때, 그리고 이 직관을 통해 근거지어진 수학적 인식의 필연적인 성격에 적용해볼 때 더더욱 들어맞는 사실이다. 19세기 들어 직관에 모순되는 비례가 일관되게 가능함을 바로 기하학이 보여주었다. 그리고 주지하듯이 일반상대성이론 이후 물리학의 발전은 물리적 공간 역시 에우클레이데스 기하학의 틀에서 벗어나는 것임을, 즉 우리의 직관에 의해 규정되는 것이 아니라는 견해를 설득력 있게 설명하고 있다. 그러나 칸트의 초월적인 명제의 근거부여는 단지 증명되지 않은 전제들에 의지하는 것으로 그치지 않는다. (정언명령에 대한 근거부여에서와 마찬가지로) 자신의 고유한 메타이론적인 명제들—가령 오로지 직관과 경험의 가능성만이 주체와 객체를 하나의 선험적 종합판단 가운데서 통일할 수 있는 제3자를 표현한다는—에 대한 근거부여—이 역시 마찬가지로 가언적인 것이겠지만—가 칸트에게는 결여되어 있다. 그리고 칸트가 어떻게 그런 유의 명제들을 무한소급(infiniter Regreß)에 빠져들지 않은 채 비반성적으로 근거지을 수 있는지도 전혀 보이지 않는다. 바로 그러한 한에서 칸트의 초월철학이 애초부터 어떤 약점을 지니고 있다고밖에는 판단할 수 없다. 좀더 지적되겠지만, 그러한 약점은 『비판』의 다른 가정들에서도 계속 작용한다. 이러한 약점은 어떻게 피해갈 수 있을까? 분명히 그것은 오로지 칸트의 '악'순환이 하나의 반성적인, 원칙적으로 거역할 수 없는 구조로 될 때만이 가능하

19 다[13] —그러한 구조로부터는 아마도 경험의 가능성까지도 엄밀하게 근거지어질 수 있을 것이다. [물론] 칸트는 그러한 구조의 가능성까지는

생각하지 않은 것으로 보인다.[14] 그리고 "나는 생각한다"에서 그가 다다른 지점은 초월적 이론 전체를 통틀어서도 그 기능이 특히 비규정적인 채 남아 있는 것이다. "나는 생각한다"의 거역불가능성에 놓여 있는 정초론적인 잠재력을 칸트는 단지 파악하지 못하는 것으로 그치지 않았다. 오히려 "변증론"의 첫 번째 공격은 이러한 정점을 계속해서 발전시키려는 시도를 좌절시키고자 하는 방향으로 나아간다.——합리적 영혼론은 "나는 생각한다"를 그 유일한 텍스트로 지니는 학문으로서 비판받는다(B 401/A 343). 물론 칸트가 인식하는 것은, 합리적 영혼론에서 생각하는 자아는 주체이면서 동시에 객체이며, 그것이 분석의 대상이 될 경우 이미 항상 분석의 주체로서 전제되어야 한다는 점이다. 그러나 그는 이러한 구조에서 다만 "불편함"(Unbequemlichkeit)만을 인식할 수 있을 뿐이다. "그런데 이 생각하는 나, 또는 그자(Er), 또는 생각하는 그것(Es, 사물)에 의해서 표상되는 것은 단지 사유의 초월적 주체인 X일 뿐이다. 이 초월적 주체는 그것의 술어인 사유에 의해서만 인식되며, 또한 이 사유를 떠나서는 우리는 그것에 관한 최소한의 개념도 결코 지닐 수 없다. 그러므로 우리는 초월적 주체의 주위를 끊임없는 순환 속에서 빙빙 돌고 있다. 왜냐하면 이 초월적 주체에 관해서 어떤 판단을 하기 위해서는, 우리는 언제나 이미 그것의 표상〔즉 '나'라

---

13) 칸트의 초월철학이 반성적이라는 부브너(R. Bubner)의 명제(1974; 1984)는 칸트의 입장에 대한 미숙한 오해의 소치이다. 이에 대해서는 아셴베르크(R. Aschenberg, 1982; 304ff.)와 바움가르트너(H. M. Baumgartner, 1984; 81)의 비판을 참조하라.

14) 단지 한 개별 대목에서, 즉 제1비판의 제1판 서문에서 칸트는 형이상학이 거역불가능하다는 주장을 한다. 모든 각각의 형이상학이 무차별적이라고 설명하는 "무관심자들"조차도, "그들이 어디서건 생각하고 있는 한에서는, 형이상학적인 주장으로 불가피하게 되돌아간다"(AX). 그러나 이러한 종류의 논증을 제대로 취급하지 못하는 칸트의 무능력은 그의 회의주의와의 대결에서 극명하게 드러난다(B 786ff./A 758ff.). 즉 회의주의에 대해 그는, 〔그것의〕 자기지양적인 본성을 좀더 원칙적으로 적용하는 것이 아니라, 단지 반론의 자의성만을 비난하고 있다(B 795f./A 767f.).

는]을 사용해야 하기 때문이다. 이는 결코 떨쳐버릴 수 없는 불편함이다. 왜냐하면 의식 자체는 어떤 특수한 대상을 구별하는 표상이기도 한 것이 아니라, 〔다만〕 인식이라고 불리는 한에서의 표상 일반의 형식일 뿐이기 때문이다. 모름지기 이러한 표상 일반의 형식에 관해서만 나는 '나는 그것을 통해 어떤 것을 생각한다'고 말할 수 있는 것이다"(B 404/A 346).

이 대목을 비교적 자세히 인용한 것은, 아마도 그것이 칸트와 독일관념론 사이에 있는 차이를 가장 극명하게 드러낼 것이기 때문이다—독일관념론은 자아로부터의 출구를 철학적으로 정당화해줄 정초론적 특장점이 바로 자기 자신을 사유하는 자아의 반성성에 있다고 본다(186쪽 이하를 볼 것). 더 나아가 칸트가 반성적인 정초를 수행하지 못하는 데서 그의 초월철학의 거의 모든 이어지는 가정이 비롯된다는 점이 드러난다. 무엇보다도 제3의 것—직관 또는 가능한 경험—을 통해 선험적 종합명제를 설명하는 것이 그로부터 초래되는 필연적인 결과이다. 언제나 이미 요구되는 것에 대한 반성을 통해 이루어지는 자기정초를 칸트는 거부하는 것이다. 근대과학의 전개를 통해 마치 확증된 듯이 보이는, 칸트의 가장 영향력 있는 명제, 곧 ① 순수 개념적 사유의 자율성에 대한 부정과, ② 인식이 두 개의 통로로부터 이루어진다는 생각, 그리고 ③ 합리적 영혼론, 우주론 및 신학에 대한 비판은 바로 반성적 정초에 근거할 때 붕괴된다〔번호는 옮긴이가 붙임〕. 이러한 방식으로 적어도 생각될 수 있는 것은, 직관이나 가능한 경험으로 소급하지 않더라도 선험적인 종합명제에 다다를 수 있다는 점이다. 칸트의 개념/직관 이원론에 적용되는 반박들은 모름지기 모든 이원론에 대해 타당한 것이어야 한다. 왜냐하면 언필칭 서로간에 환원될 수 없다고 일컬어지는 두 개의 원리도 기실은 그것들이 바로 원리라는 점에서 언제나 이미 동일한 것이기 때문이다. 칸트의 이원론이라는 구체적인 경우, 그에 대한 비판은 〔칸트가 서로 근본적으로 다른 것이라고 주장하는〕 '개념'과 '직관'이 다 같이 개념이라는 사실을 반증으로 제시한다. 즉 직관 또한 개념에 완전히 대립되는 타자가 될 수 없다는 것이다. 왜냐하면 바로 그것 자체에 대한 개념이 이미 존재하기 때문이다.[15] 끝으로 반성적 정초의 구상에 입각하면, 가능한 경험의 경계 저편에 있는, 원칙적으로 인식불가능한 본체(Noumena, 즉 물자체)가 있다는, 칸트의 가정 또한 무용지물이 되고 만다——이러한 가정은 의미비판적(sinnkritisch)인 관점에서도 또한 반박될 수 있다. 왜냐하면 원칙적으로 인식불가능한 어떤 것이 사실은 그 자체로서 인식되며, 따라서 그것은 인식불가능한 것일 수 없기 때문이다. 이로부터 귀결되는 것은, 인식불가능한 것은 존재할 수 없다는 점이다.[16] 칸트의 이론이 반성적 최후정초(reflexive Letztbegründung)를 결여하고 있음으로 인해, 순수 오성개념 그 자체를 다루는 부분이 지니는 결함 또한 드러난다. 왜냐하면 범주들이 오로지 가능한 경험과 연관해서만 사용될 수 있다는 것(B 146ff.)을 완전히 도외시하더라도, 범주들을 산출할 수 있는 어떤 방법을 칸트가 갖추지

---

15) 잘 알려져 있듯이 칸트 자신은 『판단력비판』에서 개념과 직관의 '화해'를 이루어내고자 하였다. 그리고 셸링과 헤겔의 객관적 관념론은 바로 이 제3비판과 특히 연결되어 있다(Hegel, E. §55A, 8.139f. 참조).

16) 명제논리적으로 표시하자면 이는 (P⊃P)¬P이다.——L. B. 푼텔은 칸트의 비판적 관념론과 물자체에 대한 헤겔의 기본논지를 다음과 같이 적절하게 재구성하였다(1983; 214f.). "칸트의 (메타-)초월적 명제들은 그러나 바로 그 명제들 자체 속에서 명확히 부정되는 전제(Präsuposition)를 내용으로 한다. 전제와 명시된 주장 사이에 모순이 생겨난다. 그것은 자기모순(또는 수행적 모순[contradictio exercita])이다. 다시 말해 칸트의 (메타-)초월적인 명제들의 전제는, 그것들이 '논리적 공간'을 무제한으로 요구한다는 데에 있다. 그러나 다른 한편으로 그것들은 논리적 공간을 분명히 극단적으로 제한하고 있다……. 순수한 인식에 관한 한 언명이 만들어짐으로써, 물자체의 영역은 말하자면 물리적 공간에 있는 것으로 말해진다. 다르게 정식화하자면 이는 다음과 같다. 물자체의 차원에 우리의 인식이 다다를 수 없다고 말해짐으로써, 바로 이 [물자체의] 차원 스스로가 말해지거나 표명되는 것이다." 그에 대해 푼텔은 칸트에게는 ——감성이 논리적 공간을 제한함으로 인해(212)—— 결여되어 있는, 사유의 자기주제화(Selbstthematisierung)를 요구한다(215).——물자체 개념이 갖는 비일관성에 대한 통찰은 주관적 관념론에서 객관적 관념론으로 넘어가는 이행을 위한 중요한 논증이다.

못하는 한, 그 범주들의 열거는 그 자체가 이미 경험적인 것으로 여겨져야 하기 때문이다. 그는 그저 알려져 있는 판단형식들을 되는대로 주워모아 그로부터 범주들을 추출해낼 뿐이다. 도대체 어째서 바로 이러한 판단형식들이 있는지, 그것들이 모두 동등한 자격을 지니는지, 아니면 그 중 하나가 다른 하나로 환원될 수 있는지, 그 밖의 또다른 판단이 사용되거나 생각될 수 있는지, 더욱이 도대체 왜 진리가 판단에서 언명되는지[17]——이 모든 물음은 칸트가 답변하지도 않았고, 또 답변할 수도 없는 것들이다.[18] 그 물음들이 해결되지 않는 한, 필증성[19]을 달성하고자 하는 초월철학의 요구란 전혀 근거지어지지 않은 것이고, 또한 항상 거듭해서 제기되는, 완전성[20]에 대한 요구도 그야말로 한갓된 확언에 불과한데도 말이다.

---

17) D. 헨리히는 매우 섬세하게 씌어진 자신의 논문에서 칸트에게서의 자기의식과 판단의 관계를 다루었는데, 이 연구의 말미에서 그는 다음과 같이 적고 있다. "그러나 칸트는 판단의 구조가 형식적 추리(Raisonnement) 속에서 바로 주체-동일성(Subjekt-Identität)의 구조로부터 도출될 수 있다고까지는 생각할 수 없었고, 또 결코 그렇게 주장하지도 않았다. 초월적 연역은, 그것이 먼저 종합의 규칙(Synthesisregel)이라는 사상을 이루어내고, 그러고 나서 그 종합의 규칙을 좀더 특수하게 판단형식으로 파악하는 것이 정당하다는 것을 지적해낼 때도 이미 성공적으로 이루어진다. 이러한 특수화 이외의 대안이 없다는 것은 곧바로 입증될 수는 없다"(1976a: 108f.). 이 인용문에서 보이듯이 헨리히는 칸트의 연역이 지니는 엄밀도에 만족을 나타낸다. 물론 피히테와 헤겔은 실제로 연역에 대해서 그것 이외의 대안이 없기를 요구한다.
18) 특히 B 145f. 참조. "그러나 우리의 오성이 왜 범주들을 수단으로 해서만, 또 범주의 이러한 종류와 수에 의해서만 선험적인 통각의 통일을 산출한다는 특성을 갖고 있는가에 대해서는 우리는 더 이상 그 근거를 댈 수 없는데, 이는 우리가 왜 하필이면 이러한 판단기능들만을 가질 뿐, 그밖의 다른 판단기능은 가지지 않는가, 또는 왜 시간과 공간만이 우리의 가능한 직관의 유일한 형식인가 하는 물음에 대해서는 그 근거를 더 이상 댈 수 없다는 사정과 꼭 같다." B 283/A 230f.; A 393; B 585/A 557에서도 이와 유사하게 설명되고 있다.
19) A XV 참조.
20) A XX; B XXIIIf.; B 26f./A 12f.; B 91f./A 66f.; B 106f./A 80f.; B 265/A 217f.; B 396/A 338; B 490/A 462 참조.

2.2.2. 독일관념론의 기획서인 피히테의 『지식론의 개념에 관하여』와 최고의 메타학문에 대한 이념

칸트를 넘어서는 피히테의 정초론적 통찰은 다음과 같은 원칙, 즉 그 것을 도외시한다는 것 자체가 이미 그것을 전제하지 않고는 불가능함 으로 인해, 바로 그것 자체가 스스로를 근거짓는 바의 원칙을 구상해내 는 데에 있다.[21] 방법적인 측면에서 『전체 지식론의 기초』(1794/95: 이하 『기초』─옮긴이)가 추구하는 방식은, 의식의 어떤 우연적인 내용 에서 규정들을 가능한 한도까지 ──즉 "단적으로 그 자체를 빼놓고서 는 생각될 수 없으며, 또한 그것으로부터는 어떤 것도 더 이상 분리해 낼 수 없는 바의 것이 순수하게 남겨질 때까지"(1.92)── 분리해내는 것이다. 피히테에 따르면 그러한 최후의 순수한 것은 바로 자기 스스로 를 정립하는 자아(das sich selbst setzende Ich),[22] 즉 ──주관적으로 파악된── 이성이다. 『자연법의 기초』에서 우리는 다음과 같은 구절을

21) 철학사의 전개논리 측면에서 볼 때 흥미로운 점은, 초월적 반성의 이러한 더 욱 고도의 단계가 바로 칸트의 사상이 라인홀트에 의해 더욱 진척되는 것을 지적한, 슐체(G. E. Schulze)의 회의적인 비판을 통해 매개되고 있다는 사실 이다(피히테의 『아이네시데모스』 서평, 1.3-25 참조. 특히 3쪽을 볼 것)── 이는 칸트의 초월철학 역시 흄의 회의주의를 통해서 가능해졌다는 사실과 같다.──초월철학 앞에는 필연적으로 회의주의가 선행한다는 점은 내가 (1984a)에서 개진한 발전논리적 근본주장의 하나이기도 하다.
22) 1.97 참조. "우리는 자기 스스로를 의식하는 것으로서의 우리의 자아를 함께 생각하지 않고서는 아무것도 생각할 수 없다. 우리는 우리의 자기의식을 결코 추상해버릴 수 없다." 따라서 이 자기의식의 자기동일성은 "우리 앎의 통일적 인 절대적 기반"(das einige absolute Fundament unseres Wissens)이다 (107). 1794년판 지식론의 제2부인 「이론적 지식의 토대」 말미에서 '추상가 능성'(Abstrahierbarkeit)은 바로 비아(非我)를 자아로부터 구분하는 종별적 (種別的)인 차이로 지칭된다. "그러나 이제 자아는 절대적 추상능력에 의해 모든 객체가 지양된 이후에도 남아 있는 것으로 규정되어 있다. 그리고 비아 는 저 절대적 추상능력에 의해 추상될 수 있는 것으로 규정되어 있다. 그리고 이에 따라 우리는 이제 객체와 주체 사이의 확고한 구분점을 갖게 된다" (1.244; 227 참조).──피히테의 입장과 전체 독일관념론에서 '추상'이 지니 는 의미에 관해서는 W. Schulz (1963), 20f.를 보라.

읽을 수 있다. "모든 이성을 추상해버리고서도 남아 있는 어떤 실재가 있는지를 묻는다면, 그것은 모순이다. 왜냐하면 그것을 묻는 자 스스로가 바로 이성을 갖고 있는바, 그는 어떤 이성적인 근거를 통해 작동됨으로써 그렇게 물음을 던지고, 또한 어떤 이성적인 대답을 얻고자 하기 때문이다. 따라서 그는 이성을 추상한 것이 아니다. 우리는 우리 이성의 테두리 밖으로 빠져나올 수 없다. 사태 그 자체는 배려의 대상이 아니다. 오로지 우리가 바로 그것으로 인해 알 수 있게 되며, 또한 우리가 그것 속에 언제나 사로잡혀 있는 것이 자명한데도 마치 그것으로부터 빠져나온 양 그릇되게 생각해서는 결코 안 되는 바의 것을 철학은 얻어내고자 한다"(3.40).[23]

23   그러나 피히테의 철학이 가지는 의의는 칸트가 "나는 생각한다"의 형태로 비록 암시는 했지만 근본원칙으로서 설립하지는 못했던, 이러한 최종의 절대적 원리를 발견해낸 것만으로 다 드러나는 것이 아니다 (1.99). 더 나아가 피히테는 그러한 절대적 원리로부터 세계의 근본구조들을 이끌어내기를 요구한다. 피히테는 지식론에 대한 그의 첫 번째 저작인 『지식론 또는 이른바 철학의 개념에 관하여』(1794)를 1798년에 나온 그 책의 제2판에서도 여전히 그의 철학의 전체 기획에 대한 그 자신의 가장 중요한 메타이론적 작업이라고 부르거니와, 그는 여기에서도 이

---

23) 『도덕론의 체계』에서도 이와 비슷한 생각이 개진되는데, 특히 4.17과 59를 참조할 것. "모든 철학이 포기되어야 하는 것이 아니라면 이성의 절대적 자율성은 반드시 인정되어야만 한다. 오로지 이러한 전제 아래에서만 철학의 개념은 이성적이다. 이성체계의 가능성에 대한 모든 의심이나 모든 부정은 〔이성의〕 **타율성**을 전제로 한다는 데에 기초한다. 즉 그것들은 이성이 그것 밖에 있는 어떤 것을 통해 규정될 수 있다고 전제하는 것이다. 그러나 이러한 전제는 단적으로 비이성적이다.──즉 이성에 대한 저항이다." 나아가 의식에 의해 포섭될 수 없는 어떤 존재자를 상정하는 것에 대하여 피히테는 명확히 의미비판적인 논증을 행한다. "그러나 의식이 없는 존재라는 것이 도대체 어떤 의미를 지닐 수 있을 것인지에 대해 〔칸트의〕 초월철학은 그저 아무런 개념도 갖지 않는 것으로 그치지 않는다. 더 나아가 초월철학은 그러한 것이 그 어떠한 의미도 갖지 못한다는 것을 분명하게 보여준다"(4.136).

미 철학을 최고의 학문으로, 그것도 〔모든 여타의〕 개별학문이 전제하는 근본원칙을 다루는 학문으로서 도입하고자 한다. 피히테의 이 (너무나 적게 연구된[24]) 저작이 중대한 의미를 지니는 것은 단지 그것이 전체 독일관념론의 기획서[25]로 간주되어야 하기 때문만은 아니다——그의 근본사상은 셸링과 헤겔의 체계에 의해 결코 부정된 것이 아니라 다만 더 구체화되었을 뿐이다. 이 저작은 '원리들의 학문으로서의 철학'이라는 이념을 바로 개별과학이 지닌 근본적인 문제로부터 내재적으로 이끌어내고자 한다는 점에서도 중요한 의미를 지닌다. ——나는 먼저 이 저작의 근본사상을 기술한 다음, 그것에 대한 철학적인 검증을 수행하고자 한다. 이 점에서 나는 맨 처음의 두 절을 집중적으로 다루고자 하며, 극히 짧막하게 씌어진 세 번째 절(이 절에서는 체계에 대한 자못 가언적인 구분이 행해지는데, 이미 피히테는 이 저작의 제2판에서 이 절을 삭제했다)에 대한 설명은 생략하겠다. 왜냐하면 그것은 정초론적인 지평을 넘어서는 것이 되며, 또한 피히테의 체계구성은 오히려 『기초』와의 연관 속에서 더 자세히 드러나기 때문이다.[26]

피히테의 논증은 다음과 같다. 철학은 하나의 학문〔또는 지식〕이   24
다.——이 점에 관해서는 모든 사람들이 동의한다. 그러나 철학의 대상

---

24) 예컨대 크로너는 그의 고전적 저작(1921ff.)에서 물론 1794년의 『기초』에 관해서는 극히 상세하게 다루면서도(I 397-534), 『지식론의 개념에 관하여』는, 하물며 전체 독일관념론에서 이 저작이 지니는 의미를 인식하고 있음에도 불구하고(특히 I 408f.를 볼 것) 단지 잠시 스치고 지나갈 뿐, 한 번도 긴밀한 연관 속에서 서술하지는 않는다.

25) 『지식론의 개념에 관하여』가 "피히테의 기획서"였다는 것은 예컨대 라우트 (R. Lauth, 1971 ; 166) 같은 이가 강조한다. 더 나아가 여기에서는 그 저작에서 표명되는 철학의 개념이 독일관념론 전체의 근저에 그것이 목표로 하는 표상으로서 깔려 있다는 테제가 옹호되어야 한다.

26) 게다가 이 제3절은 I. H. 피히테가 펴낸 저작집에서도 빠져 있다. J. G. 피히테 전집의 경우 이 절은 I-2권(Werke 1793-1795, hg. von R. Lauth und H. Jacob unter Mitwirkung von M. Zahn, Stuttgart-Bad Cannstatt 1965), 150-152에 수록되어 있다.

은 무엇인가? 이 물음에 대해서는 견해의 차이가 매우 큰데, 바로 이 문제를 풀기 위해 피히테는 먼저 학문의 개념부터 분명하게 밝히자고 제안한다. 그런데 그 점에서는 다음과 같은 문제가 발생한다. 가령 기하학과 같은 하나의 주어진 학문은 여러 개의 명제로 이루어져 있다. 그러나 어째서 우리는 그것이 하나의 학문이라고 말하는가? 명백히 그것은 그 명제들이 서로 조화를 이루기 때문이다——즉 한 명제가 참인 것은 다른 명제가 참인 것에 의존하는 것이다. 하나의 명제가 확실하다면, 다른 명제 역시 확실하다(40f.). 두 번째 명제의 진리는 첫 번째 명제의 진리로부터 결과한다. 그러나 이 첫 번째 명제의 진리는 어디에서 오는 것일까? 가장 근본적인 명제는 어떻게 증명될 수 있는가? 이것말고도 또 하나의 문제가 대두한다. 우리는 두 번째 명제가 첫 번째 명제로부터 따라나온다는 것에서 출발하였다. 그러나 우리는 이러한 연쇄관계를 도대체 무엇에 의해 알 수 있는가? "하나의 명제에게 다른 명제에게 부여되는 것과 똑같은 확실성이 부여될 수 있게 해주는 바의, 두 명제 사이의 필연적인 연관을 근거짓는 것은 무엇인가?"(43) 학문의 근본명제들을 근거짓는 문제는 피히테에 의하면 바로 학문의 **내용**에 관한 것이며, 연역의 방법을 정당화하는 문제는 그것들의 **형식**에 관한 것이다. 이러한 두 가지 문제를 해결하기 위해서 요청되는 하나의 고유한 학문이 바로 "학문 일반에 관한 학문"(43)인바, 이는 또한 '지식론'(45)이라고도 부를 수 있다. 그리고 이 지식론의 기획이 바로 철학의 기획인 것이다. 이에 철학은 **첫째**, 개별과학의 근본명제들——이것들은 개별과학들 그 자체의 테두리 내에서는 증명될 수 없다——을 증명하고 또한 하나의 학문을 학문으로 만드는 연역의 체계적 형식을 근거지어야 하는 과제를 지닌다(46f.). 그러나 **둘째로**, 지식론은 그 자체가 학문이다. 따라서 그것은 그 스스로도 하나의 근본명제를 가져야 하는데, 물론 이 지식론의 근본명제는 더 이상 증명될 수 있는 것이 아니라, 모든 지식의 기본이며 또한 모든 저마다의 지식이 전제로 해야만 하는 것이다. 지식론 자체는 하나의 체계적인 형식도 또한 갖추어야 한다. 이 역시 마찬가지로 어떤 다른 학문에서 빌려올 수 없는 것이다. 지식론은 "따라서 이러한 형식을 자기 스스로 안에서 가져야 하며, 또한 그것을 그 스스로를 통해 근거지어야 한다"(49). 이러한 자기정초는 오로지 모든 저마다의 최고명제 속에서 형식과 내용이 일치함을 통해서만 가능하다. 즉 내용은 형식을, 그리고 형식은 내용을 규정해야 하는 것이다. "이 형식은 오로지 저 내용에만, 그리고 이 내용은 오로지 저 형식에만 상응할 수 있다. 이 내용에 대한 모든 여타의 형식은 명제 그 자체뿐만 아니라 그와 더불어 모든 앎을 지양시키며, 동시에 이 형식에 대한 모든 여타의 내용 또한 명제 자체 및 그와 더불어 모든 앎을 지양시킨다"(49). 피히테는 이와 같은 제1의 근본원칙 이외에도 지식론에는 더 이상의 근본원칙들이 있을 수 있다고 계속해서 상정해나간다. 물론 이 더 이상의 25 근본원칙들은 저 제1의 명제와 동급의 것일 수는 없다. 내용 또는 형식에서 그것들은 저 최상위의 명제에 의해 조건지어져야 한다. 이러한 방식으로 피히테는 통틀어 세 가지 근본명제를 이끌어낸다. 지식론의 모든 그 이상의 명제들은 **내용에 따라서나 형식에 따라서나** 바로 이 세 명제로부터 추론된 것이다(50).

피히테의 계속 이어지는 주장에 의하면, 만약 지식이 이러한 방식으로 구조화될 수 없다면, 단지 두 가지 가능성만이 물음의 대상이 될 수 있을 것이다. 즉 그렇다면 그 어떠한 최종적인 근거지음도 없을 것인 즉, 정초상의 무한한 소급이 일어나거나—다시 말해 "우리의 확신은 그저 기도를 통해 갈구되거니와, 이 확신마저도 결코 그 다음날까지 보장되지 못한다"(52)[27]—, 개별과학에 수많은 공리가 있게 될 것이고,

---

27) 무한소급을 좀더 구체적으로 드러내기 위해 피히테는 인도의 우주론에 나오는 비유를 차용하는데, 거기에는 땅을 짊어지고 있으면서도 그 스스로는 또다시 거북 위에 서 있는 코끼리가 등장한다—이 비유는 「신앙과 지식」에 나오는 헤겔의 야코비 비판에도 영향을 끼치며(2.365), 또한 D. 헨리히는 (1963b) 한 학술연구에서 이 비유를 로크(Essay II 13, 19; II 23, 2)에까지 소급 적용하였다.

또 그 공리들은 비록 (가령 생득적인[angeboren] 진리로서) 확실한 것으로 간주될 수 있을지는 모르나, 서로간에 아무런 연관성도 갖지 못할 것이다. "우리의 앎은, 그것이 양적으로 확장된다는 점에서는, 물론 확실하다. 그러나 그것은 하나의 **통일된** 앎이 아니라, [그저 양적으로만] 많은 지식일 뿐이다"(53). 이러한 경우 인식의 제어할 수 없는 [무한한] 진행을 배제시킬 수 없다. 언제나 새로운 생득적인 진리가 발견될 수 있을 것이며, 이와 더불어 언제나 새로운 학문이 개발될 수 있을 것이다. 지식의 체계는 이러한 방식으로는 불가능하다. 이렇기 때문에 모든 여타의 지식이 바로 그것에서 비롯되어야 하는 바의, 하나의 절대적인 제1의 근본원리가 필요한 것이다(54).

피히테는 이 저작의 두 번째 절에서 몇몇 세부적인 문제를 언급하는데, 그것들은 이와 같이 이해된 지식론의 ―[그러나] 아직은 일단 순전히 가언적으로 취해진― 이념에서 나온다. 첫 번째로 제기되는 질문은, 지식론은 어떻게 그것이 모든 (현실적일 뿐 아니라 또한 가능한) 개별과학을 근거지었다는 확신에 이를 수 있는가 하는 것이다. 이에 관한 확신이 귀납적인 방법을 통해 얻어질 수 없음은 명백하다. 오히려 설정된 근본명제가 "완전하게 해명되었다"(erschöpft)는 것이, 즉 연역될 수 있는 모든 것이 그 근본명제로부터 연역되었다는 것이 드러나야 한다. 물론 하나의 명제가 너무 **많이** 연역되었다는 것을 밝히기는 그다지 어렵지 않다. 왜냐하면 그 경우에는 바로 연역 그 자체가 일관되지 못하기 때문이다. 그러나 어떠한 명제도 너무 적게 추론되지 않았다는 확신에 이르는 것은 어떻게 가능한가? "무엇이 계속해서 따라나올 수 있는지가 나에게 더 이상 보이지 않는다"(59)라는 한갓 주관적인 느낌이 아무것도 증명할 수 없음은 당연하다. 오히려 어떤 방법적인 안전조치가 요구된다. 피히테에 따르면 그러한 안전조치는 하나의 순환적인 **구조**를 제시하는 데에 있다. [연역의] 전개과정의 마지막에 가서 근본명제 자체가 또다시 나타난다면, 저 연역의 전개는 종결된 것이다.―

26 그러나 상정된 근본명제가 완전하게 해명되었음을 제시하는 것 역시

모든 가능한 앎이 근거지어졌다는 것을 실제로 증명하는 데 충분한 것이 되지는 못한다. 왜냐하면 또다른 기본원칙에 기초하는 또다른 앎의 체계가 여전히 있을 수 있기 때문이다. 이와 같은 사태를 배제하기 위해 우리는 지식의 체계는 오로지 하나만이 있을 수 있다는 명제를 필요로 한다. 물론 이러한 명제는 그 자체가 지식의 제1의 체계에 속해야 한다. 따라서 그 명제는 오로지 이 체계의 근본명제가 타당한 것일 때만이, 즉 그것의 유일함이 그 자체로 순환적이지 않고서는 증명될 수 없을 때만이 타당할 수 있다. 그런데 그 근본명제로부터 결국 도출될 결론은, 제1의 체계에 대립하는 어떤 제2의 체계란 단지 제1의 것과 다른 어떤 것뿐 아니라, 더욱이 어떤 모순된 것일 수밖에 없다는 점이다—즉 이는 저 체계가 제기한 유일성 요구—그 역시 체계의 한 명제인—와 양립할 수 없는 것이다. 그러나 가능한 지식체계의 모든 명제는 서로 연관되기 때문에, 제2의 체계의 근본명제는 곧바로 제1의 체계의 근본명제와 대립되는바, "예컨대 제1의 근본명제가 '나는 나다'라면, 제2의 근본명제는 '나는 내가 아니다'가 되어야만 할 것이다"(61).

두 번째 절의 이어지는 단락들은 지식론이 개별학문들, 논리학 그리고 그것의 고유한 대상에 대해 지니는 여러 관계를 다룬다. 개별학문들과 철학의 관계를 살펴보면, 다음과 같은 문제가 대두한다. 개별학문의 근본명제들이 철학적 메타학문에서 나온 것이라면, 그 개별학문들의 독자성은 도대체 어디에 있는가? 그렇다면 개별학문들은 철학으로 완전히 환원되어버리는 것이 아닌가? 이러한 물음에 대한 피히테의 대답은 분명 이 저작에서 가장 만족스럽지 못한 부분에 속한다. 그에 따르면 지식론은, 정신이 한편으로는 필연적으로 행위하는 한에서, 다른 한편으로는 자유롭게 행위하는 한에서의, 그 정신의 행위들을 포함한다. 전자의 정신의 행위들은 철학의 대상이요, 후자는 〔개별〕학문들의 대상이다. 물론 자유로운, 즉 개별학문들을 구성하는 행위들의 내용은 지식론을 통해 주어져 있다. "왜냐하면 지식론이 제공하지 않은 것은 아무것도 없으며, 또한 지식론은 어디서건 필연적인 것 말고는 아무것도 제공하지 않기 때문이다"(63). 그러나 실제의 정립행위(das Daß des Setzens)는 개별학문의 몫이다. 이러한 방식으로 피히테는, 지식론 그 자체는 하나의 종결에 이를 수 있는 반면, 개별학문들에 대해서는 "무한히 진행하는 완성가능성"(ins Unendliche fortgehende Perfectibilität)(66)이라는 자유 공간을 보장해줄 수 있기를 기대한다.

지식론과 논리학——물론 이 역시 모든 개별학문에 선행한다——의 차이에 대한 피히테의 규정에 따르면, 논리학의 주제는 다만 학문의 형식일 뿐이지만, 지식론은 학문의 형식과 **내용**을 다 같이 주제로 가진다. "지식론에서 형식은 내용으로부터, 또는 내용은 형식으로부터 결코 분리되지 않는다. 지식론의 모든 각각의 명제에서 이 둘은 가장 내밀하게 통일되어 있다"(66). 그에 반해 논리학은, 그것의 본질이 모든 내용을 추상하는 데 있는 한에서, 엄밀한 의미의 철학적 학문이 아니다. 그리고 논리학은 대개의 사람들이 생각하듯이 그 자체로 철학을 근거지을 수 있는 것이 아니라, 오히려 지식론을 통해 근거지어져야 하는 것이다. 피히테는 논리학과 지식론의 차이를 다음과 같은 예를 들어 더욱 구체적으로 드러내 보이고자 한다. 논리학에서 타당한 명제는 'A=A'(이 경우 피히테는 등호를 하나의〔'……이면 ……이다'라는〕논리적 내포관계〔Implikationsverhältnis〕로 여기는 것으로 보인다)이지만, 지식론에서 타당한 명제는 '나=나'이다. 이 두 명제 사이의 차이는, 논리학의 명제는 A의 존재를 단지 가언적으로 주장하지만, 반면에 지식론의 명제는 그것을 정언적으로 정립한다는 점이다. 나는 존재한다. 왜냐하면 나는 있기 때문이다. "따라서 논리학은 '만약 A가 존재한다면, A는 존재한다'고 말하는 반면에, 지식론은 'A(이 규정된 A는 바로 '나'이다)가 존재하기 때문에, A는 존재한다'고 말한다"(69). 그러나 A에 '나'를 대입할 경우, 단지 첫 번째 근본명제(A)를 근거짓는 문제만이 해결되는 것으로 그치지 않는다. 즉 A와 A 사이의 연역적 연관을 정당화하는 문제 (즉 A =A라는 논리적 내포관계의 진리) 역시 오로지 자아의 그 자신과의 반성적인 동일성을 통해서만 해결될 수 있는 것이다. "자아 속에서 정립된 것은 정립된 것이다. A가 자아 속에서 정립되었다면, 그 A는 정립된 것이다. ……그리고 자아가 자아여야 한다면, 그 명제는 무모순적으로 참이다"(70). 따라서 논리적 내포관계는 자아의 철학적 자기관계를 통해 근거지어진 것이다.

피히테는 지식의 체계가, 즉 철학에 의해 반성되어야 하는 정신의 행위들이 바로 지식론의 대상이라고 명확하게 규정한다. 물론 여기에서는 자기의식의 발생에 관한 문제와 전적으로 유사한 하나의 문제가 발생하는바, 피히테는 이 자기의식을 문제로서 인식한 최초의 인물이다.[28] 개별학문을 철학적으로 유의미하게 반성할 수 있기 위해서는, 우리는 지식론의 고유한 방법인 이 반성행위(das Reflektieren)를 이미 능란하게 구사해야 한다. "무엇을 지성의 필연적인 행위방식으로 받아들일 것인지, 또 무엇을 우연적인 것으로 내버려두어야 할 것인지를 철학자는 도대체 어떻게 아는가? 그가 〔나중에야〕 비로소 의식으로 끌어올려야 할 것이 이미 〔처음부터〕 의식되어 있지 않는 한, 그는 전혀 알수 없다. 이는 자기모순이다"(72). 여기에서 귀결되는 것은, 지식론으로 가는 길은 곧게 뻗은 것이 아니라, 어렴풋한 느낌에 의해 인도되는 것일 수밖에 없다는 것이다. ──철학자는 그러한 느낌을 "결코 시인들 28 이나 예술가들에 못지않게 필요로 할 것이다"(73). 그러나 이는 지식론의 진리주장을 상대화하는 것으로까지는 이르지 않는데, 왜냐하면 이

---

28) 이에 대해서는 기본적으로 D. 헨리히 (1967b)를 참조. 물론 자기의식에서 출발하는 것이 피히테의 (전기적인 차원 이상의 의미에서) '근원적인' 통찰이라는 것은 논박의 여지가 있다. 왜냐하면 헤겔식으로 보면, 이 자기의식이란 단지 하나의 실재철학적인 문제에 불과하기 때문이다. 오히려 반성적인 정초구조에 대한 관심이 실질적으로 가장 의미있고 또 역사적으로 가장 성과있는 피히테의 통찰이며, 또한 이러한 정초이론적 구조를 '자기의식'이라는 구체적인 현상과 등치시켜버리는 것에 바로 피히테의 한계가 놓여 있다고 말하는 것이 더 옳은 평가일 것이다.

는 단지 지식론의 발생적 측면에만 해당하기 때문이다. 지식론의 입지점—물론 이는 그것의 필연성을 파악하기 위해서는 이미 성취되어 있어야 하는 것이다—이 성취되는 즉시, 자기 스스로를 근거짓는 입지점이 마련된다. 그러나 피히테는 그 자신이 사유를 진행하는 과정에서 일어날 수 있는 오류를 원칙적으로 결코 배제할 수 없는 것으로 인정하며, 바로 그러한 오류들 속에 그 자신의 고유한 성과들을 상대화할 수 있는 가능성이 있다고 본다. 즉 여기에서 피히테는 그의 입장이 지닐 수 있는 가류성(可謬性, Fallibilität)과 미완성성을 인정하는 셈이다—그러나 그가 이 저작의 제2판에 덧붙인 주석에서 설명하듯이, 이는 그의 근본원칙으로부터의 출발에 대해서까지도 이미 그러한 오류가능성을 인정하는 것은 결코 아니다(77f.).

의심할 바 없이 피히테의 구상은 철학사에서 가장 의미심장한 텍스트에 속한다. 원리에 관한 최고 학문으로서의 철학이라는 이념이 그만큼 세밀하고 적확하고 또한 정력적으로 표명된 적이 그 이전에는 결코 없었다. 그리고 물론 셸링과 헤겔처럼 피히테의 기획을 실현시키고자 한 철학자들 역시 피히테의 철학 개념에서 가장 결정적으로 영향을 받기는 했지만—피히테의 본격적인 철학적 처녀작에 나오는 명제들 가운데 헤겔에 와서 방법론적인 원리로서 지속적으로 작용하지 않는 것은 전혀 없다—, 그럼에도 철학의 본질과 구조에 관한 하나의 고유한 일관된 서술 면에서 피히테의 이러한 고밀도의 '메타철학적인' 숙고를 결코 능가하지 못하거나, 심지어 그만한 수준에 미치지도 못한다. 피히테와 객관적 관념론자들 사이의 차이는 철학의 과제에 관한, 철학과 개별학문의 관계 또는 철학과 논리학의 관계에 관한 확신이 다르다는 데에 있지도 않으며, 또한 요구의 규모에 있지도 않다. 오히려 셸링과 헤겔이 피히테에게 가하는 비판의 핵심은 이러한 기획의 구체적 실행(Durchführung)과 연관된 것이다. 즉 물론『지식론의 개념에 관하여』에서 피히테는 그러한 구체적인 실행을 아직은 거의 전적으로 논외로 하고 있지만, 이 '관념론 선언'(Manifest des Idealismus)에 놓여 있는 이념은 이 세 명의 위대한 독일관념론자 **모두의** 철학적 견해 근저에 놓여 있는 **공통적인** 토대로 여겨질 수 있는 것이다.[29] 이러한 점을 파악하는 것이 중요한 것은, 그의 과도한 철학적 요구로 인해 호감을 얻지 못하는 피히테보다 헤겔이 상대적으로 덜 '광신적'(fanatisch)이라는 이유로, 오늘날의 논의에서는 종종 헤겔이 피히테보다 더 선호되고 있기 때문이다. 그리고 오늘날에는 피히테를 거의 완전히 도외시한 채 헤겔에 대한 논의가 이루어지고 있는데, 실로 이는 현금의 헤겔 논의가 지니는 기이한 특징이라고 여겨져야만 한다.[30] 또한 그럼에도 의심의 여지가 없는 것은, 셸링과 헤겔을 피히테와 구별되게 하는 것은, 전자의 두 사람이 후자보다 **훨씬** 더 많은 것을 이루고자 하지, 도모하는 것이 결코 더 적지 않다는 점이다. 따라서 피히테의 철학개념을 거부하는 자는 나아가 헤겔의 철학개념 또한 거부해야만 한다.

　실로 피히테의 기획은 철학이 수행되기 시작한 이후로 가장 야심찬 것에 속한다.[31] 그러나 이는 그의 기획을 거부할 수 있는 논증이 되지

29

---

29) 자신의 철학적 처녀작(1794년에 나온 『철학 일반의 형식의 가능성에 관하여』)에서 셸링은 바로 초입부에서 피히테의 『지식론의 개념에 관하여』를 원용하는데, 그에 따르면 이 저술의 목적은 "철학 일반의 가능성에 관한 문제 전체의 해결을 마침내 이끌어내는 것"에 다름 아니다(Schriften von 1794-1798, 4).──내가 아는 한 피히테의 이 저작에 대한 헤겔의 탐구는 알려진 것이 없지만, 그가 이 저술을 읽었다는 점은 분명하다. 그의 주저인 『철학적 학문들의 백과』〔=『철학대계』〕는 분명히 피히테의 기획을 실행한 것으로 간주될 수 있다.

30) 그 어떠한 법철학 저작도 논증의 수준이나 엄밀성 측면에서 헤겔의 『법철학 강요』만큼 피히테의 『자연법의 기초』에 근접한 것도 없다는 것이 의심할 바 없는 사실임에도, 헤겔 논의에서 피히테를 누락시키는 이러한 과오는 특히 법철학의 영역에서 그 정도가 더 심하다. (내가 아는 한, 피히테와 헤겔의 법철학이 서로 보충적인 역할을 하는 것으로 파악해낸 최초의 작업은, 나폴리에서 열린 헤겔학회에서 예르만〔Ch. Jermann, 1986c, d〕과 내가 행한 강연들 〔1986e, f, g〕이었다.)──게다가 역으로, 피히테 연구 역시 일반적으로 헤겔을 도외시하는 가운데 이루어지고 있다는 점 또한 사실이다. 1981년 함마허 (K. Hammacher)가 편찬한 대표적인 피히테 총서에서도 피히테와 헤겔의 관계에 대한 논문은 전혀 기고된 것이 없다.

못한다. 이제 우리는 실질적인 문제들과 연관된 관점에서 그것을 검토해보고자 한다.

먼저, 도대체 무엇이 철학의 대상인지부터가 이미 논쟁거리가 된다는 데에 바로 철학의 독특함이 있다고 보는 것은 피히테가 취한 올바른 출발점으로 평가되어야 한다. 예컨대 생물학의 대상이 생명이고, 심리학의 대상이 (인간의) 정신이라는 점이 분명한 반면에, 도대체 철학은 무엇에 관한 것이냐는 문제에 관해서는 오늘날에도 여전히 보편적으로 승인된 것이 없다. 사태가 이렇게 복잡해지는 것은, 단지 한편으로 철학이 그것의 대상이라고 할 수 있는 특정한 대상을 갖고 있지 않다는 이유에서가 아니라, 오히려 다른 한편으로 그것이 바로 **모든** 학문의 대상영역에 관계될 수 있는 것으로 여겨지기 때문이다. 그렇기 때문에 생명체의 철학, 사회철학, 음악철학 등등과 같은 수많은 형태의 철학이 있는 것이다. 물론 이런 식으로 말한다면 철학과 개별학문들이 동일한 대상을 가지는 것처럼 보일 수 있긴 하지만, 그럼에도 철학이 모든 개별학문의 총합에 비해서는 분명히 더 적을 것—그리고 어쩌면 더 많을 수도 있을 것—이라는 점은 직관적으로도 명확하다. 그러면 특정한 개별학문과 연계된 철학에 존재하는 철학 고유의 특수한 것은 도대

---

31) 따라서 이미 피히테의 동시대인들이 거의 대부분 그의 철학적 구상을 거부했다는 것은 그리 놀랄 일이 아니다. 그 자신의 원기왕성한 개성은 종종 오만함으로 비치기도 하는데, 그렇게 자못 오만한 태도로 피히테는 그의 저술의 제2판 서문에서 후시대의 역사 교육을 위해 지식론에 관한 서평들을 총괄하는 작업을 거행하겠다고 예고한다—이러한 서평들에 관해 비교적 호의적인 사람들은 피히테의 이 저술에 어떤 익살스런 농담이 깃들어 있다고 생각했지만, "반면에 다른 이들은 '어떤 자비로운 재단의 수뇌부에서' 어떻게 그에 대한 지원이 즉시 이루어질 수 있을지를 진지하게 심사숙고했다"(1.34). 피히테는 이미 제2판에 두 개의 서평(하나는 셸링의 『철학 일반의 형식의 가능성에 관하여』에 관한 것이고, 다른 하나는 그 자신의 저작인 『지식론의 개념에 관하여』와 『기초』에 관한 것이다)을 덧붙였다. I. H. 피히테는 자신의 편집판에서 그것들을 삭제했다. 그러다가 그것들은 J. G. 피히테 전집에서 다시 볼 수 있게 되었다(I 2, op. cit., 165-172).

체 무엇인가? 어느 정도 설득력을 지니는 가정은, 철학은 무엇보다도
[모든] 학문의 **근본구조들과 근본원리들**과 연관된다는 것이다. 관념론적
인 철학 기획을 결코 공유하고 있을 리 없는 러셀(B. Russel) 같은 철
학자마저도 수학철학의 고유성은 ──본래의 수학과는 달리── 수학의
가장 보편적인 개념과 원리들을 다루는 데 있다고 본다(o. J.; 11). 물론
러셀의 견해에 따르면 수학철학은 수학의 원리들을 **도출해내는**
(herausarbeiten) 데에서 소임을 다하며, 또한 이러한 도출작업은, 그
가 이해하는 바에 따르면, 본래적으로는 갈수록 점점 더 수학 그 자체
에 의해 수행되어야 하는 것이다. 그리고 만일 철학의 과제가 단지 어
떤 이론의 공리들을 모종의 귀납적인[32] 방법으로 열거하는 것이라면,
철학은 엄밀한 의미에서는 무용하게 될 것이라는 그의 주장은 옳다고
인정되어야만 한다. 즉 그러한 [귀납적으로 열거하는] 작업은 해당 개
별학문 그 자체도 이미 해낼 수 있는 것이다.

그렇다면 철학을 고유한 존재권리를 지니는 하나의 학문으로 만들
수 있는 것은 무엇인가? 그것은 바로 철학이 공리나 근본개념들──한
[개별]학문에는 원칙적으로 증명불가능한 또는 정의불가능한 것으로
서 그 근저에 놓여 있는──을 [추후적·귀납적으로] 확인하는 것
(Konstatieren)을 넘어, 또한 그것들의 진위 여부를 시험하기도 하며,
또 필경은 근거지어준다는 점이다. 이것이 도대체 어떻게 가능할 것인
가라는 물음을 본격적으로 논하기에 앞서, 나는 먼저 어째서 그러한 기
획이 전혀 '비학문적인' 것이 아니라, 오히려 전적으로 학문적 인식의 진
리로 이해될 수 있는가를 순수 학문내적 논증을 통해 분명히 밝히고자
한다. 첫 번째로 언급될 수 있는 것은, 학문들 사이에 존재하는 **질서와 정
초상의 연관**을 철학이 도출할 수 있다면──즉 어떤 학문이 다른 학문을
한편으로 전제로 하면서도, 다른 한편으로 그 다른 학문과는 구별되는

---

32) 이 용어를 나는 의식적으로 모호하게 썼다. 이러한 의미에서 보면, 지금까지
    일반적으로 인정된 정리들을 가지고 연역적 학문의 공리들을 표본화해내는
    것도 '귀납적'이라 할 수 있다.

그것 고유의 영역을 구성할 수 있는가가 철학에 의해서 밝혀질 수 있다면——, 그러한 기획은 전적으로 개별학문의 관심에[도] 속할 것이라는 점이다. 내가 보기에 19세기 말부터 만연하고 있는 정신사적 현상은 여기에서 암시된 기획의 절박함을 드러내준다——여기서 내가 말하는 현상은 바로 환원주의(Reduktionismus)이다. 내가 의미하는 '환원주의적'이라는 말은, 좀더 복잡한 어떤 구조가 [사실은] 좀더 단순한 하나의 구조에 '다름 아닌 것'이라는 이유를 들어, 전자를 후자로 '소급해버리는' 이론을 가리킨다. 사실 생명은 의심할 바 없이 화학적인 것이며, 철학은 의심할 바 없이 사회적인 여러 과정을 통해 조건지어진 것이다. 따라서 환원주의자들이 보기에 생명은 화학에 **다름** 아니며, 하나의 철학이론은 사회적 관계들의 반영에 **다름** 아니다. 환원주의가 범하는 오류는 그것이 제약의 관계들(Bedingungsverhältnisse)을 [일면적으로] 고정시켜버린다는 데에 있는 것이 아니다. 그리고 적지 않은 경우 환원주의는 하나의 새로운 구조를 설명하기 위해 더 이상의 특수한 법칙을 불필요한 것으로 간주할 때 쉽사리 오류를 범하지 않는다.[33] 오히려 환

31

---

33) 나는 환원주의의 형태를 두 가지로 구분하는데, 그것들은 각각 상이한 등급의 정당성을 지닌다. 즉 내가 보기에 (체계이론의 지평에서나 생명발생설의 지평에서나) 생명을 해명하는 데에 이미 잘 알려진 물리학적·화학적 법칙들의 범위를 넘어서는 고유한 법칙을 요청하는 것은 불필요한 일이다. 이러한 한도 내에서는 물리학적-화학적 환원주의는 의심할 바 없이 옳다. 이에 반해 사회경제적 환원주의는 가령 가치확신들(Wertüberzeugungen)에 비해 다만 제한된 형식으로만 정당성을 지닌다. 왜냐하면 비록 제약의 관계가 존재하는 것이 사실이라 할지라도, 그것은 두 가지 방향으로 전개되기 때문이다. 즉 생명체가 없는 어떤 상태는 존재했던 반면에, 인간에게는 '이 제도는 바로 신에 의해 선택된 것이다'라는 식의 확신에 의해 이미 매개되지 않은 사회적 제도는 결코 없었던 것이다. 따라서 단지 조건지어진 것일 뿐이라고 일컬어지는 것이 여기에서는 오히려 이미 조건을 짓는 것이기도 하다——이는 생명의 발생의 경우에서는 그다지 유의미하게 언급될 수 없는 것이다.——마지막으로, 환원주의 가운데는 그것들이 설정한 제약관계가 순수 경험적인 지평에서 [보더라도] 결코 수긍될 수 없는 것들이 있다. 예컨대 수학의 역사를 심리학적 또는 사회경제적 요인을 통해 해명하는 것은 불가능하다.

원주의가 범하는 오류의 핵심은, 이른바 '조건지어진' 학문의 대상에서 간과되어야 하는 범주적으로 새로운 것(das kategoriale Novum)을 간과한다는 데에 있다. 물론 인간 두뇌의 기능이 자연과학적 법칙들을 토대로 하여 설명될 수 있다는 것은 전적으로 가능한 생각이다. 그러나 이로부터 인간의 정신이 자연과 다름없다는 결론은 결코 따라나오지 않는다──즉 더욱 단순한 구조들에 기초한 설명이 가능하다고 해서, 그러한 가능성이 더욱 복잡한 실체들의 창발(創發, Emergieren)을 배제하는 것은 아니다. 그러나 정말 중요한 것은, 환원주의의 문제가 개별과학적 지평에서는 원칙적으로 해결될 수 없다는 것을 통찰하는 일이다. 생명이나 정신은 [그것들에 발생적으로] 선행하는 것과는 구별되는 것이어서, 하나의 [또다른] 고유한 학문의 대상을 형성하는지의 여부는 개별과학을 통해서는 확정될 수 없다. 하나의 범주에 관해서는 오로지 철학적 범주론을 토대로 해서만이, 그 범주가 본질적으로 새로운 어떤 것이라고 ── 그것도 단순히 확언만 하는 것과는 다른 방식으로── 일컬어질 수 있으며, 그럼으로써 또한 다른 학문을 통해 그것을 흡수하려는 기도에 맞서 하나의 학문의 고유한 자립성을 지켜낼 수 있다.

그러나 피히테는 이것에 그치지 않고 더 나아가고자 한다. 지식론은 단지 여러 학문의 체계를 확정하는 것에 그쳐서는 안 된다. 이미 말했듯이 그것은 학문의 원리들을 근거지어야 한다. 즉 지식론은, 플라톤식으로 말하자면, 학문이 전제하는 가정(ὑποθέσεις)을 철학의 거역불가 32 능한 근본명제들이 지니는 비가언적인 것(ἀνυπόθετον)으로 소급시켜야 하는 것이다.[34] 이러한 기획이 지니는 상대적 정당성을 더 잘 이해

---

34) 철학을 ──독일관념론자들과 꼭 마찬가지로── 개별학문들의 원리를 기초짓는 최상위의 메타학문으로 이해한 최초의 철학자가 플라톤이었다는 것은 의심할 바 없는 사실이다. 내가 직선의 비유(Liniengleichnis)에 대한 나 자신의 해석(1982)에서 보여주고자 했듯이, 그러한 메타학문의 이념은 플라톤의 아테네 학당에서 성취한 통찰, 즉 수학적 공리들은 원칙적으로 [더 이상] 근거지어질 수 없다는 통찰에서 비롯된 것이다. 즉 플라톤이 보기에 그러한 정초 불가능성은 하나의 최상위 학문(eine oberste Wissenschaft)이 요청되게 하

할 수 있기 위해서는 다음의 사실을 상기하는 것이 유익할 것이다. 공리들의 수를 줄이는 것, 즉 지금까지 증명불가능한 공리라고 여겨져왔던 명제들을 더 보편적인 다른 명제들로 소급시키는 것은 전적으로 개별학문들 그 자체의 목표이기도 하거니와, 바로 이것이 학문적 진보를 평가하기 위한 가장 중요한 기준들 중 하나를 구성한다. 한 예를 들어보자. 케플러(J. Kepler)에서 뉴턴(I. Newton)에 이르는 진보는, 케플러가 경험적으로 귀납한 법칙들, 즉 그의 이름을 따서 불리는 행성운동의 법칙들이 오히려 뉴턴의 중력법칙을 근거로 해서 도출될 수 있다는 사실에 있다. 즉 케플러의 이론의 틀에서 공리였던 것이 뉴턴에게서는 〔단지〕 정리인 것이다. 또다른 예를 보자. 화학적 요소들에 관해 경험적으로 확정되었던 수많은 특성들은, 19세기 후반에 원소 주기율표가 만들어졌을 때는 이론적으로 이해될 수 있게 된다(물론 그 이후에 가서는 이 주기율표 역

는바, 그러한 학문은 수학적 인식에도 전제되어 있는 가언적인 것을 뛰어넘어 존재와 인식의 거역불가능한 원칙에 기초하는 것으로서, 플라톤은 바로 그러한 원칙에서 개별학문들을 근거지을 수 있는 비가언적인 것을 〔즉 더 이상 그것을 위한 조건을 필요로 하지 않는 것을〕 발견했다고 생각했다. 이러한 의미에서 철학은, Def. 414b5f.에서 말하듯이, 영원히 존재하는 것에 관한, 즉 최상위의 존재원리들에 관한 무전제의 학문이다. 게다가 사유와 논증의 거역불가능성에서 하나의 가능한 최후정초를 위한 핵심점을 발견한 것도 플라톤의 가장 위대한 공로들 가운데 하나이다(이에 대해서는 나의 〔1984a〕, 423ff.와 Jermann 〔1986a〕, 76ff., 212ff. 참조). 그러나 플라톤이 여러 상이한 거역불가능한 구조를 만족스럽게 매개하지는 못하고 있다는 예르만의 지적(1986a)은 인정해야 한다.—이와 같은 유사성에도 불구하고 피히테의 철학적 기획은 한편으로는 헤겔의 기획과, 다른 한편으로는 플라톤의 기획과는 구별되는 중대한 차이점을 지닌다. 플라톤은 물론 개별학문의 모든 근본구조를 원리들로 소급시키기는 했지만, 그럼에도 개별적 존재단계들이 지니는 범주적으로 새로운 것—원리들은 바로 이 범주적으로 새로운 것에 기초하여 형성된다—을 연역적으로 근거짓지는 못했다. 바로 이것을 독일관념론자들은 해내려고 노력한다. 이에 대해서는 H. 크래머의 새로운 플라톤 연구서(1982; 164)에서 보이는 적절한 상론을 참조할 것. 이 책에서 크래머는 플라톤의 원리론을 —넌지시 피히테를 연상케 하면서— 직설적으로 "일반 지식론"(allgemeine Wissenschaftslehre, "docttrina della scienza universale", 165)이라고 일컫는다.

시 원자물리학에 근거하여 설명될 수 있다). 따라서 이러한 발견이 지니는 참된 의미는, 화학적 요소들에 대한 새로운 통찰이 이루어졌다는 데에 있는 것이 아니라 (물론 주지하듯이 예측의 검증은 나중에야 비로소 가능해지긴 하지만), 수많은 알려진 결과들이 그것들의 사실성 (Faktizitätscharakter)을 상실하고 [오히려 선험적으로] 이해될 수 있는 것이 된다는 점에 있다.

중력의 법칙에 대한 뉴턴의 규정과 마이어(L. Meyer)와 멘델레예프 (D. I. Mendelejew)에 의한 원소 주기율의 발견도 예외가 아니다. 오 33 히려 19세기 말과 20세기의 위대한 과학이론들 대부분이 지닌 의미가 새로운 경험적 사실의 발견에 있는 것이 아니라, 역으로 이미 알려져 있는 것을 소수의 원리들로 소급한 데 있다는 점을 지적하는 것은 그리 어려운 일이 아니다——진화론뿐만 아니라 특수상대성이론도 이 점에서는 마찬가지다.[35] 물론 모든 자연법칙을 하나의 유일한 공리로부터 유추해내는 것(이러한 기획의 실현이 현재만큼 가까이 다가온 적도 없었지만, 그럼에도 불구하고 자연과학은 여전히 이러한 목표의 실현과는 멀리 떨어져 있다[36])이 이러한 식으로 이루어진다고 하더라도, 물리학의 근본원리 가운데 [가장 중요한] 하나가 [여전히] 원칙적으로 증명불가능한 것인 채 남는다는 점은 분명하다. 왜냐하면 ——현대적으로

---

35) 이러한 연관에서 특히 특수상대성이론이 언급될 가치가 있다. 왜냐하면 이 이론이 로렌츠(H. A. Lorentz)의 수축이론을 능가하는 것은, 그것이 경험적으로 확인될 수 있는 상이한 결과를 도출함으로써가 아니라, 이미 로렌츠에 의해 확립된 변형규칙들을 이론적으로 최고의 설득력을 지니는 가정들로부터 유추해냄으로써 이루어졌기 때문이다(M. Laue [1911], 19f. 참조). 일반적으로 공리들의 축소, 즉 사실성의 지양은 과학적 진보를 위한 가장 결정적인 기준의 하나를 나타낸다고 볼 수 있다.

36) 이러한 기획이 실현될 수 있을 가능성에 대해 아주 가까운 과거부터 현재까지의 저명한 물리학자들(하이젠베르크[W. Heisenberg]나 바이츠재커[C. F. v. Weizsäcker] 같은)은 줄곧 확신하고 있다. 그리고 최근의 과학이론들 —— 예컨대 미약하고 전자기적인 상호작용을 하나의 힘의 표출이라고 보는 해석 —— 역시 이러한 목표에 이르는 또 하나의 진일보를 이룩했다는 점은 쉽사리 부인하기 어렵다.

말해서— 공리를 최종근거로 삼는 형식에서 바로 개별학문이 지니는 하나의 원칙적인 한계를 간파한다는 점에서 분명 피히테는 옳기 때문이다. 더욱이 〔개별〕학문들이 단지 (내용적으로만) 증명불가능한 근본 원칙들뿐만 아니라, (형식적으로도) 하나의 연역법을 이미 전제한다는 그의 이어지는 구체적 서술 또한 전적으로 타당하다. 형식논리를 공리로 취하는 이들 역시, 논리적으로 참인 모든 명제를 증명하기 위해서는 단지 하나의 공리체계뿐만 아니라 〔그 공리체계에 따른〕추론의 규칙도 함께 언급해야만 한다.[37] 물론 피히테는 오로지 **근본명제들**에 한에서 정초의 필요성을 주장하는데, 이는 비판의 대상이 된다. 그에게서 학문의 **근본개념들**에 대해서는 뚜렷하게 언급되는 것이 없는 반면—근본명제들이 증명불가능한 것과 마찬가지로 이 근본개념들은 정의가 불가능하다[38]—, 헤겔의 주된 관심은 바로 이 근본개념들을 구성하는 것이다. 그럼에도 개별학문의 공리들[39]을 증명할 수 있는 하나의 메타학문이 존재할 수 있다면, 바로 이 "지식론"이 최고도의 수준에서의 "학문"이라고 불려질 수 있다는 점에서, 피히테의 정당성은 인정되어야만 할 것이다—지식론은 하나의 학문을 정확성의 〔단순한〕총합을 넘어 더 탁월한 것으로 만드는 것을 —즉 많은 개별결과를 가능한 한 소수의 원리들로 소급시키는 것의 논리적 구조를— 더 이상 올라갈 수 없는

34

---

37) 예컨대 F. v. Kutschera/A. Breitkopf (1979), 58f., 96f.를 참조할 것.

38) 여기서 나는 한편으로 여러 공리, 정리 그리고 증명 사이에 존재하는, 다른 한편으로 여러 원시 개념, 정의가능한 용어 그리고 정의들 사이에 존재하는 유사성에 대한 타르스키(A. Tarski)의 익히 알려진 분석들(1935)을 염두에 두고 있다.

39) 피히테는 모든 각각의 학문이 오로지 하나의 근본명제(공리)—처음 볼 때는 마치 무의미한 것처럼 보이는—만을 가진다고 전제한다. 그러나 하나의 명제보다 더 많은 명제로써 성립하고자 하는 모든 학문에는 다수의 공리가 근저에 놓여 있다. 그러나 피히테의 이러한 오류는 그리 심각한 것은 아니다. 실로 다수의 공리는 또한 하나의 명제 속으로 —즉 그 공리들의 연언(連言, Konjunktion) 속으로— 통일될 수도 있다. 그리고 이러한 수정이 가해진다고 해도 하나의 메타학문에 대한 피히테의 주장에는 구조적으로는 전혀 변하는 게 없다.

최고의 형식으로 지니는 셈이다. 후설식으로 말하자면 이러한 철학은, 단지 엄밀한 학문이 되는 데 그치는 것이 아니라, 가장 엄밀한 학문이 된다.

따라서 그러한 선험적인 "보편학문"(Mathesis universalis)을 거부하는 것이야말로 문자 그대로 비과학적인(unwissenschaftlich) 것이 될 것이다. 방금 개진된 통찰이 의미심장한 것으로 여겨지는 까닭은, 그것이 관념론 철학이란 전적으로 비과학적인 것이라는 선입견을 훌륭하게 반박할 수 있기 때문이다. 관념론 철학의 학문적 기획은 바로 유한한 학문의 결함에 대한 통찰에서, 그리고 이러한 결함을 메우고자 하는 소망에서 비롯된 것이다. 관념론 철학에 대해 흠잡을 수 있는 것이 있다면, 그것은 학문의 이상을 극도로(zu sehr) 견지한다는 것이지, 결코 그것이 반학문적이라는 것이 아니다. 다른 어떤 시대에서도 철학이 이보다 더 장대한 학문성(Wissenschaftlichkeit)의 파토스를 지니고 출현한 적은 없었다. 그렇지만 개별학문의 근본명제들을 근거짓는 것은 도대체 어떻게 가능한가? 분명한 것은, 이러한 이념이 부조리한 것이 아니려면, 오로지 무전제의 사유와 같은 어떤 것이, 즉 하나의 최후정초가 있어야만 한다는 점이다. 『지식론의 개념에 관하여』에서 피히테는 도대체 최후정초를 수행하는 명제가 구체적으로 어떤 명제인지를 아직 명확히 밝히고 있지 않다. 그러나 그가 절대적인 최초의 근본명제에서 이루어지는 형식과 내용의 필연적 일치에 관해서 하는 말은 주의 깊게 검토할 만한 가치가 있다. 실로, 선험적 종합판단에 관한 칸트의 언명들과 비교해볼 때, 철학의 명제형식과 명제내용 사이의 일치에 관한 피히테의 성찰은 새로운 길을 제시했다고 확실히 판단할 수 있다.[40] 왜냐 35

---

40) 물론 피히테는 '형식'을 명제내용의 논리적 구조라고 이해하지, 현대의 초월철학이 각별히 주목하는, 모든 언명 하나하나의 필연적인 전제, 즉 그것을 부정할 경우 (화용론적) 모순에 빠지게 되는 바의 전제라고 이해하지는 않는다. (예컨대 '진리는 없다'라는 명제를 생각해보면 된다.) 그러므로 피히테에 따르면 "나는 존재한다. 왜냐하면 나는 존재하기 때문이다"(Ich bin, weil ich

하면 형식과 내용의 연관을——이 연관이 어떤 방식의 것이든 간에—— 파악해냄으로써만이 첫째로 최후정초가, 그리고 둘째로 학문의 근본가정들의 확립이 달성될 수 있기 때문이다. 그렇지 않다면, 학문들이 전제하고 있는 개념적 구조가 단지 어떤 형식적인 것에 불과하다는 반박은 실제로 타당할 것이다——바로 형식논리학이 그러하다. 그리고 형식논리학으로부터는 결코 실질적인 내용이 생겨날 수 없을 것이다.[41] 이와는

---

bin)라는 명제에는 형식과 내용의 일치가 성립한다. 왜냐하면 명제의 형식이 하나의 정립(Setzung)을 포함하지만, 명제의 내용, 즉 '나'는 자기정립의 최고원리이기 때문이다. 한 명제의 형식과 내용의 통일에 관한 좀더 심화된 이해를 이처럼 결여하고 있기 때문에, 피히테는 기이하게도, 그 자신의 근본명제에 대립되는 다른 하나의 근본명제에서 출발하는 것도 가능하다고 인정한다(59ff.). 이와 마찬가지로 피히테는『기초』에서 최초의 근본명제를 증명불가능한 것으로 간주하거니와(1.91), 귀류적 증명(歸謬的 證明, apagogischer Beweis)의 가능성은 전혀 고려하고 있지 않다. (물론 1.285의 언급에 따르면 지식론의 적대자마저도 "지식론의 영역에서, 그리고 지식론의 무기를 들고 싸운다." 더욱이 지식론의 이어지는 연역들에서도 귀류적 증명이 중요한 역할을 수행하고 있다. 271 참조.)——(1986d)에서 나는 초기의 피히테와 〔현대의〕 초월화용론이 근거짓기의 개념뿐 아니라 체계구상에서도 두드러지는 유사성을 보이고 있음을 드러내고자 하였다. (1986e)에서는 초월화용론에 의거해 전수된 방법을 통해 최후정초의 가능성에 대한, 나아가 필연성에 대한 증명을 제의한 바 있는데, (1987b)에서는 이 증명을 객관적 관념론의 근본사상에 대한 증명으로 확장하고자 했다.

41) 주지하듯이 바로 이것이 칸트가 제기했던 반박인바, 분명히 이는 자신의 전제들에 근거할 때 즉각적으로 제기된다. 1797년 12월(?)에 쓴 한 편지에서 이미 피히테의 "스콜라 철학"으로부터 정중하게 거리를 둔 이후(Ak.-Ausg. XII, 219f.; 또한 이에 대해 피히테가 1798년 1월 1일에 쓴 정확한, 그러나 동시에 자신의 고유한 입장을 고집하는 답장을 참조할 것: "그렇지만 바로 그때문에 저는 스콜라 철학에 결별을 고하는 것을 전혀 생각하지 않습니다" 〔228f.〕), 칸트는 1798년 4월 5일 티프툰크(J. H. Tieftunk)에게 보낸 한 편지에서 피히테의 기획에 대해 극도로 회의적인 견해를 밝혔다(물론 그는『기초』를 저자인 피히테에게서 직접 선사받았으나 그것을 읽지는 않았고, 단지 그것에 대한 한 서평을 통해 그 내용을 알게 되었다. 그에 따르면 "적용될 수 있는 그 어떤 소재도 없는……" 순수한 자기의식은 "독자에게 경악스러운 인상을" 심어주었다. 나아가 칸트는 피히테가 붙인 제목에 비난을 가했는데, 이에 따르면 그 제목은 "학문학(Wissenschaftswissenschaft, 즉 '학문에 관한

달리 피히테가 분명하게 기획하는 학문에서는 ——지식의 한갓 형식에 대한 학문일 뿐이라고 그가 정당하게 해석하는 논리학에서와는 달리—— 형식과 내용이 하나의 불가분한 통일을 이룬다. 내용을 분명히 담고 있는 그러한 논리학[42]에 기초하면 칸트식으로 개념과 직관을 대립시키는 것은 의미를 상실하게 될 것이다. 단지 인식의 형식만이 아니라 내용 또한 개념을 통해 선험적으로 규정될 수 있을 것이다. 이른바 36 실질적 논리학에 대한 피히테의 구상이 전혀 그릇된 것이 아니라는 점을 올바로 통찰하기 위해서는 다음과 같은 숙고가 도움이 될 수 있다. 통상적인 논리학——논리실증주의에서는 바로 이 통상적 논리학이 피히테의 구상에 대항하는 기획이 된다——은 그것 스스로를 **형식논리학**으로 여김으로써, 형식과 내용은 즉각적으로 분리될 수 있는 것이라고

학문')과 같은 것으로, 그것이 암시하는 것은 밑도 끝도 없는 것이다" (239)——이는 이미 플라톤이 『테아이테토스』(200bf.)에서 반성적 인식의 개념에 대해 제기했던 반박——물론 이 반박은 반어적인 의미로 표현되었다(V. Hösle [1984a], 423ff.)——을 상기시킨다. 물론 그 반박은 전혀 들어맞지 않는다. 왜냐하면 그것은 바로 반성적인 정초구조는 무한소급에 빠져드는 것이 아니라, 오히려 그것을 중단시킬 수 있는 유일한 가능성임을 파악하지 못하기 때문이다. 그런 다음 칸트는 1799년 8월 7일에 공식적으로 표명된 「피히테의 지식론에 관한 선언」에서 피히테의 철학적 근본확신으로부터 [더욱 노골적으로] 거리를 취한다. 그는 "지식론"이란 "한갓된 **논리학**과 별로 다를 바 없는" "전혀 지탱될 수 없는 체계"라고 간주한다. 그에 의하면 한갓된 논리학은 "그것의 원리들을 가지고서는 인식의 재료에까지 다다를 수 없는 것으로, 다만 순전한 논리학으로서 그 인식의 내용을 도외시하는바, 이러한 순전한 논리학으로부터 어떤 실질적인 객체를 추출해내는 것은 헛된 일이며, 따라서 결코 시도된 적도 없는 작업이기도 하다"(396; 칸트의 이러한 설명에 대한 전사 [前史]와 이에 대한 피히테와 셸링의 대응에 관해서는 Ak.-Ausg. XIII, 542-550 참조).

42) 나는 이하에서는 '형이상학'이라는 말을 바로 이 '내용을 담고 있는 (실질적) 논리학'이라는 의미로 사용하고자 한다. 물론 형이상학을 다르게도 정의할 수 있음을 내가 모르는 바 아니지만, 그럼에도 나는 전통적으로 다수의 사람들이 '형이상학'이라고 이해하는 것과 여기서 내가 제안하는 정의가 너무도 정확히 일치한다고 생각한다. 게다가 이러한 정의는 형이상학적 이론을 비합리성의 혐의에서 자유롭게 하는 데에도 적합하다.

전제하는데, 이는 이미 **형이상학적**으로 해석되어야만 하는 가정이다. 왜냐하면 이러한 가정은 형식과 내용이라는 **범주**에 대한 전혀 근거지어지지 않은 관계를 이미 전제하고 있기 때문이다. 형식과 내용이라는 범주의 관계를 다른 방식으로 규정하는 것은 독일관념론의 주된 관심사 가운데 하나이다. 〔이 점에 대해서는〕 헤겔의 『논리학』만 떠올려도 될 것이다.

형식논리학 이외에, 피히테가 말하는 의미에서 형식과 내용의 통일을 이룸으로써 그 탁월함이 부각되는 지식론이 있다면, 그러한 지식론이 논리학보다 더 탁월한 학문이라고 간주되어야 한다는 점, 그리고 다시 말해 지식론이 논리학을 기초짓는 것이지 역으로 논리학이 지식론을 기초짓는 것이 아니라는 점은 의심할 바 없이 인정되어야 하는 사실이다. 실로 형식논리학에 대한 피히테의 예리한 통찰력은 형식논리학이 지니는, 개별과학에서 보이는 것과 유사한 결함을 간파해냈다——이러한 판정은 형식논리학에 대한 현대의 공리적 해석들(피히테가 살던 당대에는 아직 존재하지 않았던)에 의하더라도 그 정확성을 조금도 상실하지 않는다. 피히테에 따르면 논리학은 단지 실질적인 명제를 근거짓지 못하는 것으로 그치지 않는다——형식논리학은 단지 하나의 가언적 연관만을, 즉 명제들 사이의 (또는 동일한 명제 사이의) 내포관계만을 정립할 뿐이다. 그것은 A=A(현대의 기호법으로는 p⊃p)라는 그것의 근본적 가정 그 자체는 결코 근거짓지 못한다. 그리고 현대의 형식화된 논리학 역시 개별과학과 마찬가지로 그것의 공리를 증명하지는 못한다는 점에서 피히테의 생각은 설득력을 지닌다. 논리학은 여타 학문들의 형식적인 측면을 근거짓고자 하는 것이기에, 결코 자기 스스로를 근거짓는 학문이 될 수 없다.[43)]

---

43) 논리학과 철학의 상관관계에 관해서 후기의 피히테는 1812년 "철학에 대한 논리학의 관계 또는 초월적 논리학에 관하여"라는 제목으로 매우 밀도 높은 강의를 했다(9.103-400). 그 강의에서 그는 특히, 논리학은 "사유를 그저 있는 그대로 고찰하는" 것이기 때문에, 그것은 "학문이 아니라, 한갓 경험적 방

이와는 다른 실질적인 논리학이 구체적으로 어떻게 이루어질 수 있을지를 피히테는 『지식론의 개념에 관하여』에서 상론하지 않는다―이 저술에서 그는 모름지기 그러한 학문이 있을 수 있으며 있어야만 함을 결코 증명하고자 하는 것이 아니라, 다만 그것의 가능한 구조를 순전히 가언적으로 분석하고자 할 뿐이다. 물론 그의 한 언급은, 이러한 지식론의 방법은 일상적인 형식논리학적 연역방식과 구별되어야 한다는 점을 지적하고 있다. 다시 말해 피히테가 요구하는 방법적 요구는, 논의의 전개는 그것의 마지막에 이르러 근본명제가 다시금 결과로서 도출될 때〔에만 비로소〕 종결된 것으로 간주되어야 한다는 것인바, 바로 그러한 방법적 요구를 통해 그는 완전성의 문제를 해결하고자 한다. 그러나 이러한 구상은 그 방법적 진행이 형식논리와는 다른 방 ³⁷ 식으로 파악될 수 있을 때만이 의미있는 것이 된다. 왜냐하면 그렇지 않다면 논의의 전개는 모든 각각의 지점에서 ――완전성의 요구(Vollständigkeitsanspruch)와 더불어― 중단되어버릴 것이기 때문이다. 다시 말해 하나의 명제 p로부터는 언제나, 그 이상의 다른 전제의 개입 없이, p가 도출된다. 따라서 연역의 방법을 좀더 정확하게 규정하고 순환적 구조의 의미를 좀더 정교하게 해명하는 것은――피히테는 그의 다른 저작들에서도 여전히 이러한 정확한 규정과 해명을 달성하지 못하고 있다――, 독일관념론의 이어지는 발전을 위해 가장 시급한 과제 가운데 하나이며, 이러한 과제는 헤겔이 비로소 본격적으로 해결했다.

이와 마찬가지로 형식논리학에 대한 실질적 논리학의 관계 역시 피히테가 파악했던 것보다 더욱 정교하게 파악되어야 한다. 왜냐하면 한편으로 스스로를 반성적으로 근거짓는 메타학문이 논리학에 선행해야 한다는 점은 명백하지만, 그럼에도 다른 한편으로 이러한 학문은 그 자

법일 따름"이며(126), "주어져 있는 것에 대한 역사적인 수정" 이상의 것이 되지 못한다고(127) 강변했다.

체가 전적으로 또한 형식논리학의 법칙들을 전제하기도 하는 방식으로 논증하는 까닭에, 순환논증의 위험에 처해 있는 것으로 보이기 때문이다. 이러한 물음에서도 유일하게 만족스러운 해결책은, 논리학은 그 자체가 형이상학의 한 부분이라는 것인데, 이러한 해결책을 마련한 최초의 인물이 바로 헤겔이다.[44] 끝으로 우리는 피히테의 기획에 존재하는 또 하나의 결함을, 철학과 개별과학 사이의 예리한 경계설정이 없다는 데에서 찾아야 할 것이다. 이와 관련된 피히테의 진술들──정신의 필연적인 행위와 자유로운 행위 사이의 차이를 기초로 하는──이 만족스럽지 못한 까닭은, 첫째, 정신의 어떤 행위가 필연적인 것으로 여겨질 수 있는지, 또 어떤 행위가 자유로운 것으로 여겨질 수 있는지를 그 진술들이 분명하게 밝혀주지 못하기 때문이며, 둘째, 학문을 구성하는 행위의 '자유'가 단지 단순한 기술적 명제(Daß)의 정립에만 있을 뿐, 학문의 본질(Was)에 대한 내용적 규정에 있지 않기 때문이다. 이러한 방식으로는 철학에 의한 [다른] 학문들의 흡수통합(Absorption)을 저지하기가 어렵다. 오히려 단순한 사실성(Faktizität)의 (불완전한) 영역이란 정녕 존재하지 않는 것인지를 밝히는 것이 필요할 것이다. 만약 그러한 영역이 존재한다면, 그것에 대해 개념은 구성의 충분조건이 아니라 단지 필요조건에 해당될 뿐이어서, 학문에 대해서 [여전히] 하나의 특이한 영역인 채 남아 있을 것이다. 내가 여기서 말하는 것은 바로 우연(Zufall)의 문제이다──이 문제를 관념론적 체계기획과 비로소 화해시킨 최초의 인물이 바로 헤겔인데, 이에 대해서는 3.2.2장에서 상세히 논의될 것이다.

38

---

44) 잘 알려져 있듯이 헤겔은 예나 시절이 끝날 무렵에서야 비로소 이러한 구상에 이르렀다. 1804/05년의 체계구상에서는 논리학(이것의 제1부는 범주론을 구성한다)과 형이상학은 여전히 분리되어 있지만, 1805/06년에는 이 두 영역이 하나의 유일한 학문 속으로 융합된다(이에 대해서는 뒤징[K. Düsing, 1976], 156-159에서 시도된, 1805/06년 논리학의 재구성을 참조할 것).

2.2.3. 피히테의 주관적 관념론이 지니는 한계와
셸링의 객관적 관념론 구상

이미 말했듯이, 독일관념론의 이어지는 발전과정에서 이루어진 가장 중요한 철학적 변화들은 피히테의 체계기획에서 그리 많이 벗어난 것이 아니다. 오히려 그 변화들은 이 기획의 실질적 관철에 대한 비판에서 도출된 것들로, 그것들은 바로 피히테 자신이 『기초』 이후에 줄곧 새롭게 시도했던 것과 같다. 잘 알려져 있듯이 바로 『기초』가 셸링과 헤겔의 출발점이 되었던바——후기의 피히테에서 보이는, 자아에 선행하는 원리, 즉 부정신학(否定神學, negative Theologie)의 방식으로만 파악될 수 있는 원리[45]로의 전환은 적어도 헤겔에 의해서는 더 이상 받아들여지지 않았다[46]——, 여기서는 『기초』에서 가장 중요한 사상을 짧게 요약

---

[45] 피히테의 사상적 발전에서 가장 중요한 단계들은 여기서 상세하게 논할 수 없는데, 이에 대해서는 D. Henrich (1967b)를 참조하라. 초기의 지식론 기획에 대한 반대입장은 1801년에 쓰어진 『지식론의 서술』(*Darstellung der Wissenschaftslehre*) 맨 앞부분의 지면에서 생생하게 시사되고 있다(2.21f.). 거기에서 피히테는 "절대지를 훨씬 넘어서 있으며……또한 그 절대지로부터 독립적인" 하나의 절대자를 거론한다(13).

[46] 후기의 피히테에 관해서 분명히 헤겔은 단지 대중적으로 잘 알려진 저술들만 알고 있었다. 20.413ff. 참조.——후기의 셸링 역시 [자신이] '도대체 왜 이성이 있는가'라는 물음을 거쳐서 [결국에는] '사유에 훨씬 앞서서 이미 주어져 있는 절대자'를 거론하는 단계까지 나아갔다고 생각했다는 사실은, 슐츠(W. Schulz)가 상세하게 보여준다——이 저작(1955)이 이루어낸 큰 성과는, 독일관념론과 19세기 후반 그리고 20세기 초반의 비합리주의 철학들 사이의 접합점을 바로 후기의 셸링에서 찾아냈다는 데에 있다. 물론 피히테와 셸링의 후기철학이 실질적인 관점에서도 '독일관념론의 완성'을 이루어냈다는 주장은 전적으로 논박되어야 한다. 그러나 모든 형태의 부정신학(신플라톤주의자들에서 하이데거에까지 이르는)은 하나의 모순에 빠져 있다고 보이는데, 그 모순은 '인식불가능하면서도 본래적인 존재자를 구성하는 물자체'를 상정하는 것이 빠져드는 모순과 구조적 유사성을 지닌다. 게다가 신플라톤주의자들과 마찬가지로 특히 피히테는 최고의 원리가 어째서 자기 스스로의 '상'(Bild)을 산출해내는지, 그리고 고원리항에 대한 원리의 관계가 어떤 것인지를 설득력 있게 해명해내지 못한다. (신플라톤주의와 후기 피히테 사이의 유사점에 대해서는 예컨대 H.-M. Baumgartner [1980]을 참조하라.)——어쨌거나 헤겔

하는 것으로 충분하다. 전적으로 무제약적인 제1의 원칙으로서 피히테
39 는 자아의 절대적 자기동일성을 상정한다. "나는 전적으로 존재한다.
왜냐하면 나는 존재하기 때문이다." 논리학적 공리 'A=A'를 서론적으
로 고찰하는 가운데 피히테는 그러한 명제에 이르는데, 하지만 그 명제
는 이러한 공리로부터 연역될 수 있는 것이 아니라, ──실재성의 범주
가 판단의 특정한 행위에 의한 추상을 통해서 생겨나듯(1.99)── 오히
려 이 공리가 그 제1의 근본명제 그 자체를 통해 근거지어져야 한다.
피히테는 모름지기 모든 범주를 자아로부터 파생시키기를 요구한다(같
은 곳; 442 참조).[47]──이는 분명히 칸트를 뛰어넘는 내재적 진보로서,
나는 칸트에 대해 (앞의 21쪽에서) 범주들이 명확한 근거 없이 그저 취
해졌다는 점과, "나는 생각한다"로의 한갓 형식적인 관계지음이 그에
게서 보이는 두드러진 결점이라고 비판한 바 있다.[48] 이와 마찬가지로
피히테의 두 번째 원칙도 하나의 논리적 공리에서, 즉 '-A≠A'라는 명

로부터 촉발된, 피히테와 셸링의 후기철학을 비판하려는 포괄적인 시도가 관
념론 연구의 중요한 과제 가운데 하나인 것은 분명하다. 헤겔의 피히테 비판
이 1804년의 지식론에는 더 이상 적용되지 않는다는 지프(L. Siep)의 반박
(1970; 특히 103쪽)은 오로지 이러한 방식으로 수정될 수 있다. 즉 물론 헤겔
자신은 초기의 피히테만을 엄격하게 비판했지만, 그럼에도 헤겔의 입장을 토대
로 하면 후기의 피히테에 대한 (그리고 후기의 셸링에 대한) 비판 또한 마찬가
지로 가능한 것이다. 이러한 노선에 따른 최초의 해석은 하인리히스(J.
Heinrichs, 1972)에 의해서였는데, 지프에 대해 그는 다음과 같은 의문을 제
기한다. "초기 피히테는 절대적 자아로부터 타자, 즉 객체가 파생될 수 없다고
하는데, 이는 바로 후기 피히테에게서 보이는, 절대자는 인식행위에 의해 결코
파악될 수 없는 난공불락의 것이며, 또한 현상이 지니는 수많은 차이가 결코
절대자로부터 파생될 수 없다는 생각과 일치하지 않는가? …… 따라서 우리
는 다음과 같이 반박할 수 있다. 후기 피히테의 노선이 비록 〔전기에 비해〕 다
를 수 있다 하더라도, 헤겔의 이원론 비판은 피히테의 사유길(Denkweg) 전
체에 들어맞거나, 아니면 어디에도 전혀 들어맞지 않는 것이다"(94).
47) 이에 상응하여 두 번째 근본명제는 부정의 범주를(105), 그리고 세 번째 근본
명제는 제한의 범주를 산출하며, 이 제한의 범주는 양의 범주로 이행한다
(122f.). 나머지 범주는 이후에 수행되는 연역의 맥락에서 산출된다.
48) 『철학사 강의』에서 헤겔 역시 피히테가 이룩한 가장 위대한 업적의 하나가 바

제에서 나오는데, A에 '자아'(나)를 대입시킴으로써 이는 "자아에는 비자아가 대립된다"(104)라는 명제가 된다. 피히테에 따르면 이 명제는, 대립의 형식에 관한 한, 첫 번째 명제로부터 파생될 수 없다. 그러나 실질적으로는 이 명제는 A에 대한 관계를 지니거니와, 이러한 관점에서 이 명제는 첫 번째 명제를 통해 조건지어진 것이다(103). 역으로 세 번째의 원칙은 앞의 두 명제 사이의 매개를 이루어야 하는 것으로, 바로 이 때문에 그 형식의 측면에서는 앞의 두 명제에 의해 조건지어지지만, 그 반면 실질적으로는 하나의 파생불가능한 새로움을 보여준다. 피히테에 따르면 앞의 두 원칙 사이의 매개가 요구되는 이유는, 대립의 명제 역시 자아를 통해 정립된 것이어서, 자아와 비자아가 동시에 자아 안에서 정립되었기 때문이다(106). 이러한 모순은 오로지 자아와 비자아가 서로를 제한함(einschränken)으로써만 해소될 수 있는데, 이는 제각각 나누어질 수 있는(teilbar) 자아와 비자아를 상정함으로써만 가능하다(108f.). 이로써 세 가지 원칙은 다음과 같이 압축될 수 있다. "자아는 자아 속에서, 나누어질 수 있는 자아에 대해 나누어질 수 있는 비자 40 아를 대립시킨다"(*Ich setze im Ich dem theilbaren Ich ein theilbares Nicht-Ich entgegen*)(110).[49] 피히테는 이 세 원칙에 의거하여 "이제

로 범주들을 연역하고자 한 그의 시도에 있다고 본다. 20.401 참조. "그리고 이제 피히테는 더욱 상세하게 특수한 범주들을 그것으로부터 파생시키고자 한다. 사유규정들을 그것들의 필연성 속에서 도출시키고 구성해내는 가운데 제시하는 것은 아리스토텔레스 이후 그 누구도 생각하지 못했는데, 바로 피히테가 이것을 시도했다. ……이것은 범주들을 [하나의 근본원리로부터] 도출해내고자 한 세계 최초의 이성적 시도이다." 또한 E. §42A, 8.117과 20.153도 참조할 것.

49) 나누어질 수 있는 자아와 비자아가 모두 첫 번째 원칙의 **절대적** 자아 안에서 정립된다는 것(109f.)은 상당히 의미심장한 통찰이다. 나누어질 수 있는 자아 그 자체는 바로 자아와 비자아를 포섭하는 이 절대적 자아에 대립된 것이다 (110). 따라서 초기의 피히테에게서 자아는, 전집의 제1권 「서문」에서 그의 아들이 쓰고 있듯이, 동시에 "원리이면서도 피원리항이기도 한 것"(Princip und Principiat)이다(X). 여기에서 특히 주목할 가치가 있는 것은, 긍정적인 어떤 것(자아)이 긍정적인 것(자아)과 부정적인 것(비자아)을 포괄한다는 구

부터 인간 정신의 체계 속에서 일어날 모든 것"을 도출해내고자 한다 (110).[50] 이로써 "전체 지식론의 원칙들"을 다루는, 『기초』의 제1부에 이어서 두 개의 각론부인 "이론적 학문의 기초"와 "실천적 학문의 기초"가 전개된다. 이 가운데 이론적 영역에서는 자아가 스스로를 비자아에 의해 제한된 것으로서 스스로를 정립하며, 역으로 실천적 영역에서는 비자아가 스스로를 자아에 의해 제한된 것으로서 정립된다(125f.). 이 두 각론부에서 본질적인 주요문제가 되는 것은 자아와 비자아의 관계에서의 여러 상이한 등급을 규정하는 것이다. 이러한 방식으로 피히테는 기초적인 존재론적 범주들뿐 아니라, 이론적 · 실천적 의식능력(구상력 · 오성 · 표상, 감정 · 충동)도 해명하고자 하는데, 여기에서는 이에 관해 상세히 기술할 수 없다.

조이다——(물론 주관성에 관한 이론의 견지에서가 아니라, 존재론적 견지에서) 이는 헤겔이 『차이』에서 내린 "동일성과 비동일성의 동일성"(2.96)이라는, 절대자 규정에서 다시 등장하는 구조이자, 궁극적으로는 플라톤의 원리론으로까지 거슬러 올라가는 구조이다(V. Hösel〔1984a〕, 478ff. 참조).

50) (자아 또는 절대자라는, 자기 스스로를 근거짓는 구조를 제외하고는) 모든 것이 증명되어야 한다는 것, 즉 언뜻 보기에 가장 우선적인 것으로 여겨지는 것마저도 **증명되어야** 한다는 것은 모든 관념론자들에게서 공통적으로 보이는 생각이다. 더 나아가 그들은 그 어떤 것도 증명되지 않은 채 허용해서는 안 된다는 요구는 필연적으로, 그 최고의 지점에서 주체와 객체가 일치하는 관념론적인 입장에 이른다고 생각하는데, 이는 정당하다. 셸링의 『초월적 관념론의 체계』의 한 중요한 대목에서는 다음과 같이 말해지고 있다. "철학과 같은 학문에서는 어떠한 전제도 허용되지 않거니와, 철학에서는 오히려 다른 학문들에서 가장 일반적으로 통용되는 개념들마저도 다른 모든 개념보다 먼저 연역되기를 요구하는데, 예부터 독단론자들은 전혀 이러한 통찰에까지 이르지 못했다고 보인다. 이에 밖에서 비롯되는 것과 안에서 비롯되는 것 사이의 구별이 정당화와 해명을 필요로 한다는 것은 의심할 여지가 없다. 그러나 바로 내가 그 구별을 해명함을 통해서 나는 의식의 영역을 정립하거니와, 거기에서는 이러한 분리가 아직 존재하지 않으며, 내적 세계와 외적 세계가 한데 어우러진 채 포괄되어 있다. 확실한 것은, 모름지기 오로지 자기 자신만을 법칙으로 만들고, 어떤 것도 증명되지 않거나 도출되지 않은 채로 방치하지 않는 철학은 마치 아무런 증명이나 도출도 없는 듯이 그것의 단순한 결과를 통해 관념론으로 되는 것처럼 보인다는 점이다"(Schriften von 1799-1801, 429).

내가 생각건대 피히테가 자신의 기획을 구체적으로 전개시키는 과정에서 드러나는 결정적인 결함은 지금까지 개진된 것에 근거해서도 이미 간파될 수 있다. 첫째로 생각해야 하는 것은, 피히테는 최고의 원리를 자아라고 내용적으로 규정하는데, 이러한 규정은 엄밀하지 못하다는 점이다. 최고의 원리란 반성적이고 거역불가능한 것이어야 한다는 것이 여기에서 가장 근간이 되는 사고임은 분명하다. 그리고 기실 자아는 그러한 것이다. 그러나 피히테는 자아가 유일한 반성적 원리라는 것을 보여주지는 못한다. 즉 다른 반성적 원리도 존재한다고 생각될 수 있으 41 며, 이러한 가능성이 배제되지 않고 여러 다양한 반성적 구조 사이의 관계에 대한 규정이 생겨날 수 있는 한, 피히테의 단초는 다만 가언적인 채로 머무른다. 구체적으로 말하자면, 간주관성, 즉 나-너의 관계 (das Ich-Du-Verhältnis) 역시 하나의 반성적인, 그러나 한갓된 주관적 자아를 능가하는 구조를 보여주지 않는가가 검토될 수 있을 것이다. 물론 피히테 비판의 가능한 하나의 관점인 간주관성[51]은, 셸링과 헤겔

---

51) 물론 피히테가 근대에서 간주관성의 증명을 시도했던 최초의 인물이긴 하지만, 그에게서도 역시 간주관성은 의심할 바 없이 단지 하위의 역할을 수행할 뿐이다(이 점은 특히 3.30ff.에서 상세히 기술된다. 이에 대해서는 헌터〔C. K. Hunter〕의 단행본 〔1973〕을 참조할 것). 왜냐하면 간주관성은 오로지 그 것이 본래의 주요사안인 (유한한) 자아의 구성을 위해 불가결한 한에서만 피히테의 관심을 끌기 때문이다(제6장, 주 85 참조). 윤리적 격률의 필연적 전달가능성을 강조하는, 『도덕론』(*Sittenlehre*)의 몇몇 흥미로운 대목(4.287, 319f.)도 역시, 특히 초기 피히테의 윤리학—1812년의 『도덕론』에서는 타자에 대한 더욱 긍정적인 관계가 지배적이다—이 원자로서 이해되는 개별적 자아의 자유의 실현에만 전적으로 정향되어 있다는 사실을 역전시키지는 못한다(이 점에 대해서는 7.2.2장 참조).—칸트에 관해서 보자면, 그에게서는 객관적 진리는 전달될 수 있어야만 한다는 통찰이 일관되게 보인다(KdrV B 857/A 829 참조. "모든 앎은……전달될 수 있다." 그리고 B 848/A 820에서는 이에 대한 역이 언급된다. "〔앎이 아닌〕 사견은 전달될 수 없다"). 나아가 슈미츠(H. Schmitz)에 따르면, 『판단력비판』에 나오는, 이에 상응하는 사고—"인식과 판단은……보편적으로 전달될 수 있어야 한다. 왜냐하면 만일 그렇지 않다면 그것들에는 객체와의 그 어떤 일치도 주어지지 않을 것이기 때문이다"(B 65)—가 "취미판단의 연역"에 대해 지니는 함축적인 의미(B

42 의 객관적 관념론에서는 주된 관점이 아니다.[52] 하지만 그럼에도 두 번째 원칙에서 언표되는 바의, 피히테의 자아가 지니는 유한성은 제대로 지적되었다. 이 두 번째 원칙은 [치밀한 근거 없이] 극히 즉각적으로 취

150f.와 주석들 참조)에서는 심지어 초월화용론적인 기본확신마저 선취되고 있음을 볼 수 있다(1982; 칸트의 제3비판에서 전달가능성이 지니는 의미에 관해서는 또한 W. Hogrebe [1974], 187-199: 「소통가능성과 간주관성」 [Kommunizierbarkeit und Intersubjektivität] 참조). 그러나 이것이 칸트의 철학에서도 간주관성이 단지 하나의 이차적이고 파생적인 위치만을 차지할 뿐이라는 사실을 바꾸지는 못한다. 칸트가 『순수이성비판』에서 정초하고자 하는 것은 객체에 대한 경험이거나 고유한 자기의 경험, 즉 자연과학과 심리학이다. 하나의 다른 주체에 대한 경험, 즉 해석학적 학문의 전 영역은 제1비판의 주제가 아니다. 그리고 제2비판에서도 역시 다른 주체는 첫째, 전적으로 매개되지 않은 채 도입되고 있으며, 둘째, 현상계와 본체계의 이원론은 타자의 고유한 자기를 경험하는 것을 불가능하게 한다.

52) 물론 이미 헤겔이 프랑크푸르트 시기에 쓴 종교와 사랑에 관한 단편들에서, 그리고 그 이후 『차이』와 「자연법 논문」[=「자연법의 학문적 고찰방식, 실천철학에서 자연법의 위치 그리고 실정 법학에 대한 자연법의 관계에 관하여」 (2.434-530)]에서 개진한 피히테의 실천철학에 대한 비판에서는 '도덕성'에 대한 반대개념인 '인륜성' 개념과 더불어, 자기목적으로서 파악되는 공동체에 대한 구상이 주된 흐름을 이룬다. 그러나 이에 덧붙여 지적되어야 할 것은, 헤겔은 첫째, 그의 이러한 구상을 논리적으로 보증하지 않으며, 둘째, 절대정신을 객관정신보다 상위에 위치시킴으로써 그 구상을 다시금 철회한다는 점이다. (이 점에 관해서는 7.2장에서 자세하게 논의될 것이므로, 나는 이 절에서는 헤겔이 실천철학의 영역에서 피히테에게 가한 비판에 대해서는 상론하지 않겠다. 그리고 피히테의 경우 독자적인 영역으로서의 미학이 없다는 점에 대한 헤겔의 비판[2.90ff.] 또한 중복을 피하기 위해, 135쪽에 가서야 비로소 다루겠다.)──이에 비해, 피히테에게서 비롯된 주체철학을 극복한 결과인, 간주관성으로의 방향전환은 오히려 횔덜린의 후기 저작에서 더 잘 드러난다고 할 수 있다. 우리는 특히 「평화의 제전」(Friedensfeier)에서 보이는 "대화가 있고서[야] 우리는 존재하고 서로를 듣는다"(seit ein Gespräch sind wir und hören einander)라는 시구(Werke und Briefe, I 166)를, 그리고 "아무도 홀로 삶을 이어가지 않았다"(Es ertrug keiner das Leben allein)라는 정식화(「빵과 포도주」[Brot und Wein]; Werke und Briefe, I 116)를 떠올릴 수 있다. 그러나 첫째, 피히테에 대한 횔덜린의 비판은 주로 시를 통해 이루어지며, 둘째, 횔덜린의 간주관성 개념은 전혀 일관성 있게 숙고된 것이 아니어서 오히려 기묘한 아포리아에 빠지고 만다는 점이 지적될 수 있는데, 이는 간주관적인 관계가 영웅들에게서 좌절되고 만다는 것에서도 잘 드러난다.

해진 것이다.[53] 자아에게 비자아가 도대체 왜 대립되어야 하는지는 정초론적 견지에서 볼 때 단지 그것을 정당화하는 근거가 전혀 없다는 것으로 그치지 않는다. 심지어 그것은 궁극적으로는, 하나의 (정초이론적으로) 절대적인 원리에서 출발하고자 하는 애초의 입장과 모순되기까지 한다. 물론 피히테는 비자아에 대립되는 자아를 첫 번째 원칙에서의 절대적 자아와 구별하긴 하지만(109f.), 그렇다고 해서 방금 말한 사실이 바뀌는 것은 아니다. 왜냐하면 체계가 전개되는 가운데 계속적으로 언급되는, 그리고 그러한 체계의 전개를 추동시키는 동력원인 '자아'란 〔기실은〕 유한한 자아이면서 또한 〔언제나〕 유한한 자아인 채 머무르기 때문이다──자아와 비자아의 대립은 지식론의 맨 마지막까지도 지속되거니와, 결코 지양되지 않는다. 출발점에서의 절대적 자아에 관해서 피히테가 기껏 말할 수 있는 것은, 그러한 자아는 어떠한 술어도 갖지 않으며 또 가질 수〔도〕 없다는 것일 뿐이다. "자아는 어디까지나 자아 바로 그것일 뿐이며, 이는 더 이상 설명될 수 없는 것이다"(109). 내가 보기에, 절대적 자아의 이러한 비규정성에는 피히테의 이후 발전을 위

---

53) 헤겔은 역사철학 강의에서 피히테의 두 번째 원칙에 대해 "여기에서는 이미 〔논리적〕 도출이 전혀 부재하다"며 조소적으로 언급한다(20.396).──이미 『차이』에서 헤겔은, 첫 번째의 절대적 원칙에는 그것을 통해서는 〔아직〕 완전하게 규정되지 않은, 더 이상의 명제가 이어서 나타날 수 있으며, 그럼으로써 그 첫 번째 명제의 절대성은 이미 상실되어버린다고 비판한다. "두 번째 원칙과 세 번째 원칙이 조건지어진 원칙이듯이, 첫 번째 원칙 또한 조건지어져 있다. 설령 그 내용이 전혀 알려져 있지 않다고 하더라도, 절대적 행위가 다수로 이루어져 있다는 것부터가 이미 그러한 피제약성을 보여준다. ……그러나 이제 '자아=자아'가 많은 원칙 중의 하나로 제시된 이러한 형식이 되어 있는 한, 그 원칙은 결코 그것이 경험의식에 대립된 순수 자기의식이라는 의미 이외에는, 즉 통속적인 반성에 대립되는 철학적 반성이라는 의미 이외에는 다른 어떠한 의미도 지닐 수 없다"(2.57). 올레르트에 대한 서평에서도 헤겔은 여전히 피히테에 대한 이러한 비판을 되풀이하거니와(11.479), 헤겔 학파에서 이 비판은 하나의 표준이 된다(이에 대해서는 예컨대 J. E. Erdmann 〔1841〕, 12를 참조하라).──피히테 자신도 우리 자기의식의 유한성이 단순한 〔경험에서 끌어온〕 사실(Faktizität)임을 추가로 인정한다(1.252f., 265, 275).

한 맹아가 이미 자리잡고 있다——한갓 유한한, 그러나 바로 그 때문에 발전을 이룰 수 있는 원칙 대신, 피히테는 나중에 가서는 하나의 절대적인, 그러나 전적으로 추상적이고, 바로 그로 인해 인식불가능한 원리를 상정한다. 제3의 가능성——즉 절대적이지만, 그럼에도 불구하고 구체적인 원리——을 피히테는 보지 못하며, 실제로 이러한 〔제3의 가능성의〕 구상은 헤겔의 가장 중대한 발견으로 여겨질 수 있다.

절대자에 대한 초기 피히테의 규정, 즉 절대자란 보편적임에도 불구하고 유한한 자아라는, 다시 말해 어떤 비자아 또는 충돌(Anstoß)을 통해서야(1.210ff.) 비로소 규정될 수 있는 자아라는 규정[54]에는 언제나 하나의 명약관화한 모순이 놓여 있다. 예나 시절의 헤겔은 「신앙과 지식」에서 피히테의 철학이 지닌 이러한 내적인 난점을 다음과 같이 적절하게 요약한다. "그 원리는 이러한 방식으로 이중적인 역할을 수행한다. 즉 그것은 한편으로는 절대적이며, 다른 한편으로는 유한하다. 그리고 이 후자의 〔유한하다는〕 성질로 인해 그 원리는 경험적인 무한성 전체를 위한 출발점이 될 수 있다"(2.398). 이러한 모순은 역사적인 맥락에서 쉽게 설명될 수 있다. 초월적 원리는 칸트에게서는 여러 다양한 능력으로 이루어진, 인간의 인식기재(Erkenntnisapparat)였다. 그리고 개념과 직관에 관한 칸트적 이원론을 제거하고 하나의 순수 지적이고 자기 스스로를 정초하는 원리를 기초로 설정하는 피히테 역시, 그가 이 원리를 자기의식으로 설명하는 한에서는, 여전히 칸트의 심리론적인 초월적 견지에 사로잡혀 있다.[55] 그러나 진정으로 거역불가능하고 또 그런 한에서 원리가 될 수 있는 것이란 한 개별적 개인의 구체적 특수

---

54) 『자연법의 기초』 첫 절에서는 자아의 유한성이 근거지어지지 않은 **전제**임이 분명하게 드러난다. 즉 자아성(Ichheit)의 특징인 반성성과 자기정립에 대한 상세한 기술에 이어서는 다음과 같은 대목이 느닷없이, 그리고 즉각적으로 등장한다. "〔여기서〕 정립된 이성적 존재는 하나의 유한자이다"(3.17).
55) 『기초』에서 피히테는 직접적으로 자아와 자기의식을 동일시한다(1.97; 『자연법의 기초』 3.2. 참조).

성이 아닐 뿐 아니라, 여러 표상·충동 등등으로 이루어진 "자기의식"
이라는 구체적인 실재철학적 구조가 결코 아니라는 것은 그리 어렵지
않게 통찰될 수 있다. 왜냐하면 이러한 자기의식이라는 구조는 어디까
지나 자연을 통해 매개된 것이라고 해석될 수 있기 때문이다. 따라서
초월적 기획——즉 "지식론의 개념을 넘어서!"라는 기획——을 진정으
로 순수하게 관철시키기 위해서는, '자아성을 통해 특징지어지는 실제
의 유한한 정신적 존재'와 '반성성의 논리적 구조'를 날카롭게 구분해
야 하는 필연성이 도출된다. 이 논리적인 절대적-반성적 구조는 피히
테의 유한한 자아와는 달리 비자아, 즉 객관성을 자기에게 대립된 것으
로 가질 수 없는 것이다. 그러한 구조는, 그것이 진정으로 절대적이어
야 한다면, 주관성이면서도 객관성이어야, 즉 주관성과 객관성의 통일
이어야만 한다.[56] 1801년에 나온 『나의 철학체계의 서술』(*Darstellung* 44
meines Systems der Philosophie)에서 셸링은 ——이미 그 글의 제목에
서도, 그 다음으로 「서문」(Vorerinnerung)에서—— 처음으로 피히테로

---

56) 초기의 지식론에서와는 달리, 후기의 피히테 역시 의식은 절대적 원리, 즉 순
수지의 단지 한 지절에 불과한 것이어서, 거기에 덧붙여 존재가 두 번째 지절
로서 등장해야만 한다고 규정한다. 이에 피히테는 1804년에 나온 (두 번째
의) 『지식론』에서, 그의 원리가 단지 주관적일 뿐이라는 몰이해를 격렬하게
논박한다. "지식론이 관념론을 위해 나온 것이라는 말을 듣고 나서, 사람들은
지식론은 절대자를 앞에서 이야기된 바의 사유 또는 의식으로 정위시켜버리
고, 또 그러한 사유나 의식에는 존재라는 [또 하나의] 절반이 대립해 있기에,
그것은 자신의 대립물이 될 수 없는 만큼이나 결코 절대일 수가 없다고 결론
지어버렸다. 그런데 지지자에게서든 적대자에게서든 할 것 없이 모두에게 이
러한 생각이 동일하게 수용되었고, 그들에게 지식론의 본래 취지를 납득시킬
수 있는 방도는 없다"(10.96). 물론 피히테는 그의 고유한 철학이 하나의 변모
를 이룩했다는 점은 인정해야 했을 것이다.——그럼에도 1804년에 그가 취한
입장 또한 본래적인 의미에서 객관적-관념론적이라고는 볼 수 없는데, 이는
두 가지 근거에서 그러하다. 첫째, 피히테의 절대자는 구체적인 것이 아니라,
단지 부정신학적인 방식에 의해서만 접근이 가능하다(주 46 참조). 그리고
둘째, 피히테는 이러한 지식론을 토대로 해서 그 어떠한 독자적인 자연철학도
전개시킬 수 없었다.——1804년에 나온 피히테의 (두 번째) 지식론에 관해서
는 예컨대 W. Janke (1980), 301-417과 M. Ivaldo (1983)을 참조하라.

부터 뚜렷하게 거리를 취하는데,[57] 이 글의 첫 번째 절 시작부에는 다음과 같은 강령적인 구절이 쓰어 있다. "내가 말하는 이성은 절대적 이성, 또는 주관적인 것과 객관적인 것의 완전한 무차별성으로 생각될 수 있는 한에서의 이성이다"(Schriften von 1801~1804, 10).[58]

셸링이 객관적 관념론[59]으로 가는 돌파구를 마련한 것은 단지 형이상학적인 근본반성에 의해서만 조건지어진 것이 아니다. 오히려 그의 이러한 진일보는 자연철학적 연구에 힘입은 바가 큰데, 1797년의 『자연철학에 대한 이념들』(Ideen zu einer Philosophie der Natur)을 기점으로 그 결과들이 출간되기 시작한 자신의 자연철학적 연구에서 그는 자연에서도 즉자대자적으로 이성적인 구조들이 있음을 드러내 보이고자 노력했다. 피히테의 관점에서는 유한한 자아를 도외시한, 자연에

57) 물론 셸링의 이후의 발전은 핵심적인 면에서는 그가 헤겔에게 보낸 1795년 2월 4일자 편지에서 이미 그 단초가 보이는데, 그 편지에서 셸링은 자신이 "스피노자주의자가 되었"지만, 세계가 아닌 자아를 절대적 원리로 상정하고 있다고 쓰고 있다. "신은 곧 절대적 자아에 다름 아니거니와", 물론 이러한 절대적 자아에게는 그 어떤 객체도 그 자아 스스로에 대립해 있을 수 없다(Hegel, Briefe I 22).

58) 이하에서 나는 셸링의 몇몇 초기 저작들만 언급하고자 한다. 왜냐하면 그의 후기 저작들은 헤겔에 의해서 더 이상 수용되지 않았거나, 또는 설령 헤겔이 셸링의 후기 저작들을 읽었다고 하더라도(예를 들면 『인간의 자유에 관한 철학적 연구』: 20.444, 453), 그것들은 그의 체계 형성에는 더 이상 아무런 영향도 미치지 못했기 때문이다.——셸링이 취한, 하나의 존재론적으로 절대적인 원리로부터의 출발은 헤겔이 예나 시절에 쓴 한 서평에서 제기한 요구에 의해 다시금 모색된다. 이제 본질적으로 관건이 되는 것은, "다시 한 번 신을 만상(萬象)의 유일한 근거로서, 즉 존재와 인식의 유일한 원리로서(als das einzige principium essendi und cognoscendi), 최우선적으로 철학의 정점에 위치시키는 일이다"(2.195).

59) 주지하듯이 그러한 객관적 관념론은 플라톤에 의해 최초로 형성되었던 것으로, 셸링 자신도 플라톤을 자주 즐겨 원용한다. 주관적 관념론에서 객관적 관념론으로 가는 이행은 크세노폰에게서 보이는 한 대목에서 훌륭하게, 또한 소박한 방식으로 암시되고 있는데(Mem. I4, 8), 거기에서 소크라테스는 그의 대화 상대자에게, 그가 진정으로 이성은 오로지 그 자신에게만 존재하고, 반대로 천체의 운동은 어떤 맹목적인 윤회에 의해서 이루어진다고 믿고 있는지를 묻는다.

대한 고찰은 분명 불가능하다. 피히테의 관점에서 자연은 언제나 자아에 연관지어지는, 감각지각의 총합 이상으로 존재하는 것이 아니다. 따라서 피히테는 하나의 포괄적인 자연철학을 전개하지 않았다. 정신의 일정한 행위들을 이해하기 위해〔서라도〕여러 자연적 규정성을 도입하는 것이 요구되는데, 이때 그는 그 정신의 행위들을 오히려 즉각적으로 연역시킨다. 이에 대한 예들은『자연법의 기초』에서 보인다. 여기서는 맨 먼저 즉자대자적 자아성이 개진되며(그러나 그럼에도 불구하고 이 자아성은 가령 헤겔적 의미에서의 절대이념과 같은, 하나의 논리적 구조인 것이 아니라, 이미 유한한 자기의식이다), 그 다음으로 §3에서 상호인격성의 증명(Interpersonalitätsbeweis)이 수행된 연후에, §5에 가서 이성적 존재를 위한 신체성의 필연성이 연역된다. 이로부터 피히 45 테는 끝으로 §6에서 질기고 지속성 있는 물질뿐만 아니라, 이성적 존재들간의 자유로운 상호작용을 가능케 하기 위해, 미세물질(공기와 빛)도 추론해내고자 한다(3.76). 나아가 피히테는 §19에서는 ——"소유에 관해 설정된 원칙들의 완전한 적용"과 연관하여—— 자연은, "자유로운 활동에 우리를 필요로 하기 위해", 영양의 섭취를 우리의 생명에 필수적인 것으로 만들었다고 설명하며(215), 이러한 반성에 따라 피히테는 식물과 동물을 '연역한다'(215f.). 끝으로 자연법의 첫 번째 부록에서는 혼인제도를 설명하기 위해 또한 성(性)이 '추론된다'(305f.).

  자연에서 일어나는 일들이 이러한 방식으로는 결코 제대로 설명될 수 없음을 말하기 위해, 대부분이 전적으로 자의적으로 씌어진,[60] 피히

---

60) 피히테는 유(類) 보존의 필연성을 통해 성관계를 근거짓고자 한다. 그러나 그
    는 첫째, 죽지 않는 유기체, 즉 그의 논증에 따를 때 생식이 전혀 필요 없는 유
    기체가 있을 가능성을 배제하지 않으며, 나아가 성별이 필요없는 생식, 즉 식
    물계에서 실제로 일어나는 무성생식에 대해서는 전혀 고려하지 않는다.——피
    히테에게는 독자적인 자연철학이 없다는 셸링과 헤겔의 비판은, 피히테의 몇
    몇 개별적 대목들로부터 어떤 나름대로 완결된 자연론 체계가 도출될 수 있다
    고 밝힌 라우트(R. Lauth)의 주장(1984)이 있음에도, 여전히 그 정당성을 훼
    손받지 않는다.

테의 개별적 연역들을 군이 상론할 필요는 전혀 없다. 피히테에게 보낸 마지막 편지들 중 하나(1801년 10월 3일자)에서 셸링은 다음과 같이 쓰고 있다. "선생의 자연 개념에 따를 때, 선생께 자연이 의식의 얼마나 작고 하찮은 영역에 속해야 할지를, 저는 충분하고도 남을 만큼 잘 알고 있습니다. 선생께 전적으로 자연은 그 어떠한 사변적인 의미도 지니지 못하고, 다만 목적론적인 의미만을 지닐 뿐입니다.[61] 그런데 정녕 선생께서는 예컨대 빛은 오로지 이성적 존재들이 서로 말하면서 서로를 볼 수 있기 위해서만 존재하며, 또한 공기는 오로지 그들이 서로를 들으면서 서로에게 말할 수 있기 위해서만 존재한다고 생각하십니까?" (Fichte-Schelling, Briefwechsel, 140).「신앙과 지식」에서 헤겔은 피히테에 대한 이러한 비판을 좀더 구체화하여, 피히테가 ──단지 독단적-신학적 토대 대신 형식적-관념론적 토대에 섰을 뿐, 결과적으로는── 자연신학(Physikotheologie)으로 회귀해버렸다고 지적했다. 왜냐하면 예전의 자연신학과 마찬가지로 피히테 역시 자연을 자기목적으로서 통찰하는 것이 아니라, 단지 그것에 외적인 목적들에만 연관지을 뿐이기 때문이다. 더욱이 피히테는 자연신학의 수준보다도 더 퇴보했다고까지 할 수 있다. 왜냐하면 자연신학이 유한자 속에서[도] 언제나 신적인 것의 반조(返照)를 인식한 데 반해, 피히테는 자연을 단지 부정적인 것으로, 그리고 부정되어야만 하는 것으로 여기기 때문이다.[62] 이

---

61) 이미 1800년의『초월적 관념론의 체계』「서문」에서 셸링은 "관념론에서뿐 아니라 다른 체계에서도……[자연을] 목적론적으로 추론해내는 것은 결코" 자연철학을 위해 "만족스러운 것이 될 수 없다"고 설명한다(Schriften von 1799-1801, 332).

62) 2.419. 또한『철학사 강의』에서는 20.412를 참조할 것. "이것은 하나에서 다른 하나로의 한갓 외면적인 진행에 불과한 것으로, 식물과 동물은〔오직〕인간의 영양섭취를 위해 현존한다는 식의, 조야한 목적론적 고찰 방식에 따른 것이다. 이것은 방향을 거꾸로 돌린다. 즉 인간은 먹어야 하며, 그 때문에 어떤 먹을 수 있는 것이 존재해야 한다는 것이다──이런 식으로 식물과 동물이 연역된다. 그리고 식물은 어떤 것을 딛고 서 있어야 한다──이리하여 지구(땅)가 연역된다. 여기서는 그 자체로 존재하는 바의 대상〔즉 대상의 즉자태〕

와 같은 자연관으로 인해 피히테는, 개념에 의거하여 논증하는 자연철 46
학에서 자연을 지양하는 대신, 〔자신의 철학의〕 유한성을 실제로 인정
한다. 왜냐하면 자아가 비자아를 부정하더라도 자아는 여전히 비자아에
연관되어 있어서, 대립 속에, 따라서 유한성 속에 고착되어 있는바, 이
유한성은 오로지 그것이 무한자 속으로 포섭됨으로써만이 소멸될 수 있
기 때문이다. 앞에서 이미 인용한 피히테에게 보낸 편지에서 셸링은 바
로 이러한 의미에서, 피히테는 자신이 "자연을 무화시키지 않았다"고
믿지만, 기실 그것은 그릇된 것이라고 쓰고 있다. 셸링에 따르면 피히
테는 자연을 단지 형식적으로만 어떤 관념적인 것으로, 즉 자아에 의해
정립된 것으로 만드는데, 그렇게 해서는 그는 오히려 유한성에서뿐만
아니라, 자연에서도 빠져나올 수 없다.[63] "선생께서는 이를 통해 사변

에 대한 고찰은 전혀 결여되어 있다. 그것은 그저 어떤 타자에 대한 연관 속에
서만 고찰될 뿐이다."『차이』에서도 이미 헤겔은, 피히테의 철학에서 "자연은
절대적 객체성의 성격 또는 죽음의 성격〔만〕을" 지닌다고 비판하며(2.77), 그
중에서도 특히 『자연법의 체계』에서…… **자연의 연역**"이 범하는 오류들을 지
적한다(79). 더 나아가 그는 피히테의 자연철학적 연역이 지니는 즉흥적 성격
(ad-hoc-Charakter)을 반박한다. "이러한 연역된 객체들의 질서는 특정한 목
적들에 구속되어 있으며, 그 목적들이 출발점을 구성한다. 그리고 오로지 이
러한 목적의 견지에서 연관성을 지니는 한에서만, 그 객체들은 그것들 서로간
의 관계를 지닌다"(105).

63) 이와 매우 비슷하게 헤겔도, 자연의 문제는 자연의 우연적인 규정들을 관념적
인 감각지각들로 만듦으로써는 해결되지 않는다고 생각한다. 왜냐하면 이러
한 방식으로 비록 형식이 변한다고 할지라도, 내용은 그 우연성 속에서 동일
하게 남기 때문이다. 피히테의 『인간에 대한 규정』 제2권 말미에 나오는, 모
든 것이 단지 표상일 뿐일 가능성(2.245)으로 인한 자아의 절망을 헤겔은 「신
앙과 지식」에서 신랄하기 그지없는 어조로 조롱한다. "이제 자아는 감각지각
들이라는 실재성으로 이루어진 하나의 동일한 풍요로움을 타고난 것이다. 따
라서 그것〔=자아〕의 촉발의 체계가 사물성(Dingheit)의 양태를 잃어버렸다
는 비탄에 그 자아가 도대체 어떻게 빠져들 수 있는지는 도무지 납득이 가지
않는다. …… 자아는 그것이 잃어버린 것에 대해 탄식하지 말았어야 했다. 왜
냐하면 단 것과 쓴 것의 객체성과 물체성에 불과한 저 양태는 그렇게 할 만한
가치가 없는 것이기 때문이다. 오히려 자아는 단맛과 쓴맛과 붉은색 등을 감
각할 때 필연성이 그것의 전체적인 폭과 길이에서 전혀 손상을 입지 않고

의 전체 요구를 충족시켰다고 믿고 있습니다. 그리고 바로 여기에 우리의 가장 주요한 차이점이 있습니다. 선생께서는 세 번째 원칙을 통해 가분성(可分性, Theilbarkeit)의 영역, 상호적 제한의 영역, 즉 유한자의 영역에 도달하셨는데, 이 세 번째 원칙에 의거해서 보면 선생께 철학은 항구적인 유한성의 계열——즉 더욱 고차적인 인과성의 계열——입니다. (선생께서 쓰시는 의미에서의) 자연의 진정한 탈무화(脫無化, Annihilation)는 오로지 관념적인 의미에서의 자연을 그럼에도 불구하고 실제적으로 존재하도록 허용하는 데서 이루어지는 것이 아니라, 오로지 유한자를 무한자와의 절대적 동일성으로 가져옴으로써만……이루어집니다"(139).

『차이』(방금 인용한 편지에서 셸링은 피히테에게 헤겔의 이 글에 주목하도록 했다) 141쪽에서 헤겔은 두 번째 원칙과 특히 세 번째 원칙 이후에 이루어지는 지식론의 진행에 대한 그와 셸링의 실망을 적절하게 피력했는데, 이에 따르면 맨 처음 출발할 당시의 절대적 자아——바로 이 출발단계의 자아에서 헤겔은 주관성과 객관성의 통일을 인식했다(2.52)——는 지식론이 전개되는 과정에서 결코 다시 성취되지 않는다. "자아와 그것의 정립행위는 통일을 이루지 못한다. 즉 **자아가 자기 자신에게 객체적으로 되지 않는 것이다**(Ich wird sich nicht objektiv)."[64] 헤겔의 이러한 비난은 타당하다. 왜냐하면 그가 기초로 하고 있는 비판, 즉 체계의 결과가 그 체계의 출발점으로 복귀하지 않는다는 비판

……여전히 풍부하게 남아 있음에 대해 비탄에 잠겨야 했다. 정신이 빼앗아간 것에 대해서가 아니라, 정신이 자아에게 남겨놓은 전체의 유한성에 대해서, 자아는 정신을 야비한 정신이라고 부를 수 있었다"(2.405).——이와 유사한 비판이 이후 『철학사 강의』에서는 버클리에게 가해진다(20.273f.).

64) 2.56. 또한 2.67도 참조. "[피히테의] 체계에서 자유는 자기 스스로를 산출할 수 없다. 즉 산출의 객체가 산출의 주체와 일치하지 않는 것이다. 자기 스스로를 정립하는 것(Sich-selbst-Setzen)에서 출발하는 체계는 지성을 유한성의 무한함으로 제약된 그것의 제약으로 이끌어갈 뿐, 끝내 그 지성을 유한성 속에서, 그리고 유한성으로부터 복원시키지 못한다."

(2.68; 75 참조)은 내재적인 것이기 때문이다——그러나 하나의 원환적인 체계구조에 대한 요청은 이미 피히테의 『지식론의 개념에 관하여』에서도 보인다(1.59). 또한 피히테의 『기초』가 실제로 이러한 요구에 부합하지 못한다는 점에 관해서는 이론의 여지가 없다.[65]

2.2.4. 셸링에서 헤겔로

피히테뿐만 아니라 셸링 역시 스스로에게 복귀하는 체계구조에 대한 요구를 충족시키지 못한다. 왜냐하면 피히테의 자아-비자아 이원론은 궁극적으로는 『초월적 관념론의 체계』에서 보이는 셸링의 첫 번째 개략적 체계구상에서 그대로 재연되기 때문이다. 즉 그 구상에 따르면 철학은 ——자연철학과 초월철학(이것은 재차 이론철학과 실천철학으로 이루어진다)이라는—— 두 부분으로 이루어진다. 셸링의 논증은 다음과 같다(339ff.). 지식이란 주관성과 객관성의 통일이므로, 객관적인 것(자연) 아니면 주관적인 것(지성)이 철학의 출발점으로 취해져야 한다. 전자의 경우에는 자연철학이, 그리고 후자의 경우에는 초월철학이 생겨난다. 물론 이 두 학문의 목표는, 서로가 서로의 영역으로 이행하는 것——즉 한편으로는 "자연으로부터 지성으로 가는 것"(340)이며, 다른 한편으로는 주관적인 것에서 출발하여 "객관적인 것이 그것〔주관적인 것〕으로부터 생성될 수 있게 하는 것"(342)이다. 여기서 자연철학이 하나의 고유한 철학영역으로 도약한다는 것은 물론 긍정적인 것으로 부각될 수 있다. 그러나 이에 대해서는 두 가지가 결함으로 지적되어야만 한다. 첫째, 이 두 학문의 관계가 도대체 얼마만큼 대칭적일 수 있는지 48 가 분명하게 밝혀지지 않고 있다. 왜냐하면 비록 자연에서도 이러저러

---

65) 이러한 점은 피히테가 그의 세 번째 원칙을 한편으로는 선행하는 두 원칙의 통일로 해석하면서도, 다른 한편으로는 오로지 첫 번째 원칙에만 절대성을 부여한다는 데에서도 드러난다. 이에 상응하여 피히테는 일반적 정립행위의 정립(Thesis)을 반정립(Antithesis) 그리고 대립이나 연결의 종합(Synthesis)보다 더 상위에 위치시킨다(1.115).

한 논리적 구조가 발견될 수 있다고 하더라도, 반성적 구조들의 거역불가능성에 대한 통찰에 근거할 때 자연은 결코 지성과 동일한 권리를 지니는 것으로 간주될 수 없기 때문이다. 분명히 반성적 구조들은 자연에서보다는 지성에서 더 큰 역할을 수행하고 있지 않은가. 나아가 어째서 자연이 지성으로 옮겨갈 뿐만 아니라, 지성 역시 자연으로 이행하는지가 파악하기 어렵다. 이러한 [자연과 지성의 쌍방적 이행에 대한] 주장은, 셸링이 『체계』에서 보여주고자 하듯이, 그것이 지성은 실천적이고 미적인 행위 속에서 스스로를 객관화하고 자연화시켜야 한다는 것만을 뜻한다면 물론 유의미한 것일 수 있다. 그러나 그것만으로는 아직 지성이 어떤 한에서 자연을—자연철학의 대상을— 산출하거나 구성하는지가 명확히 통찰되지 않는다. 피히테는 절대적인, 즉 자연에 선행하는 논리적 구조와 실재적인, 즉 자연에서 생겨나는 정신을 동일시했는데, 이러한 동일시가 셸링에서 재연되고 있다—더욱이 여기에서는 하나의 부조리한 순환논법이 결과되는데, 이를 피히테는 이미 1800년 12월 27일자 편지(앞에서 인용한 책, 114쪽)에서 비난한 바 있다. 즉 자아가 "다른 경우에는 전적으로 그 자아에 의해 해명되어야 하는…… 바로 그것에 의해 다시금 해명되는" 것이다.

둘째 결함은 첫째 결함에서 비롯된다. 셸링은 궁극적으로는 철학의 단지 두 영역—헤겔의 용어법으로 하면, 실재철학에 속하는—만을 알고 있을 뿐이다. 그 두 영역 모두에 선행하는 구조, 즉 헤겔이 『논리학』에서 주제화하는 구조가 셸링의 이러한 체계구상에서는 어떠한 위치도 차지하지 못한다. 그럼에도 그러한 절대적인 구조가 포기될 수 없다는 것을 알기는 그리 어렵지 않은데, 이는 세 가지 근거에서 그러하다. 첫째, 두 개의 부분이 어떻게 해서 하나의 통일체의 계기가 되는지는 오로지 이러한 [두 영역을 포괄하는 절대적 구조에 의거하는] 방식으로만 파악될 수 있다. 그 두 부분 사이에 이루어지는 쌍방적인 상호지시(Auf-Einander-Verweisen)를 주장하는 것만으로는 불충분하다. 그보다는 자연과 지성 모두의 근저에 동일하게 놓여 있는 **보편존재론적**

(allgemeinontologisch) 구조들이 해명되어야만 한다. 둘째, 이미 말했듯이, 자연이 어떤 관념적 영역에 종속된다는 것은 오로지 이러한 방식으로만 설득력 있게 해명될 수 있다. 그리고 셋째, 그와 같은 포괄적인 영역이 없다면 선험적인 자연철학과 초월철학은 생각할 수 없다. 이것 말고 도대체 어디에서 두 실재철학을 함께 근거짓는 제1의 전제가 정초될 수 있는가?

『초월적 관념론의 체계』의 전개과정까지만 해도 여전히 감지할 수 있었던 "피히테주의의 잔재"(Restfichteanismus)를 청산하고 난 뒤, 셸링은『나의 철학체계의 서술』에서 이 두 가지 학문영역의 토대로 '절대자'를 도입하며, 또한 이 절대자를 주관성과 객관성의 동일성이라고 정의한다. 그러나 절대자에 대해서는 단순히 그것이 이러한 동일성이라고 말하는 것 이상의 무엇을 말해야 하지 않을까? 방금 말한 이 저작에서 셸링은 그의 자연철학적 상론에 앞서 '절대자'와 '유한자에 대한 그 절대자의 관계'에 대한 몇 가지 반성을 먼저 수행하는데, 여기서 그는 '주관성과 객관성의 무구별성'이라는, 절대자에 대한 정확한 규정에서 한 걸음 더 나아가, 다른 여러 범주를 활용한다. 이에 따르면 이성(절대자)은 "전적으로 하나이며, 전적으로 그 자체 동일한"(schlechthin Eine und schlechthin sich selbst gleich) 것이다(12), 절대적 동일성은 "전적으로 무한하다"(14) 등등. 그러나 그럼에도 셸링의 절대자론은 결코 간과되어서는 안 되는 하나의 한계를 지니고 있는데, 그것은 적어도 피히테보다도, 또 어떤 의미에서는 심지어 칸트보다도 더 후퇴한 [셸링의] 모습을 보여준다. 절대자를 특징짓기 위해 셸링이 사용하는 범주들은 그저 [자의적으로] 주워모은(aufgerafft) 것들이지, 결코 절대자 그 자체로부터 [논리적 필연성을 띠고] 도출된 것이 아니다. 통일성·동일성·무한성은 셸링이 전통으로부터 따온 규정들이거니와, 그 범주들은 첫째, 결코 그가 즉자대자적으로 정당화시킨 규정들이 아니며—그는 주관성과 객관성의 통일로 이해되는 절대자에게는 그 범주들이 [오히려] 그것들의 대립물로 주어져야만 한다는 것을 밝히지 않고, 다만 그것들이 일반적으로 어떻게 사용되는가를 보여줄 뿐이다──, 둘째, 그는 그것들을 결코 하나의 정연한 질서연관(Ordnungs-zusammenhang) 속으로 편입시키지 않는다.

이러한 두 가지 결함은 이미 피히테에 의해서도 매우 날카롭게 부각되었다. 그의 『지식론의 개념 및 지금까지 그것이 겪은 운명에 관한 보고』(*Bericht über den Begriff der Wissenschaftslehre und die bisherigen Schicksale derselben*)는 1860년에 쓰어졌지만 사후에야 비로소 간행되었는데, 그 중 셸링에 관해 쓰어진 절(8.384-407)에서 피히테는 『동일성 체계』〔=1801년의 『나의 철학체계의 서술』〕의 시작 부분과 1804년에 나온 「철학과 종교」라는 논문을 함께 분석한다. 『동일성 체계』 시작 부분의 절들에 대해 피히테가 자못 신랄한 어조로 가하는 근본적인 비판[66]이 본질적으로 주장하는 바에 따르면, "그러한 분리되지 않은 본질성 속에서도 또한 동시에 그것〔절대자〕의 차이가 됨이 없이"(386; 11.371 참조), 그저 주관성과 객관성의 동일성으로만 파악될 뿐인 절대자로부터는 전혀 아무것도 더 이상 도출되지 않는다. 피히테에 따르면 셸링의 추종자들은 중요한 사실을 간과하고 있는데, 그것은 "이와 같은 설명을 통해서는 이성이 전적으로 규정적이고 자기 속에 닫힌 것, 즉 죽은 것이 되며, 또한 그들의 철학적 영웅이 비록 그의 첫 번째 명제를 임의로 되풀이할 수 있을지는 모르나, 그럼에도 결코 그 첫 번째 명제로부터 두 번째 명제로 나아갈 수 있기 위한 방도를 정당

---

66) 셸링의 『나의 철학체계의 서술』의 처음 51개 절에 대한 좀더 포괄적인 분석은 「셸링의 동일성 체계에 관한 서술에 대하여」라는 제목의 글(11.371-389)── 이 글 역시 I. H. 피히테가 유고를 정리하여 출간한 것이다──에서 보이는데, 쓰어진 시기가 명시되지 않은 이 글의 첫 부분은 「보고」의 상응되는 부분과 거의 문자 그대로 일치한다. 이 글은 피히테 전집(Fichte-Gesamtausgabe)에서는 「셸링에 맞서는 예비작업」과 함께 II-5권(Nachgelassene Schriften 1796-1801, hg. von R. Lauth und H. Gliwitzky unter Mitwirkungen von E. Fuchs u. a., Stuttgart-Bad Cannstatt 1979)의 475-508쪽에 수록되어 있는데, 이 판본에서는 1801년에 쓰어진 것이라고 기록되어 있다.

하고 일관된 방식으로 찾아내지는 못하고 있다는" 사실이다.[67] 피히테
에 따르면 "죽은 자를 다시 깨어나게 하려는" 시도로서 전혀 근거가 박
약한, 셸링의 이어지는 진술들이 이를 구체적으로 증명해준다. 왜냐하
면 "무(無)와 전체성(Allheit), 통일성과 자기동일성 등등의 술어들에
자신의 이성을 고정시키고, 또 요행히 그것들을 그 이성 속으로 편입해
넣는" 것이 바로 셸링이 취하는 방식이라면, 이때 우리는 "도대체 어떻
게 해서 최우선적으로 오로지 그 자신만이 이러한 술어들에 다다를 수
있는지……"를 자문해야만 하기 때문이다. "첫 번째 설명을 통해 이성
의 본질이 실제로 밝혀질 수 있다면, 이러한 술어들은 그 자체가 그 첫
번째 설명으로부터, 즉 이성으로부터, 바로 그 이성 속에서 필연적으로
근거지어진 것으로서 비로소 도출되어야만 하지, 결코 맹목적인 자의
를 통해 그렇게 고집되어서는 안 된다." 게다가 셸링이 범하는 "실질적
인 자의는…… 그가 임의로 이성에게 부여하고 싶은 술어들로부터 임
의적인 결과를 도출시킨다"는 점에서(8.387) 혹독하게 비난받아야 한
다. 「셸링의 동일성 체계에 관한 서술에 대하여」라는 글에서 피히테는
셸링이 취한 방식에 대한 대안이란 "아마도 이미 완성되었을 구성에 대
한 역사적 차원에서의 보고일 뿐이지, 결코 스스로를 완성해나가는 철
학적 구성 자체는 아닐" 것이라고 긍정적으로 설명하기도 한다. 피히테
의 주장에 따르면, 절대적 이성과 같은 하나의 구체적인 구조에서 출발
해서는 안 된다. 왜냐하면 그럴 경우 어떠한 더 이상의 발전도 불가능
해지기 때문이다. "출발은 오로지 가장 비규정적이고 가장 미완성의 것
일 수밖에 없다. 왜냐하면 그렇지 않다면 우리는 그것으로부터 시작하
여 계속 더 이상 나아가거나, 사유의 전진을 통해 그것을 더 예리하게
규정할 만한 아무런 이유도 갖지 못하기 때문이다"(11.371). 여기에서

---

67) 이에 상응하여 「셸링에 맞서는 예비작업」에서는(Gesamtausgabe II 5, 같은
    책, 484) 다음과 같이 말해지고 있다. "그는 한갓된 사유를 통해 결코 무구별
    성에서 빠져나올 수 없다. 그가 지금도 여전히 내뱉고 있는 다른 말은 모두가
    궤변이다."

제기된 물음, 즉 과연 이러한 방식으로는 셸링의 동일성이 지니는 것과 유사한 난점, 즉 그것으로부터는 아무것도 도출되지 않는다고 피히테 자신이 비난했던 바로 그 난점에 봉착하지 않는가 하는 물음에 관해 피히테는 뚜렷하게 상론하지 않는다. 아마도 그는, 셸링의 동일성은 그 모든 공허함에도 불구하고, 그것이 요구하는 바에 따르면 이미 완전하며, 그리고 바로 이러한 [완전성에 대한] 요구가 더 이상의 전진을 불가능하게 만든다고 대답했을 것이다.

피히테가 지적하는 결정적이고, 서로를 상호적으로 뒷받침해주는 세 가지 비판적인 관점——즉 첫째, 차이의 계기를 자신 안에 포괄하지 않는 하나의 순수한 동일성으로부터는 아무것도 도출되지 않으며, 둘째, 철학에서의 출발은 비규정적인 것에서 취해져야지 구체적인 것(또는 구체적이어야 하는 것[das Konkret-sein-Sollende])에서 취해져서는 안 되며, 셋째, 절대적인 구조는 그것 자체로부터 생겨나지 않은 범주들에 의해서는 규정될 수 없다는 것——에서 특히 흥미를 끄는 것은, 그것들이 동시에 이를테면 헤겔로 하여금 셸링으로부터 철학적으로 벗어나게 하는 동인을 또한 제공하기도 한다는 점이다. 그리고 피히테와 헤겔이라는 두 수준급 사상가가 비록 각기 독자적으로 내린 판단이었음에도 불구하고 이와 같은 동일한 결론에 이를 수밖에 없었던 사실은 이러한 결정이 지닌 엄밀함을 잘 말해준다. 물론 헤겔은 ——피히테와 반대로—— 절대적 관념론의 입장을 견지한다. 그는 다만 셸링이 봉착했던 난점들의 해결을 모색한 인물로 생각되어야 한다. 그럼에도 헤겔은, 셸링과 비교해볼 때는, [오히려] 피히테로 되돌아간다고 말할 수 있다. 이 점은 첫째, 방법적인 측면에서 볼 때 타당하다. 셸링이 종종 천재적인 직관에 머무르는 반면, 헤겔은 칸트의, 그리고 특히 피히테의 초월철학이 지니는 논증적 엄밀성에 다시금 더욱 강하게 의거한다. 그러나 피히테로의 이러한 **방법적인 회귀**에는 둘째, **내용적인 접근**이 또한 연결되어 있다. 물론 헤겔은 절대자가 한갓된 주관성일 수는 없다는 셸링의 근본통찰을 인정한다. 그러나 그는 자연에 대한 정신의 우위를 더욱더 강조한다. 『차이』에서만 해도(2.96) 헤겔은 셸링의 영향 아래 있던 탓에 그러한 우위를 여전히 부정했었다. 그렇지만 이미 「자연법 논문」에서 헤겔은 "정신은 자연보다 고차적이다"라고 말한다(2.503).[68] 『정신현상학』 「서문」(Vorrede)에서 헤겔은 셸링과의 궁극적인 단절을 완수한다. 여기에서는 이미 피히테에 의해 촉발된 비판적 관점, 즉 'A=A'라는 단순한 동일성인 절대자로부터는 어떠한 구체적인 것도 도출되지 않는다는 관점 또한 엿볼 수 있다. 그러한 절대자는 "모든 소들이 까맣게 보이는……밤"인 것이다(3.22; 2.561 참조). 중요한 것은 절대자의 구조를 여러 지절로 분화하고(gegliedert) 자기 스스로를 전개하는 통일로서 파악하는 것이다(3.22ff.). 그런데 헤겔에 따르면 (실재철학의 테두리 내에서) 가장 복잡한 매개운동은 바로 정신으로, 셸링의 경우 이 정신은 ──관념론의 근원적인 통찰과는 정반대로── 하나의 스피노자주의적인 실체 속에서 해소될 위험에 처해 있다. 따라서 헤겔의 가장 익히 알려진 명제가 말하듯이, 전적으로 중대한 사안은 "진리를 〔단지〕실체로서가 아니라, 그와 마찬가지로 주체로서 파악하고 표현하는 것이다"(3.23; 28 참조).

물론 그렇게 새로이 구상된 절대자는 출발점이 아니라, 오로지 발전의 결과여야만 한다. 왜냐하면 설령 어떤 구체적인 것이 출발점에 놓여진다 하더라도, 그것에 관해서는 그 어떤 것도 보편성이라고 불릴 수 없기 때문이다. 따라서 그것은, 제아무리 더 이상의 것이어야 함에도 불구하고, 기실은 한갓된 추상에 불과한 것으로 머무른다. ──『논리학』의 발단부(5.65ff., 특히 76ff.; 6.571 참조)에서 헤겔이 피히테나 셸링이 '자아' 또는 '주관적-객관적 지적 직관'을 출발점으로 취한 것에 맞서서 제기하는, "학문은 무엇에서 출발해야 하는가?"라는 물음의 대의가 바로 이것이다. 그러나 절대자가 결과여야 한다는 것은 단지 그것이

---

68) 물론 이는 『차이』에서 여전히 근저에 놓여 있던, 네 부분으로 구성된 체계기획을 철회하는 것과 연관된다. 이에 대해서는 3.4.2.1장을 참조할 것.

구체적이라는 이유에서만은 아니다. 이는 또한 절대자란 오로지 그렇게 해서만이 **증명될** 수 있기 때문에 요구되는 것이기도 하다. 『철학사 강의』에서 헤겔이 셸링에게 가하는 비판에 따르면, '주관성과 객관성의 동일성'(즉 이념)이라는 셸링의 절대자 규정은 물론 옳은 것이지만, 그럼에도 그것은 그저 "이의 없이 받아들여야 하는" 하나의 "단언이자 신탁"에 불과한 것이다. 이러한 구상에 대한 증명은 오로지 그것에 반대되는 경쟁적 규정들이 지니는 모순성을 드러낼 때만이 가능하다. 물론 이는 주관성·객관성·유한성 등과 같은 범주들에 대한 논리적 분석에 의하여 이루어져야 하는데, 바로 이러한 작업을 셸링은 결코 수행하지 않는 것이다(20.435). 헤겔에 따르면 절대자에 대한 논리적 전개의 결여는 필연적으로 또다른 결함들을 속출시키는데, 그것은 그로 인해 실재철학 역시 진정으로 엄밀하게 근거지어지지 않는다는 점이다. 따라서 헤겔은 이념을 논리적으로 증명하는 것과, 또한 그 이념을 개별학문의 원리들로 체계적으로 전개하는 것을, 그 자신이 셸링 철학을 기초로 하여 스스로에게 부여했던 주된 과제라고 술회한다(20.454; 또한 E. §12A, 8.57).[69]

2.3. 헤겔의 체계기획. 그것에 대한 내재적 비판의 가능성

앞에서 진술된, 칸트에서 헤겔에 이르는 발전을 간략하게 요약하면,[70] 다음과 같은 요구들이 제기되는데, 헤겔은 자신의 초월철학적인

---

69) 이 절에서 열거된 셸링의 한계들이 바로 헤겔에게서는 그의 고유한 입장의 형성을 위한 조건이 되는데, 그것들은 무엇보다도 (논리적) 절대자의 구조 그리고 실재철학의 문제와 관련된 한계들이다. 절대자와 유한자의 관계에 대한 셸링의 규정이 지니는 결함에 관해서 나는 여기서 전혀 언급하지 않겠다. 이 문제에 대해서는 헨리히의 논문 「정신의 타자성과 절대성. 셸링에서 헤겔로 가는 도정의 일곱 단계들」(Andersheit und Absolutheit des Geistes. Sieben Schritte auf dem Wege von Schelling zu Hegel, 1982; 142-172)을 참조하라.

구상에서 바로 이 요구들을 제대로 충족시키고자 한다.

① 초월철학의 최고 원리는 ──피히테가 생각하듯이── 거역불가능하고 자기반성적으로 스스로를 정초하는 구조(eine unhintergehbare und sich reflexiv selbst begründende Struktur)여야만 한다. 전체 독일관념론에서 그러한 구조로 여겨지는 것이 바로 주관성이다.

② 그러나 이러한 원리는, 그것이 절대적인 것이어야 한다면, 그 어떤 것도 자기 자신에 대립되는 것으로서 갖지 말아야 한다. 따라서 그 원리는, 그것이 주관성으로 규정된다면, 결코 유한한 주관성이 아니라, 53 ──셸링이 생각하듯── 주관성과 객관성의 통일이어야만, 즉 헤겔의 용어법으로 하자면 '이념'이어야만 한다. 그러나 이러한 통일에서 주관성의 계기, 즉 반성적 자기주제화(Selbstthematisierung)는 객관성의 계기를 통해 "중화(中化)되는"(neutralisiert) 것이 아니라, 오히려 지배적인 계기가 되어야만 한다──헤겔에 따르면 바로 이것을 수행하는 것이 『논리학』의 최고범주이자 모든 체계의 동력원인 이른바 '절대이념'이다.

③ 그러나 절대자가 주관성과 객관성의 통일이라는 통찰만으로는 철학은 여전히 완성된 것이 아니다. 오히려 결정적으로 중요한 것은 이러한 통찰의 단편적 정확성을 돌파하여 그 이상의 것을 달성하는 일인데, 이는 네 가지 근거에서 그러하다. 첫째, 절대적인 구조는 결코 **직접적**으로 정립되어서는 안 된다. 왜냐하면 그럴 경우 그 구조는 사실은 그 자

---

70) K. 피셔(K. Fischer)는 칸트에서 헤겔에 이르는 도정에서 가장 중요한 단계들을 다음과 같이 ──물론 너무 단순화시킨다는 느낌도 없지 않지만── 생생하게 그려낸다. "어떠한 인식도, 그것을 구성하는 범주나 개념들 없이는, 존재하지 않는다(칸트). 어떠한 범주도, 그것을 생산하는 자기의식 없이는, 존재하지 않는다. 그 어떠한 (생산적) 자기의식도, 만일 그것이 절대적인 것이 아니라면, 존재하지 않는다(피히테). 정신과 자연이 동일한 것이 아니라면, 자기의식은 절대적인 것이 아니다(셸링). 자기의식적인 이성, 즉 정신이 세계의 통일된 원리를 형성하지 않는다면, 이러한 동일성(이성)은 인식될 수 없다(헤겔)"(1852; XIVf.).

체가 하나의 한갓된 추상일 뿐이어서, 그것으로부터는 아무것도 뒤따라나올 수 없을 것이기 때문이다. 오히려 절대적 구조의 복잡성과 구체성은 오로지 그것이 결함을 지닌, 즉 더 추상적인 구조들에서 도출되는 결과로 파악됨으로써만 드러날 수 있다. 둘째, 오로지 그렇게 함으로써만이 이러한 구조의 절대성에 대한 **증명**이 이루어질 수 있다. 그렇지만 과연 증명이라는 게 필요한가? 이러한 구조란 스스로를 정초하는 것이라고 이미 말하지 않았는가? 물론 그렇다. 그러나 그 원리가 존재론적 타당성을 요구한다면, 즉 객관성이 그 원리의 한 계기여야만 한다면, 그 원리에는 없는 결함을 [다른] 비반성적인 구조들이 내포하고 있음을 드러내는 것은 반드시 필요한 작업이다. 이것이 어떻게 가능할 것인지를 제시하는 것을 나는 여기서는 일단 보류하고, 그러한 정초의 가능성이 가언적으로 인정될 경우에도 여전히 제기될 수 있는 또다른 반박을 먼저 검토하고자 한다. 그 반박은 이렇다. 그러한 증명은 필연적으로 순환적이지 않은가? 왜냐하면 절대적인 구조——즉 자기 스스로를 정초하는 구조——는, 만일 그것이 결함을 지닌 범주들 없이는 사유되거나 파악될 수 없으면서도, 거꾸로 이 범주들은 그것 없이도 사유되고 파악될 수 있다고 한다면, 결코 절대적인 것이 될 수 없기 때문이기에 말이다. 이로부터 결과하는 것은, 결함을 지닌 범주들 역시 그 절대적 구조를 전제한다는 것이다——그러나 순환논법이 범해지지 않아야만 한다면, 필연적으로 이는 절대이념이 그 범주들을 전제하는 것과는 다른 방식의 전제여야만 한다. 4.1장에서 본격적으로 다루어질, 이 매우 섬세한 정초관계들에 대한 자세한 설명에서는 헤겔의 명민한 통찰력이 특히 잘 드러난다. 자신의 철학의 다른 대부분의 근본구조들과 관련해서는 헤겔이 이미 본질적으로는 훨씬 일찍부터 『철학대계』까지 견지했던 대답에 이르렀던 반면, "논리학"과 "형이상학"의 ——즉 유한한 범주들에 관한 이론과 절대적 원리에 관한 이론의—— 정확한 관계에 대한 규정은 헤겔이 그의 예나 시기 말엽에 가서야 비로소 해결할 수 있었던 문제로, 이 해결은 그의 생애가 끝날 때까지 그를 만족시켰다.

셋째, 절대적 구조가 매개된 것이라는 생각은, 칸트와 피히테에 의해
착수되었음에도 셸링에 의해서는 오히려 극히 등한시되고 말았던—
그 결과로서 절대자에 대한 셸링의 언명들은 필연적으로 근거지어지지
못한 것이 된다— 범주들의 문제를 해결하기 위한, 비록 충분조건은
아닐지라도 적어도 필요조건이 된다. 다시 말해 절대이념에 이르는 도
정에서, 모든 학문에 의해 전제되고 있으면서도 경험적으로는 결코 정
초될 수 없는 규정—예컨대 실체성·인과성·상호작용 등—을 만나
는 것은 언제든지 생각할 수 있을 것이다. 그리고 넷째, 피히테가 『지식
론의 개념에 관하여』에서 구상한 기획, 즉 하나의 최고이자 최종의 메
타학문—그것이 최종적인 이유는 바로 그것이 자기정초적
(selbstbegründet)이기 때문이다—을 통해 개별학문의 근본개념들과
근본원칙들을 근거짓고자 하는 기획을 완수하기 위해 필수불가결한 것
은, 앞에서 언급된 구조가 그것의 단편적 정확성 속에 머무르지 않고
논리적 규정들의 총체성으로 전개되는 것이다. 왜냐하면 하나의 유일
한 범주가 아닌, 범주들—절대이념의 계기들로서 그 이념의 존재론적
인 특징, 즉 현실을 (그것도 자연과 정신을 똑같이) 구성하는 특징에
참여하는—의 논리적으로 편성된 조화로운 질서가 해명됨으로써만,
실재의 부분존재론적(regionalontologisch) 원리들을 연역해내고자
하는 기획은 실현될 가능성이 있기 때문이다.

④ 따라서 절대이념은 단지 그것에 선행하는 논리적 범주들—물론
절대이념은 그 자체가 또한 이 선행범주들을 통해 구성되는데, 이 후자
의 구성의 의미는 좀더 상세한 설명을 필요로 한다—만을 원리짓는
것으로 그치지 않는다. 그것은 또한 실재철학적 범주들도 원리지으
며,[71] 이 두 번째 경우 원리지음(Prinzipiierung)의 관계는 비대칭적이

71) 아리스토텔레스 이후의 전통에 따르면 '범주'라는 말은 존재자로서의 존재자
(das Seiende als Seiende)에게 주어지는 순수 사유규정들에 대해서는 대개
유보되어왔는데(Hegel, 6.36 참조), 나는 이 단어를 절대이념에 의해 원리지
어지는 모든 규정들을 —즉 실재철학적 규정들뿐만 아니라 논리학적 규정들

다. 물론 이 실재철학적 원리지음 역시 방법적으로 안전성이 보장된 것이어야 한다. 그 중에서도 특히 해명되어야 하는 것은, 실재철학을 원리짓는 것이 언제 매듭지어지는가, 즉 최종적인 실재학문이 언제 구성되는가 하는 것이다. 이러한 문제를 해결하기 위해서는 단 하나의 길만이 주어질 수 있다. 즉 절대적 구조의 절대성이 바로 반성성을 통해 이루어지는 한에서, 완전성의 기준(Vollständigkeitskriterium)은 오로지 마지막 단계의 실재철학적 범주가 그것의 원리로 [즉 반성성으로] '복귀'하는 데에 있다──이는 이미 피히테에 의해서 제시된 기준이다.[72]

55 원리 그 자체가 반성성이기 때문에, 실재철학 역시 그 원리의 반성성을 재연하는(nachvollziehen) 최고의 반성성에서 정점에 이르러야 한다. 헤겔에 따르면 그것은 바로 절대정신의 최고정점인 철학이다. 정신은 ──헤겔이 이미 일찍부터 취한, 셸링에 대한 반대입장에 따르면── 자연보다 더 위에 위치하거니와, 자연은 『논리학』에서의 저급한 범주들에 상응해야 한다.

이러한 숙고를 바탕으로 독일관념론의 원리인 주관성의, 초월적 권위를 지닌 반성성에 대한 통찰은 헤겔의 포괄적인 **존재론적** 기획으로까지 확장된다. 방금 앞에서 네 가지 핵심사항으로 요약된 이러한 기획은 칸트의 초월적 문제제기로부터 유기적으로 이루어진 결과이거니와, 칸트의 그러한 문제설정은, 철저하게 따지자면, 이미 비판철학 이전에 행

까지도── 포함한다는 의미로 확장시켜 사용하고자 한다.── [물론] 잘 알려져 있듯이 헤겔의 경우 '범주'라는 단어의 사용은 그 범위가 훨씬 좁다. 즉 그는 객관적 논리학의 규정들만을 범주라고 부르지, 주관적 논리학의 규정들에 대해서는 ──특히 뉘른베르크 시절의 예비학에서는── 한번도 이 말을 적용하지 않는다(4.124, 127, 139 참조). 더욱이 한 대목에서 그는 이 용어를 심지어 [본질논리학마저도 제외시켜] 존재논리학의 규정들에만 한정시킨다(4.192; 6.219 참조).

72) 이에 덧붙여 헤겔은 체계구성의 완전성을 보장해주는 두 번째 기준을 제시하는데, 128쪽 이하에서 본격적으로 다루어질 이 기준은 바로 구분의 삼분법(Trichotomie)이다.

해진 근대 형이상학의 존재론 구상으로까지 소급된다――물론 이제 그것은 정초론적으로 절대적 주관성으로서 규정된 원리에 입각한다. 내가 보기에 이러한 기획으로 이끌었던 개별적 정초단계들은 설득력이 있다. 초월철학적 근본사상을 받아들인다면, 우리는 헤겔의 체계이념에 확실한 논리정연함이 있음을 부인할 수 없다.[73] 물론 이것으로 아직 헤겔의 체계, 즉 이러한 기획을 실현시키려는 그의 시도가 〔그대로〕 받아들여지는 것은 아니다.[74] 실제로 이러한 기획을 관철시키는 데서 적어도 세 가지 점에서 헤겔은 오류를 범했다고 할 수 있다. 이 오류들을 밝혀내는 것은 바로 내재적 비판의 과제이다. 이때 내재적 비판이란 물론 한편으로는 초월존재론에 대한 플라톤적 이념을 진지하게 받아들이면서도, 다른 한편으로 그 이념을 실현시키려는 헤겔의 시도에 대해서는 그것이 오류를 범함으로 인해 생기는 어떤 반증의 가능성이 없지 않다는 유보적인 태도로 바라보는 비판을 말한다. 내재적 비판은 그저 〔막연한〕 적대적 관점에서 나온 한갓된 단언보다 더 이상의 것을 노리는데, 그러한 내재적 비판의 발단이 될 수 있는 그 세 가지 핵심은 다음과 같다.

56

---

73) 이러한 체계이념에 속하는 것은 본질적으로 a) 실재철학을 원리짓는, 논리학의 기능과, b) 자기 스스로를 최후정초하는 초월적 아르케($\alpha\rho\chi\acute{\eta}$)로서 『논리학』을 원리짓는, 절대이념의 기능이 속한다. 나는 하를란더(K. Harlander)의 의견에 전적으로 동의하는데, (1969; 1)에서 그는 다음과 같이 쓴다. "논리학은 자연철학과 정신철학의 제일 토대로서뿐만 아니라, 또한 정신현상학의 제일토대로서도 드러난다. 나아가 절대이념의 이론은 논리학의 가장 내적인 핵심으로 드러난다. 절대이념의 이론에는 전체의 체계가 최고도로 농축되어 보존되어 있다."

74) 헤겔 스스로도 『논리학』의 제2판 「서문」에서 디오게네스 라에르티오스 (Diogenes Laertios)가 전하는(III 37), 플라톤이 『국가』를 일곱 번이나 고쳐 썼다는 일화를 소개하면서, "근대의 세계에 속하면서, 더욱더 심오한 원리, 더욱더 중대한 대상, 그리고 더욱더 풍부한 범위의 소재를 조탁해내는 것을 목표로 하는 저작을 위해서는, 그것을 일흔일곱 번이라도 고쳐 쓸 자유로운 여가가 주어졌으면 좋겠다"는 자신의 소망을 피력한 바 있다(5.33). 또한 5.50도 참조하라.

① 우리가 철학의 원리는 부득불 어떤 반성적 구조여야 한다는 피히테의 통찰뿐 아니라, 그러한 원리는 필연적으로 존재론적 범주들을 통해 매개되어야 한다는 헤겔의 확신도 함께 받아들인다 하더라도, 헤겔의 『논리학』이 이러한 기획을 실로 적합하게 실현했다는 결론이 그로부터 곧장 나오는 것은 아니다. 아마도 헤겔은 그 원리의 발생적 재구성(die genetische Rekonstruktion)을 수행하는 도중에 오류를 범하고 있다고 여겨진다——그 오류들이 특히 심대한 까닭은, 헤겔이 그것들을 엄격하게 적용시킨다면, 그것들은 실재철학에도 크나큰 영향을 끼쳤을 수밖에 없기 때문이다.

② 나아가 헤겔은 절대이념의 **실재철학적** 해명에서 오류를 범하고 있다고 보인다. 논리학의 경우와는 달리, 여기에서 그러한 오류를 간파하기 위한 기준은 극히 간단하다. 그것은 바로 헤겔이 연역한 것이 실재 현실과는 사뭇 차이가 난다는 것이다. 그리고 실제로 그러한 편차는 (특히 자연철학에서) 줄곧 눈에 띈다. 존재론적 요구를 지닌 이론이야말로 그러한 편차에 의해 반박될 수 있다. 또한 헤겔 자신도 이 점을 분명하게 인정한다(예를 들면 E. §6, 8.47; §9A, 8.52; §12A, 8.58; §246A, 9.15; §330A, 9.304).[75] 물론, 헤겔의 기획이 의미심장한 것이

---

75) 물론 이 점은 세 가지 제한 아래에서만 타당하다. ① 헤겔은 실재철학에서는 단지 특정한 개념적 구조들만을 연역하고자 하는 데 그치는 것이 아니라, 그 개념들을 또한 경험적 현상 속에서도 재발견해야 한다. 따라서 그는 〔개념들의〕 연역을 제대로 수행했으면서도, 언제나 〔그 개념들을 실제의 구체적 현상에 적용하는 경우에는〕 '번역의 오류'(Übersetzungsfehler)를 범할 수 있다. 즉 그는 실상은 그가 도출해낸 개념적 구조에 전혀 상응하지 않는 하나의 특정한 현상을 부적절하게 마치 연역된 것인 양 여길 수 있는 것이다(이에 대한 상론은 81쪽 이하 참조). ② 〔그렇지만〕 경험에 의한 판정 역시 의문의 여지가 있을 수 있다. 즉 '실재'(즉 실재에 대한 기존의 생각)와 맞지 않는 연역이 나중에 가서는 오히려 사실로 판명되는 것도 결코 배제할 수 없는 것이다. (이에 대해서는 제5장 5절에서 논의되는, 뉴턴의 관성법칙에 대한 헤겔의 비판을 볼 것. 헤겔의 이 비판은 나중에 가서야 상대성이론을 통해 입증되었다.) ③ 실재철학의 영역에서라 할지라도 **규범적** 이론에서 실재와의 편차는 별로 심각한 문제가 아니다——즉 파탄이 난 가족, 탈법이 판치는 국가, 정신이

라면, 상응하는 연역들이 자의적이라는 점 역시 순수 개념적으로 입증되어야만 한다.[76] 여기에는 세 가지 가능성이 주어져 있다.

a) 헤겔의 실재철학적 논증들은 논리학적 전개에 대해 직접적으로 모순된다. 그리고 실제로 헤겔의 저작에서 그러한 모순들은 드물지 않게 발견된다. (그 중 하나는 이미 13쪽 이하에서 지적한 바 있다.)

b) 〔연역하지 않은 것을〕 연역했다고 헤겔이 그릇되게 주장하는 것은, 물론 『논리학』에 의거하지 않더라도 논박될 수 있다. 그러한 오류는 논리학 이외의 요인에서 비롯되기도 한다. 사실은 우연적인 어떤 것을 헤겔은 선험적으로 필연적인 것이라고 주장한다. 자신의 선험주의를 그렇게 과도하게 남용하는 예들은 헤겔에게서 종종 눈에 띈다. 그러한 남용은 본질적으로 그의 체계기획 전체가 송두리째 거부되는 구실을 제공했다.

c) 헤겔의 실재철학적 논증은 물론 『논리학』에서 비롯된다. 그러나 그 기본관심사를 받아들이는 가운데서도, 그것의 구체적인 상술에 대해서는 충분히 의구심을 품을 수 있다(앞의 ① 하단 참조).

③ 다음의 가능한 비판은 앞의 것과는 다른, 더욱더 근본적이고 원칙적인 방식의 것인데, 그것은 이 책의 도입부에서 이루어진 우리의 숙고에서, 그리고 40쪽 이하에서 개괄된 피히테에 대한 비판에서 비롯된다. 최후정초를 요구하는 철학이 결코 반성적 구조들을 거부하지 않는다는

결여된 조각상, 그저 슬플 뿐인 비극 등등이 실제로 있다는 사실은 『법철학강요』나 『미학』에 대한 반증이 되지 못한다. 〔개념에 의거한 규범적 정의는〕 "사실에 대해서는 더더욱 나쁘다"(um so schlimmer für die Tatsachen)라는 헤겔의 악명 높은 언명은 여기서도 그 의미심장한 위치를 차지한다——실제로 이 언명은 한갓 실정적인 법규정에 대한 비판에서도 유사한 형태로 나타난다(R. §2hZ, 7.33).

76) 그렇게 하지 않으면 헤겔의 전 체계는 무너진다. 왜냐하면 만일 어떤 실재철학적 오류가 실제로 헤겔의 전제들로부터 귀결된다면, 이 전제들은 (대우〔對偶, Kontraposition〕의 법칙에 따라) 필연적으로 그릇된 것임에 틀림없을 것이기 때문이다. 그러나 오류가 전제들을 무효화하기 위해서는, 그 오류는 정말로 그 전제들로부터 귀결되어야만 한다.

것은 분명하다. 그러나 최고의 반성적 원리가 정녕 헤겔이 전체 독일관념론과 더불어 상정하는 (물론 객관성과 통일된 바의) 주관성인가? 간주관성——마찬가지로 반성적인—— 역시 이러한 최고의 원리일 수는 없는가? 이러한 물음을 정확하게 분석하는 것은 정말로 중요하다고 생각된다. 왜냐하면 앞에서 언급된 두 비판적 관점이 여전히 헤겔주의의 테두리 내에 머물러 있는 반면, 이제 여기에서 고려되는 비판은 절대적 초월철학의 이념을 포기하지 않으면서도 독일관념론을 넘어서는 것이기 때문이다.

이상에서 살펴본 바에 근거할 때, 절대적인 존재론적 초월철학이라는 철학적 유형과, 헤겔의 체계에서 그러한 유형이 구체적으로 실현되는 방식을 예리하게 구분하는 것이 반드시 필요하다고 여겨진다. 따라서 전자의 '유형'을 견지하는 사람은, 설령 그가 다른 어떤 철학자들에게서도 헤겔에게서만큼 많은 것을 배울 수는 없다고 인정해야 하더라도, 곧바로 '헤겔주의자'[77]가 되는 것은 아니다. 초월존재론적 문제제기에 대한 관심이라고 해서 반드시 '헤겔주의적'이어야만 하는 것은 아니거니와, 나는 이 책에서 수행하고자 하는 연구들은 바로 〔헤겔주의에 제한되지 않는〕 그러한 문제제기 자체에 입각해서 이루어진다. 이 연구

---

77) 헤겔 사후 150년에 걸쳐 그에 대한 무비판적 접근이란 결코 가능하지 않다는 것은, 다름 아닌 바로 헤겔 자신의 근본적인 확신——즉 진보를 옹호하는 그의 입장(E. §13, 8.58; 18.61; 20.513 참조)——에서 비롯된다. 18.65에서 이러한 입장은 다음과 같이 언급되고 있다. "따라서 오늘날에는 그 어떤 플라톤주의자나 아리스토텔레스주의자나 스토아주의자나 에피쿠로스주의자도 더 이상 존재할 수 없다. 그 오랜 사조들을 복구시킨다는 것은, 더욱 도야되고 더욱 자신의 내면으로 몰입된 〔근대의〕 정신을 〔오히려〕 이전의 단계로 퇴행시켜 버리려 하는 것과 다름없다. 그러나 정신은 이를 허락하지 않는다……." 우리의 시대에 적용해볼 때 이러한 입장은 다음과 같이 해석된다. 오늘날에는 더 이상 헤겔주의자가 있을 수 없다——그렇지만 플라톤에서 헤겔에 이르는 객관적 관념론의 전통을 헤겔 이후의 철학과 현대 과학과 매개시키고자 하는 철학자는 충분히 있을 수 있다.

들이 진행되는 가운데 헤겔 체계의 가장 중요한 부분들은 바로 이상에서 열거된 비판적 관점에 의해서 검토될 것이다. 이 책의 주제에 상응하여, 내가 특히 관심을 두고 있는 것은 [간주관성의 문제와 연관된] 세 번째 관점이다. 헤겔의 『철학대계』[78]의 구조에 따라 이어지는, 헤겔의

---

78) 나는 헤겔의 궁극적인 체계가 바로『철학대계』에서 수립되었다는 데에서 출발한다. 왜냐하면 헤겔의 자기이해에서『정신현상학』이 그의 체계와 얼마만큼 관계가 있는가 하는 어려운 문헌학적 질문을 여기서 다루지 않더라도, 『정신현상학』이 정초론적 관점에서 볼 때는 결코 체계의 주요 부분이 될 수 없다는 점은 충분히 말할 수 있기 때문이다——내가 보기에 이 문제와 연관된 헤겔의 생각은 이미『정신현상학』을 집필하던 동안에(이 책의 제3장, 주 140 참조), 그리고『철학대계』를 완성하고 나서 또다시 바뀌었다. 이는 하이델베르크 철학대계의 §36에 대한 주석이나 베를린 철학대계의 §25에 대한 주석에서, 그리고『논리학』제2판 중 제1판 서문에 덧붙여진 주석에서 특히 잘 드러난다. 이 중에서도 맨 후자의 주석에 따르면『논리학』의 새로운 판본에서는 학의 체계의 제1부라는 제목은 더 이상『정신현상학』에 주어지면 안 된다(5.18). (물론 그렇다고 해서『정신현상학』에서 이루어지는 개별분석이 지니는 풍부함과 심오함이 결코 헤겔의 이후 저술들보다 뒤떨어지지 않는다는 사실에는 변함이 없다. 이 점에 관해서는 6.3.3장을 참조하라.) 왜냐하면 헤겔의 중심적인 통찰, 즉 모든 각각의 반성이, 다시 말해 모든 실재철학적 탐구도 부득불 논리학적 범주들을 전제로 한다는 통찰을(5.31f.; E. §246Z, 9.20 참조) 진지하게 받아들인다면,『정신현상학』이 어쨌든 하나의 논리학을 함축하고 있음을 인정하지 않을 수 없기 때문이다. 따라서『정신현상학』그 자체는 ——악성의 (그리고 매우 간단하게 피해갈 수 있는) 순환논증을 범하지 않고는—— 논리학을 정초할 수 없다——이는 이미 싱클레어(I. v. Sinclair)가 1812년 10월 12일 헤겔에게 쓴 편지에서 비판된 바 있다. "나는 자네의『정신현상학』이 단지 형이상학에 대한 역사적인 서론(historische Einleitung) 정도일 거라고 생각했네(물론 나는 형이상학이 [지금까지] 언제나 어떤 무한하고 자의적인 것으로서 합당하지 못한 방식으로 행해져왔다고 보네). 그런데 이제 보니 자네는 나중엔『논리학』에서 『정신현상학』을 어떤 자립적이고 정초의 근거가 되는 것으로 설정하고 거기에 의거하려 하는데, 내가 보기에 그건 순환논증의 오류를 범하는 것일세"(Briefe I 417; 이미 1812년 2월 5일자 편지[I 395]에서도 "따라서 자네의『정신현상학』은 본래적으로 하나의 역사적인 서술이네"라는 구절이 있다——순환논증에 대한 반박은 오늘날에는 예를 들면 K. 뒤징에 의해 제기되고 있다[1976], 92 참조). 따라서『논리학』은 오로지『논리학』그 자체에 근거해야만 한다——그것은『정신현상학』을 전혀 필요로 하지 않는다. 왜냐하면 그것의 반성적 원리, 즉 절대이념은 최후정초를 가능케 하는 것

이기 때문이다. 이 최후정초는 예컨대『정신현상학』과『논리학』의 관계를 뮌히하우젠 트릴렘마(Münchhausentrilemma)에 빠뜨리려는 오트만(H. H. Ottmann)의 시도(1973; 예를 들면 212쪽)에 대해서 충분한 저항력을 갖추고 있다. 그리고『정신현상학』은 단지 하나의 예비학적 서론의 기능만을 할 뿐이다(Briefe I 161과 E. §25A, 8.92 참조). 물론 이 서론도 유한한 정신을 위해서는 없어서는 안 되는 것이다. 결함을 지닌 저급한 의식형식들은 (절대지의) 순수 개념적 사유의 영역에 마침내 도달하기 위해 부정되거니와, 순수 사유는 자기 스스로를 정당화하며, 또한 그것이 여타의 의식형태와 그것들의 해체를 전제로 하는 것은 다만 역사적-심리학적인 의미에서일 뿐, 결코 정초론적인 의미에서가 아니다. (풀다[H. F. Fulda]도 자신의 철저한 연구를 통해 이와 유사하게 논증하고 있다. [1965], 297ff. 참조.)『철학대계』의「논리학」부분[= 소논리학]에 있는 "객관성에 대한 사상의 [세 가지] 태도들"에 관한 부분(§25A, 8.91f. 참조)도 비슷한 방식으로 이러한 보조적인 역할을 수행한다. 게다가 이미 1801/02년의 "철학 입문"(Introductio in philosophiam) 강의에서 헤겔은 "철학 입문이 지닐 수 있는 목적이란 단지 자기 자신에 관한 이러한 주관적 입장을 천명하고, 또한 그 주관적 입장을 철학의 객관적 입장을 통해 이해시키는 것일 뿐이다"라고 설명한다(GW 5, 259).―그뒤로 이러한 문제에 관한 이와 유사한 해석의 예는 가블러에게서 보이는데, 그는 자신의『예비학』(이 책은 헤겔의『정신현상학』을 염두에 두고 씌어졌으며, 또한 헤겔 스스로도 이 책을 높이 평가하였다)과 관련하여 다음과 같이 쓴다. "이러한 연관에서 볼 때 철학이 또한 지니는 과제는, 아직 철학적으로 도야되지 못한 의식을 철학에 다다르는 길로 인도하고, 또 직접적으로는 그 의식에 주어져 있지 않은 기초를, 즉 순수한 학문으로서의 철학을 가동시키는 기초를 그 의식에 제공하는 것이다.『철학적 예비학』이 제시하고 인도하는 것은 바로 이 학문에 이르는 길이다. 이 길은 물론 그 자체로는 아직 학문이 아니다. 그렇지만 그 길에 대해 학문은 내적 인도자이며, 또한 그 길은 학문의 방법 없이는 결코 성취될 수 없는 것이다"(1827; 11f.;『정신현상학』의 과제에 대한 가블러의 해석을 지지하는 이로는 예를 들면 에르트만[J. E. Erdmann]이 있는데, 그는 [1841], 13f.에서 가블러를 인용한다). 물론 이러한 예비학적 결과들은, 헤겔이 철학대계 정신철학에서 또한 수행하듯이, 방법상 엄밀한 방식으로 실재철학에서도 ―물론 이 경우에는 오로지 논리학에 기초하겠지만― 다시금 전개되어야 한다. (잘 알려져 있듯이 철학대계의 "정신현상학" 부분은 [예나 시기의]『정신현상학』과―이 역시 객관정신과 주관정신의 현상들을 포함하고 있음에도― 일치하지 않는다. E. §25A, 8.92 참조)―따라서 나는 "헤겔 철학의 완성된 형태는 논리학과 철학대계에 의해……주어진다. 무전제성, 최후정초 그리고 방법은 오로지 이 저작들에서만이 순수하게 전개된다"라는, 하르트만(K. Hartmann)의 주장(1976b; 25)에 동의하거니와, 이에 헤겔의 체계에 대한 이하의 분석에서는『철학대계』의 전개순서에 초점을 맞추고자 한다. 물론 체계의 어떤 부분에 관해서는 [『철학대계』와는 별도의] 더 상세하

논증들에 대한 분석을 나는 논리학과 실재철학의 관계에 대한 고찰과
연결짓고자 하는데, 그 고찰의 목적은 무엇보다도, 얼핏 보면 앞에서
열거된 관점에서 비롯되는 부득이한 결과처럼 여겨지는, 헤겔의 삼분
적 체계구조(즉 논리학[79]-자연철학-정신철학)에 대해 의문을 제기하
는 것이다(3.4.). 이러한 문제의식에서 나는 초기 헤겔의 사분적 체계
구성에 관해 상론하고자 한다. 〔후기의 삼분적 구성과는 다른〕 이러한
초기의 구성법은 최근 들어 헤겔의 초기 예나 시기의 구상들에 대한
점점 더 커져가는 관심과 연관되어 다시금 더욱 강하게 주목받고 있는
데, 물론 내가 보기에 그 구분법은 지금까지는 단지 **문헌학적**으로 확인
되었을 뿐, 결코 **체계론적** 견지에서는 제대로 평가되지 못했다.

게 쓰어진 문헌들(예를 들면 『대논리학』, 『법철학 강요』 그리고 여러 강의록)
이 있는데, 나는 이 문헌들도 기본 텍스트로 삼겠다. 바로 이러한 의미에서 나
는 『정신현상학』에서 가장 상세하게 다루어지는 세부적 물음들도 『철학대계』
에 입각하여 다루겠다.

79) 이하에서 나는 '논리학'(Logik)이라는 말을, 헤겔 역시 종종 그렇게 하듯이
한 학문을 가리키는 의미로, 즉 자연철학과 정신철학이라는 용법과 유사하게
사용하겠다. 물론 헤겔의 논리학적 주저의 제목인 『논리학』〔즉 논리의 학
(Wissenschaft der Logik)〕은, 여기서 '논리'(Logik)가 (자연이나 정신과 마
찬가지로) 그것을 다루는 학문의 대상이라는 관점을 반영하고 있다고 보인다.
그리고 실제로 몇몇 구절은 헤겔이 '논리'를 단지 학문분과로서만이 아니라
또한 학문의 대상으로도 생각할 수 있음을 분명하게 보여준다(예컨대 E.
§330Z, 9.313에서 우리는 "자연 안에 존재하는……논리에는"〔in der Logik
……in der Natur〕이라는 표현이 나온다). 이하에서 나는 논리학의 대상을
'논리적인 것'(das Logische)이라고 부르겠다.──물론 헤겔과 마찬가지로 나
는 논리학을 '내용적' 논리학으로, 즉 원리지음의 기능을 지닌 존재론으로 이
해한다.

3. 헤겔의 체계구성, 그리고 논리학과 실재철학의 관계

헤겔은 세계의 근본구조에 관한 선험적 체계를 세우고자 한다. 이러 60
한 이념에 따를 때 논리학과 실재철학이 반드시 상응해야 한다는 것은
명백하다. 이는 단지 앞의 54쪽 이하에서 언급한 바 있는 〔체계의〕 종
결문제(Abschlußproblem)에서 비롯되는 문제로만 그치는 것이 아니
다. 이 종결의 문제는 오로지 『논리학』의 최종범주와 실재철학의 최종
범주 사이의 일치관계를 통해서만 해결될 수 있다. 그러한 일치관계에
의하지 않고서는 〔헤겔과 같은〕 선험적으로 논증하는 체계이론가는
'실재철학이 도대체 언제 그 종착점에 이를 것인가'의 문제에 관한 답
을 결코 내릴 수 없을 것이다. 이러한 일치관계는 실재철학적 출발문제
(Anfangsproblem)에서도 같은 방식으로 추론된다.[1] 왜냐하면 물론
최초의 실재철학적 범주는 논리학적 범주들과는 달리 훨씬 더 특수하
다는 점에서 하나의 범주적인 차이를 드러내기는 하지만, 그럼에도 이
러한 상이성은 정확히 하나의 〔특정한〕 범주를 확립하기 위해서는 충분
한 것이 되지 못하기 때문이다. 여기서 **규정성**을 성취하기 위해서는 논
리학의 한 특정한 범주와의 일치가 반드시 필요하다──그리고 최초의
실재철학적 범주에 상응하는 것이 최초의 논리학적 범주가 아니라면,

---

1) 일반적으로 '출발 문제'는 논리학의 출발에 관련된 문제로〔만〕 이해되는 경향
이 있다. 그러나 실재철학의 출발을 규정하는 문제가 훨씬 더 단순하지 않다는
것을 파악하기란 그리 어려운 일이 아니다.

도대체 다른 어떤 범주가 유의미한 대응범주로 제시될 수 있을 것인가? 그렇지만 논리학과 실재철학의 최초 및 최종 범주가 서로 상응한다면, 그와 마찬가지로 이 두 체계부분의 중간범주들 사이에서도 그와 유사한 방식의 대응관계가 성립하게 된다. 그렇지 않다면 논리학과 실재철학은 제각각 다른 방법으로 정초되어야 할 것이다——그러나 이는 실재의 부분존재론적 원리들을 선험적-개념적으로 연역해내려는 기획 전체를 위험에 처하게 할 것인즉, 그러한 기획은 논리적인 것과 실재적인 것의 이원론에서는 결코 출발할 수 없는 것이다.

하지만 여기에서는 다음과 같은 물음들이 즉각 제기된다. 도대체 그러한 상응은 정확히 어떤 방식의 것인가? 그것들 사이에는 일대일 대응이 성립하는가? 아니면 하나의 논리학적 범주는 다수의 실재철학적 범주들을 포괄하는가? 아니면 그러한 대응은 훨씬 더 느슨한 것인가? 물론 이러한 물음들은 대응에 관한 사고를 더 엄밀하고 세밀하게 다룰 것을 요구한다. 즉 그 물음들은 대응에 관한 사고 자체를 근본적으로 문제삼지는 않는다. 반면 다음의 물음들은 훨씬 더 근본적인 문제를 제기한다. 상응이란 도대체 무엇을 뜻하는가? 그것은 범주들의 연쇄의 단순한 반복으로 되는가? 즉 동일한 범주간의 이행이 한편에서는 논리적인 지평에서, 다른 한편에서는 실재철학적인 지평에서 이루어지는 것인가? 그럼으로써 플라톤의 관념론적 입장에 대해 아리스토텔레스가 제기한 반박(Metaph. 990a 34ff., 1078b 34ff.), 즉 현실태가 다수화되는 문제에 대한 반박이 다시금 그 효력을 발휘하게 되는가?[2] 나아가, 논리학의 범주들은 그것들이 지닌 **보편성**으로 인해 실재철학의 범주들과 구분되는 것은 아닌가? 논리학의 범주들이 모든 실재철학적 범주들의 근저에 똑같은 정도로 놓여 있는 것은 아니지 않은가? 그렇다면 하

---

2) Th. Litt (1953), 251f. 참조. "그런 한에서 논리학은 그 내용상 광범위한 부분들을 갖춘 것으로서 전자의 체계부분(즉 실재철학)과 짝을 이루는 부분이라고 불릴 수 있다." 이미 포이어바흐도 이와 유사한 해석을 내린 바 있다(1975; 225).

나의 논리적 범주는 도대체 어떻게 해서 하나의 특수한 실재철학적 범주에 상응할 수 있는가? 그리고 끝으로, 만약 체계의 기본적 구성이 ─논리학과 실재철학이라는 식으로─ 이분적(二分的, dual)이라면, 헤겔은 바로 그가 극복하고자 했던 칸트 철학의 이원론에 오히려 빠져드는 것이 아닌가?

유감스럽게도 헤겔은 이러한 물음들과 연관된 대답을 제공한 적이 없다. 또한 지금까지의 헤겔 연구들도 이 문제에 대해서는 제대로 된 논의를 하지 않았다.[3] 이하에서는 바로 이러한 물음들에 대한 대답을 제시하고자 한다. 이러한 작업을 위해 나는 먼저 논리학적 범주들의 특성을(3.1.), 다음으로 실재철학적 범주들의 특성을(3.2.), 그리고 셋째로 이 두 범주군(範疇群)의 상응이 필연적임을 분석하는(3.3.) 순으로 논의를 진행하고자 한다. 이에 덧붙여 나는 또한 헤겔의 논리학과 실재철학이 지니는 의미와 이념에 대해서도 논하고자 한다. 특히 3.2.2장에서는 실재철학과 개별과학의 관계에 대한 상세한 고찰이 있을 것이다. 끝으로 이러한 검토작업은 헤겔의 체계구성과의 긴밀한 연관 속에서 이루어질 것이다(3.4.). 논리학과 실재철학의 관계에 대한 질문은 이러한 방식으로 하나의 새로운 전환점을 마련할 것이다. 각각의 경우마다 나는 우리의 주제에 상응하는 문제에 대한 헤겔의 산발적인 언급들에서 출발점을 취할 것이다. 물론 그의 그러한 언급들은 단지 문헌학적으로만 인용되는 것이 아니라, 그것들이 지닌 정합성 또한 엄밀하게 검증되어야 할 것이다.

---

3) 리트(Th. Litt, 1953: 242-252)와 푼텔(1973: 118-144)은 이러한 문제를 다룬 극소수의 인물에 속한다.

3.1. 『논리학』과 논리적 범주들의 구조

3.1.1. 『논리학』의 의미와 과제

『논리학』이 본래적으로 수행하고자 하는 기능은 네 가지이다. 헤겔 이전의 철학사에서는 그 기능들은 ——소수의 예외(플라톤, 아리스토텔레스; 신플라톤주의자들)를 제외하고는—— 네 개의 상이한 분과에 각각 속했지만, 헤겔에 의해 하나의 통일체 속으로 융합된다. 첫째, 철학사적으로 보면 『논리학』은 특히 피히테에 그 기원을 두는 근대 초월철학의 유산이다. 즉 그것의 중심에는 자기 자신을 개념적으로 파악하는 사유의 반성적 구조(reflexive Struktur des sich selbst begreifenden Denkens)가 있는바, 이는 진리주장을 제기하는 모든 인식에 선행하는 것이다. 둘째, 『논리학』은 하나의 논리학이어야 한다——즉 아리스토텔레스가 맨 처음 설립했던 것처럼, 그것은 정확한(richtig) 사유에 관한 이론이어야 한다. 셋째, 이 저작은 하나의 존재론이 되어야 한다——다시 말해 그것은 존재자로서의 존재자에 귀속되는 범주들을 개진하는 철학적 분과가 되어야 한다. 이 분과는 고대의 플라톤과 아리스토텔레스[4]에 의해 처음으로 정초되었다. 그리고 존재론은 근대 철학에서는 예컨대 '일반형이상학'(metaphysica generalis)이라는 볼프의 철학체계에서 한 자리를 차지하고 있다. 넷째, 『논리학』은 사변적 신학[5]이 되고자 한다. 즉 헤겔의 논리학은 ——중세의 철학적 신학이 내놓았던 많은 구상과 마찬가지로—— 아직 실재에 연관되지 않은 '신'에게 주어지는 규정들을

62

---

4) 헤겔은 특히 아리스토텔레스의 범주론을 자신의 객관적 논리학의 선구라고 여긴다. 4.406f. 참조. 물론 메를란(Ph. Merlan)의 작업(1934) 이후 우리는 아리스토텔레스의 범주론이 플라톤의 밀교적(密教的, esoterisch) 범주론에 의존하고 있다는 것을 알지만, 헤겔은 이를 아직 보지 못했다.

5) 물론 헤겔에 따르면 먼저 논리적으로 파악되는 절대자에게 본질적인 것은 바로 그 스스로를 외화시키는 것이므로, 실재철학 역시 신학으로 이해될 수 있다. 그러므로 우리는 논리학은 아직 현세화되기 이전의(vorweltlich) 신에 대한 이론이라고 좀더 정확하게 말해야 할 것이다.

개진하고자 한다.[6)]

그와 같은 구상에서 반드시 제기될 수밖에 없는 첫 번째 질문은 다음과 같은 극히 자연스러운 질문이다. 처음 보아서 전혀 상이한 과제와 전혀 상이한 대상——즉 ① 자기 스스로를 정초하는 제1의 원리, ② 사유의 형식들, ③ 존재자로서의 존재자의 규정, ④ 신——을 가지는 것처럼 보이는 네 가지 분과를 통일하는 것은 과연 유의미하고 가능한 일인가? 그러나 우리가 절대적 관념론의 이념에 의거한다면 초월적인 존재-신-론(transzendentale Onto-Theo-Logik)에 관한 헤겔의 기획을 추론해내는 것은 그리 어려운 일이 아니다. 왜냐하면 모든 존재와 모든 인식에 선행해야만 하는 절대적 구조는, 존재와 인식 사이의 대응을 보증하기 위해서는(이 대응을 부인한다면 그것은 회의주의의 모순에 빠지게 될 것이다), 바로 그것 자신에 의해 구성된 절대적 구조들을 통해 매개되어야만 하기 때문이다. 이 점은 2.3장에서 상론된 바 있다. 그렇 63 지만 이는 구체적으로는 다음을 의미한다. 존재론과 논리학, 즉 '존재자로서의 존재자'에 관한 이론과 '사유로서의 사유'에 관한 이론은 하나의 특정한 내용에 얽매이는 것이 아니라, 절대자에 관한 학문으로 통일되어야 한다. 이와 마찬가지로 신학이 ——그것이 철학적으로 유의미

---

6) 볼프에게서 신학은 존재론, 우주론 그리고 영혼론과 함께, 이론철학의 네 번째 분과이다. 헤겔에게서 신학은 존재론과 연결되는데, 그럼으로써 『논리학』은 하나의 (초월적) '존재신학'(Ontotheologik)이라고 일컬어질 수 있다. 이 점에 대해서는 K. Löwith (1964; 194) 참조. "헤겔의 논리학은 존재-론(Onto-logie)이면서 동시에 신-학(Theo-logie)이다. 즉 그것은 존재-신-학이다 (Onto-Theo-Logik)." 이밖에도 또한 비롤(H. Birault)의 1958년 논문에 붙여진 제목["헤겔의 존재-신-론과 변증법"(L'onto-théo-logique hégelienne et la dialectique, in: *Tijdschrift voor Philosophie 20* [1958], 646-723)-옮긴이]도 참조할 것.——소(小) 피히테[=I. H. Fichte]에게서처럼 헤겔 이후의 철학에서는 이러한 통일이 다시 와해되고 있음이 뚜렷이 드러난다. 소 피히테는 자신의 『철학체계의 근본특징들』(*Grundzüge zum Systeme der Philosophie*)을 인식론, 존재론 그리고 신학이라는 (헤겔에게서는 통일되어 있던) 세 부분으로 나누었다(1933ff.).

한 분과라는 것을 주장하는 한— 절대적 구조에 관한 이론 이외의 다른 학문일 수 없다는 것 역시 그리 파악하기 어려운 일이 아니다. 만일 그렇지 않다면 두 개의 절대자가 존재할 것인즉, 이는 절대자의 개념에 직접적으로 모순된다. 더욱이 '신'은 존재자를 지배하는 법칙들의 총괄 개념으로서, 즉 일반존재론의 원리로서 이해되어야만 한다. 만일 신이 단지 하나의 국지적인 철학적 개별분과의 대상에 불과한 것이라면, 그것은 신 밖에 있는 어떤 것, 즉 신에게 포섭되지 않는 어떤 것이 있다는 말이 될 것이며, 따라서 신은 절대적이지 못한 것이 되어버릴 것이다. 따라서 전통적으로 전수된 신 개념은 헤겔에게서는 바로 반성적인 구조, 즉 자기 자신을 정초하는 구조와 동일시되는데 이는 극히 정당하다. 이에 이러한 구조의 발생에 관한 학문—즉 존재-론(Onto-logik)—은 동시에 합리적 신론, 즉 신학이 되는 것이다.[7]

헤겔 스스로도 방금 열거된 논리학의 네 가지 기능을 분명하게 언급했다. 『논리학』은, 이미 ["논리의 학"(Wissenschaft der Logik)이라는] 그 제목이 말하듯이, 우선 **형이상학(존재론)과 논리학에 대한 하나의 새로운 취급**이고자 한다—더욱이 그것은 형이상학과 논리학에 대한 **최초의 진정한**[강조는 옮긴이] 학적 취급이고자 한다. 왜냐하면 범주들과 논리적 형식들은 그저 기술적으로(deskriptiv) 취해져서는 안 되는 바—아리스토텔레스[8]는 물론, 칸트[9] 역시 여전히 이러한 한갓 기술

---

7) 과거나 현재의 신학자들 중 다수가 과연 신학을 또한 그렇게도 이해했다거나 이해하고 있는지의 여부는 명백히 신학에 대한 이러한 규정에서 별 관심사가 되지 못한다. 오로지 여기서 언급된 방식으로만이 신학은 철학적으로 중요한 분과로서 유의미한 것이 될 수 있으며, 또한 이는 분명 헤겔의 신학 개념을 정당화하기에 충분하다. [따라서] 헤겔의 신학 개념이 신학을 실정적 학문—실정적 학문은 논리적으로 종종 명쾌하지 못한 방식으로 이루어지는데, 그것은 체계적-철학적 숙고를 역사적 연구와 곧장 뒤섞어버린다—으로 보는 견해와는 다른 것으로 예리하게 구분되어야만 한다는 주장은 결코 그의 신학 개념에 모순되는 것이 아니다.

8) 6.269에서 헤겔은 아리스토텔레스의 논리학이 지니는 가치란 "기껏해야 사유의 현상들이 어떻게 존재하는지를 자연사적으로(naturhistorisch) 기술했다는

적 채택에 머물고 있다——, 하나의 내재적이고 최후정초된 방법, 즉 절대적인 방법에 의거하여 ——즉 피히테의 초월철학에서 출발한 절대적 이념에 의거하여—— 도출되어야만 하기 때문이다(5.19). 이러한 절대 64 적 원리에 의해 산출된 존재론과 형식논리학은 ——거의 모든 전통적인 존재론적 구상과는 달리—— 경험적·귀납적인 학문이 아니다.[10] 그러한 존재론과 논리학은 가령 어떤 돌, 어떤 짐승 또는 어떤 정신적 형상물에 동일하게 주어지는 규정들이나 사람들의 일상적인 추리를 가능케 하는 형식들을 결코 사상(捨象)하지(abstrahieren) 않는다. 오히려 그것들은 그러한 규정들을 선험적으로 도출하라고 요구한다.[11] 이러한

것에 불과하다"고 말한다. E. §187A, 8.339와 19.229에서도 이와 비슷한 진술들이 보인다.——논리학이 한낱 "역사적"인 것에 불과하다는, 피히테의 유사한 비판에 대해서는 이 책의 제2장 주 43을 참조하라.

9) E. §42A, 8.116f. 참조. "주지하듯이 칸트의 철학은 범주들을 극히 편리하게 찾아냈다(auffinden). 자기의식의 통일인 자아는 전적으로 추상적이고 전혀 비규정적인 것이다. 그렇다면 도대체 어떻게 해서 자아의 규정들, 즉 범주들에 다다를 수 있는가? 다행히도 일상의 논리학에서 판단의 여러 상이한 종류들은 이미 경험적으로 진술되고 있다." 3.182, 6.289와 20.346에도 이와 비슷한 언급이 있다. 이로써 헤겔은 칸트가 아리스토텔레스에게 가했던 비난, 즉 아리스토텔레스는 "아무런 원칙도 없었기……때문에"〔그가 채택한〕 범주들은 〔어떤 명확한 일관성 없이〕 그저 "되는대로"(rhapsodistisch) 취해진 것에 불과하다는 비난(KdrV, B 106f./A 81)을 〔바로 칸트에 대해서〕 어느 정도 응용하고 있는 셈이다.

10) E. §33, 8.99f.에서 진술된, 합리론적 존재론에 대한 헤겔의 비판 참조.

11) 헤겔이 비판하는, 전래의 존재론과 논리학이 지닌 주된 결함은, 그것들이, 하나의 최후정초된 구조에 근거하지 못함으로 인해, 자신들의 기본전제를 증명할 수 없다는 데에 있다——이는 논리학과 같은 증명의 학에서는 극히 치욕적인 일이다. 5.50f. 참조. 또한 6.289도 참조. "그밖에도 논리학에 대한 일상적인 취급방식을 보면, 거기에는 개념의 수많은 구분과 종류가 등장한다. 거기에 있는 논리적 모순은 즉시 눈에 띈다. 예컨대 거기에서는 '양이나 질 등에는 그것들에 따르는 다음과 같은 개념들이〔주어져〕있다'는 식으로 개념의 종류를 열거한다. 그런데 무엇이 '있다'(es gibt)라는 말은 우리가 그러한 종류의 것이 앞에 있음을 발견한다거나(vorfinden) 또는 그것이 경험적으로 그렇게 나오더라는 말 이외에는 그 어떠한 정당화도 제시하지 못한다. 이와 같은 방식으로 사람들은 하나의 경험적 논리학을 ——즉 합리적인 것의 비합리적 인식이

연역의 방법에 대해서는 4.1장에서 상론하겠다. 여기서는 다음과 같이 간략하게 언급하는 것으로 충분하다. 『논리학』에서 다루어지는 사유규정은 또한 자연언어에서〔도〕——물론 어떤 질서정연한 연관성을 갖춘 것은 아니지만—— 존재하는데(5.20f., 27), 이러한 사유규정은 바로 그것들이 사유하는 인식을 비로소 가능케 하며, 또한 이 사유적 인식은 ——비록 무의식적으로이긴 하지만—— 불가결하게 범주들에 의존한다는 사실에 의거해 그것들의 타당성을 주장할 수 있다. 이와 같은 범주들은 ——물론 좀더 상세하게 규정되어야겠지만—— 절대적이고 반성적인 원리의 거역불가능성에 〔플라톤의 "μέθεξις"와 유사한 의미에서〕 참여한다(teilnehmen). 즉 범주들을 명시적으로 말하지 않는 사람도 〔그가 말하고 생각하는 한에서는〕 필연적으로 범주들을 전제한다. 탁월하게 정식화된 한 지점에서 헤겔은 전적으로 칸트적인 의미(KdrV, A X)의 설명을 개진하는데, 이에 따르면 모든 각각의 의식은 범주론으로 이해되는 형이상학을 전제하고 있으며, 우리는 오로지 이러한 형이상학을 명시적으로 밝힘으로써만 그것을 지배하는 힘을 얻을 수 있지, 그것을 무시해서는 결코 그렇게 하지 못한다. "형이상학은 다름 아니라 보편적 사유규정들의 영역을 의미하는바, 마치 모든 소재가 그 속으로 가

라는 하나의 기묘한 학문을—— 유지하고 있다. 이렇게 함으로써 논리학은 자신이 만들어놓은 교리를 준수할 뿐이라는 극히 좋지 못한 선례를 남기게 되었다. 즉 여기서 논리학은 개념은 도출되어야만 하며 또한 논리학의 명제들은 (따라서 '개념에는 이러저러한 종류의 것이 있다'는 명제까지도 포함해서) 증명되어야만 한다는, 바로 논리학 자신이 규칙으로 삼고 있는 것과는 배치되는 것을 스스로에게 허용하고 있는 것이다." 그리고 이미 『정신현상학』에서 헤겔은 "고찰로서의 고찰을 위한" 전통적 논리학에서는 사유법칙들이 "〔그저〕발견되고 주어진, 즉 한낱 존재하는 내용의 규정만을" 지니고 있음을 비판한다 (3.227f.). 그리고 칸트가 범주들을 "그저 되는대로 주워모은 것"(aufraffen)에 대해서 그는 그러한 것이란 "학문의 치욕"(Schmach der Wissenschaft)이라고 비판한다. "오성이 그 자신에 즉하여, 즉 순수 필연성에 즉하여 필연성을 제시하지 못한다면, 도대체 그것은 어디에서 그러한 필연성을 밝혀낼 수 있을 것인가?"(182)

져와져야 비로소 이해될 수 있게 되는 다이아몬드 그물과도 같다. 모든 도야된 의식은 자신의 형이상학, 본능적 사유, 즉 우리 안에 있는 절대적 힘을 가지고 있거니와, 우리는 그것들 자체를 우리 인식의 대상으로 만들 때만이 그것들을 지배하는 장인(Meister)이 된다"(E. §246Z, 9.20).[12] 헤겔의 생각에 의하면 여러 상이한 범주의 사용은 여러 상이한 사유의 방식을 결과로 갖는다. "모든 교양은 범주의 차이로 환원된다"(같은 곳). 심지어는 "세계사에서뿐만 아니라 학문에서의 모든 혁명"까지도 바로 범주의 전환에서 비롯되었다(9.20f.).[13] 바로 이러한

65

---

12) 한 지점에서 헤겔은 형이상학에 대한 뉴턴 물리학의 경고를 다음과 같이 조롱하는 투로 비판한다. "그럼에도 뉴턴이 누리는 영예에 대해서는, 그 자신 역시 그 스스로가 내린 이러한 경고에 결코 합당하지 않은 태도를 취했다는 점이 지적되어야만 한다. 순수하고 순전한 물리학자는 기실은 짐승들밖에 없다. 왜냐하면 짐승들은 사유하지 못하는 반면, 사유하는 존재인 인간은 이미 형이상학자로 태어났기 때문이다"(E. §98Z1, 8.207). 실제로 자연과학 이론까지 포함한 모든 이론이 비경험적인 가정과 개념들(가령 원자 개념과 같은)에 의해 관철되고 있다는 헤겔의 증명(같은 곳; 또한 §38A, 8.108f.와 6.101f.도 참조할 것)은 특히 설득력을 지닌다. 물론 헤겔은 자연과학의 이러한 형이상학적 범주들 모두가 정당화될 수 있는 것은 아니라고 생각한다. 역으로 그는 종종 특정한 이론에 대해서는 그것들이 형이상학적이며 (즉 **그릇된** 형이상학에 기초하고 있으며) 경험에 모순된다는 이유로 비판을 가한다(5.426ff.; E. §270A, 9.88; §276A, 9.117f.; §286A, 9.144; §293A, 9.159f.; §298A, 9.169; §304A, 9.187f.; §305A, 19.191f.; §320, 9.248; §330A, 9.303ff; §334A, 9.328 참조. 이와 함께 괴테에게 보낸 1821년 2월 24일자 편지도 참조할 것[Briefe II 251]. "어차피 우리 철학자들은 이미 귀하와 공동의 적을 두고 있습니다――바로 형이상학에서 말입니다"). 이러한 논박들 중 몇몇은 지나친 것도 있지만 그밖의 것들은 새로운 물리학을 통해 실제로도 완전히 입증되었는데, 이는 특히 모든 물리적 현상의 원인이 어떤 소재에 있다고 보는 경향, 가령 일종의 열소(熱素, Wärmestoff)가 있다고 가정하는 경향에 대한 헤겔의 날카로운 거부에서 잘 드러난다(E. §§304f., 9.18ff. 참조. 또한 E. §126Z, 8.258도 볼 것).

13) 헤겔의 정당한 통찰에 따르면 이러한 범주들은 경험에 뿌리를 두고 있는 것이 아니다. 그것들은 오히려 경험에 선행하며 또한 경험적 발견을 비로소 가능케 한다. 『역사철학』에서 헤겔은 이에 대한 좋은 예를 제시한다. 그는 케플러의 수학적(따라서 비경험적인) 지식들을 상기시키는데, 바로 그 지식들로 인해 그는 비로소 자신의 발견들을 해낼 수 있었다(케플러의 발견들은 근대 과학

의미에서 헤겔은 『논리학』 제2판 「서문」에서 우리는 "주체적 사유가 우리의 가장 고유하고 가장 내면적인 행위인 한, 그리고 사물들의 객관적 개념이 바로 사태 그 자체를 형성하는 것인 한,…… 결코 그러한 [사유의] 행위에서 벗어나거나 그 행위를 뛰어넘을 수 없다"고 설명한다 (5.25). 또한 자신의 철학적 적대자들에 대한 그의 비판에 따르면, "그들의 착상과 구상들도 범주들을 내포하고 있거니와, 이 범주들은 이미 그 착상과 구상들에 전제되어 있으며, 또한 사용되기 전에 먼저 비판을 필요로 한다"(5.31).

66   물론 "사유의 사유"(E. §19A, 8.68)로서의 논리학에 의해 밝혀지는 범주들은 단지 사유의 규정인 것으로 그치지 않는다. 존재 역시 우리가 그것을 필연성에 따라 사유하는 방식과 동일하게 이루어져 있는바, 이에 범주들은 동시에 존재의 규정들이기도 하다. (이 점을 부인하는 것은 곧 인식불가능한 "물자체"의 상정을 불가피하게 만든다. 헤겔은 그러한 상정을 모순된 것으로 간주하는데, 이는 정당하다. 왜냐하면 물자체는 그 자체가 또한 단지 사유의 한 산물이기 때문이다.)[14] 따라서 심리학적-발생적 의미에서 보면 『논리학』은 헤겔이 말하는, 『정신현상학』에서 이루어진 "의식의 대립으로부터의 해방"을 전제한다(5.43. 이에 관해서는 5.67f.도 참조). "논리학은 마찬가지로 사태 그 자체이기도

의 출발을 알리는 것인데, 이러한 출발은 명백히 하나의 범주전환이 없이는 ——그 중에서도 특히 자연이라는 책이 수학적 활자로 씌어져 있다는 확신[갈릴레이]이 없었다면—— 결코 불가능했을 것이다). 헤겔은 다음과 같이 쓴다. "우리는 문제의 원리가 귀속해 있는 영역을……선험적으로 숙지하고 있어야 한다. 가령……케플러는 그가 경험적 자료들에 비추어 그의 불멸의 법칙들을…… 고안해낼 수 있기에 앞서, 이미 타원형·정육면체·정사각형과 그것들의 관계에 관한 사상을 선험적으로 알고 있지 않으면 안 되었다. 이러한 일반적인 기본규정들에 관한 지식에 대해 무지한 자는, 그가 아무리 오랫동안 하늘과 천체의 운동을 바라본다 할지라도, 그 법칙을 발견할 수도 없고 또 이해할 수도 없다"(12.87).

14) 칸트의 물자체에 대한 헤겔의 비판에 대해서는 4.439f.; 5.26, 41, 60, 129f.; 6.135f., 307, 499f.; E. §44, 8.120f.; §124, 8.254f.를 참조할 것.

한 한에서의 사상을, 또는 마찬가지로 순수 사상이기도 한 한에서의 사태 그 자체를 포함한다"(Sie enthält den *Gedanken, insofern er ebensosehr die Sache an sich selbst ist, oder die Sache an sich selbst, insofern sie ebensosehr der reine Gedanke ist.* 5.43).[15] 『논리학』과 『정신현상학』의 이러한 전제관계가 타당성이론적인 것이 아니라 다만 심리학적인 이유는, 헤겔 스스로가 말하듯이 '의식의 대립을 극복한 인식형태'라는 학의 개념은 "바로 논리학 자체에서 나오는" (5.42) 것이기 때문이다. 즉 논리학은 자기 스스로를 정초하며 그런 한에서 그 어떤 전제도 없는 체계로 이해되어야만 하는 것이다.[16]

이러한 구상을 통해 헤겔은 실재론과 (주관적) 관념론의 종합을 이루

---

15) §24Z1, 8.81 참조. "논리적인 것은······ 사유규정들의 체계로서······ 찾아져야 한다. 이러한 사유규정들에서는 (그 일상적인 의미에서 말해지는) 주관적인 것과 객관적인 것의 대립이 사라진다."

16) 『논리학』에서 『정신현상학』이 전제되고 있는 방식이 〔타당성이론적인 것이 아니라〕 심리학적-발생적이라는 것은 『하이델베르크 철학대계』의 §35에서 학의 입지점을 위한 조건으로서 제시되었던 전제의 방식에 의거하여 설명될 수 있다. 전제는 오로지 그릇된 전제들을 지양하는 것, 그 중에서도 "인식하는 주체와 그것의 객체는 통일될 수 없는 것으로서 서로 대립되어 있다"는 전제를 지양하는 것이다. 헤겔에 따르면 일관된 회의주의 역시 이러한 부정적인 과제를 떠맡을 수 있다(HE §36A; E. §78A, 8.168). 이러한 방식의 '전제'는 헤겔이 『논리학』에 "무전제성"(Voraussetzungslosigkeit)을 부여하는 것(HE §36; E. §78A, 8.168. 또한 16.217; 17.198도 참조)과 충분히 조화를 이룰 수 있다. 이 무전제성은 "순수하게 사유하고자 하는 결단 속에서, 그리고 모든 것을 추상하고 자신의 순수한 추상, 즉 사유의 단순성을 포착하는 자유를 통해 이루어진다"(E. §78A, 8.168).──켐프스키(J. v. Kempski)는 '무전제성'이라는 철학적 개념의 역사를 저술한 바 있다(1951). 19세기의 실증주의에서 통용되던, 학문의 무전제성으로부터의 전환은 부조리한 것인 반면, 헤겔이 제기한 무전제성에 대한 요구는 여전히 유의미하다는 것은 켐프스키 같은 비판적 합리주의자조차도 인정하는 바이다. 브렌타노(F. Brentano)에 이어서 켐프스키 역시 무전제성이란 개별과학에서는 무선입견(Vorurteilslosigkeit) 이상을 의미할 수 없다고 생각하는데, 이는 정당하다. "학문에 관한 한 '그것은 자신의 전제들을 검증한다'는 뜻으로 '그것은 어떠한 전제도 없는 것이다'라고 말한다면, 이는 언어를······ 더 이상 정확하게 취하지 않는, 본래적이지 못한 언어행위의 일례가 된다"(157).

어낸다. 즉 우리의 주관적 사상이 존재를 향하는 것도 아니요, 존재가 우리의 주관적 사상과 표상을 향하는 것도 아니다. 오히려 존재와 우리의 주관적 사상이라는 양자는 모두 객관적 사상을 향하는바, 이 객관적 사상은 한편으로는 주어진 경험적 존재를 고려하지 않고서도 순수 사유를 통해 선험적으로 파악될 수 있으며[17]—바로 이 점이 관념론적 계기이다—, 다른 한편으로는 주관적 정신에 선행하는 관념적 구조[강조는 옮긴이]이다. 그리고 이 주관적 정신은 오로지 모든 주관적 착상을 억제하고 자체정초된(selbstbegründet) 방법을, 따라서 최후정초된(letztbegründet) 방법을 따름으로써만 이러한 관념적 구조를 파악할 수 있다(5.25)—바로 이 점이 실재론적 계기이다.[18] "객관적 사상" (objektive Gedanken)이라는 표현(E. §§24f., 8.80ff.)은 헤겔의 객관적 관념론의 근본 모티프를 극히 잘 압축하고 있다. 왜냐하면 "오성·이성이 세계 속에 존재한다는 것은 바로 객관적 사상이라는 표현이 함축하는 것과 동일한 것을 말해주기" 때문이다(§24, 8.81; 5.45 참조). 이제 『논리학』이 존재자와 사유의 근본구조들을 주제화하는 한에서, 즉 자기 스스로를 정초하고 관념적이면서도 동시에 실재적이며 자연과 정신 모두에 동일하게 선행하는 "순수한 사상의 왕국"(Reich des reienn

---

17) 헤겔 논리학의 요구가 적어도 순수 선험적인 태도를 취하라는 것임을 드러내주는 전거는 예컨대 기계론의 범주들과 목적론의 범주들 사이의 관계를 설명하는 대목에서 발견된다. 여기서 헤겔은 전래의 형이상학이 그랬던 것처럼 이러저러한 개념이 세계에 상응하는지의 여부를 경험적으로 확증하는 것은 중요한 문제가 되지 못한다고 설명한다. 왜냐하면 경험적인 "실존은 진리의 척도가 되지 못하거니와, 오히려 진리란 이러한 실존 중 어떤 것이 그 참된 실존태로 존재하느냐를 판가름하는 기준을 의미한다"(6.437; 443도 참조).

18) 헤겔은 6.503f.에서 인식에 대한 주관적-관념론적 입장과 실재론적 입장이 공히 지니는 일면성을 비판함으로써 이 두 입장의 결합의 필요성을 제시한다.—E. §353Z, 9.438에서 그는 자신의 입장을 다음과 같이 명확하게 밝힌다. "전체 자연 속에서 이념을 인식하고자 하는 이러한 관념론은 동시에 실재론이기도 하다. 왜냐하면 생명체의 개념은 바로 실재로서의 이념이기 때문이다."

Gedankens)을 주제화하는 한에서, 그것의 대상은 신학의 대상을, 다시 말해 관념적인 것이면서도 동시에 주관적 사유에 구속되지 않는, 자연과 정신의 원리(창조주)라고 전통적으로 생각되어온 바의 '신'을 상기시킨다.[19] 그리고 이 때문에 헤겔은 [자신의] 논리학을 "자연과 유한정신의 창조에 앞서 자신의 영원한 본질 가운데 존재하는 바의……신에 대한 기술"(5.44)이라고 "표현"할 수 있는 것이다. 이러한 규정에는 "순수한 사상의 왕국"이라는 말을 속류 플라톤식으로 받아들여 두 세계 이론에 의거한 의미에서 '천상의 장소'(τόπος ὑπερουράνιος)로 실체화할 수 있는 위험이 놓여 있다. 따라서 헤겔은 이러한 서술에 바로 연이어서 범주들을 어떤 손에 잡히는 것(etwas Handgreifliches)으로 만들어버리는 이러한 견해를 논박한다(5.44). 물론 이러한 [그릇된] 해석에 대한 헤겔의 논박은 논리적인 것이 지니는 존재의 성격(Seinscharakter)을 박탈하는 데로 나아가지는 않는다. 범주들은 [실로] 존재한다. 다만 범주들이 존재하는 방식은 실재적인 것——즉 자연적인 것과 정신적인 것——이 존재하는 방식과 동일하지 않을 뿐이다. 오히려 논리적인 것의 존재방식은 실재적인 것의 존재방식을 능가하는바, 실재적인 것은 공간성과 시간성 속에 존재함으로 인해 "그 개념과는 구분되는 한에서……덧없는 것(ein Nichtiges)"일 뿐이다.[20]

68

---

19) 그럼에도 헤겔의 신(神) 개념이 종교적이지만 철학적으로 도야되지 못한 사람들의 신 개념과 거리가 있을 뿐 아니라, 본질적인 지점에서 또한 대부분의 전통적인 철학적 신학의 신 개념과도 상당한 거리가 있다는 점에는 의심의 여지가 없다——이는 헤겔 이전의 전통적 신 개념이 자못 상이하고도 모호한 비규정성을 포함하고 있는 반면, 헤겔의 신 개념은 매우 면밀하게 규정되어 있다는 점에서도 이미 그러하다. 따라서 오해의 여지를 없애기 위해서는 "신이라는 명칭의 사용을 피하는 것이……유익하다"는 헤겔의 제안(3.62)은 실로 설득력이 있다.——일리인(I. Iljin)은 이 점을 역설적으로 입증해준다(1946). 예컨대 『논리학』이 "신적인 생명의 최초의 '시대'(die erste 'Epoche' des göttlichen Lebens)로 이해되어야 한다"(203)는 그의 언급은 헤겔의 논리학에 대한 개념적 이해에는 거의 기여하는 바가 없는 것이다.

20) 이에 상응하여 『법철학』의 「서문」에서 헤겔은 철학은 "이념 이외에는 어떤 것

3.1.2. 논리학적 범주들

앞에서 언급된 『논리학』의 네 가지 기능으로부터 귀결되는 것은, 논리학적 범주들은 적어도 실재철학적 범주들과 구분되는 다음의 특성들을 지닌다는 점이다.

① 논리학적 범주들은 절대이념의 전제들(계기들)이며, 따라서 절대이념보다 추상적이다. 절대이념은 『논리학』의 최고 범주, 즉 자기 스스로를 정초하는 범주이며, 헤겔 체계 전체의 원리이다.[21] 헤겔은 ──물론 다소 모호하게── 『논리학』의 내용은 (실재철학의 내용과는 반대로) "순수한 본질성들의 본성"(Natur der reinen Wesenheiten, 5.17)[22]이라고 규정한다. 순수한 본질성들이란 곧 "사유의 필연적 형식들과 고유한 규정들"(5.44)인바, 이에 논리학은 "그 자신의 진리 가운데 있는 사유에 관한 지(知)"(das Wissen von dem Denken in seiner Wahrheit)라고 여겨질 수 있다(4.162). "그 자신의 진리 가운데 있는 사유"──이러한 어법을 통해 헤겔이 말하고자 하는 것은, 실재철학의 범주들이 단지 사유될 수 있거나 사유되어야 할 뿐만 아니라 또한 표상될 수도 있거나 표상되어야만 하는 것이기도 한 반면에, 사유의 규정들은 "사유 이외에는 그 어떤 다른 근거도 갖지 않는다"는 점, 즉 사유는 자신의 규정들을 "독자적으로"(auf autonomische Weise) 스스로에게 부여한다는 점이다(같은 곳). 논리학적 범주들이 지니는 이러한 전적인 비감각성(Unsinnlichkeit)[23]을 헤겔은 "순수성"(Reinheit)

도 현실적이지 않다"(7.25)는 통찰을 확증한다고 말한다.──물론 헤겔에 따르면 논리적인 것은 필연적으로 스스로를 실재적인 것으로 외화해야 한다. 이 책의 제4장, 주 218 참조.

21) 6.470 참조. "그러나 논리학에 속하는 것은 오로지 순수 사상의 형식, 곧 추상적 본질성의 형식을 갖는 한에서의, 순수 개념의 전제들, 즉 존재와 본질의 규정들이다."

22) 5.55 참조. "논리학의 체계는 그림자의 왕국(Reich der Schatten), 즉 모든 감각적 구체성으로부터 자유로운 단순한 본질성의 세계이다."

23) 이러한 비감각성은 논리적 범주들에 대한 설명은 공간과 시간에 의거할 수 없다는 점에서도 드러난다(6.472).

이라는 단어로 표현하고자 하는데, 그는 이 단어를 논리적 규정들에 대해서뿐만 아니라 그 논리적 규정들과 관계하는 사유에 대해서도 사용한다. 뉘른베르크 시기의 예비학 중 「상급반을 위한 철학대계」(Philosophische Enzyklopädie für die Oberklasse)의 처음 절들에서 말해지는 바에 따르면 논리학은 "**순수한** 개념과 **추상적** 이념의 학", 69
즉 "**순수** 오성과 **순수** 이성의 학"이다(4.11; 강조는 필자, V. H.).[24)]

②이와 함께 논리학적 규정들의 순수성은 또한 이 규정들이 ―실재철학의 규정들과 비교해볼 때― **보편적**이라는 것을 의미한다. 이 점과 연관하여 헤겔은 이 보편성이 결코 추상적인 것이 아니라 이후의 실재철학적 발전을 그 핵심상으로는 이미 포함하고 있다는 점에 가치를 부여한다(5.55). 『논리학』의 규정들은 **존재론적**(*onto*logisch) 규정들이 되고자 한다. 즉 그것들은 존재자로서의 존재자에게 귀속되어야 한다.[25)] 자연적 존재자이건 정신적 존재자이건, 모든 존재자는 존재론적 규정들을 통해 규정되어 있어야 한다.[26)] 실로 모든 존재자에게 필연적

---

24) E. §19, 8.67 참조. "논리학은 순수 이념의 학이다." 그것은 "순수한 추상작용과 관계하며" "스스로를 순수한 사상 속으로 되돌릴 수 있는……숙련성"을 요구한다(§19A, 8.67). 이에 대해서는 또한 §24Z2, 8.84 그리고 5.17과 67도 참조할 것.

25) 이는 특히 객관논리학[=존재논리학과 본질논리학]에 적용되는 규정이거니와, 객관논리학은 전래의 형이상학 중 "**실체**(Ens) 일반의 본성을 탐구하는"(5.61) 부분인 존재론을 대체해야 할 학문이다. 6.36 참조. "예를 들면 '모든 것은 존재한다', '모든 것은 **현존재**를 가진다' 또는 '모든 것은 **질**, **양**을 가진다' 등과 같은 명제가 생겨난다. 왜냐하면 존재 · 현존재 등은 논리적 규정 일반으로서 **모든** 것의 술어이기 때문이다. 범주는 ―그것의 어원과 아리스토텔레스의 정의에 따르면― 바로 존재자에 관해서 언명되고 주장되는 것이다."

26) 5.45에 등장하는 "정신과 자연은 그것들의 생명과 변화를 이루어지게 하는 **보편적 법칙들**을 가진다"라는 구절을 우리는 바로 이러한 의미로 이해할 수 있다(물론 이 구절은 다르게 해석될 여지도 있다). 라살레는 다음과 같이 쓰고 있는데, 이때 그는 분명 이 구절을 염두에 두고 있다. "어느 대목에선가―아마도 『논리학』의 「서론」에서인 것 같다― 헤겔은 어떤 하나의 범주가 논리학에 속하는지 아닌지를 구분할 수 있는 적절한 징표(Merkzeichen)를 내놓는다. 즉 그에 따르면 논리학에는 단지 자연에서 또는 정신에서 일어나는 것이

으로 주어지는 고유성이 있다는 것은 설득력이 있는 말이다. 예컨대 화강암과 단테의 『신곡』(神曲, *Divina Commedia*)은 동일하게 어떤 다른 것과 구분되는 어떤 것(etwas)이다. 이 두 존재자는 모두가 양적으로 규정된다──즉 화강암은 그것이 지니는 분자의 수에 의해, 마찬가지로 『신곡』은 거기에 등장하는 노래의 수에 의해 규정된다. 이 양자에게는 70 공히 척도의 관계(Maßverhältnisse)가 ── 화강암의 경우 그것의 분자구조가, 『신곡』의 경우 그것의 운율과 박자가── 중대한 역할을 담당한다. 또한 우리는 화강암의 본질에 대해서 ──즉 그것의 광물학적인 구조에 대해서── 말할 수 있으며, 마찬가지로 『신곡』의 본질에 대해서 ── 즉 그것의 시문학적·종교적 내용에 대해서── 말할 수 있다. 화강암과 주위 환경 사이에 긴밀한 관계가 있듯이, 『신곡』과 다른 문학작품들 사이에도 긴밀한 관계가 존재한다. 이 두 존재자는 모두 자기 자신과 **동일**하며, 타자에 대한 **차이**를 지닌다. 암석의 경우에도, 그리고 우리의 예

아닌, 이 양자에서 일어나는 모든 것이 속한다. 내가 이것을 '징표'라고 부르는 이유는, 그것이, 외면적 반성에서 보더라도, 실제로 징표의 본성을 가지기 때문이다. 그러나 그것은 기실 단순한 '징표' 이상의 것이다. 즉 그것은 사태 자체의 절대적 징표 또는 개념인 것이다"(1861; 131). 비록 라살레가 자신의 주장을 헤겔 저작의 구절을 정확하게 전거로 해서 뒷받침하고 있는 것은 아니지만, 그럼에도 그의 주장은 분명히 헤겔의 의향과 일치한다. 왜냐하면 라살레의 주장은 바로 헤겔 체계의 구조에 의거하여 도출된 것이기 때문이다.── 예를 들어 E. §140Z, 8.276에서 헤겔은 이념은 "자연과 정신의 공통되는 내용"을 형성한다고 분명하게 말하고 있다(또한 16.108도 참조할 것). 나아가 헤겔은 논리학적 범주들에 대한 실재철학적 검증을 끌어들일 때면 언제나 거듭해서 자연과 정신〔의 여러 구체적인 현상〕으로부터 사례들을 제시한다. 이에 대해서는 가령 E. §99Z, 8.211을 참조할 것. "분명코 양은 이념의 한 단계이다. 즉 그것은 먼저 논리적 범주로서, 그리고 그에 이어서 또한 자연적 세계와 정신적 세계를 망라하는 대상적 세계에서도 자신의 권한을 지녀야만 하는 것이다." 또한 6.257도 참조. 여기에서는 (논리학적) 개념이 거론되는데, 이에 의하면 개념은 "결코 자기의식적인 오성의 행위라는 식으로……〔단순하게〕이해되어서는 안 되는" 것이다. 오히려 여기서 중대한 관건이 되는 것은 "즉자대자적 개념인즉, 그것은 **자연**뿐만 아니라 **정신**의 한 단계도 또한 형성하는 것이다."

술작품의 경우에도 형식과 내용(또는 질료)은 구별될 수 있다. 암석의 경우건 단테의 작품의 경우건 공히 부분과 전체의 관계가 존재한다. 암석과 『신곡』은 공히 하나의 근거와 특정한 작용을 지니며, 그것들의 자연적 또는 문화적 환경과 상호작용하는 가운데 존재한다.

③ 그러나 『논리학』은 단지 하나의 존재론으로 그치는 것이 아니라, 또한 하나의 논리학이다. 그리고 본질적으로 사유의 규정들을 포함하는 개념논리학의 범주들의 경우, 그것들이 또한 존재자로서의 존재자에게도 주어진다는 명제를 견지하기는 상대적으로 어렵다고 보인다. 물론 헤겔 자신은 "모든 사물은……판단"(E. §167, 8.318; §168, 8.319 참조)이라거나 이에 상응하여 "모든 것은……**추론**"[27]이며 또한 "모든 것은……**개념**"(E. §181, 8.332)이라고 말하는 것을 주저하지 않는다. 그리고 모든 것은 보편적 본성을 지니는 개별자 또는 "개별화된 보편자"(§167, 8.319)이며, 그렇기 때문에 그 모든 것은 판단이라는 그의 설명을 함께 고려한다면, 우리는 '판단'의 의미를 매우 폭넓게 확장하는 이러한 주장을 실제로 받아들일 수 있다.

그렇지만 굳이 이러한 의미확장을 하지 않더라도 개념, 판단 그리고 추론이 존재론에서 다루어져야만 한다는 것은 분명하다. 왜냐하면 20세기 초에 한편으로는 후설이 『논리 연구』(*Logische Untersuchungen*)에서, 다른 한편으로는 프레게(G. Frege)와 러셀 그리고 비트겐슈타인(L. Wittgenstein)이 특히 명확하게 보여주었듯이, 형식논리학은 결코 심리학적인 사유법칙들을 취급하고자 하는 것이 아니기 때문이다. 이에 가령 추론의 형식인 "바르바라"(Barbara)*의 타당성을 옹호하는 논리

---

27) 이에 상응하는 구절로는 다음의 지점들을 참조할 것. "**모든 이성적인 것은 추론이다**"(6.352). "**모든 사물은 추론이다**"(6.359). 또한 E. §24Z2, 8.84도 참조하라. "추론의 이러한 형식은 모든 사물의 보편적인 형식이다."

 * 두 개의 전칭명제로부터 하나의 전칭명제가 결론으로 도출되는 추론의 법칙. 이는 'P a M, M a S → P a S'라는 형식으로 정식화되며, 여기에서 세 번 등장하는 전칭수식어 'a'를 활용하여 'B*arbara*'라고 지칭된다.

학자가 원칙적으로 요구하는 것은, 예컨대 '모든 인간이 죽고, 모든 그리스인이 인간이면, 모든 그리스인은 죽는다'라고 모든 사람들이 (아니면 적어도 대부분의 사람들이) 생각한다는 것[으로 그치는 것]이 결코 아니다. 오히려 그의 주장은, 모든 인간이 죽고 모든 그리스인이 인간이라면 모든 그리스인은 실제로 죽는 존재라는 것이다. 따라서 논리학은 심리학적 차원을 넘어 ─물론 논리학은 이 심리학적 차원을 또한 제기하기도 하며, 헤겔은 개념·판단·추론을 비단『논리학』에서뿐 아니라 자신의 「정신론」(Psychologie)에서도 다룸으로써(E. §467, 8.285) 이
71 차원을 경이로울 정도로 훌륭하게 통찰한다─ 또한 존재론적 차원을 지니는 것이다.[28] 그리고 그의 체계 제1부에서 이루어지는, 형식논리학에 대한 헤겔의 취급은 이를 정당화하고 있다. 이에 다음과 같이 말할 수 있다. 존재하는 모든 것에 관해서는 필연적으로 개념이 있어야 한다. 존재하는 모든 것에 대해서는 판단이 내려질 수 있으며, 상응하는 판단들은 하나의 추론으로 통합될 수 있다. 그리고 이 점에서는 개념, 판단 그리고 추론의 형식들이 진리담지체가 될 수 있다.

개념논리학의 그 이상의 범주들에 관해서, 그것들이 실로 존재론에 귀속되는지의 여부는 4.2.2장에서 자세히 다루어질 것이다. 여기에서는 '인식의 이념'[29]과 '방법의 이념으로서의 절대이념'에 대해 간략히 언급하는 것으로 충분하다. 인식이 존재론에서 다루어진다는 것은 볼프(Ch. Wolff) 학파의 독단론적 존재론에 맞서는 하나의 본질적인 혁신이다─이 혁신은 칸트를 통해 촉발된 주관성으로 전환을 개념화하고자 하는 것이다. 실로 이러한 혁신은 단행되지 않으면 안 된다. 사유

---

28) 6.357 참조. "그러나 (추론에서의) 이러한 '따라서'(Daher)는 이러한 명제에서의 어떤 외면적인 규정─그것의 근거와 거처를 단지 주관적 반성에서 가질 뿐인─으로 고찰되어서는 안 된다. 오히려 이 '따라서'는 극단들 자체의 본성에 정초되어 있는 것으로 고찰되어야 한다."
29) 인식의 이념에서는 단지 유한한 인식만이 다루어지고, 그밖에 선의 이념이 덧붙여 다루어지는데, 나는 여기서는 이 점을 상론하지 않겠다. 이에 대해서는 4.2.2.3장을 보라.

의 거역불가능성(Unhintergehbarkeit des Denkens〔=절대적 타당성〕)이라는 근본원칙에 입각한 철학은 모든 존재자의 **인식가능성**에 의문을 제기하는 태도를 모순된 것으로 여겨야만 한다. 존재자는 존재자로서 필연적으로 사유적 파악을 향해 정향되어 있다──그리고 자기 스스로를 정초하는 이러한 사유는『논리학』의 마지막 부분에 가서, 전체의 발전을 비로소 가능케 하는 절대이념으로서 그 자체로 또한 주제화되어야 한다.

④ 헤겔의『논리학』은 또한 신학이 되고자 한다. "논리학은……형이상학적 신학으로, 신의 이념의 진화를 순수 사상의 천공(天空)에서 고찰한다"(17.419; HE §17A 참조). 실제로 헤겔에 따르면 개별적인 논리학적 범주들은 〔각각〕 절대자의 정의로서 해석될 수 있다. 헤겔은 이러한 사상을 대논리학에서는 단지 간략하게 개진하지만,[30]『철학대계』판 논리학〔=소논리학〕에서는 이에 대해 더 많은 지면을 할애한다. "단지 '존재'와 그에 이어지는 규정들뿐만 아니라, 논리(학)적 규정들 일반이 절대자의 정의로, 즉 신에 대한 형이상학적 정의들로 여겨질 수 있 72 다"(§85, 8.181). 물론 헤겔은 두 가지 제한을 가한다. 첫째, 본래적으로는 각각의 범주의 삼분구조(Kategorientriade) 중에서 오로지 첫 번째와 세 번째 규정만이 신의 정의로 간주될 수 있다. 두 번째 규정들은 "유한자의 정의들"이다(같은 곳).[31] 그러나 헤겔은 더 나아가 정의의 형식 일반은 불필요한 것이라고 한다. 왜냐하면 절대자가 무엇인가 하는 것은 어디까지나 구체적인 규정 안에서 비로소 경험되는 것이므로, 우리는 "신"이라는 비규정적인 기체(基體, Substrat)를 〔사용하는 것

---

30) 5.74 참조.『논리학』제1판에서도 이 대목은 거의 단어 하나하나까지 동일하게 씌어져 있다(13).

31) 이에 예컨대 현존재라는 범주는 절대자의 정의로서 다루어지는 것이 아니다. "왜냐하면 그러한 영역이 지니는 형식들은 그 자체가 직접적으로 단지 피규정성(Bestimmtheit)으로서, 즉 모름지기 유한한 것으로서 정립된 것이기 때문이다"(5.149).

올〕 곧바로 거부할 수 있기 때문이다.[32] 그럼에도 불구하고 헤겔은 특히『철학대계』판 논리학에서[33] 그가 다루는 범주가 바로 "신" 또는 "절대자"를 주어로 하는 명제의 술어라고 계속 생각하고 있다.[34]

논리학적 범주들의 고유한 특성이 어떤 것인지를 요약하자면 다음과 같이 말할 수 있다. ① 논리학적 범주들은 절대적이고 거역불가능한 구조의 계기들이다. ② 그 범주들은 순수 개념적인 것들이므로, 표상에서는 어떠한 대응물(Pendant)도 가지지 않는다. ③ 그 범주들은 모든 존재자로서의 존재자에게 주어지거나 또는 ——그 존재자들을 사유할 수 있기 위해서는—— 반드시 전제되어야만 하는 것들이다. ④ 전통적으로 이러한 범주들(또는 범주들의 삼분구조에서 첫 번째와 세 번째 범주)은 흔히 신에 대한 술어들로서 사용되었다.〔번호는 옮긴이가 붙임〕

내가 보기에 논리학적 범주들의 특성에는 이밖에도 또 한 가지가 있는데, 비록 헤겔이 그것을 논리학적 범주들과 실재철학적 범주들을 구분하는 차이점으로서 명시적으로 예거하지는 않지만, 그는 이 또 하나의 특성을『논리학』에서 지속적으로 적용하고 있다. 여기서 내가 말하는 것은 바로 논리학적 범주들이 갖는 자기지시성(Selbstreferenz)이

32) §85, 8.181f. 헤겔 자신은 §31, 8.97f.와 자신의 판단론(특히 §169A, 8.320 참조)을 참조하라고 한다. 그렇지만 이와 연관해서는『정신현상학』의「서문」 3.26f.도 참고가 된다. "신은 우선 하나의 표상, 하나의 명칭〔일 뿐〕이다."—— 물론 이 책의 201쪽 이하(4.1.2.3.)에서 나는 이와 연관된 헤겔의 생각이 전적으로 동의할 수는 없는 것임을 보여줄 것이다. 모든 각각의 범주가 지니는 절대성 요구(Absolutheitsanspruch)는 변증법적 진행에서 결코 포기할 수 없는 것이다.

33) 이밖에도 5.149와 5.390을 참조할 것. "절대자, 신은 모든 사물의 척도이다."

34) 예를 들면 §86A, 8.183; §107Z, 8.224f.; §112A, 8.231; §160Z, 8.308; §194A, 8.350; §213A, 8.367을 참조할 것.——절대자를 피정의항(Definiendum)으로 하는 이러한 정의들은 "(존재하는) 모든 것"을 주어로 하는 명제들과 어느 정도 경쟁관계를 이룬다. 이에 대해서는 다음의 지점들을 참조하라. 6.36f., 52; E. §115A, 8.237. "모든 것은 자기 스스로와 동일하다." §117A, 8.240; §119A, 8.243; §121A, 8.248. 또한 앞의 70쪽에서 인용되었던 지점들도 볼 것.

다.[35] 이러한 특성들이 어째서 논리학적 범주들에 본질적이어야만 하는지를 파악하는 것은 사실 그다지 어려운 일이 아니다. 그것들이 실제 73 로 **보편적인** 범주들이라면, 그 범주들 아래 포섭되지 않는 그 어떤 것도 있을 수 없다. 따라서 그것들은 그것들 자체에 관해서도 언명될 수 있는 것이어야 한다.[36] 그리고 나아가 논리학적 범주들의 원리인 절대이념은 바로 그것 자신의 거역불가능성으로 인해 자신의 절대성을 지닌다. 그것은 "자기 스스로를 사유하는 이념"(E. §236, 8.388)으로서, 그 것에 관해서는 어떠한 의문이나 부정도 끝까지 견지될 수가 없다. 즉 그것에 의혹을 제기하는 사람은, 바로 그렇게 함으로써 오히려 그것을 사유하며 또한 확증하게 된다. 절대이념으로서의 그 원리의 계기들은 그 이념의 가장 탁월한 특성인 이러한 거역불가능성에, 비록 불충분한 형태로라도, 참여해야 한다. 그리고 실제로 이를 구체적으로 입증하는 것은 그리 어려운 일이 아니다. 예컨대 헤겔의 존재논리학에 등장하는 범주들인 '존재'(Sein), '어떤 것'(Etwas), '다른 것'(Anderes)에 대해 의혹을 품는 사람은 모순에 빠지게 된다. 왜냐하면 그가 말하는 것은 바로 사유행위로, 이러한 행위 역시 '존재'하는 것이며, 어떤 '다른 것' 을 반박하는 '어떤 것'이기 때문이다. 이러한 자기모순은 명백히 '존

---

35) 이에 관해서는 또한 이 책의 204쪽 이하를 보라.——이 장에서 이어지는 언급들은 뒤에 이루어질 좀더 세분화된 설명들을 미리 짤막하게 말하는 정도로 충분하다. 왜냐하면 그러한 매우 자세한 상론은 이 장의 주제인 논리학과 실재철학의 관계에 관한 정확한 설명에는 필요한 것이 아니기 때문이다.——하나의 명백한 오해의 소지를 없애기 위해서는, 개념들의 자기관계성(Selbstbezüglichkeit)은 몇몇 단어들이 자기언표적인(autologisch) 성격을 지닌다는 것과는, 즉 그 단어들 자체가 바로 스스로가 언표하는 것이 된다는 것(예컨대 '삼음절'을 뜻하는 독일어 단어 'dreisilbig'는 그 자체가 삼음절로 되어 있으며, '짧은'을 뜻하는 'kurz'는 그 역시 짧은 단어이므로 자기언표적인 단어이다)과는 엄격하게 구분되어야만 한다. 단어들의 이러한 특성은 〔우연히 몇몇〕 특정한 개별언어에 한정될 뿐, 어떤 개념의 의미에 의한 것이 결코 아니다.

36) 이러한 논증에서 나는 플라톤의 '일자'(一者, ἕv)가 지니는 자기관계성을 근거로 한 예르만(Ch. Jermann)의 주장(1986a; 219f.)에서 도움을 받았다.

재', '어떤 것' 그리고 (다른 형식으로 하자면) '다른 것'이라는 개념들의 자기관계성에서 비롯되는 것이다. 이 각각의 **개념**들은 그 자체가 바로 그것들이 의미하는 바와 일치한다. 따라서 그 개념들이 의미하는 바를 부정한다면, 그것은 자기 스스로를 지양하게 된다. 왜냐하면 그 개념들을 부정하는 사람도 바로 **개념**들을 사용하고 있으며, 그럼으로써 그 개념들의 의미를 함축하고 있기 때문이다. 실재철학적 범주들로 잠깐 눈을 돌려보면, 이와 같은 점[=범주의 자기관계성]이 [실재철학의 경우에서는] 결코 필연적인 것이 아니라는 사실이 드러난다. 가령 공간과 시간의 **개념**을 사용하는 사람은 **공간**이나 **시간**을 전제로 하고 있지 않다. 공간의 개념은 공간적인 것이 아니며, 마찬가지로 시간의 개념은 시간적인 것이 아니다.[37] 이로써 우리는 논리적 범주들이 지니는 또 하나의 특징을 발견하였다──물론 이에 대해서는 좀더 상세한 언급이 있어야 한다. 부정적 범주들──즉 헤겔에게서 반정립적(antithetisch) 위치를 지니고 있는 범주들──은 아무런 문제 없이 자기 스스로에 관계지어질 수 있는 것이 아니다. 오히려 그것들의 자기관계는 논리적 이율배반과 유사한 구조를 낳는다(이 책의 205쪽 이하 참조). 그렇지만 부정적 범주들도 범주들 **전체**의 조화로운 질서(Kosmos der Kategorien insgesamt)와 마찬가지로 관련지어질 수 있다. '상이성'(Andersheit [='다름'])은 여러 논리적 범주들의 상호관계 속에서 철저하게 적용될 수 있는 논리적 범주이다── '타자'(das Andere[='다른 것'])는 '어떤 것'과 **다른** 범주이며, '추론'은 '판단'과는 다른 범주이다. 그리고 논리학적 범주들은 심지어 유한한 것이라고 불릴 수 있기까지 하다. 왜냐하면 그것들은 그것들에 대해서 어떤 악무한적인 피안이 아니라 오히려 그것들을 (유한한) 계기들로서 포함하는 절대이념을 향해 지양되어가

---

37) E. §258Z, 9.50 참조. "그러나 시간 그 자체는 그것의 개념 속에서는 영원하다. 왜냐하면 시간 그 자체는, 즉 이러저러한 때나 지금이 아닌, 시간으로서의 시간은 바로 시간의 개념인바, 시간의 이러한 개념은, 모든 개념 일반과 마찬가지로, 영원한 것이기 때문이다."

기 때문이다.

그러나 논리학적 범주들이 제아무리 최고의 원리가 지니는 반성성에 74 참여한다 할지라도, 그것들은 그 원리 자체와 동일한 정도로까지 반성적일 수는 없다. 왜냐하면 그렇지 않다면 논리학적 범주들이 저 원리 자체에서 비롯되는 이유가 전혀 통찰될 수 없을 것이기 때문이다. 내 생각으로는 결정적인 차이는 다음과 같이 말해질 수 있다고 여겨진다. 비록 모든 논리학적 범주들이 자기관계적이기는(sein) 하지만, 그럼에도 모든 범주들이 어떤 자기관계적인 것을 의미하는 것은 아니다. 예컨대 존재라는 범주는 존재한다——그러나 존재는 그 어떤 반성적인 것도 의미[강조는 옮긴이]하지 않는다. 반면에 개념이라는 범주는 단지 그 자체 역시 하나의 개념인[강조는 옮긴이] 것만으로, 즉 자기지시적인 것으로 그치지 않는다. 즉 이 경우는 범주가 의미하는[강조는 옮긴이] 것까지도 하나의 반성적인 구조이다. (더욱이 이는 최고의 순수한 반성성을 그 내용으로 하는 절대이념에만 해당하는 일이다.) 따라서, 예르만(Ch. Jermann)의 용어법적 제안을 받아들인다면,[38] 우리는 논리학적 범주들을 '즉자적으로 반성적인 범주들'과 '대자적으로 반성적인 범주들'로 나눌 수 있을 것이다. 전자는 객관논리학의 범주들에, 그리고 후자는 주관논리학의 범주들에 각각 해당된다.

3.2. 실재철학 그리고 실재철학적 범주들의 구조

3.2.1. 실재철학의 이념

헤겔의 실재철학은 바로 개별학문들의 근본원리와 근본전제에 대한 학문이 되고자 한다. 그럼으로써 그것은 피히테가 『지식론의 개념에 관하여』에서 제시했던 바의 지식론의 기획을 실현한다. 첫째, 실재철학은 개별학문들 내부에서의 구성적 연관(Ordnungszusammenhang)을

---

38) (1986a), 220.

산출해내야 한다——즉 그것은 지식의 **체계**여야 한다. 헤겔은 철학이 필연적으로 체계여야만 한다는 확신을 일찍부터 발전시켰다. 이미 『차이』에서 이러한 확신을 힘주어 표현하고 있다(2.45ff.). 한편으로 헤겔은 **정초론적** 통찰들에 근거하여 체계적 학문의 필연성을 도출해낸다. 하나의 지식이 다른 지식의 토대가 될 때에야 비로소 후자의 지식은 가언적 성격을 벗어버릴 수 있으며 진정으로 근거지어진 것으로 간주될 수 있다.[39] 헤겔의 이러한 주장은 의심의 여지 없이 논리정연하다. 단지 하나의 개별학문 이론이라 할지라도 그것의 개별적 명제들은 서로 강력하게 정합성을 지니면서 연결되면 될수록, 일반적으로 이 이론은 더욱더 타당성을 지니는 것으로 간주된다. 몇몇 신칸트주의자들이나 하르트만(N. Hartmann)의 경우, 우리는 그들이 '[개별] 문제에 대한 사상가들'(Problemdenker)과 '체계의 사상가들'(Systemdenker)을 구분하고 또한 그 중에서 전자를 더 선호하는 것을 볼 수 있는데, 그럼으로써 그들은 일반적으로 철학에 대해 가해지는 요구를 바로 개별과학 자체가 제기하는 요구로 치환시킨다. 더 나아가 그들의 이러한 구분과 선호는 엄밀하게 생각해볼 때 체계적 인식의 이념을 필수불가결한 것으로 만드는 **일관성**(Konsequenz)에 대한 요구를 철학으로부터 면제시킴으로써, 심지어는 철학적 비판의 가능성마저도 지양시켜버린다. 왜냐하면 하르트만처럼 "위대한 대가의 사유 속에 있는 진정한 인식의 분명한 징표"(1936; 31)를 바로 비일관성에서 찾아내고자 하는 이는 진정으로 엄밀한 유일한 비판가능성을 스스로에게서 강탈해버리기 때문이다——여기서 말하는 유일하게 엄밀한 비판의 가능성은 바로 내재적

75

---

39) 2.106f. 이에 발맞추어 베를린 대학 취임강연에서 헤겔은 "철학의 정초는 오로지 그것의 체계적인 테두리 안에서만 이루어진다"고 말한다. 물론 여기서 헤겔은 체계적 정합성이 진리를 위한 필요조건일 뿐 아직 충분조건이 되지는 못한다는 사실을 완전히 명쾌하게 밝히고 있지는 않다고 여겨진다. 그 체계적 정합성 외에도 필수불가결한 조건은 바로 체계의 원리가 갖는 자기정초 또는 최후정초이다.

비판으로, 이는 비판의 대상이 되는 입장 속에서 비일관성을 드러내는 데에 그 본질이 있다. 이에 맞서 우리는 "일관성이야말로 참된 내용에 상응하는 형식적 영혼(die formelle Seele zu dem wahren Inhalt)"이라는 헤겔의 생각(4.411)[40]을 확실히 더 탁월한 것으로 선호할 수 있다. 그리고 일관성에 대한 이러한 강조는, 그것 자체 역시 일관적인 것이라면, 전체만이 비로소 진리라는(3.24) 통찰로 필연적으로 귀결된다.『정신현상학』의「서문」에 나오는 이 유명한 정식을 더욱더 발전시켜, 헤겔은『철학대계』의「서론」에서 하나의 내용은 오로지 하나의 전체 안에서만 정당화될 수 있다고, 즉 증명될 수 있다고 말한다. "그러나 그 전체의 밖에서는" 그것은 단지 "근거지어지지 못한 전제 또는 주관적 확실성"만을 가질 뿐이다(§14A, 8.60).

그런데 다른 한편으로 헤겔에게서 체계적 지식의 필연성은 **절대자를 주체 내지 정신으로** 여기는 그의 독특한 규정으로부터 나온다. "진리가 오로지 체계로서만 현실적으로 된다는 것, 또는 실체란 본질적으로 주체라는 것은, 절대자란 바로 정신이라고 언명하는 표상에서 표출된다"(3.28). 왜냐하면 그와 같이 이해된 절대자는 그 어떠한 타자도 자신에게 대립된 것으로 가지지 않고 세계 속에서 오로지 자기 스스로를 펼치는 바의, **구체적인 통일원리**(konkretes Einheitsprinzip)이기 때문이다. "절대자에 관한 학문은 본질적으로 체계이다. 왜냐하면 참된 것은 **구체적인** 것인바, 그것은 오로지 스스로를 자기 자신 속으로 전개시키며 통일된 일체성 속으로 총괄하고 응집시키는 것으로서만, 즉 **총체성으로서만** 존재하는 것이며, 또한 오로지 자신의 차이들을 구별하고 규정함으로써만 그 차이들의 필연성과 전체의 자유일 수 있기 때문이다"(E. §14, 8.59). 따라서 모든 지식은 그 자체로서 필연적으로 총체성이 되는 바의, 절대적인 원리에 의해 매개되어야 한다. 모든 지식이 이 절대 76

---

40) 이와 연관하여 Kant, KdpV A 44를 반드시 참조. "일관성을 지니는 것은 철학자가 지켜야 할 가장 커다란 책무이지만, 그럼에도 이것이 제대로 이루어지는 예는 극히 드물다."

적인 원리에 연관되는 것이라면, 이 원리 역시 필연적으로 인식의 총체성 안에서 하나의 특정한 자리를 차지하며, 오로지 그럼으로써만이 모름지기 지식이 된다. "이러한 유기체 안에서 모든 부분은 동시에 전체이다. 왜냐하면 그 부분들은 바로 절대자에 대한 관계로서 존립하기 때문이다.……그 부분들은 오로지 전체와의 연관을 통해서만 의미 또는 의의를 지닌다. 그렇기 때문에 개별적 개념들을 각각 따로따로 다루거나 개별적 인식들을 하나의 지식으로서 거론할 수는 없다"(2.30).[41]

이로써 『철학대계』는 그것의 실재철학 부분에서 모든 개별학문을 포괄한다. 그리고 헤겔의 체계에서 이 개별학문들은 저마다 정확히 규정된 위치를 지닌다. 물리학, 화학 그리고 생물학이라는 세 가지 기본적인 자연과학에서 철학적으로 유의미한 것은 자연철학에서 다루어지는 반면,[42] 정신철학은 "정신과학"의 근본원리들을 그 주제로 한다. 여기서 나는 "정신과학"이라는 단어를 단지 (헤겔식으로 말하자면) "절대정신"에 관한 학문만을, 다시 말해 (예컨대 미술학, 음악학, 문예학, 종교학 그리고 철학사와 같이) 인간의 창조물들이 지니는 의미내용을 다루는 해석학적 학문들만을 의미하는 것으로 이해하지는 않는다. 이러한 학문들은 헤겔 정신철학의 단지 마지막 부분을 구성하거니와, 헤겔

---

41) 4.411 참조. "그러나 더 나아가 절대적으로 절대적인 것에 대한 인식은 (왜냐하면 저 과학들은 그것들의 특수한 내용을 또한 그 진리 속에서도, 즉 그 절대성 속에서도 알아야 하기 때문이다) 오로지 하나의 체계 속에서 그것의 여러 단계로 이루어진 **총체성**에 대한 인식을 통해서만 가능하다. 그리고 저 과학들이 바로 이 총체성의 단계들이다. 체계를 두려워한다는 것은 곧 아무런 내용도 없는 신상(神像)을 요구하는 것과 같다."

42) 오늘날 물리학으로서 가르쳐지고 있는 것은 헤겔 자연철학의 제1부(베를린 철학대계에서 "역학"(Mechanik)이라고 불리는)뿐만 아니라 "물리학"이라고 제목이 붙여진 제2부—여기에서는 특히 음향학, 열학(熱學), 광학 그리고 전기론이 다루어진다—의 적지 않은 부분도 포괄한다. 「물리학」 제3장의 제3절만이 화학적 과정에 관한 것이다.—끝으로, 헤겔의 자연철학의 제3부인 「유기적 물리학」은 단지 생물학에 대한 철학적 강요(綱要)일 뿐만 아니라, (그 제1장에서는) 지질학까지도 포괄한다.

의 정신철학은 첫 부분인 인간학에서는 인간의 자연적 특징들을 파악하고, 그 다음으로 [정신]현상학과 정신론에서는 개별적 인간의 전형적인 정신적 구조들을 파악하며, 객관정신론에서는 사회적 형성물들(법·도덕·국가·역사)을 파악한다——즉 그것은 근대 개별과학인 인간학과 심리학 그리고 (규범적 학문인 법학과, 또한 역사학을 포함한) 사회과학의 주제영역을 망라한다. 헤겔 철학이라는 거대 우주 속에 놓여 있지 않은 유일한 학문이 있다면, 그것은 바로 수학이다. 실제로 헤겔은 수학을 자신의 체계 속으로 편입시키는 데 어려움을 겪었는데, 이 어려움은 사태의 본성에 있기도 하겠지만, 또한 그가 자신이 살아 있는 동안 해결할 수 없었던 문제이기도 했을 것이다.[43]

그럼에도 헤겔의 실재철학은 당대 학문들의 성과들을 질서정연하게 77 배열한 편람(便覽, Kompendium)을 넘어서는 것이 되고자 한다.[44] 더 나아가 둘째로, 헤겔에게서 철학은 개별학문의 기본개념들을 가능케 하는 원리가 되어야만 한다. 헤겔의 첫 번째 철학대계 구상에서는, 즉 뉘른베르크 시기의 예비학 중 「상급반을 위한 철학백과」에서는 철학적 백과전서의 두 가지 과제——즉 여러 학문 사이의 조직적 연관을 산출하는 것과 그 학문들의 원리를 정초하는 것——가 다음과 같이 간략하게 씌어져 있다. 여러 학문과 그 결과들을 경험적으로 취합해 만들어진 통상의 백과사전과는 반대로, "철학적 백과전서는……필연적인, 즉 개념을 통해 규정된 연관에 관한 학이며, 또한 여러 개별학문의 기본개념과 근본원리의 철학적 생성에 관한 학이다"(4.10).

베를린 철학대계에서는 『철학대계』가 "특수 학문들의 시원과 근본

---

43) 이에 대해서는 5.1.1장에서 상세히 다루겠다.
44) 반면에 이는 아리스토텔레스의 수많은 실용학문에 대해서 얘기될 수 있는 점이다. 즉 아리스토텔레스의 실용학문들은 종종 본래적으로 철학적 본성보다는 개별학문적 본성을 띤다.——이러한 점은 볼프가 쓴 대부분의 실재철학적 저작에 특히 잘 들어맞는다. 즉 그 저작들은 당대의 학문적 결과들의 요약 이상의 것이 아니다.

개념들에……한정될" 것이라고 씌어져 있다(§16, 8.60). 그런데 이는 결코 그것이 여러 개별학문의 기본전제와 근본개념들을 한낱 경험적으로 열거한다는 것을 의미하지 않는다. 오히려, 헤겔이 「서론」에서 상술하는 바에 따르면, 개별학문은 두 가지 근본적인 한계를 지니는바, 바로 이 한계들로 인해 **독자적 메타학문인 철학이 개입해야 한다.** 첫째, 경험에서 출발하는 개별학문에 의거해서는 결코 자유·정신·신과 같은 범주들이 파악될 수 없다. 그것들은 바로 철학의 주요관심사이다(§8, 8.51). 둘째, 개별과학의 이러한 **내용적 결함**은 그것들의 **형식적 한계**와 상응한다. 즉 개별과학은 그것을 가능케 하는 원리를 근거짓지 못하며, 또한 특수한 것을 보편적인 것과 매개하지 못한다. 그런 한에서 그것의 내용은 **필연적인 것**이 되지 못한다.[45] "학문의 그러한 〔경험적인〕 방식에서는 한편으로는 그 속에 포함되어 있는 **보편자·유(類)** 등이 그 자체 비규정적으로 있다. 즉 그 보편자는 그 자체가 특수자와 연관되지 못하거니와, 그 양자는 서로 외면적이고 우연적으로 존재할 뿐이다. 이

78 와 마찬가지로 서로 연결된 특수성들 역시 그 자체가 서로간에 외면적이고 우연적으로 존재한다. 다른 한편으로, 〔경험적 학문들의〕 출발점은 언제나 **직접적인 것, 발견된 것,** 즉 **전제된 것**이다. 이러한 두 가지 점

---

45) 헤겔은 "경험은 우리에게 어떤 것이 이러저러하게 만들어져 있다는 것을 가르쳐주지만, 그것이 다르게는 결코 존재할 수 없다는 것〔=필연성〕을 가르쳐주지는 못한다"는 칸트의 근본적 통찰(KdrV B 3)을 받아들이는데, 이는 정당하다. 4.209 참조. "그러나 경험은 그러한 현상의 일반성을 포함할 뿐, 연관의 필연성을 포함하지는 못한다. 경험은 우리에게 단지 어떤 것이 이러저러하게 일어나거나 현존한다는 것만을 가르쳐줄 뿐, 결코 그 근거나 이유를 가르쳐주지 못한다." 4.210. "따라서 경험은 단지 대상들이 어떠한 상태로 있는가를 가르쳐줄 뿐, 그것들이 어떻게 존재해야 하는지, 나아가 그것들이 어떻게 존재하는 것이 옳은 것인지를 결코 가르쳐주지 못한다. 이러한 '어떻게 존재해야 하는가'와 '어떻게 존재하는 것이 옳은가'에 대한 인식은 오로지 사태의 **본질 또는 개념**에서만 나오는 것이다. 이러한 인식만이 진정한 인식이다." E. §39, 8.111과 17.400에도 이와 비슷한 생각이 보인다. "경험의 영역에서는……대상들은……우연성의 규정을 지닌다."

에서 필연성의 형식은 충족될 수가 없다. 이러한 욕구의 충족을 지향하는 숙고(Nachdenken)가 바로 본래적으로 철학적인 사유, 즉 **사변적 사유이다**"(§9, 8.52).

개념적 인식의 완전한 자율성, 원리들의 최후정초 그리고 보편성과 특수성의 구체적 통일을 달성하고자 고투하는 이러한 사유는 결코 개별학문들에 대해 매개되지 않은 타자가 아니다. 그렇지만 이미 개별학문들 역시, 물론 절대적으로 자기 스스로를 정초하는 보편자까지는 아니더라도, 적어도 상대적으로 보편적인 것을, 이를테면 자연과 정신의 **법칙**들에 대한 인식을 얻으려고 노력한다(§7, 8.49ff.; §246, 9.15). 즉 개별학문들도 이미 그것들이 도출한 명제들을 [단순히] 병렬하는 데서 가능한 한 벗어나 "이러한 내용을 필연성으로 고양시키고자" 한다 (§12, 8.56).[46] 경험과학으로서의 개별과학들에 필연적으로 남아 있는 실정성의 잔여, 즉 근거지어지지 않았고 또 근거지어질 수도 없는 '한갓-사실로서-주어져-있음'(Bloß-faktisch-gegeben-Sein)의 잔여[47] 를 철학은 지양하고자 한다——그리고 철학으로 하여금 이를 달성할 수 있게 하는 것은 개별학문의 시각에서 볼 때는 생소할 따름인 절대적인 반성적 구조이거니와, 헤겔은 이를 자유 · 정신 · 신이라고 부른다. 구체적으로 말하자면 중요한 문제는 "개념의 자기규정"(E. §246, 9.15) 에 이어서, 즉 자기 스스로를 정초함으로 인해 절대적인 것이 되는 원리——이것이 즉 『논리학』의 주제였다——를 방법적으로 엄밀하게 전개한 것에 이어서, 이제 개별학문의 공리를 최고의 구조로부터 철학적으로 연역해내고, 또한 이러한 방식으로 개별학문이 지니는 실정성을 제거하는 일인 것이다. 헤겔은 이것을 자유의 행위로 해석하는데, 이는

---

46) 4.10 참조. "학문적 노력의 목표는 단순히 경험적으로 인지된 것을 언제나 참된 것으로, 즉 개념으로 지양해나가 그것을 합리적인 것으로 만들고 그럼으로써 합리적 학문에 통합시키는 것이다."
47) 실정성은 또한 비경험적 학문인 수학의 본질이기도 하다. 당대의 그 누구와도 다르게 헤겔은 수학의 한계들을 간파했다.

결코 부당한 해석이 아니다. "철학은 경험과학의 도움으로 자신을 전 개해나가지만, 그저 앞에 주어져 있는 것과 경험된 사실을 인증하는 것 이 아니라, 오히려 경험과학의 내용에 사유의 **자유**(선험성)라는 가장 본 질적인 형태를 제공하며, 또한 그것들의 **필연성**을 확증해준다. 그리하 여 [경험적] 사실은 곧 사유의 근원적이고 완전히 자립적인 활동을 표 현하고 모사한 것이 된다"(E. §12A, 8.58). 앞에서 말했듯이, 이러한 철학적 정초는 오로지 절대적 원리, 즉 절대이념을 파악한 이후에만 가 능하다. 절대이념을 통해 이렇게 매개됨으로 인해 실재철학은 개별학 문과 구분되는, 그리고 그것으로 하여금 철학적 면모를 지닐 수 있게 79 해주는 독특한 차이를 지니게 된다. 즉 개별학문으로부터 실재철학을 구분해주는 차이는 바로 **범주들의 전환**에서, 즉 개별학문 고유의 범주 들에다 새로운 범주들이 부가되는 데에서 드러난다. 이 새로운 범주들 에서 개별학문의 범주들은 전적으로 논박되는 것이 아니라, 단지 보충 되며, 또한 그것들이 정당성을 지닐 수 있는 영역으로 한정된다(§9, 8.52f.).

3.2.2. 실재철학과 개별학문들. 우연의 문제

피히테의 이와 유사한 기획(이 책의 37쪽 이하 참조)에 대해서와 마 찬가지로, 여기에서도 이러한 방식으로 한다면 마지막 귀결점에 가서 는 학문들이 철학에 의해 완전히 해체되어야 하는 것은 아닌가 하는 물 음이 제기된다. 이러한 기획에 맞서서 경험이 여전히 지닐 수 있는 권 리는 도대체 무엇인가? 우리는 실재를 완전한 철학적으로 연역하거나 아니면 개념적 내재성(Begriffsimmanenz)을 지향하는 사상을 포기하 거나 해야 하는, 양자택일의 기로에 서 있는 것일까?[48] 헤겔의 위대한

---

48) A. Trendelenburg (1840), I 81f. 참조. "변증법적 전개는 독립적이며 오로 지 자기 스스로부터만 규정되거나, 아니면 유한한 학문들과 경험적 지식들 을 전제로 하거나 할 뿐이다. 전자의 경우라면 변증법적 전개는 실로 모든 것 을 자기 스스로에 의거하여 인식해야 하며, 후자의 경우라면 내재적 전진과

공헌 중 하나는 이러한 물음을 피해가지 않고 스스로 제기하여 대답을 제공했다는 데에 있다. 그리고 그가 내린 대답은 분명코 피히테의 대답보다 만족스럽다.[49]

먼저 헤겔은 실재철학이 **발생적** 의미에서는 개별학문에 의존한다는 것을 인정한다. 순수한 개념성이라는 매체는 오로지 경험과 사유가 아직 무차별적으로 병립해 있는 〔개별〕학문의 영역을 두루 거친 뒤에만 이루어질 수 있다. "앞에서 말한 욕구로부터 비롯되는, 철학의 발생은 경험을······ 그 출발점으로 가진다"(§12, 8.55; §1, 8.41 참조). 물론 여기서 그다지 많은 것이 언급된 것은 아니지만, "철학의 최초의 발생은 경험(즉 **후험적인** 것)에 의해서이다"라는 것은 철저히 인정할 수 있다──물론 이 말의 의미는 "우리는 음식물 덕분에 먹을 수 있다는 것이다. 왜냐하면 음식물이 없으면 우리는 먹을 수 없기 때문이다. 물론 이러한 연관에서 보면 먹는 행위는 은혜를 모르는 것으로 여겨진다. 왜냐하면 그것은 자기 스스로가 은혜를 입고 있는 것을 먹어버리는 것이기 때문이다. 이러한 의미에서라면 사유도 그에 못지않게 은혜를 모르는 것이다"(§12A, 8.57). 더 나아가 헤겔은, 이미 말했듯이, 철학의 원리라는 한편과 이 원리를 하나의 체계로 상술하는 것, 즉 이 원리의 실행이라는 다른 한편을 구분한다. 그리고 원리의 이러한 실행은 특히 경험과학을 필요로 한다. 나아가 경험과학들 또한 단순히 주어진 것을 지각하는 데에 머무는 것이 아니라, 보편적인 원리를 얻고자 하며, 또한 이

80

빈틈없는 연관은 외적으로 받아들여진 것을 통해 무너지고 만다." Ch. H. Weiße (1982), 44에서도 이미 이와 비슷한 지적을 읽을 수 있다.

49) 헤겔의 자연철학과 관련하여 제기된 물음에 대해서는 웹(Th. R. Webb)의 유용한 논문(1980)을 볼 것. 물론 웹은 이하에서 제안되는 상론까지 해내지는 못한다.──나 역시 특히 **자연철학**과 **자연과학**의 관계를 취급하고자 한다. 내가 이렇게 하는 이유는 단순히 헤겔의 자연철학이 지금까지 극심하게 홀대받아왔기 때문만이 아니라, 오히려 자연철학이 바로 실재철학의 첫째 영역이며, 또한 우연은 정신철학의 테두리 안에서도 무엇보다도 정신의 **자연성**으로 소급되기 때문이다.

러한 방식으로 "사유를 함으로써……철학에 소재를 제공해" 왔다(같은 곳). 물론 헤겔이 보기에 경험과학에 대한 철학의 이러한 의존성은 단지 발생적인 의미에서만 인정될 수 있을 뿐, 결코 타당성이론적 측면에서만 그렇지 않다는 점에는 의심의 여지가 있을 수 없다. 사유는 마지막에 가서는 자기 스스로에 의거하여 "이러한 구체적인 규정들로 나아가고" 모든 실정성에서 벗어날 수 있다(8.58).[50]

『철학사 강의』의 한 대목은 이 점을 특히 분명하게 보여준다. 베이컨에 관한 장의 첫 부분에서 헤겔은 근대 철학의 출발점에서 개별학문으로의 전환이 이루어졌다는 사실을 의미심장한 것으로 파악하고자 한다. 개념에서 출발하고자 하는 [철학적] 입장을 가진 사람이라면 이러한 전환을 경멸적으로 취급해야 한다는 견해에 맞서, 헤겔은 "내용의 독특성을 형성해내는 것은 바로 이념을 위해 필수적인 것"이라고 논박한다(20.78). 이념은 구체적인 것이라는 바로 그 이유에서, 그 이념은 하나의 유한한 측면을 [또한] 가져야만 한다는 것이다. 이러한 언급을 통해 헤겔이 일단 말하고자 하는 것은, 철학은 단지 그것의 최고원리를 인식하는 데서 [이미] 완전히 성취되는 것이 아니라는 점이다——헤겔은 이미 아리스토텔레스와 신플라톤주의자들도 (물론 이들이 이러한 원리를 어떤 포괄적인 자연철학과 정신철학으로 계속해서 발전시키지

---

50) 푼텔은 (1973: 248-251)에서 헤겔은 결코 현실의 근본구조를 선험적으로 연역하고자 하지 않았고, 그런 의미에서 헤겔에게서 사유와 경험은 서로 나란히 가고 있다고 보는데(그런 다음 254f.에서 푼텔은 하나의 새로운 실재철학적 영역으로 가는 이행에서 헤겔은 언제나 경험에 의거한다고 설명한다), 이는 잘못된 해석이다. 이 지점은 오히려 푼텔의 해석과는 정반대의 것을 입증한다. 그리고 혹자가 헤겔이 원래는 결코 어떠한 선험적 체계도 이룩하려 하지 않았다고 말함으로써 헤겔을 보호해야 한다고 생각한다면, 이것이야말로 그의 해석적 취약성을 보여주는 전형적인 징후이다. 왜냐하면 헤겔이 (피히테·셸링과 더불어) 철학사에서 가장 급진적인 선험주의자라는 것은 문헌학적으로 볼 때 명약관화한 사실이기 때문이다. 논의의 여지가 있는 것은 단지 이러한 [선험성에 대한] 요구가 실로 견지될 수 있는 것인지, 또 만약 그렇다면 어느 정도로 그러한지의 문제일 뿐이다.

는 않았지만) 이를 인식하고 있었다고 인정한다(19.248, 511). 더 나아가 헤겔은 이러한 전개를 위해서는 개별학문의 독자적인 발전이 〔마찬가지로〕 요구된다고 생각한다. "이념에서 비롯되는 특수자의 이러한 전개나 규정을 위해서는, 즉 우주와 자연의 인식을 형성하기 위해서는 특수자에 대한 인식이 반드시 필요하다"(20.78). 이러한 〔특수자의〕 인식은 시간이 흐름에 따라 그 자체에서 출발하여 보편적인 것을 향해 점점 더 나아간다. 그리고 철학의 진보를 위해서는 현실에 대한 그와 같은 억압받지 않은 경험적 파악의 단계가 반드시 존재해야만 한다——"경험과학들 그 자체가 제대로 형성되지 않았더라면, 철학은 옛날에 비해 아 81 무런 발전도 이룩하지 못했을 것이다"(20.79).[51] 그렇지만 헤겔은, 경험에 대한 철학의 이러한 의존성도 완전하게 실현된 철학체계에 이르러서는 소멸한다고 분명하게 설명한다. 비록 그가 '발생'(Genese)과 '타당성'(Geltung)이라는 개념쌍을 용어법적으로 아직 알고 있지는 못했지만, 그럼에도 헤겔은 이후에 이루어진, "발견의 맥락"(context of discovery)과 "정당화의 맥락"(context of justification)의 구분과 정확히 상응하는, 여러 학문의 영역에서 나온 비교를 적용하고 있다. 그가 쓰고 있는 바에 따르면 "학문의 이러한 생성과정은 완결된 학문의 그 자체 내에서의 과정과는 다르다.……모든 각각의 학문은 그것들의 근본명제에서 출발하며, 이 근본명제는 처음에는 특수한 것에서 도출된 결과이다. 그러나 학문이 완성태에 이르게 되면, 그 학문은 〔특수한 것에서 출발하는 것이 아니라〕 그 근본명제 자체에서 출발한다"(같은 곳). 이는 철학의 경우에도 유사하다. "이념이 자신의 전개와 규정에

---

51) 이에 상응하여 헤겔은 헬레니즘 철학이 사변을 배척하고 경험적 현상에 몰두했다는 사실에 대해, 그 점에서 헬레니즘 철학은 플라톤과 아리스토텔레스에 비해 부분적인 진보를 이룩했다고 본다(19.248, 319, 413 참조).——(1984a; 141ff., 특히 147ff.)에서 나는 헤겔의 이러한 생각을 일반화했으며, 또한 구조적으로는 일정한 완성을 이루었다고 분명히 인정받을 수 있는 종합적 철학이 구체적인 **질료적** 측면에서는 여전히 지닐 수밖에 없었던 결함들로 인해 〔철학사의〕 새로운 순환의 시작이 이루어진다는 해석을 시도한 바 있다.

이르기 위해서는 경험적 측면의 수련은 그 이념의 본질적인 조건이었다"(같은 곳). 그렇지만 철학은 나중에는 "그러한 연결고리를 벗어던지는 입장을 취하게 된다. 철학은 자유롭게 오로지 자신의 정기(精氣, Äther) 속에서만 거닐고, 또 이러한 매체 속에서 아무런 저항도, 아무런 반발도 없이 스스로를 펼치는 것처럼 나타난다. 그러나 이러한 정기와 그 속에서의 〔자기〕전개를 얻는 것은 〔앞에서 얘기한 경험적 수련과는〕 다른 것이다"(20.80; E. §246A, 9.15와 17.317 참조).

헤겔의 이러한 성찰을 요약하자면 다음과 같이 말할 수 있을 것이다. 선험적인 실재철학은 사유에 —경험주의의 견해와는 달리— 원칙적으로 불가능한 것이 아니다. 그러나 (수학을 제외한) 개별과학들의 경우에는 경험이 그것들의 공리의 타당성을 위해서도 유일한 정당화〔근거〕가 되는 반면, 유한한 사유에서 실재철학을 경험을 통해 매개하는 것은 발생적인 의미에서 거부되어서는 안 되는 것이다. 왜냐하면 비록 칸트처럼 인간 이성 그 자체의 한계를 거론하는 것이 일관되지 못한 생각이라 하더라도, 앞에서 말한 발생적인 〔경험의〕 매개를 포기할 수 없는 것으로 만드는, 개개의 개인들이 지니는 한계에서 출발하는 것은 결코 무의미한 것이 아니기 때문이다.

더 나아가, 경험에 의거해 자신의 명제를 확증하는 것은 선험적인 실재철학을 위해서도 또한 바람직한 것이다. 왜냐하면 그것이 —논리적 범주들처럼— 단지 개념으로 그치는 것이 아니라, 또한 경험될 수 있는 시공간적인 대응물을 지니기도 한다는 것은 바로 실재적인 것의 본질에 속하기 때문이다. 따라서 실재철학은 단지 특정한 논리적 구조만을 도출하는 것으로 그치는 것이 아니라, 경험 중에서 어떤 것이 그러한 구조들에 상응하는지를 보여주기도 한다. 실재철학의 첫째 영역인 자연철학의 초입에서 헤겔은 실재철학의 이러한 이중적인 과제를 원칙적으로 다룬다. "대상을 철학적 과정에서의 그것의 개념규정에 따라 언명하는 것 이외에도, 더 나아가 그 개념규정에 상응하는 경험적 현상을 거명하고, 그 현상에 관해 그것이 실제로 그러한 개념규정에 상응한다는 것을 보여주는 것"(§246A, 9.15)이 바로 〔실재철학의〕 본질적인 과제에 속한다. 그럼에도 이는, 헤겔이 이어서 말하는 바에 따르면, "경험에 의한 것은 아니다"(같은 곳). 물론 방금 헤겔이 이어서 한 말은 단지 부분적으로만 옳다. 실재의 개념적 구조의 연역은 물론 경험에 기초하는 것이 아니다. 그러나 실재에서 어떤 것이 과연 이 구조에 상응하는지를 구체적으로 거명하는 데서는 철학은 경험에 의지하지 않을 수 없다——그리고 여기서 일컬어지는 경험은 언제나 동시대의 경험적 지식 수준을 의미한다.[52] 헤겔의 『자연철학』의 경우, 실재철학을 위해 반드시 필요한, 이러한 경험으로의 이행은 대부분의 경우 (그러나 항상 그렇지는 않게) 서로 경쟁관계에 있는 자연철학 이론들이나 당대 개별과학의 여러 성과를 종종 취급하는 절들의 주해에서 이루어지고 있다.[53] 그런 다음 개념적 구조의 경험적 상관항이 본문의 마지막 단어를 구성한다.[54] 한 흥미로운 대목에서 헤겔은 경험적 상관항을 이렇게 거명하

---

52) "현시대의 근본특징들"(Die Grundzüge des gegenwärtigen Zeitalters)에 관한 첫 번째 강의에서 피히테 또한 이와 매우 유사하게 설명한다. 이에 따르면 그가 자신의 역사철학적 고찰에서 취하게 될 취급방식은 물론 하나의 역사적 시대를 규정하는 원리로부터 선험적으로 그 시대의 다양한 현상형식을 도출하는 식이겠지만, 그럼에도 그 도출된 시대가 과연 현재 당면한 시대와 동일한지의 여부는 오로지 경험적으로만 확정될 수 있다. "철학자가 경험에서 가능한 현상들을 그가 전제하는 개념의 통일로부터 도출해야 한다면, 그는 자신의 작업을 위해서 어떠한 경험도 전혀 필요로 하지 않을 것이며, 또한 그는 단지 철학자로서……그 어떠한 경험도 도외시한 채 오직 선험적으로……자신의 소임을 해나갈 것이 분명하다.……그러나 특히 지금 우리가 당면해 있는 현재가 과연 〔선험적으로〕 설정된 근본개념들로부터 도출되는 현상들을 통해 〔제대로〕 특징지어지는지의 여부는 전혀 다른 문제이다.……이 점에 관해서는 누구나 그 자신의 삶에서 얻어지는 경험을 참조해야만 한다……" (7.5; 19 참조).——선험성과 후험성의 관계에 대해서는 1.447ff.에 있는 피히테의 상론도 많은 도움을 준다.

53) 그 때문에 대부분의 경우 주해들이 좀더 이해하기 쉽다. 왜냐하면 철학자들의 경우에도 그들의 삶의 첫 번째 부분을 보내는 (그리고 나중에는 또한 가장 큰 부분을 보내기도 하는) 세계는 바로 표상의 세계여서, 그들에게는 표상의 언어가 좀더 친숙한 언어로 남기 때문이다(E. §3A, 7.45 참조).

는 것은 "내재적인 철학적인 것"(das immanente Philosophische)을 벗어나는 것이라고 분명하게 설명한다. §276에 대한 주해에서 그가 말하는 바에 따르면, 자기 스스로를 결과시킨 규정——자기 자신과의 동일성, 물질에 내재하는, 중심성(Zentralität)이라는 추상적 자기 (Selbst), 즉 현존하는 것으로서의 단순한 관념성——은 빛이며, 이러한 증명은 오로지 "경험적으로만 이루어질 수 있다. 다른 경우에서와 마찬가지로 이 경우에도 내재적인 철학적인 것은 바로 개념규정의 고유한 필연성이다. 그러나 이 개념규정은 더 나아가 이러저러한〔=구체적인〕 자연적 실존으로서 제시되어야만 한다"(9.117). 이와 유사하게 §323에 대한 보론에서는, 전기가 파생적 범주여야 한다는 것은 얼핏 기이하게 보일 수도 있는데, "이를 증명하기 위해 우리는 이러한 개념규정을 현상과 비교해야만 한다"고 적혀 있다(9.274).

그러나 이러한 논의의 전개는 자연철학에서뿐만 아니라 실재철학의 또 하나의 영역인 정신철학에서도 마찬가지로 적용된다. 『법철학』의 §2에서 헤겔은 법학이 규정된 정의들에서 출발하는 것은 학문적으로 결함이 있는 것이라고 설명한다. 왜냐하면 이러한 정의들의 정확성을 가리는 기준이란 기껏 그것들이 "현존하는 표상들과 일치하는 것"일 뿐이기 때문이다(7.31).[55] 이러한 현존하는 표상들이 그 자체 참된 것인지 여부——즉 실재철학적 맥락에서 말하자면, 긍정적인 구조들을 표현하고 있는지 여부——는 이와 같은 방식으로는 원칙적으로 해명될 수 없다. 이에 헤겔은 이와는 다른 논증방식을 제안한다. 즉 그에 의하면 철학적으로 본질적인 것은 바로 어떤 개념이 지니는 **필연성**이다. 따라

---

54) 예컨대 §257, 9.47f.; §260, 9.55; §261, 9.56; §262, 9.61; §264, 9.64를 참조할 것. 본문에서는 언제나 예컨대 다음과 같은 식으로 언급된다. 공간적 점 (Raumpunkt)이 지니는 부정성은 자기 외 존재(Außersichsein)의 영역에서 대자적이며, 고요한 상호병립(Nebeneinander)에 대해서 무차별적이다. 바로 이것이 시간을 생기게 한다.

55) E. §36Aa), 8.103에서 보이는, 합리적 신학에 대한 이와 유사한 언명과 E. §24Z2, 8.85를 참조할 것.

서 오로지 어떤 하나의 제도에 대해서 그것이 바로 개념의 자기규정에서 비롯된 것임을 드러내주는 연역만이 증명으로서 타당성을 지닐 수 있다(7.31f.).[56] 물론 하나의 개념적 구조의 필연성을 제시하는 것만으로 이미 충분한 것은 아니다——"두 번째 것은 여러 표상과 언어 속에서 무엇이 개념에 상응하는지를 돌이켜보는 일이다"(7.32). 물론 법철학 84의 영역에서 헤겔은 (아마도 거기에서는 하나의 규범적인 학과가 주된 문제이기 때문에[57]) 표상의 내용들로부터(같은 곳) 그리고 이에 상응

---

56) 그렇다고 해서 어떤 제도의 고유성을 그저 그것이 그 제도의 '개념' 또는 '사태의 본성' 속에 들어 있음을 들어 정당화시키는 방식의 '논증들'이 이미 정당화되는 것은 아니다. (오늘날의 법철학적 논의에서의 '사태의 본성'에 관한 이론에 대해서는 가령 1965년에 카우프만[A. Kaufmann]이 편집한 논문집의 제1절에 나오는 논문들을 참조하라.) 따라서 평생토록 지속되는 일부일처제는 그것이 혼인의 개념 속에 놓여 있다는 식의 언급을 통해서 이미 정당화되는 것은 아니다. 왜냐하면 (페가수스의 개념 속에 그것이 날개 달린 존재자라는 점이 놓여 있고, 또한 탈법적 국가[Unrechtsstaat]의 개념 속에 거기에서는 어떠한 엄정한 법의 집행 가능성도 없다는 점이 놓여 있듯이) 이미 일부일처적인 것으로서 이해되는 혼인의 개념 속에 일부일처제가 놓여 있다는 것을 인정할 수 있다고 하더라도, 이러한 사실만으로는 어떤 거역불가능한 구조들로부터 [필연적으로] 어떤 제도가 도출되어야만 하며 또한 바로 이 점이 유의미하다는 것이 아직 증명되는 것은 아니기 때문이다. [거역불가능한 구조로부터 도출하는] 이러한 두 번째 단계만이 어떤 것을 증명한다. 그리고 '사태의 본성'으로부터 논증한다고들 하는 거의 대부분의 법학자들도 대개는 바로 이 두 번째 단계의 논증을 수행해내지는 못한다.——어떤 개념의 필연성에 대한 이러한 추가적인 연역이 없다면 개념에 대한 그 어떠한 언술도 한갓 공허한 유희에 지나지 않으리라는 것을 헤겔 자신은 너무도 명확하게 알고 있다. 이미 『정신현상학』에서 그는 전기의 개념에 이미 극성(極性, Polarität)이 놓여 있다고 생각함으로써 전기에서의 극성을 '연역'[간접인용은 옮긴이]했다고 여기는 사람들에 대해서 다음과 같이 비판한다. "긍정적 전기와 부정적 전기로 존재하는 것이 전기의 정의에 속한다거나, 또는 이것이 전적으로 전기의 개념이자 본질이라고 한다면, 이러한 무차별성(Gleichgültigkeit)은 하나의 다른 형태를 띠게 된다. 즉 그 경우 전기의 존재는 그것의 실존태 일반을 의미하게 된다. 그러나 그러한 정의에는 전기의 실존태의 필연성이 놓여 있지 않다. 그 극성이라는 실존태는 그저 발견된 것이므로, 그저 존재하는 것, 즉 전혀 필연적이지 않은 것이거나, 아니면 그러한 전기의 실존태는 다른 힘에 의해 존재하는 것이다. 즉 그것의 필연성은 하나의 외적인 것이 된다"(3.123).

하여 실정적 제도들로부터(§3, 7.34ff.) 개념적으로 연역된 것은 원칙적으로 피해가고자 한다. 즉 표상이란 "그 자체로 필연적이고 참된 개념의 척도와 기준이 될 수 없거니와, 오히려 표상들은 바로 개념으로부터 그것들의 진리를 찾아내고, 또한 바로 개념으로부터 스스로를 정당화하고 인식해야만 한다"(§2A, 7.32).

그러나 자연철학과 정신철학의 이러한 차이에도 불구하고, 이 두 영역에 공통적인 점이 있는데, 그것은 그 두 영역이 ——논리학과는 달리—— 개념적인 것을 경험에 정향된 표상으로 "번역"해내야 한다는 것이다.[58] 물론 여기서 "번역"(Übersetzung)이라는 용어는 썩 훌륭한 표현이라고 할 수 없다.[59] 그러나 이 용어는 다음과 같은 세 가지 의미를 시사한다. 첫째, 표상과 개념에는 말하자면 두 가지의 상이한 언어가 속한다. 둘째, 따라서 이 두 영역 사이에는 매개(Vermittlung)가 요구된다. 셋째, 그 경우에는 물론 번역의 오류가 발생할 수 있다. 실재철학에서 성취되어야 하는 표상과 개념 간의 매개는 두 가지 방향으로 이루어진다. 한편으로 철학자는 일단은 먼저 표상의 영역에서 출발하여 개념의 영역으로 넘어가야 한다. 그러나 그 다음에 철학자는 다른 한편으로 실재철학에서는 그 자신의 개념을 다시금 표상으로 번역해야 한다——개념적 구조에 대한 명확한 파악이 있다고 해서 이미 이 두 번째

---

57) 이에 대해서는 7.1.1장을 볼 것.——간스(E. Gans)는 1822/23년 강의(R. Ilting III 91ff. 참조)의 「서문」에 보론을 덧붙였는데, 이 강의록에 따르면 헤겔은 자연은 오로지 그것의 법칙대로만 존재하는 반면, 법적인 계율들은 이성의 법에서 벗어날 수도 있다고 설명한다.

58) 여기서 언급한 것을 (물론 약간의 유보를 달아) 현대의 철학적 언어로 **번역**하자면, 순수하게 개념적인 실재철학은 해석을 통해서야 ——즉 여러 개념과 표상을 편입시킴을 통해서야—— 비로소 의미론적 차원을 획득하는 바의, 하나의 구문론적(syntaktisch) 체계일 것이다.——그에 반해 『논리학』의 경우 의미론을 거론하는 것은 별로 의미가 없다. 즉 논리학은 그 구조상 본질적으로 자기관계적이며, 그러므로 (절대이념의 외화가 이루어지기 이전에는) 일단은 오로지 자기 스스로만을 지시한다. 따라서 나는 푼텔이 1977년에 내놓은 제안을 별로 유의미하지 못한 것이라고 생각한다.

59) 헤겔 자신도 이러한 연관에서 이 용어를 적용하고 있다. E. §5, 8.46.

단계가 반드시 이루어지는 것은 아니다. "역으로 사상과 개념을 지닌다는 것과 그 사상과 개념에 상응하는 표상·직관·감정이 어떤 것인지를 안다는 것은 또한 별개의 문제이기도 하다"(E. §3, 8.44). 헤겔 스스로도 "이러한 측면에서 본"(즉 개념적인 것을 표상으로 역번역한다는 측면에서 본) "자신의 작업이 불완전함"을 시인한 바 있다――그리고 그의 이러한 생각은 특히 괴셸(C. F. Göschel)에 대한 서평에서 잘 피력되고 있다. 이 글에서는 우리의 문제에 관련된 흥미로운 논의를 볼 수 있는데, 그 논의는 본질적으로 표상의 언어가 지니는 고유한 권리를 인정하는 노선으로 개진되고 있다. "호메로스가 별자리들에 대해 언표 85 하는 방식에서 보이듯이, 즉 불사(不死)의 신들의 경우 그 별자리들이 어떤 이름을 지니는지, 또한 죽는 인간들에게는 어떤 이름이 붙여지는지 하는 데에서 보이듯이, 표상의 언어는 개념의 언어와는 다른 하나의 언어이다. 또한 인간은 사태를 단지 처음에만〔잠시〕표상의 이름에 의거해 인식하는 것이 아니다. 오히려 이러한 이름의 경우에서 잘 나타나듯이, 생동하는 존재로서의 인간은 표상에서야 비로소 자신의 보금자리를 지닌다. 그리고 학문은 그저 저 추상적인 공간 속으로, 그것도 특히는 저 불사의 신들――진리의 신들이 아닌, 상상의 신들――이 살고 있는 공간보다 추상적인 공간 속으로 자신의 형상을 각인시키는 것만으로 그쳐서는 안 된다. 오히려 학문은 각기 직접적이고 자립적으로 존재하는 자신의 모든〔순수한 개념적〕형상이 또한 살아 있는 구체적인 인간의 모습으로 드러나기도 한다는 것을, 즉 그 형상이 현실의 정신 속에서 가지는 실존태――바로 이것이 표상이다――를 드러내고 보여주어야 한다"(11.378; 8.24 참조).

물론 내가 보기에 헤겔의 이 중요한 성찰에 대해서는 보충적인 설명이 더해져야 한다. 왜냐하면 표상의 언어로 번역되는 것이 실재철학적 개념들에 본질적이기는 하지만, 선험적으로 작업을 수행하는 실재철학자가 개념적 구조를 정확하게 형성했으면서도, 그저 당대의 과학이 아직 그 개념적 구조에 대응하는 현실을 발견하지 못했음으로 인해, 그의 그러한 개념적 구조가 당대의 어떠한 경험적 표상에도 일치하지 않는 경우가 〔충분히〕 있을 수 있기 때문이다. 그와 같은 상황에서 철학자에게 주어질 수 있는 가능성은 본질적으로 세 가지이다. 첫째, 그는 자신의 개념적 구조에 대한 해석을 유보할 수 있다. 아니면 둘째, 그는 자신의 "개념의 그물망"(Begriffsnetz)이 기실은 전혀 다른 논리적 구조를 보이고 있음에도 불구하고 당대의 어떤 과학이론이 그 개념의 그물망에 상응한다고 설명해야만 한다. 이 경우에는 번역의 오류가 거론될 수 있다. 그리고 상응하는 개별과학 이론이 일단 반박되더라도, 이것이 곧장 실재철학적 연역까지 그릇된 것임을 의미하는 것은 아니다.[60] 이제 마지막으로 남은 가장 바람직한 세 번째 가능성은, 실재철학자는 당대의 어떤 이론에 자신의 개념들을 물론 연관짓긴 하되, 설혹 자신의 체계에 더 잘 들어맞는 다른 개별과학 이론을 당장에 제시할 수 없을지라도, 당대의 이론이 지닌 결함을 제시하고 그것에 대해 맹렬하게 논박을 가할 수 있다는 것이다. 이 점에 관해서는 그 이후에 이루어진 개별과학의 발전을 잘 알고 있는 후대의 철학자가 좀더 유리한 처지에 있다. 경우에 따라 그는 하나의 새로운 과학이론이 훨씬 앞선 시대에 이미 연

---

60) 바로 이러한 의미에서 헤겔은 자연철학의 첫 번째 범주의 계기들은 바로 개념으로부터 연역될 수 있는데, 이때 이 첫 번째 범주가 과연 공간에 상응하는가 하는 물음은 첫 번째 단계와 엄밀히 구분되어야 하는 두 번째 단계라고 설명한다. "〔이 상응에서〕 우리가 오류를 범할 수는 있다. 하지만 그렇다 하더라도 이것이 우리의 사상의 진리마저 거역하는 것은 아니다"(E. §254Z, 9.42).── 이와 유사하게, 선험적으로 연역된 시대를 경험적으로 분류해넣는 것이 비록 죄악으로 가득 찬 현재의 상태와 맞아떨어지지 않는다고 해도 모든 노력은 헛된 것이 아니었다는 피히테의 언명 역시 심오한 정당성을 결여하고 있는 것이 아니다. "따라서 여러분의 눈에 현재의 현실적인 삶이 과연 내가 원리로부터……선험적으로 이끌어낸 삶의 모습과 동일하게 보이는가 하는 것에 대한 판정은 여러분의 몫입니다. 내 연역이 맞다고 여러분이 판정한다면, 그것은 분명 좋은 일입니다. 내 연역이 틀렸다고 판정된다고 하더라도, 우리는 적어도 철학함을 했습니다. 그리고 비록 지금의 시대에 대해서는 아니었을망정, 언제나 우리는 가능하고 필연적인 시대 가운데 하나에 대해서 철학함을 했으며, 따라서 우리의 노력까지도 완전히 잃어버린 것은 결코 아닙니다"(7.19).

역되었던 실재철학적 구조에 훨씬 더 잘 들어맞는 대응물이라고 생각할 수 있다. 의심할 바 없이 그러한 예견은 어려운 것이다. 왜냐하면 그것은 표상보다 훨씬 더 나아간, 개념적 사유의 자립화를 전제로 하기 때문이다. 또한 그 때문에 유한한 존재로서 표상에 사로잡혀 있는 한 사람의 철학자가 그러한 예견을 성취해내는 경우는 극히 드물다. 그러나 그것은 비록 어렵기는 하지만 불가능한 것은 아니다.[61]

1982년에 반트슈나이더는 이에 대한 가장 탁월한 전거 가운데 하나를 제공한 바 있다.[62] 그는 헤겔의 「역학」(Mechanik)과 빛에 관한 이론은 특수상대성이론과 근친성을 갖고 있으며, 뉴턴의 물리학을 논박하는 헤겔의 이론이 지니는 이러한 근친성은 뉴턴의 이론이 특수상대성이론과 지니는 근친성보다도 훨씬 더 가까운 것임을 매우 설득력 있게 보여주었다. 물론 이는 헤겔이 상대성이론을 '선취했다'는 것을 주장하는 것은 아니다. 그러나 헤겔이 극히 탁월한 논리적 예민함을 가지고 당대의 역학이 "개념의 요구"와 모순을 이루고 있음을 인식했으며, 오늘날 우리가 잘 알고 있듯이, 그 모순들은 상대성이론을 통해서야 비로소 해소되었다는 것은 분명한 사실이다.[63]

---

61) 좀더 알기 쉽게 설명하자면, 이는 다음과 같이 말할 수 있다. 자신이 살던 시대의 표상에 영합하지 않고 오히려 거기에 맞서 개념에서 출발하는 실재철학자는 줄타기 곡예사(Seiltänzer)에 비유할 수 있다. 그가 줄에서 떨어진다는 것은 ――칸트는 이렇게 생각할 것이다―― 선험적으로는 말할 수 없다. 오히려 그는 불확실한 위험한 구간을 잘 뛰어넘을 수 있다. 즉 탁월한 예견을 수행할 수 있다. 그러나 이러한 줄타기 곡예는 매우 어려운 반면, 어떤 확고한 경험과학에 의지할 수 있는 실재철학자는 줄 아래의 안전한 길을 걸어간다고 할 수 있다.

62) 내 생각으로 반트슈나이더의 이 책은 20세기 이후 이루어지고 있는, 헤겔의 철학적 단초의 체계적인 지속적 전개에서 가장 중요한 성과물이다. 이에 대해서는 나의 서평 (1985a)를 보라.

63) 나중에 이루어지는 자연과학적 발전이 자연철학에 의해 미리 예견된다는 점에 관해서, (하이젠베르크와 바이츠재커 같은) 개별과학자들이 인정하는 또 하나의 예가 바로 『티마이오스』(53cff)에서 보이는 플라톤의 질료 개념이다. 물론 플라톤이 얘기하는 대칭들이 우리 시대의 양자이론에서 발견된 대칭들

'개념에서 출발하는' 실재철학의 기획에 경험이 과연 필수적인 것인 가 하는 물음과 관련해서 우리가 지금까지 다루어본 두 가지 측면은 첫째는 실재철학의 **발생** 문제와, 그리고 둘째는 순수 개념적 이론의 해석 문제와 연관되는 것이었다. 그러나 이 두 가지 측면으로부터는 경험과 학의 그 어떠한 원칙적인 독자성도, 즉 선험적인 개념만으로는 원칙적으로 도달할 수 없는 그 어떠한 〔독자적인 경험과학의〕 영역도 결코 도출되지 않는다. 그러나 지금 이미 우리는 헤겔의 변증법적 방법이 어느 정도는 단지 개별과학의 원리에서 원리로만 나아갈 뿐, 그것의 구체적이고 상세한 개진은 그 변증법적 방법 자체의 소임이 아니라고, 더욱이이 구체적 전개는 그밖의 다른 방법을 통해, 즉 형식적 연역의 비변증법적 방법을 통해 이루어지는 것이라고 말할 수 있다. 예를 들어 반트슈나이더가 시도한 바 있듯이(1982), 우리가 만약 「역학」과 「물리학」에서의 헤겔의 숙고들을 좀더 상세하고 구체적으로 다듬어 계속 발전시킴으로써 특수상대성이론의 두 가지 근본공리——즉 ①상대성원리와 ②광속의 절대성——를 도출하는 것이 가능하다고 가정한다면, 이 분야에서의 철학의 과제는 그것으로 이미 완료되었을 것이다. 이 두 가지 공리로부터 구체적으로 어떤 것이 뒤이어 나오는지를 보는 것[64]은 유관한 개별과학의, 즉 이론물리학의 과제인 것이다. 이로써 철학과 개별과학 사이에 존재하는 일정한 경계가 설정되었다——만약 어떤 특정한 개별과학 이론 안에서도 이미 잘 설명될 수 있는 사물을 철학이 연역하고자 한다면, 그러한 철학은 이 경계선을 부당하게 침범하는 것이다.

에 비해 훨씬 단순한 것은 사실이지만, 그럼에도 대칭들(불변성의 형식으로서의)이 질료에 대해 지니는 구성적 의미에 대한 플라톤의 순수 논리적으로 정초된 통찰은 관념론적 자연철학의 가장 위대한 업적 가운데 하나이다. 이에 대해서는 V. Hösle (1984a), 583ff.와 좀더 많은 문헌을 언급하는 (1984d), 90f.를 보라.

64) 잘 알려져 있듯이 특수상대성이론이 지니는 매력은, 그것이 이 두 가지 공리로부터 (그리고 거기에 추가된 몇 개의 사소한 가정으로부터) 거의 완전하게 연역될 수 있다는 점이다.

헤겔 스스로도 종종 이러한 위험에 처해 있었다. 개념으로부터 케플러의 행성운동의 법칙을 도출해내고자 했던 그의 시도는 이에 대한 악명 높은 하나의 사례이다──그는 이미 자신의 교수자격논문인『행성의 궤도에 관하여』(De orbitis planetarum)에서 이러한 시도를 한 바 있으며, 또한 철학대계의 자연철학에서도 이 시도는 많은 지면을 차지하고 있다(E. §270, 9.85ff.). 이러한 시도가 범하고 있는 오류는, 케플러의 법칙들은 이미 뉴턴의 중력법칙에서 도출된다는 점이다──뉴턴의 법칙은 케플러의 법칙들보다 훨씬 더 일반적이며, 고전 역학 안에서는 공리의 성격을 지니므로, 헤겔은 오히려 〔케플러의 법칙들보다〕 뉴턴의 이 법칙을 도출하는 데에 더 노력을 기울이는 것이 옳았을 것이다. 물론 헤겔은 이러한 노력을 결코 하지 않았다.[65]

그러나 헤겔의 입장에 따른 실재철학의 과제와 개별과학의 과제를 이렇게 구분하자고 제안한다 해도, 완전히 선험적인 학문의 유령은 여전히 물리쳐진 것이 아니다. 더욱이 이러한 방식으로 하더라도 여전히, 88 철학이 개별과학의 공리들을 최후정초하고, 이에 의거해 개별과학이 이어지는 모든 것을 연역적 절차에 따라 도출하고자 하는 경우를 생각할 수 있다. 물론 여기에서는 우연의 구조에 대한 반성이 계속 도움이 되는 것으로 보인다. 잘 알려져 있듯이 헤겔은 자신의 철학을 처음 시작하면서부터 이 문제와 씨름했다──이는 무엇보다도 (『최근의 관념론에 관한 서한들』[Briefe über den neuesten Idealismus, Leipzig

---

65) 이에 반해 칸트는『생동력의 참된 평가에 관한 사상들』(Gedanken von der wahren Schätzung der lebendigen Kräfte, §§9f.)에서 뉴턴의 중력법칙을 철저하게 논구했으며, 심지어는 이 법칙과 공간의 삼차원성 사이의 연관성까지도 통찰하고자 했다. 물론 그는 첫째, (공간의 삼차원성으로부터 중력의 법칙을 설명하는 것이 아니라 어디까지나) 중력의 법칙으로부터 공간의 삼차원성을 설명해내고자 했으며, 둘째, 중력의 법칙 그 자체가 필연적인 것은 아니라고 간주했지만, 분명한 것은 그가 가능한 중력법칙과 가능한 n-차원의 공간 사이의 관계를 통찰하고자 했다는 점이다. 칸트의 논증과 위버베크(F. Überweg)의 이와 비슷한 시도에 관해서는 M. Jammer (1980), 196과 198ff. 참조.

1801]에 나오는) 크루크(W. Tr. Krug)가 제기한 셸링의『초월적 관념론의 체계』에 대한 비판을 통해 대두된 문제인데, 이 비판에는 특히 셸링은 자신의 전제들에 기초하여 달, 철, 심지어는 그(크루크)가 쓰는 깃펜까지도[66] 모조리 연역해낼 수 있었어야 한다는 내용이 들어 있다. 크루크의 요구에 대한 헤겔의 반응은, 1802년에 쓰여진 「평범한 인간 오성은 철학을 어떻게 이해하는가——크루크 씨의 저작들에 대해 씀」 (Wie der gemeine Menschenverstand die Philosophie nehme,—— dargestellt an den Werken des Herrn Krug)이라는 논문[67]에서 드러나듯이, 여전히 그가 엄청난 당혹감에 빠져 있음을 보여준다. 즉 헤겔은 이 논문에서는 아직 크루크의 요구를 난센스라고 거부하지 않는다. 심지어 그의 반박은 함축적으로는 크루크의 견해를 정당한 것으로 보는 것에 대한 동의를 포함하고 있기까지 하다. 그래서 그에 의하면 첫째, 크루크가 연역을 요구하는 것은 바로 자연철학의 대상이며, 따라서 초월적 관념론의 체계에서는 아직 결코 주제가 되지 않는 것이다 (2.194f).[68] 둘째, 자연철학에서는 이미 철(鐵)이 성공적으로 연역되었다고 그는 말한다. 달에 관해서 보자면, 달은 오로지 전체 태양계와 더불어서만 파악될 수 있으며, 이러한 체계[=태양계]의 인식은 더 계속적으로 탐구되어야 하는, "이성의 가장 숭고한 최고의 과제"이다 (2.195). 그리고 끝으로 크루크의 깃펜에 관해서는 〔그러한 깃펜 따위

---

66) 헤겔이 자신의 서평에서 인용하는 크루크 저작의 대목들은 헤겔의『전집』 (Gesammelte Werke) 제4권 588-594쪽의 주(註)에 적혀 있다. '깃펜'이 언급되는 대목은 590쪽 이하에(1801년에 나온 원전에서는 72ff.에) 들어 있다.

67) 이 서평에서는 「최근의 관념론에 관한 편지들」 이외에 1800년에 쓰여진 「지식론에 관한 편지들」과 1801년의 「철학의 새로운 기관에 대한 구상」도 다루어지고 있다. 크루크의 반응에 대해 헤겔은『에를랑엔 문학신문』(Erlanger Literatur-Zeitung)에서 크루크의 「새로운 기관」〔원제 「철학의 새로운 기관의 구상」(Entwurf eines neuen Organons der Philosophie)—옮긴이〕을 거론하는 가운데 다시 한 번 반박했다(2.164f.).

68) 이는 셸링이 그 당시에 철학을 두 부분으로 나누었음을 의미한다.

의 존재를 필연적인 것으로 연역하는 것보다] 철학적으로 더욱 중요한 과제들——가령 세계사의 구성과 같은——이 있다고 그는 말한다 (2.195f.).[69] 그러나 예나 시기의 비판적 작업들에서 특징적으로 나타나는 이러한 거침없는 어투에도 불구하고, 헤겔은 크루크가 제기한 철 89 학적 문제를 만족스럽게 해결하지는 못하고 있다. "모든 사변을 끝내고 나면 크루크의 깃펜을 도출하는 데까지 나아가는 것이 가능하다고 분명하게 말하지 않더라도, 그가 이러한 요구를 단적으로 거부하거나 만족시킬 수 있는 그 어떠한 개념적 수단도 갖고 있지 못하다는 점은 분명하다"(D. Henrich (1958/59), 160f.).

반면에 ——방금 인용한 디터 헨리히의, 문제의 근간을 다룬 논문에서 지적되었듯이—— 헤겔은 이후의 체계에서는 적어도 이 문제에 대한 하나의 해결책을 제안하고 있다. 나아가 헨리히에 따르면 헤겔의 관념론은 심지어는 "절대적 우연의 개념을 알고 있는……유일한 철학이론"이기까지 하다(159). 왜냐하면 헤겔에 따르면 첫째, 『논리학』에서의 개념의 자기규정은 우연을 바로 필연성을 위해 구성적인 것으로서 입증해야 하기 때문이다. 즉 (헤겔의 여러 다양한 논증 가운데 하나에 따르자면) 오로지 우연적이고 임의적인 상황에서[도] 필수불가결한 것으로 드러나는 것만이 [진정한 의미에서] 필연적인 것이다.[70] 따라서 우연적

---

69) 또한 E. §250A, 9.35도 참조. "훗날 학문이 엄청나게 진보해서 현재와 과거의 하늘과 땅에 있는 [깃펜보다] 더 중요한 모든 것을 명쾌하게 인식하여, 개념적으로 파악해야 할 더 이상의 중요한 것이 전혀 남아 있지 않다면야, 우리는 크루크가 이러한 일을 하고 또 그의 깃펜을 그토록 경외하는 것에 대해서도 기대를 품을 수 있겠다."

70) 이중적으로 일어나는 역사적 사건에 관한 헤겔의 익히 알려진 역사철학적 테제는 이러한 필연성 이론에 대한 하나의 실재철학적인 예가 되는데, 이에 따르면 오로지 극히 상이하고 우연적인 여러 조건 아래서도 언제나 관철되는 것만이 필연적인 것으로 입증된다. 즉 카이사르에 뒤이어서는 아우구스투스가 등장하지만, 그는 로마 공화국의 몰락을 드러낼 수밖에 없으며, 나폴레옹은 두 번씩 몰락하며, 부르봉 왕가 또한 두 번씩이나 추방당한다. "처음에는 그저 우연적이고 가능한 것에 불과한 것처럼 보였던 것은 반복적으로 일어남으

인 것의 정립과 지양은 필연성의 현시에 필연적인 것이다. "그러므로 필연성은 그 스스로를 우연성으로 규정하는 것이다—즉 필연성은 자신의 존재 안에서 자기 자신을 스스로에게서 밀쳐내고, 이러한 밀쳐냄에서도 오로지 자기 자신으로 복귀해 있는 것이며, 또한 자신의 존재인 이러한 복귀 가운데서도 [다시금] 스스로를 자기 자신으로부터 밀쳐낸 것이다"(6.214).[71] 둘째, 헤겔에 따르면 자연에서는 "자유가 아니라 필연성과 우연성"이 지배한다(§248, 9.27)는 사실은 바로 실재철학의 첫 번째 영역의 개념 안에, 즉 "타자존재의 형식 속에 있는 이념"(E. §247, 9.24)인 자연의 개념 안에 놓여 있다. 방금 언급한 이 두 규정 사이에 존재하는 긴장은 "이념의 형성물들이 한편으로는 바로 개념에서 나오는 필연성이요, 유기적 총체성 속에서 그 이념의 이성적 규정을 가지면서도, 다른 한편으로는 무차별적인 우연성과 규정될 수 없는 무규칙성을 지닌다는 모순"을 낳는다(§250, 9.34). 이 중에서도 두 번째 계기 [즉 우연성]는 헤겔에 따르면 자연의 영역에서 그것의 고유한 권리를 지닌다. 특히 우연성은 **개별적인 구체적 자연물**에서 나타난다(같은 곳). 이러한 연관에서 헤겔은 곧잘 개념을 견지할 수 없는, "자연의 무력(無力)함"을 얘기한다(같은 곳).[72] 이 "자연의 무력함"에 뒤따르는

로써 현실적이고 확증된 것이 된다"(12.380. 흔히 저질러지는 오해를 막기 위해서는, 헤겔은 반복이 필연적이라고 주장하지는 않는다는 점이 강조되어야 한다. 반복은 한 사건의 [일차적으로는 이미 개념적으로 통찰될 수 있는] 필연성을 단지 [한 번 더] 분명하게 드러낼 뿐이다).—이와 유사하게 헤겔의 이론은 (그 자신은 아직 모르고 있었지만) 과학사의 영역에도 적용된다. 즉 과학사에서 획기적인 발견들이 거의 동시적으로 이루어지는 것은 너무나 흔한 일이다.

71) 여기에서 나는 이 대목에 대한 좀더 정확한 설명을 덧붙이지 않겠다. 이 문제와 연관해서는 헤겔의 양상이론(Modaltheorie)에 관한 반트슈나이더의 명쾌한 재구성(1984; 977ff.)과 헨리히의 논문(특히 162ff.)을 볼 것. 이 논문에서는 헨리히 역시 자연에서의 우연의 문제를 다루며—물론 그의 상론은 별로 만족스럽지 못하다—, 특히 윤리학에서의 우연의 의미를 취급한다(171ff.).

72) 또한 6.282; E. §24Z2, 8.84; §368Z, 9.510; 12.89; 14.263도 참조할 것. 이

것은, 자연에는 개념적 파악에서 벗어나는 어떤 영역이 있다는 점이다. "자연의 그러한 무력함은 철학에 한계를 그어준다. 그리고 그와 같은 우연성마저도 개념적으로 파악하라는 ──그리고, 앞에서 얘기했듯이, 구성하고 연역하라는── 요구를 개념에 부과하는 것은 부당하기 짝이 없는 짓이다"(§250A, 9.35). 헤겔에 의하면 자연 속에 계기로서 현존하는 우연성──물론 이것은 개념에 전적으로 낯선 것은 아니며, 오히려, 비록 불완전할지언정, 어떤 식으로든 개념에 의해 규정된 것이다(같은 곳)[73]──은 단지 이성적인(즉 선험적인) 자연철학에 대해서만 문젯거리가 되는 데 그치지 않는다. 즉 오성적 보편성으로 고양된 경험적-귀납적 자연과학 역시 이 문제와 만나면 좌초할 수 있는 것이다. 예컨대 여러 개별적인 생물학적 질서 사이에는 어떤 것으로도 분류될 수 없는 혼종(混種, Mischart)들이 존재한다(§250A, 9.35f.).[74] 따라서 선험적 자연철학에 대해서는 더욱더 많은 한계가 존재한다. "철학은 개념에서 출발해야 한다. 그리고 철학이 비록 그리 많은 것을 확립하지 못하더라도, 우리는 그것으로 만족해야만 한다. 모든 (자연적) 현상을 일일이 서술하고자 한다면, 그것은 오도된 자연철학이다"(§270Z, 9.106).[75]

비록 헤겔이 그의 체계적 기획을 관철시키는 데서, 특히 자연철학에서 (물론 셸링이나 오켄[L. Oken]·트록슬러[I. P. V. Troxler]·슈테

───────────────

에 상응하여 20.220에서 헤겔은 다음과 같이 말한다. "자연은 이와 같이 개념에 완전히 적합할 수 없는 것이다."

73) 헤겔의 이러한 주장은 실로 설득력이 있다. 기형적인 생물체들도 생물학적 법칙에 종속되며, 제아무리 우연적인 존재자도, 그것이 물질적인 한에서는, 물질의 이성적인 특성들(가령 그것이 지닌 소립자들의 대칭적인 구조 등)에 참여하는 것이다.

74) 이에 대해서는 §368A,9.502; §368Z, 9.510; 13.176; 14.263도 참조할 것.

75) 이에 대해서는 §268Z, 9.82; §353Z, 9.438을 참조할 것. §312Z, 9.207에서 헤겔은 자성(磁性)의 추론을 시도한 다음 이렇게 말하고 있다. "(구체적으로) 어떤 물체들에서 자성이 나타나는지의 문제는 철학에는 전적으로 무차별적이다."

펜스[H. Steffens]와 같은 셸링의 제자들보다는 정도가 덜하지만[76]) 지나친 무리수를 두고 있다는 것에는 이론의 여지가 없다 할지라도,[77] 91 헤겔의 체계가 우연성에 공간을 할애하고 있다는 점과,『논리학』의 범주론과 헤겔의 자연 개념에 근거할 경우 전체적인 아포리아에 빠질 위험을 제거할 수 있다는 점은 인정하지 않을 수 없다. 물론 헤겔의 해결책에서 매력을 끄는 것은, 우연적인 것이란 결코 개념에 맞서 매개되지 않은 이원론에 고착되어 있는 잔인한 사실(brutum factum)이 아니라는 것이다. 오히려 ——『논리학』의 지평에서 볼 때—— 어째서 (특히 자연에) 우연적인 것이 존재하는가에 대한 근거는 순수 개념적으로 통찰될 수 있다. 즉 개념의 타자와 근거에 대한 총체적인 부정은 그 자체가 개념의 자기정초적 구조에 토대를 두고 있는 것이다.[78]

---

76) 셸링의 자연철학에 대한 비판은『정신현상학』의「서문」에서 시작된다(3.21, 49ff.). 그 이후 헤겔은『자연철학』에서 슈테펜스의 자연철학적 연상을 "야만스럽고 몰개념적인 상상력의 조야하고 미개한 표출"이라고 말한다(§340Z, 9.353). 그리고 오켄에 대해 그는 철학사 강의에서 다음과 같이 짧지만 매우 적절하게 말한다. "그것은 거의 광기에 가깝다"(20.454).

77) 그 가운데 특히 기괴한 몇 가지 예를 들어보자. E. §303Z, 9.186f.와 §344Z, 9.375에서 헤겔은 열대지방의 조류들에서는 열기가 색깔로 바뀌고 그 대신 목소리는 퇴화한다고, "즉 그러한 온기 속에서 소리는 퇴색해버리는 것이다" (9.187)라고 쓰고 있는데,——이는 진동이 열로 전화(轉化)한다는 그의 테제에 대한 부수적 진술임에 틀림없다. §340Z, 9.353에서 그는 화강암(주지하듯이 이것은 석영·운모·장석으로 이루어져 있다)을 "단순한 현세적 삼위일체"(einfache, irdische Dreieinigkeit)로 해석한다(미슐레는 이러한 구절이 이미 예나 시기에도 있음을 확인한 바 있다. GW 8, 115 참조). 우연성을 가능한 한 최소화하려는 경향은 예를 들면 §339Z, 9.350에서 분명히 드러난다. "물론 우연성도 하나의 영역을 가진다. 그렇지만 그것은 단지 비본질적인 것에 불과하다"(또한 §340Z, 9.357도 참조). 그러한 횡설수설의 주장들이 단지 구두로 덧붙여진 보론에서만 보인다는 점은 매우 다행스러운 일이다. 아마도 헤겔은 그러한 진술들은 출판될 가치가 없다고 여긴 듯하다.

78) 이와 유사하게, 실재철학적 범주들에서 본질적인 것인, 개념과 표상(경험적 상관항)의 이원성(Dualität)은 바로 그것들의 개념 속에서 정초되어 있다고 말할 수 있다. 이에 경험과 개념은 칸트에게서처럼 이원론 속에 고착되어 있는 두 개의 동일한 자격을 지닌 계기들이 아니다. 오히려 이 둘은 논리적 개념의

그럼에도 내가 보기에 우연성에 관한 헤겔의 이론은 중대한 차이점을 부각시킴으로써 좀더 정교하게 다듬어져야 한다. 다시 말해 우리는 분명히 헤겔 자신이 구분하지 않은, 우연성의 두 가지 지평에 관해 얘기할 수 있다. 첫째로 생각할 수 있는 것은, 물론 어떤 규정──가령 공간의 삼차원성, 시간이 지니는 이방성(異方性, Anisotropie)과 일차원성, 물질간의 상호작용의 존속──은 자연법칙의 체계에서 선험적으로 도출될 수 있지만, 이러한 체계에서 몇몇 규정은, 특히 양적인 종류의 규정은 개념적인 파악에서 벗어나 있는 것이어서, 오로지 실증적으로만 파악될 수 있다는 점이다.[79] 앞에서 이미 언급한 바 있는 반트슈나이더의 글은 헤겔의 자연철학을 더 지속적으로 발전시킨 가장 최근의 작업에 속하는데, 이로부터 하나의 예를 들어보자. 절대적인 (즉 좌표계의 변화 속에서도 불변하는) 운동이 바로 상대성원리에서 필연적으로 도출된다는 것을 드러내 보이고자 할 경우에도, 반트슈나이더는 결코 (빛의) 이러한 절대적 속도의 정확한 값을 규정하려 하지는 않는다. 실로 여기에 놓여 있는 문제는 오로지 경험적으로만 해결될 수 있는 것

92

통일성으로 다같이 복귀한다.──이를 헤겔의 용어법으로 하자면, 개념과 실재성이 분리될 수 있다는 점이 바로 유한자의 개념이라고 말할 수 있을 것이다.

79) 물론 여기에서는 도대체 개념적으로 필연적인 것과 우연적인 것 사이의 경계가 정확히 어디에 있는가라는, 어려운 문제가 제기된다──어쩌면 이것은 처음부터 결코 풀 수 없는 문제일지도 모른다. 아마도 이는 오로지 구체적으로만, 즉 개념적 전개를 오로지 가능한 한도까지 따라감으로써만 풀릴 수 있을 것이다.──어쨌거나 이러한 문제는 우연성을 자연의 객관적 규정으로 보는 헤겔의 이론을 깊이 다루는 이라면 누구나 금방 발견하게 되는 문제이다. 예컨대 지크바르트(H. Ch. W. Sigwart 1831)는 다음과 같이 쓰고 있다. "자연에는 이념과 개념의 필연성 말고도 실제로 우연성이나 무규칙성 그리고 무질서가 객관적으로 존재한다고 가정해보자. 우리는 도대체 어느 지점에서 우리의 개념적 파악의 한계를 그어야 할 것인가? 이를테면 헤겔의 철학을 통해 달성된 것과 같은, 우리가 현재 이 시점에 지니고 있는 지식과 개념적 파악능력이 다다른 한계까지 그을 것인가? 그러나 이는 그다지 지성적이고 영리한 것이 되지 못할 것이다. 왜냐하면 그러한 시대적인 한계는 벌써 여러 번에 걸쳐……극복되어왔기 때문이다"(164f.).

이며, 이러한 문제는 또한 헤겔의 체계기획이 언제나 관철될 수 있다고 할지라도 독자적인 실험물리학이 여전히 존재권리를 지닌다는 것을 충분히 입증한다.[80]

둘째, 우연성의 또다른 하나의 형식은 이러한 한갓 실증적인 규정과 구분되어야 한다. 헤겔은 이 두 번째 형식을 거의 간파하지 못했다. 그 이유는 매우 간단한데, 그것은 헤겔이 아직 자연사, 즉 자연의 **역사** (Naturgeschichte)라는 개념을 아직 몰랐기 때문이다. 나는 먼저 이 "두 번째의 우연성"이 구체적으로 무엇을 의미하는지를 하나의 단순한 사실적 고찰을 통해 분명히 밝히고, 그 다음으로 이러한 종류의 우연성을 헤겔이 거부하고 있음을 밝히고자 한다.──실로 자연**법칙**들의 체계만이 자연과학의 대상인 것은 아니다. 〔개별적인〕 자연적 사건이나 자연적 대상들에 대한 설명 또한 자연과학의 과제가 된다. 그렇지만 이를 위해서는 자연법칙들의 체계에 대한 지식 이상의 것이 요구된다. 어떤

---

80) 정량의 여러 관계를 보여주는 개개의 자연과학적 법칙들──예를 들면 중력의 법칙이나 케플러의 법칙──을 선험적으로 도출할 수 있는(주 81 참조) "**정량에 관한 학문**"(Wissenschaft der *Maße*: §259A, 9.54; 5.405ff. 참조)을 세우고자 노력하는 헤겔 스스로도 언제나 인정하는 것은, 그러한 법칙들에서 "정량에서의 대자존재"(Fürsichsein im Maße)가, 즉 ──낙하 가속도와 같은── 계수(係數, Koeffizient)들이 등장하거니와, 그것들은 본래적인 정량적 관계를 규정하지 않는다는 점이다. 따라서 이에 대해서는 그는 동일한 연역을 요구하지 않고자 한다. "낙하운동에서 하나의 시간단위(1초, 또는 이른바 **최초의 1초**)에 발 하나의 크기로 할 때 15개 정도의 공간적 단위〔=15피트〕가 주어지게 되는 **직접적인** 계기는 사람의 발의 크기나 행성의 지름이나 행성들 사이의 거리 등과 같은 하나의 **직접적인 정량**(ein unmittelbares Maß)이다. 정량에 대한 그러한 규정은 질적인 정량규정에서와는 ──이 경우 낙하법칙 그 자체와는── 다른 방향으로 나아간다. 그러나 그러한 **숫자들**──이는 하나의 정량이 단지 직접적으로, 따라서 경험적인 것으로 나타나는 것이다──이 무엇에 의존하는가에 대해서 구체적인 학문들은 우리에게 아직 결론을 제공하고 있지 않다"(5.410). 물론 헤겔은 앞에서 언급된 예들──행성들 사이의 거리──과 연관하여, 비록 어떠한 성공적인 결과도 얻어내지 못했음을 그 스스로가 시인하기는 하지만, 그의 전 생애에 걸쳐 전력을 다해 하나의 연역을 도출하고자 노력했다(주 85 참조).

유리잔이 어째서 바닥에 떨어져 산산조각이 나는지를 설명하고자 하는 사람은 중력법칙보다 더 많은 것을 알고 있어야 한다. 즉 그는 그 유리잔이 어떤 높이에서 떨어졌는지를 알아야 그것에 가해진 힘들을 계산할 수 있다. 짧게 말하자면, 그는 한 특정한 사건의 **출발조건**을 알아야만 하는 것이다. 일반적으로 볼 때 자연과학의 설명은 두 가지 계기에, 즉 자연법칙과 출발조건에 토대를 둔다고 말할 수 있다. 그 중에서 분명 후자는 우연성에 하나의 무한한 장을 열어준다. 그리고 바로 여기에서 일어나는 우연성을 지속적으로 부인하는 데서 헤겔의 실재철학이 지니는 가장 중대한 결함 가운데 하나가 발견되어야 한다.

왜냐하면 여러 사건의 출발조건을 정초하는 설명에는 부득불 우연성의 계기가 내재하고 있음에도, 헤겔은 그것을 너무나도 자주 필연적인 것으로 연역하고자 했기 때문이다. 이에 대한 하나의 흥미로운 예는 뉴턴의 중력법칙에 대한 헤겔의 논박이다. 이에 관해서는 앞의 87쪽에서 언급한 바 있다. 즉 뉴턴의 중력법칙으로부터 케플러의 행성운동의 법칙이 추론된다는 그의 주장은 몇 가지 제한이 가해져야만 맞는 말일 수가 있다. 왜냐하면 중력의 법칙으로부터 케플러의 법칙들을 뉴턴식으로 추론해내는 데서 헤겔을 곤혹스럽게 하는 것은, 바로 중력의 법칙으로부터는 단지 태양계 물체들의 운동이 원추단면형의(kegelschnittartig) 궤도로 이루어진다는 것 말고는 더 이상 추론될 수 있는 것이 없기 때문이다. 게다가 실제로도 어떤 혜성은 포물선이나 쌍곡선 모양의 궤도로 운동하기도 한다. 태양계 물체들의 여러 개개의 운동에서 정확하게 어떤 모양의 원추단면곡선 궤도의 운동이 일어날지는 우연적인 출발조건에 달려 있는데, 헤겔은 이러한 사실을 받아들이려 하지 않는 것이다. 따라서 그는 다음과 같이 비판적으로 언급한다. "중력법칙의 지배를 받는 하나의 물체가 **타원** 모양을 그리면서 중심물체 주위를 돈다는 명제에 대한 뉴턴식의 증명은 원추단면곡선 일반으로까지 나아간다. 반면에 증명이 되어야 하는 주명제(主命題)는 바로 그러한 물체의 궤도가 원형이나 원추단면곡선이 아니라 오로지 타원형이라는 데에 있다.……

물체의 궤도를 하나의 **특정한** 원추단면곡선이게 하는 조건은 분석적 정식에서 보면 **상수**(常數, Konstant)인데, 이 상수를 규정하는 것은 어떤 **경험적인** 사정, 즉 물체가 일정한 시점에서 갖는 특수한 위치와, 그 물체에 처음에 가해지는 **충격**의 우연적인 강도에 달려 있는 것이다. 따라서 곡선이 타원으로 규정되는 사정은 증명되어야 할 이 수식의 범위 밖에 있으며, 더구나 그것을 증명한다는 것은 생각조차 할 수 없는 일이다"

94   (E. §270A, 9.86f.).[81] 물론 이러한 비판에서 헤겔은 우리 태양계 행성

---

81) 이 구절은 뉴턴에 의해서 케플러의 법칙들이 비로소 **증명**되었다는 견해에 대한 논박의 일환으로 쓰어진 것이다(이 구절이 지니는 과학사적 함의에 대해서는 헤겔의 『자연철학』에 대한 기본적인 역사적 이해를 위해 쓰어진 페트리[M. J. Petry]의 역주[1970: I 349f.]를 참조할 것). 그러한 견해에 대해 헤겔은 첫째, 뉴턴의 중력법칙은 케플러의 제3법칙으로부터 쉽사리 유추될 수 있으며, 둘째, 앞에서 인용했듯이 뉴턴의 중력법칙은 원추단면곡선의 방식을 규정하지 못하며, 셋째, "이른바 무게의 힘에 관한 법칙 역시 단지 경험으로부터 귀납을 통해서만 제시될 수 있다"(9.87)고 강조한다. 이러한 논박을 제대로 평가하려면 한편으로 적어도 방금 열거된 비판적 관점들 중 두 번째와 세번째 것은 정확하다고 여겨져야 한다. 특히 세 번째 관점은 철학적으로 본질적인 것이다. 물리학이 그것의 기본법칙들을 **수학적으로 증명**할 수 있다는 견해는 정확한 공리적 이론의 형성을 통해 널리 유포된 견해이지만, 이에 대해 헤겔은 그러한 증명은 개별과학으로서의 물리학에는 원칙적으로 불가능하며, 경험과학은 오히려 그것의 공리를 근본적으로 경험으로부터 끌어온다고 주장하는데, 이는 의심할 바 없이 정당한 지적이다. 이미 『정신현상학』 「서문」에서 그는, 그러한 명제에 대한 대부분의 '증명'은 결코 증명으로서 타당한 것일 수 없으며, 그 증명을 위해서는 다른 학문―즉 철학―이 요청된다고 말하고 있다. "응용수학이 곧잘 제시하는바, 예컨대 지렛대의 평형, 낙하운동에서의 공간과 시간의 관계 등등과 같은 명제에 대한 이른바 '증명'들이 증명으로서 주어지고 받아들여진다는 사실은, 그 자체가 다만 인식을 위한 증명의 필요성이 얼마나 큰 것인가에 대한 증명일 뿐이다. 왜냐하면 그것은 더 이상의 증명이 없을 때 증명의 공허한 가상이라도 존중하며 또한 그러한 가상을 통해 만족감을 얻기 때문이다. 그러한 증명들에 대한 비판은 좀 기이하게 보일 수도 있으나 매우 시사하는 바가 많다. 왜냐하면 그것은 한편으로는 수학을 이와 같은 그릇된 허영으로부터 정화하며, 다른 한편으로는 수학의 한계를 드러내고 이로부터 다른 지식의 필요성을 제시해주기 때문이다"(3.45. 이밖에 3.123; 5.309f., 320f., 407; 6.155; E. §267A, 9.75ff.도 참조[이 지점들은 대부분 낙하법칙과 연관하여 기술되고 있다]). 다른 한편으로, 설령 뉴턴

들의 타원궤도의 운동이 어떤 필연적인 근거를 가진다는 것을 **전제하고** 있다.[82] 그리고 바로 이러한 전제를 오늘날 우리는 거부해야만 한다. 합리적인 자연철학은 그러한 운동이 자연법칙들과 양립할 수 있는 것임을, 즉 이미 그 법칙들의 현실태에서 따라나오는 **가능태임**을 개념적으로 파악할 수 있어야만 한다(그리고 실로 그러한 운동은 자연철학의 더 이상의 발전을 위해 중요한 것으로 특징지어질 수 있다.[83]) 합리적인 자 95

의 중력법칙이 케플러의 법칙들에 비해 어떤 진보를 이룩했다고 할지라도 이러한 비판적 관점의 정당성은 결코 손상되지 않는다——뉴턴의 법칙이 케플러의 법칙들보다 진일보했다는 이유는 매우 간단한데, 왜냐하면 뉴턴의 법칙은 케플러의 법칙들을 하나의 유일하고 보편적인 명제로 환원시키기 때문이다(헤겔도 E. §270Z, 9.97에서 그렇게 말하고 있다). 물론 케플러의 법칙들이 케플러 이론의 틀 안에서는 증명되지 않은 채 남아 있는 것과 마찬가지로, 이때의 보편적인 하나의 명제 역시 뉴턴 이론의 틀 속에서는 여전히 증명되지 않은 채 남는다. 따라서 케플러에 대한 헤겔의 선호는 학문적 견지에서는 그 어떤 것을 통해서도 근거지어지지 않은 것이다. 명백히 그의 그러한 선호는 첫째로는 모종의 민족적 자긍심에서 비롯된 것이며(E. §270Z, 9.96 참조), 둘째로는 그가 보기에 뉴턴이 근대 과학을 철학으로부터 단절시킨 데 반해, 케플러는 자연에 대한 피타고라스-플라톤적 방식의 고찰에 여전히 가까이 서 있다는 점에서 비롯된 것이다("물리학이여, 형이상학으로부터 그대를 지켜라"라는 뉴턴의 좌우명에 대한 헤겔의 경멸적인 비판에 대해서는 특히 E. §98Z1, 8.207; 20.231 그리고 Briefe II 251을 참조하라). 이 두 번째 관점에 대해서는 K. Rosenkranz (1844), 155를 참조할 것. "오성적 역학에 대한 낭만적 반동에서 사람들은 종종 뉴턴을 케플러주의자나 괴테주의자들에 대립시키는데, 이는 생리학과 의학에서 파라켈수스(Paracelsus)를, 그리고 사변 일반에서 야콥 뵈메(Jakob Böhme)를 강조하기 시작했던 것과 일맥상통한다."——뉴턴에 대한 헤겔의 온당치 못한 평가절하(이는 뉴턴의 광학에 대한 그의 논박에서 가장 정점에 이르는데, 뉴턴의 중력법칙에 대한 논박에서와는 달리, 헤겔의 논증은 특히 이 문제에 관해서는 많은 과오를 범하고 있다)는 『자연철학』에서 보이는 가장 곤혹스러운 계기들 가운데 하나로 여겨져야만 하거니와, 자연과학자들이 헤겔의 저작을 수용하기가 극히 어려운 것은 특히 이 점에 그 설득력 있는 근거를 두고 있다.

82) 내가 (1984d), 86 ff.에서 지적했듯이, 역사적으로 볼 때 헤겔의 이러한 확신은 고대 철학의 영향과, 다른 자연과학보다 탁월했던 고대 철학의 천문학적 수준의 영향을 받고 있다.

83) 이에 "그러므로 생명은 오로지 행성에만 존재한다"(§270Z, 9.104)는 헤겔의

연철학은 이러한 운동이 앞에서 말한, 우리 행성계의 생성을 있게 한 (부분적으로) 우연적인 출발조건으로 소급된다는 것을 인정하게 된다.[84]

명제는 그릇된 것이 아니다. 적어도 [태양과 같은] 중심체나 혜성에서는 극도의 고온이나 극도의 기후편차로 인해 그 어떤 생명체도 존립할 수 없다.

84) 이 점에 상응하여 필연성의 개념을 좀더 정확하게 규정한다면, 물론 이러한 운동이 필연적이라고 말할 수도 있을 것이다. 왜냐하면 헤겔이 볼 때 이념의 실재화를 위해 불가결한 모든 구조는 필연적이기 때문이다. 그런 한에서 가령 생명과 정신은 (그리고 이것들의 생성을 위해 요구되는 모든 것은) 필연적이다. 그렇다면 이러한 필연성 개념은 통상적인 필연성 개념과 그리 어렵지 않게 매개될 수 있다. 자연이 이념에 의해 원리지어지고 따라서 자연의 목적이 바로 정신을 산출하는 것에 있다면, 우리는 다음과 같은 입장에서 출발할 수 있다. 첫째, 형식논리적으로 가능한 수많은 자연법칙 체계 중 필연적으로는 오로지 생명과 정신으로의 진화가 일어날 수 있는 체계만이 물음의 대상이 된다. 둘째, (만약 우주가 하나의 유한한 시간 동안만 존속한다면) 우주의 출발조건은 그러한 진화가 (어떤 속도와 어떤 우회로를 통해서건 언제나) 필연적으로 일어나는 방식으로 되어 있어야 한다(자연법칙과 출발조건이 주어져 있다면, 모든 거시적 사건은 (적어도 통계적으로는) [미리] 결정되어 있는 것으로 ——즉 가언적으로 필연적인 것으로서—— 여겨져야만 한다). 반대로 우주가 무한히 긴 시간 동안 존속한다면, 실로 모든 각각의 사건은 자연법칙과 양립할 수 있으며 그런 한에서 가능한 구조는 필연적으로 언젠가 한번은 현실적으로 되어야만 한다. 어쨌거나 분명한 것은, 생명과 정신으로의 진화를 요구하는 (자연법칙과 출발조건에 제한을 가하는) 조건은 자연법칙과 특히 출발조건을 분명하게 확정짓는 것을 허용하지 않는다는 점이다. 따라서 라이프니츠의 경우와는 달리 헤겔에게서는 우연성을 위한 공간이 충분하게 주어져 있다. (출발조건이 부분적으로 우연적인 것이라면, 가언적으로 필연적인 것 역시 우연적일 수 있는 것이다.)——흥미를 끌 수 있는 물음은, (객관적 관념론을 위해서 결코 포기될 수 없는) 이러한 필연성의 개념이 얼마만큼 인간의 자유와 매개될 수 있는가 하는 것이다. 여기서 우리는 다음과 같은 통찰을 충분히 상정할 수 있다. 논리적인 것의 최고규정들의 실재화를 위해서 본질적으로 관건이 되는 것은, 그 규정들은 기계적인 강제에 의해서가 아니라 그것들이 지니는 규범적 타당성(이는 그것의 관철의 성공 여부에 구속되지 않는다)에 대한 통찰을 통해서 실현될 수 있으며, 이에 인간의 어떠한 행위들이 그로서는 접근할 수 없는 출발조건에 의해 성공을 거둘 수 있도록 결정되어 있는가 하는 것은 개별 인간에게는 필연적으로 알려져 있지 않아야 하는 점——즉 자유로운 선을 위해서는 필연적으로 우연이 (다시 말해 선험적으로 연역할 수 없는 것이) 존재해야 한다는 점이다. 헤겔의 자유 개념에 관해서는 7.3.2장을 참조할 것. 그리고 악의 문제에 관해서는 7.4.2장 또한 참조할 것.

더 나아가 헤겔은 그의 자연철학에서 그 이상의 몇 가지 문제에 대해서도 바로 '개념으로부터' 접근할 수 있는 통로를 마련하고자 했는데, 우리는 이 문제들에서도 그러한 우연적인 출발점을 받아들이게 된다——그러한 문제들은 예컨대 (티티우스-보데 수열*에 따르는) 행성들의 간격에 대한 물음,[85] 대륙의 수에 대한 물음[86]이나 감각기관의 수에 대한 물음[87] 같은 것인데, 이러한 물음들은 행성의 생성에 관한 이 96

---

* 행성들이 태양으로부터 일정한 거리를 두고 위치한다는 티티우스(J. D. Titius)와 보데(J. E. Bode)의 법칙에 따른 수열.

85) 비록 헤겔이 『행성의 궤도에 관하여』 말미에서 자신이 제안했던 시도, 즉 소행성들의 발견 이전에 결함을 드러내었던 티티우스-보데 수열에 맞서서 『티마이오스』(35bff.)를 조금 변경한 형태로 지속적으로 발전시키고자 한 시도를 『하이델베르크 철학대계』에 가서는 철회했다고 하지만(§224A), 그럼에도 그는 이러한 물음들은 단지 개별과학의 측면에서만이 아니라 또한 **철학적으로**도 반드시 해결되어야 한다는 생각을 그의 생애가 끝날 때까지 견지했다(5.435; E. §270Z, 9.105f.; §280A, 9.131; 18.263). 이러한 계열의 **설명**——이는 따라서 이 문제를 무시했던 당대의 천문학에 의해서는 결코 이루어질 수 없는 것이다——을 요구하는 헤겔의 입장이 전적으로 유의미하다는 점은 언제나 인정되어야 한다. 다만 이 설명은 철학이론이 아니라 우주론적 이론에 속하는 문제이기는 하지만 말이다.——게다가 헤겔에 대해서 (예를 들면 크루크 [1830ff.], IX 431f.에 의해서) 줄곧 제기되는 비난, 즉 헤겔은 『행성의 궤도에 관하여』에서 (즉 같은 해에 이루어졌던, 하지만 그 자신은 명백히 아직 모르고 있던 첫 번째 소행성의 발견 이후에) 그 당시까지 여전히 존재했던 결함을 '개념으로부터' 필연적인 것으로 설명했다는 비난은 그릇된 것이다. 헤겔은, 당대의 경험적 지식의 수준에 제대로 부응하기 위해, 다른 하나의 계열을 단지 **가언적으로** 제안했을 뿐이다. 우리가 그에 대해서 비난할 수 있는 것은 경험에 대한 이론의 지나친 간섭이 아니라, 오히려 경험과 일치를 이루려는 그의 과도한 노력이다. 일반적으로 지적할 수 있는 것은, 헤겔이 자연철학에서 범한 오류들은 종종 너무 멀리까지 밀고 나간 **경험론**에, 그리고 경험적으로 아직 엄밀한 신빙성을 갖추지 못했던 당대의 과학이론들에 대한 너무도 인색한 신뢰에서 비롯된 것이다.

86) E. §339Z, 9.349ff. 그리고 §393Z, 10.58에서 헤겔은 '5'라는 대륙의 수를 개념적으로 필연적인 것으로서 제시하고자 한다.

87) §358과 보론, 9.465ff.; §401A와 보론, 10.101ff.; §448Z, 10.251f. 그리고 예컨대 13.174에서 헤겔은 감각기관의 수가 '5'인 것이 필연적인 것이라고 설명하고 있다.

론과 대륙이동설 그리고 진화론의 틀 안에서 오로지 경험적 견지에서만 해결될 수 있다. 방금 언급된 우주론적·지리학적·생물학적 이론들은 모두 어떤 공통점을 지닌다. 즉 그것들에서 중요한 문제가 되는 것은 **역사적인** 이론인데, 이는 그것들이 어떤 시간적인 전개과정에 근거를 두고 있기 때문이다. 그러나 자연의 발전에 대한 바로 그러한 역사적인 고찰을 헤겔은 ——지리학의 영역에서뿐만 아니라 생물학의 영역에서도(§339Z, 9.347ff.; §340Z, 89.359f.)[88]—— 정언적으로 거부했다(E. §249와 보론, 9.31ff.). 헤겔 이후의 과학은 이와 다르게 규정했다. 진화는 현대의 우주론과 지리학 그리고 생물학의 지배적인 범주이다. 나는 진화사상에 대한 헤겔의 거부가 체계내적인 관점에서 반박될 수 있는지를 여기서는 자세히 검토하지 않겠다(이에 대해서는 5.1.3 장을 보라).[89] 이 장의 테두리 안에서는 다음과 같은 점을 확정하는 것만으로 충분하다. 진화라는 범주——이에 대해서는 오늘날 어떤 의심의 여지도 있을 수 없다——에 의한다면 어떤 경우건 우연성의 문제에 대해 전환점이 마련될 수 있거니와, 헤겔이 아직 모르고 있었던 이러한 전환은 지양될 수 없는 독자성을 개별과학에 보장해준다. 따라서 헤겔 실재철학의 비판적 계승은 ——이러한 방식으로 우연성이 현실

---

88) 이러한 가정을 피해가기 위해 헤겔은 심지어 매우 부조리한 이론을 개진하기까지 하는데, 그것에 따르면 화석들은 "마치 그것들이 언젠가 실제로 살아 있었다가 나중에 죽은 것인 것처럼 고찰되어서는 안 된다. 그것들은 죽은 상태로 태어난 것들이다.……그것은 유기적인 조형의 자연(organisch-plastische Natur)으로, 직접적 존재의 요소 속에서 유기적인 것을, 따라서 죽은 형태로서, 산출한다……"(§340Z, 9.360).

89) 헤겔 학파 중에서 진화사상을 자연철학 속으로 도입하고자 노력한 최초의 인물은 바이어호퍼(K. Th. Bayrhoffer)이다(1839f.). 헤겔이 논리적 발전 외에 시간적 발전을 받아들인 것은 오로지 정신철학에서일 뿐 자연철학에서는 그렇게 하고 있지 않다는 하름스(F. Harms)의 비난에 대해, 그는 1840년 "그러한〔논리적 발전과 시간적 발전의〕구별이 단지 개념의 필연성 여부에만 놓여 있다면, 이것은 사태의 이성〔성 그 자체〕에 대해서는 별로 상관이 없다"(2350)고 응수했는데, 이는 정확한 지적이다.

속으로 들어온다는 헤겔의 생각에 그 비판적 계승이 일치함에도 불구하고, 또는 일치한다는 바로 그 이유로—— 헤겔이 진화사상에 대해 허용했던 것보다 훨씬 더 큰 공간을 확보해주어야 한다——물론 이때의 97 우연성은 전적으로 자의적인 것이 아니라, 일정한 법칙들을 따르는 것이다.

끝으로 실재철학의 두 번째 영역인 정신철학에 관해 특히 한마디를 덧붙이자면, 자연철학에서와 마찬가지로 여기에서도 중요한 문제가 되는 것은 첫째, 예컨대 철학적 정신론도 발생적인 관점에서는 그것에 상응하는 경험적 개별학문에 의존하며, 둘째, 개념적으로 연역된 것에 대해서는 경험적 해석이 필요하다는 점인데, 이 점에서 존재와 당위의 차이에 근거해볼 때, 정신철학이라는 이러한 규범적 학문분과에서는 개념과 실재 사이의 일정한 편차를 배제할 수 없는 것이다(앞의 83쪽 이하 참조). 세 번째 계기는 철학은 다만 개별학문의 원리들을 제시하는 것으로 만족해야 한다는 것인데, 이 점에 관해서 보자면, 정신철학의 경우에는 변증법적 방법에 의거하여 단지 한 개별 영역의 원리에서 원리로 나아갈 뿐만 아니라, 계속하여 세밀한 부분으로까지 내려가는 것도 충분히 가능한 일이다. 헤겔이 특히 객관정신과 절대정신의 영역에 대해서 별도의 독립된 강의를 했으며, 그 강의들이 그 범위 면에서 미슐레가 새로이 삽입시킨 보론들까지 포함한 자연철학보다도 훨씬 더 광범하다는 사실이 이를 입증해준다. 아마도 이러한 사실의 근거는, 자연으로서의 정신보다는 "자신의 타자존재에서 자기 자신으로 복귀하는 이념"(Idee, die aus ihrem Anderssein in sich zurückkehrt, E. §18, 8.64)으로서의 정신이야말로 논리적 이념에서 전개된 변증법적 범주를 충실히 따른다는 점에 있을 것이다. 실제로 헤겔 이후의 개별학문의 발전 또한, 자연과학은 변증법적 방법이 없이도 유의미한 결실을 성취할 수 있는 반면에, 정신과학과 사회과학에서는, 그것들이 개별적인 문제를 상론하는 경우에도, 언제나 변증법적 고찰방식이 계속적으로 요구된다는 사실을 잘 보여준다. 마지막으로 우연의 문제에 관해 보자면,

정신의 영역에서도 우연이 발생한다는 점은 이론의 여지가 없는데, 이는 정신이, 그것이 개인의 정신이건 민족정신이건 간에, 바로 자연에 의해 매개된 것이기 때문이다.[90] 더 나아가 정신에는 우연성의 한 특수한 형식이 고유하게 주어져 있는데, 헤겔이 이미 『차이』에서 (2.108) 자연적 우연의 정신적 대응물로 인식하는 그러한 종류의 우연성은 바로 '자기 스스로를 주장하며, 자기 스스로를 인식하는 우연'이라고 표현될 수 있는 '자의'(Willkür)이다. 물론 헤겔에 따르면 이러한 〔자의라는〕 현상 역시 필연적인 것으로 파악될 수 있다(E. §377, 10.299). 그러나 그것은 정신의 수많은 행위가 비이성적이며 따라서 우연적이라는 것을 그 결과로 갖는다.[91]

98   물론 이러한 현상이 있다고 해서 ─그리고 무엇보다도 그 자체가 전적으로 정당한 것인 이성적 자유라는 현상이 있음으로 해서─ 자연철학에서보다 정신철학에서 훨씬 더 많은 합리성이 발견될 수 있다는 사실이 바뀌는 것은 아니다. 가령 빈델반트(W. Windelband) 같은 이의 현대적인 관점에 따르면 자연과학은 법칙정립적인(nomothestisch) 학문, 즉 보편적 법칙을 얻고자 노력하는 학문이며, 정신과학은 개별 사례에 의거한(idiographisch) 학문, 즉 개별 사건에 관계하는 학문인데,[92] 이러한 관점은 헤겔의 구상에 정면으로 대립되는 것이다. "나아

---

90) 특히 "인간학"의 첫 부분인 "자연적 영혼"을 다루는 E. §§391ff.를 참조할 것.

91) 13.136 참조. "자의는 다만 비이성적인 자유, 즉……우연적인 충동에서 비롯되는……선택과 자기규정일 따름이다."

92) 이러한 견해의 비판에 관해서는 예컨대 K. Popper (1965)를 참조할 것. 무엇보다도 포퍼는 자연과학에서도 개별 사례에 의거한 명제들이 있음을 지적했다(112ff.)─가령 어떤 특정한 소재에 대한 화학적 분석은 하나의 자연과학적 인식이지만, 그럼에도 한 개별자에 관계되는 인식인 것이다. 이와 함께 V. Hösle (1984a), 152ff.도 참조할 것. 이 책에서 나는 빈델반트식의 구분을 반박했으며, 정신과학의 목표 또한 보편적 법칙(예를 들면 심리학적 본성, 사회학적 본성, 경제학적 본성, 정치학적 본성, 발전논리적 본성)의 도출이라고 규정하였다. 물론 정신적 과정들이 지니는 복잡성에 근거하여 어떤 정신적 사건이 오로지 하나의 유일한 법칙에만 따르는 것은 아닌 반면에, 자연과학적

가 그것의 실존에서 보이는 그 모든 우연성에도 불구하고 자연은 영원한 법칙들을 따른다는 것을 사람들은 자연이 지니는 장점이라고 말한다. 그러나 그 점에 관해서라면 실로 자기의식의 영역도 마찬가지가 아닌가! 이는 〔신의〕 섭리가 인간사를 이끌어간다는 신앙에서 이미 인정되고 있다.——그렇지 않다면 인간사의 영역을 지배하는 이 섭리의 규정들은 한갓 우연적이며 비이성적인 것이어야 하지 않겠는가?"라고 헤겔은 『자연철학』 「서문」(§248A, 9.29)에서 ——물론 논증적이기보다는 자못 선언적으로이긴 하지만—— 말하고 있다. 그럼에도 과연 정신의 고유한 법칙들이 있는지에 관한 헤겔의 생각은 그다지 분명하지 않다. 『정신현상학』에서 그는 심리학적 법칙을 찾고자 하는 것은 무의미하다고 설명하고 있다(3.229ff.; 또한 5.393ff.도 참조).[93] 이 점에 관해 그가 특히 염두에 있는 것은 환경심리학(Milieupsychologie)인데, 이 학문분과가 외적인 영향에서 벗어날 수 있는 개인의 능력을 사상해버린다는 그의 논박은 결코 부당하지 않다(3.232).

우리의 맥락에서 중요한, 정신의 또다른 고유성에 헤겔은 커다란 가치를 부여하는데, 그것은 정신은 바로 자신의 행위와 인식의 근저에 놓여 있는 원리를 인식함으로써 그 원리의 힘을 지양하고 자신을 지배하는 법칙성에서 벗어날 수 있다는 사실이다.[94] 이러한 의미에서 그는 『법철학』 말미에서 스스로를 역사적으로 실현하는 정신에 관해 다음과 같이 말한다. "이러한 파악이 바로 정신의 존재이자 원리이다. 그리고 99 이러한 파악의 완성은 동시에 정신 자신의 외화이자 이행이기도 하다.

실험에서는 방해요인을 제거하는 것과 하나의 또는 소수의 법칙의 검증에 집중하는 것이 인위적인 조건을 통해 상대적으로 용이하게 이루어진다는 사실이 인정되어야 한다.

93) 이와 유사하게 헤겔은 생물학적 법칙의 존재에 대해서도 이의를 제기한다 (3.204ff.)——그러나 그 당시의 생물학 수준에서 이해될 수 있었던 것은 오늘날에는 거부되어야 한다.

94) 우리가 역사에서 배울 수 있다는 명제를 헤겔이 거부하는 것(12.17)의 이면에도 바로 이러한 생각이 깔려 있다.

형식적으로 표현하자면, 바로 이 파악하는 행위를 [다시금] 새로이 파악하는 정신, 그리고 ——같은 말이 되겠지만—— 외화로부터 자기 자신으로 복귀하는 정신이야말로 저 최초의 파악에 있던 자신보다 한층 높은 단계에 있는 정신인 것이다"(§343, 7.504; 12.96도 참조). 물론 헤겔의 『역사철학』은, 하나의 역사적 원리——그것이 파악되기에 앞서, 어떤 특정한 문화를, 그것이 지닌 그 모든 다양한 현상에도 불구하고, 마치 어떤 자연법칙에 대한 대응물인 것처럼 규정하는(12.87 참조)——가 끊임없이 반복해서 인식되고 지양된다는 구조 자체가 어떤 법칙들을 따르고 있다는 것을 구체적으로 증명한다. 아무튼 헤겔은 여러 민족정신에서 실현되는 원리들의 연속은 그 자체가 다시금 ——그가 분명하게 상정하고 있는 바와 같이—— 선험적으로 인식될 수 있는 하나의 더 높은 법칙을 따른다고 생각하는 것으로 보인다. 왜냐하면 헤겔이 보기에 정신철학의 영역에서는 이성적 법칙과 우연적인 시간적 발전 사이의 이원론이 타당하지 않기 때문이다. 오히려 여기에서 헤겔은, 자연철학에 대해서와는 달리, 개념적인 발전 말고도 하나의 역사적인 발전을 상정하는데, 이 후자는 물론 전자와 다른 것이기는 하지만,[95] 그럼에도 ——역사철학의 기획에서 보이듯이—— 개념에서 완전히 벗어날 수는 없는 것이다. 그렇지만 여기서 제기된 문제는 전체 헤겔 체계의 가장 큰 문제에 속한다. 따라서 헤겔에서 역사가 지니는 위치에 대한 물음에 관해서는 7.1장에서 상론하기로 한다.

이 지점에서는 다음을 분명히 하는 것으로도 충분하다. 물론 정신철학에서도 우연은 자신의 위치를 어느 정도 가지고 있지만, 그럼에도 우연은 첫째, 이념과의 근친성이 자연에서보다는 정신에서 훨씬 더 강하게 나타나기 때문에 [자연철학에서보다는 매우] 미약한 위상을 지니고 있다. 둘째, [정신의 영역에서] 우연은 ——자의라는 현상으로 말미암

---

95) 이에 대해서는 예컨대 R. §32A, 7.85; §256A, 7.397f.; E. §380, 10.17; §408Z, 10.170f.를 참조하고, 또한 ——개념적 전개와 개체발생적 전개 사이의 차이에 관해서는—— §387A, 10.39도 참조할 것.

아, 특히 자신의 태도를 지배하는 법칙들이 인식될 때 그것들을 [오히려] 지양할 수 있는, 정신의 특성으로 말미암아— 자연의 영역에서와는 다른 구조를 지니고 있다. 셋째, 정신의 영역에서는 —가령 인식능력의 체계나 객관정신이라는 사회적 제도들의 체계뿐만 아니라— 역사적인 발전 또한 개념에 의한 분석의 대상이 될 수 있는 것이다.

3.2.3. 실재철학적 범주들

헤겔의 실재철학 및 개별과학과 경험에 대한 그것의 관계에 대한 상세한 설명이 앞에서 충분히 이루어졌으므로, 실재철학적 범주들의 특징은 논리학의 범주들의 특징과는 달리 상대적으로 짧게 말해질 수 있다.

① 실재철학적 범주들은 논리학적 범주들보다 더 구체적이다. 그것들은 최고의 논리학적 범주인 절대이념을 통해 매개되어 있다. "[자연과 정신에 관한] 이러한 구체적인 학문들은……논리학에서보다 더욱 실제적인 이념의 형식으로 나아간다"(6.265). 이러한 의미에서 헤겔은 자연철학과 정신철학을 심지어 때로는 —"응용"이라는 용어가 비록 유한한 초월철학의 입장을 시사하기 때문에 다소 적절치 않은 것임에도 불구하고— "응용된 논리학"(E. §24Z2, 8.84; 4.11 참조)이라고 부르기도 한다.[96]

② 더 구체적인 것으로서의 실재철학적 범주들은 보편적인 논리적 규정들에 대립하여, 존재의 특수한 영역에 관계한다.[97]

---

96) 6.405 참조. "따라서 실제로는 어떤 응용의 관계는 일어나지 않을 것이다." 그리고 E. §43Z, 8.120도 참조하라. 이념으로부터 자연과 정신에 이르는 전진은 "그럼으로써 마치 논리적 이념에다 그 이념에 생소한 어떤 내용이 밖으로부터 주어지는 것처럼……이해되어서는 안 된다." 오히려 그 전진은 "스스로를 자연과 정신으로 계속해서 규정해가고 전개시키는, 이념의 고유한 자기활동이라고 이해되어야 한다." 이 점에 관해서는 Puntel (1973), 64, 81f., 115를 참조할 것.

97) E. §312A, 9.203 참조. 여기에서 헤겔은 자성(磁性)과 같은 범주가 지니는 부분존재론적 성격을 자연의 근본규정인 상호외재성(Außereinander)에 의거해 근거짓는다. "한 개념형식이 자연 속에 현존한다는 것을 드러내기 위해,

③ 실재철학의 첫 번째 범주, 즉 —모든 자연적인 것과 모든 정신적인 것은 시공간적으로 규정되기에— 모든 실재적인 것을 지배하는 공간과 시간도 마찬가지로 특수존재론적 범주로 여겨져야 한다. 왜냐하면 논리적인 것에 관해서는 공간〔성〕과 시간〔성〕이 언급될 수 없으며, 그럼으로써 또한 공간과 시간은 **범주로서의** 그것들 자체에 관해서는 논의될 수 없기 때문이다. 따라서 실재철학적 범주들은, 논리학의 범주들과는 달리, 자기관계적이지 못하다. 이 점은 자연철학적 범주들에만 해당하는 것이 아니다. 즉 정신철학적 범주들에 대해서도 이 점은 이미 타당하다. 왜냐하면 정신철학적 범주들은 구성적인 면에서 바로 자연적 범주들을 통해 매개되었기 때문이다. 그러나 이 점에 구애받지 않더라도 우리는 영혼의 개념은 영적인 것일 수 없다고, 즉 한갓 심리학적인 것일 수 없다고 말해야만 한다. 주의해야 할 것은, 그렇다고 해서 실재철학적 범주들의 **의미**가 어떤 비반성적인 것을 가리키는 것은 아니라는 점이다. 왜냐하면 생명은 —비록 생명의 범주는 아니더라도— 이미 자기관계적인 어떤 것이며, 따라서 더 나아가 정신은 당연히 자기관계적인 것이기 때문이다.

④ 실재철학적 범주들에는 어떤 실재적인 것, 시공간적인 것, 즉 경험과 표상의 대상이 될 수 있는 것이 상응한다. 물론 실재철학적 범주들도 여러 구체적인 존재자를 포괄하며, 하나의 실재철학적 규정과 하나의 개별적 사물 사이의 일대일 대응은 생각할 수 없다—예컨대 "생명"은 오로지 다수의 생명체로서 실존하며, 양(量)은 오로지 무수한 양적 관계 속에서만 실재한다. 그러나 그럼에도 불구하고, 논리학적 범주들이 또한 그것들 자체의 심급으로 여겨질 수 있는 반면, 실재철학적 범주들에는 자기관계성이 결여되어 있음으로 인해 이러한 연관이 필연

마치 그 형식이 〔논리학에서처럼〕 하나의 추상적인 형태로 존재할 때와 같은 규정성 속에서 **보편적으로 존재해야** 한다는 식으로 말한다면, 그것은 철학적이지 못한 생각이다. 오히려 자연은 상호외재성의 요소 안에 있는 이념인바, 그것은 오성처럼 개념의 계기들을 분산시켜 고정시킨다……."

적이다.

지금까지 우리가 열거한 점들은 논리학적 범주들과 실재철학적 범주들 사이의 **차이**를 가리킨다. 그러나 이 두 범주 영역 모두에 본질적으로 주어지는 고유성 또한 존재한다. 즉 그 두 범주 영역은 하나의 상호대응적 관계(Entsprechungsverhältnis) 속에 있어야 한다. 논리학은 실재철학을 작동시키는 "프로그램"이어야 하며, 실재철학은 "실행된 논리학"(ausgeführte Logik)이어야 한다. 이제 이러한 상응에 관해 논의할 차례이다.

3.3. 논리학과 실재철학의 상응 문제

논리학적 범주들과 실재철학적 범주들 사이의 여러 차이에도 불구하고, 그것들 사이에 하나의 상응이 성립해야 한다는 것은 이미 개괄적으로 언급되었다. 그런데 그 상응은 어떠한 방식의 것인가? 내 생각으로는 이 상응에 관해서는 두 개의 상이한 지평이 거론될 수 있다고 보인다. 그리고 실로 헤겔 자신도 이와 연관하여 서로 다른 의미에서의 상응을 말한 바 있다.[98]

3.3.1. 원환적 상응

좀 진부하기는 하지만 그럼에도 많은 헤겔 해석가들이 선호하는 첫 번째 상응방식은, 헤겔에게서는 거의 모든 구분이 바로 절대이념의 전범에 따라 삼분법적으로 이루어져 있다는 사실에 의거한다. 따라서 각각의 경우마다 "정립적"(thetisch)인 규정에는 "정립적" 규정이, "반정립적"(antithetisch)인 규정에는 "반정립적" 규정이 그리고 "종합적"

102

---

98) 나는 이 장에서는 『논리학』의 주해 부분에서 가끔씩 보이는 실재철학적 사례들의 문제를 거론하지 않겠다. 이 점에 관해서는 예컨대 Puntel (1973), 77-84를 참조하라.

(synthetisch)인 규정에는 "종합적" 규정이 상응하게 하는 것은 설득력이 있다.[99] 이에 먼저 존재논리학, 본질논리학 그리고 개념논리학으로 나뉘는, 헤겔 논리학의 맨 첫 번째의 삼분적 방식으로 된 대략적 구분을 끌어들이자면, 하나의 실재철학적 영역을 이루는 세 부분은 논리학을 구성하는 세 권의 책에 나란히 대응될 수 있다. 헤겔 스스로도 이러한 방향성을 다분히 시사한다. 이에 명백히, 헤겔『자연철학』의 제1부인「역학」의 첫 번째 규정——즉 공간·시간·운동·물질——은 존재논리학의 첫 번째 범주들에 대응하며,[100] 자연철학의 제2부「물리학」의 첫 번째 대상인 "자유로운 물리적 물체들"은 본질논리학의 시작부에 나오는 반성규정들에 대응하며,[101] 끝으로 "유기적 물리학"은 개념논리학에 대응한다.[102] 이러한 방식의 상응관계는 1969년에 니콜린(F. Nicolin)에 의해 비로소『헤겔 연구』(Hegel-Studien)에 실린「헤겔의 철학대계 강의록」(Diktaten aus einer Enzyklopädie-Vorlesung)——이 강의록이 아직『하이델베르크 철학대계』와 많은 연관을 지니고 있긴 하지만——에서 분명하게 제시되고 있다. 이 강의록에서 우리는 다음의 구절을 읽을 수 있다. "나아가 그와 마찬가지로 자연이념은 〔①〕 '존재'로서는 역학적 자연이며, ② '본질' 또는 '반성'의 영역으로서는 비유기적 자연이며, ③ '개념'으로서는 바로 유기적 자연이다"(21). 이 구절에 바로 연이어 헤겔은 같은 인용문에서 논리학의 세 부분을 또한 주관정

---

99) 16.65 참조. 삼분구조의 리듬은 "그러나 또한 앞에서 말한 세 가지 계기들 모두에서 다시 반복된다. 왜냐하면 그 계기들은 모두가 각기 자신의 규정성에서는 그 자체로 총체성이기 때문이다."

100) 이에 대한 좀더 상세한 설명은 106쪽 이하를 보라.

101) "물리학"의 시작부인 §274의 보론에서 헤겔은 다음과 같이 분명하게 말한다. "이리하여 우리는 논리적으로는 본질의 영역에 들어간다"(9.110). 그리고 본질논리학에 관해서 그것이 "논리학의 (가장 어려운) 부분"이라고 일컬어지듯(E. §114A, 8.236), "물리학"은 "자연에서 가장 어려운 부분"이라고 특징지어진다(§273Z, 9.110).

102) 5.58과 6.469ff.를 참조할 것. 이 두 지점에서는 이념의 첫 번째 규정인 생명이 다루어진다.

신의 세 부분에 대응시킨다. "정신은 〔①〕 존재로서는 **영혼**이고, ② 본질 또는 반성의 단계로서는 의식이며, ③ 개념으로서는 **정신 그 자체이다**"(21f.).[103] 이후에 더욱 명확하게 드러나는 근거로 인해 헤겔은 방금 인용된 서술에서 객관정신과 절대정신을 거론하고 있지는 않다. 그렇지만 여기에서도 '추상법'은 존재논리학에, '도덕성'은 본질논리학에[104] 103 그리고 '인륜성'은 개념논리학에 상응하고 있으며, 이와 마찬가지로 인륜성 부분에서도 가족·시민사회·국가는 각기 논리학의 세 부분을 거치는 것임이 분명하다.[105] 이와 비슷하게 절대정신의 영역에서도 예술이 지니는 직접적 자연성에서 존재논리학적 구조를, 종교적 표상이 지니는 여러 형태의 이원론에서 본질논리학적 구조를, 그리고 자기 스스

---

103) E. §387도 참조할 것. 여기서 정신은 "인간학"의 대상일 경우에는 "즉자적인 또는 **직접적인**" 것으로, "현상학"의 대상일 경우에는 "아직 자기와 타자 속으로의 반성으로서, 대자적인 또는 매개된 것"으로, 그리고 끝으로 "정신론"의 대상일 경우에는 "대자적 주체"로 특징지어진다(10.38)——그리고 §412Z, 10.197f.에서는 논리학의 세 영역을 명확하게 언급하는 가운데, 의식으로서의 정신은 존재의 형식을 벗어나 본질의 형식을 취한다고 분명히 말해지고 있다(또한 §414, 10.201도 참조. "자아로서의 정신은 **본질**이다." §413, 10.199에서 자아는 빛——이는 자연이 지니는 최초의 본질논리학적 규정이다——과 비교되고 있다). 그리고 끝으로 §441, 10.232에서 정신(본래적 의미에서의)은 "개념으로서" 존재한다고 말해진다(또한 §439, 10.229도 참조).

104) R. §33, 7.87 참조. 이 대목에 따르면 의지는 추상법에서는 "직접적"이며(§34Z, 7.93과 §40, 7.98 참조), 도덕성에서는 "자신 속으로 반성된" 것이어야 한다(또한 §142, 7.292도 참조). R. §108, 7.206에서 도덕성은 (본질논리학적으로 규정된) 의식과 비교된다. 논리학의 세 부분과 법철학의 대응에 관해서는 특히 Rosenkranz (1944), 331을 볼 것.

105) R. §157, 7.306; E. §517, 10.319 참조. 시민사회가 지니는 본질논리학적 성격은 예를 들면 R. §181, 7.338; §189, 7.346; §209, 7.360과 특히 E. §532, 10.328에서 분명히 드러난다. 즉 이 지점들에서 시민사회로부터 국가로 가는 이행(경찰제도와 조합구성에서 가장 먼저 이루어지는)은 맹목적 필연성으로부터 개념의 보편성으로 가는 논리학적 이행의 범주들을 통해 통찰되고 있다. 끝으로, 국가가 갖는 개념논리학적 구조는 특히 R. §272, 7.432 ff.에서 드러난다.

로를 파악하는 철학에서 개념논리학적 구조를 발견하는 것은 그리 어려운 일이 아니다.[106]

물론 이러한 도식은 계속해서 적용될 수 있다(예컨대 『종교철학』의 세 부분뿐 아니라, 그 중 제1부의 세 장도 이러한 모델에 따라 해석될 수 있다). 그런데 바로 여기에 위험이 놓여 있다. 왜냐하면 논리학과 실재철학의 관계 문제를 이러한 방식으로 해결하고자 하는 이들[107]은 어떤 점에서는 바로 헤겔이 『정신현상학』 「서문」에서 공격하는 셸링주의자들의 형식주의로 빠져드는 것이 되기 때문이다.[108] 그러한 형식주의는 너무나 부당하게도 "어떤 형태에 관해 도식의 어떤 하나의 규정을 〔그 형태에 주어지는〕 술어로서 언명하면 그 형태의 본성이나 생명이 파악되고 표현된다는 식으로 여기는" 과오를 저지른다. "그 술어가 주관성이든 객관성이든, 자성이든 전기 등이든, 또는 수축이든 확장이든, 또는 동쪽이든 서쪽 등등으로 무한하게 다양화될 수 있는데도, 이 형식주의는 단지 그것이 술어로서 언명될 수만 있다면 충분한 것으로 치부한다. 왜냐하면 이러한 방식에 의하면 그 어떤 규정이나 형태이건 간에 그것은 다른 경우에도 다시금 도식의 형식이나 계기로 사용될 수 있으며, 결국 그 중 어떤 것이든 서로가 서로에게 고마움을 느끼면서 동일

104

---

106) E. §§556ff., 10.367f. 그리고 §560, 10.369에서는 예술의 직접성이 논해지며, §565, 10.374에서는 종교적 표상에 반성규정들이 배속되며, §566, 10.374에서는 종교에서 형식과 내용의 차이가 밝혀지며, 끝으로 §572, 10.378에서는 철학적 앎이 "예술과 종교의 사유적으로 인식된 개념"으로 해석되고 있다.

107) 예컨대 푼텔 같은 이가 이러한 부류에 속한다. L. B. Puntel (1973), 119, 126 참조.

108) 이러한 위험은 이미 헤겔의 직계 제자들에게서도 보인다——예컨대 치츠코프스키(A. v. Cieszkowski, 1838; 55ff.)는 심지어 (역학 · 화학 · 목적론과 같은) 논리학의 개별적 범주들까지도 실재철학의 모든 가능한 삼분화된 부분에 대응시킨다. 그에 대한 로젠크란츠의 반박은 실로 정당하다. 이미 1862년에 그는 이러한 "추상적 도식주의"와 "외면적 대응"은 바로 "낡은 셸링 학파의 방법으로 되돌아가는" 퇴보라고 비난하였다(40).

한 봉사를 해주기 때문이다――그러나 실은 이러한 상호성의 순환논법을 통해서는 우리는 결코 사태 그 자체의 본질을 알 수 없으며, 또한 이것의 본질도 저것의 본질도 결코 알 수 없다"(3.48f.; E. §359A, 9.471 참조).

실제로 그와 같은 이른바 원환적(圓環的, zyklisch)인 상응[만]을 [유일하게 가능한 상응으로] 제시하는 것――물론 이 '원환적' 상응이 존재한다는 점과, 그 상응이 심지어 때때로는 비록 조금 부족하긴 해도 우리에게 유의미한 인식을 제공하기도 한다는 점은 이론의 여지가 없긴 하지만――은 두 가지 근거에서 불충분하다. 첫째, 앞에서 인용한『정신현상학』「서문」의 구절에서 헤겔이 암시하듯, 이러한 방식으로는 특정한 실재철학적 구조가 지니는 특수한 차이(differentia specifica)가 파악되지 않는다. 왜냐하면 설령 "물리학"이나 "도덕성" 부분이 본질논리학적 법칙을 따른다는 것을 인정할 수 있다손 치더라도, 그것으로는 도덕성과 물리학이 동일한 것이 아님이 명백함에도 불구하고, 이 두 영역의 차이가 어디에 존재하는지가 여전히 파악되지 않기 때문이다. 이보다 더욱 중요한 것은 두 번째 근거이다. 그러한 [원환적] 상응을 제시하는 것으로는 실재철학이 완결된 것임을 원칙적으로 입증할 수 없다. 이점과 연관하여 내가 염두에 두는 사실은, 헤겔에서 대부분의 경우 ――『철학대계』의 해당 구절들을『법철학 강요』그리고 세계사에 관한 강의와 절대정신에 관한 강의와 비교함으로써 드러나듯이―― 하나의 개별적 범주를 계속해서 (그것도 대부분 삼분적으로) 세분화시키는 것이 여전히 가능하다는 것이 아니다. 오히려 내가 염두에 두는 것은 바로 실재철학의 최종범주에 관한 문제이다. 선험적인 체계에서 실재철학의 최종범주는 오로지 그것이 논리학의 최종범주와 상응함으로써만이 진정 최종적인 것으로 입증될 수 있다. 그렇지만 이미 "유기체론"이 개념논리학에 상응하는 것이라면, 어째서 실재철학은 유기체론으로 아직 종결되지 않는 것일까? 또는, 왜 "정신론"으로 종결되지도 않는가? 또는, 범주의 진행을 계속 진행시키고자 한다면, 도대체 어떻게 해서 우리는 절대정신이 실재철학의 최종범주라는 것을 알 수가 있을 것인가? 헤겔처럼 오로지 개념으로부터의 연역만을 철학적으로 허용된 논증으로 여기는 사상가의 입장에서는 "경험에서 나온" 대답은 허용되지 않는다.

3.3.2. 직선적 상응

논리학과 실재철학의 관계에 대한 물음과 관련하여 방금 언급한 첫 번째 대답에서 비롯된 아포리아로 인해, 우리는 두 번째로, 실재철학은 어떠한 방식으로든 논리학의 과정을 반복한다고 상정하지 않을 수 없게 된다. 즉 논리학의 시작은 실재철학의 시작에, 그리고 논리학의 종105 결부는 실재철학의 종결부에 상응해야 한다는 것이다. 실제로 헤겔에게서는 그와 같은 **직선적인**[109] 상응관계에서 출발하는 지점들이 있다. 그 중에서 특히 중요하고 분명한 지점은 대논리학의 「서론」 말미에 씌어져 있는 "논리학의 일반적 구성"(Allgemeine Einteilung der Logik)에 있다.[110] 거기에서 헤겔은 '객관논리학'과 '주관논리학'이라는, 논리학의 첫 번째 구분[111]은 '비유기적인 것'이라는 한편과 '유기적이고 정신적인 것'이라는 다른 한편이라는, 실재적인 것의 구분에 상

---

109) 여기에서 '원환적'의 반대개념으로서의 '직선적'이라는 말은 곧 '통과적' (durchgehend)을 뜻한다. 이 책의 다른 지점들에서 나는 '직선적'을 주로 '변증법적'의 반대개념으로 쓰고 있는데, 그 경우의 '직선적'은 세 번째 지절이 그 앞의 두 지절의 종합이 아니라 오히려 두 번째의 지절로부터 말하자면 부가적으로(additiv) 도출되는 방식으로 이루어진 질서를 의미한다.

110) 다음과 같은 『종교철학』의 구절은 비록 『논리학』의 구절보다 불명확하기는 하지만, 그럼에도 그와 동일한 방향성을 보여준다. "따라서 신 그 자체에서의 신의 전개는 우주의 전개와 동일한 논리적 필연성이다. 그리고 우주 그 자체는 오로지 그것이 모든 각각의 단계에서 바로 이러한 형식으로 전개되는 한에서 신적이다"(16.113).

111) 주지하듯이 『논리학』의 구성에는 두 가지 방식이 있다. 하나는 이분법적이며 다른 하나는 삼분법적이다. 이러한 기이한 사실에 관해서는 4.2.1.1장에서 자세히 논할 것이다.

응한다고 말한다.[112] "이렇게 전체 개념은 한편으로는 존재하는 개념으로서, 다른 한편으로는 개념으로서 고찰될 수 있다. 전자의 경우 개념은 단지 즉자적 개념으로, 즉 실재의 개념 또는 존재의 개념으로 존재하며, 후자의 경우 개념은 바로 개념 그 자체, 즉 대자적으로 존재하는 개념이다(이 대자적으로 존재하는 개념은, 구체적인 형식으로 말하자면, 바로 사유하는 인간에게 있다. 하지만 그것은 감정이 있는 동물과 유기적인 개체 일반에도 ——물론 의식된 개념도, 인식된 개념도 아니기는 하지만—— [어느 정도] 있다. 그러나 즉자적인 개념은 단지 비유기적인 자연에만 있다).——이에 따라 논리학은 우선 존재로서의 개념의 논리학과 개념으로서의 개념의 논리학 또는…… 객관적 논리학과 주관적 논리학으로 구분될 수 있다"(5.58).

방금 언급한 상응관계는 실로 설득력이 있다. 이미 74쪽에서 보았듯이, 논리학적 범주들을 [예르만의 제안에 따라] '즉자적으로 반성적인 범주들'과 '대자적으로 반성적인 범주들'로 ——즉 객관적 논리학과 주관적 논리학의 범주들로—— 나누는 것은 의미심장하다. 그리고 [이에 따른] 상응관계 역시 설득력이 있다. 즉 비유기적인 자연——객관적 관념론의 확신에 따르면 이 역시 개념에 전적으로 생소한 것일 수 없다——에는 단지 즉자적으로 반성적일 뿐인 범주들, 즉 객관논리학적 범주들이 상응하며, 실재에서 반성성을 실현하는 구조인 정신에는 주관논리학적 범주들이 상응한다. 다만 유기적 자연이, 정신과 더불어 주관논리학에 대응하도록 설정됨으로써, 정신에 가까운 것으로 여겨진다는 것은 다소 이례적이다.[113] 이러한 대응이 이례적인 것은 단지 현실적인 것의 영역에 존재하는 간격과 관련하여 우리가 자연적인 것 106 과 정신적인 것 사이의 격차를 비유기적인 것과 유기적인 것 사이의

---

112) 객관논리학과 주관논리학의 관계가 곧 자연철학과 정신철학의 관계와 동일하다는 리트의 주장(1953; 244)은 정확하지 못하다.

113) 헤겔은 개념논리학(6.257; E. §161Z, 8.309)과『자연철학』(예컨대 §248Z, 9.29; §251Z, 9.37; §336Z, 9.336)에서도 이러한 대응관계를 확인한다.

격차보다 더 큰 것으로 여기는 것이 일반적이고 또한 더 충분한 근거를 가진다는 이유에서만은 아니다. 즉 그것은 또한 순수 체계내적으로 논증하더라도 이례적인 것인데, 그 까닭은 헤겔 자신도 실재철학에서 자연과 정신 사이에 가장 큰 구분선을 그으며, 또한 비유기적인 것과 유기적인 것을 함께 자연철학 속으로 편입시키기 때문이다.[114]

이 문제는 뒤에 가서 다시 한 번 상론하겠다. 나는 먼저 60쪽 이하에서 제기된 물음, 즉 논리학과 실재철학 사이의 그러한 직선적 상응이 어떤 식으로 전개될 수 있는가 하는 물음부터 다루고자 한다. 그러한 상응은 거시구조를 언급하는 것으로 완전히 해명되는가? 아니면 그것은 훨씬 더 세밀한 것인가? 그리고 나아가, 그러한 대응은 ─논리학적 범주들의 보편존재론적인 성격을 감안할 때─ 도대체 가능한가?

3.3.2.1. 논리학의 출발과 실재철학의 출발

헤겔 스스로도 자신의 출간된 저작들에서는 좀더 개별적인 부분으로 세분화되는 상응에 대한 생각을 결코 더 자세하게 논의한 적이 없다. 그러나 그는 그 점에 관해 참고할 만한 몇몇 언급을 제공하였다. 따라서 바로 논리학의 출발부와 실재철학의 출발부 사이에서 대응관계를 알아차리는 것은 어려운 일이 아니다. 이 두 출발부는 심지어는 일대일 대응을 말할 수 있을 정도로까지 자세하게 기술되어 있다. 즉 존재(Sein) · 무(無, Nichts) · 생성(Werden) · 현존재(Dasein)는 각각 공간 · 시간 · 운동 · 물질에서 분명하게 재연된다. 공간이 "추상적 보편성"(E. §254, 9.41)으로 지칭될 경우, 그것이 바로 존재의 "순수한 추상"을 암시한다는 사실이 간과되어서는 안 된다.[115] 게다가 『철학대계』판 논리학의 맨 마지막 절에 대한 보론에서도 절대이념은 바로 그것의

---

114) 실제로 헤겔이 자연철학 전체를 본질논리학에 대응시키고, 반대로 정신철학을 개념논리학에 대응시키는 지점도 한 군데 있다. 이 점에 대해서는 뒤의 110쪽을 참조하라.

115) E. §87, 8.186. 또한 4.91, 433 그리고 5.87도 참조할 것.

출발지점으로 되돌아간다고 분명하게 언급되고 있다. 그럼으로써 여기서 우리는 "존재로서의 **이념**"(§244Z, 8.393)을 보고 있는 것이다.[116] 나아가 운동에서 물질로의 이행은 **생성**에서 **현존재**로의 이행에 대응된다. "그러나 마찬가지로 이러한 생성〔즉 운동〕은 그 자체가 그것이 지닌 모순의 해소, 즉 양자의 **직접적으로 동일한 현존재적 통일**, 곧 물질이다"(E. §261, 9.56). (물론 이러한 대응이 그리 원만한 것은 아니다. 왜냐하면 시간은 무와 대응되는 것이 아니라——이 점은 실로 중요하다[117]——"**직관된 생성**"이라고 불리기 때문이다. §258, 9.48; §258A, 9.49 참조.) 107

그러나 자연철학이 계속 전개되는 가운데, 그리고 정신철학에 가서는 더더욱 논리학에 대한 이와 같은 상세한 대응은 더 이상 보이지 않는다. 물론 몇몇 적절한 지점에서는 실재철학적 규정들에 대응되는 논리학적 범주들이 항상 등장한다(예컨대 "물리학"의 첫 번째 규정인 빛은 "자신과의 순수한 동일성"으로 이해되고 있는데〔§275, 9.111〕, 명확히 이는 〔『철학대계』판〕 논리학의 첫 번째 범주를 떠올리게 한다). 그러나 헤겔은 이것 이상으로는 대응관계를 그다지 철저하게 적용하지 않는 것으로 보인다. 앞에서 인용한 『하이델베르크 철학대계』의 구절(여기에서도 이미 자연철학은 베를린 시기의 철학대계에서와 마찬가지로 역학〔수학 대신에〕·물리학·유기체론으로 구성되어 있으며, 존재논리학과 역학 사이에는 정확한 상응관계가 설정되어 있다. 물론 여기에서의 상응관계는 그다지 설득력이 없다고 보인다)에서도 ——거기에 수록된 텍스트에서는 언제나—— "물리학"의 시작부인 "자유로운 물리

---

116) 물론 이 말은 이념이 자연으로 된다는 것을 가장 우선적으로 의미한다. 그러나 우리는 이 구절을 '자연의 첫 번째 규정——즉 공간——에서 바로 존재가 다시 등장한다'는 의미로도 이해할 수 있다.
117) 헤겔은 시간을 줄곧 "자기 외 존재의 부정적 통일"(die negative Einheit des Außersichseins, §258, 9.48)이라고 부르며, 또한 "외면성의 부정성"(§258A, 9.49)이라고 일컫는다.

적 물체들"에 대응되어야 할 반성규정들에 대한 언급은 이어지지 않는 다(28f.).——이 인용문에서 보이는 존재논리학과 역학의 관계를 살펴 보면, 여기에서의 상응관계는 다음과 같다. (질의 첫 부분뿐만 아니 라) 질 전체가 공간과 시간에 대응한다. 물론 공간은 (앞에서 설명했 듯이) "직접적으로 추상적인 존재"에도 대응한다. 그럼에도 ——물질 에 가서야 비로소 그러한 것이 아니라—— 이미 "공간의 여러 **차원과 추상적 형태들**"은 현존재의 실재철학적 대응물이다. 끝으로 시간은 부 정성으로서 대자존재에 대응한다. 그 다음으로 양은 물질의 규정들 속 에서 전개된다——즉 순수 양은 물질 그 자체에서, 정량은 질량이라는 물질의 규정에서 그리고 양적 관계는 물질의 운동에서 전개된다. 마지 막으로 척도들의 영역은 "하늘에 있는 물체들의 체계"에서 실재화된 다(28).[118]

이와 같은 대응관계에서 만족스럽지 못한 것은 무엇보다도 공간의 차원들이 이미 현존재를 표현한다는 사실이다. 왜냐하면 삼차원의 공 간을 〔현존재가 아닌〕 바로 존재의——오로지 존재만의—— 실재철학적 대응물로 이해할 때, 실재철학적 범주가 논리학적 범주보다 얼마만큼 108 더 많을 수 있는가 하는 문제가 해결될 수 있기 때문이다. 다시 말해 존 재와 공간 사이에 놀랄 만한 유사성이 있음을 인정한다 하더라도——이 두 범주는 그 어떤 구체적 규정도 얻지 못한 총체적 공허이다——,[119] 공간은 그것에 고유한 하나의 규정성, 즉 삼차원성에 의해 존재와는 구

---

118) 이에 대해서는 주 80과 E. §107Z, 8.225 참조. 여기서 태양계는 "자유로운 척도들의 영역"으로 불린다.

119) 추상적인 오성형이상학에서는 바로 이 두 범주가 그 자체로 신의 규정들로 서 특히 즐겨 거론되었다. 신과 공간이 동일한 속성을 지닌다는 모어(H. More)의 견해에 관해서는 예컨대 A. Koyré (1957), 138ff.를 보라. 모어가 뉴턴에 대해, 그리고 공간을 신의 '감각기관'(sensorium)으로 여기는 뉴턴 의 이론에 대해 끼친 영향에 대해서는 예컨대 M. Jammer (1980), 118ff.를 보라.——칸트 역시 『판단력비판』 B 606/A 578에서 여전히 최고의 실재 개 념으로서의 신을 공간과 비교한다.

별되는 것이기 때문이다. 물론 이러한 차이를 설명하기 위해서는 또 하나의 논리학적 범주가 동원되어야 한다. 그럼에도 『철학대계』에서 헤겔 자신은 이를 위해 그 다음의 범주인 현존재로 소급하지 않고, 오히려 논리학의 마지막 범주로, 즉 논리학적 범주들과 실재철학적 범주들 사이의 경계를 이루는, 세 부분으로 나뉜 절대이념으로 소급한다. 왜냐하면 공간이 지니는 삼차원성은 공간이 ——존재와는 달리—— 절대이념에 의해 관통되고 있음을 보여주기 때문이다. 헤겔에 따르면 세 개의 차원은, 비록 가장 추상적인 형식으로이긴 하지만, 개념의 본성을 재생산한다(§255A, 9.44). 여기서 우리는 어째서 실재철학적 범주가 논리학적 범주들이 단순히 반복되는 것보다 더 많이 존재하는지를 파악하게 된다. 절대이념을 통해 매개된 것이기 때문에 실재철학적 범주들은 그것들의 논리학적 대응범주들보다 더 구체적이다. 즉 실재철학적 범주들은 그것들에 대응하는 논리학적 범주들에는 아직 없는, 더 이상 전개된 논리학적 범주들을 자신 속에 계기로 지니고 있는 것이다.[120] 게다가 실재철학적 범주들은 절대이념의 **외화운동**을 통해 구성된다. 따라서 존재는 공간에서는, 비록 추상적이긴 하지만, "상호외재성"으로 나타난다(§254, 9.41). 아직 비규정적인 방식으로이긴 하지만 삼분적으로 지절화된 추상적 상호외재성——헤겔에 의하면 바로 이것이 공간의 개념이다. 따라서 단지 존재만이 아니라 절대이념과 그것의 외화운동 또한 공간의 계기가 된다.[121]

나아가 우리는 어떤 한에서 논리학적 범주가 ——그것들이 모든 존재

---

120) 이와 유사하게 ——헤겔을 벗어나 플라톤과 연관해서 보면—— 물질은, 그것이 **실재적인** 현존재이기 위해서는, 현존재의 논리적 개념에는 전혀 없지만 현존재의 실재성을 위해서는 결코 없어서는 안 되는 특성을 지녀야 한다고 말할 수 있을 것이다. [예컨대] 대칭[또는 균형(Symmetrie)]은 공간과 시간에서의 불변성을 의미하며, 그럼으로써 생성을 뛰어넘어 현존재에 주어지는 안정성을 가능케 한다.

121) 나아가 공간은 **양적**으로 규정된다(§254A, 9.42)——5.1.2장에서 본격적으로 지적되겠지만, 이는 커다란 문제를 일으키는 규정이다.

자에게 주어지는 것임에도 불구하고—— 특히 하나의 실재철학적 범주나 영역에 더 두드러지게 귀속될 수 있는지를 바로 여기에서 보고 있다. 모든 실재적인 것은 **존재한다**——그러나 존재의 비규정성은 공간에서 특히 두드러지게 나타난다. 모든 것은 **생성**(변화)**한다**——그러나 실재적인 것에서 이 규정은 운동에 의해 가장 순수하게 현실화된다. 물론, 헤겔이 말하듯이, 도덕적인 것도, 즉 정신적인 어떤 것도 "존재의 영역 안에서 고찰될" 수 있다(5.441). 그러나 도덕적인 것을 존재논리학적으로 범주화할 경우 그것의 하위국면 가운데 단지 하나가 파악될 뿐인 반면, 공간과 운동을 각각 존재와 생성으로 규정하는 것은 바로 그것들의 본질을 파악하는 것이다. 즉 공간과 운동에서 존재와 생성은 실존으로 되는 것이다. 따라서 물론 모든 논리학적 범주는 모든 실재철학적 범주에 우연적으로는 주어질 수 있지만, 그럼에도 특정한 실재철학적 범주의 본질(Essenz)을 구성하는 것은 오로지 특정한 논리학적 범주뿐이라고 말할 수 있다.[122] 그리고 여기서 중요한 문제가 되는 것은 바로 이러한 특정한 논리학적 범주와 특정한 실재철학적 범주 사이의 관계이다.

마지막으로 이러한 규정들 사이에 하나의 일대일 대응관계가 과연 성립하는가라는 물음을 살펴보면, 내가 보기에 그러한 일대일의 대응이 오로지 최초의 논리학적 범주와 최초의 실재철학적 범주 사이에서

---

122) E. §90Z, 8.195 참조. "계속해서 질은 본질적으로는 단지 유한한 것의 범주일 뿐이다. 그렇기 때문에 질이라는 범주는 정신적 세계가 아니라 오로지 자연에서 그것의 고유한 위치를 차지한다. 가령 자연에서 산소 · 질소 등과 같은 이른바 단순한 소재는 실존하는 질로서 고찰될 수 있다. 그에 반해 정신의 영역에서 질은 단지 어떤 하위의 방식으로만 나타나는 것이지, 마치 그것을 통해 정신의 어떤 특정한 형태가 완전히 규명된다는 식으로 나타나는 것이 아니다." 좀더 정확히 말하자면 이때 헤겔은 본래적 의미에서는 오로지 정신착란만이 정신의 질로 여겨질 수 있다고 생각한다(8.196).——이에 상응하여 척도라는 더 상위의 범주는 먼저 태양계에서, 그리고 유기적인 것에서 다시 유효한 범주가 되는 반면, 비유기적인 것에 대해서는 그러한 의미를 지니지 못한다. E. §107Z, 8.225.

만 드러날 수 있다는 것은 우연이 아니라고 여겨진다. 왜냐하면 그 이후의 실재철학적 범주들은 단지 『논리학』에 의해서만 제약되는 것이 아니기 때문이다——즉 그것들은 또한 선행하는 실재철학적 범주들을 통해서도 매개된다. 그러나 이 실재철학적 범주들은 그것들에 대응하는 논리학적 규정들을 그저 되풀이하는 것이 아니라, 무엇보다도 이념의 외화에서 비롯되는, 그것들 고유의 특징을 지니는 것임을 우리는 보았다. 이제 이러한 [실재철학적 범주의 고유한] 특징들은 점점 더 뚜렷하게 드러날 수밖에 없다. 왜냐하면 최초의 실재철학적 범주가 지니는 특징들——물론 이것들은 계속적으로 영향력을 행사한다——에는 정확한 대응을 점점 더 어렵게 만드는 특수한 새로운 특징들이 [범주들이 전개되는 가운데 계속해서] 뒤따르기 때문이다. 간단한 예를 하나 들자면, 우리는 자기 스스로를 사유하는 절대이념에는 정신의 '자기 스스로의 파악'(Sich-selbst-Erfassen)인 절대정신이 대응한다고 상정한다(다시 논의하겠지만, 이는 단지 부분적으로만 옳은 생각이다). 인간의 정신이 이념과는 달리 자연의 상호외재성에 의해 매개된 것이기 때문에, 이 자기 스스로의 파악이 곧장 어떤 논리적인 자기파악으로 존재하게 되는 것은 아니다. 그것에는 여전히 그 절반에서는 감각적인 상태에 있는 형식들(예술·종교)이 선행하게 된다. 그리고 최고의 형식인 철학 또한 역사를, 즉 시간적인 전개를 갖게 되는데, 이는 절대이념에는 당연히 생소한 것일 수밖에 없다. 따라서 논리학적 범주는 그것이 복잡한 것일 110 수록 더욱더 많은 수의 실재철학적 범주를 가져야 할 것이다.

그러나 방금 지적한 이 모든 사실에도 불구하고, 논리학과 실재철학 사이의 **상응관계들**이 지속적으로 성립해야 한다는 점은 결코 변하지 않는다. 비록 이제 그 어떠한 일대일 대응도 더 이상 기대해서는 안 된다 할지라도, 우리는 「역학」과 존재논리학 사이의 대응관계를 넘어서 논리학과 실재철학 전체의 관계를 계속해서 해명하고자 시도해야만 한다.

3.3.2.2. 논리학과 실재철학 전체 사이의 직선적 상응관계

앞 절의 논의로부터는 「역학」이 존재논리학에 상응하며(비록 이 상응이 단지 출발점에서만 하나의 일대일 대응으로 받아들여질 수 있기는 하지만), 또한 적어도 "물리학"의 출발지점과 본질논리학의 출발지점은 서로 상응해야 한다는 것이 도출되었다. 나아가 "논리학의 구성" (Einteilung der Logik) 부분의 한 지점에서 헤겔은 「유기체론」을 개념논리학에 상응하는 것으로 다루고 있다. 그런데 여기에서 다음과 같은 물음이 생겨난다. 〔그렇다면〕 정신철학을 위해서는 논리학의 어떤 부분이 남아 있는가? 정신철학이 다시 한 번 세 개의 영역을 거치는 것으로 상정하려는 시도가 매우 큰 것인 데 비해, 그것을 위해 남아 있는 논리학의 부분은 너무도 작은 것처럼 보인다. 그러나 그렇다면 우리는 앞(3.3.1장)에서 이미 언급한 바 있는, 논리학과 실재철학이 원환적 상응을 이룬다는 테제로 되돌아가는 것이 아닌가? 그렇지만 앞에서 우리는 그것에 의거할 경우 실재철학의 종결 문제가 해결될 수 없다고 논증함으로써 그 원환적 상응 테제를 논박하지 않았던가? 물론 이는 옳은 주장이다. 그렇지만 아마도 그러한 비판은 좀 성급한 것이 아닌가 하는 생각이 들기도 한다. 왜냐하면 헤겔은 자연철학뿐만 아니라 정신철학도 제각기 논리학의 세 영역을 거친다는 테제를 견지하면서도, 한 지점에서는 바로 이러한 문제의 해결을 요구하기 때문이다. 이는 오로지 직선적 상응을 주장하는 사상과 원환적 상응을 주장하는 사상을 서로 연결함으로써만 가능하다. 그리고 실제로 헤겔은 바로 이러한 방식으로 논증한다. 우리의 주제를 위해 극히 중요한 한 철학대계 강의록에는 다음과 같은 구절이 쓰어져 있다. "논리학의 세 단계는……①보편적인 논리적 이념 그 자체로서, ②그 속에서 이념이 단지 본질로만 존재하는 자연으로서 그리고 ③정신으로서 그 구체적인 현존재를 가진다. 정신은 자유로운 이념, 즉 대자적으로 실존하는 개념이다"(21).

따라서 첫 번째 지평에서 보면 여기에서 『논리학』의 세 부분은 직선적인 방식으로 전체 체계의 세 부분——즉 논리학 그 자체, 자연철학 그리

고 논리학——에 연관지어지고 있다. 이로써 실재철학에는 어째서 이
두 영역만 있는 것인가 하는 물음에 대한 답이 나올 수 있다——그것은
바로 본질논리학과 개념논리학 다음에는 논리학의 그 어떠한 더 이상
의 부분도 존재하지 않기 때문이다. 그 다음으로 두 번째 지평에서 보
면, 논리학의 세 부분은 한편으로는 자연철학의 세 부분과, 다른 한편
으로는 (주관)정신철학의 세 부분과 연관지어진다.[123] 즉 이제는 하나
의 원환적인 상응관계가 설정되고 있다.——여러 형식적 근거에서 볼
때 헤겔의 이러한 시도는 분명 매력적으로 보인다. 즉 그는 두 가지 상
응방식을 연결하고 있다. 그러나 유감스럽게도 이러한 시도가 내용적
인 측면에서는 지탱될 수 없다는 사실은 숨길 수 없다. 왜냐하면 첫 번
째 지평에서 개념논리학과 정신철학을 서로 대응시키는 것은 물론 유
의미하지만, 본질논리학과 자연철학의 비교는 이미 문제가 있기 때문
이다. 물론 자연에서도 본질논리학적인 것이 나타나는 것은 의심의 여
지가 없다. 그러나 무관계적인 상호외재성, 즉 자연적인 사물성
(Dinglichkeit)이 지니는 직접성은 오히려 존재논리학의 지평에 해당
하는 것이다. 그리고 끝으로 존재논리학과 논리학 그 자체의 비교를
살펴보면, 그러한 비교는 명백하게 잘못된 것이다. 왜냐하면 논리학적
범주들의 본질——즉 그것들의 철저한 관념성과 반성성——은 개념논
리학에 가서야 비로소 그것의 진리에 이르는 반면에, 존재논리학적 범
주들은 오히려 자연적 실재성을 파악하는 데에 훨씬 더 적합하기 때문
이다.

　이러한 비교에서 눈에 띄는 것은, 논리학의 세 부분이 단지 실재철학
의 두 부분에만 대응하는 것이 아니라, 논리학 그 자체까지 포함한 체
계 전체의 세 부분에도 대응한다는 점이다. 물론 논리학과 체계의 대응
에 논리학 그 자체까지도 포함시키는 이러한 방식은 결코 일관되게 관

---

123) 이 구절은 앞의 102쪽에서 이미 인용된 바 있다. 자연과 정신의 전개를 엄격
　　하게 대응시키고자 하는 이러한 시도에는 분명히 셸링의 유산이 그 기초로
　　깔려 있다.

철될 수 없다는 점이 우리의 논박을 통해 드러난다. 논리학과 실재철학이 이미 대응관계에 있는 것이 아니라, 개념논리학의 세 부분——즉 주관성·객관성·이념——이 체계의 세 부분과 대응되도록 논리학과 체계가 대응관계를 이루게 하는 것이 좀더 용이한 해결책으로 여겨질 수도 있을 것이다. 실제로 객관성과 이념이 자연철학과 정신철학을 논리학의 테두리 안에서 이미 선취해야 한다는 데에는 의심의 여지가 있을 수 없다.[124] 그렇지만 이러한 식의 대응 역시 여러 상이한 근거로 인해 만족스러울 수 없다. 첫째, 객관논리학뿐 아니라 개념논리학의 객관성 또한 자연철학에 상응해야 한다는 것은 곤혹스럽다. 대응방식이 이러한 방식으로 이루어진다면 그것은 실로 혼돈스럽고 무분별한 것이 된다. 그게 아니면 객관논리학 일반은 더 이상 자연철학에 대응하지 않아야 하며, 또한 이러한 대응관계는 그 대신 개념논리학의 객관성에 의해 대체되어야 할 것인가? 하지만 그럴 경우 객관논리학의 기능은 도대체 무엇이란 말인가? 둘째로, 이에 대해서는 가장 강력한 논리학적 고려가 동원되어야만 하는바, 객관성, 특히 역학과 화학이라는 그것의 범주들이 『논리학』에서 다루어지고 있다는 것이 바로 이 첫 번째의 반박과 연관된다. 물론 이 물음에 관해서는 나중에 좀더 자세하게 논의할 것이다. 셋째, 논리학의 바로 세 번째 부분〔만〕이 전체 체계에 상응해야 한다는 것은 자못 기이할 수밖에 없다. 도대체 무엇 때문에 논리학 전체나 그 첫 번째 부분 또는 두 번째 부분은 그러한 상응을 이룰 수 없단 말인가?

내가 보기에 이 모든 반박은 우리의 처음 가정으로 되돌아가 논리학과 실재철학 사이의 철저한 직선적 상응관계에서부터 〔다시〕 출발하지 않을 수 없게 한다. 물론 모든 삼분구조가 하나의 동일한 모델에 따라 구성된 것이므로, 실재철학의 한 분과를 이루는 세 부분과 논리학의 세 부분 사이의 비교는, 이미 말했듯이, 허용될 수 있다. 그러나 그러한 비

---

124) 이에 대해서는 예컨대 D. Wandschneider/V. Hösle (1983), 178을 볼 것.

교가 가능하다고 해서 앞에서 말한 직선적 상응을 계속해서 찾아야 한다는 과제가 없어지는 것은 아니다. 물론 그렇다고 해서 이러한 물음에 대한 어떤 만족할 만한 대답이 찾아질 것이라는 말은 아니다. 왜냐하면 헤겔이 이러한 문제를 체계론적으로 만족할 만한 방식으로, 또는 최소한 〔나름대로의〕 일관된 방식으로라도 해결했다는 것이 결코 선험적으로 보장된 것은 아니기 때문이다.

그리고 실제로 논리학과 실재철학의 관계에 대한 헤겔의 규정이 수긍될 수 없다는 의혹을 증폭시키는 난점은 계속해서 눈에 띤다. 흥미롭게도 이 난점들은 모두가 논리학과 실재철학의 비교에서 한 특정한 지점에 가서야, 좀더 정확하게 말하면 개념논리학의 출발부에 가서야 비로소 드러난다. 왜냐하면 존재논리학과 본질논리학을 "역학"과 "물리학"에 대응시키는 데에는 아무런 문제가 생겨나지 않는 반면, 무엇보다도 "유기체론"이 개념논리학의 어떤 **부분**에 상응해야 하는지에 대해서는 의문이 제기될 수밖에 없기 때문이다. 방금 나는 "어떤 **부분**"이라고 말했다. 왜냐하면 유기체론이 전체 개념논리학에 상응할 수는 없다는 것은 선험적인 출발점이 되기 때문이다. 그렇지 않다면 ──우리에게 불가피한 것으로 드러난 하나의 일관된 직선적 대응에 근거할 경우── 〔유기체론에 이어지는〕 더 이상의 전개를 위한 그 어떤 근거도 없을 것이다. 즉 실재철학은 "유기체론"으로 종결되어야만 할 것이다. 자, 그렇다면 "유기체론"은 개념논리학의 도대체 어떤 부분에 상응하는가? 우리가 헤겔을 좇아 체계내적으로 논구하고자 한다면, 우리가 취할 수밖에 없는 것은, '생명의 이념'이 "유기체론"에 대응한다는 대답이다.[125] 더욱이 이러한 대응은 ── '공간과 존재'〔의 대응〕 또는 '물질과 현존재'〔의 대응〕의 경우와는 달리 ── 더 이상 대응 여부를 따지는 것이 무의미할 정도로까지 강력하다. 논리학적 생명과 실재철학적 생명 사이 113

---

125) 또한 E. §337, 9.337도 참조. "이로써 이념은 실존에 이르게 되었는데, 그 첫 번째는 바로 직접적 실존, 즉 생명이다."

에는 거의 아무런 차이도 성립하지 않거니와——실재철학적 생명은 단지 좀더 자세하게 개진된 것일 뿐이다——, [심지어] 이 둘 사이에서는 거의 '동일성'이 성립한다고까지 말할 수 있다. 생명(과 목적론) 앞에서 다루어지는 '화학론'의 범주에 관해서도 이와 동일한 것이 적용된다. 이 범주 역시 실재철학의 화학적 과정에 대응하는 정도에 그치는 것이 아니라, 더 나아가 그것을 선취하고 있기까지 하다.[126] 이는 이미 첫 번째 의혹의 구실을 제공해준다. 플라톤의 이데아론에 대해 아리스토텔레스가 이중적이라고 지적했던 바의 반박이 떠오르는 것은 당연하다. 이러한 의혹에 대해서는 뒤에 가서 좀더 자세히 다루게 될 것이다. 일단 여기에서는 다른 반박들을 살펴보기로 한다.

두 번째로 껄끄러운 문제가 되는 것은, '이념'보다 훨씬 앞의 단계에서 다루어지는 '개념'에 '자아'가 그 대응물로 설정되고 있다는 점이다. "그 자체 자유로운 실존으로 성장한 한에서의 개념은 자아 또는 순수 자기의식에 다름 아니다.……자아는 순수 개념 그 자체, 즉 개념으로서 현존재에 이른 것이다"(6.253).[127] 그러나 잘 살펴보면 개념이 자아의 대응물로 설정되는 것은 그다지 곤혹스러운 일이 아니다——오히려 이러한 대응관계는 충분히 수긍할 수 있는 것으로,[128] 그것은 논리학적

---

126) 「기계론」(Mechanismus)의 경우 그것에 상응하는 실재철학적 대응항을 제시하는 것은 이보다 더 어렵다. "절대적 기계론"이라는 표제 아래 헤겔은 언제나 행성의 운동을 주로 취급하므로(6.423ff.; E. §198A, 8.356 참조), 자연철학의 "절대적 역학"(Absolute Mechanik)을 떠올리는 것은 의미 있다 (§§269f., 9.82ff.).——구두로 된 한 보론(E. §337Z, 9.339)에서 헤겔은 자연철학의 세 부분을 명확하게 기계론, 화학론 그리고 목적론과 비교한다. 물론 "유기체론"과 "생명의 이념"의 대응은 이것과 모순된다.

127) 5.175와 E. §96Z, 8.203f.에서 보이는 자아(자기의식)와 대자존재의 대응은 이러한 상응과는 전혀 무관하다.

128) 물론 [철학대계의] 「정신현상학」 부분에서의 '자아'가 (그리고 또한 "인간학"에서의 영혼이; E. §403A, 10.123 참조) 아니라 「정신론」에서의 '정신'이 개념에 상응한다는 것이 훨씬 더 설득력 있다. 주 103 참조. 우리가 특히 염두에 둘 수 있는 것은 이론적 정신의 최고범주인 사유로, 그것은 분명하게 개념·판단·추론이라는 정신론적 범주들을 포괄한다(E. §467, 10.285).

또는 실재철학적 지평에서 개념과 자아에 반성성이라는, 철학적으로 근간이 되는 고유성을 부여해준다. 게다가 개념과 자아 사이의 대응은 어떻게 하나의 논리학적 범주——개념——가 한편으로는 보편존재론적일 수 있으면서도——모든 것에는 그것의 개념이 있다——, 다른 한편으로는 하나의 특정한 실재철학적 형성물——자아——에 특수한 방식으로 상응할 수 있는지를 보여주는 좋은 예가 된다.[129] 우리를 곤혹스럽게 만드는 것은 오히려 '생명의 이념'이 '개념'의 단계 이후에 가서야 비로소 다루어진다는 점이다. 다시 말해 실재철학에서는 "유기체론"이 —— 비록 설득력을 결여한 것은 아니지만—— 주관정신철학보다 더 앞에 등장하는 것이다. 이에 대해 우리는, 헤겔은 오로지 〔완전히〕 전개된 개념만이 정신에 상응하는 것으로 여긴다고 반박할 수 있다. 실제로 방금 인용된 구절은 개념논리학 전체에 대한 도입부의 기능을 하는, "개념 일반에 관하여"라는 절에 들어 있다. 그러나 셋째로, 만약 추상적 존재에서 출발하여 생명의 이념에까지 이르는 『논리학』 전체가 자연철학에 대응해야 한다면, 너무도 적은 공간만이, 즉 『논리학』의 27개 장 가운데 단 두 개의 장만이 정신을 위해 남게 된다는 점을 우리는 결코 소홀히 넘겨서는 안 된다——절대자의 최고의 규정이 바로 정신이라고 역설하는(E. §384A, 10.29) 사상가가 이렇게 한다는 것은 실로 희한한 일이 아닌가! 따라서 우리는 헤겔의 논리학과 실재철학은 하나의 명백히 그릇된 관계 속에 놓여 있다고밖에는 달리 판단할 수가 없게 된다.[130] 계속 비교해보면 이러한 판단은 맞는 것으로 드러난다. 왜냐하면 〔생명

114

——HE §302에서는 정신의 본질은 바로 개념이라고 매우 일반적으로 일컬어지고 있다.

129) 헤겔은 이러한 대응을 더 자주 언급한다. 13.148 참조. "왜냐하면 우리가 영혼이라고 부르는 것, 더 나아가 자아라고 부르는 것은 바로 그것의 자유로운 실존 속에 있는 개념 자체이기 때문이다." 이와 연관해서는 또한 11.529, 549와 17.526을 볼 것.

130) 헤겔의 체계기획을 끝까지 견지하고자 한다면, 이는 곧 논리학이나 실재철학 가운데 하나는 (또는 이 둘 모두가) 다르게 편성되어야만 한다는 것을 뜻

의 이념 이후에] 남아 있는 범주들——즉 인식의 이념과 절대이념——은 명백히 주관정신의 논리학적 대응물이기 때문이다. 헤겔 스스로도 「인식의 이념」 장을 도입하는 절에서 이것들을 정신철학의 논리학적 축약본이라고 부른다(6.494, 496). 그리고 「인간학」 「정신현상학」 그리고 「정신론」의 기획을 미리 개괄하는 상론부(494ff.)를 읽어보면, 그가 오로지 주관정신 철학만을 염두에 두고 있다는 것이 드러난다. 하지만 그렇다면 객관정신과 절대정신에 상응하는 대응항은 도대체 어디에 있는가?[131] 물론 우리는 좋은 의도를 가지고, 그리고 이와 연관하여 헤겔의 지지를 등에 업지 않고서도, "선의 이념", 즉 "인식의 이념"의 두 번째 부분과 "절대이념"을 각각 객관정신과 절대정신의 논리학적 근본구조로 해석할 수 있다. 그러나 이러한 방식에 의할 경우 실재철학의 체계적 부분들 전체가 논리학의 단지 몇몇 적은 부분에만 상응하게 된다는 것을 논외로 하더라도, 그러한 대응방식은 첫째, 방금 인용된 구절에서 "인식의 이념" 전체를 주관정신철학에 대응시키는 헤겔의 원래 텍스트와 모순되며, 둘째, 헤겔이 생각하는 것처럼 "선의 이념"을 실천적 정신의 철학, 즉 「정신론」의 두 번째 부분과 연결시키거나, 또는 심지어 「자기의식」 장에서의 욕망(Begierde) 이론과 연결시키는 것이 워낙 설득력이 있음에도, 헤겔이 쓴 "선의 이념" 부분에서 주제화되고 있는 것은 간주관적 구조가 아니라, 어떤 객체에 대한 한 주체의 활동성일 뿐이

115

한다. 더욱이 선험적인 관점에서 볼 때 논리학에 오류가 존재한다는 것은 많은 개연성을 지니고 있다. 구체적인 실재성에서 직접적으로 어떤 실마리를 얻을 수 있는 실재철학에 비해 논리학에서는 오류가 범해질 가능성이 훨씬 더 많다.——생명의 이념에 대해서는 4.2.2.2장 참조.

131) 개념논리학의 세 부분, 즉 주관성·객관성·이념에 주관정신·객관정신·절대정신을 각각 대응시키고자 하는 바이세의 시도(1829; 191)는, 설령 그것이 헤겔의 의도에 잘 들어맞을지라도(E. §385, 10.32와 11.408 참조) 견지되기 어렵다. 왜냐하면 첫째, 기계론과 화학론을 국가와 연결할 수 있는 것은 전혀 없으며, 둘째, 이념 장의 시작부는, 방금 상술했듯이, 생명과 대응해야 하기 때문이다.

다——즉 그것은 객관정신에서보다는 욕구와 실천적 정신 부분에서 보이는 규정이다.[132]

3.3.2.3. 논리학의 종결과 실재철학의 종결

논리학의 마지막 장과 「정신론」의 마지막 장 사이에 (또한 내가 보기에, 비록 제한된 형태로이긴 하지만, 〔철학대계의〕 「정신현상학」 사이에) 성립하는 대응관계는 푼텔에 의해 특히 분명하게 부각되었다 (1973). 심지어 푼텔은 전체 논리학과 「정신론」 사이에서 또는 「정신현상학」과 「정신론」("정신론" 〔Psychologie〕을 가리키는 말로 그는 "Noologie"라는 단어를 쓰는데, 이는 그다지 잘못된 용법이 아니다) 사이에서 ——물론 하나의 형식주의에 빠져들고는 있지만—— 일관된 대응관계를 드러내 보이고자 노력했다. 더 나아가 그는 잘 알려져 있듯이 자신의 저서에서(물론 그의 기본테제는 거부되어야겠지만, 그럼에도 이 책이 최근에 씌어진 중요한 헤겔 연구서에 속한다는 데에는 의심의 여지가 없다) 논리학, 「현상학」 그리고 「정신론」은 '동일한 근원을 지니는'(gleichursprünglich) 것이라는 테제를 옹호했으며(135쪽 등), 이를 위해 그의 테제를 입증해주는 이른바 세 개의 "주축 텍스트" (Achsentexte)를 전거로 삼았다. 이 주축 텍스트 가운데 둘은 전체 개념 논리학에 대한, "개념 일반에 관하여"(Vom Begriff im allgemeinen) 라는 제목이 붙은 도입절에 들어 있다(6.257, 263). 실제로 이 두 텍스트에서 '감각적 의식'——"의식 그 자체"를 다루는 「현상학」의 첫째 절의 첫째 단계——과 '직관'——이론적 정신을 다루는 「정신론」의 첫째 절에 등장하는 첫 번째 단계——은 존재논리학적 규정들에 대응되며, 또한 이와 유사하게 서로 대응하는 두 번째 단계인 '지각'과 '표상'은 반성논리학적인 범주들과 대응을 이루고 있다. 푼텔이 인용하는 세 번

---

132) 그 경우 절대이념은 「정신론」의 '자유로운 정신'에(또는 이미 「현상학」의 '이성'에) 대응할 수 있을 것이다.

째 구절은 『철학대계』의 §467에 대한 주해 부분이다. 거기에서는 논리학에서 "아직 즉자적으로 존재하는" '사유'가 현상학의 '이성'——의식과 자기의식의 통일로서의—— 그리고 정신론의 '사유'와 대응하도록 설정되고 있다(10.285).[133]

이제 우리는 이 구절들로부터 확실히, 헤겔은 논리학과 「현상학」·「정신론」이라는 실재철학의 두 영역 (또는 이 영역들 각각의 첫 번째 부분) 사이에 하나의 대응관계를 설정했음을 짐작할 수 있다. 물론 이는 특별히 놀라운 일이 아니다. 왜냐하면 헤겔은, 우리가 이미 보았듯이, 논리학과 모든 실재철학 분과 사이에 그러한 상응관계를 설정하고 있는 것으로 보이기 때문이다. 그리고 그로부터 「현상학」과 「정신론」에서도 그러한 대응이 성립해야 한다는 결론이 나오는 것은 지당하다. 그러나 실재철학적 분과 중에서도 「현상학」과 「정신론」이 그 대응 면에서 특히 두드러진다는 결론이 그로부터 ——아니면 적어도 **오로지** 그것으로부터만—— 도출되는 것은 아니다.[134] 더욱이 그로부터 〔유독〕「현상학」과 「정신론」〔만〕이 서로 '동일한 근원을 지니는' 것이라는, 그것도 논리학과 더불어 동일한 근원을 지닌다는 결론이 도출되는 것은 아니다. 오히려 방금 언급된 〔푼텔의〕 이 테제는 헤겔의 객관적 관념론을 희생시키는 것으로, 명백하게 그 배후에는 절대적인 초월철학보다는 유한한 초월철학과 더 많은 관계를 맺는 하나의 체계적 구상이 놓여 있는바(133f. 참조),[135] 전혀 논박할 가치도 없을 정도로 오도된 것이다.[136]

---

133) 이때 이성이 「현상학」의 처음 두 부분의 종합인 반면 정신론의 사유는 오로지 「정신론」의 첫 부분만을 종결하는 것은 뭔가 맞지 않는다.

134) 『하이델베르크 철학대계』의 §386에 대한 주해는 이후의 베를린 철학대계의 §467을 예비하고 있는데, 이 절을 보면 먼저 논리학에, 그 다음으로 현상학과 정신론에 등장하는 '사유'는 "영혼〔의 단계〕에서는……바로 깨어난 **냉정함**(wache Besonnenheit)에" 해당한다는 구절이 있다. 즉 여기에서는 인간학 또한 개념논리학과 대응하는 대상이 되고 있다.

135) 이러한 해석의 배후에는 『철학대계』의 말미에 나오는 유명한 세 가지 추론에 대해 푼텔이 그의 책 종결부(322-333; 335-346)에서 내리는 그릇된 해석 또한 분명히 작용하고 있다.

왜냐하면 하나가 다른 하나에 **뿌리를** 두고 이루어지는, 세 가지 상이한 영역이 어떻게 동일한 근원을 지닐 수 있는지는 전혀 납득될 수 없기 때문이다. 헤겔에게서 「정신론」은 전적으로 명백하게 「현상학」을 넘어선 것이다. 즉 정신론은 현상학에서의 "의식의 대립"을 극복한 것이다 (§440A, 10.229f.).¹³⁷⁾ 물론 한편으로 「정신론」은 개념의 전개에서 「현상학」을 전제로 한다. 그러나 다른 한편으로 이는 바로 현상학〔을 117 넘어 그것〕의 진리가 되기 위해서이다──이는 범례적으로는 자연과 정신의 관계(§381, 10.17 참조)에 적용되지만, 궁극적으로는 선행하는 범주에 대해서 이후의 모든 범주가 지니는 관계에 적용되는 바의, 변증법적인 관계인데, 이에 대해서는 나중에 좀더 자세히 논의될 것이다. 그렇지만 이러한 관계가 비록 쉽게 이해될 수는 없는 것이라 하더라도, 그 관계를〔푼텔처럼 대뜸〕 '동일한 근원을 지니는' 것으로 해석하고 그럼으로써 그것의 변증법을 강탈해버리는 것은 최소한의 정당성도 지니지 못하는 것이다. 더 나아가 방금 언급된 것은 주관정신철학의 두 절이 논리학에 대해 지니는 관계에 대해서도 타당하다. 정신이 자연에 의해 매개된 것이며 따라서 정신이 자연을 전제로 한다는 그 이유만으로도 이미 그것들은 동일한 근원을 지니는 것일 수 없다. 그러므로 예컨대 「정신론」의 '직관' 장은 공간과 시간이라는 자연철학적 범주로 소급된다. 헤겔 자신도 (§448, 10.249에서) 분명하게 「자연철학」의 §247과 §254를 참조하라고 하는데, 거기에서는 첫째로 자연의 개념이, 둘째로는 공간의 개념이 설명되고 있다. 그에 반해 논리학의 범주들은 '공간'과 '시간'에 대한 그 어떤 최소한의 관계도 가지지 않는다. '직관'에 대응하는 '존재'는 '공간'과 '시간'이 없이도 충분히 사유될 수 있다.

---

136) 이러한 '동일한 근원' 테제에 대한 비판적 논평으로는 W. Jaeschke (1977) 중 특히 212쪽을 참조할 것.

137) 푼텔은 여기에 숨어 있는 문제를 줄곧 직시하고 있었다(156-165). 그러나 유감스럽게도 그의 테제에 치명적인 이러한 논박을 물리치고자 하는 그의 시도는 전혀 설득력이 없다.

하지만 그렇다면 논리학과 정신론이, 즉 더욱 근본적인 학문과 더욱더 [실제의 차원으로] 전개된 학문이 도대체 어떻게 동일한 근원을 지닐 수 있겠는가?

그럼에도 내가 보기에 푼텔은 하나의 중요한 문제를 추적하고 있다고 여겨진다. 즉 논리학과 주관정신철학의 마지막 두 절이 결코 동일한 근원을 지닌다고 말해질 수 없음에도 불구하고, 그리고 궁극적으로 볼 때 오로지 원환적 대응만을 알고 있을 뿐인 푼텔이 실재철학 중「현상학」과「정신론」을 각별히 부각시키기 위한 결정적 논증을 개진하지 못함에도 불구하고, 내 생각에 그의 테제는 '논리학과 실재철학 사이의 (직선적) 대응은 주관정신과 더불어 중단된다'라고 고치면 유의미한 것이 될 수 있다고 여겨진다. 이는 이미 앞에서 암시된 바 있거니와 그리 어렵지 않게 이해될 수 있다. 왜냐하면 전체 독일관념론에서 철학의 최고원리는 바로 자기 스스로를 파악하는 주관성——물론 헤겔의 경우 그것은 실재철학적 주관성과 구별되는, 순수 논리적인 절대적 주관성으로서 객관논리학적 범주들을 통해 매개된다——이며, 이 때문에 실재철학이 그것의 최고정점에 이르는 것은, 바로 실재철학적 지평에서 절대이념이 지니는 자기 스스로를 파악하는 주관성에 상응하는 대응물이 생겨날 때이다. 그런데 이는 바로 주관정신철학에서, 그것도 여러 상이한 지평에서, 즉 한편으로는「현상학」의 마지막인 '이성' 장에서, 다른 한편으로는 이론정신철학의 마지막인 '사유' 장에서, 또는 전체「정신론」의 마지막인 '자유로운 정신'을 다루는 데서 볼 수 있는 것이다.[138]

특히 '사유'가 다루어지는 §467에 대한 구두(句讀)로 된 보론을 읽을 때, 우리는 도대체 왜 [사유에 이은] 또 하나의 계속적인 전개가 있을 수 있는지 묻게 된다. 왜냐하면 여기 이론정신철학의 마지막 부분에서 파악되는 바의 사유는 "이 관점에서는 자기 자신 이외의, 즉 자신의

---

138) 잘 알려져 있듯이 이 절은『철학대계』의 세 번째 판본에서 비로소 도입된 것이다.

고유한, 형식의 내재적인 내용을 구성하는 규정들 이외의 어떤 다른 내용도 지니지 않기" 때문이다. "사유는 대상 가운데서 오로지 자기 자신만을 찾고 발견한다.……이에 여기서 사유는 객체에 대해 하나의 완전히 자유로운 관계에 서 있다. 자신의 대상과 동일한 이러한 사유 속에서 지능은 그것의 완성, 그것의 목표에 도달한다. 왜냐하면 이제 지능은 실제로 그것이 자신의 직접성에서는 단지 존재해야 하기만 했던 바대로 존재하기 때문이다――즉 그것은 이제 자신을 아는 진리, 자기 스스로를 인식하는 이성인 것이다. 이제 지(知)는 이성의 주관성을 형성한다. 그리고 객관적인 이성은 지로서 정립된다. 사유하는 주관성과 객관적 이성의 이러한 상호적인 자기관철(Sichdurchdringung)은……이론적 정신의 발전의 최종결과이다"(10.287). 여기에서 사유에 주어지는 규정들은 본질적으로 반성성("자신을 아는 진리", "자기 스스로를 인식하는 이성")을 그 내용으로 하며, 이와 연관하여 주관성과 객관성의 동일성을 또한 그 내용으로 한다――따라서 이는 절대이념을 논리학의 최고범주로 만드는 구조들과 정확하게 동일한 구조들인 것이다. "이로부터 방법은 자기 스스로를 인식하는 개념, 즉 자기 자신을 절대적인 것으로서 ―― 곧 주관적이면서도 객관적인 것으로서―― 대상으로 가지는 개념이라고 드러나며, 그에 따라 개념과 그 실재성의 순수한 일치로, 즉 실존이 바로 개념 자신인 것으로 나타난다"(6.551). 따라서 정신론에서의 '사유'는, 우리가 그것을 순수 선험적으로 논증한다면, 바로 절대이념의 실재적 대응물로서 실재철학의 종결부를 이루어야만 한다. 우리가 기껏 인정할 수 있는 것은, 정신론에서의 사유는 아직은 다만 형식적인 것인 까닭에, 자기 스스로의 인식(Sich-Selbst-Erkennen)을 내용적으로 전개하기 위해서는 곧바로 절대정신으로 이행해야 한다는 정도일 것이다. 그러나 〔그렇게 하더라도〕 객관정신은 여전히 논리적으로 해명되지 않은 채 남아있다. 또한 실천적 정신으로의 이행은 궁극적으로는 이미 개념내재적인 것이 아니라, 오로지 의지(Wille)라는 경험적 현상으로 소급함으로써만 이루어질 수 있다. 즉 이 경우 의지는 그저 자의적으로 취해진 것으로서, 헤겔의 『논리학』에 근거해서는 그것의 실존은 전혀 선험적으로 통찰될 수 없다.

흥미롭게도 객관정신과 절대정신이 논리학[과 대응하는 정도]을 넘어 이렇게 '더 멀리 나아가는 것'(Überschießen)은 하이델베르크 시기의 철학대계 강의록에서도 보인다. 앞의 102쪽에 인용된 구절(21)에서 헤겔은 논리학의 세 부분을 첫째로는 세 개의 체계 부분과, 둘째로는 자연철학의 세 부분과 그리고 세 번째로는 주관정신철학의 세 절과 비교한다— 그러나 객관정신철학 및 절대정신철학과의 비교는 그 어디에서도 찾아볼 수 없다. 방금 언급된 바에 따르면 이는 결코 우연이 아니다. 오히려 여기에는 바로 우리가 처한 아포리아가 표현되고 있다. 그런데 내가 보기에는 헤겔의 또 하나의 익히 알려진 구분 또한 우리가 지금 다루고 있는 문제점을 드러내준다. 내가 염두에 두는 것은 (예나 시기의) 『정신현상학』의 목차구성이다. 잘 알려져 있듯이 『정신현상학』에서 주 텍스트는 로마 숫자가 붙여진 여덟 개의 절로 나뉘는 반면에, 목차에서 이 구분은 라틴어 대문자로 된 또 하나의 구분과 겹쳐져 있다. 이 중 후자의 구분은 헤겔에 의하면 삼분구조로 이루어져 있다는 체계적 장점을 잘 보여준다.[139] 또한 거기에서 로마자로 된 전자의 구

---

139) 『정신현상학』에서 [「의식」 장에 이어서 이루어지는] 계속적인 삼분구조의 구성도 [목차상에 명시적으로 드러나지는 않지만] 헤겔의 견해에 충실히 따르면 충분히 엿볼 수 있다. 즉 의식, 자기의식, 이성 그리고 정신은 하나의 단위로 —즉 "그것의 본질적 현존 속에 있는 정신"(3.498)으로— 파악될 수 있거니와, 여기에는 "종교"가 대립해 있다(498ff.). 그렇다면 의식과 종교의 종합은 바로 절대지여야 한다(574ff.). 그러나 이러한 구분은 사실은 목차를 의식, 자기의식 그리고 제목이 없는 이 양자의 종합으로 구분하는 것을 단지 재연할 뿐이다—가령 푀겔러(O. Pöggeler) 같은 이는 이 점을 제대로 보지 못한다(1966; 355ff.). 왜냐하면 헤겔에 따르면 종교가 정신(선행하는 단계들을 포괄하는)에 관계하는 방식은 자기의식이 의식에 관계하는 방식과 같기 때문이다(496f., 498, 575).—푀겔러가 이끌어내고자 했던, 『정신현상학』에 대한 제3의 삼분구조의 구성(356f.)은 중급반을 위한 의식론(Bewußtseinslehre für die Mittelklasse) 제1판을 근거로 하고 있다(4.74). 그러나 내가 보기에 이 의식론을 예나 시기의 『정신현상학』과 연관

234

분에 의한 처음 세 개의 절은 "의식" 장으로 한데 묶이고, 네 번째 절——"자기확신의 진리"——에는 그것과 경쟁관계에 있는 "자기의식"이라는 또 하나의 제목이 붙어 있으며, 끝으로 마지막 네 개의 절——"이성의 확신과 진리" "정신" "종교" "절대지"——은 흥미롭게도 아무제목도 없는 하나의 새로운 장으로 통합된다. 비록 여기에서 『정신현상학』의 발생사를 상론하지 않더라도,[140] 내 생각으로 순수 체계론적 견지에서는 [적어도] 다음의 것이 언급될 수 있다. 처음 세 개의 절을 하나의 장으로 통합하는 것과 네 번째 절에 새로운 제목을 붙이는 것은 이후의 체계론에 따르더라도 별 문제를 일으키지 않는다. 그러나 이성——이미 뉘른베르크 시기의 예비학 이래로 [예나 시기처럼 하나의 독립된 저작이 아니라] 체계의 한 내부 부분이 되는 「정신현상학」의 종결부를 이루는[141]——이 나중에 '객관정신'과 '절대정신'으로 불리는 형태와 한 무리에 편입된다는 것은 너무나 기이한 일이다.[142] 그로써 '이

120

시키는 것은 반드시 필요한 것으로 여겨지지 않는다. 오히려 나는 (후기의 용어법을 사용하자면) 주관정신·객관정신·절대정신이라는, 정신철학의 구분을 염두에 두고 있는데, 이러한 구분은 비록 다른 방식으로 표현되긴 하지만, 거의 동시에 씌어진 "상급반을 위한 철학대계"에 들어 있는 예비학에서도 발견된다.

140) 이 저작의 생성에 관한 해링(Th. Haering)의 상상력으로 가득 찬 생각 (1934)은 푀겔러에 의해서 논박되었다(1961). 물론 푀겔러도 헤겔이 이 저작의 구상을 책을 써나가면서도 ——방식을 불문하고 계속해서—— 바꾸었다는 해링의 주장을 반박하지는 않는다. 1807년 5월 1일자 셸링에게 보낸 편지뿐만 아니라 책의 표지를 바꾸었다는 사실 또한 이를 입증해준다(이에 대해서는 F. Nicolin [1967] 참조).

141) 중급반을 위한 두 의식론, 즉 4.85와 122f.를 참조할 것. 상급반 철학대계의 경우, 이후의 주관정신에 대응하는 정신철학의 첫 번째 절에서는 오로지 『하이델베르크 철학대계』 이후 「정신론」에서 주제로 다루는 것만이 취급된다. 여기서는 '사유'가 종결부를 이루며, 또한 사유 내부에서는 '이성적 사유'가 종결부를 이룬다(4.43ff., 55f.).

142) 이전의 『정신현상학』 목차 구성에서 과연 '이성'을 위해 할애된 별도의 장이 보이는지의 여부(이에 대해서는 Pöggeler [1966], 352ff. 참조)는 여기에서 고려되지 않는다. 이는 헤겔이 ——이에 대응되는 『정신현상학』의 마지막 장

성' 장은 그 책의 가장 중심적인 장으로, 즉『정신현상학』의 '중심축'으로 드러난다. 그리고 이러한 그것의 기능에 상응하여 이 장에서는 — 비록 아직은 좀 부족하긴 하지만 — 『정신현상학』의 목표인 주관성과 객관성의 통일이 처음으로 이루어진다. 이성은 "전(全) 진리가 될 수 있다는 확신"(Gewißheit, alle Wahrheit zu sein)이다(3.178; 179, 181 참조). 확신과 진리—즉 정당한 인식의 주관적 계기와 객관적 계기—는 이 단계에서 처음으로 통일된다. 자기의식과는 달리 이성은 세계에 대한 그 어떠한 부정적인 관계도 갖지 않는다. 즉 자기의식이 자신의 객관성과 마주하여 존립하기 위해서는 그 객관성을 부정해야 하는 반면, 이성은 자신의 대상과 화해를 이룬 것이다. "자기의식은 이성이 되어서, 자기 스스로를 안정시켜, 현실에 맞서서도 평온을 얻었고 또한 그 현실을 견뎌내었다. 왜냐하면 그것은 자기 스스로를 실재성으로서 확신하거나, 모든 실재성이 다름 아닌 이성 자신이기 때문이다. 이성의 사유는 그대로 그 자체가 현실이다. 따라서 이성은 관념론으로서 현실과 관계한다"(179). 물론 헤겔의 이어지는 상론은 주관성과 객관성의 이러한 통일에 존재하는 결함을, 즉 이러한 통일은 현실을 개념으로부터 선험적으로 구성하는 데는 아직 이르지 못하고 그것을 여전히 후험적으로 파악할 뿐이라는 것을 드러내 보이고자 한다. 그럼에도 우리가 반드시 알아야 할 것은, 이성으로써 도달된 지평은 비록 그것 위에 근거한 더 이상의 진행이 이루어지긴 하지만, 그렇다고 해서 그것을 넘어선 추월은 더 이상 이루어질 수 없다는 것이다.

『철학대계』판 논리학의 「예비개념」부에서 헤겔이 『정신현상학』을 언급하는 것(§25A, 8.91f.)과 연관하여 푼텔은 이러한 사태연관을 논리학과 (철학대계의) 「현상학」/「정신론」이 철저한 상응을 이루고 있다

인 「C. 학문」에서 드러나듯이(GW 9, 438-443)— 근원적으로 정신·종교·절대지를 한데 묶으려고 했다는 사실에 대해서도 마찬가지이다. 우리의 목표를 위해서는 헤겔이 책을 출간할 당시 목차 구분을 앞에서 언급한 것으로 결정했다는 사실을 아는 것만으로 충분하다.

121

는 자신의 테제를 입증하는 단서로 내세웠다. 그는 다음과 같이 쓴다. "물론 논리학의 진행순서와 현상학의 진행순서 사이에 이루어지는, 단적인 합동(合同, Deckung)이라는 의미에서의 동연성(同延性, Koextensität)이 가정될 수 있다. 그러나 그러한 동연성은 이성의 단계까지만 적용된다"(279)——여기서 '이성'은 이후에 쓰어진 철학대계 "현상학"의 최종범주이다. 예나 시기『정신현상학』의 이후 장들은 더이상 어떤 논리〔학〕적 토대도 가지고 있지 않다. 푼텔은 "의식 또는 정신의 구체적인 형태들은 그 어떤 '더 높은 논리적 단계들'도 보여주지 않는다. 오히려 그것들은 단지 '한갓된 의식이 지니는 형식적인 것'을 내용적으로 확장 또는 '풍부화하는' 것으로⋯⋯이해되어야 한다"고 주장한다(283). 물론 역사적-문헌학적 견지에서 논증할 경우 푼텔의 이러한 테제 역시 강력한 유보조항을 통해 반박되어야 한다. 그럼에도 푼텔의 테제는『정신현상학』의 근저에 깔려 있는, 정도의 차이는 있겠지만 상당한 정도의 개연성에 의해서만 해결될 수 있는, 논리학에 대한 물음을 건드리고 있다.[143] 1805/06년의 논리학[144]에 의거하자면——이는 연대기적 근거에서 보더라도 가장 설득력 있는 접근이다——, 논리학적 범주들과 정신현상학적 형태들 사이의 상응을 절대지의 단계에 이르기까지 발견해내는 것은 결코 불가능한 것이 아니다. 왜냐하면 1805/06년의 논리학은 '인식', '아는 앎'(wissendes Wissen), '정신'

---

143) 이 물음이 어려운 이유는, 『정신현상학』의 논리에서는 그 안에 포함된 헤겔의 논리학 구상과는 달리 실재철학적으로 제약된 다소의 수정이 가해지고 있다는 점이 결코 배제될 수 없기 때문이다.

144) 풀다는 (1965; 140ff.)에서 뉘른베르크 시기의 논리학 구상이『정신현상학』의 논리임을 드러내고자 시도했다가, 푀겔러의 비판(1966)을 받아들여 이 제안을 철회하였다. 푀겔러는 (1966; 362ff.)에서『정신현상학』의 근저에 깔려 있는 것은 ——비록『정신현상학』과 완전히 일치하지는 않겠지만—— 1805/06년의 논리학 구상이어야 한다고 본다. 트레데(J. H. Trede, 1975; 특히 195f.)와 뒤징(1976; 157f.) 같은 이들은 이러한 푀겔러의 입장을 따른다. 반면에 하인리히스(J. Heinrichs)는 1804/05년의 논리학과 형이상학을 더 선호한다(1974).

그리고 '정신의 자기 자신에 대한 지' 등의 범주들과 더불어, 넘쳐날 정도로 많은 반성적 규정을 포함하고 있기 때문이다.[145] 그러나 의식·자기의식·이성에 관한 각각의 절은 별 어려움 없이 이후의 『논리학』과 대응될 수 있지만, 「정신」 장 이후의 전개는 ──그리고 이에 상응하여 객관 정신 이후에 이루어지는 철학대계 체계의 전개는── 거의 논리적인 진공상태의 공간에서 이루어지고 있다는 점에서는, 우리는 푼텔의 생각이 정당하다고 평가해야만 한다.

이러한 상황은 어떻게 평가되어야 하는가? 잘 알려져 있듯이 푼텔은 이로부터 헤겔의 체계는 오로지 『철학대계』에만 들어 있는 것이 아니라는 결론을 도출하고자 했다. 오히려 그는 『철학대계』의 마지막 부분에 나오는 세 가지 추론을 자못 모험적으로 해석하는 가운데(322ff.; 335ff.), 전체 체계의 서술에는 여러 방식이 있는바, 그 중에서 철학대계의 서술은 단지 첫 번째 것에 불과하며, 『정신현상학』에 깔려 있는 서술이 두 번째 것이라고(S. 325에서 그는 라손[G. Lasson]의 생각을 끌어들인다) 주장한다. 즉 헤겔이 『철학대계』에서 그의 체계에 대한 모든 것을 서술하지는 않았다는 것이다. 그는 특히 철학대계판 체계에서는 간주관성(Intersubjektivität)이 너무 짧게 다루어지고 있음을 지적한다. "헤겔은 '근원적 사태'를 실로 탁월하게 ──하지만 단지 결과로서── 해명한다. 그는 그 근원적 사태를 그 자체로, 즉 긍정적으로 파악하지 않는데, 이는 그가 이 사태에 관한 어떤 더 이상의 언명도 하지 않는 데서 드러난다. 그는 이 사태를 적절히 언표할 수 있는 그 어떠한 '범주'나 논리적 규정도 전개시키지 않는다. 다시 말해 그는 간주관성──즉 자유[로운 주체] 상호간의 긍정적인 관계──의 범주나 규정을, 단적으로 말해 '긍정성'의 범주나 규정 또는 이성·정신·자유의 특징을 결코 전개하지 않는 것이다"(342). "우리인 나와 나인 우리"(Ich, das Wir,

<hr/>

145) 예나 시기의 체계구상 제3권(GW 8), S. 286에 적혀 있는 이 논리학의 개요를 참조할 것.

und *Wir, das Ich* ist)라는 『정신현상학』의 유명한 구절(3.145)에서 푼텔은 "'나머지의 것'(Überschuß), 창조적인 것"을, 즉 "'근원적 사태'의 특징을 형성"하면서도 "헤겔에 의해 긍정적으로 전개되지 않았던 가능한 규정들의 활동장"을 인식하고자 한다(같은 곳). 물론 우리는 푼텔의 이러한 주장에 비판을 가해야 한다. 그의 주장은 (특히 그가 "긍정성" 또는 "근원적 사태"를 거론할 때) 모호하기 짝이 없다. 마찬가지로 우리는 『철학대계』가 헤겔의 체계에 대한 단지 하나의 서술방식일 뿐이라는 그의 견해 또한 ──문헌학적 지평에서건, 사태 그 자체와 관련된 지평에서건── 거부하게 된다.[146] 헤겔이 푼텔과 같은 생각을 지녔던 것도 아니며(푼텔은 이를 결코 입증할 수 없을뿐더러, 그것은 다만 다른 방식으로 유의미하게 해석될 수 있는 세 가지 추론에 대한 모호한 언급으로 이루어져 있을 뿐이다), 또한 푼텔의 테제는 체계적 관점에서도 결코 수긍될 수 없다고 보인다. 논리학이 실재철학보다 더 단순하고 더 근본적인 범주들을 지니고 있음을 한 번이라도 제대로 파악한다면, 논리학이 실재철학보다 더 앞쪽에 위치하게 된다는 데에는 그 어떠한 동요도 있을 수 없다. 그럼에도 **간주관성**〔의 범주〕을 문제로 제기함으로써 헤겔의 체계를 난국에 빠지게 하는 규정을 건드린다는 점은 푼텔의 기여로서 정당하게 평가될 수 있을 것이다. 왜냐하면, 앞으로 좀더 자세히 논의되겠지만, 헤겔의 실재철학적 정신 개념이 물론 간주관성을 내포하고 있는 것은 사실이지만──정확히 말하자면 나는 특히 객관정신과 절대정신의 개념을 염두에 둔다──, 그럼에도 이성의 단계에 도달함으로써 주체와 객체의 대립을 〔이미〕 극복한 주관정신이 간주관적으로 규정된 객관정신과 절대정신에 이르는 이러한 이행에 대한 정당화는 『논리학』에 근거해서는 결코 가능하지 않기 때문이다.

123

---

146) E. Angehrn (1977; 436) 참조. 앙에른은 푼텔의 주장에 맞서 다음과 같은 점을 견지한다. "원칙적으로 체계로 여겨질 수 있는 것은 〔오로지〕 철학대계에 깔려 있는 체계적 사유의 구상이다." 물론 이 말은 여러 강의를 통한 『철학대계』의 보충을 배제하지 않는다.

3.3.2.4. 간주관성과 논리학: 예비적 성찰

헤겔의 체계에서 논리학과 실재철학의 관계에 대한 지금까지의 분석을 토대로 확정될 수 있는 것은, 체계의 이 두 부분 사이의 수미일관한 직선적 대응——체계내적 근거에서 볼 때 절대적 관념론을 위해 반드시 요구되어야 하는——은 성립하지 않는다는 점이다. 수많은 '지엽적' 비일관성은 차치하고라도 우리가 특히 결함으로 지적할 수 있는 것은, 논리학과 실재철학 사이의 여러 대응관계가 주관정신철학과 더불어 중단되며, 그럼으로써 객관정신철학과 절대정신철학은 더 이상 논리학적으로 정초된 것으로서 고찰될 수 없다는 사실이다.

이러한 결과는 헤겔의 체계가 지니는 정합성에 대한 의문이 제기되게 한다. 왜냐하면 헤겔은 모든 실재적인 것이 논리적인 것에 의해 구성된다고 생각하는 까닭에, 실재철학이 논리학을 그렇게 '넘어 더 멀리 나아감'은 결코 용납될 수 없기 때문이다. 심지어 그러한 '넘어 더 멀리 나아감'은 객관적 관념론의 근본사상에 가장 현저하게 모순되기까지 하다. 물론 방금 언급한 결함이 절대적 관념론의 단지 한 특정한 진술형식[=헤겔의 경우]에서만 나타나는 것인지, 아니면 [그 유형의 차이를 막론하고] 객관적 관념론 그 자체에서 필연적으로 결과하는 것인지는 좀더 신중하게 검토되어야 할 문제이다. 이러한 결함을 제거할 수 있는, 헤겔주의의 변형이나 재해석은 과연 생각될 수 있을 것인가?

논리학과 실재철학 사이의 만족스러운 대응을 이끌어내기 위해서는, 형식적으로 보면 오로지 두 개의 가능성만이 검토될 수 있다. 즉 우리는 헤겔의 실재철학을 주관정신철학으로 끝을 내든가, 아니면 논리학을 더 확장하든가 할 수 있을 뿐이다. 첫 번째 가능성은 즉시 수포로 돌아간다. 즉 그 경우 객관정신과 절대정신은 마치 소홀히 취급되어도 괜찮은 것이라는 오해가 발생하는데, 헤겔 철학처럼 완전성을 요구하는 철학에서 이는 절대 허용될 수 없는 일이다. 그런데 두 번째 가능성 역시 이보다 그리 더 나아 보이지 않는다. 도대체 어떠한 범주를 가지고 논리학이 더 확장될 수 있을 것인가? 객관정신철학과 절대정신철학의 중심에 있는 것이 바로 간주관성이라면, 이러한 실재철학적 범주에 상응하는 하나의 논리학적 범주가 이 경우 최대 관건이 된다는 것은 분명하다. 그러나 헤겔 논리학처럼 근본철학(Fundamentalphilosophie)으로서 기획된 논리학에 간주관성의 범주를 받아들이는 것은 과연 실제로 생각될 수 있을까? 만일 그렇게 한다면 논리학과 실재철학 사이의 차이가 사라지는 것은 아닐까?

이에 대해 일단 맨 먼저 대답될 수 있는 것은, 간주관성의 **논리적 형** 124 식은 자연을 통해 매개되지 않는다는 점에서, 즉 그 어떤 자연적인 것과 유한한 것도 지니지 않는다는 점에서, **실제의**[강조는 옮긴이] 간주관성과 구분되어야 할 것이라는 점이다. 그와 같은 순수 논리적인 간주관성이 생각될 수 있다는 것은 결코 즉각적으로 배제할 수 없다——헤겔에 따르면 주관성의 경우 그 논리학적 형태와 실재철학적 형태를 구분하는 것은 언제나 유의미하다. 그렇다면 어째서 간주관성과 관련해서도 그와 유사한 구상이 생각되어서는 안 될 것인가? 주목할 것은 주관성이 단지 실재철학에서뿐만 아니라 또한 근본철학[헤겔의 경우 논리학]에서도 다루어져야 한다는 헤겔의 확신도 이미 당대인들에게는 생소해 보였다는 점이다[147]——그리고 칸트의 유한한 초월철학과 더불어 근대 초기의 형이상학적 전통이 바로 주관성의 절대적인 초월철학에 연결되는 데에 헤겔 논리학의 핵심과 독창성이 있다는 것은 분명한 사실이다. 근본철학에 주관성의 범주를 끌어들이는 것을 뒷받침하는 주

---

147) 헤겔 사후 다시금 근대 초기처럼 논리학과 형이상학을 분리하는 것을 우리는 예를 들면 브라니스(Ch. J. Braniß, 1834)와 바이세(1835)에게서 볼 수 있거니와, 이들의 형이상학에서 ——또는 심지어는 노아크(L. Noack, 1846; 21f.)처럼 헤겔과 가장 가까웠던 철학자의 경우에도—— 논리학은 다시금 사라져 있다. 브라니스는 볼프(Ch. Wolff)의 구분법을 이어받아 형이상학을 관념적 신학과 관념적 우주론으로 나누며, 이 중에서 후자를 다시 존재론과 윤리론(Ethikologie)으로 구분한다. K. Ph. 피셔도 이와 비슷하게 볼프의 구분법을 이어받는데, 그는 자신의 형이상학(1834)을 합리적 우주론, 영혼론(Psychologie), 성령론(Pneumatologie) 그리고 신학으로 나눈다.

장은, 이미 앞의 71쪽에서 말했듯이, 바로 모든 존재자는 필연적으로 인식(Erkennen)에 정향되어 있다는 통찰이었다. 헤겔에 따르면 모름지기 존재하는 것이 존재자에게 본질적인 것과 마찬가지로, 인식될 수 있는 것 또한 존재자에게 본질적이다.

그러나 ──우리는 계속해서 물을 수 있다── 존재자의 전달가능성 (Mitteilbarkeit) 역시 그것의 인식가능성과 마찬가지로 거역불가능한 것이 아닌가? 즉 존재하는 어떤 것을 원칙적으로 인식불가능한 것으로서 언표하는 것이 모순적인 것과 마찬가지로, 존재하는 어떤 것을 원칙적으로 전달불가능한 것으로서 설명하는 것 또한 모순적인 것이 아닌가? 필연적으로 전달을 목표로 하지 않을 수 없는 철학이론은, 바로 그것의 고유한 이론으로서의 지위를 획득하기 위해서는, 존재의 전달가능성을 근본철학적으로 반성해야 하는 것이 아닌가? 인식과 전달은 그야말로 밀접하게 연관된 것이어서, 인식의 논리적 전형태(前形態, Vorgestalt)에 대한 취급은 또한 전달의 전형태에 대한 취급을 수반하는 것이 아닌가? 최근의 (가령 퍼스와 아펠의) 새로운 유한한 초월철학이 칸트에 대해 가하는 비판의 아주 중요한 핵심 가운데 하나는, 인식의 근본적인 관계는 주체-객체라는 두 개의 측면으로 이루어진 관계가 아니라, 이 주객관계가 이미 언제나 간주관적으로 매개되어 있다는 것이다. 두 개의 측면으로 이루어진 전자의 관계는 주체-객체-주체라는 세 개의 측면으로 이루어진 관계에 대립하는, 단지 하나의 추상에 지나지 않는다. 이러한 비판은 칸트 철학에서 촉발된 헤겔의 절대적-관념론적 단초에 대해서도 역시 유효한 것이어야 하지 않는가?

흥미롭게도 여기에서 내가 염두에 두고 있는, 인식과 전달의 연관을 목표로 하는 사상은 이미 포이어바흐에게서도 보인다. 19세기에 씌어진 가장 중요한 헤겔 비판서의 하나인, 그의 1839년 저작 『헤겔 철학의 비판을 위하여』(*Zur Kritik der Hegelschen Philosophie*)에서 우리는 논리학에서 중심적인 역할을 하는, 논증(Demonstration)의 개념은 "언어의 의미를 함께 고려하지 않는다면 결코 이해될 수 없다"(1975;

18)는 구절을 읽을 수 있다. 그런데 언어는 "나를 너와 매개하는 것(die Vermittlung des Ich mit dem Du)……에 다름 아닌 것"이다(같은 곳). 따라서 언어는 포이어바흐에 의하면 바로 간주관성을 보여준다. 그렇지만 논증 또한 간주관성을 직접적으로 보여준다. 즉 논증은 "오로지 타자들을 위한 사상의 매개활동 속에서만 그것의 근거를" 지닌다(같은 곳; 32쪽도 참조). 가르치고, 쓰고, 증명하는 사람은 한편으로는 자신이 알고 있는 것을 다른 사람이 아직 모르고 있다는 것을 전제하지만, 다른 한편으로는 자신이 알고 있는 것을 다른 사람들이 배울 수 있다는 것을 또한 전제한다. "따라서 모든 논증은 사상 그 자체 안에서만 이루어지는, 그리고 사상 그 자체를 위해서만 이루어지는 사상의 매개가 아니라, 언어를 통해서 이루어지는, 〔나의〕 사유와 타자의 사유 사이의 매개, 즉 그것이 어디까지 나의 사유인지와 어디까지 그의 사유인지를 매개하는 것(eine Vermittlung mittels der Sprache zwischen dem Denken, *inwiefern* es *meines* ist und dem Denken des *andern*, *inwiefern* es *seines* ist)——두세 명이라도 나의 이름으로 모인 곳에는 나도 함께 있다. 즉 이성과 진리가 너희들 가운데 있다[148]——이거나, 또는 나와 너를 이성의 동일성의 인식으로 매개하는 것이다"(19f.). 포이어바흐는 순수 주관적인 사유 또한 의사소통의 한 미약한 형식으로 해석한다.[149] "인간은 자기 자신을 만족시킬 수 있다. 왜냐하면 그는……자기 스스로 타자일 수 있으며……, 또한 그는 그의 생각이, 적어도 그 가능성에 따라서 볼 때, 타자의 생각이 아니라면 그것은 또한 그의 생각도 아니라는 것을 알기 때문이다"(20). 더 나아가 포이어바흐

---

148) 이 표현은 분명 「마태복음」18: 20에서 따온 것이다. 포이어바흐는 이러한 신학적 개념을 또한 다음과 같이 표현하기도 한다. "나와 너를 통일시키는 사상이 바로 참된 사상이다"(20)——물론 이는 극히 평범한 합의이론(Konsenstheorie)의 의미에서 보더라도 쉽게 이해될 수 있는 대목이다.

149) 익히 알려져 있듯이 사유를 영혼의 자신과의 대화로 해석한 최초의 인물은 플라톤이었다(Tht. 189e, Sph. 263e).

는 거의 [현대의] 초월화용론으로 불릴 법하기까지 한 성찰을 수행하는 바, 그에 따르면 매개는 모든 각각의 철학을 위한 가능성의 조건 (Bedingung der Möglichkeit, 강조는 옮긴이)이다. 왜냐하면 우리가 알고 있는 모든 철학자들은 ──육성을 통해서든, 저작들 통해서든 간에── 필연적으로 "그들의 사상을 밖으로 드러내었기(äußern), 즉 가르쳤기(lehren)" 때문이다──"그렇지 않다면 명백히 그들은 우리에게 알려지지 않았을 것이다"(20). 이로써 모든 논증은 "사유자의, 또는 자기 스스로 안에[만] 닫혀 있는 사유의, 자기 자신과의 연관이 아니라, 바로 사유자의, 타자에 대한 연관"이기 때문에, 논리적인 추리형식들은 "이성의 형식으로서……, ……즉 내적인 사유와 인식행위의 형식으로" 이해되어서는 안 된다. "그것들은 사상을 전달하는 형식이자 표현하는 방식, 즉 드러내고(darstellen), 앞에 세우고(vorstellen), 나타내는 (erscheinen) 것들이다"(21).

물론 이때 포이어바흐가 간주관성의 범주를 헤겔의 『논리학』이 지니는 의미에서의 하나의 제일철학(prima philosophia) 속으로 포섭하라는 요구를 제기하는 것은 아니다. 정반대로 포이어바흐는, 헤겔의 논리학에서 다루어진 판단과 추리의 형식들이 필연적으로 '전달'을 드러내기 때문에, 그 형식들은 결코 근원적인 것이 아니라고 생각한다. 그는 헤겔의 확신을 뒤집고 있음이 분명하거니와, 그에 의하면 헤겔의 논리학에서 토대가 되는 것은 오히려 전체와 부분, 필연성, 근거 등에 대한 상론, 즉 객관논리학의 범주이다(21쪽의 주). 이런 점에서 포이어바흐는 (형식)논리학을 존재론 속으로 통합시킨 헤겔의 업적 뒤로 후퇴하고 있는 셈이다. 왜냐하면 포이어바흐는, 만일 그러한 통합이 받아들여진다면 '전달' 역시 필연적으로 제일철학(πρώτη φιλοσοφία)의 한 범주가 되어야 한다고 생각하지만, 그럼에도 바로 이러한 전진을 그는 꺼리기 때문이다.[150] 그러나 도대체 왜 그래서는 안 되는가? 객관논리학에 이어서 단지 주관논리학뿐만 아니라, 아직은 극히 잠정적이긴 하지만 '간주관적'이라고 부를 수 있는 논리학이 또한 뒤따르게 된다면, 논리학과 실재철학의 대응 문제는 계속해서 점점 더 만족스러운 방식으로 해결될 수 있을 것이다.[151] 물론 그와 같은 상당히 발전된 전진을 위해서는 명확한 논리적 논증이 동원되어야겠지만, 그러한 작업은 4.2.3.2 장에 가서야 이루어질 것이다. 그에 앞서 일단은 헤겔의 체계구조가 먼저 분석되어야 한다. 왜냐하면 논리학과 실재철학의 관계는 바로 그 체계구조 안에 담긴 문제이기 때문이다. 이에 덧붙여, 헤겔 스스로도『철 127 학대계』로 대표되는 표준적인 삼분구조의 체계에 대한 하나의 체계적 대안을 전개한 바 있거니와, 바로 그 대안이『논리학』의 구조변경을 위한 더 발전된 논증을 제공하기에 적합하다는 점도 드러날 것이다.

---

150) 이는『미래 철학의 원칙들』(*Grundsätze der Philosophie der Zukunft*)의 저자가 보기에는 첫눈에도 경악스러운 일이다(§64 〔1975 ; 321〕 참조. "진정한 변증법은 결코 고독한 사상가가 자기 스스로와 벌이는 독백이 아니라, 나와 너 사이에서 이루어지는 대화이다"). 그러나 그의 이러한 논증의 일관성은 단지 그 정도까지다. 왜냐하면 첫째, 포이어바흐는『논리학』을 계속 발전시키는 것에는 관심이 없거니와, 오히려 형이상학과 논리학을 심리학으로 환원시키고자 하기 때문이며(「철학의 개혁을 위한 예비적 명제들」〔Vorläufige Thesen zur Reformation der Philosophie〕; 〔1975〕, 226), 둘째, 19세기의 많은 헤겔 비판가들의 특징은, 독일관념론의 주체철학과 결별하는 가운데 한편으로는 간주관성이라는 더 고차적인 개념을 건드리지만, 다른 한편으로는 객관주의(Objektivismus)로 후퇴하는 데 있기 때문이다. 이에 객관 논리학적 범주들로의 이러한 후퇴로부터는 당연히 유물론이 결과한다.

151) 3.1.2장에서 상론된 바 있는 논리학적 범주들의 특징을 간주관성의 개념에 적용할 경우, 간주관성은 적어도 논리학적 범주일 수는 있다는 것이 곧바로 드러난다. 사유와 마찬가지로 전달 역시 거역불가능하고(심지어는 그 자체로 반성적〔für-sich-reflexiv〕이기까지 하며), 순수 개념적이며, 또한 여기에서 벗어날 수 있는 것은 아무것도 없다는 점에서, 그것은 보편존재론적 범주이다. 그리고 끝으로 논리학이 지니는 신학적 측면과 관련해서 볼 때 다른 두 개의 거대한 일신교〔이슬람교와 유대교〕와 대비되는 기독교만의 신 개념이 지니는 고유한 특징은 바로, 신이 〔성부·성자·성령이라는〕 세 가지 인격으로 이루어져 있으며, 따라서 한갓된 주관성이 아닌, 하나의 간주관적 구조를 나타낸다는 사상이다. 물론 종교가 철학을 위해 절대적 진리기준을 형성할 수 있는 것은 아니다. 그럼에도 가능한 한 많은 것을 종교로부터 취하되, 나아가 그것을 개념적으로 재구성하는 것은 정당한 철학적 태도이다. 이에 대해서는 8.2.3장을 참조할 것.

3.4. 헤겔 체계의 구조

지금까지 나는 논리학과 실재철학이 서로 대응을 이루도록 구성되어야 하며 또 대략적으로는 그러한 대응이 실제로 성립하고 있다는 것을 입증하고자 하였다. 물론 이는 헤겔의 체계가 두 부분으로 나뉘어 있다는 생각으로 오도되어서는 안 된다. 왜냐하면 그것은 가령 칸트류의 이원론 철학으로 퇴행하는 것을 의미하며, 또한 모든 이원론을 극복하고자 하는 헤겔의 가장 근본적인 동기와 정면으로 모순되기 때문이다. 스피노자가 데카르트의 이원론을 극복하고자 했듯이 독일관념론 또한 칸트가 설정한 대립을 —특히 개념과 실재의 대립을— 극복하고자 한다. 구체적으로 체계구조에 관한 물음과 관련해서 보면, 이로부터 결과하는 것은, 헤겔은 논리학을 단지 실재철학의 토대가 되는 '프로그램'으로만 이해하는 것이 아니라, 논리학을 또한 체계의 부분으로, 그것도 그 어떤 것이든 바로 그것으로 **복귀해야** 하는 바의 출발점으로서 여긴다는 것이다. 이때 이러한 방식으로 체계가 하나의 원환적이고 자체 내 완결된 구조를 지닌다는 것은 논리학과 실재철학의 평행적 전개와 그대로 조화를 이룬다. 왜냐하면 논리학이 그것의 대단원에 이르러서야 비로소 그것의 진리인, 그 자신의 절대적 원리에 도달하는 까닭에, 논리학의 최종단계에 상응해야 하는 실재철학의 최종단계는 별 어려움 없이 논리학으로 복귀한 상태로 해석될 수 있기 때문이다. 그렇지만 이러한 관점에서 논리학의 두 가지 의미—즉 한편으로는 실재철학의 근간이 되는 틀이면서도, 다른 한편으로는 그것으로 다시 복귀해야 하는 바의, 체계의 출발점이라는— 사이에 양립가능성이 있음에도 불구하고, 논리학의 이러한 이중적인 기능으로부터는 지금까지 제대로 고찰되지 않았던 매우 특이한 문제들이 발생하거니와, 내가 보기에 헤겔의 체계구상에 존재하는 기묘한 모호성은 바로 이 문제들에서 비롯된다. 이러한 모호성에 대해서 구체적으로 논의하기에 앞서, 먼저 나는 방금 제기된 문제를 순수 이론적으로 —그것도 헤겔의 언명을 전혀 인용함

없이—— 개괄하고자 한다.

논리학이 체계의 부분이면서도 동시에 실재철학에 상응해야 한다면,
체계[전체]가 n개의 부분을 지닐 경우, 실재철학에 속하는 부분들의 수
m은 ——체계의 첫 번째 부분인 논리학이 제외되어야 하므로—— n-1이
되어야 한다는 것은 분명하다. 그러나 논리학과 실재철학이 서로 상응
해야 하기 때문에, 논리학 역시 m개의 부분으로 나뉘어야 한다. 그런데
헤겔은 궁극적으로는 오로지 하나의 숫자만이 만족스러운 구분을 정초
할 수 있다고 생각하는데, 그것은 바로 '3'이라는 숫자이다. 이는 (설령
헤겔이 그 근저에 깔려 있는 이성적 사고를 필요 이상으로 혹사시켰다
는 것을 인정할 수 있다손 치더라도) 그저 헤겔이 지니는, 단순한 역사
적 사실이라고만 간주될 수 있을 뿐인, 유별난 개인적 취향으로 평가되
어서는 결코 안 된다.[152] 오히려 헤겔이 '3'을 선택한 것에는 충분한 체
계적 근거들이 있다. 왜냐하면 첫째, 선험적인 관점에서 개진되는 체계
에서 구성의 문제는 각별한 중요성을 지닐 수밖에 없기 때문이다. 어떤
구성이 완전성을 갖추고 있는가에 대한 근거는 결코 경험으로부터 주어
질 수 없기 때문에, 그 구성이 완전하기 위해서는 하나의 선험적인 기
준이 마련되어야 한다. 그리고 이러한 기준은 보편적 본성을 지니는 것

---

152) 적어도 헤겔이 '3'의 수를 부각시키는 것을 그의 체계의 가장 중요한 근간의
하나로 여긴다는 데에는 의심의 여지가 있을 수 없다. 그의 구성은 거의 언
제나 삼분구조로 되어 있으며, 이 삼분성은 『논리학』의 최고범주인 절대이
념의 단계에서 상세하게 통찰되고 정당화되고 있다. 비록 헤겔 자신이 그의
구성을 지배하는 삼분적 모델을 지칭하기 위해 정·반·합이라는 용어를 사
용하지는 않지만, 그럼에도 가령 뮐러(G. E. Mueller) 같은 이가 헤겔을 모
든 형식주의로부터 '해방'시킨다는 명목으로 했던 것처럼(1958) 헤겔에게
서 이러한 삼단계의 전개가 지니는 의미를 축소시키는 것은 제대로 된 이해
가 될 수 없다. (이에 대해서는 메를란[Ph. Merlan]의 적절한 비판[1971]을
참조할 것.) 그러한 '해방의 시도'는 1959년 뮐러가 쓴 헤겔 연구서에서처럼
헤겔의 철학이 마치 온갖 견해가 혼란스럽고 전혀 구조화되지 않은 것처럼
보이게 한다——그렇지만 그러한 혼란은 헤겔에게 있는 것이 아니라 뮐러 자
신에게 있다고 할 것이다.

이어야 하므로, 그것은 구성에 포함되는 지절들의 수 이외의 다른 어떤 것에서도 결코 성립 수가 없다. 그러나 둘째, 왜 그 수는 하필이면 꼭 '3'이어야만 하는가? 현실의 근본구조들을 연역하고자 하는 체계에서 그 문제의 수가 가능한 최소의 것이어야 한다는 것은 일단 이해될 수 있다. 그러나 '1'이라는 수로는 그 어떤 분화된 구성도 불가능하다는 점이 명백하다. 따라서 숫자 '1'은 논의의 주제가 될 수 없다. 반면 '2' 라는 수는 충분히 생각해볼 여지가 있다. 그리고 실제로 헤겔의 철학적 선구자인 칸트의 경우 구성들은 대부분 이분법적이다. 단지 범주표에 서만 칸트는 삼분법적인 구성을 수행하는데, 이는 그 자신이 보기에도 기묘하게 여겨진다. "왜냐하면 다른 경우에는 모든 구분이 개념을 통해 선험적으로 이분법이 되어야 하기 때문이다"(KdrV B 110).[153] 물론 이분법에 대한 칸트의 선호는 그의 철학의 내용에, 즉 그의 철학이 지 니는 다양한 이원론(이론철학과 실천철학의 이원론 그리고 이론철학 내부에서 나타나는 개념과 직관의 이원론과 같은)에 상응하는 것이다. 따라서 비이원론적인 철학은 또한 결코 이분법적인 구성을 수행하지 않는다는 것은 충분히 이해할 수 있다.[154] 그러므로 이제 남는 숫자는

129

153) 물론『판단력비판』B LVII에서 칸트는 이와는 대립되는 설명을 내놓는데, 이에 따르면 오로지 분석적인 구분만이 이분법적이며, 반대로 종합적인 구 분은 삼분법적이어야 한다.

154) 물론 헤겔은『논리학』의「개념」장에서 처음에는 이분법적인 구분을 채택한 다. 즉 개념의 특수한 종류는 '보편적인 것 그 자체'와 '특수한 것 그 자체' 라는 두 가지다. 그리고 자연에서 하나의 유(類)가 둘 이상의 종(種)을 가진 다는 것은 단지 자연의 우연성과 유한성에만 있을 뿐이다. "완전성의 관점에 서 보자면, 특수성의 규정은 바로 보편적인 것과 특수한 것의 차이에서 완전하 게 존재하며, 또한 오로지 이 양자만이 특수한 종들을 만들어낸다는 것이 도 출되었다. 물론 자연에서는 하나의 유에 두 개 이상의 종이 존재한다.…… 이것이 바로 개념의 엄격성을 견지하거나 표현할 수 없는, 자연의 무력함이 다……"(6.282). 그러나 뒤에 가서는 개별성이라는 제3의 규정이 편입되거 니와, 개념의 계기들은 이 제3의 규정과 더불어서야 비로소 완전성을 이루 게 된다.——일반적으로 말할 수 있는 것은, 헤겔 체계의 발전과정에서 이분 법은 점점 더 삼분법에 의해 해체된다는 점이다. 실재철학 기본분과들의 내

'3'뿐이다. 그리고 실제로 삼분법적 구성은 그것이 구체성을 지니고 있다는 장점과 더불어, 이원적 대립을 그것을 통일하는 제3의 규정으로 환원시킨다는 장점을 함께 지니고 있다. 따라서 삼분구조로 된 구성은 헤겔 철학처럼 절대자를 "동일성과 비동일성의 동일성"으로, 즉 구체적인 통일로(2.96; 5.74 참조) 파악하는 철학에는 가장 적합한 것이다.

다시 우리의 문제로 돌아가자. 그 문제는 n개로 나누어진 체계는 한 편으로는 실재철학보다, 그리고 다른 한편으로는 여기에 상응하는 논리학[의 구성]보다 한 개의 부분을 더 가져야 한다는 점에 있었다. 이러한 상황에서 우리를 어려움에 처하게 하는 것은, 헤겔 철학에서 보이는 두 개의 구성법 모두가〔즉 n개로 이루어지는 체계구성과 m = n-1 개로 이루어지는 실재철학 또는 논리학의 구성이 동시에〕삼분법적일 수는 없다는 것이 명백하다는 점이다——즉 체계 전체가 세 개의 부분을 가지거나, 아니면 논리학과 실재철학이 각기 세 부분을 가질 뿐, 전자와 후자가 동시에 삼분구조를 지닐 수는 없는 것이다. 하지만 그렇다면 그 중 하나의 구분은 개념에 모순될 수밖에 없는 것으로 보인다. 어쨌거나 이러한 아포리아로부터는, 두 개의 체계구성이 생각될 수 있다는 결론이 나온다. 그리고 흥미롭게도 헤겔은 두 개의 가능성을 실제로 두루 검토해보았다. 이제 우리는 그 중 어떤 것이 더 나은지를 보고자 한다.

적 구성은 그의 최초 체계에서는 거의 이분법적으로 이루어져 있는 반면(물론 큰 테두리에서 본 실재철학 그 자체는 그 당시에는 여전히 세 개가 있었던 반면, 뒤에는 두 개로 바뀌었다), 나중에 가서는 삼분법적으로 구성되었다. 심지어 마지막으로 눈에 띄는 이분법은 1830년에야 비로소 사라졌다. 왜냐하면 「정신론」은 『철학대계』의 제3판에 가서야 비로소 세 번째 부분을 포함하기 때문이다. 그리고 독일관념론의 구분법에서 보이는 가장 오래된 이분법——즉 피히테가 행한, 이론적 정신과 실천적 정신이라는 이분법——이 헤겔에게서는 가장 나중에 소멸하는 것도 자못 흥미로운 사실이다.

130

3.4.1. 삼분적 체계구조

주지하듯이 성년의 헤겔이 채택한 가능성은 n＝3으로 ──따라서 m＝2로── 설정하는 데 있다. 체계는 바로 이러한 방식으로 세 개의 부분을 지닌다. 즉 논리학은 "즉자대자적 이념에 관한 학문"이고, 자연철학은 "자신의 타자존재 가운데 있는 이념에 관한 학문"이며, 정신철학은 "자신의 타자존재로부터 스스로로 복귀한 이념"에 관한 학문이다(E. §18, 8.63f.). 이러한 구분은 강력한 체계적 매력을 결코 결여하고 있지 않다. 체계의 첫 번째 구성은 삼분적이다. 실재철학의 두 영역──자연과 정신──은 현실을 완전히 구분하고 있는 것으로 보인다. 그리고 자연을 '논리적 자기 내 존재(Insichsein)의 타자성'으로, 또는 정신을 '외면성으로부터 자신으로 향하는 복귀'로 규정하는 구체적인 해석 또한 처음 봐서는 전적으로 분명하다. 특히 그러한 해석은 근대철학에서 제안된, 자연과 정신의 관계에 대한 두 가지 규정을 종합한 것으로 여겨진다. 왜냐하면 헤겔의 체계구상은 자연주의의 일면성뿐 아니라 주관적 관념론의 일면성 또한 넘어서고자 하기 때문이다. 자연은 물론, 자연주의적-유물론적 입장에서 주장하듯이, 정신에 선행하지만, 그럼에도 자연은 논리를 전제하고 있기 때문에, 그것 역시 어떤 종속된 것, 즉 부정적인 것이다. 자연의 산물인 정신에서 이러한 부정성은 지양된다. 따라서 헤겔이 보기에 정신은 ──그것 자신의 근저에뿐만 아니라 자연의 근저에도 동시에 놓여 있는 원리를 그것이 가장 고차적으로 표현하는 한에서── 자연의 진리이다. "정신은 우리가 보기에는 자연을 그것의 전제로 갖는다. 그러나 자연의 진리 그리고 자연의 **절대적 제일자** (absolut Erstes)는 바로 정신이다"(E. §381, 10.17).

이러한 사고에 의하면 정신은 명백히 자연에 대한 우위를 차지하고 있다──이는 스피노자나 셸링의 경우와는 분명 구분된다. 즉 이들의 생각에 따르면 자연과 정신은 동일한 권리를 지닌, 실체의 속성이며, 또한 왜 하필이면 두 가지 (인식가능한) 속성이 존재하는가라는 물음은 해답을 내리기 어려운 것이다. 그에 반해 헤겔은 정신에서 이루어지는 실재철학의 종결을 정신의, 이념으로의 복귀로 설명할 수 있다. 게다가 헤겔의 삼분적 체계구성—이는 근대철학의 테두리 안에서는 유일한 것이다—은 고대부터 중세 후기에 이르는 고귀한 전통과 연결될 수 있다. 내가 (1984a)에서 제시하고자 했듯이, 정신을 자연으로부터 이념에 이르는 복귀로 보는 생각은 플라톤, 신플라톤주의자들 그리고 쿠사누스(Nicolaus Cusanus) 같은 사상가들—그 책에서 나는 그들을 "종합적인" 사상가라고 부른 바 있다—이 지니는 고유한 차별성(differentia specifica)이다. 물론, 특히 신플라톤주의자들에게서는, 이러한 생각 말고도 여기에서 다소 벗어나는 체계구성도 보인다. 신플라톤주의에서 최고의 원리인 일자(ἕν)는 먼저 정신(νοῦς)[155]을 창조하며, 그뒤에 이 정신은 영혼(ψυχή)과 질료(ὕλη)로 이행한다. 물론 신플라톤주의자들은 아직 일자에서 정신에 이르는 이행을 설명하는 그 어떤 논증도 제공하지 않을뿐더러, 객관적 관념론 체계의 한 변종이라 할 수 있는 그들의 유출론에서 도대체 왜 정신을 넘어서 자연이 존재하는지의 문제는 아직 해결되지 않은 채로 그리고 해결될 수도 없는 채로 남아 있는 반면, 헤겔에게서는 자연은 정신을 위한 전제로서 그것의 실존적 필연성을 지닌다. 바로 이 점이 헤겔의 체계구성에서 결정적인 논증인 것으로 보인다. 즉 헤겔의 체계구성은 변증법적 구성을 명확히 채택함으로써 엄밀성과 명증성 측면에서 전체 플라톤적 전통을 능가한다.[156]

131

---

155) 뒤에 다시 지적하겠지만, 헤겔은 자연의 영역에서는 사분법을 선호하는데, 이 역시 정교한 근거를 결여한 것으로 여겨서는 안 된다.—나아가 삼분법은 〔두 개의〕 중간부분을 덧붙임으로써 어렵지 않게 오분법으로 확장될 수 있는데, 이러한 구성은 가령 『현시대의 특징들』(Grundzügen des gegenwärtigen Zeitalters)에서 보이는 피히테의 역사구분에서 볼 수 있다 (7.11f.).

156) 플라톤의 경우를 보면, 정신이 자연을 통해 매개된다는 변증법적 변종 이외에도 이러한 일원론에 가까운 체계변종(즉 일자에서 정신과 영혼을 거쳐 질료로 가면서 존재의 의미함축〔Seinsgehalt〕이 점점 더 약화되는 것)도 즉각

그럼에도 헤겔의 체계구성에서는 현저한 미관상의 오류 (Schönheitsfehler)가 눈에 띈다. 앞에서 개진된 바에 따르면, 실재철학뿐 아니라 논리학 역시 단지 두 개의 부분만을 ——즉 실재철학은 자연철학과 정신철학만을, 그리고 논리학은 객관논리학과 주관논리학만을—— 가질 수 있을 뿐이다. 삼분적 구성을 통해서만이 비로소 완전성을 갖출 수 있는 철학에서 이는 자못 껄끄러울 수밖에 없는 일이다. 왜냐하면 이로부터는 다음과 같은 가능성 중 하나가 반드시 나올 수밖에 없는데, 그 중 어느 것도 만족스럽지 못하기 때문이다. 즉 그럴 경우 ① 논리학과 실재철학은 〔다 같이〕 불완전하다. ②논리학과 실재철학이 설령 완전하다 할지라도, 그것들의 내적 구성은 잘못된 것이다. 즉 두 개의 부분이 미묘하게도 하나의 부분으로 통합되어 있는데, 이로부터는 헤겔이 요구하는 삼분적 구성 대신 문제점을 지닌 이분적 구성이 결과하는 것이다. ③두 체계부분 중에서 논리학이 불완전하든지(3a), 아니면 실재철학이 불완전하든지(3b), 둘 중 하나이다. 이 둘 중 어느 경우건 간에 하나의 부분은 비록 실질적으로 완전성을 갖추고 있더라도, 그 내부구성에서는 잘못이 저질러지고 있다. 이 세 가지 가능성 중에서 어떤 것이 꼭 들어맞는지는 지금은 아직 정확하게 결정되어서도 안 되며 또한 결정될 수도 없다. 물론 3.3.2.3장과 3.3.2.4장에서 도출된 우리의 결론, 즉 실재철학이 논리학을 '뛰어넘어' 전개되고 있다는 결론에 근거하면, 아마도 3a의 가능성이 가장 정확하다고 할 수 있을 것이다. 더욱이 이 경우 우리는 앞에서는 다만 발견만 했을 뿐인 결과를 체계론적으로 심오하게 근거짓는 원인을 찾아내기까지 했다고 할 수 있

눈에 띈다(『티마이오스』를 특히 염두에 둘 것). 쿠사누스의 두 주저 ——즉 『무지의 지에 관하여』(*De docta ignorantia*)와 『추측에 관하여』(*De coniecturis*) ——는 부분적으로는 ——이미 브렌타노(F. Brentano)가 헤겔의 『철학대계』에서의 구성과 비교했듯이(1980: 95)—— 삼분적-변증법적 구성을, 그리고 부분적으로는 신플라톤주의자들의 사분적-유출론적 구성을 전개한다. ——객관적 관념론의 이러한 두 가지 체계유형이 지니는 차이점에 대해서는 V. Hösle (1984c), 339ff.와 (1984d), 69ff.를 참조할 것.

다. 즉 이제 우리는 왜 그러한 '뛰어넘음'이 —적어도 삼분적 체계구조를 전제로 할 때— 크나큰 아포리아에 빠져들지 않고서는 결코 피할 수 없는 것인지를 개념적으로 파악했다고도 할 수 있을 것이다.

하지만 헤겔의 삼분적 체계구성에는 또 하나의 결함이 있는데, 이 결함에 관해서는 헤겔의 정신철학을 검토하는 가운데 좀더 상세하게 논의될 것이다. 즉 헤겔은 정신을 자연에서 벗어나 논리적 이념으로 되돌아가는 복귀로 파악하는데(E. §381, 10.17), 이러한 정신 개념으로부터는 무엇보다도, 정신은 자신의 가장 깊은 내면에서 수행하는 **자연의 부정**이라는, 다시 말해 자연에서 빠져나와 개념으로 향하는 도피(Flucht)라는 결론이 도출된다. 이제 정신은 〔비록 그것이 자연을 통해 매개된 것임에도 또한〕 분명히 자연의 부정이기도 한 것이다. 그것이 인식을 하는 한에서, 정신은 자연의 무한한 상호외재성을 자연법칙의 논리적 구조로 관념화한다. 그러나 정신은 단지 관념화하는 데 그치는 것이 아니다. 오히려 그에 못지않게 —기술과 예술에서 이루어지는 자연의 재형성에서건, 법과 국가라는 간주관적 제도(즉 자연적인 토대를 전제하는 제도)에서건— 자기 스스로를 객관화하고 자연화하는 것도 정신에 본질적인 것이다.[157] 또한 언어라는 현상도 이러한 방향을 보여준다. 사상이 지니는 관념성은 여기에서 하나의 자연적인 토대를 지니게 되는데, 바로 이것이 간주관성을 가능케 한다. 그렇지만 헤겔은 정신이 이렇게 스스로를 자연화하는 경향을 지니고 있다는 문제를 어떻게 해결할 수 있을까? 삼분적 체계구조에서 비롯되는 그의 정신 개념으로부터는, 그가 이러한 자연화하는 경향을, 비록 단적으로 무시하지는 않지

132

---

157) (1983: 189ff.)에서 D. 반트슈나이더와 나는 정신이 (관념화하는 경향과 함께) 지니는 이러한 〔스스로를〕 '자연화하는 경향'(Naturalisierungstendenz)에 부여되는 의미를 논한 바 있다. 물론 그 논문은 헤겔에게서 보이는 모순을 지나치게 조화롭게 무마시키려 했기 때문에, 거기에서는 헤겔의 체계를 토대로 해서는 이러한 자연화하는 경향이 파악될 수 없다는 점이 아직 제대로 인식되지 못했다. 그에 상응하여 그 논문에서는 정신의 두 가지 경향 사이의 관계 또한 매우 불명료하게 규정되고 있을 뿐이다.

만, 결국은 관념화하는 경향에 비해 극단적으로 하위에 있는 것으로 설정할 수밖에 없다는 결론이 나온다. 헤겔에 따르면 정신은 단지 자연으로부터만 빠져나오는 것에 그치지 않고, 더 나아가 객관정신의 여러 제도와 예술에서 이루어지는 자신의 여러 자연적 객관화로부터도 또한 빠져나와 고유한 철학적 사유가 지니는 내면성으로 복귀할 때에야 비로소 진정한 의미에서 정신이 된다. 즉 정신은 자기 스스로를 더 이상 재객관화하지 않아야 할 때 완성되는 것이다.

헤겔의 이러한 정신 개념—나중에 좀더 자세히 언급되겠지만, 그의 정신 개념에 대해서는 여러 반대방향의 경향이 존재하는데, 그것들은 바로 헤겔이 물론 관념론자이지만 어디까지나 객관적 관념론자라는 점에서 비롯된다—은 특히 '정치적 현실에 비해 사유가 너무 늦게 온다' (Zuspätkommen des Denkens gegenüber der politischen Wirklichkeit)는 테제와 '예술의 종언' 테제를 낳는다—바로 이 명제들이 청년헤겔주의자들이 헤겔 체계를 거부하게 되는 본질적인 원인이 되며, 오늘날 우리 역시 별 거리낌 없이 이 명제들을 거부한다. 물론 이러한 '거리낌' 따위는 아무런 논증의 구실도 할 수 없다. 왜냐하면 방금 언급한 헤겔의 명제에서는 그의 근본원칙들이 지니는 오류가 아니라, 바로 그의 정신 개념에서 비롯되는 명약관화한 결론에서 파생될 수 있는 언명들이 중요한 문제가 되기 때문이다. 또한 의심할 나위 없이 이러한 정신 개념은 그 자체가 바로 헤겔의 체계구조에서 비롯된다. 그런데 우리가 순수 체계론적 근거들을 통해 보았듯이, 바로 이 체계구조가
133 문제들을 내포하고 있다. 이제 우리는 하나의 가능한 대안을 살펴보고자 한다.

3.4.2. 사분적 체계구조

철학사에 관한 여러 소책자들을 보면, 논리학·자연철학·정신철학이라는 삼분적 구분이 헤겔의 체계를 구성한다고 극히 단적으로 씌어져 있다. 이 때문에 그러한 삼분적 체계구성이 헤겔에게서 나타나는 유

일한 구성이 아니라는 사실은 헤겔 전문가가 아닌 사람들에게는 잘 알려져 있지 않다. 즉 헤겔의 맨 처음 체계구상은 오히려 사분적 구조를 지닌 것이었다. 그리고 베를린 시기까지도 헤겔은 그가 행한 강의에서는 자신의 실재철학을 사분적으로 구성하는 것이 가능하다는 점을 종종 강조하였다. 이러한 사실이 말해주는 것은, 성년기의 헤겔 체계가 갖추어지기 이전의 단계가 바로 그러한 〔사분적〕 구성이었지만 헤겔이 '다행히도'〔부호는 옮긴이가 붙임〕 그것을 이미 예나 시기에 극복했다고 보는, 그저 역사적인 관점에서만 중요한 관심사가 될 뿐인 것이 결코 아니라는 점이다. 오히려 우리가 앞에서 개진했던 논증은 다음과 같은 사실을 알려준다. 즉 이 초기의 구상에서는 체계적으로 진지하게 고려되어야 하는 하나의 대안적 구상이 개진되고 있는바, 거기에서는 앞에서 이야기된 사태연관에서 비롯되는 아포리아를 삼분적 체계구성과 다른 방식으로, 그것도 매우 만족스러운 방식으로 해결하려는 노력이 모색되고 있다. 따라서 이를 〔후기의 체계가 초기의 체계보다 당연히 탁월할 것이라고 간주하는 섣부른〕 편견 없이 검토하는 일은 매우 중요하다.[158]

3.4.2.1. 헤겔에게서 보이는 사분적 체계구성

사분적 체계구성은 m=3으로, 이에 따라 n=4로 설정한다. 그러므로 여기에서는 ──전체 체계가 아니라── 단지 실재철학만이 세 부분으로 나뉜다. 나아가 실재철학의 세 번째 영역은 단지 논리학으로의 복귀에 그치는 것이 아니라, 동시에 실재철학의 처음 두 영역의 종합이기도

---

158) 시기적으로 앞선 체계구성이 당연히 열등할 수밖에 없지 않겠느냐는 반론도 물론 가능하겠지만, 이는 전혀 논박할 가치도 없는 것이다. 그러한 반론의 바탕에는 한 철학자의 사상은 필연적으로 진보적인 방향으로 발전한다는 그릇된 표상이 깔려 있다──후기의 아우구스티누스뿐 아니라 후기의 셸링에게서도, 그리고 후기의 마르크스뿐 아니라 후기의 비트겐슈타인에게서도 동시에 그들이 초기에 취했던 입장보다 나은 진보가 이루어졌다고는 그 누구도 단정할 수 없다는 점만 보아도 이러한 표상이 잘못된 것임은 이미 드러난다.

하다. 물론 이렇게 할 경우 전체 체계가 ——적어도 첫눈에 보기에는—— 네 개의 부분을 가지게 된다는 희생이 따른다. 즉 '3'이라는 근본적인 수가, 논리학과 실재철학에서 보이는 삼분적 체계구상에서와 달리, 여기서는 줄어드는 것이 아니라 오히려 초과되는 것이다. 이러한 결함이 제거될 수 있는지를 좀더 자세히 논의하기에 앞서, 먼저 헤겔이 이러한 사분적 구성을 개진하는 지점들이 다루어져야 한다. 왜냐하면 그러한 방식의 구성은 아직 일반적으로 잘 알려진 것이 아니기 때문이다.

예나 시기에 출간된 저작들 중 체계구상이 담겨 있는 것은 두 가지이다. 그 중 첫 번째 것은 1801년에 나온 『차이』의, 셸링에 관한 장의 마지막 부분에서 보이는데, 거기에서는 셸링의 『초월적 관념론의 체계』에서 이루어진 체계구성이 네 개의 부분으로 이루어지는 구성으로 발전되고 있다(2.107ff.). 두 번째 것은 1802/03년의 「자연법 논문」(2.456ff.)에서 보인다. 거기에서는 체계가 세 부분으로 구성되어 있다.[159] 이 가운데 우리의 관심을 끄는 것은 오로지 첫 번째로 출간된 헤겔의 체계구상이다. 거기에서 헤겔은 셸링에 기대어 철학을 일단 "자연학"과 "지능학"(Wissenschaft der Intelligenz)으로 나눈다. 그 중 자연학은 철학의 이론적 부분이며, 지능학은 실천적인 부분이다(109).[160] 물론 이 두 학문의 근저에는 어떤 대립적인 구조가 놓여 있는 것이 아니다. 그 양자 모두에게 원리가 되는 것은 바로 주체-객체[관계]이다. 그것은 자연철학에서는 객관적인 주체-객체로서, 그리고 지능철학에서는 주관적인 주체-객체로서 스스로를 현시한다(manifestieren, 107). 헤겔은 거의 셸링처럼 "인식과 존재라는 두 개의 극은 모든 각각의 것 속에 있

---

159) 「자연법 논문」에서 근간이 되는, 즉 구성의 기준이 되는 범주는 더 이상 '주체'와 '객체'가 아니라, '단일성'과 '다수성'이다. 이 두 가지 체계구상 사이의 차이점에 대해서는 예컨대 R.-P. Horstmann (1977), 47ff.를 참조할 것.

160) 이 체계개괄에서 헤겔이 예나 시기 끝무렵 '논리학과 형이상학'이라고 일컬었던 제일학문에 대해서는 물론 명시적인 언급을 발견할 수 없지만, 그럼에도 그것이 전제되고 있음은 분명하다(이에 대해서는 2.34ff.의 서론적 논의와 2.94ff.의 셸링 장의 첫 부분을 참조할 것).

다. 따라서 이 양자는 무구별성의 점(Indifferenzpunkt)을 자신 안에 또한 지니고 있다"라고 쓰고 있다. "다만 그 중 하나의 체계에서는 관념적인 것이라는 극이, 다른 하나에서는 실재적인 것이라는 극이 우위를 차지하고 있을 뿐이다"(같은 곳). 이로부터는 실재성과 관념성의 대립이 그 두 학문에서 계속하여 ─즉 자연의 영역에서는 비유기적인 것과 유기적인 것의 대립으로, 그리고 지능의 영역에서는 직관과 의지의 대립으로─ 반영된다는 것이 결과로 나온다(109f.). 그러나 이 두 학문 사이의 내직인 대응은 그것들의 동일성을 표현하기에 충분한 것이 되지 못한다. 즉 제3의 학문, 다시 말해 양자를 통합하는 무구별성의 학문이 있어야 하는 것이다. "그것들의 관념적 인자의 측면에 의해 고찰될 경우 이 두 학문은 서로 대립적이다. 따라서 이 대립된 두 학문이 얻고자 고투하는 무구별성의 점은 바로 전체(das Ganze)로, 이는 절대자의 자기구성(Selbstkonstruktion des Absoluten)으로 표상되는 바, 그 양자의 최종의 것이자 최고의 것이다"(2.111). 왜냐하면 자연의 상호외재성과 주관적 이성의 관념화하는 인식의 근저에 놓여 있는 근원적인 동일성은 "완전한 총체성 속에서 그 스스로가 객관화되는 절대 135 자 속으로 그 둘을 통일시켜야 하기" 때문이다(112). 여기에서 암시되고 있는 학문은 이후의 용어로 하면 이른바 절대정신철학, 즉 인간의 정신에서 이루어지는 절대자의 자기파악에 관한 철학에 상응한다. 물론 여기서는 헤겔은 이러한 철학을 여전히 이분법적으로 나누고 있다. 즉 한편에서는 예술이라는 실재적 극(der reale Pol)이 설정되는데, 헤겔은 종교 역시 여기에 속하는 것으로 보며, 이러한 극에서는 무의식적인 직관이 지배한다. 그리고 다른 한편에서는 철학적 사변이라는 관념적 극(der ideale Pol)이 설정된다(112f.). 철학의 이러한 구분에 의거하여 인식에는 존재에 대한 우월성이 부여되는데, 물론 헤겔에 따르면 철학은 이러한 우월성을 자기 스스로 획득할 수 있다. 왜냐하면 철학은 자신의 대상을 "근원적인 절대적 존재"로 파악하기 때문이다. 어쨌거나 철학 역시 예술과 마찬가지로 "예배이다.…… 즉 그것은 절대적 생명에 대한 생동적인 직관이며, 따라서 그 절대적 생명과 하나가 되는 것"이다(113).

철학사적인 측면에서 볼 때 이러한 체계개괄이 지니는 독창성이 바로 제3의 부분——즉 미학까지도 포함하는, 무구별성의 철학——을 도입한 데 있다는 점에는 의심의 여지가 있을 수 없다. 왜냐하면 헤겔이 『차이』에서 피히테 철학의 결함으로 지적했던, 자연과 정신의 이원론은 바로 이러한 방식에 따라 극복되기 때문이다. 더욱이 『차이』의 서문에서는 이미 "칸트와 피히테의 체계에서 자연에 가해졌던 잘못된 취급으로부터 그 자연을 해방시키며, 이성 또한 자연과 일치시킬 수 있는 철학에 대한 욕구"가 거론되고 있다. 그리고 방금 언급된 "일치"(Übereinstimmung)는 "이성이 자기 스스로를 포기하거나 그저 자연의 천박한 모방자가 되어야 한다는 식의 일치가 아니라, 이성 스스로가 자신의 내적인 힘에 의해 자기 자신을 자연으로 형태화함으로써 이루어지는 일치"를 의미한다(13). 이에 헤겔은 계몽철학에서 보이는 다양한 "자연의 체계"에서처럼 자연을 정신보다 상위에 놓지 않는다. 그는 오로지 정신의 재자연화(Renaturalisierung des Geistes)를 한갓된 자연뿐만 아니라 한갓된 정신의 종합이자 진리로 파악하고자 할 뿐이며, 또한 자연과 정신의 관계를 어떤 지배의 관계가 아닌 것으로 이해하고자 한다(74ff., 88, 91ff.; 293 참조). 헤겔에 따르면 이러한 종합의 중심적 형태의 하나가 바로 예술이다——이 예술이라는 현상을 피히테는 적절하게 파악하지 못했다. 왜냐하면 그는 그것을 단지 도덕성을 고취할 수 있는 수단 이상으로 볼 수 없었기 때문이다(90f.). 그렇지만 —— 헤겔의 계속되는 진술에서 —— 원래 피히테의 기본경향에 맞서 있던 (4.91) 「도덕론」(Sittenlehre)의 말미(353ff.)에서 개진되는, 미적 예술가에 대한 논의를 통해 헤겔은 이러한 유한한 관점을 거부한다. "왜냐하면 미적인 감각에서는 개념에 따른 모든 규정이 지양되어 있는바, 지배와 규정이라는 이러한 오성적 본질은 그 미적 감각이 보기에는 증오의 대상이 되는 추한 것이기 때문이다"(93).

그러나 이러한 사분적 체계구성이 지니는 최소한의 철학사적 의미에
도 불구하고, 그러한 구분은 헤겔에게서는 극히 이례적인 것이어서, 많
은 헤겔 연구들은 그것을 문헌학적인 사실로 받아들이는 것을 오래도
록 거부해왔다. 이 점은 특히 1960년대 초까지의 헤겔 연구에서 두드러
지는데, 여기에서 초기의 헤겔은 단지 간헐적으로만 관심의 대상이 되
었으며, 또한 그것에 관한 만족스러운 기본 텍스트도 아직 마련되지 못
했다. 예나 시기의 저작들을 중점적으로 연구했던 최근 20년간의 연구
에서도 그러한 체계구성은 마찬가지로 낯선 것이었다. 헤겔의 맨 처음
의 체계가 사분적으로 구성되어 있다는 것은 최근 10년 전부터야 비로
소 보편적으로 인정되는 사실이다. 헤겔의 최초 체계의 사분적 구분에
특히 정력적인 관심을 기울인 사람은 킴메를레(H. Kimmerle)였다.[161]
이미 1960년대에(1967; 80; 1969; 89) 그는 『차이』에서의 체계개괄을
로젠크란츠의 보고와 연결시켰다.[162] 그가 쓴 헤겔 전기 가운데 「체계
의 교수법적 수정」(Didaktische Modification des Systems)이라는 장
에서 로젠크란츠는 예나 시기에 헤겔은 "교육적인 고려에서" 그의 체계
의 많은 부분을 개별적으로 수정했다고 썼다. 이 수정작업 중에서 "가
장 눈에 띄는 것은, 체계 전체에 관한 강연에서 그가 말한 구성법"인데,
그것은 논리학, 자연철학, 실재적 정신의 철학(Philosophie des
realen Geistes) 그리고 종교철학으로 이루어진 사분적 구성의 체계구
상이다.[163] 그후 킴메를레는 (1970)에서 자신의 이러한 테제를 헤겔의

---

161) 이하에서 나는 연구사(研究史)를 비교적 자세히 다루고자 한다. 왜냐하면
　　그것은 경험적으로는 나중에야 비로소 사실로 확인된 하나의 예언에 대한
　　흥미로운 예가 되기 때문이다. 어쨌거나 킴메를레가 주목할 만한 철학적 용
　　단을 내린 것은 분명하다.

162) 푀겔러도 이미 (1966), 367에서 비록 부수적으로나마 이러한 연결을 도모한
　　바 있다.

163) 이러한 체계구분에 대한 로젠크란츠(그는 1804/05의 논리학·형이상
　　학·자연철학뿐 아니라, 1802/03년의 「인륜성의 체계」까지도 삼분적으로
　　구성된 체계로 요약하며, 이를 프랑크푸르트 시기에 씌어진 것으로 잘못 배
　　열하고 있다)의 해석이 별로 무의미하다는 것은 분명하다. 첫째, 사분적으로

예나 시기의 체계에 대한 포괄적인 연구의 테두리 속에서 상세하게 근
거짓고 또 계속적으로 발전시켰다. 특히 그는 원래는 체계의 네 번째
부분이었던 '절대자 철학'이 어떻게 해서 이미 1803/04년부터 정신철
학 속으로 통합되게 되었는지를 잘 보여주었다.[164] 물론 킴메를레의 해
석에 대해 아무런 반론도 없는 것은 아니다. 특히 호르스트만이 (1972)
에서 그 해석을 거부하고자 하였다. 그에 따르면 킴메를레는 "그것이
수행될 경우 헤겔 연구에서 하나의 전적으로 새로운 테제를 확증하는
것을 의미할" 중요한 임무를 이행하지 않고 있다——여기서 말하는 임
무는 바로 "하나의 사분적 체계의 이념과 그것의 전개에 대한……동기
를 부여하는 것"이다(111). 물론 그러한 임무의 수행은 원칙적으로 기

구성된 체계가 어째서 교육적인 면에서 더 적절한 것일 수 있는지는 전혀 납
득이 가지 않는다. 둘째, 이 단계에서는 아직 어떤 '수정'이 있을 수 없다. 왜
냐하면 여기서 주제가 되는 것은 헤겔의 **최초의** 체계구상이기 때문이다.
(1800년 9월 14일자로 기록되어 있는 이른바 체계단편[Systemfragment,
1.419-427]은 그 어떤 체계구성도 포함하고 있지 않다. 따라서 그것은 본래
적인 체계구상이라고는 볼 수 없다.

164) 지프(L. Siep)가 (1979; 169)에서 아주 잘 강조했듯이, 체계의 네 번째 부분
을 세 번째 부분 속으로 통합하는 것이 이후의 이른바 절대정신을 객관정신
으로부터 더욱 강력하게 고립시키는 것과 일맥상통한다는 사실은 처음 보기
에도 놀라운 일이다. "그러나 네 번째 부분이 세 번째 부분 속으로 이렇게
'녹아들어가는 것'(Einschmelzung)에 맞서는 대립적인 경향도 있는데, 그
것은 종교가, 그리고 무엇보다도 철학(사변)이 인륜적 정신과의 통일로부터
빠져나오는 데 있다." 물론 이러한 사정은 쉽게 설명될 수 있다. 비록 『차이』
의 체계구상에서 객관정신이 고유한 위치를 차지하는 것은 아니지만, 그럼
에도 실재철학에서 **종합적** 부분을 구성하고자 하는 이념에 따라서 보면, 객
관정신을 절대정신과 통합시키는 것은 충분히 납득할 수 있다(뒤의 139쪽
이하 참조). 그리고 실제로 헤겔은, 포스(J. H. Voss)에게 보내는 편지의 초
안에서 보이듯이, 1805년에도 여전히 **자연법**을 사변철학과 자연철학 그리고
정신철학에 이어지는, 철학의 네 번째 부분이라고 일컫는다(Briefe I 99).
——그러나 삼분적인 체계구상에서의 정신 개념에 따르면, 앞의 131쪽 이하
에서 상세히 논의했듯이, 정신은 자연의 부정일 수밖에 없다. 따라서 절대정
신은 정신의 최고의 정점으로서 그 어떤 객관화도 뿌리쳐야 하며, 그렇기 때
문에 객관정신의 부정으로 기능할 수밖에 없다.

대할 수 없다. "왜냐하면 그러한 테제를 확증할 수 있는 자료가 제시되어야 하는데, 그러한 자료는 너무도 부족하기 때문이다." 무엇보다도 호르스트만은 킴메를레가 『차이』의 셸링 장 마지막 부분에 기대고 있음을 비판한다. 왜냐하면 헤겔이 이 개괄에서 "셸링의 원리가 갖는 체계적인 함축을 그 당시 셸링이 필요하다고 생각했던 것보다 더 정교하게 다듬었다"(117)는 점은 호르스트만 자신도 인정하지만, 그럼에도 그 개괄이 셸링 장에 들어 있다는 것은 헤겔이 이러한 구상을 자신의 구상과 결코 동일한 것으로 간주하지 않는다는 점을 보여주기 때문이다. 이에 대해 킴메를레는 다음과 같이 응수했다(1973). 특히 「자연법 논문」에서 보이는 체계개괄이 삼분적이라는 호르스트만의 반론에 대해 그는, 이것은 "초기의 텍스트에 있는 진술들로부터 적어도 1년 반 뒤에 나온 텍스트에 있는 진술에 이르는 동안 헤겔의 생각이 서서히 변화했다"(97)는 것 말고는 달리 더 증명하는 것이 없다고 다시 반박했는데, 이는 정당한 것이었다. 그후 이 논쟁은 킴메를레에게 유리하게 결판이 났는데, 이는 바로 예나 시기의 수고(手稿)들이 발견됨으로써였다.[165] 그 중에서 "절대적 본질의 이념……"이라는 말로 시작되는 1801/02년의 한 강의는 바로 네 개의 부분으로 이루어진 체계구성을 포함한다. 그러는 사이에 이 체계구상에 관해서는 많은 보고가 이루어졌다.[166] 그러나 유감스럽게도 이 구상은 아직 정식 텍스트로 출간되지 않고 있다.

물론 이 구상은 다행스럽게도 이미 조판이 끝난 『전집』(*Gesammelte Werke*)의 제5권에서 볼 수 있을 텐데, 이하에서 나는 이 조판본에 따

---

165) 그 수고들에 대해서 맨 먼저 보고한 사람은 치셰(E. Ziesche)였다(1975).

166) M. Baum/K. Meist(1977), 46–51과 K. R. Meist (1980) 참조. 이 중 후자의 텍스트에서 마이스트는 1801/02년의 구상에서 체계의 네 번째 부분은 본래적으로는 이미 정신철학에 해당한다고 주장한다. 그러나 내 생각으로는 그러한 마이스트의 테제는 결코 동의할 수 없다.——호르스트만 역시 이 새로운 연구결과들을 인정했다(1977).

138 라 인용하고자 한다.[167] 예나 시기의 체계개괄[168] 가운데 1801/02년의 이 강의에서 개진되는 개괄이 가장 상세하고도 가장 철저하다는 점에는 의심의 여지가 있을 수 없다. 여기에서 이루어진 세부적인 구분 중 얼마나 많은 것이 『철학대계』에서도 그대로 받아들여지는지를 보면 가히 경이로울 정도이다. 여기에서의 헤겔의 설명(GW 5, 263)에 따르면, 맨 첫 번째의 학문은 바로 "이념 그 자체의 학문", 즉 "관념론 또는 논리학"이다. 여기서 "논리학"은 그 자체가 형이상학이 된다. 하지만 그에 앞서 논리학은 먼저 "유한한 철학체계들이 내놓은 그릇된 형이상학을 파기해야만" 한다. 논리학 다음에 나오는 것은 "이념의 실재성의 학문"(die Wissenschaft der Realität der Idee)이다. 여기에서 첫 번째로 주제가 되는 것은 "이념의 실재적 신체"(der reale Leib der Idee)인데, 이것은 바로 자연을 뜻한다. 여기에서 자연철학은 '하늘의 체계에 관한 학문'과 '땅에 관한 학문'으로 나뉘며,[169] 이 중 후자에서

167) 나는 이 조판본을 펠릭스 마이너(Felix Meiner) 출판사 사장 M. 마이너 씨 그리고 편찬자 M. 바움 교수와 K. 마이스트 교수의 도움으로 얻을 수 있었는데, 이 자리에서 그분들에게 감사의 마음을 표시하고자 한다.──나는 또한 헤겔의 초기 구상들에 대한 많은 중요한 조언을 제공해준 W. 예쉬케 교수에게도 감사의 마음을 전한다. 〔그러나 헤겔 전집의 이 제5권(Schriften und Entwürfe)은 회슬레가 이 주(註)에서 기대한 1987년보다 훨씬 뒤인 1998년에야 정식 출간되었다─옮긴이.〕
168) 『차이』와 「자연법 논문」에서 보이는 개괄 이외에 또한 강조되어야 할 것은 『예나 시기의 체계구상 III』의 말미에서 보이는 (물론 세 부분으로 구성된) 체계기획(GW 8, 286)이다.
169) 이러한 구성은 『예나 시기의 체계구상 II』의 자연철학까지 계속 견지된다 (GW 7, 187ff.). 『예나 시기의 체계구상 I』도 물론 이러한 구성을 전제하긴 하지만, 여기에 담긴 텍스트는 "지상의 체계로의 이행"(Übergang zum irrdischen System)으로 시작되는데(GW 6, 4), 그것에 앞서 태양계에 대한 취급이 있었음은 명백하다. 그에 반해 『예나 시기의 체계구상 III』에서는 이미 이후 철학대계의 자연철학에서와 비슷한 구성이 이루어지고 있다(더욱이 그것은 『하이델베르크 철학대계』보다도 오히려 베를린 시기의 철학대계에 더 근접해 있다). 따라서 최초의 이러한 이분적 구성은 여기에서 철회된다.

는 맨 먼저 지상의 기계론(der irdische Mechanismus)이, 그 다음으로는 화학론이, 그리고 끝으로는 유기체론이 다루어진다. 이미 여기서 헤겔은 ——한참 뒤인 1830년에서처럼—— 광물계·식물계·동물계를 유기체론에 편입시킨다. "이념은 바로 여기에서, 그러나 자연에서 빠져나와, 이제는 정신으로서 출현하며, 또한 절대적 인륜성으로서 스스로를 조직화한다. 그리고 자연철학은 정신철학으로 이행한다." 헤겔은 정신철학에 "표상과 욕망"(das Vorstellen und die Begierde, 264)——이 둘은 각각 기계론과 화학론에 대응한다——을 포함시키며, 나아가 "욕구들과 법의 왕국"도 포함시킨다. 이러한 하위 영역들을 극복하는 가운데 하나의 자유로운 민족이 실재적인 것으로서 나타나는데, "그것은 네 번째 부분인 종교와 예술의 철학에서 드디어 순수 이념으로 복귀하며, 또한 정신(의) 직관을 구성한다."

〔그러나〕이미 말했듯이, 헤겔은 얼마 안 가서 이러한 구성을 곧바로 포기한다. 이미 「자연법 논문」과, 그리고 이어서 예나 시기의 체계구상 I–III은 삼분적 구성을 전제로 한다. 물론 이전의 사분적 구성이 흔적도 없이 사라진 것은 아니다. 헤겔은 『철학대계』의 몇몇 개별적인 지점에서는 여전히 사분적 구성을 적용한다. 즉 성년의 헤겔 역시 계속해서 주관정신과 객관정신을 유한한 정신으로 한데 묶으며, 이를 절대정신과 대립시킨다(예를 들면 HE §305; E. §386, 10.34f.). 물론 이러한 설정은 『철학대계』의 체계구조 내부에서 확연히 드러나지는 않지만, 그럼에도 이러한 조치를 통해 그는 실재철학을 삼분적으로 구성할 수 있게 되거니와, 그것은 『철학대계』 §384의 보론에서 특히 상세하게 개진된다. 거기에서 헤겔이 설명하는 바에 따르면, 정신은 자기계시(Sich-Offenbaren)의 세 단계를 가진다. 그 첫 번째는 자연에서 보이는 바의, "외면적이고 개별화된 현존재의 직접성"에 있다(10.30). 그러나 여기서 아직 "잠자고 있는 즉자적으로 존재하는 정신"은 이러한 외면성을 지양하여 자기 내로 반성된, 즉자적으로 존재하는 형태를 획득한다. 헤겔에 따르면 이러한 형태는 "무의식적인 자연, 즉 정신을 감추면서도

계시하는 자연에 대립하는바, 그 자연을 자신의 대상으로 만들고, 그것에 대한 반성을 행하며, 자연의 외면성을 자신의 내면성 속으로 되돌리고, 자연을 관념화하며, 또한 그럼으로써 자신의 대상에서도 대자적으로 된다." 물론 이러한 두 번째 형태에서는 (주관)정신과 자연 사이의 이원론이 존재한다. 즉 정신은 아직 자신과 자연의 통일을 인식하지 못한다. 자연은 정신에게 여전히 정신 자신과는 독립적인 어떤 것으로 나타난다. "따라서 정신은 여기서는 여전히 자연 앞에서의 장벽에 막혀 있으며, 바로 이러한 한계로 인해 유한한 정신인 것이다"(10.31). 절대정신만이 비로소 이러한 유한성을 극복한다. 이 세 번째 단계에서 자연은 그것의 자립성을 상실한다. 절대정신은 자연과 유한한 정신을 정립한 것이 바로 자기 자신임을 〔개념적으로〕 파악한다. "이에 〔자연이라는〕 이러한 타자는……정신에 대한 장벽이기를 완전히 중단하며, 오로지 정신으로 하여금 절대적 대자존재에 이르게 하는, 즉 그의 즉자존재와 대자존재의, 그리고 그것의 개념과 현실성의 절대적 통일에 이르게 하는 수단으로 나타날 뿐이다"(같은 곳).[170]

물론 변증법적으로 구성된, 즉 세 번째 지절이 선행하는 두 지절의 종합이 되도록 설정되는 이러한 삼분적 구성에서 객관정신이 절대정신이 아닌 유한한 정신으로 설정되고 있다는 것은 설득력이 떨어진다.[171] 왜냐하면 헤겔이 개진하는 바에 따르자면 자연과 정신 사이의 대립은 정신의 한낱 인식에만 국한된 활동에서 비롯되기 때문이다. 그러나 이러한 활동은 본래적으로는 단지 주관정신에서만 존재하는 것이다. 물론 객관정신이 절대정신처럼 이론적 체계의 틀 속에서 자연이 자립적인 것이라는 가상을 지양하는 것은 아니다. 그럼에도 충분히 지적될 수

---

170) 『하이델베르크 철학대계』에서는 심지어 주 텍스트에서도 실재철학의 이러한 삼분적 구성이 암시되고 있다. §457에는 "……자연이 정신으로 지양되고, 또한 정신이 그것의 활동성을 통해 자신의 주관성을 절대정신으로 지양하는 바의 매개……"와 같은 표현이 등장한다.

171) 주 164 참조.

있는 것은, 객관정신의 영역에서는 정신의 재자연화·객관화가 일어나며, 이는 바로 자연과 주관정신의 종합으로 이해될 수 있다는 점이다. 헤겔이 객관정신의 최고영역인 인륜성에 부여하는, 제2의 자연, 즉 정 140 신에 의해 매개된 자연이라는 중요한 용어(예를 들면 R. §151과 보론, 7.301f.; 12.57; 17.146)[172]만이 이러한 사실을 말해주는 것은 아니다. 헤겔은 이 지점에서는 [단지 인륜성만이 아니라] 심지어 [전체의] 객관정신까지도 바로 이러한 의미에서 자연과 주관정신의 종합으로 설명한다. §391의 보론에 따르면 영혼은 "그것의 배후에 놓여 있는 자연이라는 한편과, 자연적 정신에서 벗어난 인륜적 자유의 세계라는 다른 한편의 중간에 위치한다. 영혼적 생명(Seelenleben)의 단순한 규정들이 보편적인 자연적 삶에서 그것의 상호분열된(außereinandergerissen) 대립물을 가지듯이, 개별 인간에게서 주관적인 형식을……띠는 것은 바로 국가에서 스스로를 다양한 자유의 영역의 체계로 ——즉 자기의 식적인 인간적 이성에 의해 창조된 세계로—— 전개한다"(10.51). 그러나 객관정신과 절대정신은 그것들이 각기 나름의 방식으로 정신과 자연, 주체와 객체의 이원론을 극복한다는 점에서만 일치를 이루는 것이 아니다. 그것들의 영역에서 바로 간주관적 관계가 본질적인 것이 된다는 점에서도 그 둘은 일치한다. 즉 그 둘 모두에서 중요한 관건이 되는 것은 단지 주체와 객체의 관계가 아니라, 바로 주체와 주체의 관계이다. 그리고 끝으로 어떤 제3의 것이 이 두 영역에 공통적으로 존재한다. 즉 자연이나 주관정신과 달리, 이 두 영역에는 강한 의미에서 역사라고 지칭될 수 있는 것이 존재한다. 하지만 헤겔에게서 역사가 지니는 위치에 대해서는 7.1.4장에서 좀더 자세히 고찰될 것이다.

---

172) 여기서 언급된 지점들에서는 제2의 자연을 정립하는 것은 바로 정신이라는 점이 강조되는 반면, 주관정신의 한 범주인 습관(Gewohnheit)이 제2의 자연으로 불리는 지점에서는 그것은 "그럼에도 여전히 자연"이라고 평가절하되고 있다(E. §410 Z, 10.189).

방금 개진된 실재철학의 삼분적 구성에 대해서 제기될 수 있는 반론은, 헤겔에게서 그러한 구분은 그저 부수적으로 잠깐 언급된 것으로, 단지『철학대계』의 구두로 된 보론에서만 보일 뿐이라는 것이다.[173] 그러나 겉모습은 종종 진실을 호도하는 법이다. 오히려『철학대계』에서 헤겔이 정식으로 쓴 본문 중 매우 명확하게 기술된 한 지점에서는 그러한 구분이 전제되어 있는 것으로 여겨진다──그것은 바로『철학대계』가 완료되는 지점인, 잘 알려져 있는, 철학의 세 가지 추론을 말한다. 바로 헤데(R. Heede)가 이러한 테제를 개진했는데, 유감스럽게도 아직 책으로 출간되지 않아 거의 인용되지 않고 있는 자신의 박사학위 논문(1972)에서 그는 이 테제를 매우 자세하게 근거짓고자 하였다. 순수 형식적인 관점에서 볼 때 헤데의 논의가 지니는 매력은, 그것이 그 당시만 하더라도 결코 쉽게 접할 수 없었던 중요한 2차 문헌을 이미 철저하게 다루고 있다는 점이다[174]──이 문헌은 최근에는 더 많이 보급됐지만, 그럼에도 그것에 대한 어떤 구속력 있는 설명은 이루어지지 않았다. 아마도 이는 ([자신의 생각에] 대립되는 테제를 결코 취급하지 않는) 대부분의 해석가들이 희한한 근거를 끌어대면서 서로를 과대평가하는 행태 속에 그들의 야심을 감추었기 때문일 것이다.[175] 이 세 가지 추론과 그것들이 지니는 무수한 의미에 대한 철저한 논의는 이 책에서 하지 않겠다. 그것은 이 책의 논의범위를 넘어설 것이며, 또한 그것이 남기는 성과는 그리 크지 않을 것이다. 다시 말해 일반적으로 이 추론

---

173) 이어지는 지점들(물론 강의록에 나오는 지점들이다)에 대해서는 3.4.2.2장에서 다룰 것이다. 거기에서 나는 이러한 사분적인 체계구성이 종교의 세 가지 "추론들"에서 전제되어 있다는 것을 또한 밝힐 것이다.

174) 이밖에도 철학의 세 가지 추론에 대한 헤데의 연구가 특히 탁월한 것은, 그가 종교의 세 가지 추론(§§566-570)도 함께 취급한다는 점인데, 물론 그는 이 추론들이 철학의 추론들과 맺는 연관은 매우 느슨하다는 점을 설득력 있게 제시하였다(303ff.). 나아가 헤데는 종교와 철학의 세 가지 추론이 헤겔의 삼단논법론(Syllogistik)과 지니는 연관 또한 철저하게 다룬다(307-349).

175) 예컨대 J. Beaufort (1983)을 보라. 그는 세 가지 추론 모두가『정신현상학』과 연관된다고 쓰고 있지 않은가!

들이 지니는 철학적 위력과 의미는 대부분의 해석가들에 의해 매우 과장되었던 것이다. 헤겔 자신도 언제나 그것들에 대해 어느 정도 유보조항을 달았던 것으로 보인다. 왜냐하면 철학의 세 가지 추론은 『철학대계』의 제1판에서, 그리고 나중에 제3판에서 또다시 등장하는 반면 제2판에서는 삭제되어 있는데, 이러한 기묘한 사정은 오로지 그렇게 함으로써만 설명될 수 있기 때문이다. ──만약 헤데의 해석이 옳다면 그것은 후기의 헤겔에게서도 체계의 사분적 구분이 여전히 중요한 의미를 지녔다는 것을 입증하는 증거가 되거니와, 따라서 이하에서는 그러한 헤데의 해석이 순수 문헌학적인 관점에서 볼 때 적어도 가장 개연성 있는 해석에 속한다는 점을 보여주는 것만이 중요하다. 여기서 나는 그 추론들에 대한 여러 가능한 해석을 짧게 다루고, 그것들 각각이 지니는 취약점을 지적하는 방식으로 논의를 전개하고자 한다. 지면 사정상 각각의 입장을 대변하는 이들을 자세히 거론하는 것은 피하고자 한다.[176)]

첫째, 부적절할 개연성이 가장 큰 해석은 세 추론을 헤겔의 상이한 저작들에 ──가령 『철학대계』와 『정신현상학』 그리고 종교철학 강의들에── 각각 대응시키는 해석이다. 왜냐하면 철학대계 논리학의 예비개념 부분에서(§25A, 8.91f.) 분명하게 『정신현상학』이 체계에 대해 지니는 기능을 최소화하고자 노력하는 헤겔이 『철학대계』의 마지막에 가서 자신의 이 체계적 주저의 자족성을 오히려 의문시한다는 것은 결코 신빙성이 없기 때문이다. 그 추론들이야말로 『철학대계』에서 다루어지는 체계를 **결론짓는**(schließen) 기능을 하고 있음이 명백하다──따라서 그 추론들이 철학대계를 넘어 더 이상 나아가기는 어렵다.

둘째, 그 세 가지 추론을 『철학대계』에 대한 세 가지 독서방식으로 보는 해석은 방금 말한 첫째 해석에 비해 훨씬 더 설득력이 있다. 이러한

───────

176) 이 점에 대해서는 R. Heede (1972), 276ff.를 참조하라. 그 사이에 씌어진, 같은 주제에 대한 연구 중 제레츠(Th. F. Geraets)의 작업(1975)은 가히 가장 중요한 작업에 속한다.

해석은 최근 제레츠(Th. F. Geraets)에 의해 대변되고 있다. 그리고 헤데는 이러한 해석이 있다는 것을 아직 몰랐기 때문에, 나는 이에 대해 약간의 설명을 덧붙이고자 한다. 제레츠에 따르면 첫 번째 추론은『철학대계』에 대한 소박한 해석, 즉 고유한 주체가 지니는 매개의 기능을 통찰하지 못하는 해석과 상응한다. 그에 반해 두 번째 추론——즉 "주관적 인식으로서의……학문"이 나타나는, "이념에서 이루어지는 정신적 반성의 추론"(§576, 10.394)——에서는 이러한 반성이 주된 핵심이다. 세 번째 추론은 앞의 두 독서방식을 통일하고자 한다(1975; 250). 즉 『철학대계』는 논리적 체계로서 파악되어야 하면서도 또한 정신 발전의 체계로서도 파악되어야 한다(254). 제레츠의 해석이 하나의 탁월한 체계적 의미를 제공해준다는 데는 의심의 여지가 없다.[177] 하지만 그의 해석이 과연 헤겔의 생각과 일치하는지는 매우 의심스럽다. 왜냐하면 첫째, §575에서는 자연이 중심개념인데, 제레츠는 자연을 전혀 언급하지 않기 때문이다. 그리고 둘째, 제레츠의 해석에서 세 번째 관점은 단지 형식적으로만 앞의 두 관점의 종합으로 지칭되는데, 이는 극히 불만족스러운 일이다. 그렇게 해버린다면, 세 번째 추론이 명백히 하나의 ——비록 불명료한 채 남을지 모르지만 그럼에도—— 구체적인 내용(그것이 논리학이 되든지, 절대정신철학이 되든지 또는 종교철학 강의가 되든지 간에)에 상응한다는 사실을 제대로 설명하지 못하게 된다.

셋째, 세 가지 추론이 비록 전체『철학대계』에 대한 독서방식은 아니지만, 그럼에도 그것들이 오로지 이 저작에만 연관되어야 한다면, 이제 남는 것은 그 추론들이 체계의 세 부분에 각각 상응한다는 해석인데, 추론들에 관한 원래 텍스트에 가장 근접해 있는 것이 바로 이 해석이다. 물론 그런 식으로 체계의 각기 다른 부분에 강조점이 주어질 경우 전체『철학대계』에 대한 해명이 뒤로 미루어진다고 말할 수 있다. 그러

---

177) 그 때문에 나는 반트슈나이더와 함께 (1983; 184f., Anm. 21)에서뿐 아니라 (1984a; 146f.)에서도 이 해석에 찬성을 나타낸 바 있다. 그러나 이러한 해석의 문헌학적 정확성에 대해서는 많은 의혹이 있다.

나 어쨌든 그러한 전체적인 해명은 바로 중점이 주어진 각각의 체계부분에 달려 있다. 그런데 그 개별적 추론들은 각각 체계의 어떤 부분에 대응하는가? 첫 번째 추론이 자연에 대응하는 것은 전적으로 확실하다. 왜냐하면 이 첫 번째 추론에서 자연은 매개념(媒概念, Mittelbegriff)이 되고 있으며, 또한 헤겔의 추론이론에서 중요한 관건이 되는 것은 대개념(大概念, Anfangsbegriff)이 아니라 바로 매개념이기 때문이다. 게다가 첫 번째 추론에서 개념적 매개는 아직 "이행(Übergehen)이라는 외면적 형식"(§575, 10.394)을 지니고 있다. 그리고 헤겔에 따르면 143 '이행'은 존재논리학적 범주들의 운동이 지니는 특징으로,[178] 이는 무엇보다도 자연에 부여되는 것이다. 물론 이어지는 두 추론의 해석은 이보다는 좀더 어렵다. 『철학대계』의 §187에 대한 보론에 근거하자면 (8.339f.), 두 번째 추론이 정신에 상응하고, 또한 세 번째 추론이 논리적인 것에 상응해야 한다는 것은 명백하다. 그러나 『철학대계』의 종결부를 이해하기 위한 열쇠가 방금 말한 보론에 있다고는 여전히 확정할 수 없다. 실제로 『철학대계』의 마지막 두 절은 그렇게 간단명료하게 해석될 수 없는 것으로 보인다. 즉 두 번째 추론은 물론 "정신의 관점"

---

178) 특히 E. §161, 8.308을 참조할 것(HE §475에서도 학문은 첫 번째 추론에서는 "존재"의 형식을 지닌다고 분명히 적혀 있다). 이에 상응하여 '매개자' '전제하다' '반성'과 같은 용어들은 두 번째 추론이 지니는 본질논리학적 성격을 보여준다. 세 번째 추론이 지니는 개념논리학적 성격은 '자기판단' (Sich-Urteilen)이라는 용어로부터 드러난다(이는 오로지 헤겔식의 언어유희로, 이에 따르면 판단이란 바로 개념의 '근원적 분할'(ursprüngliche Teilung)이다(6.304; 또한 301, 348; 17.54, 58도 참조)——이러한 언어유희는 횔덜린의 논문 「판단과 존재」(Urteil und Sein)에까지 거슬러 올라가며(Werke und Briefe, II 591f., 591; 이에 대해서는 D. Henrich 〔1965/66〕 참조), 또한 이미 피히테에게서도 보인다(Gesamtausgabe, Bd. II 4: Nachgelassene Schriften zu Platners "Philosophischen Aphorismen" 1794-1812, hg. von R. Lauth, H. Jacob und H. Gliwitzky unter Mitwirkung von E. Fuchs u. a., Stuttgart-Bad Cannstatt 1976, 182: "판단, 즉 근원적 분할〔Urtheilen, ursprünglich theilen〕. 그것은 참되다. 판단의 근저에는 근원적인 분할이 놓여 있다").

(§576, 10.394)이라고 불리지만, 그럼에도 여기에는 "하나의 주관적 인식"(강조는 필자, V. H.)이 주된 문제가 된다는, 제한이 가해져 있다. 따라서 여기에서 주관정신과의 대응을 간파해내고자 하는 헤데의 견해 (288ff.)는 결코 설득력이 떨어지는 것으로 치부되어서는 안 된다. 게다가 헤데의 이러한 견해는 부분적으로는 이 두 번째 추론을 『정신현상학』과 연결짓고자 하는 이들의 입장에 동의한다. 헤데에 따르면 세 번째 추론은 논리학이 아니라 절대정신에 상응한다(291ff.)——이 해석은 이 부분에서 종교철학 강의가 언급되고 있다는 이들의 견해와 다시금 대립된다. 어쨌거나 이 마지막 절에서는 전혀 논리적인 것에 관한 언급이 없다는 헤데의 주장은 의미심장한 것으로 인정되어야만 한다. 오히려 그 절의 마지막 부분에서는 이념에 관해 ——즉 실재철학에서도 또한 나타나는 절대자에 관해—— 일컬어지기를, 그것은 "스스로를 영원히 절대정신으로서 활동시키고 산출하며 또한 향유한다"(§577, 10.394)고 적혀 있다. 그러므로, 헤데에 따르면, 논리학에 해당하는 것은 오히려 §574이다. 그에 반해 §§575-577의 세 절은 실재철학의 세 부분에 대응하는 것이다. 물론 헤데는 실재철학을 세 부분으로 나누는 데서 헤겔과는 약간 다른 방식을 취하고자 한다. 그 역시 객관정신을 주관정신과 통합하는 것이 아니라, 오히려 절대정신과 한데 묶는다. 말하자면 두 번째 추론은 "명백히 그것의 주관성 속에 있는 정신에 정향되어" 있거니와, 이에 "객관정신을 절대정신에 더불어 통합시키는 것"이 더 설득력 있다는 것이다(291). 게다가 헤데의 이러한 구분——이는 앞에서 간략하게 논의했던, 헤겔의 삼분적인 실재철학 구분에 정확하게 대응한다——은 토이니센의 입장과 연결될 수 있다. 토이니센의 견해는 비록 그 출발점은 다르지만, 그럼에도 개별적인 부분에서는 헤데의 입장과 매우 비슷한데, 특히 마지막의 두 추론에 관련해서 그 유사성은 더욱 두드러진다. 토이니센에 따르면 첫 번째 추론은 『철학대계』 전체와 상응하며, 두 번째 추론은 『정신현상학』과 그리고 세 번째 추론은 『철학대계』의 관점에서 읽혀지는 "종교철학"과 상응한다(1970a; 312f.). 좀

144

더 일반적인 관점에서 보면 세 번째 추론은 "절대정신철학의 지평에서"(321) 이루어지지만, 토이니센은 이를 객관정신철학과 통일시키고자 하는 것으로 보인다. 왜냐하면 두 번째 추론에 대한 논의에서 그는 그 두 번째 단계에서는 정신은 아직 순수 주관적이라고 강조하기 때문이다. 즉 오히려 정신은 "국가의 객관성에서 그리고 예술과 종교와 철학의 절대성에서"야 비로소 자신의 자유를 가지는 것이다(313).

헤데의 해석에 대해 어떠한 입장을 취하든지 간에,[179] 적어도 다음의 것은 언제나 인정되어야 한다. 첫째, 그의 해석은 이 주제에 관한 문헌들에 대한 아주 철저한 숙지를 통해 이루어진 것이다. 둘째, 헤데의 해석은 세 가지 추론을 헤겔의 여러 저작과 대응시키는 한편의 입장과, 『철학대계』에 대한 여러 상이한 독서방식과 대응시키는 다른 한편의 입장을 종합한 것이다. 셋째, 헤데의 해석은 거의 대부분의 다른 해석에 비해 훨씬 더 헤겔의 원텍스트와 잘 맞아떨어진다. 물론 헤겔의 『철학대계』 본문 중 그 근저에 깔려 있는 철학의 사분적 구성이 다른 지점에서는 보이지 않는다는 것은 그의 해석에서 좀 의아한 대목이다——왜냐하면 그것은 『논리학』의 예비개념 부분 중 "객관성에 대한 사상의 첫 번째 태도"(Erste Stellung des Gedankens zur Objektivität)에서 합리적 형이상학을 역사적 관점에서 고찰하는 절에도 포함되어 있기 때문이다. 거기에서 헤겔은 형이상학을 존재론, 우주론,[180] 영혼론 그리

---

179) 내가 보기에 헤데의 해석과 견줄 수 있는 것은 오로지 E. §187Z, 8.339f.의 의미에서 세 가지 추론을 자연철학 · 정신철학 · 논리학에 대응시키는 해석들뿐이다.——그밖에도 베를린 시기에 쓰여진 「정신철학에 대한 단편」(Fragment zur Philosophie des Geistes)에서 보이는 규정도 헤데의 해석을 뒷받침한다. 거기에 쓰여진 바에 따르면, 정신은 "자연과 신이라는 두 극단 사이의 ——즉 출발점과 종착점 내지 목표 사이의— 중간으로 설정된다"(11.527). 앞에서 유한정신과 절대정신이 구분되고 있다는 사실뿐만 아니라, 여기서 신이 정신보다 뒤에 등장하고 있다는 사실로부터 밝혀지는 것은, 여기서 헤겔이 말하는 '신'은 논리적인 것이 아니라 바로 절대정신을 의미한다는 점이다.
180) 물론 헤겔은 우주론을 영혼론 다음으로 취급한다.

고 신학으로 나누거니와(§§33ff., 8.99ff.), 헤데 역시 이러한 구분을 헤겔의 체계를 논리학·자연철학·유한정신철학·절대정신철학으로 나누는 것에 대응시키고자 하였다(62)—헤겔이 §36의 보론에서 형이상학의 하나인 신학을 그의 논리학과 연결시키는 것(이 역시 충분히 생각될 수 있을 것이다)이 아니라 종교철학과 연결시키고 있다는 점을 특히 염두에 둔다면, 이러한 해석은 그리 부당한 것이 아니다. "진정한 신학은 본질적으로는 동시에 종교철학이다……"(8.104).

철학의 세 가지 추론에서 헤겔이 실재철학의 삼분적 구성을 전제로 하는지의 여부가 **문헌학적으로는** 궁극적으로 밝혀질 수 없다는 점을 우리는 인정할 수밖에 없다. 하지만 그 반면에 **철학적인** 본성의 물음은, 실재철학의 이러한 삼분적 구성이 이분적 구성보다 실제로 더 탁월한 것인가 하는 것인데, 이 물음에 관해서는 결정적인 해답이 내려질 수 있다.

3.4.2.2. 체계의 사분적 구성이 지니는 실질적 장점들, 그리고 헤겔에게서 사분적 구성이 지니는 의미

헤겔의 삼분적 체계구성에 대해서는 두 가지 반론이 앞에서 제기되었다. 즉 첫째, 그러한 구성은 논리학과 실재철학을 이분적으로 나누게 하며, 또한 둘째, 정신을 근본적으로 자연의 부정으로 간주하며, 그럼으로써 정신의 재객관화 경향을 제대로 파악할 수 없는, 일면적인 정신개념으로 귀착된다. 그렇다면 사분적인 체계구조에서는 이러한 결함들이 제거될 수 있을까? 두 번째 결함에 대한 논의에서 출발하자면, 만약 절대정신만이 체계의 마지막 부분을 구성하게 될 경우에는 그다지 바뀌는 것이 없다는 점은 명백하다. 이 점은 특히 『차이』에 들어 있는 구상에서는 예술과 철학이 동일한 자격을 지닌 극으로 설정되어 있는 반면, 『철학대계』에 가서는 절대정신의 영역에서 예술이 철학보다 명백히 하위에 놓이게 되는 것에서 드러난다. 그렇지만 객관정신과 절대정신이 [함께] 실재철학의 세 번째 부분으로 자연과 주관정신에 맞서 있는 것이 된다면, 정신 개념은 실로 유의미하고 많은 결실을 낳을 수 있도록 수정될 것이다. 왜냐하면 그럴 경우 실로 정신은 자연으로부터 빠져나와 이념으로 돌아가는 복귀에만 머무르지 않을 것이기 때문이다. 그처럼 단순히 복귀한 것이라면 정신은 오히려 여전히 일면적인 것이 될 것이다. 따라서 제2의 자연에서 이루어지는, 정신과 자연의 화해만이, 즉 인륜적 제도와 예술작품에서 이루어지는, 사유하는 정신의 재객관화만이 비로소 궁극의 목적이 될 수 있다.[181]

둘째로, 앞에서 거론된 것 가운데 첫 번째 결함과 연관해볼 때 분명 146

---

181) 헤겔에게서 보이는, 이론에 의한 실천의 흡수를 극복하고자 하는 것은 물론 모든 헤겔 좌파에 공통된 동기이지만, 내가 보기에는 그러한 동기는 실재철학의 삼분적 구성의 근저에도 깔려 있다. 노아크(L. Noack) 역시 그 자신이 편찬한 『사변철학을 위한, 그리고 경험과학의 철학적 가공을 위한 연보』 (*Jahrbücher für speculative Philosophie und die philosophische Bearbeitung der empirischen Wissenschaften*)——의심할 바 없이 이 시리즈는 19세기의 가장 중요한 헤겔주의 학술지에 속한다——의 제1권에 대한 서문에서 이러한 삼분적 구성을 제안한 바 있다(1846; 16ff.). 같은 글에서 그는 철학을 통한 삶의 형성을 또한 옹호하며(12),——명백히 치츠코프스키의 영향을 받아——철학은 "개념적으로 파악된 과거와 현재의 결과로서 미래의 상들과, 시대의 정신이 우선적으로 실현해야 하는 과제를 또한……확정하는" 힘을 지니고 있다고 인정한다(23f.; 이후 1848년에 이 학술지는 『학문과 삶을 위한 연보』[*Jarbücher für Wissenschaft und Leben*]로 개칭된다. 서문에서 드러나듯이, 이렇게 바뀐 제목은 실천을 향한 더욱 강력한 정향성을 나타낸다. 이러한 의미에서 이 학술지의 1848년판——이것이 곧 이 학술지의 마지막 권이 되었다——은 가게른[H. v. Gagern]에게 헌정되었다). 어쨌거나 여기서 실재적인 것 내지 실재철학의 구성은 "A. 순수한 직관의 세계, 또는 그저 현존하는 객관성의 영역인 **자연철학**" "B. 현존하는 정신의 세계, 또는 추상적인 대자존재 속에서 자유로운 정신의 세계인 **이론정신철학**" "C. 의지의 세계, 또는 스스로 자신의 세계를 자유로이 창조하는 정신의 세계인 **실천정신철학**"으로 이루어진다. 헤겔이 객관정신과 절대정신이라고 부르는 것이 여기에서는 **빠져** 있다.——형이상학이 자연철학, 정신철학 그리고 **종교철학**의 토대가 된다는 K. Ph. 피셔의 언급(1834; 91)——이는 헤겔의 최초의 체계를 상기시킨다——은 여기에서 논외이다. 왜냐하면 첫째, 피셔는 이때 형이상학을 그것에 대응하는 실재철학의 네 영역에 상응하여 나누기 때문이며(주 147 참조), 둘째, 그의 체계의 대체적인 구분(1848ff.)은 헤겔의 『철학대계』의 구분과 완전히 일치하기 때문이다.

한 것은, 실재철학의 삼분적 구성은, 특히 그것이 논리학의 삼분적 구성을 결과로 가질 때, 더욱 만족스러운 것이 된다는 점이다. 앞으로 좀더 자세히 논의되어야겠지만, 논리학의 삼분적 구성은 순수 논리학내적인 근거에서 보더라도 필요하다. 그렇게 할 경우 논리학의 세 부분은 실재철학의 세 부분과 대응하게 될 것이다. 그리고 이미 헤겔에서도 그러한 구분이 있다는 사실은 그와 같은 체계구상의 설득력을 뒷받침해준다. 왜냐하면 헤겔의 논리학은 단지 두 부분으로 ──즉 객관논리학과 주관논리학으로── 나뉠 뿐만 아니라, 동시에 세 부분으로도 ──즉 존재논리학, 본질논리학 그리고 개념논리학으로── 나누어지기 때문이다. 이러한 사실은 실로 당혹스러움을 불러일으키며, 또 체계적인 견지에서도 설득력이 떨어지는데, 이에 대해서는 이어지는 장에서 좀더 철저하게 다룰 것이다. 여기서는 헤겔이 한 개별 지점에서는 실제로 논리학의 세 부분을 실재철학의 세 부분과 대응시키고 있다는 것을 언급하는 것으로 충분하다. 논리학의 지절들을 구분하고 있는, 『철학대계』의 §83에 대한 보론에 따르면, "진리인 신이 이러한 자신의 진리 속에서, 즉 절대적인 정신으로서 우리에 의해 인식되는 것은, 오로지 우리가 그것에 의해 창조된 세계인 자연과 유한정신을 동시에 신과는 달리 참되지 못한 것으로 인정하는 한에서이거니와", 논리적 이념의 세 단계의 관계는 바로 이러한 사태연관 속에서 "구체적이고 실제적인 형태로" 드러난다(8.180).[182] 명백히 여기서 대응 문제는 자연이 존재논리학에, 유한정신이 본질논리학에 그리고 절대정신이 개념논리학에 대응되는 식으로 해결된다──형식적인 면에서 이는 실로 매혹적인 해결책이다. 그렇지만 물론 이는 3.3장에서 상론된 바 있는 **내용적인** 세부적 대응과는 모순된다. 즉 그때의 논의에서 밝혀진 바에 따르면, 주관정신은 이

---

182) 이 지점 역시 세 개의 추론에 대한 헤데의 해석을 계속해서 뒷받침해준다. 왜냐하면 이 세 가지 추론이 논리학의 세 단계에 상응한다는 것은 명백하며 (주 178 참조), 헤데의 테제는 바로 이러한 대응관계로부터 수미일관하게 도출되는 것이기 때문이다.

미 개념의 지평에 이른 것이다. 게다가 자칫 이러한 해결책은 실재철학이 논리학을 '넘어 더 나아가는 것'을 보지 못하게 한다. 따라서 우리가 견지해야 하는 것은, 논리학의 삼분적 구성은 물론 꼭 필요한 것이지만, 그럼에도 주관논리학은 ──『논리학』에 대한 헤겔의 좀더 근본적인 이원적 구분에 전적으로 상응하여── 그러한 논리학의 〔세 번째가 아닌〕 두 번째 부분이 되어야만 할 것이라는 점이다. 게다가 헤겔 자신도 뉘른베르크 시기에 이를 때까지는 바로 이러한 입장을 지지했다는 사실 또한 드러난다. 헤겔은 실재철학의 삼분적 구성은 이미 1802/03년에 철회한 반면, 논리학의 삼분적 구성은 1808/09년까지 계속 견지했는데, 이러한 구성은 이분적 구성과 겹치는 이후의 삼분적 구성에 대응하는 것이 아니라, 개념·판단·추론을 ──즉 이후의 개념논리학 첫 번째 절에 해당하는 것을── 두 번째 부분에서 취급한다.

그러나 이러한 장점들에도 불구하고 체계의 사분적 구성에는 삼분적 구성 못지않게 당혹스러움을 유발하는 미관상의 오류가 있는 것처럼 보인다. 즉 삼분적 체계구성이 논리학과 실재철학의 구분에서 '3'이라는 수에 충실하지 못한다면, 사분적 구성은 체계 전체를 구성하는 데서 삼분구조의 구성을 포기해야만 하는 것이다. 그럼에도 내가 보기에 이러한 결함은 헤겔적인 의미에서 전적으로 체계내적으로 제거될 수 있다고 여겨진다. 왜냐하면 헤겔에 따르더라도 오로지 삼분적 구성만이 개념에 적합한 것은 아니기 때문이다. 오히려 헤겔은 수많은 지점에서 사분적 구성 또한 채택했으며, 그와 더불어 이러한 사분적 구성이 궁극적으로는 하나의 삼분구조로 환원될 수 있음을 정당화한 바 있다. 왜냐하면 삼분구조에서 두 번째 계기가 되는 것은, 차이(Differenz)의 계기로, 자기 스스로 안에서 **이중화되어** 있거니와, 이에 첫 번째 계기, 이중적으로 이루어진 두 번째 계기 그리고 세 번째 계기는 모두 합하면 네 개의 계기라고 헤아릴 수 있을 것이기 때문이다. '방법'의 이념을 논하는, 『논리학』의 마지막 절에 따르면, 직접성을 다시 산출하는 종합적인 계기는 "첫 번째의 직접적인 것과 〔두 번째의〕 매개된 것에 대한 제3의

것"이다. "그러나 그것은 또한 '첫 번째의 또는 형식적인 부정적인 것'
(das erste oder formelle Negative)과 '절대적 부정성 또는 두 번째
의 부정적인 것'(die absolute Negativität oder das zweite
Negative)에 대한 제3자이기도 하다. 이때 첫 번째 부정성은 이미 두
번째 항이며, 그런 한에서 세 번째 것으로 설정되었던 것은 또한 네 번째
것으로도 설정될 수 있으며, 추상적인 형식은 삼중성(Triplizität) 대신
사중성(Quadruplizität)으로 간주될 수 있다. 부정성 또는 차이는 이러
한 방식으로 하나의 이원성(二元性, Zweiheit)으로 여겨지는 것이다"
(6.564). 이 구절을 해석하는 일은 그리 간단하지 않다.[183] 그럼에도
이 구절은 바로 두 번째 계기가 자체 내에서 분열되어 있다는 것을 —
즉 한편으로는 '첫 번째의 또는 형식적인 부정적인 것'으로, 다른 한편
으로는 '두 번째의 또는 절대적인 부정적인 것'으로 분열되어 있다는
것을 — 말하고 있음은 명백하다. 특히 '두 번째의 또는 절대적인 부정
적인 것'은 확실히 '자신을 스스로와 연관시키는 부정성'(die sich auf

183) 헤겔의 사분적 구성의 문제에 대한 판 데어 모일렌(J. van der Meulen)의
해석(1958)은 전적으로 그릇된 것이다. 그에 따르면 사분적 구성은 "개별성
의 본질적인 내적 이중화"로, 즉 (반정립적[antithetisch] 계기가 아닌!) 종
합적 계기의 본질적인 내적 이중화로 환원된다. 삼원성(三元性, Dreiheit)은
"종합의 이중화(세 번째 계기와 네 번째 계기)가……파악되지 않는 한, 단
지 하나의 눈먼 토르소일 뿐이다"(15). 체계적인 관점에서 터무니없을 뿐
아니라 문헌학적으로 볼 때도 결코 지지될 수 없는, 이러한 판 데어 모일렌
의 생각에 비해, 브라우어(O. D. Brauer)의 설명(1982; 105ff.)은 더 큰 진
척을 이룬 것으로 여겨진다. 브라우어는 "원래의 '쪼개진 중간'(die
gebrochene Mitte)은……변증법적 계기 중 세 번째 것이 아니라 바로 두
번째 것"임을 명확하게 인식한다(107, 주 6). 그러나 브라우어의 이어지는
진술에서는 조야한 오류가 다수 발견되는데, 나는 이 글에 대한 나의 서평
(1983) 301쪽에서 그 오류들을 거론한 바 있다.——그러한 식의 부정확한 진
술은 더더욱 통탄할 일이다. 왜냐하면 사분적 구성의 근저에 깔려 있는 문제
는 이미 헤겔의 직계 제자들에 의해서도 매우 명쾌하게 취급되었기 때문이
다. 여기서 나는 특히 로젠크란츠의 논리학 중 (특수한) 개념에 관한 장에서
이루어지는, 사분적 구성에 관한 상론(1858f.; II 37ff.)에 독자들의 주의를
환기시키고자 한다.

sich beziehende Negativität), 곧 '부정의 부정'(Negation der Negation)을 의미하거니와, 헤겔에 따르면 그것은 "개념운동의 전환점(Wendungspunkt)"을 형성하는 것이다(563). 두 번째 계기가 "차이 또는 관계"라는 것은 이미 그의 설명에서 언급되고 있다. 따라서 그 계기에 해당하는 모든 것은 "그 자체로 이미 모순으로서 그리고 변증법적인 것으로서 나타난다"(562). 두 번째 계기가 그 자체로 또한 이중적이라는 것은 결코 강력한 논리적 엄밀성을 결여한 것이 아니다.[184] 차이를 나타내는 것이 그 자체 안에서 이중화되어 있다는 것은 실로 명백하다. 흥미로운 것은, 이러한 견해에 따르면 변증법적인 긴장이 긍정적 계기와 부정적 계기 사이에 존재할 뿐만 아니라, 부정적인 원리의 내적 변증법(Binnendialektik) 또한 존재하거니와, 이 역시 두 가지 계기를 지닌다는 점이다.[185] 이에 이러한 방식으로 하면 네 개의 계기가 거론될 수 있다. 또한 이에 상응하여 삼분적 구성은 사분적 구성으로 대체될 수 있다. 헤겔의 생각에 따르면 참된 구성은 "그런 한에서 일단은 삼분적으로 이루어진다. 그러나 그 다음에 특수성이 하나의 이중적인 것으로 드러남으로써, 구성은 또한 사분성으로 나아간다"(E. §230Z, 8.382).

실제로는 헤겔의 논리학에서도 이미 사분적 구성(또는 삼분적 구성의 두 번째 계기의 이분화)이 보인다. 예컨대 약간의 변화를 제외하고는 거의 칸트의 판단론을 이어받고 있는 헤겔의 판단논리학(Urteilslogik)은 판단의 종류에 관한 네 가지의 삼분적 구성으로 이루어져 있다. 헤겔

---

184) E. §256Z, 9.46 참조. "숫자 '2'에 '두 가지'가 속하는 것과 마찬가지로 두 번째 것에도 '두 가지'가 속한다"(Zum Zweiten gehören ebensogut zwei als zur Zwei).

185) (1984a), 448ff.에서 나는 두 가지 플라톤적 원리인 '하나'(一者, ἕν)와 '둘'(δυάς) 모두에서 정확히 구분되어야 하는 두 가지의 변증법적 지평이 거론될 수 있음을 입증한 바 있다——즉 한편으로는 그 두 원리의 관계의 지평이 있으며, 다른 한편으로는 '모자람'(ἔλλειψις)과 '지나침'(ὑπεροχή)으로 나누어지는 '둘'의 내적 변증법의 지평이 있는 것이다.

자신이 이에 대한 근거로 제시하는 것은, [그 네 가지 가운데] 두 번째와 세 번째 것은 본질에 상응하는바, 여기서는 바로 이 본질의 특징에 상응하여 두 가지 주된 종류로의 분할이 일어났다는 점이다(§171Z, 8.322).[186] 이와 유사하게 이념의 두 번째 단계인 인식의 이념 역시 "이론적 이념과 실천적 이념이라는 이중화된 형태로" 나타난다(§215Z, 8.373; §225, 8.378 참조).[187] 그러나 헤겔에 따르면 사분법이 그것의 본래적인 자리를 차지하는 곳은 바로 자연의 영역이다. 반면 정신에서는 삼분법이 지배한다.[188] 이미 교수자격논문의 세 번째 테제에서 헤겔은 "사각형은 자연의 법칙이며, 삼각형은 정신의 법칙이다"(Quadratum est les naturae, triangulum mentis)라고 말한다(2.533). 헤겔이 그의 생애 마지막까지 견지했던 이 테제[189]에 대한 근거부여를 우리는 『자연철학』「서문」에서 읽을 수 있는데, 그에 따르면 상호외재성의 영역인 자연에서는 부정적인 계기가 지니는 두 가지 '하위계기'가 그 자체로 정립되어야만 한다. "타자존재인 자연에서 필연성의 전체 형식에는 사각형 또는 사원성(四元性, Vierheit)도 속한다." 왜냐하면 "자연

---

186) 헤겔에 따르면 이러한 사분법은 하나의 부정적 범주인 판단에서 특히 중대한 의미를 지니는 것으로, 종합적 범주인 추론에서는 더 이상 보이지 않는다. 즉 추론의 주된 종류에는 단 세 가지가 있을 뿐이다.

187) 두 번째 영역에서 일어나는 이중화는 목적론에 대한 규정에서도 보인다. 즉 목적론에서 "중간은 이와 같이 두 개의 서로 외면적인 계기로, 즉 활동성과 객체—수단으로 쓰이는—로 쪼개진 것"이다(E. §208A, 8.364). '쪼개진 중간'(gebrochene Mitte)이라는 용어에 대해서는 E. §330Z, 9.313; §331Z, 9.320; §334A, 9.329 그리고 19.92를 참조할 것.

188) 정신의 영역에서 가장 중요한 예외가 되는 것은 세계사를 네 영역으로 나눈 것이다(예를 들면 R. §§355ff., 7.509ff.).

189) E. §230, 8.382 참조. 여기서도 [자연의 영역에 적용되는] 사분적 구성이 거론되지만, 그것에 이어서는 다음과 같이 언급되고 있다. "정신의 영역에서는 삼분적인 것이 우세하다." 6.343에서 헤겔은 구분은 "그것이 자연의 요소들에서 이루어지느냐, 아니면 정신의 요소들에서 이루어지느냐에 따라…… 각기 다른 형식을 지닌다"고 시사하는데,—아마도 이러한 시사는 우리의 문제와도 연관된다고 여겨진다.

에서 타자는 그 자체가 타자로서 실존해야 하는 까닭에"(§248Z,
9.30), 이 영역에서 "두 번째 것 또는 차이는…… 그 자체가 하나의 이
중화된 것으로" 나타날 수밖에 없기 때문이다.[190] 헤겔의 자연철학에서
여러 형태의 사분법이 실로 커다란 역할을 하지만,[191] 여기서 나는 그

---

190) 이 구절에서 헤겔은 사원성을 또한 (더욱 유의미할 수 있는 다수성
〔Vielheit〕 일반으로 확장하는 대신) 오원성으로 확장하고자 하는데(이러한
경향은 이미 3.563에서도 나타난다)──그가 이렇게 하는 것은 감각이 다섯
으로 이루어져 있음을 '사변적으로' 파악하기 위한 토대를 마련하기 위해서
임이 분명하다(E. §358A, 9.466 참조)──, 이는 그다지 설득력이 없어 보인
다.──자연과 정신의 관계는 곧 이원성(다수성의 원리)과 일원성(Einheit)
의 관계와 같다는 것은 거의 모든 관념론자들의 공통적인 확신이다. 예컨대
『차이』에서 헤겔은, 관념론은 일원성을 정당화하고, 실재론은 이원성을 정
당화한다고 말한다(2.62).

191) 이에 헤겔에 따르면 태양계의 자유로운 물리적 물체에 속하는 것은 첫째로
는 태양이고, 둘째는 대립의 물체인 위성과 혜성들이며, 세 번째로는 행성들
이다(§§275ff., 9.111ff.; §270A, 9.86; §270Z, 9.102, 104; 105f. 참조. 심
지어 헤겔은 태양과 가까운 거리에 있는 네 개의 행성을 다른 행성들보다 고
차적인 것으로 부각시키기까지 한다). 헤겔은 태양계의 물체들에서 보이는
'4'라는 수를 언제나 자연의 근본적인 규정이라고 여긴다. "태양이라는 자
연, 행성이라는 자연, 달이라는 자연, 혜성이라는 자연을 우리는 자연의 모
든 이어지는 단계를 통해 추적할 것이다. 자연을 좀더 심오하게 통찰하는 것
은 단지 이 넷을 확장하여 변형한 것일 뿐이다"(9.104). 그리고 나서 실제로
헤겔은 네 가지 원소──즉 공기, 불과 물이라는 대립적인 원소 그리고 흙──
를 취급하는데(§§281ff., 9.133ff.), 물론 이 네 원소는 자유로운 물리적 물
체들에 상응한다(§341Z, 9.361 참조). 다음으로 이 원소들에 상응하는 것은
"개별적 물체의 특수화"(§§316ff., 9.221ff.)의 네 계기, 네 가지 기본색채
(§320Z, 9.260f.; 6.343 참조), 네 가지 화학적 요소(§328, 9.294f.), 화학적
과정에서 이루어지는 네 종류의 화합(§§330ff., 9.302ff.) 그리고 허파체계
의 네 계기(§354Z, 9.447) 등이다. 여러 방식의 사분적 구성에는 끝으로 화
학적 소재들의 구분이 포함된다(§334Z, 9.331ff.). '부정적인 것의 이중화'
라는 사상은 (이 부정적인 것이 물론 삼분구조의 한 계기라는 점을 도외시
한다면) 공간과 시간을 취급하는, 『자연철학』의 시작부에서도 보인다
(§253Z, 9.41). 「특수한 개별성의 물리학」에서 보이는 사분법은 이와는 다
른 종류의 것, 즉 비변증법적인 종류의 것이다(§§290ff., 9.156ff.).──헤겔
이 자연철학에서 사분법을 채택하는 것에 대한 구체적인 평가는 여기서 하
지 않겠다. 어쨌거나 그가 끌어들이는 사례들은 거의 모두가 지금 우리 입장

에 대해 구체적으로 상술하지는 않겠다. 이 장의 틀에서 볼 때 더욱 중요한 것은, 체계 전체의 사분적 구성을 개념내재적으로 정당화할 수 있는 논증이 이제 가능해졌다는 것을 보여주는 일이다.

왜냐하면 자연과 유한정신은 이제 삼분구조로 이루어진 체계 전체 가운데 〔두 번째 것인〕 부정적 계기가 지니는 하위계기로 이해될 수 있기 때문이

150 다. 이와 같은 체계구상에서 보면 논리학은 첫 번째 계기, 즉 정립적 (thetisch) 계기가 되고, 자연과 유한정신은 함께 두 번째 계기를 이루며, 그에 반해 절대정신에는 (또는, 절대정신과 객관정신에는) 하나의 이중적인 종합적 기능이 부여된다. 즉 객관정신과 절대정신은 한편으로는 자연과 주관정신이라는 실재철학적 영역을 종합하는 것이 되지만, 또한 다른 한편으로는 다른 그 이상의 삼분구조——즉 그 첫 번째 계기가 논리학이며 그에 반해 두 번째 계기는 자연과 유한정신 양자에 의해 이루어지는 삼분구조——의 종결부가 되는 것이다. 그러므로 이러한 방식에 따라 사분적 체계구성을 하나의 삼분적인 구성으로 환원시키는 것은 충분히 가능할 것이다. 물론 이 구분은 통상적인 구분에서 벗어난

에서는 시대에 뒤떨어지는 것으로 간주되어야 한다(그 사례들의 거의 대부분은 헤겔 『자연철학』의 제2부인 「물리학」에 의거하지 않으며, 더욱이 이 「물리학」 또한 많은 자연과학적 오류를 포함하고 있다). 나아가 헤겔이 자유로운 물체들, 원소들, 색채들, 허파체계의 기관들 등의 사이에 설정하는 관계들은 그야말로 셸링의 형식주의를 이어받은 부조리한 유산으로 여겨져야만 할 것이다. 철학사적인 관점에서 보면, 자연철학에서 사분적 구성이 지니는 의미에 관한 헤겔의 생각은 일종의 피타고라스적인 전통——근대에서 이 전통은 라이프니츠의 스승인 바이겔(E. Weigel)이 쓴 『테트라크튀스』〔Tetractys: $1+2+3+4=10$에서 보이듯이 $1\cdot2\cdot3\cdot4$라는 네 숫자의 조합은 우주의 완전성을 상징하는 10으로 통일된다는 피타고라스의 원리. 볼링 게임에서 이렇게 배치된 10개의 핀이 하나의 완전한 정삼각형을 이루는 것도 이 원리의 한 사례라고 할 수 있다—옮긴이〕(Jena 1673)에서 정점에 이른다——으로 돌아가는 것이라 할 수 있다. 헤겔 스스로도 숫자 '4'에 대한 피타고라스의 상찬에 의거하며(18.254f.), 특히 플라톤의 『티마이오스』에서 보이는 네 가지 원소의 도입(31bff.)에 기대고 있다(19.91f.). 이에 대해서는 V. Hösle (1984d), 89f.를 참조하라.

다. 즉 이 경우 두 번째와 세 번째 계기는 더 이상 자연과 정신이 아니다. 오히려 자연과 주관정신이라는 두 개의 유한한 영역이라는 한편과 절대정신이라는 다른 한편이 각각 두 번째와 세 번째 계기를 이루는 것이다. 이때 헤겔의 체계를 그러한 방식으로 삼분적으로 구성하는 것——이미 보았듯이 이러한 재구성은 강력한 실질적인 장점들을 지닌다——은 단지 오늘날의 해석가가 벌이는 사상의 유희에 불과한 것이 아니다. 오히려 헤겔 스스로도『종교철학』에서 이러한 구분을 근저에 깔고 있다.

우리는 이미『종교철학 강의』의「서론」에서, 절대자에 대해서는 분리와 유한성의 두 가지 형식이 대립해 있다는 구절을 읽을 수 있거니와, 그 두 형식 중 하나는 "즉자존재의, 즉……객관성 일반의" 계기이며, 다른 하나는 "대자존재, 즉 부정적인 것 일반, 곧 형식"이다(16.76). 첫 번째 계기는 질료, 즉 세계에서, 다시 말해 자연에서 실현되어 있다. 그에 반해 두 번째 계기는 그것의 진리에서 바로 "자기의식의 대자존재, 즉 유한한 정신"이거니와, 이 유한한 정신은 자기 스스로에 관계하고 자기 자신을 주장함으로써 악(惡, das Böse)으로 된다(77). "종교의 개념" 151 이라는 제목이 붙은,『종교철학』의 제1부를 보면, 자연과 유한정신이 절대자의 부정의 두 가지 형식이라는 생각은, '자연과 유한정신은 바로 그것들이 서로 대립해 있다는 점에서 유한하다'고 좀더 상세하게 기술된다(108). 따라서 헤겔은 아직 유한성에 구속되어 있는, 실재철학의 이 두 영역에 이어서, 유한성과 무한성의 화해가 이루어지는 제3의 영역을 끌어들이는데——그것이 바로 "종교적 관점"이다(113). 여기에서 개진되는 실재철학의 삼분적 구성은『철학대계』의 §384에 대한 보론에서 보이는 삼분적 구성과 정확하게 일치한다.[192] 헤겔은 자연의 유한성을 "상호외재적 존재"(Außereinandersein)라는 〔자연의〕 성격을 통해

---

192) 실재철학의 이러한 삼분적 구성은『미학』의 제1부에서도 비슷한 근거들을 통해 상세하게 전개된다(13.128ff.). 그리고 나서 14.133에서는, 자신의 무한성 가운데 있는 정신에는 자연과 유한정신이 대립해 있다고 나온다.

근거짓는다. 즉 이념은 그러한 상호외재성에서는 "즉자적으로, 그것도 단지 즉자적으로만"(an sich und *nur* an sich) 존재한다(110). 물론 자연은 내면성의 전개를 얻으려고 애쓴다. 따라서 자연은 감각 (Empfindung)에서 그것의 정점에 이른다. "자연의 전체 충동 (Drängen)과 생명은 감각을 향해 그리고 정신을 향해 나아간다"(110). 그러나 정신 또한 처음에는 마찬가지로 유한한 것이다. 왜냐하면 정신의 대상은 [처음에는] 그에게 생소한 어떤 것, 즉 타자이기 때문이다. 물론 주체와 객체는 서로를 향해 끊임없이 운동한다. 헤겔은 이러한 대립이 객관정신의 영역에서 지양된다고 본다. "두 편의 운동이 서로 만나는 이러한 마지막 지점이 바로 인륜적 세계, 즉 국가이다. ……의식, 즉자존재 그리고 실체적 본질은 [여기에서] 화해를 이룬다"(112). 물론 그럼에도 불구하고 헤겔은 아무런 근거부여도 없이 이 객관정신의 영역을 여전히 어떤 유한한 것으로 설명한다. 즉 종교에서야 비로소 유한성이 극복된다는 것이다. 헤겔에 따르면 실재철학의 이 마지막 영역은 선행하는 두 실재철학적 영역의 진리일 뿐만 아니라, 또한 (논리적) 이념의 진리이기도 하다. 즉 절대정신은 "진리이다.……즉 자연과 유한정신의 정립과 마찬가지로, 이념의 정립(das Setzen der Idee)이다"(199).[193]

물론 방금 인용한 지점들은 ──비록 여기에서 자연과 유한정신 모두 이미 절대자의 부정으로 줄곧 파악되고 있긴 하지만── 원래 단지 실재철학의 삼분적 구성에 대한 증거이지, 체계 **전체**의 삼분적 구성에 대한 증거는 아니다. 그렇지만 자연과 유한정신을 함께 포함하는, 체계[전체]의 명확한 삼분적 구성은 기독교에 대한 설명에서 보인다. 잘 알려져 있듯이 헤겔은 1824년 이래[194] 절대적 종교를 논하는 주된 절을 세

---

193) 내가 보기에 이 인용문은 『철학대계』의 §§574-577에 대한 헤데의 해석을 뒷받침하는 또 하나의 주장으로 여겨진다.

194) 잘 알려져 있듯이 1821년의 수고는 아직 이와는 전혀 다른 구성을 채택하고 있다. 즉 기독교의 "추상적 개념"에 이어서는 "구체적 표상"이 뒤따른다(그

부분으로 나누었는데, 그 부분들은 각각 세 가지 신적 인격[=성부·성자·성령]에 대응되며, 동시에 체계의 세 부분에 또한 대응된다. 첫 번째 영역은 "세계를 창조하기에 앞서 자신의 영원성 가운데 있는 신 그 자체"를 다루며(17.213), 따라서 논리적인 것에 상응한다. 두 번째 영역은 "물리적 자연과 유한한 정신"이라는 두 측면으로 갈라지는 바의 "세계의 창조"를 주제로 한다(213f.). 물론 이러한 두 번째 영역에서는 ──즉 아들[성자]의 영역에서는── 그리스도에게서 이루어지는 신의 인간화를 통하여, 그리고 그리스도의 십자가 죽음과 부활을 통하여 이미 유한정신과 신의 화해가 시작된다. 정신의 영역은 끝으로 절대정신으로서의, 공동체의 종교적 자기의식에 이른다.

계속 이어지는 설명에서 헤겔은, 두 번째 영역의 이중성은 바로 그것이 지니는, '차이의 영역'이라는 성격에 근거한다는 것을 분명하게 강조한다. [즉] 「아들의 왕국」(Reich des Sohnes)에서 그는 다음과 같이 말한다. "유한한 세계는 자신의 통일 속에 머무르는 측면에 대립하는, 차이의 측면(die Seite des Unterschieds)이다. 따라서 그것은 자연적 세계와 유한한 정신의 세계로 분열된다"(248). 자연과 유한정신을 그 유한성의 관점에서 볼 때, 그 둘 사이에 존재하는 차이는, 헤겔에 따르면, 자연은 단지 즉자적으로만 유한하다는(daß die Natur nur an sich endlich) 데에 있다. "왜냐하면 자연은 지(知)가 아니며……정신에 대

리고 이 "구체적 표상" 부분에서는 첫째로 '신'이, 둘째로 '세계'가 그리고 세 번째로는 '유한한 정신'과 이 유한한 정신에서 이루어지는 '신적 정신의 역사'가 다루어진다). 그리고 세 번째 절에서는 제의(Kultus)가 취급된다. ──일팅(K.-H. Ilting)이 편집한 1821년의 종교철학 강의에서는 이러한 구성이 잘못 재현되어 있다. 즉 일팅은 아무런 근거도 없이 수고의 "c" 부분을 "γγ"로 변경하며, 제의에 관한 절을 "구체적 표상"에 관한 절의 하위 질로 편성해버린다(651; 그리고 나서 일팅은 S. 667/669에서 전혀 일관성 없이 헤겔의 요약을 자신의 구분에 상응하도록 수정하는데, 그 결과 원래의 그 요약은 일팅의 수정과는 모순되는 것이 되어버린다). 일팅의 편찬본이 지니는 결함에 대해서는 W. Jaeschke (1983b), 298-309를 참조할 것. 특히 방금 언급된 오류에 관해서는 S.303을 볼 것.

해서 알지 못하기 때문이다"(같은 곳). 이에 반해 유한정신에서 정신은 자기 자신을 고집스럽게 주장할 수 있고, 또한 그저 무지한 채로 절대 자에게 맞서 있는 것이 아니라, 한편으로는 절대자를 경원하면서도 다른 한편으로는 그 절대자를 갈망할 수 있는 능력을 지니고 있거니와, 바로 이러한 유한정신에서 유한성은 [실로] 유한성으로서[강조는 옮긴이] 나타난다. "주체가 자연적인 것의 직접적 존재만을 향하는 것에서 벗어나, 그것의 본연의 모습대로, 즉 운동으로서 정립될 때에야 비로소, 그리고 주체가 자신 속으로 들어갔을 때에야 비로소, 유한성은 유한성으로서, 그것도 절대이념의 욕구와 그 이념의 현상이 유한성을 위한 것이 되는 관계의 과정에 있는 유한성으로서 정립된다"(250). 헤겔에 따르면 유한한 정신이 본유적으로 지니고 있는, 진리의 욕구는 첫째, 신으로부터 분리된 정신이 지니는 절대적 부정성의 징표로, 그러한 정신은 그 자체가 동시에 자기와의 모순에 빠져 있다. 즉 그것은 "자

153 신의 분열 가운데서 자기 스스로에 대립해" 있다(같은 곳). 스스로 해소되지 않고 그 자체로 강력한 힘을 가지고 견지되는 이러한 자기모순을 헤겔은 바로 '악'이라고 규정한다(251). 그러나 둘째, 그러한 욕구는 화해의 가능성, 나아가 필연성을 드러내준다. "그러나 정신으로서의 주체는 동시에 그 자체가 [즉자적으로는] 자신의 이러한 비진리를 넘어서 있으며, 따라서 그의 비진리는 바로 극복되어야 하는 것으로서 존재한다"(250). 그러므로 헤겔적인 의미에서 보면 자연은 단순한 부정과, 그리고 유한정신은 이중의 부정과 대응될 수 있는데, 앞에서 우리는 이 두 형태의 부정을 절대이념의 계기로 구분한 바 있다. 자연이 갖는 우둔한(stumpf) 부정성과는 달리, 자기 스스로에 관계하는, 즉 자신을 부정성으로서 느끼는, 유한정신의 부정성은 물론 한편으로는 절대자의 더욱 심오한 부정이다. 그러나 다른 한편으로는 그러한 유한정신의 부정성은 그 자체가 바로 부정의 부정이며, 따라서 자기를 지양하고 다시금 스스로를 절대자와 화해시키는 도약의 선상에 있기도 하다.

그런데 자연과 유한정신을 함께 체계의 두 번째 부분으로 설정함으로써 표준적인 삼분법에서 벗어나는, 이러한 방식의 삼분적 체계구성은 단지 『종교철학 강의』에서만 전제되고 있는 것이 아니다. 즉 헤겔의 체계적 주저인 『철학대계』의 종교 장에서도 이러한 삼분법이 나타난다. 비록 §§566-570에서 이야기되는 세 가지 "특수한 영역"(헤겔은 §571에서 이것들이 세 가지의 추론으로서는 그다지 잘된 것이 아니라고 한다[195])이 종교철학 강의에서의 세 가지 왕국[즉 ①아버지(성부)의 왕국, ②아들(성자)의 왕국, ③정신(성령)의 왕국. 17.213ff. 참조—옮긴이]과 같은 형태의 것이 아님에도 불구하고, 이는 사실이다. 결정적인 차이는, 『철학대계』에서는 그리스도의 탄생에서 이루어지는 신과 인간의 화해의 시작이 (다시금 세 개의 하위표제로 나누어지는) 세 번째 영역으로 편입된다는 데에 있다. 따라서 여기에서는 세 영역과 세 가지 신적 인격 간의 대응이 설정되지 않는다.[196] 그럼에도 충분히 말할 수 있는 것은, 첫 번째 영역은 논리적인 것에, 두 번째 영역은 자연과 유한정신에 그리고 세 번째 영역은 [신의] 인간화에서 시작되는, 유한정신과 신의 화해에, 즉 절대정신에 상응한다는 점이다. 여기서 그리스도론(Christologie)은 두 번째 영역의 대상이 아니기 때문에, 이 두 번째 영역에서 여전히 유한성은 더욱 결정적이고 극단적으로 나타난 154 다—다시 말해 그 유한성은 "독생자가 지니는 영원한 매개의 계기가

---

195) 이미 『하이델베르크 철학대계』에서도 이 세 영역은 매우 비슷하게 구분되고 있는데(§466-470), 이때 이 세 영역은 실제로 아직 '추론'이라고 불리지는 않고 있다. 그리고 그 세 영역이 근원적으로는 개념·판단·추론이라는 삼분구조를 모범으로 하여 구성되었음을 간파하는 것 또한 그리 어려운 일이 아니다. 그럼에도 헤겔이 어째서 1827년 이후에는 이 세 영역을 추론이라고 부르는지에 관해서는 헤겔 종교철학에 관한 한 가장 정통한 연구가라고 할 수 있는 예쉬케가 설득력 있는 설명을 시도한 바 있다(1983a: 133ff.).—매우 많은 것을 알려주는, 예쉬케의 이 책에 관해서는 나의 서평(1986i)을 참조하라.
196) 이는 가령 (1970: 256)에서 "세 추론이 세 가지 신적 인격과 지니는 명백한 관계"를 거론하는 토이니센의 생각에 대립된다.

〔아직은 여전히〕 자립적인 대립으로 분열되는 것으로서 나타나는데, 그러한 대립은 한편으로는 천상과 지상의 대립, 곧 근원적인 본성과 구체적인 자연의 대립을 말하며, 다른 한편으로는 자연과 관계를 지니는 정신의 대립으로, 즉 스스로 안에 존재하는 부정성의 극단으로서 자신을 악으로 자립화시키는 유한한 정신의 대립을 말한다. 이때 그러한 극단은 〔정신 자신에〕 대립해 있는 자연에 대한 정신의 관계를 통해, 그리고 그와 더불어 정립된 그 정신의 자연성을 통해 존재한다. 그리고 이러한 자연성에서 유한한 정신은 비록 사유를 통해 영원한 것을 향해 있지만, 그럼에도 동시에 외면적인 관계 속에 머무른다"(§568, 10.375f.).

어쨌거나 여기에서도 두 번째 영역은 **자연과 유한정신을 포함한다**. 그리고 『철학대계』의 헤겔도 절대정신철학에서 개진되는 자신의 체계에 대한 자체 해석에서는 여전히 통상적인 삼분적 구성에서 벗어나 있으며, 종교의 추론에서뿐 아니라 철학의 추론에서도 사분적 구성을 근저에 깔고 있거니와, 이 사분적 구성은 물론 (종교의 영역에서는) 다시 하나의 삼분적 구성으로 변형되지만, 그럼에도 구조적인 면에서는 논리학·자연철학·정신철학으로 이루어지는 일반적으로 알려진 체계구성과는 전혀 다르다는 것은 아무리 신중하게 따져봐도 사실임에 틀림없다. 그러므로 헤겔은 그의 『철학대계』의 두 최고지점에서는 그가 다른 경우에는 폐기처분해버린 것처럼 보이는, 그의 최초의 체계구상에서 이루어졌던 사분적 구성을 다시 도입한 셈이다——물론 이러한 재도입은 극히 희미한 방식으로 행해지지만, 그럼에도 그것은 헤겔이 자신의 체계에 대한 이러한 고찰을 최고의 견지에서 제공된 것으로 여겼다는 것을 시사해준다. 이러한 체계구상을 헤겔이 전혀 철저하게 발전시켜나가지 않았다는 것은 실로 유감스러운 일이다. 따라서 이어지는 장들에서 나는 『철학대계』에서 전개되는 헤겔의 체계에 대한 비판적 분석의 단서가 되는 문제들이 과연 그러한 사분적 구성에 의한 구상을 토대로 해결될 수 있을 것인지, 만약 그것이 가능하다면 어느 정도까지 그럴 것인지를 논구하는 데에 특히 많은 비중을 둘 것이다. 그 중에서도 특히 내가 역점을 두는 것은 주관성과 간주관성의 관계에 대한 정확한 규정과 관련된 문제이다.

4. 논리학

일반적으로 헤겔의 『논리학』은 철학사 전체를 통틀어 가장 난해한 저
작 중 하나로 간주된다. 이러한 난해성은 본질적으로 두 가지 점에서
비롯된다. 첫째, 헤겔의 논리학은 자연적 관점에서 보면 최고도로 비대
상적인(ungegenständlich) 개념의 전개를 통해 이루어지는, 극히 높
은 수준의 추상으로 이루어져 있으며, 둘째, 그것은 한편으로는 파르메
니데스에서 피히테와 셸링에까지 이르는 전통에 속하는 여러 형이상학
과 논리학 이론들에 대한, 그리고 다른 한편으로는 동시대의 여러 학문
적 이론에 대한 끊임없는 은근한 풍자로 가득 차 있다. 헤겔의 논의에
대한 평가의 문제를 전적으로 차치하고라도, 그저 헤겔의 생각이 무엇
이었는지를 이해하기 위해서라도, 높은 수준의 추상적 지성능력은 물
론이거니와, 고대로부터 헤겔 자신에 이르는 철학사와 19세기의 수학
사 그리고 자연과학의 역사에 대한 보통 이상의 지식이 요구된다——그
러나 헤겔 사후로는 더 이상 그 누구도 결코 이러한 연관에서 요구되는
지식을 지니지 못했다. 그 때문에 헤겔의 『논리학』에 대해서는 단지 문
헌학적-역사적 요구나마 어느 정도 충족시켜줄 수 있는 해설서조차 아
직 마련되어 있지 못한 형편이다. 헤겔의 논리학에 대한 현존하는 대부
분의 연구서는 ——설령 그것들이 그저 해설서에 그칠 것임을 자임하고
이 저작을 (그리고 부분적으로는 『철학대계』에 포함된 논리학을) 전체
적으로 대충 훑어내려간다 하더라도[1]—— 사람들이 하나의 해설서에 대

해 일반적으로 기대하는 것조차도, 즉 그 저작의 모호한 구절들의 의미를 밝혀주는 것조차도 거의 해내지 못하고 있다. 따라서 최근에 이루어진 연구들이 헤겔 논리학의 〔전체를 해명하기보다는 오히려〕 세부적인 문제들에 집중되고 있는 것은 어쩌면 당연한 일이기도 하다.[2] 그리고 과연 다른 어떤 방식으로 포괄적인 해설서라는 목표에 접근할 수 있을 것인지는 실로 알 수 없다.

물론 이러한 〔개별적인 세부 문제에 치중하는〕 방식을 통해서는, 헤겔 직계제자들의 가장 뜨거운 관심을 끌었던 문제제기, 즉 헤겔 논리학의 거시구조들(Makrostrukturen)에 대한 물음은 시야에서 벗어난다. 즉 오늘날의 연구에서는 논리학의 개별적인 이행은 매우 예리하게 분석되고 있는 반면,[3] 19세기에 열띠게 논의되었던, 논리학〔전체〕의 개략적 구성에 연관된 문제들은 소홀하게 취급되고 있다. 이 점과 관련해서는 다음의 물음들이 제기될 수 있다. 헤겔의 논리학이 두 개의 구분법을 채택하고 있다는 것——즉 한편으로는 객관논리학과 주관논리학으로, 다른 한편으로는 존재논리학·본질논리학·개념논리학으로 구분된다는 것——은 정당화될 수 있는가? 헤겔이 ——이전까지의 모든 전통에 맞서— 질을 양보다 앞에 위치시킨 것은 정당한가? 주관성에서 객관성으로 넘어가는 바의, 개념논리학적 이행은 수긍할 만한가? 기계론, 화학론 그리고 생명의 이념이 도대체 논리학적 범주인가? 목적론은

---

1) 이러한 예로는 J./E. McTaggart (1910), G. R. G. Mure (1950), E. Fleischmann (1968), B. Liebrucks (1964ff.; Bd. 6), A. Léonard (1974), L. Eley (1976), B. Lakebrink (〔1968〕과 〔1979ff.〕), H. Rademaker (1979) 등을 들 수 있다. 내가 보기에 그 중에서 최고의 '해설서'는 여전히 맥타가트의 책이다. 왜냐하면 여기서는 그나마 원 텍스트를 단순히 말만 바꾸어 재연하는 경우가 다른 해설서에 비해 가장 적기 때문이다.
2) 헤겔 본질논리학의 한 개별 장에 대한 로스(P. Rohs)의 해석(1969) 그리고 '척도'(Maß)의 논리학에 대한 도즈(A. Doz)의 해설서(1970)와 페히만(A. v. Pechmann)의 해설서(1980)를 참조할 것.
3) 이러한 사례로는 가령 반성논리학에 대한 D. 헨리히의 대단히 밀도 높은 논구 (1967a; 95-156과 1978b)를 들 수 있다.

실제로 개념 다음의 순서로 다루어져야 하는가?

바로 이러한 물음들이 이 제4장의 중심적인 주제이거니와, 이에 이 장에서는 바로 앞의 장에서 제기된, 논리학이 다소 불완전하게 이루어져 있다는 문제를 특히 논리학내적인 기준에 의거하여 계속 추적하고자 한다. 이러한 목적을 위해 첫째, 필요하고도 둘째, 또한 충분한 것은 헤겔 논리학의 거시구조를 근본적으로 따져보는 일이다. 이는 이 장의 제2절에서 이루어질 것이다(4.2.). 이 작업에서는 특히 논리학 전체의 내용구성이 각별한 주목의 대상이 될 것이며(4.2.1.), 또한 헤겔 논리학의 제3부인 개념논리학도 논의의 중심에 설 것인데, 여기서도 우리의 특별한 관심은 다시금 그것의 구성 문제에 있다(4.2.2.). 이와 함께 로젠크란츠가 수행한 헤겔 논리학의 더 나아간 전개(4.2.3.)에 관한 논의에 이어 4.2.4장부터는 간주관성의 문제에 관한 숙고가 이루어질 것이다.

그러나 이러한 실질적인 분석에 앞서 먼저 헤겔의 방법에 대한 약간의 논의가 있어야 한다(4.1.). 여기서는 특히 헤겔의 모순이론은 그 자체가 모순적이지는 않거니와, 형식논리학적 의미에서 보더라도 전적으로 일관성을 갖추고 있다는 점을 드러내 보이고자 한다.[4]

4.1. 모순과 방법

4.1.1. 모순의 여러 형식

4.1.1.1. 예비적 고찰

폰 하르트만(E. v. Hartmann)으로부터 분석적 그리고 선험적 전통에 서 있는 현대의 수많은 철학자들에 이르기까지, 적지 않은 수의 중요한 사상가들이 헤겔의 체계를 오로지 하나의 유일한 단서에 입각해

---

4) 헤겔의 모순이론에 대한 2차 문헌들에서 보이는 여러 상이한 입장을 간명하게 조망하려면 특히 A. Sarlemijn (1971 ; 82ff.)를 참조할 것.

반박하고자 했는데, 그것은 바로 그의 방법——즉 변증법——이 모순율을 부정하고 있다는 것이다. 이 적대자들이 이구동성으로 주장하는 것은, 모순율의 이러한 부정은 비판의 가능성을 지양해버린다는 것이다. 폰 하르트만의 비난에 따르면, "우리는 진정한 변증법적 이론가의 고유한 의식에 대해서는 결코 부조리함을 증명해낼 수 없다. 왜냐하면 다른 사람들이 보기에 모순을 지닌 부조리가 나타나는 바로 그때에야 비로소, 변증법 이론가가 보기에는 그가 유일하게 애착을 가지는 지혜가 시작하기 때문이다"(1868; 43).[5] 그리고 이러한 비난은 변증법 이론가 바로 그 자신에게도 그대로 돌아온다. 왜냐하면 그 역시 그와 대립되지만 또한 마찬가지로 모순적인 것을 주장하는 동료 철학자를 비난할 수 없기 때문이다(44). 현대에 와서 이러한 비판을 특히 중점적으로 이어받은 이는 포퍼(K. Popper)이다. 포퍼에 따르면 헤겔의 체계는 이중적으로 엄폐된 독단론(doppelt verschanzter Dogmatismus)이라고 불릴 수 있다——즉 그 체계는 단지 독단론적인 진리주장을 통해 나타난 것일 뿐 아니라, 또한 모든 비판에 대해 면역성을 갖춘 것이다(279).[6] 즉 자신이 어떤 모순을 범하고 있다는 것이 입증되는 경우에도, 변증법 이론가는 모순이 그토록 풍부한 것을 함축하고 있다는 이유로 그것에 대해 오로지 기뻐할 뿐이다(272). 그러나 모순율(일반적인 의미의 모순율에서 '모순'은 결코 범해서는 안 되는 모순이다)은 언제나 타당한 것으로서 견지되어야 한다. 왜냐하면 그것을 부정한다면 그 어떠한 자의적인 명제라도 충분히 나올 수 있기 때문이다(267ff.).[7] 그렇다면

---

5) 폰 하르트만의 글이 나온 때와 같은 해에 퍼스(Ch. S. Peirce) 또한 『사변철학 학술지』(*The Journal of Speculative Philosophy*)에 대한 독자투고란에서 그에 못지않은 비난을 퍼부었다. "내가 아는 한, 헤겔주의자들은 바로 그들이 자기모순에 빠져 있음을 고백하는 셈이다"(Peirce/Harris 〔1968〕, 184).

6) 비판적 합리주의자들이 가장 흔히 제기하는 것이 바로 변증법의 이러한 면역성에 대한 비판이다. 이에 대해서는 예컨대 W. Hochkeppel (1970), 86을 참조할 것.

7) 포퍼의 논증은 다음과 같은 방식으로 이루어진다. A로부터는 A∨B가 나오지

모든 것이 증명 가능한 것이 된다. 그것의 자기모순이 드러날 때에도 여전히 스스로가 논박된 것이 아니라고 여기는 이론은 내재적 비판, 즉 유의미한 비판의 모든 가능성을 지양해버린다. 그리고 이 점과 관련해서는 폰 하르트만과 포퍼의 생각은 분명히 옳은 것으로 인정되어야 한다. 이러한 사실을 부정하는 이론이 있다면, 그것은 비학문적이고 무의미한 것으로서 선험적으로 거부되어야만 한다——내가 보기에 이 점에 관한 한 추호의 의심도 있을 수 없다. 그리고 어떤 변증법의 대변자가 이를 받아들이지 않는다면, 우리는 그를 최대의 의구심을 지니고 관찰해야 한다.[8]

그런데도 헤겔을 다루는 것이 여전히 가치 있는 일일까? 방금 앞에서 인정된 입장에 의거하자면 그의 체계는 이미 끝장난 것이 아닐까? 내 생각으로는, 헤겔이 결코 모순율의 타당성을 부정한 적이 없다는 것을 입증할 수 있을 때만이 이 물음들에 대해 '아니오'라는 답변이 주어질 수 있다. 그러나 그것을 증명하려는 시도는 전혀 희망이 없는 것은 아닌가? 헤겔은 심지어 모순을 하나의 범주로서 그의 논리학 속으로 끌어들이지 않는가? 그리고 그럼으로써 그는, 다른 경우에도 언제나 그렇듯이, 존재하는 모든 것은 자기모순적이라고 설명하지 않는가? 물론 그렇

만, non-A도 참이라면 non-A와 A∨B로부터는 B가 나온다.——이미 둔스 스코투스(Duns Scotus)도 이러한 증명과정을 잘 알고 있었다(Quaest. super anal. pr. I 10, II 3).

8) 이러한 부류에는 특히 속류 마르크스주의자들과 비판이론의 대변자들이 속한다. 그런데 모순율의 타당성 문제 속에 감춰진 문제들을 지나칠 정도로 계속 드러내는 것은 헤겔주의자들 가운데서도 종종 흔하게 보이는 일이다——그들은 이 문제들을 별것 아닌 것처럼 여기지만, 이러한 자세는 그들의 어떤 탁월함을 보여주는 것이 아니라 오히려 그들의 구제불능을 명백히 드러낼 뿐이다. 이에 가령 리홀리(U. Richli)의 (1982: 92)에 따르면, A∧non-A로부터는 그 어떤 자의적인 명제 B도 도출될 수 있다는 논리적 사태는 "교양과정 학생이면 누구나 알고 있는" 것이다. 그러나 유감스럽게도 그 논리적 사태는 이러한 지적만으로는 아직 논박되지 않는다. 그리고 리홀리가 이끌어가는 반성들 또한 그 문제를 조금도 해결하지 못한다.

다.──그러나 그렇다고 해도 모든 유의미한 비판을 가능케 하는 조건이 되는 모순율[=모순이 결코 범해져서는 안 된다는 명제, Satz vom *zu vermeidenden* Widerspruch]은 여전히 훼손되지 않는다. 물론 이러한 언급은 얼핏 엉뚱한 것으로 여겨질 수 있다. 그러나 우리가 그리 어렵지 않게 알 수 있는 것은, 모순율에는 (적어도) 세 가지 유형이 있는바, 그 중 오로지 하나만이 비판을 위한 가능성의 조건이 되지, 나머지 둘은 충분히 일관성 있게 부정될 수 있다는 점이다. 그렇다면 우리는 모순의 어떤 유형을 서로 구분해야 할 것인가?

맨 먼저, 모든 비판의 가능성의 조건으로서 그 어떤 논증에 대해서도 거역불가능하게 적용되는 모순율──따라서 이는 '논증논리적 모순율' (*argumentationslogischer* Satz vom Widerspruch)이라고 불릴 수 있다──은 다음과 같이 표현된다고 할 수 있다. 하나의 이론은 그것이 모순에 빠져들면 확실히 거짓이다(Eine Theorie ist sicher dann falsch, wenn sie sich in Widersprüche verwickelt). 좀더 자세하게 말하자면, 그러한 모순은, 하나의 이론이 어떤 것을 참이라고 주장하지만 그럼에도 그것의 전제들로부터는 동시에 이 언명이 거짓일 수밖에 없다는 (또는 '참'이 아닌 다른 어떤 진리가[眞理價]를 가질 수밖에 없다는) 결론이 나올 때 드러난다. 이때 그러한 모순은 확립된 공리와 정리로부터의 연역을 통해서뿐 아니라, 함축된 타당성주장에 대한 반성을 통해서도 드러난다──가령 진리가 존재하지 않는다는 명제는 그 자체가 필연적으로 진리를 전제로 하고 있는바, 따라서 자기모순적이고 또한 거짓이다.

방금 언급된 모순율의 유형은 명백히 두 번째의 유형에 비해 일반적이다. 두 번째 유형의 모순율은 "A 그리고 非A"(A und nicht-A)라는 구조를 지닌 명제를 원칙적으로 거짓이라고 설명한다. 물론 이 두 번째 유형은 첫 번째 유형으로부터 유추되는 것으로 보인다. 왜냐하면 만약 "A 그리고 非A"라는 구조를 지닌 명제가 참일 수 있다면, 우리는 "A"라는 명제와 "非A"라는 명제도 모두 참이라고 논증할 수 있을 것이기 때문이다. 그렇지만 이는 하나의 특정한 대상영역에 대해서는 모든 가능한 언명이 참이라는 말에 다름 아니다. 그러나 이를 통해서도 비판은 마찬가지로 불가능하게 된다. 물론 방금 개진한 논증은 오로지 하나의 양가논리(兩價論理, zweiwertige Logik)를 전제로 할 때만이, 또한 '그리고'(und)라는 불변화사(Partikel)를 전통적인 접속어의 의미로 통상적으로 정의하는 것을 전제로 할 때만이 타당하다. 그러나 '그리고'를 통상적인 접속어로서가 아니라 그와는 다르게 정의함으로써 "A 그리고 非A"라는 구조의 명제가 참이 될 수 있게 하는 일관된 계산도 생각할 수 있는데, 이 경우 '그리고'는 다음과 같이 정의된다. "A 그리고 非A"라는 표현으로부터는 더 이상 "A"와 "非A"라는 고립된 규정들이 도출될 수 없다. 그러한 계산을 일상언어로 해석하자면, 고립된 언명들을 '일면적'인 것으로 (그리고 그런 한에서 참이 아닌 것으로) 지칭하면 분명해질 것이다. 그렇다면 두 개의 그러한 일면적인 명제를 연결하면 하나의 참인 명제가 나온다.[9] 분명한 것은, '그리고'에 대한 그와 같은 해석에서는 그러한 명제의 주장이 모든 형태의 비판에 대해 면역성을 지닌다는 반박이 가해질 수 없다는 점이다. 즉 그 경우에도 "A"가 ——그리고 오로지 "A"만이—— 정당하거나 "非A"가 ——그리고 오로

159

9) 그러한 논리가 (적어도) 세 가지 진리가를 가져야 한다는 것이 분명하다. 즉 그 세 가지 중 처음 두 가지는 상이한 방식의 일면성을 나타내며, 세 번째 진리가——즉 진리의 진리가——는 앞의 두 부분명제를, 즉 제각각 그 대립명제가 지니지 못하는 진리가를 갖는 두 개의 부분명제를 연결하는 명제에 주어진다. 물론 그러한 계산에서는 부분명제들의 내용을 면밀하게 통찰해야 하는 것이 필수적이다. 즉 그 부분명제들은 내용적으로 서로 보완하는 관계에 있어야 하며, 그럼으로써 그것들의 연결이 비로소 하나의 참된 명제를 낳을 수 있어야 하는 것이다. 그러한 계산은 명백히 양가논리학의 계산과 모순되지 않는다. 즉 그것은 양가논리적 계산을 확장한 것일 뿐이다. 변증법적 논리의 해석을 목적으로 하는 삼가적(三價的) 계산(dreiwertiger Kalkül)은 잘 알려져 있듯이 귄터(G. Günther)에 의해 마련되었다. 이 주제와 관련된 그의 일련의 작업(1976ff.)은 세 권으로 묶인 논문집으로 간행되었다. 이 논문집과 더불어 같은 저자의 (1959)도 참조할 것.——변증법을 정식화하기 위한 또 하나의 시도로는 뒤발(D. Dubarle)과 도즈의 (1972)를 들 수 있다.

지 "非A"만이— 정당한 것이라면 "A 그리고 非A"라는 명제는 논박되어야만 한다는 것이 원칙적으로 언제나 입증될 수 있을 것이다. 왜냐하면 고립된 부분명제들의 진리는 이 "A 그리고 非A"라는 명제에서 도출되는 것이 아니기 때문이다.[10]

내가 보기에 다른 논리체계를 여기에서 잠시 언급하는 것이 유익한 것은, 헤겔에서는 실제로 "A 그리고 非A"라는 구조의 명제가 종종 눈에 띄기 때문이다. 그러나 좀더 자세히 설명되겠지만(주 34 참조), 헤겔은 두 부분명제를 연결하는 '그리고'를, 부분명제의 연결만이 참이지, 고립된 부분명제는 참이 아니라는 의미로 이해한다. 앞에서 거론된 것에 근거하면 '그리고'에 대한 그러한 해석은 헤겔에게서 보이는 그러한 명제들의 주장이 결코 즉각 모순적인 것으로 여기지 않도록 해준다. 즉 그러한 주장들 때문에 비판의 가능성이 여지없이 지양되는 것은 결코 아니다.

그럼에도 양가논리의 틀에서는 우리는 "A 그리고 非A"라는 구조의 명제가 필연적으로 거짓이라는 것을 계속 견지한다. 그러나 그렇다고 해서 '자기모순적인 존재자가 있다'는 헤겔의 확신이 거짓이라는 결론이 나오지는 않는다. 실제로 이미 일상언어의 지평에서 보더라도, 가령 어떤 사람, 어떤 사회, 어떤 이론이 자기모순적이라는 것은 우리에게 익숙한 표현이다. 이때 그러한 언명들은 무엇을 뜻하는가? 앞에서 진술된 바에 의거하면 우리는 그러한 명제들을 어떤 양가논리의 틀에서 "A 그리고 非A"로 정식화하지는 않는다. 즉 이러한 명제들 각각에서 우리는 하나의 사태가 지니는, 서로 모순을 이루는 두 개의 국면(Aspekt)이 중요한 문제가 되고 있음을 말하는 것이다[11]—가령 어떤

---

10) 이 경우에는 또한 '"A∧non-A"로부터는 그 어떠한 자의적인 명제도 나올 수 있음'을 드러낼 수 있는 가능성도 명백히 사라진다. 왜냐하면 포퍼의 증명의 핵심은 먼저 "A"가, 그 다음으로 "non-A"가 고립되는 데에 있거니와, 이는 접속어를 일상적인 평범한 의미에서 이해할 때에만 정당한 것이기 때문이다.

11) 이는 모순의 원리에 대한 아리스토텔레스의 익히 알려진 정식화의 의미에서

사회에서 요구와 실재는 서로 일치하지 않는다. 그러나 여러 관점에 따라 반드시 요구되는 그러한 구분에도 불구하고, 하나의 통일적인 것(ein Einheitliches)— 즉 이러한 내적인 차이를 통해, 다시 말해 그것의 통일성 안에 있는 모순에 의해 위험에 처한 통일적인 것—에 대한 관점이 중요한 관건이 된다는 점만은 결코 망각되어서 안 된다. 그런데 자기 스스로와 바로 이러한 의미에서 모순을 이루는 존재자가 있다는 생각 역시, 만약 일관성이 없는 것으로 전혀 거부되지 않는다면, 종종 적어도 잘못된 이해에 빠질 수는 있다. 즉 거기에는 은연중에 모순율의 세 번째 유형이 깔려 있는데, 이에 따르면 자기모순적인 것은 아무것도 있을 수 없다(Es kann nichts geben, was sich widerspricht). 그러나 이때 어렵지 않게 알 수 있는 것은, 이러한 존재론적 모순율은 단지 논증논리적 유형과 등가의 것이 아닐 뿐 아니라, 또한 그 논증논리적 유형으로부터는 심지어 그것[=존재론적 모순율]이 거짓이라는 것이 도출되기까지 한다는 점이다. 왜냐하면 논증논리적 명제가 유의미한 것이라면, 그것은 적용될 수 있어야 하기 때문이다. 즉 자기모순적이기 때문에 거짓인 이론들은 반드시 존재하기 때문이다.[12] 이는 한편으로는 사소한 것 같지만 실은 철학의 전통에서 너무도 흔히 발견되는 일이

말한 것이다. 그 정식화에 따르면 모순 원리가 훼손되는 것은 오로지 동일한 관점에서 동일한 것이 동일한 것에 주어지면서도 또한 주어지지 않을 때이다 (Metaph. 1005b 19f.).

12) 문학석사 울리히 우너슈탈(Ulrich Unnerstall) 씨는 나에게, 논증논리적 모순율 또한 이미 존재론적 모순율의 거짓됨을 전제한다는 점을 주지시켜준 바 있다. 왜냐하면 그것은 단지 간접적으로만 —즉 그것의 부정에서 보이는 모순 (동시에 이 모순은 일관적이다)만이— 증명될 수 있기 때문이다. —역으로 '이론에서의 모순은 제거되어야 한다'는 명제 또한 자기모순적인 존재자들은 분명히 있다는 헤겔의 생각으로부터 도출되는지를 자문해볼 경우, 우리는 헤겔에게서도 역시 모순은 어떤 부정적인 것을 의미하고 있음을 알아야만 한다. 그에 따르면 물론 그러한 부정적인 것은 존재하지만, 그럼에도 그것은 그 어떤 절대적인 존립도 자신 안에 지니지 못한다. 그것은 결코 견지될 수 없는 것이다. 어떤 이론이 바로 이러한 자기모순적인 부정적인 것이라면, 그 이론은 또한 거짓된 것이며 따라서 지양되어야만 한다.

다.[13] 다른 한편으로 이로부터는, 자기모순적인 것이 존재한다는 헤겔의 이론에 대한 반박은 적어도 논증논리적 모순율에 의거할 수는 없다는 결론이 나온다. 어떤 이론이 자기모순적이기 때문에 거짓이라고 주장하는 사람은 ──자기모순을 결코 악의 근원이라고 여기지 않는 사람과는 달리── 비판의 가능성을 결코 지양하지 않는다. 오히려 그는 조금도 자기모순적이지 않다(비록 그가 거의 동시에 모순율의 논증논리적 이해방식의 타당성을 인정하면서도 존재론적 유형의 이해방식에 대해서는 이의를 제기한다 하더라도 말이다). 이에 가령 상대주의의 비일관성을 주장하는 메타이론은 전적으로 참이며, 그런 한에서 필연적으로 무모순적일 수 있다. 그리고 어떤 사회에 존재하는 모순을 통찰하는 사회이론가는 필연적으로 합리적 비판의 가능성을 제거하는 것이 결코 아니라, 반대로 바로 그러한 비판에 이르는 길을 제시할 수 있는 것이다.

물론 자기모순적인 어떤 존재자(이론)가 있다는 사실로부터 모든 것이 자기모순적이라는 결론이 나오는 것은 아니다. 왜냐하면 만약 그렇다면 모든 것이 자기모순적이라고 주장하는 명제 그 자체 역시 마찬가지로 자기모순적이어야 할 것이기 때문이며,──그럼으로써 논증논리적 모순율에 근거할 때 그 명제는 그 자체로 거짓일 수밖에 없을 것이기 때문이다. 따라서 결코 자기모순을 범해서는 안 된다는 것을 요구하는 적어도 하나의 이론──다른 이론들에 관해 얘기하는 고유한 자기 이론──은 존재해야만 한다. 헤겔이 이러한 요구를 포기할 때만이 그에게는 합리성의 보편적 토대──실로 철학적 논증의 가능성의 조건이 되는 모순율──를 저버렸다는 비난이 가해질 수 있으며 또한 가해져야 할 것이다.

---

13) 여기에서 나는 특히 (어떤 자기모순적인 개념의) '부정적 무'(nihil nega-tivum=절대적 부정)를 염두에 두고 있다. KdrV B 346ff./A 290ff. 참조.

4.1.1.2. 헤겔에게서의 모순

방금 이루어진 이론적 논의에서는 헤겔의 모순이론을 제대로 이해하기 위해 반드시 필요한 범주들이 마련되었다. 이를 바탕으로 이제 나는 헤겔의 텍스트와 관련하여, 헤겔은 ①논증논리적 유형의 모순율은 받아들이지만, ②존재론적 유형의 모순율은 파기하며, 즉 자기모순적인 존재자가 있다고 생각하며, 또한 ③모순의 두 가지 형태를 ——즉 부정적 형태의 모순율이라는 한편과 긍정적 형태의 모순율이라는 다른 한편을—— 구분한다는 점을 밝히고자 한다. 물론 그 자신 역시 이러한 구별에 관한 명확한 해명을 제공하지 않았으며 게다가 '모순'이라는 용어를 동음이의어적으로 사용한다는 점에서는, 헤겔은 마땅히 비난받아야 할 것이다.

헤겔이 논증논리적 모순율을 받아들인다는 것은, 그가 다른 철학에 대한 비판에서 이러한 종류의 모순율을 지속적으로 전제하고 있다는 데에서 이미 드러난다. 가령 『정신현상학』에서 헤겔은 칸트의 도덕철학이 "사상이 결여된 모순투성이의 소굴"(ein *ganzes Nest* gedankenloser Widersprüche)[14]이라고 비난한다(3.453). 칸트의 도덕철학이 바로 이러한 모순들 덕분에 특히 탁월하다는 것이 이 말의 의미가 아니라는 점은 명백하다. 즉 오히려 헤겔은 자신의 이러한 테제를 근거로 칸트의 이론을 논박하고자 하는 것이다. 『철학사 강의』를 보면 헤겔의 논박방법은 모름지기 그에 선행하는 철학자들이 범하는 모순을 드러내는 데에 있다. 한 가지 예로 라이프니츠의 체계에 대한 헤겔의 비판에 따르면, 거기에는 '절대적 원인'이라는 신의 기능과 '자립적 존재자들'로서의 단자들 사이에 모순이 존재한다. "그것은 그 자체로 해소되지 않은 모순이다. 즉 하나의 실체적인 단자가 있고 나서, 다시금 서로 연관되지 않음을 근거로 자립적으로 존재해야 하는 여러 개의 개별적 단자가 있다는 것이다"(20.249). 이에 상응하여 「라이프니츠」 장의 마지막 부분

162

---

14) 이러한 용어를 헤겔은 바로 칸트로부터, 특히 KdrV, B 637/A 609에서 따왔다.

에서는 다음과 같이 말해진다. "따라서 신은 마치 모든 모순이 그 안에 뒤섞여 있는 하수구와 같다"(20.255).[15] 나아가 헤겔은 제논(Zenon)에게서 이루어진, 모순을 폭로하는 방법의 구성을 의미심장한 철학적 발견으로 인정하거니와, 자신의 테제를 부분적으로 확정하고 부분적으로 근거지으면서도 자기 적대자들의 테제에 들어 있는 모순들을 아직 드러내 보이지는 못했던, 가령 파르메니데스 같은 이의 소박한 방법에 비해 제논의 방법은 하나의 중대한 진일보를 이룩했다고 평가한다. 즉 제논에게서 우리는 변증법이 "훨씬 강화되어, 적의 영토에 들어가 전쟁을 벌이고 있음을" 보는 것이다(18.303). 여기서 헤겔이 말하고자 하는 것은, 제논은 바로 내재적인 논박을 수행한다는 점이다——다시 말해 제논의 방법은 단지 자기 자신의 생각과 그의 적대자들의 생각 사이에 존재하는 모순을 확언하는 데 그치는 것이 아니라——그러한 단순한 확언으로부터는 적대자들의 주장뿐 아니라 그 자신의 테제 역시 거짓이라는 결론 또한 도출될 수 있을 것이다——, 바로 자신과 다른 견해 속에서 하나의 내적인 모순을 들추어내는 데에 있는 것이다. "흔히들 그렇게 하듯, 하나의 철학체계가 다른 철학체계를 반박할 때 〔오로지〕 자신의 체계를 근거로 해서〔만〕 다른 체계와 싸우는 것"은 헤겔이 보기에 불충분하다. "그 경우 일은 다음과 같이 쉽게 이루어진다. '다른 체계는 진리를 지니지 못한다. 왜냐하면 그것은 나의 체계와 일치하지 않기 때문이다.' 〔그렇지만 이 경우〕 다른 체계 역시 똑같이 그렇게 말할 수 있는 권한이 있다. 〔따라서〕 나는 어떤 다른 체계를 통해 그 체계의 비진리를 드러내서는 안 된다. 오히려 나는 바로 그 체계 자체에 의거해야 한다. 내가 나 자신의 체계 또는 나 자신의 명제를 증명하고 나서 '따라서 나와 반대되는 것은 거짓이다'라는 결론을 이끌어내는 것은 아무런 도움도 되지 못한다. 이 다른 명제의 입장에서 보면 나의 명제는 언제나 생소한 것, 즉 외적인 것으로 여겨진다.…… 바

---

15) 버클리의 신 개념에 대한 이와 유사한 판정에 관해서는 20.273 참조.

로 이러한 이성적인 통찰이 제논에게서 싹트고 있음을 우리는 본다"
(18.302).

논증논리적 유형의 모순율을 인정하는 것 말고도, 우리는『철학사 강
의』에서 헤겔이 거의 모든 철학을 자기모순에 빠져 있는 것으로 생각하
고 있음을 알 수 있다. 즉 헤겔에 따르면 모순이 〔그것의〕 객관적 규정
으로 주어져 있는 적어도 몇 개의 존재자(철학이론)는 〔분명히〕 있는
것이다. 그러나 헤겔은 여기에서 더 나아가 실로 많은 이에게 익숙하지
않은 견해를 옹호하는데, 이에 따르면 단지 이론들만이 아니라 논리적
범주들도, 그리고 자연적 세계와 정신적 세계의 실재적인 대상들도 또
한 자기모순적이다. 이는 존재하는 (거의) 모든 것은 자기모순적이라는 것
이다. 헤르바르트(J. F. Herbart)의 제자 올레르트(A. L. J. Ohlert)는
관념론에 관해 쓴 자신의 글에서 모순적인 것은 존재할 수 없다고 천명
했는데, 이 글에 대한 서평에서 헤겔은 다음과 같이 반박한다. "만약 그
가 보기에 세계에서, 자연에서 그리고 인간의 행위와 충동 및 사유에서
아직 그 어떠한 모순도 나타나지 않았다면, 즉 아직 자기 스스로에게 모
순되는 그 어떠한 존재도 나타나지 않았다면, 저자는 실로 행복할 것이
다. 모순은 스스로를 지양한다는 그의 말은 물론 옳다. 그러나 이로부
터 '모순은 존재하지 않는다'는 결론이 나오는 것은 아니다. 모든 범죄,
모든 잘못, 나아가 모름지기 모든 유한한 존재와 사유는 바로 모순이다.
나아가 심지어는 모순을 내포하지 않는 것은 없다고까지 말해야 한다. 물
론 이 모순은 또한 스스로를 지양하는 것이지만 말이다.……그런데 저
자는 그가 경험에서, 더욱이 사유에서 수도 없이 보아왔던 것에 거역하
여, 강단에서는 자연과 의식에는 그 어떠한 모순도 없다는 그릇되기 그
지없는 가정을 하라고 매일매일 떠벌린다"(11.472f).[16]

---

16) 이 인용문에서 주의해서 볼 것은, 여기서 자기모순적인 것은 없다는 생각에
대한 비판은 논증논리적 모순율에 대한 인정과 연결된다는 점이다. 즉 헤겔의
올레르트 비판에 따르면, 우리는 그의 진술에 들어 있는 "가장 큰 모순을 간
파해내지 못하면 안 된다." 왜냐하면 한 지점에서 올레르트는 정신이 모순을

이 인용구로부터는 두 가지 사실이 드러난다. 첫째, 헤겔은 모든 것이 자기모순적이라고 생각한다. 그러나 이미 앞의 161쪽에서 보았듯이, 존재론적 모순율의 반대적 부정(konträre Nagation) 역시 존재론적 모순율과 마찬가지로 모순적이다. 자기모순적이지 않은 것은 적어도 〔하나는〕 존재해야 한다. 즉 모순의 보편타당성을 옹호하는 이론은 무모순적이어야 한다. 실제로 자기모순적이지 않은 것은 없다는 헤겔의 명제는 그것이 맥락에 따라서는 단지 올레르트에 대한 논박에 그치는 것이 아니라, 그 이상의 것을 의미하는 것으로 해석될 수 있다.[17] 조금 앞에서 "모든 유한한 존재와 사유는……모순"이라고 말한 바 있다. 즉 여기서 모순성은 바로 유한성이 지니는 특징이거니와, 이러한 특징은 ─이 〔모순성과 유한성의〕 관계를 전도시켜 〔무모순성과 무한성의 관계에 관해〕 얘기할 때는 전혀 다르게 말해지는바─ 헤겔 체계의 적어도 두 가지 범주에는 적용될 수 없는데, 그 둘 중 하나는 '절대이념'이며, 다른 하나는 '절대정신'의 영역 안에서도 바로 '절대철학', 곧 헤겔 자신의 철학이다.

164

이러한 추론적 해석은 정당한 것으로 여겨진다.[18] 왜냐하면 헤겔은

간파하게 된다는 데에 동의하지만, 동시에 〔그가 말하는〕 이 모순은 존재해서는 안 되는 것이거나, 정신이 인식할 수 없어야 하는 것이기 때문이다. 올레르트가 범하는 자기모순에 대한 이러한 지적은, 모순에 관한 올레르트식의 견해가 거짓임을 분명히 밝히는 역할을 한다.──그밖에 이미 피히테도 1801년의 『지식론의 서술』에서 "우리는 그 어떤 모순도 생각할 수 없다"는 언명에 들어 있는 자기모순에 주목했는데, 이 저술의 §24에서는 다음과 같이 말하고 있다. "논리적으로 길들여져 사유하는 자들은 그 모든 것에 다다를 수 있어도 결코 이것〔=절대지〕에는 이를 수 없다. 그들은 모순을 경계한다. 그러나 이때, 우리는 그 어떠한 모순도 생각할 수 없다는, 그들의 논리학의 명제 그 자체는 도대체 어떻게 가능한가? 즉 그 경우 그들은 어떠한 방식으로든 모순을 취급하고 사유했을 수밖에 없다. 왜냐하면 그들은 모순이 출현했다는 신고에 반응하고 있기 때문이다"(2.53).

17) 물론 모든 것이 자기모순적이라는 명제는 다른 곳에서도 눈에 띈다. 예컨대 6.74, 203 참조.
18) 헤겔에게서 유한자가 지니는 모순에 관해서는 가이어(P. Guyer)의 유익한

다른 곳에서도 종종 모순성과 유한성을 연결시키기 때문이다. "자연적인 것이건 정신적인 것이건 간에, 어떤 존재가 지니는 유한성은 바로 그 존재가 자기 자신 안에 품고 있는 모순에 있다. 그리고 이러한 사실을 일반적으로 주지하는 것도 중요하지만, 특히 본질적으로 중요한 것은, 어떤 특정한 존재의 본성을 이루는 특정한 모순을 통찰하는 일이다"(11.540).[19] 유한한 사물들이 바로 자기모순적인 것이라는 사실로부터 우리는 첫째, 모순이란 어떤 부정적인 것이라는 것을 이끌어낼 수 있다. 그리고 둘째, 헤겔은 실제로 방금 서론 격으로 인용한 지점에서뿐만 아니라 다른 곳에서도 "모순은 모순으로 끝날 수 있는 것이 아니라"(E. §119Z, 8.247) 해소되어야 하는 것,[20] 즉 어떤 더 고차적인 것으로 이행해야 하는 것이라고 강조한다. 이에 가령 감각(Empfindung)에 존재하는 모순——감각의 형식은 고도의 관념적인 것이지만, 그럼에도 그 내용은 처음에는 여전히 어떤 비정신적인 것이다——은 "정신을 그 감각으로부터 구출하여 오히려 그것을 지양해야" 한다——"마찬가지로 모든 더 고차적인 것은 오로지 저급한 것이 자기 내 모순으로서의 자기 스스로를 더 고차적인 것으로 지양함으로써만 생겨난다"(11.540). 그러므로 이러한 모순이론에 따르면, '모든 유한한 것은 모순적이다'라

논문(1978)을 참조하라.

19) 6.79 참조. "따라서 그 무차별적인 다양성 안에 있는 유한한 사물들은 이처럼, 자기 자신에서 모순에 빠짐으로써, 스스로 안에서 해체되어 있으며, 또한 그것들의 근거로 돌아가는 것이다."

20) 6.67 참조. "모순은 스스로를 해소한다." 또한 졸거(K. W. F. Solger)에 대한 서평(11.272)도 참조할 것. 헤겔에 따르면 졸거는 "모순이 이와 마찬가지로 직접적으로 본질적인 소멸을 맞게 된다는 것……, 즉 모순이란 해소된다는 것"을 보지 못한다.——따라서 로젠크란츠의 다음과 같은 지적은 정확하다(1844: 157). "헤겔에 대해 마치 그가 진리의 개념도 모순에 빠져 있는 것으로 여기는 것처럼, 즉 모순의 해소라는 개념을 모르는 것처럼, 그리고 동일성이 자신의 스스로에 대한 대립을 부정함으로써 다시금 자신으로 복귀한다는 것을 모르는 것처럼 이해한다면, 그것은 그에게 부조리의 혐의를 부당하게 뒤집어씌우는 것이다."

고 말할 수 있다. 하지만 이러한 모순성은 유한자에 대한 어떤 우연적인 규정이 아니라, 유한자의 본질, 즉 유한자의 유한성을 드러내는 것이다. 다시 말해 모든 모순적인 것은, 그것들이 모순적이라는 바로 그 이유로 인해, 해소되고 소멸하는 것이다. 그러나 유한성의 이러한 해소로부터는 더 고차적인 것―물론 이 역시 여전히 유한성에 구속되어 있긴 하지만―이 생겨난다.

유한한 것과 모순된 것은 소멸하게 되어 있다는 말을 헤겔은 그야말로 실제적인 관점에서 이해한다. "물론 생명이 한갓된 모순을 해소하지 못한 채 그 모순에 머무른다면, 그것은 그러한 모순으로 인해 사멸한다"(13.134). 이에 반해 헤겔은 자기 스스로를 지양하는 유한자가 하나의 더 고차적인 것으로 이행하는 것에 대해서는 [모순의 해소에 대해서와는 달리] 오히려 논리학과 실재철학의 **개념적 규정**[강조는 옮긴이]에서 이루어지는 이행으로 이해한다. 즉 그러한 이행을 어떤 실질적으로 실현되는 변형으로 이해하기는 어렵다는 말이다. 헤겔의 체계는 실제로 논리학적 범주들과 실재철학적 범주들에 존재하는 모순을 드러내는 것으로서 이해될 수 있다. 그 범주들에서 나타나는 모순은 그것들의 비진리를 드러내며, 따라서 또 하나의 전진을 필요로 한다. 각각의 모순이 정확히 어떤 종류의 모순을 의미하는지는 4.1.2.3장에 가서야 논의될 수 있다. 여기서 무엇보다 중요한 것은, 헤겔의 이러한 이론은 ―그것이 모순을 오로지 유한자에 한정하고, 적어도 그 모순이론 자체는 모순에서 벗어나 있다면― 형식적인 관점에서 볼 때 **일관성**을 갖추고 있으며, 따라서 자기모순에 빠져 있지 않다는 사실을 파악하는 일인데, 이는 원래는 이미 앞에서 이루어진 예비적 언급들로부터 충분히 추론될 수 있는 사실이다. 그럼에도 그 사실을 뒷받침하는 결정적인 논증은 다소간의 변형을 통해 되새겨보는 것이 유익하다고 여겨진다. 모든 사람들, 심지어 변증법에 대한 극도의 반대론자마저도, 자기모순적인 철학이 존재한다는 사실에 대해서는 동의할 것이다(그 자기모순적인 철학이 바로 헤겔의 철학이라 할지라도 말이다!). 더 나아가 설령 그들이

[변증법이라는] 그러한 기획을 오도되고 설득력을 지니지 못한 것으로 간주해야 하는 경우에조차도 그들이 인정하지 않으면 안 되는 것이 있는데, 그것은 적어도 '(n+1)번째 철학은 n번째 철학이 범하는 내적인 모순을 해소하고자 하지만 그 역시 새로운 문제에 봉착하게 된다'는 식으로 다양한 철학 사이의 서열관계를 매기는 것은 결코 모순적이지 않다는 점이다. 그런데 그러한 방법이 결코 모순적인 것이 아니라면, 헤겔이 이러한 방법을 이론의 영역으로부터 존재자의 전체 우주에까지 확장하여 적용하는 것[21]이 반드시 모순적이어야 할 까닭도 없는 것이다. 사람들은 이러한 확장이 적절한 것이 아니라고 여길지도 모른다──하지만 그럼에도 그 확장이 자기모순적이라고 말하기는 어렵다.[22]

헤겔이 언제나 힘 주어 천명하는 바에 따르면, 단지 어떤 **이론**이 그것의 대상이 모순에 빠져 있음을 확증한다는 이유로 그 이론을 자기모순

---

21) 여기서 '확장'(Erweiterung)이라는 말을 나는 어떤 발전사적인(entwick-lungsgeschichtlich) 의미에서가 아니라, 하나의 이념형적인(idealtypisch) 의미에서 사용한다. 헤겔의 모순이론을 설득력 있는 것으로 만들고자 할 때 가장 유의미한 것은 바로 이론을 가능한 자기모순적인 존재자로 설정하는 것에서 출발하는 것이다.──아마도 헤겔 자신의 경우 모순을 보여주는 최초의 범형은 바로 "자기 스스로의 규범과 갈등을 이루는 제도는 지속될 수 없다는 사실"이었지, "명제의 형식논리적 모순"은 결코 아니었을 것이다(Fulda 〔1973〕, 64).──대개는 자연적 존재자에서보다는 이론이나 의식의 형태에서 모순이 있다고 보는 경향이 지배적인데, 많은 헤겔 해석가들이 『철학대계』보다 『정신현상학』에 상대적으로 더 용이하게 접근할 수 있는 것도 바로 이 때문이다.

22) 여기에서 더 나아가 모든 유한자가 모순적이라는 헤겔의 생각이 과연 긍정적으로 정당화될 수 있겠는가라는 물음을 제기할 경우, 이에 대해서는 두 가지 논증이 제시될 수 있다. 첫째, 객관적 관념론자인 헤겔에게서 이론은 바로 존재자의 범형을 의미하는바, 모름지기 존재자들은 오로지 이론적으로 파악된 것으로서만 반성될 수 있다. 둘째, 간접증명(indirekter Beweis)의 구조를 지니는(4.1.2.2장 참조) 헤겔의 방법에서는 오로지 모순을 드러내는 것만이 지속적인 전진을 가능하게 한다. 따라서 무모순적인 것으로 입증되는 것은 최종의 것으로, 즉 절대적인 것으로 간주되어야 한다.

적인 것으로 간주하는 것은 정당하지 못하다. 즉 이 경우 모순이 있는 것으로 비난받아야 하는 것은 그 이론 자체가 아니라, 바로 그 대상인 것이다.[23] 칸트의 이율배반 해석에 대한 헤겔의 비판이 지니는, 합리적으로 충분히 수긍할 수 있는 의미가 바로 이것이다. 헤겔이 보기에 칸트의 이율배반론이 범하는 오류의 하나는, 그것이 단지 우주론적 이율배반(kosmologische Antinomie)만을 알고 있다는 것이다.[24] 이에 헤겔은 칸트의 "세계에 대한 과도한 애정"을 비판하는데, 이 애정은 "세계로부터 모순을 떼어내어, 그 모순을 정신, 즉 이성 안으로 옮겨놓고 해소되지 않은 채 존속하도록 만드는"데에 있다(5.276; E. §48A, 8.126; 17.435f.; 20.359 참조). 물론 우리는 이러한 일반적인 테제만으로는 칸트의 이율배반론이 제기한 문제들이 구체적으로 해결될 수 없음을 시인해야만 할 것이다. 사유하는 것은 곧 규정하는 것이기 때문에, 이율배반의 경우 사유는 그저 '이율배반에서는 정립과 반정립이 함께 사유될 수밖에 없다'는 식의 설명으로 끝날 수 있는 것이 아니다. 오히려 더욱 중요한 일은, 그러한 가능한 연결을 구체적으로 제시하고 이러한 해결의 제안에 근거해서 정확한 질문에 대해 정확한 답변을 제공하는 것이다. 그리고 첫 번째와 두 번째 이율배반에 놓여 있는 문제를

---

23) 전적으로 이러한 의미에서 미국의 헤겔주의자 해리스(W. T. Harris)는 헤겔학파가 모순을 허용가능한 것으로 여긴다는 퍼스의 비난(앞의 주 5 참조)을 논박한다. 해리스에 따르면 "오로지 유한한 사물들만이 자기모순적이라는 주장에 대해서마저 자기모순적이라고 비난하는 것"은 부당하다. 즉 헤겔주의자들은 "유한한 사물들은 자기모순적이지만, 전체(das Ganze)는 자신의 부정속에서 유지된다고 생각한다. 따라서 헤겔주의자들은 직접적인 것을 믿는 자를 바로 자기모순을 범하는 자로 볼 것이다. 그에 반해 오로지 절대적 매개를 견지하는 철학자는 자기모순에서 벗어나는 이로 여겨지는데, 이는 그 철학자가 무모순성을 결코 사물의 최상의 원리로 설정하고자 하지 않기 때문이다"(Peirce/Harris 〔1868〕, 187).

24) E. §48A, 8.127f.와 20.356 참조. "칸트는 네 가지 모순을 제시한다. 그렇지만 그 네 가지는 전체 모순의 극히 일부에 불과하다. 이율배반은 도처에 존재한다. 모든 각각의 개념에서 모순을 드러내는 것은 그리 어려운 일이 아니다……."

명확하게 해결하는 데 헤겔이 과연 성공했느냐에 대해서는 충분히 의혹을 품을 수 있다. 그러나 이율배반에 관련한 헤겔의 구체적인 취급에 대해 제기되는 의혹들이 물론 나름대로의 정당성을 지니고 있음에도 불구하고, 모순을 논의하는 이론마저 선험적으로 거짓인 것으로 간주하는 것은 결코 용납되지 않는다는 그의 일반적인 반성은 언제나 진지하게 받아들여져야만 한다.[25] 바로 이러한 의미에서 사를레마인(A. Sarlemijn)은 "부조리한 실재성을 상정하는 것이 곧 형식논리적으로 부조리할 필요는 없다"고 쓴다(1971; 113).

그러나 이러한 언급만으로는 헤겔의 모순 개념이 아직 완전하게 해 167
명되지 않는다. 즉 헤겔은 '모순'이라는 단어를 단지 규정의 유한성과 그 [유한성의] 해소의 필연성을 가리키는 것으로만 사용하는 데 그치지 않는다. 이러한 유한성에서 벗어난 규정들 역시, 그것들이 구체적인 한에서는, 모순적일 수밖에 없다. 이 말이 무엇을 의미하는지를 좀더 정확하게 드러내기 위해 나는 헤겔『논리학』에 나오는 한 가지 예를 거론하고자 하며, 또한 헤겔이 개진하는 (질적인) 유한성과 무한성의 변증법을 간략하게 개괄하고자 한다.[26] 주지하듯 헤겔 논리학의 대상은 바

---

25) 가령 6.76을 참조. "고대의 변증론자들이 운동에서 드러내는 모순들을 우리는 시인해야만 한다. 그러나 그렇다고 해서 운동은 존재하지 않는다는 결론이 나오지는 않는다. 오히려 거기에서 도출되는 것은, 운동이란 바로 현존하는 모순 그 자체라는 것이다." 이와 유사하게 18.318에서는 칸트와 제논 사이의 차이점들이 얘기된다. 즉 칸트는 부당하게도 이율배반들로부터 우리 인식이 무능함을 이끌어내지만, 제논은 세계의 객관적 유한성을 올바르게 도출해낸다. "이러한 내용[=이율배반]은 제논이 보기에도 또한 무가치한(nichtig) 것이다. 그러나 칸트가 볼 때 그 내용이 무가치한 이유는, 바로 그것이 우리 자신의 소치이기 때문이다. [즉] 칸트의 입장에 따르면 세계를 황폐화시키는 것은 정신적인 것이다. [반면] 제논에 따르면 세계는 바로 현상하는 것 그 자체로서 참되지 못한 것이다.……제논의 변증법의 의미는 이러한 근대적 변증법보다도 훨씬 더 큰 객관성을 지닌다."

26) 헤겔은 줄곧 "유한한 것과 무제한적인 것의 본성, 그리고 무한자에 대한 유한자의 관계야말로 철학의 유일한 대상을 구성한다고 말할 수 있다"고 설명한다(11.529; 411 참조. "그러나 유한정신이 신에 대해 지니는 관계는 매우 심

로 범주들이다. 그러나 앞의 71쪽에서 지적되었듯이, 헤겔은 '신'(절대자) 또는 '모든 존재자'를 주어로 하고 각 단계별로 해당되는 범주를 술어로 하는 명제들을 논리학적 고찰의 대상으로 만드는 것이 ──설령 꼭 유익한 것은 아니라 할지라도── 가능하다고 여긴다. 헤겔에 따르면 이러한 범주들 내지 명제들은 모순에 빠지며, 이는 이 모순들에서 벗어나는 더 이상의 범주들 내지 더 이상의 명제들의 도입을 필요하도록 만든다. 물론 이 새로운 범주들 내지 명제들 역시 다른 하나의, 좀더 복잡한 모순에 빠지게 된다.

유한성의 범주는 헤겔에 따르면 바로 '현존재'(Dasein)를 설명하는 것이며, 다시금 이 현존재는 존재(Sein)와 무(Nichts)라는 추상적 규정의 진리가 된다. '존재'는 그것의 전적인 비규정성에 머물러서는 그것이 요구하는 긍정성을 제대로 드러내지 못하고, 오히려 그것의 반대개념인 '무'와 구별될 수 없게 되기 때문에(5.82ff), 여기에서는 긍정적인 것과 부정적인 것의 분리불가능성을 감추지 않고 분명히 표현하는 하나의 범주를 도입하는 것이 요구되거니와, 그것은 바로 '규정된 존재'인 현존재이며, 이 현존재는 이로써 실재성과 부정을 통일한다(116ff.). 현존재라는 규정된 존재는 필연적으로 타자를 배제하는데, 이러한 사실의 명시를 통해 우리는 상이한 현존재자의 개념으로, 즉 어떤 것(Etwas)과 다른 것(Anderes)〔이라는 범주〕에 이르게 된다(122ff.). 이 '어떤 것'과 '다른 것'은 처음에는 서로 외면적이다. 그러나 그것들의 개념의 발생은 그것들이 서로 관계되는 것이〔오히려〕그것들에 본질적인 것임을 보여준다. 따라서 '어떤 것'은 규정성(Bestimmtheit)의 상이한 형식을 지니게 된다──그 가운데 하나는 '다른 것'(=타자)과는 달

오한 ──또는 가장 심오한── 이념인바, 이념의 사유는 거기에서 사용되는 범주들에 관한 가장 신중한 각성을 필요로 한다"). E. §95A, 8.203에 따르면, 진정한 무한자〔='진무한'으로 약칭〕는 바로 "철학의 근본개념"이다.──유한성과 무한성의 연결이 필연적이라는 것을 헤겔은 이미 『차이』(2.21)와 「신앙과 지식」(2.297)에서도 강조한다.

리 바로 그 '어떤 것'에 고유하게 주어져 있으며, [따라서] '어떤 것'을 '다른 것'과의 관계 속에서 확증해야 하는 것인바, 바로 '규정' (Bestimmung)이며, 또 하나는 타자와의 관계에 구속되어 있음으로 인 해 '규정'과는 달리 우연한 것인데, 이것이 바로 '속성'(Beschaffenheit) 이다(132ff.). 물론 규정성의 이 두 형식 사이에 존재하는 상호종속성 으로 인해, '다른 것'은 점점 더 '어떤 것'에 내재되어 있는 것으로 드러 난다. '다른 것'으로부터의 구별과 '다른 것'에 대한 관계가 '어떤 것'에 게 구성적이라는 사실은 바로 '한계'(Grenze)에서 드러난다. '어떤 것'의 한계에 내재하는 부정성이 명시되면, 이로부터는 또한 이 '어떤 것'이 단지 한계를 지니는 데 그치는 것이 아니라 유한하다는 점이 드러 난다. 헤겔에 의하면 유한성의 범주가 의미하는 것은 "사물들의 본성, 사물들의 존재를 구성하는 것은 바로 비존재(Nichtsein)라는 점이 다.……사물들은 존재한다. 그렇지만 이러한 존재의 진리는 바로 그 사물들의 끝(Ende)이다"(139). 이하에서는 이러한 결과에 내재하는 변증법을 분석할 것인데, 그 결과를 한마디로 요약하면 '모든 것은 유 한하다'(daß alles endlich sei)라고 할 수 있다.

그러나 방금 말한 명제는, 헤겔이 정당하게 판정하듯이, 모순을 안고 있다. 물론 "가장 고집스러운 범주"인 유한성에 머물러 있는 오성은 이 를 알지 못한다(140). 하지만 그렇게 함으로써 오성은 유한성의 무가 치성(Nichtsein)을 "불변적이고 절대적인" 것으로, 즉 "영원한" 것으로 만든다(같은 곳). 물론 헤겔에게 적대적인 철학들은 이러한 비난을 거 부할 것이다. 그들은 바로 자신들의 철학에서 유한자가 무한자로부터 분리되며, "오로지 유한한 것만이 존재하지, 불변적인 것은 존재하지 않는다"고 계속 고집할 것이다(141). 그러나 이에 대해 헤겔은 결정적 으로 중대한 문제는 "그러한 견해에서 유한성은 과연 [계속] 존재하는 가, 즉 무상성(無常性, Vergänglichkeit)은 계속 존속하는가, 아니면 무 상성과 지나감(Vergehen)은 지나가는 [무상한] 것인가"의 여부라고 주 장한다. 바로 이러한 유한성과 지나감을 그 유한성과 지나감 자체에 적용하는 것을 주저한다면, "그 자체 아무것도 아닌 것이 존재하며, 또한 그것은 그 자체 아무것도 아닌 것으로서 존재한다"(das an sich Nichtige *sei*, und es sei *als* an sich Nichtiges)고 밖에는 주장할 수 없게 된다(같은 곳). 바로 이것을 헤겔은 **모순**이라고 부르는데, 이는 실로 정당하다——이러한 모순은 유한성의 범주의 비진리를 드러낸다. 그리고 이러한 모순은 오로지 "지나감, 즉 무가 결코 궁극적인 것이 아니라 지나가버리는 것임"을 통해서만 지양될 수 있다(142).

여기서 나는 '경계'(Schranke)와 '당위'(Sollen)의 규정으로 넘어가고자 한다. 헤겔은 이 규정들을 '유한성'에 관한 장의 한 중간절에서 다루는데, 그것들은 본질적으로 유한자의 '한계'와 '그것을 넘어서고자 고투함'(Darüber-hinaus-Streben)으로 이해되어야 한다. 우리의 문맥에서는 "유한자는······곧 그것의 자기 내 모순"이며, 따라서 "그것은 스스로를 지양하고 소멸한다"(148)는 것이 헤겔의 생각임을 확인하는 것으로 충분하다. 즉 헤겔은 모순에서 어떤 긍정적인 것이 아니라, 오로지 극복되어야 하는 것을 보고 있으며, 또한 실제로 그는 모순을 제거하는 두 가지 가능성을 개괄한다. 무엇보다 먼저 생각할 수 있는 첫 번째 가능성은, 유한자는 소멸하며 또한 한갓 소멸할 뿐임을 인정하는 것이다. 그렇지만 바로 소멸하는 것이 유한성의 본질이라는 점만을 확증하는 것에 그친다.[27] 따라서 그 결과는 "먼저 단지 하나의 **또다른** 유한자가 될 것이지만, 이 역시 또 하나의 유한한 것으로 이행하는 것으로서의 소멸이며, 이렇게 해서 어떤 무한한 이행이 이루어진다"(같은 곳). 두 번째 가능성은 이러한 첫 번째 사고실험에서 나온다. 즉 이러한 사고실험에서는 유한자는 바로 유한자 그 자신인 어떤 타자(ein Anderes, das es[=Endliches] selbst ist)로 이행한다는 구조가 결과한다. 그러나 타자에서의 "이러한 **자기동일성**"("diese *Identität mit*

169

---

27) 무의 범주로의 후퇴를 헤겔은, '그 범주의 모순성은 이미 증명되었다'는 엄밀한 논증을 통해 배제한다(141).

sich" im Anderen, 〔(148f.)〕은 헤겔에 따르면 유한자의 실제적 부정 (wirkliche Negation), 즉 무한자이다.

무한자는 먼저 유한자의 부정으로 규정된다. 그리고 헤겔 자신의 언급에 따르면 무한자는 "절대자의 새로운 정의로 여겨질 수" 있다(149). 따라서 이제 중요한 문제는 "절대자는 유한자의 부정으로서의 무한자이다"라는 명제를 분석하는 것이다. 그런데 헤겔에 따르면 비록 이 명제가 "모든 것은 (또는 절대자는) 유한하다"라는 명제를 넘어서는 내재적 전진을 이룩하고 있음에도, 이 명제(그리고 여기에 상응하는 범주) 역시 모순적이기는 마찬가지이다. 왜냐하면 무한자에서 중요한 것은 유한자의 어떤 외적인 지양이 아니라, 바로 그 유한자의 자기지양이기 때문이다. "그러나 유한자 스스로가 무한성으로 고양되는 한, 그 유한자에게 이러한 것을 가하는 힘 역시 어떤 〔외적인〕 낯선 힘이 아니다. 오히려 그것은 그것 자신이 스스로에게 한계로서, 더욱이 한계 그 자체이자 동시에 당위로서 관계하고 그러한 한계를 넘어서거나, 또는 오히려 자기관계(Beziehung-auf-sich)로서 그 한계를 부정하여 그것을 넘어서 있는, 이러한 유한자의 본성인 것이다"(150; 160 참조). 하지만 도대체 무엇 때문에 이러한 결과 역시 모순적일까? "무한자는 유한자의 부정이다"라는 명제는 거의 분석적으로 참인 명제인 것처럼 보인다. 그리고 처음 보기에 여기에서 어떤 모순을 끄집어내는 것은 어려운 듯이 보인다. 그러나 헤겔은 다음과 같이 논증한다. 유한자란 ──직접성의 영역에 존재하는 것으로── 그것에 대립하는 타자를 갖고 있는 어떤 것으로 정의되어왔다. 그런데 자신의 타자인 유한자에 대립하는 무한자란 바로 유한자의 정의적 특징으로 언명된 조건들을 충족시킨다. 따라서 그러한 무한자는 그 자체가 유한한 것이다(151).

무한자가 "유한자와의 대립에 고착되어" 있다면, 그것은 말하자면 단지 "유한자의 피안"(das Jenseits des Endlichen)일 뿐이다. 그리고 그와 같은 무한자를 헤겔은 "악무한"(惡無限, das Schlecht-Unendliche)이라고 부른다(152). 헤겔에 따르면 유한자에 대한 이러한 관념은 오성적 관념인데, 그가 이러한 유한자의 단순한 대립물로서의 무한자에 대해 문제삼는 것은 그러한 무한자는 모순적이라는 점이다. 헤겔의 주장에 의하면 오성은 그것이 "최고이자 절대적인 진리로 여기는 범주들과 더불어……화해되지 않고, 해소되지 않은, 절대적인 모순 속에 존재한다." 왜냐하면 이러한 [오성적] 표상에 따르면 두 개의 세계──즉 무한한 세계와 유한한 세계──가 있는 까닭에, "무한자는 단지 유한자의 한계일 뿐이며, 따라서 단지 하나의 규정된 무한자, 즉 그 자체 역시 유한한 무한자에 지나지 않기 때문이다"(152). 헤겔은 이러한 주장을 새로운 표현법을 써가며 지속적으로 표명하는데, 이는 이 주장이 그에게는 그만큼 아주 중요했기 때문이다. 이 지점보다 조금 뒤에 나오는 표현에 따르면, 만약 무한자가 단지 두 개의 범주 중 하나에 불과한 것이라면, 그것은 "전체가 아니라, 다만 하나의 측면에 지나지 않는다. 즉 그것은 자신에게 대립해 있는 것에 직면하여 자신의 한계를 지니는 것이다. 따라서 그것은 유한한 무한자(das endliche Unendliche)이다. 그렇다면 단지 두 개의 유한자만이 있을 뿐이다. 그것이 유한자로부터 **파생됨**으로써(abgesondert) 어떤 **일면적인** 것으로 설정된다는 바로 그 점에, 그러한 무한자의 유한성, 즉 유한자와 그 무한자의 동일성이 있는 것이다"(157f.). 더 나아가 유한성과 무한성의 관계에 대한 이러한 규정에서 유한자의 유한성은 그다지 진지한 문제가 되지 않는다. 왜냐하면 유한자는 ──무한자의 타자로서── 무한자와 나란히(neben dem Absoluten) 존재하기 때문이다. "그 자체가 무한자로부터 멀리 떨어져 있는 것으로 설정되는 유한자는 그 자체의 측면에서는 이러한 자기관계(Beziehung auf sich)로서, 이 자기관계에서 그 유한자의 상대성, 종속성 그리고 덧없음은 [오히려 유한자로부터] 멀리 떨어져 있다. [따라서] 유한자는 무한자와 동일한 자립성과 자기긍정인 셈이다"(158). 끝으로 무한자의 개념에는 그 무한자가 유한자의 부정을 통해 매개되어 있다는 사실이 명시적으로 드러나 있지 않다. 이 매개의 과정──즉 기실은 무한자의 규정의 한 계기인 유한자에 대한 관계──은 단지 함축적으로(implizite)만 존재한다. "이러한 그것들의 통일은……감추어져 있다. 즉 그 통일은 내적인 것으로, 오로지 밑바탕에 놓여 있을 뿐이다"(154). 모든 저마다의 범주가 다른 범주에 종속되어 있지만 이러한 관계가 명시적으로는 드러나 있지 않다는 사실은 유한자와 무한자의 상호적 규정(Wechselbestimmung)에서 드러난다. 규정들은 "불가분하면서도 동시에 전적으로 타자에 대립해 있다." 따라서 모든 각각의 규정은 즉자적으로는 "자기 스스로와 자신의 타자의 통일"이지만, 실제로는 자신의 타자를 ——그리고 그와 더불어, 그것이 타자에 의거함으로 인해, 자기 스스로를—— 부정하는 것이다(155). 여기에서 일어나는 두 범주의 변동(Alterieren)은 무한진행(Progreß ins Unendliche)을 낳는데, 헤겔에 따르면 이 무한진행은, 상대적 규정들이, 그것들이 동시에 서로에 의거하고 있음에도 불구하고, 서로 대립되고 자립적인 것으로 간주될 때면 언제나 나타난다. "따라서 이러한 진행은 모순이다. 이 모순은 해소되지 않은 채 언제나 오로지 현존하는 것으로서 언표될 뿐이다"(같은 곳). 헤겔이 무한진행의 구조에 모순이 있다고 보는 이유는, 그 진행이 ——유한성과 꼭 마찬가지로—— 자기 스스로에 연관되는 것이 아니기 때문이다. 그 진행의 본질인 '넘어섬'(Hinausgehen)은 "불완전한 채로 남아 있다.……왜냐하면 이러한 넘어섬 자체는 아직 넘어서지지 않았기 때문이다"(같은 곳).

일관성(무모순성)을 근거로 요구되는 이러한 전진이 완전히 수행될 때 필연적으로 나타나는 것은 긍정적 무한성(die affirmative Unendlichkeit), 즉 유한자를 타자로서 자신에 대립시키는 것이 아니라, "무한자와 유한자의 통일"이 되는 무한성이다(157). 그러나 "자기 스스로와 유한성을 자신 안에 포괄하는"(158) 이러한 참된 무한성〔= 진무한(眞無限), das wahrhafte Unendliche〕역시 마찬가지로 모순적인 것은 아닐까? 이 물음에 대해 헤겔은 '아니다'라고 답변한다. 왜냐하면 이러한 구체적 통일은 오로지 그 속에서 유한자와 무한자가 마치 그 통일의 외부에 있는 것처럼 존재할 때만 모순적일 것이기 때문이다. 하지만 이러한 통일에서는 "유한자와 무한자는 그것들의 질적인 본성을……상실한다"(158). 즉 그것들은 유한성으로서의 서로를 배제하는, '어떤 것'과 '다른 것'이라는 그것들의 규정성을 상실한다. 헤겔은 유한자와 무한자의 이러한 통일에 대해 사람들이 가질 수 있는 다양한 표상을, 특히 통일된 범주들까지도 여전히 각각 자립적인 것으로 여기는 모든 표상들을 비판한다. 더욱이 그는 '통일'이라는 표현까지도 비판한다. 왜냐하면 이 표현은 하나의 "운동 없는 추상적 자기동일성"(abstrakte bewegungslose Sichselbstgleichheit)을 의미하거니와, 그것의 계기들 "또한 마찬가지로 운동 없는 존재자로서" 해석되기 때문이다(163f.; Briefe II 328f. 참조). 이미 『정신현상학』의 「서문」에서 헤겔은 가령 '주관성과 객관성의 통일'과 같은 정식화에서 보이는 "졸렬함"(das Ungeschickte)을 꼬집는다. 왜냐하면 "객체와 주체 등은 그것들이 그것들의 통일 외부에 존재할 때의 상태를 뜻하며, 따라서 그것들은 〔그것들의〕 통일'에서는 그 표현이 말하고자 하는 바가 제대로 의미되지 않기" 때문이다(3.41). 그리고 『철학대계』판 논리학에서 헤겔은 유한성과 무한성의 통일과 관련하여, 이러한 용어에서는 "유한자가……명확하게 **지양된** 것으로서 표현되지 않는다"고 설명한다(§95A, 8.202). 더 나아가 ─유한자가 "무한자와 통일된 것으로 정립되면, 더 이상 그것이 이 통일이 이루어지기 전에 있던 식으로 존재할 수 없음은 물론이거니와, (염기가 산과 결합하면 그것의 고유성을 잃어버리듯이) 적어도 그것의 규정 중 어떤 것이 손상된다"는 사실을 제대로 숙고한다면─ 이러한 '통일'이라는 표현에는 무한자 역시 "타자와 만나 무력화된다"는 그릇된 생각으로 사람들을 오도할 수 있는 위험성이 놓여 있다. 그리고 실제로 이는 악무한의 경우에 일어나는 일이다. "그러나 진무한은 한갓 일면적인 산(酸)처럼 되는 것이 아니라, 스스로를 계속 유지한다. 부정의 부정은 어떤 중화가 아니다. 무한자는 긍정적인 것이며, 오로지 유한자만이 지양되는 것이다"(같은 곳).[28] 두 계기의 관계를 제대로 파악하기 위해서 헤겔은 **관념성**(Idealität)이라는 용어를 제

안한다.[29] "진무한 속에 존재하는 유한자는 관념적인 것이다──즉 유
한자는 진무한에서는 〔무한자와〕 비록 구별되긴 하지만 그럼에도 결코
자립적으로 존재하는 것이 아니라 〔무한자의〕 계기로서 존재하는 규정이
자 내용이다"(5.165). 이러한 방식으로 우리는 유한성과 무한성이라는
두 범주의 관계가 결코 대칭적인 것이 아니라는 사실──이 사실은 헤
겔의 설명에서는 이따금씩 명확히 드러나지 않는 경우가 있다── 또한
잘 파악할 수 있게 된다. 『철학대계』판 논리학의 「이념」 장 도입부의 한
절에서 헤겔은 지금까지의 논의 전개를 되짚는데, 바로 이리한 의미에
서 그는 다음과 같이 말한다. "이념의 부정적 통일에서 무한자는 유한자
를 포섭한다.…… 이념의 통일은…… 바로 무한성이며, 그러므로 그
통일은 **실체로서의** 이념과는 본질적으로 구별되어야 한다. 마찬가지로
이러한 **포섭하는**…… 무한성은…… 일면적 무한성과는 구별되어야 하
는바, 이 일면적인 유한성은 참된 무한성이 스스로를 판단〔근원적으로
분할〕하여 내려온 것이다"(§215A, 8.372f.).

헤겔의 논증을 되새겨보면, 다음과 같은 점들을 확인할 수 있다. 헤
겔은 개별적 범주──즉 유한성과 악무한성──에 들어 있는 **모순들**을
들춰내고자 한다. 이 모순들로부터 그는 해당 범주의 **거짓됨**을 추론해
낸다. 따라서 그는 논증논리적 모순율을 전제하고 있는 것이다. 흥미롭

---

28) '통일'이라는 용어에 대한 비판이 가해지는 다른 구절은 5.94; E. §82Z,
8.178; §88A, 8.191; §215A, 8.372에서 찾아볼 수 있다. E. §573A,
10.389ff.에서 헤겔은 추상적 통일과 구체적 통일을 구분한다. 더욱이 그는
모든 각각의 존재자에게는 여러 상이한 방식의 통일이 주어지는바, 그것들은
그것들 사이의 차이와 서열관계에 따라 파악되어야 한다고 설명한다. "비유
기적인 것이건 살아 있는 것이건, 모든 자연적 사물의 특성과 차이는 모두가
오로지 **이러한 통일의 여러 상이한 규정성에서** 비롯된다"(390).

29) 이 단어와 관련해서 헤겔은 그것이 결코 관념성은 무한자를 가리키고, 반대로
유한자는 실재적인 것이라는 식으로 오해되어서는 안 된다고 분명히 강조한
다. 그러한 방식으로는 "또다시 악무한에 주어지는, 추상적으로 부정적인 것
의 일면성으로 되돌아가며, 또한 유한자의 긍정적 현존재에 고착되고 말 것이
다"(166; E. §95A, 8.202f. 참조).

게도 그는 이 논증논리적 모순율을 단지 어떤 이론에 대해서뿐 아니라 범주들에 대해서도 적용한다. 즉 스스로 안에서 자기모순에 빠져 있는 범주는 참되지 못한 것이며, 〔따라서〕 그 다음의 범주로 넘어갈 수밖에 없다. (논증논리적) 모순율을 이론들에서 범주들로 이렇게 확장하여 적용하는 것은 헤겔 변증법이 이룩한 가장 중요한 혁신들 가운데 하나이다. 범주들을 "절대자" 또는 "모든 사물"을 주어로 하는 명제로 변형하면 이는 일반적인 통념으로도 좀더 접근하기가 쉬워진다. 왜냐하면 '명제가 자기모순적일 수 있다'는 점은 '자기모순적인 이론이 있다'는 사실과 마찬가지로 쉽게 이해될 수 있기 때문이다. 즉 이론이란 곧 명제들의 체계에 다름 아닌 것이다. 나아가 이러한 모순관을 이론들로부터 범주들에까지 (그것도 논리학적 본성의 범주들뿐만 아니라 또한 실재철학적 본성의 범주들에까지도) 확대적용하는 것은 헤겔의 체계가 지닌 관념론적 틀에서 나오는 것이기도 하다. 즉 헤겔에 따르면 최고의 존재자는 정신, 그것도 절대정신, 곧 철학이론이다. 따라서 그 나머지 존재자들은 바로 이러한 패러다임에 따라 사유되어야 하는 것이다.[30]

173   물론 헤겔에 따르면, 범주의 모순성으로부터건 이론의 모순성으로부터건, 이러한 모순된 범주나 이론이 존재하지 않는다는 말은 결코 도출되지 않는다.[31] 그러한 범주와 이론은 분명 존재한다―범주의 경우

---

30) 철학이론들과 논리학적 범주들이 정확하게 대응한다는, 헤겔의 악명 높은 테제 또한 이러한 방향으로 이루어진다(18.49, 59; 20.478f.).―헤겔이 모순을 하나의 범주와 하나의 철학에 동일하게 적용하는 것이 두드러지게 나타나는 지점은 E. §194, 8.350에서 보인다. 즉 여기에서 헤겔의 설명에 따르면, 객체는 총체성으로서, 그러면서도 동시에 "상이한 것들로의 분열로서……다양의 완전한 자립성이면서도 또한 상이한 것들의 완전한 비자립성이라는 절대적 모순이다." 그런 다음 주석 부분에서 헤겔은 이 범주를 라이프니츠의 철학에 그대로 적용하여, 그 철학은 "완전히 전개된 모순"이라고 말한다.

31) 탁월하게 씌어진 한 지점에서 헤겔은, 오류가 존재하듯이 세계에는 참되지 못한 범주들에 대응하는 부분들도 존재한다고 설명한다―즉 그러한 것들은 다만 어떤 절대적인 것이 아닌 현상으로 존재할 뿐이지 그렇다고 해서 존재하지

이는 다음을 의미한다. 범주들은 본질적으로는 현실의 부분영역들을 규정하며, 우연적으로는 모든 존재자를 규정한다.[32] 다만 그것들은 그 어떤 절대적으로 궁극적인 것도 아닐 뿐이다. 바로 그것들의 모순성으로 인해, 범주들은 이러한 [절대적 궁극이라는] 위상을 얻지 못하는 것이다.

이제 중요한 것은, 대부분의 논리학적 범주가 지니는 모순성은 바로 그것들이 일면적이라는 사실에 존재한다는 점이다. 무한자의 관념적 계기가 아닌 유한자는 모순적이다. 그리고 유한자에 대립되는 무한자 역시 마찬가지로 모순적이다. 그에 반해 유한자와 무한자의 통일인 참된 무한자는 모순들에서 벗어나 있다.[33] 물론 이는 [이른바] 건전한 인간 오성

않는 것은 아니다. "주관적 오성이 오류를 범하듯이, 객관적 세계 역시 처음에는 그저 일면적이고 불완전하며 현상적 관계에 불과한 측면들과 진리단계들을 나타낸다"(6.437). 또한 E. §135Z, 8.267f.도 참조.

32) 논리학을 비판[철학]적 이론으로 보는 해석의 정당성과 부당성은 바로 여기에서 비롯된다. 헤겔의 논리학은 물론 유한한 범주들에 대한 비판이 되고자 하며, 그런 한에서 그것은 칸트의 기획을 계속 진전시켜 참된 모습을 갖추게 만들고자 한다——물론 헤겔의 경우에는 의식과 실재에 대한 범주들의 관계가 아니라 범주들 그 자체의 내적 구조가 탐구의 대상이 된다(5.40f., 61f.; 6.268f.; E. §41Z1, 8.114f.). 그러나 비판되는 범주들의 유한성으로부터 도출되는 것은 오로지 그 유한한 범주들에 의해서는 더 복잡한 [상위의] 존재자들이 제대로 파악될 수 없다는 것이지(따라서 헤겔에 따르면 가령 생명과 정신은 인과관계를 벗어나 있다. 6.227ff.).——헤겔이 뒤보크(E. Duboc)에게 쓴 1823년 4월 29일자 편지(Briefe III 11)에서 분명하게 밝혔듯이—— 범주들에 의해서 제대로 언명될 수 있는 것이 전혀 존재하지 않는다는 것은 아니다. (이에 우리는 탁자나 양말에 관해 그것들이 실존한다고 말할 수 있지만, 신이 과연 실존하는가[ob Gott existiert]라는 질문은 '범주적 오류들'[categorial mistakes]에서 비롯된다고 할 수 있는 것이다.)——『법철학』에서 추상법과 도덕성에 관한 부분이 지니는 비판적 기능과 관련해서도 이와 유사한 것이 적용될 수 있다. 헤겔은 오로지 이러한 영역[추상법과 도덕성]에만 기초하는 공동체는 성립할 수 없다는 점을 분명하게 지적하고자 한다. 그러나 이와 마찬가지로 분명한 것은, 비록 이 영역들이 하위의 것이라 하더라도 그것들은 고유한 실존적 권리(Existenzrecht)를 지닌다는 사실이다.

33) 물론 진무한은 아직 최종적 범주가 아니기 때문에, 그것 또한 완전히 무모순적인 것은 아니다. 즉 진무한 역시 하나의 다른 범주로 이행하며, 그 새로운

의 관점에서 볼 때는 부조리한 것으로 비칠 것이다. 왜냐하면 일반적으로 오성은, 그것이 많은 복잡한 반성을 행하지 않고 그저 소박하게 스스로의 생각을 표명하는 경우, 유한성과 무한성을 통일시키는 구상을 당연히 모순된 것으로 여길 것이며, 또한 역으로 그러한 오성에는 오히려 순수한 유한성과 피안적인 무한성과 같은 범주만이 완전히 무모순적인 것으로 비칠 것이기 때문이다. 그러나 헤겔의 논증이 정확한 것이라면, 건전한 인간 오성의 생각이 가질 수 있는 이러한 견해에 깃든 하나의 기만(Täuschung)을 예의주시해야 한다. 헤겔은 다음과 같이 쓰고 있다. "오성이 우리에 보여주는 바에 따르면 이념은 자기모순적이다. 왜냐하면 〔오성의 관점에서는〕 예컨대 주관적인 것은 단지 주관적일 뿐이며, 객관적인 것은 오히려 이것에 대립되는 것이기 때문이다. 그리고 오성은 '존재'는 '개념'과는 전혀 다른 것이어서 결코 개념으로부터 끌어낼 수 없으며, 그와 마찬가지로 유한자는 단지 유한한 것으로서 무한자의 대립물이기 때문에 결코 무한자와 동일한 것이 아니라고 주장한다.…… 그에 반해 논리학은 이와는 전혀 반대되는 것을 제시한다. 즉 논리학은 단지 주관적이기만 한 주관적인 것, 단지 유한하기만 한 유한자, 단지 무한하기만 한 무한자는……아무런 진리도 갖지 못하는 것으로 자기모순적이기 때문에 그것들의 타자로 이행하며, 그럼으로써 이러한 이행과 더불어, 그 극단들을 지양된 것으로서, 즉 하나의 가상 또는 계기로서 포괄하는 통일이야말로 그 극단들의 진리로 드러난다는 것을 보여준다"(E. §214A, 8.370f.). 그런데 오성이 곧잘 빠져드는 이러한 고질적인 기만은 도대체 어디에서 비롯되는가? 명백히 그 기만은, 고립된 범주들의 모순은 그것들이 의미하는 것에 직접적으로 있는 것이 아니라, 오히려 그것들이 〔겉으로〕 '의미하는' 것과 〔실제로〕 '존재하는' 방식 사이에(zwischen dem, was sie bedeuten, und dem,

---

범주 또한 다시금 모순에 빠진다. 그러나 이하에서는 그 점은 일단 논외로 하고자 한다――왜냐하면 진무한에서는 적어도 유한자와 무한자 사이에 성립하는 모순은 지양 그리고 해소되어 있기 때문이다.

was sie sind) 존재한다는 점에서 비롯된다. 왜냐하면 '유한성'이라는 범주는 그것이 범주인 한 그것이 진리임을 주장하지만, 그럼에도 그것은 자신이 말하는 바로 그 주장에 의해 그 진리주장을 오히려 의심스러운 것으로 만들어버리기 때문이다. 즉 정녕 모든 것이 유한하다면, 그어떠한 진리도 존재할 수 없을 것이다. 이와는 반대로 무한자의 개념은 '[무한자는] 유한자에 대립된다'는 그것의 형식에 모순된다——즉 그러한 [자신에 대립된 타자를 갖고 있는] 것이라면 그러한 무한자 또한 유한한 것이다.

이에 반해 유한성과 무한성의 통일이라는 종합적 범주에서는, 그것이 대립물을 통일하는 구조를 갖고 있음에도, 결코 그런 식의 모순을 찾아볼 수 없다. 오히려 종합적 범주는 바로 이러한 구조를 통해서 고립된 규정들이 지니는 전술한 모순을 제거한다.[34] 왜냐하면 종합적 범주는 고립된 범주들이 [기실은] 전제하면서도 [겉으로는] 부인하는 통일을 명시적으로 정립하기 때문이다. 헤겔은 유한성과 무한성의 통일은 유한자와 악무한에서도 발견될 수 있다고 줄곧 강조한다. 유한자는 "불변적이고 절대적"이므로(5.140) 무한하다. 그리고 악무한은 "그 자체가 유한한 무한자"이다(152). 그렇지만 분명한 것은 이러한 통일은 진무한에서 이루어지는 통일과는 구별되어야 한다는 점이다. 그렇지 않 175

---

34) 종합적인 태도(Position)에 관해서, 그것을 결코 두 일면적인 주장이 똑같이 올바르고 또 똑같이 올바르지 못하다는 식으로 이해해서는 안 된다고 헤겔은 분명히 말한다——만일 그렇다면 그것은 "단지 계속 남아 있는 모순의 또다른 한 형태"에 지나지 않을 것이다(168). 오히려 그 두 주장 모두는 그것들의 통일을 이루지 못한다면 아무런 의의도 지니지 못하는, 단지 계기에 지나지 않는 것들일 뿐이다. 따라서 오성이 범하는 몰이해는, 그 오성이 "오로지 그것들의 통일 속에 존재하는 한에서만 제대로 표현될 수 있는, 이념의 극단들을 그 구체적인 통일 속에 있는 모습으로 받아들이는 것이 아니라, 여전히 그 통일과는 거리가 먼 추상의 형태로 남아 있을 때의 의미와 규정에서 받아들일" 때 존재한다(§214A, 8.371; 또한 5.94와 8.18을 참조할 것). 이에 따라서 보면, 헤겔의 종합적인 명제가 "A 그리고 非A"로 쓰여진다고 할 때, 이로부터는 결코 "A" 그리고 "非A"가 [서로 떨어져서] 도출되어서는 안 된다는 결론이 나온다.

다면 모순에 빠져 있는 고립된 규정과 마찬가지로 진무한 역시 무모순적일 수 없게 될 것이다. 이러한 차이는 어디에 존재하는가? 헤겔은 다음과 같이 쓴다. "이에 유한자와 악무한 모두에는 타자의 규정성이 놓여 있거니와, 무한진행에 빠진 억견에 의하면 그것들은 서로에게서 배제되어야 하며 또한 단지 간헐적으로만 서로 연속성을 이룬다. 즉 타자가 없이는 어떤 것도 정립되고 파악될 수 없으며, 무한자는 유한자가 없이는, 그리고 유한자는 무한자가 없이는 결코 정립되고 파악될 수 없는 것이다. 무한자가 무엇인지가, 즉 유한자의 부정이 말해지면, 유한자도 함께 언표된다. 즉 무한자의 규정에서 유한자가 빠질 수 없는 것이다. 무한자에 들어 있는 유한자의 규정을 발견하기 위해서는 우리는 그저 무엇이 말해지고 있는가만 알면 된다.[35] 유한자에 관해서는 곧바로 그것은 허무한 것(das Nichtige)이라고 인정된다. 그렇지만 유한자의 허무함은 곧 무한성으로서, 유한자 역시 이러한 무한성으로부터 분리할 수 없다"(157). 이 말이 의미하는 것은 바로 다음과 같다. 물론 고립된 규정들 각각은 다른 규정들 없이는 생각할 수 없으며, 따라서 이미 스스로와 타자의 통일이다. 그러나 그것들은 〔명시적(explizit)으로가 아니라〕단지 함축적으로만(nur implizit) 이러한 통일이다. 즉 이러한 통일은 오로지 그것의 변증법을 전개하는 이에게만 드러난다. 즉 그것은 오로지 더 높은 지평에서만 스스로를 드러낸다. 헤겔에 따르면 유한한 무한자에서도 물론 "유한자와 무한자의 통일이 정립되어 있다. 하지만 이 경우 그러한 통일은 〔아직〕 반성되고 있지는 않다"(156). 직접적인 의미

---

35) 이러한 정식화에 대해서는 11.249 참조. "사람들이 무엇을 말하는지를 아는 것은 무엇을 생각하는 것을 아는 것보다 훨씬 드물게 이루어진다. 그리고 무엇을 말하는지 모르는 것을 흠잡는 것에 대해 너무 완고하다고 하는 것이야말로 부당하기 이를 데 없는 것이다." 물론 무엇을 말하는지를 아는 것과 관련되는 어려움은, 그 경우 우리는 단지 자신의 언명의 대상이 아니라 바로 그 언명이라는 행위 자체를 반성해야 한다는 점에서 비롯된다——그런데 바로 이러한 어려운 과제를 수행하는 것이 전체 독일관념론의 고유한 방법이다(Fichte, 1.162, 510; Schelling, Schriften von 1799-1801, 345 참조).

에만 의지하는 사람은 이러한 연관을 인식하지 못할뿐더러, 더욱이 오히려 그것을 명백히 반박한다. 따라서 그러한 이론가는 자신이 무엇을 말하는지를 모르는 것이다——즉 그는 자신이 말한 것으로부터 도출되는 귀결들이 자신의 말과는 반대되는 것을 그 내용으로 하는데도, 그것을 의식하지 못하는 것이다. 그리고 설령 그가 ——유한성과 무한성의 무한진행에서처럼—— 상호연관(Wechselbeziehung)을 반성하는 경우에도, 그의 반성은 "이러한 두 사상을 서로 합일시키지 못한다"(166). 그의 반성은 "두 규정의 **통일과 대립**이라는 모순"에 고착되어 있다(166f.). 두 계기의 관념성을 파악할 때에야 비로소 "모순은 추상적으로 사라지는 것이 아니라, 해소되고 화해를 이룬다. 그리고 〔이때 그〕 사상들(Gedanken)은 단지 완전할 뿐만 아니라, 또한 **합일을 이룬**(zusammengebracht) 것이기도 하다"(168). 따라서 고립된 범주들 176 〔만〕을 고찰하는 것은 자기모순적이다. 그러한 고찰은 "A"를 말한다. 그러나 우리는 바로 그로부터는 "非A"가 나온다는 것을 그에게 보여준다. 또 역으로 우리는 "非A"를 주장하는 사람에게, 바로 그 주장이 "A"를 말한다는 것을 증명해 보인다.——그에 반해 "A 그리고 非A"라고 말하는 사람에게는 그가 모르고 있다거나 그의 언명에 모순될 만한 것을 드러내 보일 수 없다. 왜냐하면 그는 상호적 지시관계들(die gegenseitigen Verweisungszusammenhänge)을 분명하게 그 자체로서 정립하기 때문이다. 바로 그런 까닭에 역설적이게도 그의 구체적인 입장, 즉 대립들을 포괄하는 입장만이 유일하게 무모순적인 것이다.[36]

---

36) 유한한 태도에서뿐만 아니라 종합적인 태도에서도 대립된 규정들의 통일이 확인될 수 있기 때문에, 헤겔에 따르면, 반성은 유한한 사고와 절대적 사고를 곧잘 혼동할 수 있다. 『종교철학』제1부에서 이루어지는 "반성의 관점에서의 유한성"(Die Endlichkeit auf dem Standpunkt der Reflexion)에 관한 설명에 따르면, 자기 자신을 완고하게 고집하고 그럼으로써 스스로를 절대화하는 유한성의 관점은 "철학적 관점에 거의 맞닿아 있다. 왜냐하면 철학적 관점은 반성 중에서 최고의 것이기 때문이다. 그러한 〔유한성의〕 관점은 겉으로 봐서는 마치 철학에서 보이는 표현과 같은 표현들을 포함하고 있다. 〔즉〕 그것은

물론 헤겔은 '모순'이라는 용어를 자기모순에서 벗어난 유일한 범주가 지니는 바로 이러한 종합적인 성격을 표현하기 위해 사용하는 경우가 간혹 있는데, 이는 혼동을 유발하는 것으로 평가되어야만 한다. 예를 들어 "본질성 또는 반성규정들"을 다루는, (대)논리학의 「본질론」제1절의 두 번째 장에서는 '동일성'과 '차이'에 이어지는 제3의 종합적 규정이 바로 모순이라고 되어 있다──이것이 기이한 것은, 사람들은 모순을 일단은 부정적인 범주에 속하는 것으로 간주할 것이기 때문이다. 그러므로 모순이란 하나의 범주를 유한한 것으로 내버려두는 근거라고 한 맥타가트의 비판은 전적으로 옳다. "변증법적 방법의 핵심은, 어떤 모순을 지각하는 것은 바로 우리가 모순적이라고 여기는 범주를 버리는 근거가 된다는 것이다. 더욱이 지금 우리 앞에 있는 범주는 동일성과 차이의 종합이다. 그리고 특히 분명한 것은, 하나의 범주는 그것이 자기모순적인 것으로 여겨질 때는 결코 타자들의 화해로 간주될 수 없다는 점이다"(1910; 116).[37] 그렇지만 맥타가트는 헤겔이 여기서 '모순'이라는 명칭으로 다루는 범주는 전적으로 이 [종합이 이루어지는] 지점에 그것의 자리를 가진다고 생각한다. 잘못된 것은 다만 그

관념성·부정성·주관성과 같은 것을 포함하거니와, 이러한 것들은 모두가 ……자유와 이념의 참되고 본질적인 계기이다. 더 나아가 그것은 유한자와 무한자의 통일까지도 포함한다. 이 역시 이념과 연관해서 말해야만 하는 것이다.…… 그러나 그럼에도 그렇게 가장 가까이 있는 것처럼 보이는 것은 [사실은] 가장 먼 거리에 있는 것이다." 다시 말해 유한성의 관점은 "자기모순을 범하고 있다. 즉 그것은 관념성을 원리로 정립하지만, 그 관념성을 수행하는 것 그 자체는 관념적인 것이 아니다"(16.183).──이미 플라톤도 『소피스테스』에서 소피스트들의 궤변은 ── "마치 가장 야생의 짐승인 늑대가 가장 잘 길들여진 짐승인 개와 비슷하듯이" ── 진정한 변증법적 철학에 특히 가까운 것으로 보일 수 있다고 여긴다. "그러나 신중한 사람은 비슷한 것을 가장 경계해야 한다. 왜냐하면 그것은 심지어는 매우 위험한 종류의 것이기 때문이다"(231a).

37) 헤겔 스스로도 이러한 반박을 염두에 두었던 것으로 보인다. 즉 『철학대계』판 논리학에서는 (그것도 이미 1817년판에서) '동일성'과 '차이'에 이어지는 규정은 [모순이 아니라] 바로 '근거'(Grund)이다.

〔'모순이라는'〕 호칭일 뿐이다. 이에 맥타가트는 '모순'이라는 호칭 대신 "지속적인 본질성(Stable Essentiality)이라는 명칭"을 제안하는데, 그것은 다른 것들과 구별되는 하나의 '자기 내 구체적인 기체(基體)' (ein in sich konkretes Substratum)를 의미한다(117).

헤겔이 이 지점에서 '모순'을 어떤 의미로 생각하는지를 결정하는 것은 물론 그리 간단한 일이 아니다. 그리고 이러한 난점들이 단지 해석가들의 문제일 뿐만 아니라 바로 텍스트 그 자체에도 들어 있는 것임을 배제하지 않고자 한다면, 우리는 심지어 칸트의 이율배반 해석에 대한 헤겔의 비판에 기댈 수도 있다. 즉 내가 보기에 「모순」 장에서, 그 중에서도 특히 "모순율"에 관한 세 번째 주석에서 헤겔은 '모순'이라는 표현을 이중적인 의미에서 사용하고 있다고 여겨진다. 다시 말해, 한편으로 모순은 유한성에 대한 규정으로, 이 '유한성'이란 모순적인 것으로서 소멸되는 것을 운명으로 갖는 것이다(6.67, 79). 다른 한편으로 모순은 바로 그럼으로써 더 이상 ─고립된 범주들처럼─ 자기모순에 빠지지 않는, 구체적인 존재를 특징짓는 것이다. 이에 따르면 모순은 "모든 운동과 생동성의 뿌리이다. 오로지 어떤 것이 자기 스스로 안에 하나의 모순을 안고 있는 한에서만, 그것은 운동하며, 또한 충동과 활동성을 지닌다"(75).[38] '모순'이라는 단어의 동음이의어적 사용은 다음의 문장에서 매우 분명하게 드러난다. "그러나 어떤 실존하는 것이 자신의 긍정적인 규정에서 동시에 자신의 부정적인 규정을 포섭하지 못하고, 또한 하나의 규정을 다른 규정 속에서 확인하지 못한다면, 즉 모순을 자기 스스로 안에 지니지 못한다면, 그것은 결코 살아 있는 통일체 그 자체, 즉 근거가 되지 못하거니와, 오히려 모순 속에서 소멸한다" (76). 짧게 요약하면 이 문장은 다음을 의미한다. "모순을 스스로 안에 지니지 않는 것은 모순 속에서 소멸한다." 또한 이 문장은 명백히 자기

---

38) 78쪽에서도 이와 유사하게 언급되고 있다. 다양한 상이성은 모순을 통해 부정성을 획득하는바, "부정성은 자기운동과 생동성의 내재적 박동이다." 이로부터 절대이념과 절대정신은 최고도로 모순적이라는 결론이 나온다.

모순적인 것으로 여겨질 수 있다——도대체 어떻게 해서 어떤 것은 그것이 지니지 않는 것 속에서 소멸한다는 말인가? 그렇지만 이 문장이 의미하는 것은 바로 다음의 것이다. 긍정적 규정과 부정적 규정의 구체적 통일(헤겔은 여기서는 이러한 통일도 '모순'이라고 일컫는다)이 아닌 것은 ——가령 유한자나 악무한과 마찬가지로—— 자기모순적이며 따라서 스스로 해소되는 것이다. 이 명제는 전적으로 유의미하다. 나아가 전체 『철학대계』가 바로 이 명제의 표명인 것이다.

178   그러나 이러한 의미를 제대로 파악하기 위해 필수불가결한 것은 —— 이미 언급했듯이 —— 두 개의 모순 개념을 구분하는 일이다. 즉 헤겔은 한편으로는 일면적이면서도 그것의 대립물과 관계하는 규정을 모순적이라고 부르며, 다른 한편으로는 거기에서 더 이상 자기모순이 드러날 수 없는 구체적인 규정도 모순적이라고 여긴다.[39] 이러한 용어법은 물론 받아들여지기 어렵다.[40] 하지만 그럼에도 그 용어법을 정당화하고

---

39) 이러한 연관에서 볼 때 예나 시기의 저술들은 특히 혼란을 불러일으킨다. 예 컨대 헤겔의 교수자격논문의 첫 번째 테제는 다음과 같다. "모순은 진리의 법칙이며, 무모순은 거짓의 법칙이다"(Contradictio est regula veri, non contradictio falsi. 2.533. 이 문장은 우리가 "모순"을 대립적 범주들을 하나의 구체적 통일로 연결함으로써 일면적 규정들의 자기모순을 극복하는 것으로 이해할 때만 정당한 의미를 지닌다). 이에 상응하여 『차이』에서는 이율배반——물론 이것은 좀더 자세히 "자기 스스로를 지양하는 모순"이라고 특징지어진다——은 "지와 진리의 최고의 형식적 표현"(2.39; 123 참조)이며, 모순은 "절대자의 순수 형식적인 현상"(41)이라고 일컬어진다. 물론 2.128에서 모순은 "대립되는 개념들의 통일"이라고 불리거니와——헤겔에 의하면 이러한 통일이야말로 ——일면적인 범주들과는 반대로—— 자기모순적이지 않은 것이다! 끝으로 「회의주의 논문」에서는 모든 이성적 명제는 모순율과의 충돌을 포함한다고 일컬어진다(230).

40) 특히 부당하게 여겨지는 것은, 원과 같은 규정——원에는 중심점과 원주라는 두 계기가 속하는데, 이 점에 대해 헤겔은 배척관계라고 할 만한 그 어떤 것도, 그리고 그에 상응하는 그 어떤 변증법도 제시하지 못한다——까지도 단지 그것이 구체적이라는 이유로 자기모순적이어야 한다는 주장이다. "원의 개념에서 중심점과 원주는 다 같이 본질적이다. 즉 이 두 특성은 다 같이 원에 속한다. 그러나 원주와 원은 서로 대립적이며 모순적이다"(E. §119A, 8.245).

자 한다면, 다음과 같은 논증이 가능할 것이다. 구체적인 규정에 본질적인 것은, 그것이 바로 일면적 규정의 모순을 통해서 매개되어 있다는 점이다. 그런 한에서 모순은 구체적 규정의 발생을 위해 구성적이다(konstituitiv).[41] 물론 이때 ——오해를 막기 위해—— 반드시 요구되는 것은, 하나의 **지양된** 모순에 관해 언급하는 일이다. 그리고 실제로 헤겔에게서는 이러한 의미를 지닌 정식화들을 볼 수 있다.[42]

방금 간략하게 개괄한, 헤겔에게서 보이는 두 가지 모순 개념의 구별로부터 나타나는 것이 바로 '변증법'과 '사변'의 차이이다. 헤겔에 대한 2차 문헌들에서 이 두 용어는 종종 동의어로 사용되지만, 헤겔 자신은 적어도 뉘른베르크 시기의 예비학 이후부터는 이 둘을 명확하게 구분 179 하고 있다. 『철학대계』판 논리학의 「예비개념」 부분의 끝머리에서 헤겔은, 논리적인 것은 세 가지 측면을 지니거니와, 물론 그것들은 서로 분리되어서는 안 되며, 오히려 "모름지기 모든 저마다의 개념에 또는 모든 저마다의 참된 것에" 속하는 계기들(Momente "jedes Begriffes oder jedes Wahren überhaupt")로서 고찰되어야 한다고 설명한다 (§79A, 8.168). 그 중 첫 번째 측면은 '추상적 또는 오성적(abstrakt

---

헤겔이 단어들을 그처럼 동음이의어적으로 사용하는 것에 대해, 엄밀한 규정을 특히 중요시하는 분석철학자들이 이의를 제기하는 것은 결코 근거 없는 것이라고 할 수 없다.

41) 이러한 의미에서 볼프(M. Wolff)는 (1981; 163)에서 다음과 같이 쓰고 있다. "모순은 그 자체가 바로 모순을 해소하는 것이다"(Der Widerspruch selbst ist es, der den Widerspruch auflöst).

42) 13.134 참조. "대립, 모순 그리고 그 모순의 해소라는 이러한 과정을 두루 거치는 것이 바로 생명체가 지니는 고차적인 특권이다. 처음부터 단지 긍정적으로만 머무르는 것은 생명 없는 채 머무르는 것이다.······ 생명이 모순을 해소하지 않고 그 한갓된 모순에 머물러 있게 되면, 그 생명은 모순으로 인해 소멸하게 된다." 13.162: "그러나 자체 내에 대립적인 것의 동일성으로서의 모순을 담지하는 그 어떤 것도 존재하지 않기를 바라는 자는 동시에 그 어떤 살아있는 것도 존재하지 않기를 요구하는 셈이다. 왜냐하면 생명의 힘과 더욱이 정신의 힘이란, 바로 모순을 자신 내에 정립하고, 그것을 견뎌내고, 〔결국에는〕 극복하는 데 있기 때문이다"(필자가 강조, V. H.).

oder verständig) 측면'이고, 두 번째는 '변증법적 또는 부정적-이성적(dialektisch oder negativ-vernünftig) 측면'이며, 세 번째는 '사변적 또는 긍정적-이성적(spekulativ oder positiv-vernünftig) 측면'이다. 〔이하 ①에서 ③까지 번호는 옮긴이가 붙임.〕① 추상적 사유가 보기에는 유한한 규정들은 바로 그것들이 서로 고립되어 있을 때만 타당성을 지닌다. 오성이 가령 유한성과 무한성의 관계를 사유할 경우, 그것이 보기에 그 두 범주는 그것들의 외면적인 관계 속에서〔만〕 동일하게 참이다. ② 그에 반해 변증법적인 것은 고립된 범주 속에 있는 모순을 드러낸다. 그것은 유한자의 유한성을, 즉 "자기 스스로를 지양하는" 데에서 성립하는 유한성을 드러내 보인다(§81A, 8.172f.). 이를 행함으로써 변증법은 전적으로 객관적인 태도를 취한다. 즉 내적 모순성은 "오성규정들, 사물들 그리고 유한자 일반의 고유한 참된 본성"이다(172). 〔이 때문에〕 물론 그 결과는 일단은 단지 부정적이다. ③ 사변적인 것[43]—"변증법적인 것이 지니는 긍정적인 것"[44]으로서의—만이 비로소 "그 대립적 관계 속에 있는 규정들의 통일"을 개념적으로 파악함으로써 모순을 극복 또는 '해소'하는, 하나의 긍정적인 사고를 전개한다(§82, 8.176). 이에 긍정적 무한성의 개념을 이끌어내는 가운데 헤겔은 다음과 같이 말한다. "사변적 사유의 본성은 여기서 열거한 사례에서 특히 규정적으로 드러난다. 즉 그것은 오로지 대립된 계기들을 그것들의 통일 속에서 파악하는 데서만 존재한다"(5.168).

---

43) §82에 대한 보론에서 헤겔은 '사변적인 것'을 또한 '신비로운 것'(das Mystische)이라고 부른다(8.178f.). 좀더 정확하게 말하자면 이는 아마도 다음과 같이 표현될 수 있을 것이다. 사변적인 것은 실로 신비로운 것(가령 셸링의 지적 직관과 같이)으로, 이는 변증법적인 것을 통해서는 —즉 고립된 규정들의 모순을 드러내는 것(Nachweis)〔만〕을 통해서는— 매개되지 않는 것이다.

44) 1812년 3월 24일 니트함머(F. I. Niethammer)에게 보낸 편지(Briefe I 398). 또한 4.12도 참조. "사변적인 것은……해소와 이행 속에 있는 긍정적인 것을……파악한다."

4.1.2. 헤겔의 방법

자신의 방법에 대한 헤겔의 설명은 『논리학』을 마무리하는 장에 들어 있다. 그리고 헤겔이 자신의 존재론을 방법에 대한 반성에서 정점에 이르도록 만듦으로써 방법의 전통에 독보적인 위상을 부여한 최초의 사상가라는 점은 분명 하나의 커다란 전진으로 평가될 수 있다. 하지만 그럼에도 우리는 절대이념에 관한 장이 지닌 결함을 문제삼지 않을 수 없는데, 그것은 헤겔이 실제로 사용한 방법에 의해서는 그 절대이념 장이 잘 조망되지 않는다는 점이다. 즉 그 장은 삼분법적 (또는 사분법 180 적) 기본구조가 구성에서 지니는 의미에만 치중하기 때문에, 독자들이 〔그의〕 방법에 관해 지니는, 그리고 이제 마침내 그에 대한 대답을 기대하는 수많은 물음은 해결되기는커녕, 결코 본격적으로 제기되지도 않는다. "헤겔은 여러 논리적 관계를 제대로 조망할 수 있도록 하는 데 거의 기여한 것이 없는바, 그는 제대로 된 반성 없이 〔다만〕 기교적인 능란함〔만〕을 가지고 그 속에서 운동하고 있다." 헨리히의 이러한 판정 (1967a; 114)은 자못 혹독하게 비칠지 모르지만, 그럼에도 전적으로 타당하며, 심지어 우리는 이 판정을 다음과 같이 더 보충할 수도 있다. 즉 방법에 대해 헤겔이 이따금씩 내놓는 설명은 실제로 그가 마치 광대가 줄을 타는 격으로 취하는 방식과는 거의 무관하다──가령 추론논리학(Schlußlogik)에 관한 장이 그러한 한 예가 될 수 있다.[45] 잘 알려져 있듯이 여기에서 헤겔은 아리스토텔레스의 삼단논법을 가장 보편적인 범주들에 관한, 그 자신의 최고의 학문체계 속으로 끌어들이고자 한다. 그리고 형식논리학──플라톤식으로 말하자면 이 역시 하나의 '가정의 학문'(Hypothesis-Wissenschaft)이다──을 근거짓고자 하는 것은 의심의 여지 없이 헤겔의 가장 중요하고도 거의 불가결한 관심사이다. 그

---

45) 이에 관한 유익한 설명은 W. Krohn (1972)에서 찾을 수 있다. 이 책의 거의 첫머리에서(7) 크론은, 주관논리학에서 헤겔은 변증법이 아니라 형식논리학을 다루며, 이러한 방식을 "형식논리학은……그 자체가 변증법적이다"라는 언급을 통해 정당화하고자 한다는 사실에 주목한다(8).

러나 오늘날의 논리학의 관점에서 볼 때 헤겔의 시도가 이러한 형태로
는 진지하게 받아들여지기 어렵다는 점을 논외로 하더라도[46) 커다란
결함으로 여겨질 수밖에 없는 것이 있는데, 그것은 헤겔이 물론 한편으
로는 삼단논법이 그가 이루고자 노력하는 목표인 최후정초를 제대로
수행할 수 없음을 인식하면서도, 다른 한편으로는 추론의 형식을 [오히
려] 최고로 찬미하며,[47) 또한 방금 지적된 결함을 어떤 새로운 방법을
181 전개시킴으로써가 아니라 오히려 아리스토텔레스의 삼단논법의 틀에
여전히 머물러 있는, 극히 의심스러운 사고를 통해 제거하고자 한다는
점이다.

　다시 말해 헤겔은 첫째로 일상적인 추론을 비판하는바, 그것은 한편
으로는 하나의 자의적인 매개념을 끌어들임으로써 종종 극히 우연적인
특징들을 증명하고자 하며,[48) 다른 한편으로는 ── 바로 이것이 우리의

---

46) 뒤의 238쪽 이하 참조.

47) 6.351 참조. "추론은……따라서 이성적인 것이다. 352: "모든 이성적인 것은
추론이다." 353: "이성적인 것은 오로지 추론이다." 565: "추론은……언제나
이성의 보편적 형식으로 인식되어왔다." 나아가 헤겔은 항상 거듭해서 ──추
론의 개념을 실로 엄청난 폭으로 확장함으로써(6.359 참조)── 개별적인 실
재철학적 체계들까지도 추론으로 해석하고자 한다(그 예로 들 수 있는 것은
가령 태양계와 국가[6.423ff.; E. §198, 8.355f.], 화학적 과정[6.430ff.; E.
§331Z, 9.320] 또는 생명[E. §342Z, 9.368ff.]이다). 여기에서 본질적인 것
은, 상응하는 각 체계가 추론의 삼분구조로서 이해된다는 점인바, 여기서 세
개념은 모두 그 순서상 매개념이 되고 있다(E. §187Z, 8.339 참조).──물론
헤겔은 그가 이성과 곧바로 동일시하는, 존재론적으로 해석된 추론의 형식을
다시금 삼단논법과 구분하는 것으로 보인다. 왜냐하면 그는 언제나 오성적
추론을 혹독하게 비판하기 때문이다(E. §187A, 8.339 참조). 하지만 그럼에
도 헤겔은, [추론의] 세 가지 격(格, Figur)이 [각각 별개의 다른] 종류가 아
니라, 바로 제1격의 필연적인 변화라고 보며, 이러한 그의 해석(6.356f.,
376)이 오성적 추론을 이성적 추론으로 만들기에 충분하다고 생각한다
(375ff.).

48) 6.359ff.; E. §184와 보론, 8.336f. 물론 이와 같은 방식으로는 여러 매개념뿐
만 아니라 그것들과 대립되는 특성들의 현존재도 함께 증명된다는 헤겔의 주
장은 다소 과장된 것이다(6.360; E. §184A, 8.336).──어쨌거나 헤겔은 정언
적 추론(定言的 推論, kategorischer Schluß)의 경우, 그러한 우연성을 배제

관심사인데— 정초상의 퇴행(Begründungsregreß)에 빠지게 된다고 지적한다. 왜냐하면 하나의 삼단논법에서 결론을 증명하는 전제들 자체를 근거짓기 위해서는 네 개의 가정으로 된 두 개의 삼단논법이 더 필요하며, "그렇게 계속해서 무한한 기하급수적 진행이 일어나기" 때문이다(6.363; E. §185, 8.337 참조). 헤겔이 보기에 주관논리학의 이 단계에서 또다시 무한진행이 일어난다는 것은 놀라운 일이다. "따라서 여기에서는 무한진행이 또다시 일어나는데, 이는 바로 앞에서 보았던 저 급한 존재의 영역에서 일어났던 일이지, 개념의 영역에서는, 즉 유한자로부터의 절대적인 자기 내 반성이라는 영역에서는, 다시 말해 자유로운 무한성과 진리의 영역에서는 더 이상 일어나지 않으리라고 기대되었던 것이다"(6.363). 이에 그러한 진행은 이와 같은 좀더 고차적인 단계에서는 더더욱 지양되어야 하는 것이며, 바로 이를 위해 헤겔은 둘째로 다음과 같은 처리방식을 제안한다. 추론의 제1격에서 성립하는 E-B-A[49]라는 도식은 E-B와 B-A라는 두 개의 가정을 포함하는데, 이 가정들은, 무한퇴행에 빠짐이 없이, 그 자체가 매개되어야 하는, 즉 근거지어져야만 하는 것이다. 그러나 이러한 처리방식은 그 두 가정이 제1격의 도식에 따라 증명될 때 일어나는 경우일 것이다. "따라서 매개는 이와는 다른 방식으로 이루어져야 한다. B-A라는 매개를 위해서는 E가 존재한다. 따라서 매개는 B-E-A라는 형식을 지녀야 한다. E-B를 매개하기 위해서는 A가 존재한다. 따라서 이러한 매개는 E-A-B라는 추론으로 된다"(363f.). 이 두 추론형식은 제2격과 제3격을 낳아야 한다.[50] 따라서 각 경우마다 다른 격들을 통해 이루어지는, 전제

하기 위해서는 매개념의 **내용적인** 규정을 요구한다. "정언적 추론은 내용적으로 충만한 그것의 의미에 따라 필연성의 첫 번째 추론(der erste Schluß der Notwendigkeit)이거니와, 이러한 추론에서 주어는 바로 자신의 실체를 통해 술어와 통일되어 있다"(6.392).

49) 여기서 E · B · A는 각각 개념의 세 계기인 개별성(Einzelheit) · 특수성(Besonderheit) · 보편성(Allgemeinheit)을 가리킨다.

들의 상호적인 근거지음을 통해(365, 369) 퇴행에서 벗어나야 하는 것이다. "이러한 추론들이 서로 추론해내는, 쌍방적 전제의 순환은 이러한 전제행위의 자기 내 복귀인바, 이 전제행위는 바로 그 속에서 하나의 총체성을 이루며, 각각의 개별적 추론이 지시하는 타자를 외부에서 이루어지는 어떤 추상에 의해서가 아니라, 바로 그 순환의 내부에서 파악한다"(373).

182

그렇지만 여기서 헤겔이 제안하는 해결책이 별 설득력을 지니지 못한다는 것은 그리 어렵지 않게 알 수 있다. 먼저 제2격과 제3격에서 도대체 보편성·특수성·개별성을 여전히 거론할 수 있는지는 극히 의심스럽다.[51] 그리고 헤겔의 기본사고를 실현할 수 있을 만한, 그 어떤 타당한 수단의 조합도 없다는 것은 명백하다.[52] 그러나 이 점을 도외시하

---

50) 잘 알려져 있듯이 헤겔이 말하는 제2격과 제3격은 각각 아리스토텔레스의 제3격과 제2격에 대응한다(6.367; 11.431 참조).

51) 가령 "모든 인간은 죽는다" "어떤 돌도 죽지 않는다" "어떤 인간도 돌이 아니다"와 같이 아리스토텔레스의 제2격이자 헤겔의 제3격에 속하는 추론에서는, 도대체 어째서 인간과 돌이 개별성과 특수성처럼 (또는 그 반대 방향으로) 서로 관계되는지를 통찰할 수 없다.

52) 이미 뒤징은 크론의 책에 대한 그의 서평에서 이에 상응하는 생각을 표명한 바 있다. "비판적으로 분석해보면, 헤겔이 의도하는 전제와 결론의 순환은 결코 추론되지 않는다는 사실이 드러난다"(1975; 327).——실로 이러한 뒤징의 생각은 어렵지 않게 확증될 수 있다. (아리스토텔레스의) 제2격은 결론으로 오로지 부정적 명제만을 허용하고, 제3격은 오로지 개별적(partikulär) 명제만을 허용하기 때문에(이를 헤겔은 언제나 알고 있다. 6.367f., 370), 이러한 방식으로 증명될 수 있는 것은 제1격의 네 가지(또는 ——하위의 것까지 포함하면—— 여섯 가지) 식(式, Modus) 가운데 단지 하나의 식, 즉 페리오식(Modus Ferio)의 전제들일 뿐이다. 페리오는 부정적-개별적 결론을 갖는데, 그러한 결론은 다른 격들 중 하나에서는 전제를 제공해야 하는 것이다. 그러나 제2격에서뿐 아니라 제3격에서도 부정적-개별적 전제를 지닌 타당한 식들(즉 바로코[Baroco]와 보카르도[Bocardo])에서는 다른 전제는 긍정적-보편적이어야만 한다. 그리고 그러한 긍정적-보편적 전제는 결코 그 자체가 다른 격들을 통해 정초될 수 있는 식(式)의 결론으로 얻어질 수 있는 것이 아니다.——따라서 구체적으로 타당한 추론식들에 근거해서 보면, 헤겔의 처리방식은 관철될 수 없다. 물론 그러한 추론식들에 대해 헤겔은 ——비록 그가 이미 14세 때 그것들

더라도, 헤겔은 이와 같은 방식으로 그가 해낼 수 있는 것은 극히 일상적으로 범해지는 선결문제 요구(petitio principii) 이상의 것이 아니라는 점을 간과하고 있다. 왜냐하면 ―헤겔의 생각을 명제논리적으로 정식화하자면― 만약 A, B⊢C; B, C⊢A; C, A⊢B와 같은 연관이 타당하다면, 이를 통해서는 그 어떤 것도 최후정초되어 있지 않기 때문이다. 그러한 연관들은 A, B 그리고 C가 논리적으로 등가의 명제일 때 이미 타당하다. 이러한 방식으로는 또한 가장 부조리한 것조차도 증명될 수 있다. 따라서 그러한 방법은 무한퇴행을 극복하기에 결코 적합하지 못하다.

따라서 요약하자면, 헤겔이 개념논리학 첫 절의 마지막에서 퇴행의 문제를 극복할 수 있는 대안으로 내놓은 것은 전혀 쓸모없음이 명백한 반성이거니와, 이것은 본질적으로 겉만 번지르르하게 장식된 단순한 순환논법에 지나지 않는다는 점은 커다란 결함으로 평가되어야 할 것이다. 하지만 헤겔의 방법 그 자체는 그 방법에 대한 그 자신의 반성보다 훨씬 훌륭한 것이다. 즉 실제로 그의 방법에 대해서는 퇴행을 범하고 있다는 논박을 가할 수 없다. 왜냐하면 그의 방법은 바로 최종의 원리를 정초할 수 있는 수단을 사용하기 때문이다. 그렇다면 그러한 수단이란 어떤 종류의 것인가?

독일관념론 전체의 근저에 놓여 있는 피히테의 정초론적 통찰을 상기해볼 때 분명한 것은, 퇴행을 극복할 수 있는 대안으로 요청되는 것은 바로 최종의 〔궁극적인〕 토대로, 그것은 모순을 범하지 않고서는 결코 더 이상 거역할 수 없기 때문에 최종적인 것으로 입증된다는 사실이다. 왜냐하면 그것은 자기 스스로를 반성적으로 근거짓기 때문이다. 따라서 맨 먼저 제시되어야 할 것은, 최고의 원리에 관한 헤겔의 생각에서는 바로 그러한 반성적 정초(reflexive Begründung)들이 결정적인

183

을 능히 다룰 수 있었음에도 불구하고― 특별한 관심을 기울이지 않는다 (6.374ff.; E. §187A, 8.339).

역할을 하고 있다는 점이다(4.1.2.1.). 그러나 헤겔이 피히테와 다른 점은, 그의 경우는 이 최고의 원리가 출발지점에서부터 직접적으로 정립되는 것이 결코 아니라는 데 있다(앞의 51쪽 참조)——즉 헤겔의 경우 정초적 심급(die begründende Instanz)은 처음에 있는 것이 아니라, 맨 마지막에 위치한다. 왜 그럴까? 명백히 헤겔은 피히테와 셸링을 넘어서 (5.76ff. 참조) 자기 스스로를 정초하는 구조에 대해서도 하나의 증명을 수행하고자 하는바, 그러한 증명은 그 구조의 거역불가능성을 단순히 제시하는 수준을 넘어선다. 피히테의 경우 이 거역불가능성은 거의 단지 경험적으로 발견된 것에 지나지 않는다. 즉 피히테의 경우 그러한 구조는 어떤 대안에 대한 논의 없이 그저 직접적으로 출발지점을 형성할 뿐이다. 물론 헤겔이 모색하는 그러한 증명은 단지 부정적인 것일 수밖에 없다——그리고 이는 두 가지 근거에서 그러하다. 첫째, 직접적인 증명은 하나의 무한퇴행에 빠지는데, 이야말로 반드시 기피되어야 하는 것으로 간주된다. 반면 다른 한편으로 증명절차의 단절(Abbruch des Beweisverfahrens)은 독단론을 내용으로 하거니와, 철학에서는 이 역시 결코 빠져들어서는 안 되는 것으로 간주된다. 이에 헤겔은 스피노자가 모범으로 삼는 기하학적 방법이 바로 이렇게 정초되지 않은 전제들에서 출발한다고 비판한다(6.196 참조). 둘째, 절대자의 직접적인 증명은 바로 절대자의 개념에 모순되는 것이다. 왜냐하면 그 경우 절대자는 그 자체가 어떤 종속된 것으로, 즉 다른 어떤 것에 의해서야 비로소 정초되는 어떤 것으로 될 것이기 때문이다. 이러한 부정적 증명에 대한, 그리고 이에 따른 규정적 부정이라는 방법의 구조에 대한 자세한 분석은 이 장의 두 번째 절에서 다루어진다(4.1.2.2.). 나아가 나는 불완전한 범주들——절대이념의 간접증명 과정에서 일정한 단계를 형성하는——이 지니는 모순이 화용론적 본성의 것이라는 점을 입증하고자 한다——즉 절대적 구조에 대한 헤겔의 '증명'은 오로지 이와 같은 방식에 의거할 때만이 분석명제의 동어반복적인 연쇄를 넘어설 수 있다(4.1.2.3.).[53]

헤겔은 언제나 이성의 거역불가능성에 대한 논증, 즉 이성을 반박하는 것이 오히려 모순적이라는 논증을 되풀이해서 사용한다. 이미 「회의주의 논문」에서 우리는, 앎에 대한 비판은 ——만약 그 비판이 하나의 주관적 억견의 표현에 불과한 것이 아니라 객관적인 타당성을 요구한다면—— 〔그 자체가 이미〕 모순을 안고 있는 것이라는 구절을 읽을 수 있다. "따라서 순전한 부정성이나 주관성은, 스스로를 자신의 극단 속에서 폐기하는 것이므로, 아무것도 아니거나, 또는 동시에 최고로 객관적인 것이 되어야만 할 것이다. 우리가 매우 가까이에서 접할 수 있고 또〔우리의〕적대자들이 밀어붙이는 것이 바로 이러한 유형의 의식이다"(2.249). 자신의 언명에 대해서조차도 객관성을 부정함으로써 자기모순을 피하고자 하는 시도 역시 별로 더 나은 것이 아니다. "한갓된 주관성과 가상에 머무르고자 하는 이러한 순전히 부정적인 태도 또한 앎에 더 이상 아무것도 기여하지 못한다. 앎을 단지 그 자신이 개인적으로 갖고 있는 의견일 뿐이라고 여기는 식의 허사(虛辭)를 끝까지 고집하고, 또한 자신이 말한 것이 그 어떤 사유와 판단의 객관성도 제공하지 못한다고 여기고자 하는 자가 있다면, 우리는 그들을 그냥 그대로 내버려둘 수밖에 없다——그의 그러한 주관성은 다른 어떤 사람과도 상관 없을뿐더러, 철학과는 더욱 무관하며, 또한 철학 역시 그에 전혀 구애받지 않는다"(같은 곳). 이러한 주장은 특히 헤겔이 '이성에 대한 비판'이라는 칸트의 사상과 대결하는 가운데 중요성을 띠게 되었다. 헤겔은 칸트의 그와 같은 생각이 모순이라는 것을 매우 설득력 있게 보여준다. 왜냐하면 이성을 시험하는 자는 이미 언제나 이성을 전제하기 때문이다.

---

53) 헤겔의 논증의 기본형식은, 절대자는 경쟁관계에 있는 다른 규정들에 들어 있는 **화용론적 모순**을 드러냄으로써 **부정적인** 방식을 통해 **반성적** 구조로서 증명되어야 한다는 것인데, 이는 초월화용론적 최후정초 전략과 경이로울 정도로 많은 유사성을 보여준다. 이에 대해서는 V. Hösle (1986e)와 (1987b)를 참조할 것.

즉 그는 이성을 의문시하고자 하면서도 동시에 그러한 이성의 타당성을 함축적으로 인정하지 않을 수밖에 없는 것이다. 『정신현상학』의 「서론」에서 헤겔은 이러한 생각에 대한 명확한 입장을 표명했던바, 인식이 하나의 도구(Werkzeug) 또는 수단이라는, 사람들이 쉽사리 품을 수 있는 생각을 논박하였다(3.68ff.). 헤겔에 따르면 이러한 〔인식과 도구 또는 수단의〕 비교는 그릇된 것이다. 왜냐하면 이 비교는 도구 또는 수단의 바깥에 있을 수 있는 하나의 입장을 전제하지만, 이야말로 불가능한 것이기 때문이다. 이에 상응하여 『철학대계』의 서론에서는 다음과 같이 말해진다. "그러나 인식을 검토하는 것은 오로지 인식을 하면서가 아니고서는 결코 이루어질 수 없다. 이러한 이른바 도구의 경우, 그것을 검토한다는 것은 곧 그것을 인식한다는 것을 뜻한다. 그럼에도 인식을 하기 전에 인식하려는 것은, 물에 들어가기 전에 헤엄치는 법을 배우겠다던, 스콜라 철학자의 궤변적인 기도(企圖)와 꼭 마찬가지로 터무니없는 것이다"(§10A, 8.54. 또한 §41Z1, 8.114; 16.59; 20.333f. 참조).[54]

185   물론 이러한 반성은 아직은 본래적인 인식을 예비하는 지평에서 수행된 것들이다. 하지만 헤겔은 거기서 더 나아가 '자신의 거역불가능성과 더불어 자신의 절대성을 개념적으로 파악하는, 사유의 사유'(das seine Unhintergehbarkeit und damit seine Absolutheit begreifende Denken des Denkens)를 그의 철학의 원리로 고양시켰다. 즉 절대이념은 곧 "자기 스스로를 사유하는 이념"(E. §236, 8.388), "**스스로를 아는 진리**"(6.549)로서, 바로 존재론적 원리로 정립된, 사유의 절대성에 대한 통찰에 다름 아니다[55]——이때의 '사유의 사유'는 유한정신의 논

---

54) 명백히 여기에는 결코 이성을 사상(捨象)할 수 없다는 피히테의 주장이 그 근저에 놓여 있다. 16.123 참조. "나는 사유를 사상할 수 없다. 왜냐하면 그 사상하는 것 자체가 바로 사유이기 때문이다."
55) 이에 상응하여 법철학의 원리는 "**자유의지를 의지하는 자유의지**"(der freie Wille, der den freien Willen will, R. §27, 7.79; 12.524 참조)이다.

리를 취급하는 가운데 숙고된 것이다(4.163). 잘 알려져 있듯이 형이상학적 원리로서의 '사유의 사유'는 아리스토텔레스에게서 중대한 역할을 담당한다.[56] 그리고 헤겔은 그의 철학사 강의에서 이 개념을 "아리스토텔레스 형이상학의 최고의 정점이자 존재할 수 있는 최고의 사변적인 것"이라고 칭송하며(19.219),[57] 이에 그의 『철학대계』를, 아리스토텔레스가 자신의 이론을 가장 상세하게 개진하는 『형이상학』 Λ7의 유명한 구절(1072b 18ff.)을 인용함으로써 종결한다. 물론 헤겔의 체계를 태동시키는 원리로서 기능하는 구조는 아리스토텔레스에게서는 아직 단지 개별적인 형태로 머무를 뿐이다. 즉 헤겔에 따르면 아리스토텔레스는 그러한 구조로부터 그의 철학의 개별적인 결과들을 연역적으로 이끌어내지 못한다. "아리스토텔레스에게서 우리는 최고의 이념, 즉 자기 스스로를 사유하는 사유를 보았다. 〔그런데〕 이러한 사유는 다시금 단지 특수자로서만 그것의 지위를 가질 뿐이거니와, 결코 전체 철학의 원리가 되지는 못한다.……〔아리스토텔레스를 넘어선〕 더 이상의 것은 α)이 이념을 그 자체로부터 발전시켜 보편자를 그러한 실재적인 보편자로 생각하는 것,—즉 내용을 오로지 자기 스스로를 사유하는 사유의 규정으로서 파악하는 방식을 통해 세계를 인식하는 것일 터이다. ……β) 두 번째 것은, 이러한 원리가 〔단지〕 형식적이고 추상적으로 현존한다고 여기고, 특수자를 아직 그 원리로부터 연역하는 것이 아니라, 보편자를 오로지 특수자에 응용하고, 또 그러한 응용의 규칙을 찾는 것이다"(19.248; 244, 247 참조). 최고의 구조가 다른 더 이상의

---

56) 아리스토텔레스의 모든 해당되는 지점들은 크래머의 (1984)에서 총괄되고 해석되었다. (1984a: 423ff.)에서 나는 '사유의 사유'(νόησις νοήσεως)라는 개념은 플라톤적이며, 궁극적으로는 이성의 타당성에 대한 이의제기야말로 오히려 모순임을 밝힌 소크라테스의 발견을 형이상학적으로 확장시키는 것임을 지적한 바 있다(267ff.에 있는 나의 소크라테스 해석 참조).

57) 158f.와 165 참조. "객관적인 것과 주관적인 것의 진정한 일치는 오로지 사유에서만 존재한다. 자아가 바로 그것이다. 따라서 아리스토텔레스는 최고의 관점에 서 있다. 이보다 더 심오한 것을 인식하고자 할 수는 없다."

논리학적·실재철학적 범주와 매개되고 있지 않다는 이러한 비판을 헤겔은 또한 신플라톤주의자들에 대해서도 제기한다. 즉 그들이 물론 "절대적 본질을 절대적 본질로" 인식하고 있음에도 불구하고, "그 절대적 본질을 우주의 체계, 자연의 체계 그리고 고유한 자기의식의 체계로, 다시 말해 그것의 실재성의 전개 전체로 인식하는 것"은 그들로서는 여전히 생소하고도 더욱 어려운 일이다(19.511). 바로 이러한 인식을 헤겔은 분명하게 요구한다. 따라서 하르트만(N. Hartmann)이 헤겔의 체계를 "[아리스토텔레스] 형이상학 제Λ권을 일관되게 관철시킨 것"이라고 지칭한 것(1923; 252)은 적절치 못하다.

그러나 가장 중요한 의미를 지닌 고대의 사상가들에게서 —즉 플라톤·아리스토텔레스와 신플라톤주의자들에게서— 비록 이러한 구체적인 관철을 아직 찾아볼 수 없긴 하지만, 그들에게서는 적어도 앞에서 말한 절대적 원리 그 자체는 —헤겔의 선구자인 칸트에게서와는 반대로— 언제나 파악되고 있었다. 어쨌든 헤겔은 『논리학』에서 「인식의 이념」 장을 도입적으로 설명하는 가운데 앞의 19쪽에서 인용된, 합리적 영혼론에 대한 칸트의 비판—여기서 칸트는 자아의 사유에는 언제나 자아를 이미 전제할 수밖에 없다는 '불편함'을 호소하고 있다—을 "정신의 개념에 관한 고대 철학자들의 진정으로 사변적인 이념들"과 비교한다(6.489). 그리고 이 비교에서 그가 아리스토텔레스를 염두에 두고 있음은 —물론 그의 이름을 명시적으로 거명하는 것은 조금 뒤의 지점(492)에서이지만— 분명하다. 칸트에 대한 헤겔의 비판은 특히 자세히 설명되어야 할 필요가 있다. 왜냐하면 그 비판은 엄밀한 반성성을 부인하는, 저 쾨니히스베르크 철학자의 유한한 초월철학과 헤겔의 절대적 관념론 사이에 있는 차이를 가장 명확하게 드러내기 때문이다. 헤겔은 먼저 칸트의 제1비판의 방금 얘기된 지점(B 401 ff./A 343 ff.)을 상세히 언급하면서, 이를 "전래의 영혼에 관한 형이상학의 본성뿐만 아니라, 그것을 해체하려는 [칸트의] 비판의 본성까지도 바로 이 대목에 대한 상세한 언급을 통해 분명히 파악될 수 있다"는 말로써 정당화한다. 그에 따르면 칸트의 비판은 정신을 궁극적으로는 경험적으로 이해하면서도 합리론적 입장과 일치한다. 즉 근대의 오성형이상학은 지각에서 출발하여 "그 지각의 경험적 보편성을, 그리고 현실적인 것 일반의 개별성에 의거한 **외면적인 반성규정**을 앞에서 인용한 본질의 **규정들로**" 변형시킨다(489). 헤겔이 말하고자 하는 것은, 합리론적 형이상학은 아직 그 어떠한 개념논리학적 수준에도 이르지 못했다는 것, 즉 순수 사유의 자기정초를 가능케 하는 어떠한 수준에도 이르지 못했다는 것이다. 합리론적 형이상학은 아직 본질의 개념에, 즉 그것의 보편성이라는 것이 기실은 단지 경험적인 것의 **추상**에 지나지 않으며 그런 한에서 그 역시 추상적일 뿐인, 본질의 단계에 머무르고 있는 것이다. 이러한 입장에 맞서서 칸트의 비판은 흄의 방식에 따라 자아의 본질을 인식 불가능한 물자체로서 고립시키는데, 헤겔은 칸트의 이러한 비판이 지니는 정당성을 약간은 인정하는 것으로 보인다(490). 그러나 물론 칸트의 정당성이란 단지 합리론적 영혼론에 대해서만 성립하는 것이지, 칸트가 눈여겨보지도 탐구하지도 않았던, 고대 철학자들의 사변적인 정신철학에 대해서까지 성립하는 것은 아니다(489f.). 헤겔은 특히 칸트의 표현방식을 조롱한다.[58] "'나'에 관해 판단하기 위해서, 나는 이미 187 '나'를 **사용**하지 않을 수 없다"는 사상은 (아직도 모름지기 '사상'을 거론할 수 있다면) 실로 기이하다. "판단을 하기 위해 자기의식을 수단으로 **사용**하는 이러한 자아는 ─그러한 사용의 관계에 관해서와 마찬가지로─ 실로 우리가 그것에 관해서는 그 어떤 최소한의 개념도 가질 수 없는 하나의 x이다." 그러나 헤겔이 특히 강한 논조로 거부하는 것은, 사유의 이러한 불가피한 반성성을 순환논법이라고 보는 칸트의 비난이다 ─즉 그에 따르면 이러한 불가피한 자기연관은 어떤 불편한 것이거나 결함을 지닌 것이 아닐뿐더러, 더 나아가 바로 '절대자'를 가리키는 것이다. "그러나 자기의식의 이러한 본성─자아는 자기 스스로

---

58) 또한 20.337도 참조. "이러한 [칸트의] 표현들은 야만적(barbarisch)이다."

를 사유한다는 사실, 즉 자아가 곧 사유하는 주체가 아니고서는 그 자아는 결코 사유될 수 없다는 사실——을 **불편함**이라고 부르고 또 어떤 결함을 지닌 것으로서 **순환논법**이라고 부르는 것은 실로 우스꽝스러운 처사이다.——오히려 이는 자기의식과 개념의 영원한 본성이 그러한 직접적인 경험적 자기의식 속에서 계시되는 바의 관계이다. 왜냐하면 자기의식이란 바로 **현존하는**, 즉 **경험적으로 지각될 수 있는** 순수 개념, 곧 절대적인 자기연관(die absolute Beziehung auf sich selbst)인바, 그것은 〔근원적으로 스스로를〕 분리하는 판단으로서 자기 자신을 대상으로 만드는 것이며, 또한 그럼으로써 스스로를 순환으로 만드는 것이란 바로 이러한 절대적 자기연관이기 때문이다.——돌은 그러한 **불편함**을 갖고 있지 않다. 돌이 사유되거나 또는 돌에 관한 판단이 이루어져야 할 경우, 그 돌 스스로는 결코 그 과정에 개입하지 않는다. 돌은 이렇게 판단하고 사유하는 일에 자기 스스로를 사용한다는 노고에서 해방되어 있다. 이러한 노고를 떠맡아야 하는 것은 돌 자신이 아닌 타자인 것이다"(490).

　물론 이와 같이 매우 분명하게 씌어진 대목에도 불구하고, 헤겔이 이성의 거역불가능성에 대한 논증(『논리학』의 「기계론」 장은 이에 대한 많은 시사점을 함축하고 있다![59])이 지니는 구조를 정초상의 퇴행을 극복할 수 있는 **진정한** 대안으로서 좀더 명확하게 조탁해내지 않았다는 것은 아쉬운 점으로 여겨진다. 이는 분명 헤겔의 경우 그러한 구조의 역할이 ——피히테에게서와는 달리—— 오로지 그보다 훨씬 더 복잡한 구조의 테두리 안에서만 이해될 수 있다는 사실과 연관된다.——여기서 말하는 '훨씬 더 복잡한 구조'란 바로 유한한 규정들 속에 존재하는 모순을 드러냄으로써 이루어지는, '절대이념의 간접증명'(indirekter Beweis der absoluten Idee)을 가리킨다. 이제 그 문제를 자세히 논

---

59) 6,420 참조. "이성에 맞서는 유일하게 무모순적인 방법은, 이성과 그 어떤 관계도 맺지 않는 것이다."

의해보기로 한다.

4.1.2.2. 헤겔에게서 부정적 증명, 그리고 신증명의 의미. 규정적 부정의 방법에 대하여

방법에 대한 헤겔의 성찰이 항상 만족스럽지는 않다는 것은, 그가 『논리학』의 그 어느 곳에서도 귀류적 증명(歸謬的 證明, pagogischer Beweis)—이는 거역불가능성 논증을 방법론적으로 엄밀하게 재구성할 수 있는 유일한 증명방식이며, 또한 퇴행문제에 대한, 생각할 수 있는 유일한 해결책이다—을 다루지 않는다는 사실 때문이기도 하다. 그에 반해 심지어 트렌델렌부르크(A. Trendelenburg)의 『논리 연구』 (*Logische Untersuchungen*)처럼 헤겔과 비교해볼 때 그야말로 독 적이고 소박한 저술에 대해서조차도, 원리들의 정초에 대해 부정 증 명이 지니는 의미에 관한 답변을 거기에서 엿볼 수 있다는 점 정되 어야 한다(1840; II 320-331)—물론 트렌델렌부르 의 논증에 서 그러한 증명에 대한 언급이 자주 발견 아니지만 말이다. 그렇지만 역으로 헤겔에 대해서 가 비록 부정적 증명을 주제 로 취급하지는 않았지만 에도 논리학뿐만 아니라 실재철학까지 도 절대이념의 절대 대한 간접증명으로, 또는 절대정신의 영역 안 에서 절대철학의 에 대한 간접증명으로 읽혀야 한다고 말할 수 있다.

이는 헤겔이 오로지 모든 각각의 유한한 논리학적 또는 재철학적 범주에서 모순을 드러내어 그 다음의 더 높은 범주로, 그리고 적어도 선행하는 범주에서 발견된 바로 그 모순에서는 벗어나는 범주로 이행하는 식의 증명방법만을 구사할 수 있다는 말은 아니다. 왜냐하면 수학적인 귀류적 증명 또한 더욱 광범위하게 직접적 증명을 사용하고 있기 때문이다. 예컨대 그것은 '√2는 유리수이며, 약분된 분수 p/q로 표기될 수 있다(이때 p,q∈N)'는 가정으로부터 우선 그 다음에 이어지는 언명들을 연역하여, 결국에는 'p=2r'과 'q=2s'라는 언명이

'p와 q는 상이한 약수'라는 전제에 모순된다는 것을 드러낸다.[60] 내가
보기에 헤겔의 논리학과 실재철학의 수많은 대목은 이와 비슷하게 어
떤 모순을 드러냄이 없이 도출되는 것으로 여겨진다(가령 현존재에서
유한성으로 가는 이행과정이 그러한 예가 된다).[61] 그렇지만 헤겔의 논
증은 언제나 (가령 유한성의 범주에서 그러하듯이) 다른 하나의 범주
로 가는 이행을 조건짓는 모순을 입증하는 데에서 정점에 이른다. 현존
189 재가 필연적으로 유한성에 이르지만, 이 유한성은 자기모순적인 것이기 때문
에, 절대자는 현존재일 수도 유한성일 수도 (그리고 그 둘의 중간단계일 수
도) 없다. 따라서 절대자는 유한성의 부정, 즉 무한성이어야 한다. 내가 보
기에 헤겔 체계의 논증과정은 바로 이러한 방식으로 해명될 수 있다고
여겨진다.

　나의 이러한 해석을 뒷받침해주는 것은 특히 일상적인 유형의 여러
신(神)증명에 대한 헤겔의 비판인데, 이에 관해 잠시 고찰해보기로 하
자. 논리학에서 이루어지는 논증들을 분석하는 맥락에서 헤겔의 신증
명론을 언급하는 것은 독자들에게 당혹스러움을 불러일으킬 수도 있겠
다. 그렇지만 그러한 연관은 헤겔 자신에 의해서도 충분히 정당화될 수
있다. 즉 그는 1829년에 행한 "신의 현존재 증명에 관한 강의"
(Vorlesungen über die Beweise vom Dasein Gottes)를 ── "(물론)
내용에 따라서가 아니라, 형식에 따라서 볼 때"── 바로 자신의 논리학

---

60) 물론 수학에서의 간접증명과 헤겔 철학에서의 간접증명 사이의 핵심적인 차
　이는, 수학에서 관건이 되는 모순은 분석적인 본성의 모순인 반면 헤겔의 논
　리학에서 다루어지는 모순은 화용론적 본성의 모순이라는 점에 있다. 이에 대
　해서는 4.1.2.3장 참조.
61) 내가 보기에 일반적으로 종합적 범주에서 그 다음의 정립적 범주로 가는 이
　행──언제나 이는 문제 있는 이행이다──은 ('생성'의 범주를 제외하고는)
　원칙상 (선행하는) 종합적 범주의 자기모순에서 비롯되는 것이 아니라고 여
　겨진다. 오히려 종합적인 범주는 정립적인 범주로 단지 계속적으로 명시될 뿐
　이거니와, 모순은 (종합적 범주에서가 아니라) 바로 이 이어지는 정립적 범주
　에서 비로소 드러나게 된다.

강의에 대한 "일종의 보충"으로 여겼으며, 특히 그 강의에서 다루어지는 "증명의 본성"(Natur des Beweisens) 부분은 논리학과 가장 긴밀한 근친성을 지니고 있다고 보았다(17.347). 더 나아가 헤겔은 그가 상세히 다루는 세 가지의 형이상학적[62] 신증명——우주론적, 목적론적 그리고 존재론적 신증명——에 대해, 논리학의 모든 이행에서 발견되어야 하는 구조가 특히 두드러지게 나타나는 특수한 경우라고 평가했다. 왜냐하면 방금 열거한 신증명들 가운데 적어도 처음 두 가지——즉 우주론적 신증명과 목적론적(자연신학적) 신증명——는 가령 사물들의 우연성과 같은 하나의 불완전한 규정으로부터 필연성과 같은 절대적 규정으로 이행하는 방식으로 되어 있기 때문이다.[63] 하지만 그러한 유한한 규정에는 수많은 것들이 있거니와(403ff., 417ff.), 따라서 그 두 가지의 증명이 아닌 다른 증명도 생각될 수 있다. 사물들을 유한한 것으로 규정한다면, 우리는 무한성·관념성으로 이행할 수 있다. 사물들을 단지 직접적으로 존재하는 것으로 파악한다면, 우리는 그것들의 본질과 근거로 올라갈 수 있다. 사물들을 부분들, 외화 또는 결과로 규정한다면, 우리는 그것들의 전체, 그것들을 움직이는 힘, 그것들의 원인으로서의 신으로 나아갈 수 있다(418). 그러한 모든 증명은 전통적으로 이루어

---

62) 형이상학적 신증명을 헤겔은 "신의 현존재에 대한, 오로지 사상 속에서 운동하는 증명"이라고 정의한다(17.402). 반면 비형이상학적인 신증명은 "보편적 합의에 의한"(ex consensu gentium) 증명인데, 헤겔은 정당하게 이를 무의미한 것으로 여긴다(17.387ff.; E. §71A, 8.161f. 참조).

63) 이는 존재론적 신증명에 대해서는 단지 부분적으로만 적용된다——왜냐하면 이 증명은 존재에서 개념으로 이행하는 것이 아니라, "개념에서 출발하여 그리고 개념을 통해 현존재로 이행하기" 때문이다(17.428 참조. E. §50, 8.130; §51, 8.135; 17.407). 그리고 이 때문에 이 증명은 "유일하게 참된 증명"이다(17.529). 물론 헤겔은 한갓된 주관성으로 이해되는 개념에 [이 증명의] 유한성이 있음을 또한 주지시킨다. "이러한 내용적으로 유한한 출발들(즉 우주론적 신증명 등에서 보이는 출발들) 말고도 다른 하나의 출발점이 아직 남아 있는데, 그것은 그 내용상 무한해야 하는 신의 개념이다. 이 개념이 가지는 유한성은 단지 그것이 주관적인 것이라는 점인데, 바로 이러한 유한성을 그 개념에서 제거해내야 한다"(17.402).

져왔던 증명들과 구조적인 유사성을 지닌다. "그러한 방식으로 증명의 수는 앞에서 얘기된 많은 종류의 증명을 훨씬 초과한다"(같은 곳).

190 그렇지만 각기 다양한 지점에서 출발하는 이러한 다양한 새로운 증명들은 도대체 어디에서 비롯되는가? 헤겔에 의하면 이것들은 "논리적 고찰의 장에 그 근원을 두고 있는, 범주들의 집합에 다름 아니다." 왜냐하면 논리학의 개념규정에서 거쳐가게 될 모든 각각의 단계는 "한 유한성의 범주를 그것의 무한성으로 고양시키는 것"을 포함하기 때문이다. "따라서 그 단계들 역시 그것들의 출발점에서 보자면 일종의 형이상학적 신 개념을 포함하고 있으며, 그러한 [무한성으로의] 고양을 그것의 필연성 속에서 파악한다는 점에서, 또한 신의 존재의 증명도 포함하고 있는 것이다"(419).[64] 바로 그런 한에서 볼 때, 신증명의 논리적 구조에 대한 헤겔의 분석을 『논리학』에서 이루어지는 이행들을 논증적으로 재구성하기 위한 해석상의 보조장치로 이용하는 것은 충분히 정당하다고 인정될 수 있다.

그렇다면 이제 이러한 증명들의 구조와 관련된, 그리고 그 증명들에 대해 전래의 전통이 범한 잘못된 해석과 관련된 헤겔의 근본사상은 어떤 것인가? 이러한 물음은 열세 번째 강의에서 자세하게 논의되는데, 헤겔은 야코비(F. H. Jacobi)가 멘델스존(M. Mendelssohn)에게 쓴 편지에서 신증명에 대한 스피노자의 이론에 가했던 비판을 진술함으로써 이 강의를 시작한다. 잘 알려져 있듯이 야코비는 신의 존재를 증명하려는 모험을 부조리한 것이라고 주장한다. 왜냐하면 그가 보기에 어떤 사태를 인식한다는 것은 바로 그 사태를 그것의 원인에 의거해서 이끌어낸다는 것을 뜻하거니와, 따라서 무제약자를 파악한다는 것은 그것을 [오히려] 하나의 제약된 것으로 만드는 것을 의미하는데, 이는 모순적인 것이기 때문이다.[65] 이러한 야코비의 주장에 맞서 헤겔은 먼저,

---

64) 17.518 참조. "우리는 이러한 (신)증명의 수를 몇십 개로 늘릴 수 있다. 논리적 이념의 모든 각각의 단계가 거기에 관여할 수 있다."

야코비의 주장은 ──헤겔이 이 대목에서 쓰지 않는 용어를 사용하자면 ── 인식의 순서(ordo cognoscendi)와 존재의 순서(ordo essendi)를 혼동하고 있다고 비판한다.[66] 왜냐하면 신증명은 결코 신이 제약된 것이라고 주장하는 것이 아니라, 오로지 신에 대한 우리의 인식이 제약된 것이라는 것만을 주장하기 때문이다(17.462. 또한 506과 6.126f.도 참조). 이 점은 증명의 내용으로부터 명확하게 드러난다──신은 바로 무 191제약자로서, 어떤 제약의 관계 속에서는 사유될 수 없다. 그럼에도 헤겔은 증명의 형식이 야코비의 반박을 불러일으킬 여지가 있다는 점은 시인한다. "결함을 수정하는 것은 바로 증명의 내용 자체이거니와, 그 결함은 오로지 형식에 의거해 볼 때만 드러난다. 즉 우리가 보고 있는 것은 형식이 내용의 본성에 대해 지니는 차이, 즉 내용으로부터의 형식의 이탈이다. 그리고 형식이 결함을 지니는 좀더 분명한 이유는, 내용

---

65) 「스피노자의 이론에 관한 편지에 덧붙인 부록」(Beylagen zu den Briefen über die Lehre des Spinoza, in: Werke IV 2, 3-167), 149: "우리가 하나의 사태를 파악하는 것은, 우리가 그것을 가장 가까이 있는 그것의 원인들로부터 이끌어낼 수 있거나, 그것을 제약하는 직접적인 조건들을 순서에 따라 통찰할 때이다." 153f.: "무제약자를 제약하는 조건들을 발견한다는 것, 절대적으로 **필연적인** 것에 대해서 하나의 가능성을 **생각해낸다**는 것, 그리고 무제약적인 것을 파악할 수 있기 위해서 그 무제약자를 **구성**하고자 하는 것은 즉시 부조리한 행위로 밝혀져야 하는 것으로 보인다." 154: "이러한 무제약자의 개념이……가능한 것으로 된다면, 그 무제약자는 더 이상 무제약자일 수 없다." 이러한 이유로 야코비는 신증명의 요청을 부조리한 것으로 간주하는 것이다(156).

66) 야코비만큼 헤겔에 의해 철저하게 파헤쳐지는 당대의 사상가도 없을 것이다──즉 헤겔은 「신앙과 지식」에서 출발하여 하이델베르크 시기의 야코비 서평을 거쳐, 베를린 『철학대계』판 「논리학」의 예비개념 부분과 철학사 강의에 이르기까지 줄기차게 야코비와 대결하고 있다. 그러한 대결에서 분명히 드러나는 경향은, 야코비를 언제나 중요한 인물로 평가하고 또한 언제나 그의 철학으로부터 긍정적인 측면을 더욱더 얻어내고자 하는 것이다(M. Brüggen [1971] 참조). 그리고 실제로 야코비와 헤겔은 반성철학에 대한 비판에서 일치를 보인다고 말할 수 있다(G. Höhn [1971] 참조). 물론 반성철학의 극복을 야코비는 한갓된 직접성의 철학을 통해서 추구하는 반면 헤겔은 직접성과 매개를 매개함으로써 추구한다는 점에서, 두 사람 사이에는 차이가 있다.

이 바로 절대적-필연적인 것이기 때문이다"(17.462).

좀더 구체적으로 말하자면 헤겔이 보는 형식의 결함은 다음과 같이 설명될 수 있다. 우주론적 주장을 하나의 추론[67]의 형식으로 만들면, 대전제는 다음과 같이 표현된다. "우연적인 것이 존재한다면, 어떤 필연적인 것도 존재한다." 다음으로 소전제는 다음과 같다. "하나의 우연적인 세계가 존재한다." 그리고 마지막으로 도출되는 결론은 다음과 같다. "어떤 필연적인 것은 존재한다." 물론 이러한 추론에서는 특히 두 번째의 전제가 (그리고 첫 번째 전제의 조건절도) 잘못되어 있다. 왜냐하면 [거기에서는] "우연적인 것, 유한한 것이 하나의 존재자로 언표되고 있지만, 오히려 그러한 우연하고 유한한 것의 규정은 바로 끝을 가진다는 것, 곧 소멸한다는 것, 다시 말해 단지 존재해도 좋고 존재하지 않아도 좋은, 하나의 가능성의 가치만을 지닐 뿐인 존재라는 것이기 때문이다"(463). 우연적인 것의 이러한 존재는 단지 가정에서만 명확하게 언표되는 것이 아니다. 그것은 추론의 형식에 필연적으로 놓여 있다. 왜냐하면 그 추론에서 전제들은 고유한 자립성을, 즉 "그것들 상호간의 연관과 무관하게 그 자체[만으]로도" 유지되는 존립을 지니기 때문이다(464). 이러한 방식으로 필연적인 것은 실제로 유한한 것에 구속되는 어떤 것이 되어버린다. "하나가 다른 하나를 제약하며, 그런 식으로 필연성은 우연적인 사물들에 의해 전제되고 제약되는 것으로 나타난다. 절대적 필연성은 그럼으로써 피구속성 속으로 정립되며, 따라서 우연적인 사물들은 필연성의 밖에 머물게 된다"(17.29). 오히려 이에 맞서서 견지되어야 할 것은, 거기서 소전제—즉 '우연적인 것이 존재한다'—는 "그 결과로 나오는 절대적 필연성, 즉 한쪽 측면에 그저 세워져 있는 것이 아니라 오히려 존재 전체가 된다는 절대적 필연성"에 모순

---

67) 헤겔에게서 '추론'이라는 표현은 타당한 명제논리적 연관들도 포괄한다. 헤겔이 여기서 다루는 추론은 다른 곳에서는 '가언적 추론'이라고 불린다. 즉 여기서 문제가 되는 것은 'a, a⊃b ⊢ b'라는 관계이다.

될 뿐만 아니라 바로 "그 자체로 스스로에게"도 모순된다는 점이다 (17.464). 우연적인 것이 자기모순인 이유는, 그것은 결코 절대자의 외부에 고착되어 있을 수 없거니와, 그것의 존재는 "동시에 어떤 타자의 존재, 즉 절대적-필연적 존재의 존재이기도 하기" 때문이다(468). 따라서 통상적인 추론은, 고전적인 유형의 우주론적 증명에는 빠져 있는 부정의 계기가 명시적으로 정립되도록 변형되어야 한다. 유한자는 절대자의 밖에 존재하는 것이 아니라, 오로지 절대자의 계기인 것이다. "정신의 고양이 지니는 의미는 물론 세계에는 존재가 주어지지만, 그러한 존재는 단지 가상이지, 참된 존재나 절대적 진리가 아니라는 것, 그리고 이 절대적 진리란 오히려 그러한 현상의 저편에서 오로지 신 안에만 있으며, 오로지 신만이 참된 존재라는 것이다. 이러한 고양은 **이행**이자 **매개**이며, 또한 이행과 매개의 **지양**이기도 하다. 왜냐하면 신을 매개된 것으로 보일 수 있게 하는 것, 즉 세계가 오히려 무가치한 것으로 설명되기 때문이다. 오로지 세계의 존재가 지니는 허무성(Nichtigkeit)만이 고양을 위한 실마리가 되는바, 매개자로서 존재하는 것은 소멸하며, 그럼으로써 이러한 매개에서는 매개 자체도 지양된다"(E. §50A, 8.132).[68]

192

그런데 이와 같은 방식으로 우주론적 증명은 하나의 귀류적 증명으로 된다. 즉 절대자의 존재는 유한자의 현존재를 전제하는 것으로부터가 아니라, 오히려 유한자의 내적인 자기모순으로부터, 즉 그것의 비존

---

68) 16.106과 17.442참조. "그러나 이러한 매개에서 본질적인 핵심은, 유한자의 존재는 **긍정적인 것이 아니**라는 것, 따라서 무한자를 정립하고 매개하는 것은 오히려 유한자의 **자기지양**이라는 것이다." 이와 유사하게 헤겔은 야코비 서평에서, 신증명에서는 두 가지 인식행위를 서로 구분해야 한다고 설명하는데ᅳ그 중 하나는 "그것의 성격이 매개를 형성하는" 유한한 인식이며, 다른 하나는 물론 첫 번째 인식을 통해 매개되지만, 그럼에도 동시에 이러한 매개를 지양하는 인식이다(4.436). "**최종의 것이 바로 최초의 것으로 인식된다. 즉 마지막은 곧 목적인 것이다**"(437).ᅳ이러한 헤겔의 논증에 대해서는 예컨대 K. Domke (1940), 44를 참조하라.

재로부터 도출되는 것이다. 절대자의 관념적 계기가 아닌 어떤 유한성을 상정하는 것이 모순적이기 때문에 절대자는 존재하는 것이다. 따라서 우리는 야코비에 맞서, 올바르게 이해된 신증명은 신을 어떤 타자를 통해 제약하는 것이 아니라, 오히려 이러한 제약관계 그 자체를 지양하고 전도시키는 것이라는 점을 견지할 수 있다. "그러나 정신에서 일어나는 그러한 고양은 이러한 가상을 스스로 고친다. 그 고양의 모든 내용은 오히려 이러한 가상을 고치는 것이다. 하지만 매개 속에서 매개 그 자체를 지양하는 본질적 사유의 이러한 진정한 본성을 야코비는 인식하지 못했다……"(E. §50A, 8.133). 제약관계와 매개관계의 이러한 지양은 바로 출발지점이 지니는 비존재, 즉 모순성을 통해 가능해진다. 따라서 『논리학』에서 헤겔이 이러한 자기지양의 구조를 가장 명확하게 거론하는 지점이 「모순」 장의 맨 마지막에 등장한다는 것은 실로 이치에 맞다. "일상적인 추론에서는 유한자의 존재가 절대자의 근거로서 나타난다. 즉 유한자가 **존재**하기 때문에 절대자가 존재한다는 것이다. 그러나 진리는, 유한자란 곧 자기 스스로에게 모순되는 대립이기 때문에, 즉 유한자는 존재하지 않는 것이기 때문에, 절대자가 존재한다는 것이다. 전자의 의미에서 보면 추론의 명제는 다음과 같다. '유한자의 **존재**가 절대자의 존재이다.' 그러나 후자의 의미에서는 그 명제는 다음과 같다. '유한자의 **비존재**가 바로 절대자의 존재이다'"(6.79f.).

193　　『논리학』에 나오는 이 대목은 헤겔의 전 체계를 절대이념의 절대성에 대한, 그리고 이를 제대로 파악하는 헤겔 철학의 절대성에 대한 간접증명으로 보는, 앞에서 제안된 해석을 분명하게 정당화해준다.[69] 물론 여

---

69) 부정적 증명의 이러한 구성적 기능에 기초하여 헤겔은 이미 「회의주의 논문」에서 '모든 참된 철학에서 회의주의는 계기로서 지양되어 있다'고 정당하게 말할 수 있다(2.227ff.). 특히 헤겔의 회의주의는 대개의 회의주의보다 훨씬 극단적이면서도 객관적이다. 헤겔에 따르면 우리는 유한자는 그 어떠한 진리도 갖지 못한다는 것을 잘 인식할 수 있다──유한한 것은 단지 우리의 인식능력에 있는 것이 아니라, 유한자 바로 그 자체에 있는 것이다.

러 형태의 신(神)증명과 논리학의 진행방식 사이에는 중대한 차이가 있다는 점은 인정되어야 한다. 왜냐하면 신증명들의 출발점은 자의적인 것, 즉 한낱 임의로 주워모은 것에 불과하기 때문이다. 물론 각각의 신증명에서는 스스로 지양되는 전제들이 다루어지고 있기는 하다. 하지만 그럼에도 거기에서의 전제들은 언제나 결과의 규정에 영향을 끼치는 것들이다. 신증명에 관한 강의에서 헤겔이 말하는 바에 따르면 "이러한 결과는 **출발점의 규정성**에 따라 규정되는 것이다. 왜냐하면 그 결과는 오로지 이 출발점으로부터만 따라나오기 때문이다. 따라서 이로부터 드러나는 것은, 신의 현존재에 대한 여러 상이한 증명으로부터는 또한 신에 대한 여러 상이한 규정이 결과한다는 사실이다"(17.403; 417 참조). 이런 식으로 하면 신의 절대적 규정들은 여러 개가 나오게 된다. 그러나 이 다수의 규정들은 하나의 통일된 규정으로 통합되어야 한다. "왜냐하면 신이라는 것은 하나의 개념, 즉 본질적으로 그 스스로 안에서 단일한 불가분의 개념이기 때문이다"(404). 그 반면 유한한 대상들의 경우, 개별적 규정은 전적으로 우연적인 본성의 것일 수 있다. 그러나 역으로 신의 통일성에서 신의 '고유성들'은 또한 그저 〔무질서하게〕 흡수될 수 없는 것이기도 하다. 즉 신은 여러 다양한 규정이 그 속에서 하나의 일관된 질서 속으로 통합되는 바의 구체적인 통일성이어야 한다(406). 바로 논리학이 이러한 것을 수행한다. 즉 논리학에서 개개의 신증명은 하나의 필연적인 진행 속으로 통합되어 추론되며, 하나의 증명은 다른 하나의 증명에 기초하여 구성된다. "이와 마찬가지로 하나의 단계가 그보다 더 높은 단계로 이행하는 것은 더욱 구체적이고 더욱 심오한 규정으로 나아가는 바의 필연적인 전진으로서 이루어지는 것이지, 그저 우연적으로 끌어모은 개념들의 나열에 불과한 것이 아니다.……그런 한에서 논리학은 형이상학적 신학이다"(419). 물론 이러한 방법적 진행을 가능하게 하려면 두 가지 문제가 해결되어야만 한다. 첫째, 도대체 어떠한 규정으로써 〔논리학을〕 시작해야 하는가가 해명되어야 한다. 이 물음에 대한 헤겔의 대답은 실로 설득력이 있다. 그에 의하면 시작은 가장 추상적인 것, 가장 무규정적인 것──즉 '존재'(das Sein)──과 더불어 이루어져야 한다. 왜냐하면 여기[즉 '출발' 물음]에서 중요한 관건이 되는 것은 가장 단순한 규정, 즉 그것과 경쟁할 수 있는 다른 모든 규정에서도 이미 전제되어 있는 바의 규정이기 때문이다. 게다가 그와 같은 ['존재' 이외의] 좀더 복잡한 규정은, 바로 ['존재'라는 가장 무규정적인] 출발점에서 비롯되는 것이기 때문에, 그 역시 아직은 그 어떠한 구체성도 지니지 못하거니와, 오히려 그것 또한 실질적으로는 무규정적인 것에 다름 아니다(5.65-78). 그렇다면 도대체 어떻게 하면 이러한 무규정성에서 출발하여 내재적인 방식으로 그 이상의 규정들로 나아갈 수 있을까? 이러한 이행에 대한 헤겔의 설명은 '그 자체로 견지되는 무규정적인 것도 사실은 이미 **어떤 규정**된 것이다'라는 것인데, 자세한 내용은 4.1.2.3장에서 면밀하게 분석될 것이다. 여기에서는 '존재와 무의 통일'(Einheit von Sein und Nichts)이라는 규정을 특별히 부각시키면 동시에 두 번째 문제를 해결할 수 있는 길이 열린다는 점을 언급하는 것으로 충분하다. 두 번째 문제는, 앞서의 [최초의] 범주로부터는 정확히 어떤 범주가 이어져나와야 하는가 하는 물음에 관한 것이다──신증명 이론에서는 이 물음은 오로지 부정적 범주로부터 종합적 범주로 가는 이행과 연관해서만 문제가 된다. 이 물음에 대한 헤겔의 대답에서 열쇠가 되는 것은 바로 **규정적 부정**(bestimmte Negation, 강조는 옮긴이)이라는 개념인데, 이 개념은 헤겔의 철학[전체]에서 매우 큰 역할을 수행한다.[70] 『정신현상학』의 「서론」에서 이미 헤겔은 유한한 의식의 형태들에 이어지는 다음의 진술은 그것들의 내용이 지니는 비진리에도 불구하고 "결코 단지 부정적인 운동으로만 그치는 것은 아니다"라고 쓰고 있다(3.73). 유한한 형태들이 지니는 모순성을 드러냄으로써 얻어진 결과가 단지 부정적인 것일 뿐이라는 해석

---

70) H. Röttges (1976), 54-62 참조. "반성철학의 회의주의에 대한 『정신현상학』의 대답으로서의 '규정적 부정'"(Die "bestimmte Negetion" als Antwort der Phä d G an den Skeptizismus der Reflexionsphilosophie).

은 오히려 그 자체가 또한 유한한 형태가 될 뿐이다. 이 또 하나의 유한한 형태란 곧 회의주의를 가리키는데, 헤겔은 이 저작을 진행시키는 가운데 이에 대한 논의를 점점 자세하게 개진한다.[71] 그에 따르면 회의주의는 그것이 비판의 결과로 여기는 무(無)가 기실은 결코 공허한 무가 아니라 "바로 그 무를 결과시키는 것의 무임을……, 따라서 그 무 자체가 하나의 **규정된** 것이며 하나의 내용을 갖는 것이라는 [중요한] 사실을" 보지 못한다(74). 따라서 부정이 규정적 부정으로서 파악된다면, 회의주의의 공허함과 무규정성은 극복될 수 있으며, 또한 하나의 내재적이고 개념적으로 이끌어지는 전진이 가능하게 될 것이다. ─ 헤겔이 대논리학의 「서론」에서 논리적 범주들과 관련하여 펼치는 논증도 이와 유사하다(5.49). 그리고 절대이념을 방법적으로 반성하는 가운데 헤겔은 다음과 같이 설명한다. "그것[긍정적인 것]의 부정적인 것에서[도] 그 긍정적인 것을 견지하고, 결과에서[도] [거기에] 전제된 내용을 견지하는 것─바로 이것이 이성적 인식에서 가장 중요한 것이다.[72] 동시에 가장 단순한 반성만으로도 우리는 이러한 요구의 절대적 진리와 필연성을 확신할 수 있다. 그리고 이에 대한 증명의 [구체적인] 사례들을 들어보라고 한다면, 논리학 전체가 바로 그러한 사례를 제시하는 것에서 존립한다고 할 수 있다"(6.561).

개념의 내재적 전개를 가능케 하기 위해 반드시 필요한 이러한 방법에 대한 정당화는 논리학의 시작부에서 개괄되는 존재와 무의 변증법

195

---

71) 대개 회의주의는 자신이 철학의 모든 유한한 형식 밖에, 더 정확하게는 위에 서 있다고 여기는데, 헤겔의 위대한 업적 가운데 하나는 그러한 회의주의 스스로가 바로 철학의 한 유한한 형식임을, 그리고 회의주의는 그것이 비판하는 입장들에 비해 그 비일관성이 결코 조금도 덜하지 않음을 폭로한 것에 있다. 18.33 참조. "진리란 인식될 수 없는 것이라는 주장은 철학사에서도 [종종] 등장하거니와, 우리 또한 이 철학사에서 그러한 주장을 자세하게 고찰할 것이다."

72) 또한 E. §82A, 8.176도 참조할 것. 여기에서 규정적 부정의 개념은 사변적 사유의 제1특징으로 상론된다.

에서 매우 훌륭하게 수행된다. 존재와 무의 진리란 곧 그 둘의 구체적 통일이듯이, 즉 생성(Werden)과 그에 이어지는 현존재(Dasein)이듯이, 논리학의 방법은 한편으로는 상이성(Verschiedenheit)을 발생시키고 전진을 가능케 하는, 부정성의 계기를 포함해야 하며, 다른 한편으로 이 부정성은 무와 같은 추상적인 것이어서는 안 되거니와, 동시에 긍정성, 즉 존재를 또한 포함해야만 한다——즉 부정성 역시 하나의 새로운 범주의 규정이어야 하는 것이다.[73] 더욱이 '생성' 이후의 모든 각각의 범주는, 그것들이 규정된 것인 한에서 이미 하나의 부정을 지니고 있다.[74] 그 범주들은 '자신의 반대개념이 아님'을 통해 구성되는데, 바로 그럼으로써 그 반대개념들은 함축적으로는 그 범주들에 속하는 것이다. 반대개념을 취급한다는 것은 곧 〔단지 함축되었던〕 그것들을 명시화하는 것일 따름이다. 그런데 이 반대개념은 〔모순적 대립물을 통해서가 아니라〕 오로지 반대적 대립물(das konträre Gegenteil)에 의해서만 드러난다. 이 반대적 대립물은 출발지점의 개념(Ausgangsbegriff)을 부정하면서도 동시에 그것과 동일한 지평에 머무르는 것이다——반면에 모순적 대립(der kontradiktorische Gegensatz)은 그것의 무규정성으로 말미암아, 부정되는 개념 이외의 모든 가능한 여타의 개념을 허용한다.[75] 게다가 반대적 대립은 모순적 대립에 비해 출발개념에 대

---

73) 이러한 사상의 진행과정 속에는 헤겔의 개념들이 범주적인 성격을 지니고 있음을 뒷받침하는 근거도 분명히 들어 있다. 헤겔의 여러 개념에서 이미 범주들, 즉 존재의 규정들이 중요한 문제가 되는 이유는, 존재와 부정성이 처음부터 개념들의 계기가 되고 있기 때문이다.

74) 헤겔에 따르면 "규정은 곧 부정이다"(Determinatio negatio est)라는 스피노자의 명제(50. Brief vom 2. 6. 1674 an J. Jelles)는 "무한한 중요성을 가진" 명제이다(5.121). 또한 철학사 강의에서 그는 이 명제를 하나의 "위대한 명제"라고 일컫는다(20.164).

75) 잘 알려져 있듯이 헤겔 변증법에 대한 19세기 당시의 가장 중요한 비판가인 트렌델렌부르크는 이처럼 모순적 대립을 반대적 대립으로 대체하는 것을 극도로 날카롭게 비난한 바 있다. 즉 모순적 대립이 비록 순수 논리적인 것이긴 하지만 아무런 규정성도 낳지 못하는 반면, 반대적 대립은 역으로 비록 어떤

한 훨씬 더 큰 의미상의 근친성을 지닌다. 즉 반대적 대립은 비록 부정으로서 규정되는 것이기는 하지만, 그럼에도 그것은 그 자체가 출발개념—반대적 대립은 그 의미의 나머지 계기들에서는 출발개념과 공통성을 지닌다—에 의해 분명히 규정될 수 있는 것이다. 한 가지 예를 들자면 '동일성'(Identität)의 반대적 대립인 '차이'(Differenz)는 동일성과 마찬가지로 순수한 반성개념인 반면에, '인과성'처럼 동일성에 반대적으로 대립되는 개념이 아닌 것은 '차이'와 비교해볼 때 '동일성'과 공동으로 지니고 있는 것이 훨씬 적다. 196

논리학에서 보이는 헤겔의 논증적 절차를 요약하면 다음과 같이 말할 수 있다. 그것은 모순적인 것으로 드러날 하나의 규정과 더불어 출발한다. 이는 새로운 하나의 범주의 도입을 요청하는데, 이때 오로지 최초 범주의 규정적 부정만이, 즉 그것의 반대적 대립만이 이 새로운 범주일 수 있다. 그런데 이 새로운 범주에서도 모순은 또다시 드러나고 이는 또 하나의 새로운 범주의 도입을 요청하거니와, 이러한 방식의 진행은 모순이 없는, 또는 그 어떤 모순도 더 이상 드러낼 수 없는 하나의 규정에 도달할 때까지 계속된다. 그런데 여기에서 매우 근본적인 문제가 나타난다. 우리는 범주들의 그러한 전개에서 우리가 과연 종착점에 도달했는지 여부를 도대체 어떻게 알 수 있는가? 부정적 증명이 유일한

규정성을 산출하긴 하지만 논리적인 개념내재성(Begriffsimmanenz)을 이탈한다는 것이다(1840; I 31ff. 현대의 경우 W. Becker [1969], 50ff.도 이와 비슷한 입장을 나타낸다). 그러나 전적으로 개념의 사변적 본성에 의거해 헤겔의 방법이 얼마나 정당화될 수 있는지는 앞에 언급된 내용에서 잘 드러난다. 그밖에도 강조되어야 하는 것은, 헤겔은 결코 절대자에 대한 하나의 규정이 거짓이라는 것에서 출발하여 그 반대적 대립이 참이라는 식으로 추론하지는 않는다는 점이다(이러한 식의 추론은 분명 오로지 모순적 대립에서만 허용될 것이다). 오히려 절대이념에 도달할 때까지 계속적으로 밝혀지는 것은, 반대적 대립 역시 결코 절대자에 대한 규정으로서 물음의 대상이 되는 것은 아니라는 점이다.—이밖에도 반대적 대립이 지니는 방법적 의미는 반대적 대립에 맞서 모순적 대립을 제시하는 비판에서도 드러난다. 왜냐하면 '모순적'은 '반대적'의 반대적 대립이기 때문이다.

논증방법이라면, 절대적인 것으로 기능하는 최종적 규정이 정녕 최종적인 것인지를 우리는 결코 확신할 수 없다. 실제로 우리가 하나의 범주에서 처음에는 아무런 모순도 입증하지 못했는데도, 실은 그 범주에 모순이 명백하게 존재하며, 또한 나중에 가서 그것이 드러나는 경우는 충분히 있을 수 있을 것이다. 바로 이러한 의미에서 맥타가트는 다음과 같이 말한다. "절대이념이 순수 사유의 최종 형식이라는 증거는 언제나 부정적인 것으로 남을 수밖에 없다. 그 이전의 모든 각각의 범주가 최종적이지 못한 것으로 판정되는 이유는, 그것들 각각에서 어떤 부적합성(inadequacy)이 발견되었고, 이는 그 모순으로 말미암아 필연적으로 그 단계의 범주를 넘어서지 않으면 안 되도록 하기 때문이다. 절대이념이 최종적인 범주라는 우리의 믿음은 그러한 부적합성을 [더 이상] 발견할 수 없는, 우리의 무능력에 의존한다. 어떤 미래의 철학자가 절대이념에서 어떤 부적합성을 발견하고, 이로 인해 다른 범주에 의한 이 부적합성의 지양이 요청되는 일이 벌어지지 않는다면야, 헤겔의 입장은 잘 견지될 수 있을 것이다"(1910; 308f.).[76] 내가 보기에 실제로 맥타가트는 헤겔의 방법이 지닌 하나의 한계를 발견했다고 여겨진다. 물론 이 한계는 원칙적인 종류의 것은 아니다. 인간의 이성에는 최고의 가능한 입장을 파악하는 것을 언제나 좌절시키는 그 어떠한 절대적인 한계도 없다. 그러나 최후정초된 방법을 이룩하는 과정에서는 사유의 오류가 범해질 수도 있으며, 이와 마찬가지로 범주들의 변증법적 전개에서 [절대이념 이후의] 지속적인 전진이 가능하다는 것도 결코 배제할

---

76) 흥미를 끄는 질문은, 부정적 증명의 구조가 오로지 논리학의 진행에만 적용되는가, 아니면 실재철학의 진행에도 마찬가지로 적용되는가 하는 것이다. 이에 대해 우리는 한편으로는 헤겔의 방법은 단지 하나의 방법일 수밖에 없다고, 그리고 논리학과 실재철학이 서로 상응하기 때문에 이미 실재철학도 또한 절대이념을 인식하는 절대적 철학의 부정적 증명의 하나라고 해석되어야만 한다고 말해야 할 것이다. 그리고 다른 한편으로 우리는, 실재철학은 논리학을 이미 전제하며, 그런 한에서 그것은 논리학으로부터 직접적으로 연역될 수 있다는 것을 인정할 수 있다.

수 없다. 이를 이루어내려면 우리는 우리가 그 어떠한 모순도 묵과할 수 없음을 분명히 해야 한다——그리고 이를 목표로 하지 않는 이가 과연 있을까?

그런데 변증법에 대해 그 무모순성의 증명을 ——수학에서보다도 더 나은 방식으로—— 전개하는 것은 과연 생각할 수 없는 일일까? ——수학만 하더라도 그 대부분의 영역에서는 괴델(K. Gödel)의 제2 불완전성 정리(der zweite Unvollständigkeitssatz)에 의거할 때 이러한 증명이 불가능한데, 이것이 과연 변증법에서 이루어질 수 있을까? 흥미롭게도 변증법에 대한 그러한 무모순성의 증명은 ——수학과 형식논리학의 경우와는 전혀 달리—— 완전성의 증명과 그 맥을 같이한다. 왜냐하면 논리학의 최고규정이 일체의 모순에서 벗어나 있다는 것이 긍정적으로 증명될 수 있다면, 이는 동시에 ——절대적인 것은 오로지 하나만이 있을 수 있는 까닭에—— 그보다 더 높은, 즉 더 구체적인 범주는 더 이상 존재할 수 없다는 것을 의미하기 때문이다.[77] 실제로 헤겔은 바로 절대이념에 관한 장에서 그러한 완전성의 기준을 언명하고자 했는데, 그것은 곧 구성의 삼분성(Triadizität der Einteilung)과 출발점으로의 복귀(Rückkehr zum Anfang)이다(6,570 참조). 물론 여기에서도 혹자는 이러한 완전성의 기준이 적합한지에 대한 증명은 단지 부정적인 것일 수밖에 없으며, 따라서 우리는 〔여전히〕 유사한 문제들에 봉착해 있다는 반박을 제기할 수 있다. 게다가 헤겔이 제시한 기준은 완전한 구분을 위한 필요조건이긴 하지만, 충분조건이 되지는 못한다.[78] 그러나 이러한 결과가 있다고 해도 우리의 입장은 변하지 않는다. 극복될

---

77) 물론 도출된 여러 범주 사이에 속하지만 단지 생략되었을 뿐인 범주는 충분히 있을 수 있다. 그와 마찬가지로 범주의 체계를 훨씬 더 세분화시키는 것도 생각해볼 수 있다.

78) 왜냐하면 설령 그러한 삼분적 구성을 통해 이분적 구성이 불완전한 것으로 명확히 거부될 수 있을지라도, 그 기본적인 삼분구조가 하나의 더 큰 삼분구조 내부에서 정립(定立, Thesis)의 위상을 지닐지도 모른다는 점은 배제할 수 없기 때문이다.

수 없는 [정신의] 한계의 상정을 모순된 것으로서 정당하게 거부하면서도, 자기 스스로에 대해서는 결코 어떠한 무오류성도 주장할 수 없으며, 또 자신의 입장에서 더 발전된 진보의 가능성을 결코 배제할 수 없는 유한한 이성에게 그러한 결과는 결코 불쾌한 것일 수 없지 않은가.[79]

4.1.2.3. 헤겔 논리학에서 화용론적 모순들: 긍정적 자기연관과 부정적 자기연관

개개의 유한한 규정 속에서 드러나고 또 그에 이어지는 진행을 촉발하는 모순은 어떠한 종류의 것인가? 4.1.1.2에서 개진한 바에 따르면 [헤겔에게서의] 모순은 어떤 범주가 대립되는 규정들을 한꺼번에 지니고 있을 때 [즉 p와 ㄱp의 공존에서] 성립하는 것이 아니다. 오히려 헤겔에 따르면 이는 모순에서 벗어나는 유일한 가능성이라는 것이 지적되었다. 이에 모순은 오로지 [함축적으로] 전제된 것과 명시적으로 표현된 것 사이의 **불화**(Mißverhältnis zwischen Präsupponiertem und explizite Ausgedrücktem)에서만 성립할 수 있다. 즉 모순은 화용론적 본성의 것이다. (이러한 연관에서 '화용론적'이라는 용어는 언어행위이론[Sprechakttheorie]에서 사용되는 식의 특수한 의미에서 사용된 것이 아니다. 오히려 모순은 바로 그것이 내용적 수준에서 존재하거나 명시적으로 언명된 것으로부터의 연역을 통해 밝혀질 때가 아니라, 그것이 [어떤 개념이나 판단의] 형식을 통해 언제나 이미 함축되어 있

---

79) 빌란트(W. Wieland)의 다음과 같은 말은 실로 정당하다. "헤겔의 논리학은 물론 절대자를 대상으로 한다. 그러나 그의 논리학은 그것 스스로가 절대자의 관점에 [완전히] 도달해 있다고 주장하는 식의 사변은 아니다. 오히려 중요한 문제는 절대자를 적절히 해명하는 데 반드시 필요한 범주들을 전개시키고 파악하려는, 유한한 정신의 작업이다"(1973; 203). 같은 글 212쪽의 주 8에서도 이와 비슷한 관점이 보인다. "그러나 『논리학』을 그것의 대상인, '논리적인 것'의 형태를 띤 그 어떤 절대자와도 [마치 같은 것으로] 혼동해서는 안 된다. 가령 자연과 자연철학 사이에 차이가 존재하듯이, 여기에도 그와 상응하는 바의 어떤 차이가 존재한다."

는 것과 명시적으로 주장된 것 사이에 존재할 때, 그리고 오로지 그러한 종류의 전제들에 대한 반성을 통해서만 밝혀질 수 있을 때 '화용론적'이라고 일컬어진다.)

이 점을 나는 앞의 167쪽 이하에서 유한성과 무한성의 변증법을 그 구체적인 예로 하여 지적한 바 있다. 그리고 논리학의 출발에 관한 중요한 논문(1973)에서 이미 빌란트(W. Wieland)는 '존재'와 '무'의 범주에 존재하는 모순이 어떤 종류와 방식의 것인지를 바로 이러한 의미에서 강조한 바 있다. 그에 따르면 '존재' 개념의 모순은, 우리가 '존재'를 무규정적인 것으로 생각하고자 하지만, 바로 그럼으로써 불가피하게 그것을 규정하게 된다는 점에서 성립한다(199). 빌란트는 특히 1812년판 존재논리학의 두 번째 주석(35ff.)을 거론하는데, 거기에서 헤겔은 순수한, 무구별의 '존재'를 한 명제의 주어로 만드는 것이 ――그것의 술어가 절대자이건, '존재' 그 자체이건 간에―― 불가능함을 입증하고자 한다. "존재는 존재한다"(Das Sein ist)라는 명제조차도 일관되지 못한 것이다. 왜냐하면 이 명제는 어떤 차이를 전제하기 때문이다. 따라서 단지 "순수한 존재, 또는 오히려 그저 존재. 어떠한 주장이나 술어도 없는 무명제(無命題)의"(reines Seyn, oder vielmehr nur Seyn; satzlos ohne Behauptung oder Prädikat)라는 것만이 남는다 (36)――그리고 실제로 헤겔『논리학』의 첫 번째 언명 역시 어떤 명제가 아니라 파격문체(Anakoluth)로 되어 있다(22; 제2판은 5.82).* 그렇지만 여기서 '존재'는 바로 '비규정적인 것'으로 규정된다〔강조는 옮긴이〕.[80] 그리고 이러한 규정성은 〔'비규정성'이라는 '존재'의〕 내용에

---

* "존재, 순수 존재.――그 어떤 더 이상의 규정도 없는"(Sein, reines Sein,―― ohne alle weitere Bestimmung).

80) 보편자의 개념적 계기와 연관해서도 헤겔은 이와 비슷하게 논증한다. "바로 이 규정되지 않은 것이 그것의 규정성을 만들거나, 그것이 하나의 특수한 것이게 한다"(6.281). "그러나 〔이때의〕 규정성은 비규정성이다. 왜냐하면 그것은 규정된 것에 대립하는 것이기 때문이다. 그러나 우리가 그것이 무엇인지 말함으로써 이는 스스로를, 즉 그것이 존재해야 할 바를 지양한다⋯⋯"(6.285).

199

모순되고, 〔따라서〕 '무'로의 이행을 근거짓는 하나의 대립 (Entgegensetzung), 즉 부정이 된다. "그러나 바로 이 비규정성이 그 것의 규정성을 형성하는 것이다. 왜냐하면 비규정성은 규정성에 대립 되거니와, 그것은 대립되는 것으로서 바로 규정된 것, 또는 부정적인 것이며, 더욱이 순수 부정성이기 때문이다"(34). 헤겔은 또한 그 반대 의 방향에서도 논증한다. 즉 단지 비규정성으로 규정된다는 이유만으로 '존재'가 스스로에 대립되는 것은 아니다. '존재'가 〔제아무리 끝끝내〕 비규정성이라 하더라도, 그것〔'그저 존재'〕은 그것〔'존재'〕이 존재하는 바의 규정성이 아니다. "또는 '존재'는 무규정적인 것이기 때문에 그것 은 그것이 존재하는 규정이 아니다. 즉 그것은 '존재'가 아니라 〔오히 려〕 '무'이다"(34).[81]

그리고 일반적으로 절대이념에 관한 장에서는 논리학의 세 부분(존재 · 본 질 · 보편성)에 대한 첫 번째 규정들과 관련하여 다음과 같이 언명된다. "그러 나 그러한 논리적 출발들이 그것들의 유일한 내용으로 갖는 바의 비규정성이 바로 그것들의 규정성을 형성한다"(6.568).

81) 헤겔의 『논리학』에서 가장 엄밀한 이행 가운데 하나에 속하는, '존재'에서 '현존재'(Dasein)로의 이행은 오성적 입장에 서게 되면 전혀 납득할 수 없다. 하크(K. H. Haag)는 아펠의 최후정초 주장(Letztbegründungsanspruch)에 반대하여 알베르트(H. Albert)를 정당화시키고자 했던 것과 똑같은 방식으로 헤겔을 비난한다. "추상적인 것으로부터 구체적 실재성을 마술을 부리듯이 이끌어내기(hervorzaubern) 위해 헤겔이 사용하는 방법은, 자기 머리카락을 붙잡고 진흙탕에서 빠져나오려 하는, 뮌히하우젠의 방법에 다름 아니다" (1967; 36). 알베르트와 마찬가지로 명백히 하크는 단지 명제적 연역 (propositionale Deduktion)의 방법만을 알고 있을 뿐이다. 그는 화용론적 모순에 대한 반성의 방법을 모르고 있다.——그에 반해 내가 보기에 〔헤겔에 대한〕 의혹의 제기는 두 가지 측면에서 있을 수 있다. 첫째, 우리는 '존재'와 '무' 다음에 이어지는 범주가 직접적으로 '현존재'가 아니라 '생성'(Werden) 이라고 불리는 것에 이의를 제기해야 한다. 왜냐하면 '존재'와 '무'가 동일한 것이라면, (객체의 수준에서 볼 때) 그 둘 사이에는 이행이 일어날 수 없기 때 문이다. 실제로 사람들은 '생성'〔즉 됨〕을 '무로부터의 또는 '무'로의 생성 과 소멸이 아니라, 하나의 규정성이 다른 하나의 규정성으로 이행하는 것이라 고 생각한다. (그런 한에서 "무로부터는 아무것도 나오지 않는다"〔Ex nihilo nihil fit〕라는 공리에 대한 헤겔의 논박〔5.85; E. §81, 8.191f.; 11.475〕은 좀

헤겔이 '존재'의 범주에서, 그리고 그에 이어서 "존재는 절대적인 것이다"(Das Sein ist das Absolute)라는 명제에서 찾아내는 이러한 모순은 ──빌란트가 올바르게 지적하듯이── "'P'와 '-P'라는 형식으로 200된 명제쌍(Satzpaaren)의 요소들 사이에서 존재하는 관계로 이해되어서는 안 된다." "이러한 표현을 통해 특징지어지는 구조가 아무리 다양하다 해도, 헤겔이 사변적인 관점에서 '모순'을 이야기할 때는 그러한식의 관계가 의미되는 것은 결코 아니다. 이 지점에서는 〔그와는 다른매우〕 특수한 종류의 불화(Diskrepanz)가 거론되고 있다. 그 불화는그 명제가 주장하는 바의 것〔이라는 한편〕과 그 명제 스스로가 존재하는 바의 것 내지 그 명제가 어떤 것을 주장함으로써 수행하는 바의 것〔이라는 다른 한편〕 사이에 존재하는 것이다"(196). 몇 쪽 뒤에 가서빌란트는 우리가 '대립'을 거론할 수 있는 지평은 ──오늘날 통용되는용어로 하자면── "한편으로는 의미론적 고찰이며, 다른 한편으로는화용론적 고찰"이라고 설명한다(199).[82] 빌란트에 따르면 헤겔 『논리

___

지나치다고 할 수 있다.) 그럼에도 불구하고 아마도, '존재'와 '무' 바로 다음에 이어지는 범주는 아직 안정적이지 못한 규정성으로 ──즉 [비규정적인]'무'에서 (역시 비규정적인) '존재'로 가는 이행이 아니라, 비규정성에서 규정성으로가는 이행으로── 파악되어야 한다고 말할 수는 있을 것이다(이런 의미에서McTaggart 〔1910〕, 20 참조)──둘째, 우리는 '존재'와 '무'가 모름지기 두가지 범주로서 거론되고 있지만 사실은 그것들이 명백히 동일한 것이라는 점에 이의를 제기할 수 있다. (그것들이 동일한 것이 아니라, 어떻게든 상이한것으로 생각되어야 한다는 이 점이 바로 '존재'와 '무'의 변증법에서 어려운문제이다. 그 때문에 방금 개괄한, 〔비규정성으로부터〕 규정성으로의 이행은의식적으로 이 차이를 취급하지 않는다.) 내 생각으로는 그 둘 사이에 그럼에도 존재하는 차이는 오로지 뒤에 이어지는 진행에 의해서만 정당화될 수 있다고 보인다. 대립과 차이를 함축하는 규정성이 바로 존재의 진리라는 점이 드러나기 때문에, 그 최초의 범주들에는 소급적으로(rückwirkend) 차이가 투사될 수 있는바, 역설적이게도 그 차이는 엄격히 말해서 그 두 추상이 하나의구체적 개념으로 통일될 때에야 비로소 성립한다. "따라서 '존재'와 '무'는오히려 '생성'의 개념 속에 있는 분석적 계기로서 다루어져야 한다……. '존재'와 '무'는 '생성' 개념의 순수하고 완전한 내용 속에서야 비로소 서로 구별된다"(H.-G. Gadamer 〔1971〕, 61).

학』에 등장하는 모든 모순은 바로 후자, 즉 화용론적 모순이다. 그에 따르면 이 저작이 '절대이념'에 이르러서야 비로소 종결되는 것은, "그것이 지향하는 바 그대로인" 개념(Begriffe, 〔……〕"der das selbst ist, was er intendiert")이 바로 절대이념과 더불어서야 비로소 이루어지기 때문이다. "……여기에서야 비로소 우리는 그것의 지향적 상관항(intentionales Korrelat) 속에서〔도〕 더 이상 구별될 수 없는 개념을 보게 된다. 왜냐하면 그 개념은 자신이 지향하는 상관항과 합치하기 때문이다"(199f.). 이러한 고찰을 통하여 빌란트는 '판단'만이 아니라 이미 어떤 '개념' 역시 참일 수 있다는 헤겔의 생각을 해명한다(211, 주 5). 일반적으로 보아, 헤겔에게서 판단뿐만 아니라 개념 또한 참되거나 그릇될 수 있다는 것은, 고전적 형이상학에 정통한 이들뿐 아니라 분석철학에 정통한 이들이 볼 때 자못 놀랄 만한 일이다. 〔그렇지만〕 앞에서 말한 것에 근거할 때 이러한 생각은 매우 중요한 의미를 지니고 있음이 분명하다. 즉 헤겔은 진리를 "어떤 대상과 우리 표상의 일치"(Übereinstimmung eines Gegenstandes mit unserer Vorstellung)로 여기는 대응론(Korrespondenztheorie)적 진리개념을 비판하는바,[83] 그에 맞서 진리란 "한 내용의, 자기 자신과의 일치"(Übereinstimmung eines Inhalts mit sich selbst)라고 정의한다(예컨대 E. §24Z2, 8.86).[84] 물론 헤겔은 그의 고유한 진리개념을 설명할 때 대개는, '참

---

82) 물론 빌란트의 설명에 대해 비판적으로 지적될 수 있는 것은, 화용론적 모순 또한 그것을 명시적으로 밝히면 의미론적 모순으로 바뀔 수 있음을 그가 간과하고 있다는 점이다. (유형이론〔Typentheorie〕을 채택하는; 199) 빌란트는 헤겔의 모순에서는 "모든 경우에 〔오로지〕 메타논리적인 유사역설성(類似逆說性, Pseudoparadoxie)"이 관건이 된다고 못박는다(197). 이에 대해 케셀링(Th. Kesselring)은 (1981a)에서 완전한 비규정성으로서의 '존재'의 규정에 놓여 있는 이율배반적인 성격을 분명하게 지적한다.

83) 그러한 상응을 헤겔은 '맞음'(Richtigkeit)이라는 표현으로 특징짓는다 (E. §24Z2, 8.86; §172 mit Zusatz, 8.323f.; §437Z, 10.228).

84) 이러한 방식으로 진리는 또한 "예컨대 참된 국가나 참된 예술작품이 이야기될 때"(E. §213Z, 8.369)와 같이 대상에 대해서도 거론된다. 즉 하이데거식으로

된 것이란 바로 개념과 실재의 일치를 드러내는 것'이라고 말한다.[85] 그러나 이런 식의 정의는 단지 실재철학에 대해서만 유의미하다는 점이 지적되어야만 한다. 그에 반해 논리적 범주들에 관해서는 다음과 같이 말해진다. 자신이 함축적으로(implizit) 전제하고 있는 바로 그것을 명시적으로(explizit) 주장하는 범주만이 강한 의미에서 참된 것, 즉 모순 없는 것이다. 이에 반해 유한한 범주는 자신이 함축하는 것(가령 유한성의 범주)을 부정하는 것이거나, 아니면 자신이 언제나 이미 전제하고 있는 것을 적어도 내용적 수준에서는 표현하지 않는 것이다. 그러나 진무한성(眞無限性, die wahrhafte Unendlichkeit)의 범주는 이와는 달리〔=자신을 부정하거나, 전제가 내용적으로 표현되지 않는 것이 아니라〕자신의 고유한 의미 그대로 명시화될 수 있는 개념이다.

첫 번째 경우〔=유한한 범주〕에서 모순이 언급될 수 있음은 즉각적으로 명백하다. 그러나 이는 두 번째 경우〔=진무한〕에 대해서도 타당한가? 이에 대한 정당화는 헤겔에 따르면 철학은 절대자의 학문이며, 그 절대자란 논리학과 실재철학의 개별적 규정들 속에서 파악되어야 한다는 것을 상기할 때 가능해진다. 그 경우 진무한의 개념이 자기모순적인

하면(1943; 6ff.), 우리는 명제적 진리(Satzwahrheit)에 대립하는 사태의 진리(Sachwahrheit)를 이야기할 수 있을 것이다.

85) 3.76f., 6.465와 563 참조. "개념과 실재성의 대립의 지양 그리고 통일, 바로 이것이 진리이다."──간혹 헤겔은 오로지 악한 존재자에만 개념과 실재의 차이를(또는, 좀더 정확하게 말하자면, 일치와 불일치의 병존을──4.55; 6.464ff.; E. §172Z, 8.323; §213Z, 8.369 참조) 적용하곤 하는데, 이는 자칫 오해를 불러일으킬 수 있다. 사실은 모든 유한자가 ──따라서 '좋은' 집, 건강한 신체 역시── 모순적이다. 오로지 "개념 자체를 자신의 실재로 갖는 개념"인 (절대)정신만이(6.465) 참되다. "자연은 곧 개념에 완전히 적합할 수 없는 것이다. 개념은 오로지 정신 속에서 그것의 진정한 실존을 지닌다"(20.220). 이와 연관하여 토이니센의 흥미로운 논문(1975)을 보라. 그는 형식적인 일치와 구체적인 일치를 구분하고, 전자를 유한한 사물들에 귀속시키며, 후자를 정신에 할당한다. 즉 유한한 사물들은 자신들의 개념에(ihrem Begriff) 적합하지만, 정신은 "그저 자신의 개념이 아니라, 개념 그 자체에(dem Begriff) 일치한다"(349).

것은, 절대자에 관해서 **내용적으로는** 어떤 본질이 언명되지만, 그것이 이 언명의 **필연적 형식**——즉 개념——을 전혀 포착하지 못하기 때문이다. 따라서 그 스스로를 불완전한 것으로서 드러내는, 절대자의 본질규정도 마찬가지로 자기모순적이라는 점이 인정되어야 한다. 실로 개별적 범주에 완전성을 요구하는 것은 극히 중요하다. 왜냐하면 그럴 때에야 비로소 많은 개별범주에서 모순이 드러나기 때문이다. 이는 특히 반성규정들에 대한 헤겔의 취급에서 분명히 드러난다. 헤겔의 설명에 따르면 '모든 것은 서로 상이하다'라는 명제는 '모든 것은 자기 스스로와 동일하다'는 명제와 모순되는데, 형식논리학적으로 훈련된 독자가 보기에 헤겔의 이러한 말은 극히 당혹스러운 것이다. "여기서는 첫 번째 명제에서 그것들에 부여되었던 동일성에 대립되는 술어가 모든 것에 주어지고 있다. 즉 첫 번째 법칙에 모순되는 법칙이 주어지고 있는 것이다"(E. §117A, 8.240; 6.52 참조). 이 언급에 대해서 우선 제기되는 반박은, 헤겔은 관계논리(Relationenlogik)의 가장 단순한 규칙도 전혀 직감적으로 알지 못한다는 것이다. 왜냐하면 $\wedge \times I(x, x)$라는 명제가 $\neg \vee xyI(x, y)$ (즉 $x \neq y$)라는 명제와 양립할 수 있다는 것은 자명하기 때문이다. 우리는 즉각 헤겔의 변증법이 '6이 4보다 크고 12보다 작다는 데에서 또한 모순이 있다'고 보는 궤변적 변증법(Pl., Tht., 154c)의 수준으로 떨어진다는 인상을 갖기 쉽다. 그럼에도 우리는 그러한 형이상학적 명제에 함축된 절대성 요구를 고려한다면, 헤겔의 논증에서 하나의 의미를 인식할 수 있다.[86] 존재자가 본질적으로 자기 스스로와 동일한 것이라면, 그것은 아직 본질적으로 또한 어떤 타자와 상이하기도 한 것일 수가 없다. 그러나 바로 그 때문에 존재자는 자기동일적이기 위해서는, 어떤 타자와 다른 것이어야만 한다. 그것에 관해서 상이성이 언명될 수 없다면, 그것은 또한 타자와 동일한 것이 되는데, 이것이 모순

---

86) 헤겔 스스로는 스피노자의 실체 개념에 대한 비판에서, 스피노자주의는 본래부터 그릇된 것이 아니라 "다만 그것이 '최고의 관점'이라는 것이 그릇된 것으로 여겨져야 한다"고 말한다(6.249).

에 처하게 되는 것이다. 바로 이러한 모순을 피하기 위해서 차이의 범주가 도입되어야 하며, 절대자는 동일성과 차이의 통일로서 파악되어야 한다. 그밖에도 동일성과 차이의 변증법은 플라톤의 변증법과 헤겔의 변증법의 차이를 파악하기 위한 좋은 예가 된다. 이 두 사람 사이의 주된 차이점은 다음과 같이 분명하게 설명될 수 있다. 플라톤과 헤겔은 공히 상관적 지시연관들(relationale Verweisungszusammenhänge)을 조탁해내고자 한다. 그러나 헤겔은, 플라톤보다 더 정력적으로, 범주들의 상관적 연계(Relationengeflecht)를 드러내지 않을 때 생겨나는 모순을 간파한다. 왜냐하면 그는 어떤 범주의 의미에는 그것의 여러 연관성이 본질적으로 그리고 구성적으로 귀속된다고 보는 반면에, 플라톤은 개념들의 고유한 본성(φύσις)을 그것들의 연관성과 구분하기 때문이다(Sph., 255e).[87]

물론 방금 간단하게 개괄된, 함축된 것의 명시화를 통해 모순을 드러내는 방법은 더 자세히 설명되어야 한다. 범주들의 완전한 전개를 추구할 때 반드시 보장되어야 하는 것은, 가령 '존재'의 범주에 존재하는 모순들을 명시한다고 해서 곧장 '개념'의 범주로 이행이 이루어지는 것은 아니라는 점이다. '존재'의 개념에서 발견될 수 있는 규정성, 즉 부정성의 계기는 오히려 ──규정적 부정의 과정에 따라── '존재'라는 출발개념과 연결되어야지, 직접적으로 그것에서 이탈해서는 안 된다. 이에 우리는 ── '무'의 개념을 거쳐[88] ── '생성'과 '현존재'의 개념에 이르게

---

87) 이에 대해서는 V. Hösle (1984a), 448ff., 특히 527ff.를 참조할 것. 물론 이 책에서 나는 『파르메니데스』에서 단초적으로 개괄된 원리들의 변증법(Prinzipiendialektik)이 『소피스테스』의 그것보다 헤겔의 변증법에 더 유사하다는 점을 지적했다.──이스라엘(J. Israel)은 변증법의 본질적인 범주들로 총체성, 과정, 내적 연관들 그리고 연관들의 연관을 제시하는데(1979: 12, 95, 99), 이 경우 그가 파악하는 것은 헤겔의 변증법이라기보다는 플라톤의 변증법이라고 할 수 있다. 왜냐하면 헤겔의 경우 그러한 범주들이 의미를 지니는 것은 단지, 모순을 피하기 위해서는 그러한 범주들이 없어서는 안 되기 때문이다.

되거니와, 이러한 개념들에서는 규정성과 부정성이 '존재'와 연결되어 있으며, 그 자체로 정립되어 있다. 즉자적으로(만) 또는 우리에 대해서 (만) 언제나 이미 현존한 것은 이제 새로운 범주 속에서 ──적어도 부분적으로── 명시화된다. 이 새로운 범주는 이러한 방식으로 자기 자신의 파악에, 즉 형식과 내용의 일치 그리고 전제와 의미의 합동(合同, Kongruenz)에 접근한다. 이에 첫 번째 범주[='존재']가 갖는 모순들 속에는 이미 최고의 범주가 배태되어(angelegt) 있기 때문에, '절대이념'은 '존재'의 본래적인 의미라고 말할 수 있다. '존재'의 개념 속에 함축된 것이 모두 명시화될 때, [논리적 범주들의 진행은] 절대이념에 이르게 된다. "존재가 진리의 의미에 이르렀다"고 헤겔은 「이념」 장의 앞부분에서 말한다(6.465). 그리고 절대이념에 관해서는, "오로지" 그것 "만이 존재이다"라고 말한다(6.549).

뒷단계의 범주들과 앞단계의 범주들이 지니는 이러한 전제적 관계(Voraussetzungsverhältnis)가 얼마만큼 이중적인 본성의 것인지가 바로 여기서 밝혀진다. 왜냐하면 한편으로 뒤의 범주들은 앞의 범주들을 통해 매개되고 따라서 그 앞의 범주들에 구속되어 있지만, 다른 한편으로 헤겔은 본래적으로 참된 것은 바로 결과라는, 플라톤-아리스토텔레스적인 사상[89]으로 되돌아가기 때문이다. 개념논리학의 도입절인 「개념 일반에 관하여」(Vom Begriff im allgemeinen)에 따르면, "여기에 유포되어 있는 주된 오해는 자연적 원리나 자연적 발전, 또는 성장하는 개인의 역사에서 시작을 이루는 [시간적] 출발이 마치 **참된** 것이고 개념상[으로도] **최초의** 것이라는 것이다. 물론 직관이나 존재는 그 본성

---

88) 본래 '무'의 개념은 '존재' 개념보다 더 나아간 것으로서 의미되는 것이 아니다. 물론 '무'의 개념이 '존재' 개념의 비규정성을 드러낸다는 것은 사실이다. 그러나 '무' 역시 '존재'와 마찬가지로 추상적이다. 그런 한에서 헤겔에 따르면 최초의 본래적인 개념은 ['존재'나 '무가 아니라] 바로 '생성'이다(E. §88Z, 8.192; 11.423 참조). 앞의 주 81 참조.

89) 근원적으로 앞서는 것이 자연적으로는 뒤에 올 수 있다는 사상에 관해서는 반드시 Metaph. 989a15ff., 1028a32ff., 1049b10ff., 1076a36ff. 참조.

상 첫 번째 것이고 개념을 위한 조건이기는 하다. 그러나 그렇다고 해서 그것들이 즉자대자적으로 무제약적인 것은 아니다. 오히려 바로 개념 속에서 그것들의 실재성 그리고 동시에 그와 더불어 그것들이 제약된 실재로서 지녔던 가상 또한 지양된다"(6.259f.).[90] 우리가 헤겔의 논리학을 귀류적 증명으로서 이해할 때, 이 대목이 지니는 의미는 특히 두드러진다. 앞의 범주들은 오로지 **스스로를 지양하는** 범주로서 뒤의 범주들을 위한 전제가 된다. 그에 반해 뒤의 범주들은 앞의 범주들이 ─ [명시적으로는] 논박하거나 무시하든지 간에 ─ 함축적으로는 이미 전제했던 것을 명시적으로 표현한다. 그런 한에서, 내용적 지평에서는 뒤의 범주들이 앞의 범주들을 전제하지만(voraussetzen)(그러나 뒤의 범주들은 앞의 범주들보다 복잡하다), 화용론적 지평에서는 앞의 범주 204 들이 뒤의 범주들을 언제나 이미 전제하고(präsupponieren) 있다고 말할 수 있다.

따라서 가령 '존재'는 '개념'이라는 개념의 의미에 하나의 계기로서 속하거니와, 존재가 없이는 개념의 내용은 생각될 수 없다. 그러나 역으로, '존재' 개념의 형식은 언제나 이미 '개념'의 개념을 나타내는바, 그 '존재' 개념의 형식은, 비록 다른 방식으로이긴 하지만, 개념의 개념을 이미 전제한다.[91] 그런 한에서 논리학의 집필자는 범주들 자체가 [내용의 측면에서 명시적으로] 주장하는 것 이상을 알고 있어야 한다. 그는 그 범주들 속에 단지 "즉자적으로" 또는 "우리에 대해" 숨겨져 있는 바의 것을 명시적으로 드러낼 수 있어야만 한다.[92] 앞의 범

---

90) 이에 상응하여 본질논리학의 시작부에서 헤겔은, 개념은 참된 것으로서 "하나의 직접적인 것이다.……그러나 이때의 '직접적'이라는 말은 진리가 매개를 지양하여 이제 스스로를 직접적인 것으로 만들었다는 의미를 지닌다"(6.245)고 쓴다.

91) 실재철학에서의 관계도 이와 유사하다. 자연과 유한정신은 자기모순적이다. 왜냐하면 그것들은 자신들의 본질, 즉 절대이념에 상응하지 않기 때문이다. 따라서 그것들의 모순으로부터 성장하는 절대정신은 바로 그것들의 원리이다(정신의 일반적인 특징에 관해서는 E. §381, 10.17 참조).

주들이 원래 의미하는 바는 뒤의 범주들에 의해서야 비로소 드러난
다. 그 때문에 헤겔의 논리학에서 부단한 의미변이(意味變移,
Bedeutungsmodifikationen)가 일어나는 것은 불가피할 뿐 아니라,
실로 의미심장한 일이다.[93] 내가 보기에 이 점에 관해서는 헤겔에 대한
납득할 만한 비판을 구사하기가 쉽지 않은 것으로 보인다. 왜냐하면 모
든 범주는 하나의 (물론 아직 비규정적이기는 하지만) 공통된 기체(基
體, Substrat)에 연관되어 있으며, 바로 이 하나의 공통된 기체를 저마
다 더욱 적확하게 규정하고자 하기 때문이다——이 기체는 바로 '절대
자'(das Absolute)이다. '절대자'는 본래적으로 존재하는 바의 '존재'

---

92) 5.131 참조. "규정의 여러 다양한 양태의 순환(Kreis)에서, 그리고 특히 현시
(Exposition)의 진행에서, 또는 더 자세히 말해서 개념의 현시를 향한 그 개
념의 진행에서 가장 주된 문제 가운데 하나는 아직 즉자적인 상태에 머무르는
것(was noch an *sich* ist)과 [제대로] 정립된 것(was gesetzt ist)을 구별하는
것, 즉 규정들이 [아직은 단지] 개념 속에 있는 것으로서(als im Begriffe) 존
재하는 상태와, 그 규정들이 정립된 것으로서 또는 타자를 위해 있는 것으로
서 존재하는 상태를 항상 잘 구별하는 일이다." 또한 E. §162A, 8.310도 참
조. "즉자적인 개념, 또는 그와 동일한 것인, 우리에 대한 개념."——그런 한에
서 철학적 고찰은 ——피히테가 이미 적절히 쓰고 있듯이 "우리를 또한 표현해
낼 수 있기 위해서는"—— 그 종결부에서야 비로소 주제화되는 어떤 것을 언
제나 이미 전제한다.

93) 이에 대해서는 D. Henrich (1967a ; 95-156과 1978b)와 H. F. Fulda (1973)
을 보라. ——내가 보기에 헤겔의 『논리학』에서 일어나는 개념들의 의미변이
는 가장 심층적인 차원에서 보면, 그 개념들이 (근대 수학의 공리체계에서처
럼) 함축적으로 ——즉 개념들과 명제들의 전 체계 속에서 그것들이 지니는 위
상에 관해—— 정의되어 있다는 사실에 기반한다. 즉 그렇게 해서만이 기본용
어들의 정의가능성 문제가 해결될 수 있다. 그러나 예컨대 보야이(J. Bolyai)
의 절대기하학에 에우클레이데스적인 (또는 쌍곡선적인) 평행공리가 편입될
때 '직선'의 의미가 변화하듯이, 헤겔의 『논리학』에서 '존재'의 의미는 바로
'존재'로부터 그 이상의 범주들이 전개될 때 변화한다. 그리고 논리적 범주들
의 '의미포화'(Bedeutungssättigung)는 '절대이념'에 이르러서야 비로소 멈
추게 된다고 말할 수 있다.——게다가 이미 스페우시포스[Speusippos: 플라
톤의 제자로, 플라톤이 죽은 뒤 아테네 학당의 수장이 되었다-옮긴이]도 분
할(Dihairesis) 속에서 부분들은 오로지 전체로부터만 인식될 수 있다고 말한
바 있다(frg. 31a-e Lang).

이다. 그리고 이 〔'존재'라는〕 첫 번째 범주도 그 자신이 진리임을 주장하며,[94] 이 첫 단계의 진리주장에서 '절대자'는 아직 명시적이지 못한 형식으로이긴 하지만 이미 현재하는 것이다.

어떤 개념이 화용론적 자기모순에 빠져 있는지의 여부는 오로지 그 개념을 그것 자체에 연관시킬 때 드러날 수 있다. 따라서 헤겔이 부당하게도 자기연관(Selbstbezug)의 가능성을 전제하고 있다는 비난이 널리 퍼져 있다. 이러한 비판은 예컨대 베커(W. Becker)의 여러 저술에서 볼 수 있다. 물론 우리는 베커의 논증을 전혀 근거가 없는 것으로 여길 수밖에 없다. 한 지점에서(1978; 81) 베커는 심지어 순환논증에 대한 형식논리적인 반박을 〔헤겔에 대해〕 사용한다——그러나 이러한 반박은 우리가 여기서 논의하고 있는 문제와는 무관한 것이다. 실체들(Entitäten)이 자기 자신을 스스로에게 연관시킨다는 주장은 아무런 증명이 되지 못한다. 그 경우 그 주장에서는 도대체 어떻게 순환〔논증〕이 범해질 수 있는가? 나아가 방금 인용된 저술에서는 이 순환논증에 관한 것 말고도 두 가지 비판점이 더 보이는데, 그 비판점들이 본질적으로 말하는 것은, 가령 '동일성'(Identität) 같은 논리적 범주는 오로지 그것 자체에만 연관될 수 있는바, 〔그 범주 말고는〕 '동일하다'(identisch)라는 술어가 부여될 수 있는 것이 더 이상 없다는 것이다(78). 두 번째로 그는 헤겔에게서는 '동일성'과 '차이'를 더 이상 구별할 수 없으며, 이는 "'동일성'의 변증법적 의미는 이 차이의 '지양을 뜻하기" 때문이라고 주장한다(79). 첫 번째 점에 대해서는, 자기연관이라고 해서 반드시 타자연관을 배제해야만 할 이유는 없다고 말할 수 있다. 모든 사람에게 친숙한 자기의식이라는 현상뿐 아니라, 의식과 감정(Gefühl)이라는 현상마저도 이미 경험적 수준에서 보더라도 두 관계의 통일이 가능하다는 것을 입증하고 있다. 두 번째 반박은 물론 헤겔이

---

94) W. Flach (1978), 11 참조. "헤겔의 고려들은 지(知)——그것이 어떤 형태건 간에——와 연관된 요구에 의해 동기부여되어 있다. 그 고려들은 바로 이러한 요구에 따라 이루어진다."

동일성과 차이를 동일성에 예속시키고 있음을 말한다――그러나 이때 후자의 동일성은 전자와 구별되는 종합적인 동일성으로서, 이것에는 차이 또한 그 계기로서 귀속된다. 따라서 그러한 〔종합적 범주로서의〕 동일성에 의해 포섭되는 것〔＝전자의 동일성〕은 결코 〔후자의 동일성과〕 완전히 동일하게 일치하는 것이 아니다.[95]

형식논리학적 견지에서 제기되는 비판 가운데, 자기연관을 통해 헤겔은 이율배반에 빠질 위험에 처한다는 주장은 좀더 설득력이 있는 것처럼 여겨질 수 있다. 그러나 여기서 상기해야만 하는 것은, 이율배반이란 오로지 부정적 자기연관에서 비롯된다는 점이다. 그리고 헤겔이 제시하는 종합적 범주들은 ――바로 부정의 부정으로서―― **긍정적 자기연관**을 통해 특징지어지는바, 그러한 자기연관은 자기 스스로를 〔폐기하는 것이 아니라 오히려 더욱더〕 유효하게 하며(validieren), 따라서 모순에서 벗어나는 것이다. 그에 반해 유한한 범주들은 물론 그것들도 스스로가 절대적임을 주장하기 때문에 자기연관을 행해야 하지만―― 물론 이 경우의 자기연관은 부정적인 것이다――, 그러나 바로 그럼으로써 그것들은 **스스로를 지양한다**――그것들의 모순적인 상태는 아무런 진리도 갖지 못한다. 물론, 헨리히가 지적하듯이, 헤겔에게서는 부정적인 자기연관이 결정적인 역할을 수행한다고 말할 수 있다[96]――부정적 자기연관은 분명 부정적 증명의 기관이다. 그러나 우리는 헨리히의 입장에서 더 나아가, 헤겔은 ――모든 각각의 종합적 범주에서, 하지만 그 중

206

---

95) 『철학대계』의 「제2판 서문」에서 헤겔은 철학적 동일성 개념의 "폭력적 이등분"(gewaltsame Halbierung)을 논박하는데, 그에 따르면 그것은 "구체적인 정신적 통일이 마치 그 자체 무규정적이고 차이를 그 자신 안에 포함하지 않는 것인 양" 만들어버린다(8.18).

96) 한 중대한 저술(1976b)에서 D. 헨리히는 자신을 스스로에 연관시키는 부정의 더욱 복합된 형태가 '헤겔의 기본적인 처리방식'임을 입증하고자 한다(이미 1974년의 논문에서도 그는 이러한 입장을 표명한 바 있다). 그리고 실제로 헤겔은 『법철학』에서 자신을 스스로에게 연관시키는 부정을 사변의 가장 내면적인 것으로, 즉 "모든 활동, 생명 그리고 의식의" 궁극적 근원점으로 특징지었다(§7A, 7.55).

에서도 특히 논리학의 최고 범주인 '사유의 사유'라는 구조에서— 긍정적인 자기연관 또한 잘 알고 있었음을 분명히 주지해야 한다. 이 최고의 범주는 물론 부정성을 통해 매개된다. 그러나 이는 바로 그 부정성의 자기지양을 통해 이루어지는 것이다—따라서 그것은, 부정성의 자기연관의 완결로서, 다시금 출발부의 긍정성을 복원하는 것이다. 물론 '절대이념'에 관한 장에서 헤겔은 부정적 계기를 "개념의 운동의 전환점(Wendungspunkt)"이라고 설명한다. 그러나 그것은 그 운동의 결과가 아니라, 오로지 결과에 이르는 도정에서 이루어지는 결정적인 진일보를 의미한다. "부정적인 것의 자기 자신에 대한 관계는 전체 추론(Schluß)의 두 번째 전제로 고찰되어야 한다"(563). 따라서 중요한 것은, 이러한 모순의 지양을 거쳐 정립적(thetisch) 규정으로 복귀하는 것이다. "방법의 이러한 전환점에서 인식의 진행은 동시에 자기 자신으로 복귀한다. 이러한 부정성은 자기 스스로를 지양하는 모순으로서 바로 첫 번째 직접성의, 즉 단순한 보편성의 산출이다. 왜냐하면 직접적인 것은 타자의 타자요, 부정적인 것의 부정적인 것은 긍정적인 것, 동일한 것, 보편적인 것이기 때문이다"(6.504).

하이스(R. Heiss)는 이미 (1932년에) 헤겔의 논리학에 나타나는 자기연관의 여러 다양한 형식을 올바르게 인식했는데, 그의 설명에 따르면 "헤겔에게서 지의 자기연관성의 단계적 연쇄와 변형을 기술한다는 것은 곧 헤겔 철학의 내용을 전개시킨다는 것을 뜻한다"(53). 특별히 헤겔만을 취급하지는 않는 자신의 이 저술에서 하이스는 이 자기연관의 두 가지 근본형식—즉 긍정적 자기연관과 부정적 자기연관—을 심도 있게 다루는데, 그에 따르면 그 두 형식은 서로 연결될 때에야 비로소 헤겔의 방법의 본래적인 핵심을 드러낸다. "본래적으로 방법을 구성하는 사상은…… 사유의 자기적용(Selbstanwendung)으로부터는 사유의 자기지양뿐 아니라 사유의 자기확대 또한 파악될 수 있음을 인식하는 데에 있다……. 한편으로는 부정적으로, 다른 한편으로는 긍정적으로 나타나는 자기연관은 얼핏 전혀 상이하게 보이는 조건들의 통일인바, 그 조건들은 정립에서 반정립으로, 그리고 반정립에서 종합으로 나아간다"(54). 오늘날 유감스럽게도 잊혀진 하이스의 이 저작이 지니는 의미는 단지 그가 헤겔에서의 자기연관의 두 가지 형식을 분석했다는 데에만 있는 것이 아니다. 더 나아가 하이스는 헤겔로부터 19세기 말 이래 논리학적·수학적 기초연구를 통해 높은 수준으로 다루어지는 이율배반에 이르는 가교를 놓는 데 성공한다. 실로 우리는, 비록 헤겔이 형식논리학적 이율배반이 갖는 의미를 간파하지는 못했지만,[97] 그럼에도 그는 자기연관성에 대한 관심을 통해 이율배반의 근본구조, 즉 부정적 자기연관을 이미 철학적 문제로 선취하고, 또한 그의 개념적 형태 속에서 분석했다고 말할 수 있다.[98] 헨리히가 앞서 언급한 저술에서 헤겔의 "근본전략"과 여러 형태의 이율배반 사이에 존재하는 근친성을 언급하지 않았던 반면, 최근에는 형식논리학적 이율배반과 헤겔의 이중적 부정 개념의 관계에 대한 세밀한 연구가 이루어졌는데, 이는 누구보다도 케셀링(Th. Kesselring)의 공로이다(1984; 114ff.).[99] 특히 논리적·수학적 이율배반에 대한 케셀링의 면밀한 분석(98ff.; 특히 104ff.)은 철학적(즉 단지 논리적인 데 그치지 않는) 측면에서 이 주제에 관한 최고의 작업에 속한다.[100] 그럼에도 이 중요한 저작의 아쉬운

---

97) 물론 이는 헤겔의 시대에는 거짓말쟁이〔의 파라독스〕가 유일하게 일반적으로 알려진 이율배반이었다는 것과 연관된다. 헤겔은 그의 철학사 강의들에서 거짓말쟁이를 언급하긴 하지만(18.529ff.), 그럼에도 아직 그것이 변증법적 방법의 상세한 해명을 위해 지니는 의미를 파악하지는 못하고 있다.

98) 물론, 정확히 말하자면, 부정적인 범주들에 부여되는 전칭명제——예컨대 "모든 것은 유한하다"——란 거의 이율배반적(*halb*antinomisch)임을, 즉 필연적으로 거짓임을 강조해야만 한다. V. Hösle (1984a) 279, 주 141 참조.

99) 같은 해에 나 역시 그에 상응하는 연관을 언급한 바 있다(1984a; 272ff., 특히 276ff.)——물론 그 당시 나는 아직 하이스의 저작을 알지 못했고, 케셀링 또한 그의 저작을 인용하지 않았다.

100) 케셀링은 ①자기연관성과 ②부정(정확히 말하자면 자기연관성의 부정)을 알려져 있는 거의 모든 이율배반——얼핏 봐서는 이러한 구조를 지니지 않는 것처럼 보이는 이율배반까지도——의 계기로 조탁해낸다(110ff.).——울리히 우너슈탈(Ulrich Unnerstall) 씨는 친절하게도 다음의 사실에 내 주의를 환

점은 다음과 같이 지적될 수 있다. 즉 그것은 일면적으로 **부정적인 자기연관**에〔만〕국한되어 있으며, 그 부정적 자기연관이 **긍정적 자기연관으로 스스로를 지양**하는 것은 고려하지 않는다. 요컨대 케셀링에게서 보이는 아쉬운 점은 그가 '단지 변증법적일 뿐인 것'과 '사변적인 것'을 충분히 구별해내지 못했으며, 〔이에 따라〕헤겔에게서의 부정적 모순개념과 긍정적 모순개념을 제대로 구분하지 않았다는 점에 있다.

이에 반해 자기연관의 두 가지 형식에서 긍정적인 것이 부정적인 것에 대해 갖는 존재론적 우위(優位, Priorität)[101]를 파악할 경우, 우리는 헤겔의 경우 두 가지 일면적 계기, 곧 정립과 반정립의 위상이 **비대칭적**임을 쉽게 간파할 수 있다(앞의 172쪽 참조). 그 이유는 다음과 같다. 먼저 부정적인 것은 자신의 타자를 직접적으로 전제하거나 또는 스스로를, 자기 자신에 연관시켜, 그 타자로 지양시킨다. 반면에 긍정적인 것은 물론, 그것이 자신의 타자를 통합시키지 않는 한에서는, 그 타자를 통해 제한되고 그런 한에서 여전히 절대적이지 못하다고 할 수 있다. 즉 그것을 생각하기 위해서는 그것의 타자가 필연적인데도, 그것은 208 이러한 〔타자에 대한〕연관을 부인한다. 그런 한에서 긍정적인 것 역시 자기모순적이다. 그러나 그럼에도 긍정적인 것은 부정적인 것이 갖는 것과 동일한, **직접적 모순**(Inkonsistenz)의 성격을 지니지는 않는다. "긍정적인 것은 다만 **즉자적으로만** 이러한 모순이다. 그에 반해 부정적인 것은 **정립된** 모순이다. 왜냐하면 즉자대자적으로 부정적인 것이라는, 또는 부정적인 것으로서 자기 자신과 동일하다는 그것의 자기 내

기시킨 바 있다. 즉 이율배반이 화용론적 부정합(Inkonsistenz)과 구분되는 것은, 이율배반의 경우 형식과 내용은 다만 그 자체로 서로 모순되는 데 그치는 것이 아니라, 이러한 불화, 이러한 비-자기연관성을 분명하게 드러낸다는 데에 있다.

101) 이는 또한 이율배반적 명제, 개념 또는 집합에 대응하는 긍정적 상관항(즉 "이 명제는 참이다"라는 명제, "자기 자신을 말하는" 개념〔=개념의 개념〕, "자신을 포함하는 모든 집합의 집합")은 이율배반적이지 않다는 데에서도 드러난다.

반성에서 볼 때, 그 부정적인 것이 갖는 규정은 그것이 비동일적인 것이라는 것, 즉 동일성의 배제라는 것이기 때문이다"(6.66).[102] 따라서 흥미롭게도 헤겔에게서 절대자의 최고 규정은 이미, 긍정적 규정과 부정적 규정의 상위에 **긍정적** 규정을 위치시키는 구조를 지닌다. 1800년의 이른바 「체계단편」(Systemfragment)에서 헤겔은 생명을 "연결과 비연결의 연결"(die Verbindung der Verbindung und Nichtver-bindung)이라고 일컫는다(1.422). 그리고 『차이』에서 그는 절대자를 "동일성과 비동일성의 동일성"으로 파악한다(2.96)——물론 그는 나중에는 이 정의를 절대자에 대한 하위규정(Unterbestimmung)이라고 비판하지만(5.74), 그럼에도 헤겔에게서 이 정의는 그 형식적 구조에 따라서 보면 지속적으로 유효하다(E. §215A, 8.372f. 참조).

그러나 긍정성의 이러한 우위에도 불구하고 견지되어야 하는 것은, 종합적 규정은 〔부정성에 대한〕단적인 부정성이 아니라, 오히려 이 부정성을 계기로서 통합한 것이라는 점이다. 실제로 헤겔 논리학의 가장 중대한 테제 가운데 하나는, 부정적인 것을 함께 끌어들임으로써 그 부정적인 것의 힘이 제거되고, 그럼으로써 하나의 더 큰 안정성(Stabilität)이 달성된다는 것이다. '규정적 반성'(bestimmende Reflexion)에 관한 절에서 헤겔은, 반성규정(Reflexionsbestimmung)이 '질'(質, Qualität)과 구별되는 것은, 바로 부정이 그것의 내적 계기에 속한다는 점을 통해서라고 설명한다. 질에 대해 부정은 생소한 것이기 때문에, 질은 부정을 통해 파악되고 또한 해소될 수 있다——그럼에도 질은, 그것이 〔'질'이라는〕개념으로 파악되기 위해서는, 즉자적으

---

102) 이와 유사하게 『논리학』의 「대립」(Gegensatz) 장에 대한 주석을 보면, 긍정적인 것과 부정적인 것의 관계에서 처음에는 마치 두 범주가 대칭적인 것으로 다루어지는 듯하지만, 나중에 가서 부정적인 것 그 자체는 긍정적인 것에 의해 폐기된다(6.60). 물론 두 계기의 관계의 대칭화가 전적으로 논리적 발전의 **목표**(Ziel)——특히 개념논리학이 이 목표에 접근한다——라고 말할 수도 있다. 뒤의 230쪽과 4.2.4. 참조.

로는 필연적으로 부정과 연관되어 있다. "질을 담지하는 존재는 부정과 다른 것이기 때문에, 질은 그 자체로 부등의(ungleich) 것이며, 따라서 이행하는 계기, 즉 타자 속에서 소멸하는 계기이다"(5.33). 여기서 헤 겔이 말하는 것은, 한편으로 질은 그것의 개념에서는 그것의 타자[=질 이 아닌 것]를 가리키게 되어 있지만, 그러나 다른 한편으로 질의 직접 적인 의미는 이 타자를 배제한다는 점이다. 따라서 질은 그 자체로는 부등의 것, 즉 모순적인 것이다. 그에 반해 반성규정은 "부정태 209 (Negiertsein)를 자신의 근거로 지니는 것, 즉 자기 자신 안에서 결코 다르지 않는 것"인바, "이에 그것은 본질적인, 즉 이행하지 않는 규정성 이다. 부정적인 것을 다만 부정적인 것으로서, 즉 지양된 것 또는 정립 된 것으로서 갖는, 반성규정의 자기동등성(Selbstgleichheit)은 부정적인 것에도 그 존립을 가능하게 하는 것이다"(6.34).[103] 부정성을 편입시키 는 이러한 구조는 명확히 논리학의 골격을 지배한다. 오로지 그 속에서 타자에 대한 불가결한 연관이 그 자체로 정립되고 명시되어 있는 개념 만이 모순을 피한다. 이는 특히 개념의 개념(der Begriff des Begriffs) 에서 그러한데, 헤겔에 따르면 개념은 "자기 자신과 자신의 타자의 통일 이거니와, 따라서 개념은 마치 그것이 타자 속에서 변화하는 식으로 타 자로 이행할 수 있는 것이 아니다. 이는 바로 그 타자, 규정된 것 (Bestimmtsein)이 바로 개념 자신이고 또한 개념이 이러한 이행 속에 서 오로지 자기 자신으로 복귀하기 때문에 그러하다"(6.492).

헤겔의 이러한 논증에 들어 있는 진리는 바로 앞에서 논의된 것으로 부터 드러난다. 즉 자신의 즉자적 존재태를 명시적으로 드러내지 않는

---

103) 6.35 참조. "질은 그것의 연관을 통해 타자로 이행한다. 그것의 연관 속에서 는 그것의 변화가 시작된다. 그에 반해 반성규정은 그것의 타자태 (Anderssein)를 스스로에게로 되돌렸다(zurückgenommen). 그것은 정립 태(Gesetztsein), 곧 부정이지만, 이는 타자에 대한 연관을 자기 자신에게로 되돌리는 부정이며, 또한 자기 자신과 동등한 부정, 즉 자기 자신과 자신의 타자의 통일이요 오로지 그럼으로써 본질성(Wesenheit)인 바의 부정이다."

규정은 화용론적으로 모순적이다. 그러나 규정적이기 위해서는 한 개념은 다른 개념들과 연관지어져야 한다. 이러한 연관은 따라서 그 자체로 그것〔=개념〕의 의미 속에 정립되어야 한다. 그런데 부정적인 것을 끌어들이는 것이 오히려 〔한 범주의〕 강화(Stärkung)를 뜻한다는 것은 실재철학의 수준에서도 쉽게 볼 수 있다. 가령 어떤 질병을 이겨낸 뒤에 얻어지는, 새로운 감염에 대한 면역은 이 점을 자연적 영역에서 입증해준다. 뿐만 아니라 정신적인 현상들도 이를 입증해주는데, 가령 상대주의와 같은, 정신적인 것의 일정한 부정적 형태를 스스로 옹호하다가 나중에 그것의 일관되지 못함을 간파한 사람이, 정립적인 소박함 속에서 성장하다가 갑자기 상대주의와 마주친 사람보다, 그 상대주의에 대한 저항력을 더 강하게 지니는 현상이 그러한 경우에 속한다.

유한한 범주에서 드러나는 자기모순의 종류와 방식에 대한, 그리고 자기연관의 여러 형식에 대한 우리의 분석을 토대로, 마지막으로 다음의 질문에 대한 대답도 주어질 수 있다. 즉 그것은 헤겔은 어째서 화용론적 자기모순을 드러내는 자신의 방법에서 그가 제시한 명제들이 분석적이면서도 종합적이라고 (또는 분석적이지도 종합적이지도 않다고) 주장할 수 있는가 하는 물음이다――칸트나 분석철학에 바탕을 둔 입장에 서게 되면 이러한 언명은 그야말로 난센스로 간주되는 것이 보통이다.[104] 이미『차이』에서 헤겔은, 절대적 방법은 분석적이지도 종합적이지도 않다고 주장한다(2.46f.). 또한 셸링(Schriften von 1799~1801, 363ff.)에 관한 논의에서 헤겔이 말하는 바에 따르면, 철학의 근본원칙은 그 두 가지에 상응하고 또한 그 자체로 이율배반이어야 한다(36). 결론적으로 헤겔은『논리학』의 '방법'에 관한 장에서, 절대적 인식은 분석적 인식과 종합적 인식을 자신 안에서 통일시킨다고 여러 번 설명한다(6.557, 563; E. §238A mit Zusatz, 8.390; §239A, 8.391).[105]

210

---

104) Trendelenburg (1840), I 86도 참조.
105) 이 점에 관해서는 볼파르트(G. Wohlfart)의 상세한 설명(1981; 335-342): '분석적이면서도 종합적인 방법으로서의 사변적 방법'을 참조할 것.

물론 그럼으로써, 분석적이면서도 종합적인 **명제들**에 대한 요구에는 일정한 변화가 일어나긴 하지만(왜냐하면 분석적 인식은 분석명제에서의 인식과 완전히 일치하는 것은 아니기 때문이다), 그럼에도 이 대목에서는 명제들도 또한 거론되고 있다고, 나아가 무엇보다도 명제들이 거론되고 있다고 이해하는 것은 정당하다. 그러나 이제 우리가 인정해야만 하는 것은, 그것을 부정했을 때 **화용론적 모순**이 생겨나는 명제는 실제로 분석적이면서도 종합적이라는 것이다. 왜냐하면 그 명제의 부정은 자기모순적이지만(따라서 그 명제는 분석적이지만),——그 모순은 바로 화용론적인 수준에서 모순적인 것으로, 그러한 명제는 그 자체 한갓된 동어반복이 아니기 (따라서 그것은 종합적이기) 때문이다. 물론 엄밀한 의미에서는 오로지 『논리학』의 종결부에 나오는 명제들만이, 즉 절대이념을 전개하는 명제들만이 분석적이면서도 동시에 종합적으로 참이라고 ——그것도 전적으로 정당하게 참이라고—— 특징지어질 수 있다. 헤겔의 모순이론은 처음 봐서는 너무나 낯설게 여겨지지만, 그 이론이 독일관념론의 초창기에 제기되었던 물음, 즉 선험적 종합명제에 대한 물음에 대한 진정한 해답을 제공한다는 점은 인정되지 않으면 안 된다.[106)]

4.2. 헤겔 논리학의 구조

헤겔이 『논리학』에서 채용하는 방법이 전적으로 합리적인 것으로 여겨질 수 있음에도 불구하고, 그의 논리학이 그 개개의 논증과 내용 면에서도 ——가령 그 범주들의 순서에서는 물론, 특정한 범주들을 논리학

---

106) 알브레히트(W. Albrecht)에 따르면 이 물음은 곧바로 헤겔 철학의 핵심이 된다. "우리는 더욱이 그(=헤겔)의 철학적 고투 전체가 서로 결코 무관할 수 없는 물음들과 연관되어 있다고 감히 말해도 좋다. 즉 그것은 한편으로는 절대자의 복구가능성에 대한 물음이요, 다른 한편으로는 선험적 종합판단의 가능성에 대한 물음이다." 헤겔이 선험적 종합판단에 대해 부여한 의미에 대해서는 특히 6.260f., 267, 505를 참조할 것.

속으로 단순히 수용하는 것에서도— 과연 언제나 강력한 설득력을 지니고 이루어지는지에 대해서는 커다란 의심이 있을 수밖에 없다. 그렇지만 이는 헤겔 논리학에 등장하는 개개 범주의 순서가, 가령 헤겔의 방법은 개개의 범주를 발생시킬(generieren) 수 없다고 한 하를란더(K. Harlander)의 주장처럼(1969; 75ff.), 그저 자의적으로 매겨지고 있다는 말은 아니다. 내가 말하고자 하는 것은, 헤겔 연구에서 가장 시급하게 필요한 것들 중 하나는 헤겔 논리학에서 이루어지는 개별적인 단계의 진행을 비판적으로 검토하는 일일 것이라는 점이다[107]—물론 이 책에서도 이러한 필요는 충분히 만족스럽게 해소될 수는 없다. 오히려 내 작업은 극히 거칠게나마 그 대강의 거시구조를 그려보는 정도로 그칠 수밖에 없다. 그 중에서도 특히 나는 헤겔 논리학의 —좀더 정확하게는 헤겔이 쓴 여러 판본의 논리학들의— 구성을 먼저 검토해보고자 한다.

4.2.1. 헤겔이 쓴 여러 판본의 논리학에서 취해진 구성방식

특이하게도 헤겔의 『논리학』은 두 가지 구성을 채택하고 있다. 그 중 하나는 객관적 논리학과 주관적 논리학이라는 이분적 구성이며, 다른 하나는 존재논리학·본질논리학·개념논리학으로 이루어지는 삼분적 구성이다.[108] 이 두 가지 구성은 서로 어떻게 연관되는가? 이 물음은

---

107) 헤겔의 논리학에서 설득력이 전혀 없는 많은 부분의 근저에는 논리적 범주들과 철학사에 등장한 여러 입장 사이에 모종의 대응관계가 있다고 여기는, 불행하고도 근거 없는 사고가 깔려 있다(18.49, 59; 20.478f. 이 점에 관해서는 V. Hösel (1984a), 85ff.를 보라). 이로 인해 초래되는 것은 첫째, 헤겔은 예컨대 스피노자의 철학에 대한 탁월한 진술과 비판을 내용으로 하는 "절대자"의 범주를 대논리학에 끌어들이지만, 그렇다고 해서 이 범주가 곧장 논리학에 속하게 되는 것은 아니라는 점이며(실제로 이미 『하이델베르크 철학대계』에서 그러한 범주는 삭제되었다), 둘째, 여러 범주—예컨대 '실체'라는 범주—의 의미가 논리적 발전에서 도출되는 범주와 과거의 중요한 철학들에 의해 대변된 범주 사이에서 동요하게 된다는 것이다(주 143 참조).

먼저 헤겔의 이른바 '대논리학'과 철학대계의 일부인 '소논리학'을 근거로 설명되어야 할 것이다(4.2.1.1.). 그 다음으로는 이 두 판본의 논리학과는 다른 ──내가 보기에 훨씬 더 만족스러운── 구성법을 따르는, 앞선 시기에 씌어진 헤겔의 여러 논리학이 논의되어야 할 것이다(4.2.1.2.).

4.2.1.1. 헤겔 『논리학』의 구성

최근의 연구에서 헤겔의 논리학이 두 가지의 중첩되는 구분법으로 이루어졌다는 점이 거의 다루어지지 않았다는 것은 매우 기이한 사실임에 틀림없다.[109] 이러한 사실이 실로 놀라운 이유는 첫째, 헤겔의 다른 어느 저작에서도 이처럼 이중적인 구성은 나타나지 않기 때문이며, 둘째, 첫 번째의 이분적인 구성은 단지 구성 그 자체가 아니라 그 구성에 대한 방법적 요구에 관해서 보더라도 우리가 헤겔에 대해 일반적으로 알고 있는 모든 것과 모순되기 때문이다. 따라서 논리학의 이분적 구성을 헤겔이 범한 일종의 불필요한 미숙함으로 간주하고, 오로지 그 이분법이 아닌 삼분적 구성만이 본래적으로 유효한 것이라고 보는 생각도 큰 무리는 아닐 것이다. 19세기에 이러한 해석을 특히

---

108) 크로너(R. Kroner)에 따르면(1921ff.; II 435) 이는 제1비판을 감성론·분석론·변증론으로 나눈 칸트의 구분법에서 영향을 받은 것이다. 그러나 칸트의 감성론이 어째서 『논리학』의 한 부분에 상응해야 하는지에 대한 설명은 찾아볼 수 없다. 그와는 달리 반드시 지적되지 않으면 안 되는 것은, 초월적 논리학을 분석론과 변증론으로 나눈 칸트의 이분법은 『논리학』을 객관논리학과 주관논리학으로 나눈 헤겔의 이분법과 일정한 대응을 보인다는 점이다. 특히 본질논리학에는 '관계'와 '양상'의 범주 외에도 반성개념들이 편입되는데, 칸트 역시 분석론에 대한 부록에서 이 반성개념의 '모호성'(Amphibolie)을 논의하였다.

109) 이러한 사정은 예를 들면 Th. Litt (1953), 244나 H. Rademaker (1979)에서 언급된다. 특히 라데마커는 이 문제에 관해 하나의 절(34-37)을 별도로 할애한다. 물론 그는 헤겔의 저작이 한편으로는 삼분화되고 다른 한편으로는 이분화되지만, "궁극적으로는 그리고 무엇보다도……하나의 전체"를 이룬다고 생각하는 것으로 그친다(37).

강하게 옹호한 사람은 미슐레인데, 로젠크란츠의 『논리적 이념의 학』 (*Wissenschaft der logischen Idee*)을 논하는 가운데 그는 다음과 같이 쓰고 있다. "객관논리학과 주관논리학으로 나누는 이분법이 헤겔의 오류였으며, 헤겔 스스로도 이 오류를 간파하고 폐기처분했다는 점에 대해서는 이론의 여지가 없다"(1861; 49). 라손(G. Lasson)도 이와 비슷하게 강조한다. "헤겔의 방법이 지니는 고유성은 오로지 삼분적 구성에만 상응한다는 것은 지극히 자명한 사실이다"(1932; LXXXVI). 게다가 이러한 해석—처음 볼 때 매우 설득력이 있는 것으로 여겨지는—은, 헤겔의 『철학대계』판 논리학〔=소논리학〕은 제1판부터 제3판에 이르기까지 오로지 존재논리학·본질논리학·개념논리학이라는 삼분법에 의해서만 구성된다는 사실에 착안한 것일 수 있다. 즉 소논리학에서는 '객관논리학'과 '주관논리학'이 더 이상 거론되지 않는다.—그러나 물론 논리학의 완전한 구분법이 삼분적인 것이어야 한다는 점은 반드시 인정해야 하지만, 그럼에도 헤겔의 논리학에서 제기되는 모든 체계적인 문제가 오로지 존재논리학·본질논리학·개념논리학이라는 구분법에 의해서만 해결될 수 있다는 제안은 극히 단순한 것으로 배척되어야만 한다. 왜냐하면 완전한 구분법은 단지 삼분적인 데 그쳐서는 안 되거니와, 또한 동시에 **변증법적**이어야만 하기 때문이다—즉 세 번째 지절은 선행하는 두 지절의 **종합**으로서 해석되어야만 한다.[110]

그러나 헤겔 논리학의 세 부분의 전개가 **직선적**이라는 점, 즉 두 번째 부분이 첫 번째 부분과 세 번째 부분을 매개하는 기능을 한다는 점에는 213 의심의 여지가 없다. 헤겔 스스로도 『논리학』의 「서론」 중 "논리학의 일반적 구성"이라는 절에서 이 점을 매우 분명하게 말하고 있다—이

---

110) 단지 삼분법이라고 해서 반드시 변증법과 연관되는 것은 아니라는 점은 이미 헤겔의 맨 처음 제자들도 분명히 알고 있었다. 이 점과 관련하여 예컨대 로젠크란츠는 자못 익살스럽게 "천진난만한"(unschuldig) 삼분법을 거론하는데, 그의 견해에 따르면 이러한 소박한 삼분법은 특히 헤겔의 강의에서 많이 발견된다(1837; XIff.).

텍스트는 1831년에, 즉『철학대계』의 세 판본이 모두 나온 뒤에 씌어진 것이기 때문에, 가장 권위 있는 표준 텍스트로 여겨져야 한다. 어쨌거나 이로써 헤겔 스스로가 이분적 구성의 오류를 간파했고 또한 폐기처분했다는 미슐레의 단언은 논박된다.[111] 이 절에서 헤겔은 먼저, 참된 구성은 "개념과 연관되어야 하거나, 더 나아가 개념 그 자체 속에 놓여 있어야 한다"(5.56)고 천명한다. 그런데 논리학의 개념에 속하는 것은 바로 주체와 객체의 분리를 극복하는 것이다. 따라서 논리학에서는 개념으로서의 존재와 존재로서의 개념이 인식된다. 물론 이 계기들의 통일은 구체적인 것이다. 따라서 그 계기들의 내부에서[112] 이루어지는 발전에는 그러한 통일이 절대적으로 바탕에 깔려 있다. "이에 완전한 개념은 한편으로는 존재하는 개념(seiender Begriff)으로서, 다른 한편으로는 개념[그 자체]으로서 고찰되어야 한다. 전자의 경우 개념은 단지 즉자적일 뿐인 개념으로, 즉 실재성과 존재의 영역에 존재하는 반면, 후자의 경우 개념은 개념 그 자체, 즉 대자적으로 존재하는 개념이다.…… 이에 따라 논리학은 먼저 존재로서의 개념(der Begriff als Sein)의 논리학과 개념으로서의 개념(der Begriff als Begriff)의 논리학으로, 또는…… 객관적 논리학과 주관적 논리학으로 나눌 수 있다." 그러나 이 두 부분은 "적어도 서로 연관되지 않으면 안 된다. 이로부터 [이 양자를] 매개하는 영역, 즉 반성규정들의 체계로서의 개념(der Begriff als System

---

111) 이밖에 생각할 수 있는 반박은, 1831년판 대논리학의 구성은 1812년에 씌어진 제1판의 구성을 그대로 이어받고 있으며, 그것을 자신의 새로운 통찰에 맞도록 수정하고자 하는 노력을 꺼렸다는 것인데, 이 역시 근거 없는 억측이다. 그와는 정반대로 1831년판의 「서론」 장은 1812년판의 「서론」 장(1-5)과 비교해볼 때 의미심장한 변화를 담고 있을 뿐 아니라, 심지어 본질논리학의 매개적인 성격은 1831년판에서는 훨씬 더 강하게 부각된다.

112) 물론 논리학의 모든 범주는 의식에서 보이는 대립을 극복한 것이다. 따라서 논리학적 범주들은 한갓 심리학적인 것[또는 정신론적인 것, Psychologisches]이 아니다. 하지만 그렇다고 해서 그 범주들이 논리적인 것의 매체 안에서 이미 자연과 정신의 대립을 선취하고 있다는 사실이 바뀌지는 않는다.

der *Reflexionsbestimmungen*)——즉 개념의 내자태*로 이행하는 존재의 체계로서의 개념——이 나오게 된다. 이때 '내자태'로서의 개념이란 아직 [개념] 그 자체가 대자적으로 정립된 것[즉 개념 그 자체 그대로 명시적으로 드러난 것]이 아니라, 개념이 동시에 그것에 외적인 것인 직접적 존재에 사로잡혀 있는 상태를 말한다. 이 단계가 바로 **본질론** (die Lehre von dem Wesen)으로, 이는 존재론과 개념론 사이의 한 가운데 위치한다"(5.58). 이 언급에서 두 부분[존재론과 본질론] 사이의 연관을 요구하는 "적어도"라는 단어는 매우 부적절한 것으로 여겨진다. 왜냐하면 그러한 단어를 통해서는 두 부분 사이의 '매개'란 단지 하나의 '연관지음'에 불과하다는 ——즉 어떤 외면적인 것일 뿐이라는—— 주장이 부지불식간에 표현되기 때문이다. [하지만] 우리가 진정으로 헤겔의 입장에 대해 기대해야 하는 것은, 객관논리학과 주관논리학의 매개가 그 둘 사이에 [인위적으로] 끼워놓은 부분에서 일어나는 것이 아니라, 오히려 최종의 종합적인 부분에서 이루어지는 것——즉 논리학의 전개가 직선적으로가 아니라 변증법적으로 이루어지는 것——이다.

214   그런데 헤겔의 논리학 구성은 우리를 놀라게 하는 또 하나의 특징을 지니고 있다. '존재'에서 출발하여 '본질'을 거쳐 '개념'으로 나아가는 전개가 점점 더 강력한 내면성을 향해 나아가는 전개——즉 존재의 외면성에서 출발하여, 내면성과 외면성 사이에서 모호한 동요 상태에 있는 본질의 단계를 거쳐, 개념의 순수한 내면성으로 나아가는 전개——인 반면에, 주관논리학의 내부에서는 하나의 재객관화(Reobjektivierung)가 이루어지고 있다. 그리고 이때의 '객관성'은 '존재'로의 복귀로 이해되어야 한다. "드디어 객관성은 개념이 자신의 추상성의 지양과 매개를 통해 스스로를 [다시금 직접성으로] 규정하는 바의 직접성으로 존재한다"(6.406). 개념의, 존재로의 복귀는 그 자체로 보면 헤겔의 논리학

---

*內自態, *Insichsein* des Begriffs: 바로 존재 '그 스스로 안에 개념이 존재하고 있음'을 가리키는 말.

구성이 직선적이 아닌, 변증법적 성격을 지닐 수 있게 할 수 있다. 그러나 논리학 제3부 전체에서가 아니라 단지 그 중 하나의 절에서만 이러한 복귀가 규정되고 있다는 것은 결코 만족스러울 수 없다. 개념논리학이 지니는 이러한 기이한 양면성, 즉 한편으로는 본질논리학에 맞서 그 내면성의 완성을 의미하지만, 다른 한편으로는 제1부의 객관성으로의 [재]전환을 보여주는 바의 양면성은 『하이델베르크 철학대계』의 내용 구분에서 이미 그 징후를 보인다. 즉 그 책에는 다음과 같이 씌어져 있다. "순수한 학 또는 논리학은 세 부분으로, 즉 ① 존재의 논리학, ② 본질의 논리학 그리고 ③ 개념 또는 이념의 논리학으로 나누어진다.——이 셋은 각각 ① 직접적인 사상, ② 반성적인(reflectierend) 사상 그리고 ③ 자기 내 반성에서 나와 그 자신의 실재성 속에서 자기 스스로에 존재하는 사상(der aus der Reflexion in sich gegangene und in seiner Realität bey sich selbst seyende Gedanke)을 가리킨다"(§37)〔번호는 옮긴이가 붙임〕. 이 대목에서 눈여겨봐야 할 것은, 제3부〔이후의 구분법에서 '개념론'에 해당하는〕에 일단 두 개의 범주가 ——즉 개념과 이념이[113]—— 배속되고 있다는 점이다. 이때 그 두 가지가 비슷한 것을 의미하는지, 아니면 개념이 본질에 대해 더 새로운 것을 의미하듯 이념이 개념에 대해 더 새로운 것을 의미하는지는 그리 분명하지 않다. 그러나 이 표현의 해석에서 우리는 후자의 손을 들어줄 수 있는 것으로 보인다. 왜냐하면 "자기 내 반성에서 나옴"을 개념과 연관시키고, "자신의 실재성 속에서 자기 스스로에 존재함"을 이념과 연관시키는 것이 좀더 설득력 있는 것으로 여겨지기 때문이다.

베를린 시기의 『철학대계』판 논리학은 좀더 조화롭게 구성되어 있다——여기에서 ①존재논리학, ②본질논리학, ③개념논리학의 주제로 각각 언급되는 것은 ①즉자적 개념, ②개념의 대자존재와 가상 그리고 ③

---

113) HE §386A도 참조. "논리학에서는……①존재로서의 사유와, ②반성으로서의 사유 그리고 ③개념으로서의 사유와 그에 이어 이념으로서의 사유가 고찰되었다"〔번호는 옮긴이가 붙임〕.

즉자대자적 개념이다(§83, 8.179)[번호는 옮긴이가 붙임]. 물론 이러한 규정은 내용적인 면에서는 전혀 수긍하기 어렵다. 왜냐하면 대자존재는 바로 주관성의 특징을 이루는 것으로, 우리는 그것을 [본질보다는] 오히려 개념에 해당하는 것으로 여길 것이며, 그렇다면 즉자대자적 개념, 곧 재객관화된 개념은 이념의 단계에 가서야 비로소 이루어질 것이기 때문이다. 실제로 앞에서 인용된 대논리학의 구성(5.58)에서 대자적으로 존재하는 개념은 본질논리학의 대상이 아니라 개념논리학의 대상으로 지칭된다[114]——이러한 불일치는 헤겔의 논리학 구성이 선뜻 받아들여질 수 없는 것임을 충분히 시사해준다. 즉 한편으로 헤겔에 따르면 개념은 내면성과 대자존재의 절대적인 심화여야 한다——그리고 이러한 특징화는 헤겔의 '개념'이라는 개념에 꼭 들어맞는다. 그런데 다른 한편으로 '절대이념'의 도식에 따르면 제3의 규정은 종합적인 것이어야만 하는 까닭에, 이 개념은 '존재'로의 복귀를 내용으로 하며 또한 즉자대자적 존재를 표현해야 한다. 그렇지만 헤겔에게서 개념이 이러한 것을 수행하는 것은 단지 당위일 뿐이다. 비록 개념이 "존재와 반성의 절대적 통일"(6.246; E. §159A, 8.305 참조)이라고 확언하고 있긴 하지만, 개념이 실제로 그러한 것을 이루어낸다는 것을 헤겔은 설득력 있게 설명하지 못한다. 개념논리학적 규정들의 내용까지는 아니더라도, 적어도 그 규정들의 **상관방식**(Relationsweise)을 존재논리학의 범주들과 본질논리학의 범주들의 상관방식을 종합하는 것으로 해석하고자 하는 헤겔의 시도 역시 이와 유사한 양면성을 지니고 있다. 잘 알려져 있듯이 헤겔에 따르면 개개 범주 사이의 관계는 존재논리학에서는 '이행'(Übergehen)으로, 본질논리학에서는 '서로 속에서 드러남'(Scheinen ineinander)으로 그리고 개념논리학에서는 '전개'

---

114) 그리고 『철학대계』판 논리학에서도 헤겔은, 존재논리학과 본질논리학의 규정들은 단지 "즉자적인 개념"이라고 설명한다(§162A, 8.310). 이와 유사하게 §112, 8.231에서 그는 '본질'은 "아직 대자태(Fürsich)에 이르지 못한" 개념이라고 말한다.

(Entwicklung)로 파악될 수 있다.[115] 이것이 의미하는 것은, 존재논리학의 규정들은 아직 서로를 분명히 지시하지(aufeinander verweisen) 않으며, 오로지 관찰자의 반성만이 그것들에 함축되어 있는 상관성을 발견해낸다는 것이다. 예컨대 '유한자'(das Endliche)의 개념에서는, 유한자는 그것의 타자인 '무한자'가 없이는 생각될 수 없다는 것이 표현되고 있지 않다. 그에 반해 '결과'(Wirkung)라는 개념에서는 '원인'이라는 개념이 이미 지시되고 있다. "상호연관성(Bezogenheit)은 존재의 영역에서는 단지 즉자적일 뿐이다. 반면 본질에서는 그 연관성은 〔분명하게〕 정립되어 있다.……존재에서는 모든 것이 직접적인 반면, 본질에서는 모든 것이 상관적(relativ)이다"(E. §111Z, 8.230). 대논리학에서 헤겔은 '부정'(Negation)이라는 범주와 '부정적인 것'(das Negative)이라는 범주 사이의 차이를 그 예로 든다. '부정'은 '질'(「존재논리학」의 첫 번째 절 가운데 「현존재」 장에서 다루어지는 두 번째 범주인)에 관한 주석에서 논의되며, '부정적인 것'은 '모순'(「본질논리학」의 첫 번째 절에서 다루어지는 세 번째의 반성규정인)에 관한 첫 번째 주석에서 논의된다. 헤겔에 따르면 "'부정' 일반은 '질' 또는 직접적 규정성으로서의 부정적인 것이다. 하지만 '부정적인 것'〔그 자체〕으로서의 부정적인 것은 그것에 대해 부정적인 것(das Negative seiner)에, 즉 그것의 타자에 연관되어 있다.……모름지기 '부정적인 것'이란 어떤 직접적인 것이 아니다"(6.66).

존재논리학과 본질논리학의 차이를 파악하기 위해서는 E. §114A, 8.235f.에서 하나의 대응관계 속에서 논의되는 '존재' '무' '생성' 그리고 '현존재'라는 한편의 범주들과 '동일성' '차이' '근거'[116] 그리고 '실존'이라는 다른 한편의 범주들을 비교해보는 것이 유익하다. '존재'와

216

---

115) 4.28; 5.130f.; 6.217, 279; E. §84, 8.181; §114, 8.235; §161 mit Zusatz, 8.308f.; §240, 8.391; 17.408 참조.
116) 세 가지 반성규정은 뒤에 가서 개념논리학의 지평에서는 개념의 세 계기에서 다시금 반복된다(E. §164A, 8.314).

'무'는 일항술어(一項述語, einstelliges Prädikat)[=한 대상에 대한 술어]이지만, '동일성'과 '차이'는 이항술어(二項述語, zweistelliges Prädikat)[=두 대상에 대한 술어],[117] 즉 관계[적 술어](Relation)이다. 그리고 '현존재'의 개념에서는 현존재자의 피제약성(Bedingtheit)에 대한 반성이 수행되지 않는 반면, '실존'의 범주에서는 그러한 반성이 분명하게 정립된다.[118] 물론 '본질'에서 개별적 규정들은 이와 동시

---

117) 논리학의 세 부분을 극히 단순하게 정식화하자면, 존재논리학에는 첫째 단계의 일항 술어논리(einstellige Prädikatenlogik)가, 본질논리학에는 첫째 단계의 이항(二項) 또는 다항(多項) 술어논리가, 그리고 개념논리학에는 둘째 단계의 다항 술어논리가 필요하다고 할 수 있다.

118) 헤겔에 대한 2차 문헌들에서는 논리학의 세 부분에 의식의 세 형식을 각각 대응시키려는 시도가 널리 퍼져 있다. 이 경우 존재논리학에는 자연적 의식—이것에게 모든 것은 그 직접성 속에서 타당하다—이 상응하고, 본질논리학에는 모든 것을 그것의 근거로 소급시키고자 하고 따라서 모든 것을 제약된 것으로 보는, 학문적 의식이 상응하며(Th. Litt [1953], 271f. 참조), 개념논리학에는 최후정초된 구조로부터 실재성을 도출하는 철학적 연역이 상응한다. 실제로 —헤겔 자신에 의해서도 이따금씩 언급되는(4.277f. 그리고 279와 280f. 참조)— 이러한 상응관계는 의심의 여지 없이 성립한다. 왜냐하면 논리학은 모든 것의 원리가 되므로 의식의 형식들 또한 그 원리는 바로 논리학에 있기 때문이다. 그렇지만 물론 논리학의 개별 부분들이 단지 실재성 전체에 대한 고찰의 방식들을 나타낼 뿐이지 현실의 개별적 영역들을 구성하는 것은 아니라고 간주한다면, 그 비교는 틀린 것이 되어버린다. 이렇게 할 경우 존재론적 논리학은 하나의 현상학으로 약화되어버린다(물론 헤겔 스스로에게서도 이러한 입장이 전혀 보이지 않는 것은 아니다. 주 136 참조).—이에 반해 하르트만(E. v. Hartmann)의 범주론에서 개별적 범주들은 실제로 그것들에 상응하는 의식의 형식들에 준하여 해석되어야 한다. 그는 다음과 같이 분명하게 설명한다. "이 책은 범주들을 첫째, 주관적으로 관념적인 영역에서, 둘째, 객관적으로 실재적인 영역에서 그리고 셋째, 형이상학적 영역에서 다루며, 이에 따라 첫째로, 범주들을 실마리로 한 인식론을, 둘째로, 자연철학의 범주적 정초를 그리고 셋째로 형이상학을 제공한다"(1923; 1). 이로써 이러한 범주론은 감성의 범주들과 사유의 범주들로 구분된다. 전자는 다시 감각의 범주들과 직관의 범주들로 나뉘며, 후자는 상관성(Relation)이라는 근본범주와 반성적 사유의 범주들 그리고 사변적 사유의 범주들로 나뉜다. 하르트만이 말하는 감성의 범주들, 반성적 사유의 범주들 그리고 사변적 사유의 범주들이라는 한편과, 헤겔이 말하는 존재논리학적 범주들, 본질논리학적 범주들 그리고 개념논리학적 범주들이라는 다른 한편

에, 그것들 사이의 상관성에도 불구하고, 여전히 자립적인 상태에 있다 (E. §114A, 8.236). 반대로 '개념'에서는 규정성들이 더 이상 "단지 상관적인" 것에 머무르지 않고, "전적으로 자기 스스로 속으로 반성되어" 있다(§112, 8.231). 전체는 자신의 계기들 속에서 오로지 자기 자신과 관계한다(§160, 8.307; §163, 8.311). 이러한 규정들을 조금 더 분명하게 설명하고자 한다면 우리는, '존재'에서는 상관성이 없는 직접성이 지배하고, '본질'에서는 하나의 상관적인 구조가 나타나며, 이러한 상관적 구조는 '개념'에서 더욱 순수한 반성성으로 고양된다고 말해야 한다. 이러한 세 단계를 정식화하면 다음과 같은 도식이 도출될 수 있을 것이다.

존재논리학: a ; b
본질논리학: a↔b
개념논리학: ←a→ (또는 ←←a→→)

이러한 순서의 진행이 일정한 엄밀성을 갖추고 있다는 점에는 의심의 여지가 없다. 그러나 이 역시 직선적이라는 점에서는 마찬가지가 아닌가? '존재'의 영역에서 보이는 상호병렬상태(Nebeneinander)는, '개념'에 가서 마침내 모든 것이 스스로를 자기 자신에 연관짓는 하나 217 의 점으로 통일될 때까지, 점점 더 지양되어간다. 이 지점에서 **내용적으로** 어떤 상응하는 개념을 논의하지는 않는다 하더라도, 내가 보기에 순전히 형식적인 관점에서 보더라도 이미 말할 수 있는 것은, 종합적인 상관방식은 (a ; b)라는 직접성—물론 이때의 직접성은 (←a→)라는 엄격한 반성성과 연관되어 있다—으로의 복귀가 이루어졌을 때에야 비로소 성취될 것이라는 점이다. 그와 같이 진정으로 종합적인 관계는 다음과 같은 구조를 지녀야 할 것이다.

사이에 일정한 대응관계를 찾아내기는 그리 어려운 일이 아니다.

다시 말해 자기 스스로와 관계하면서도, 그것의 자기관계가 동시에 타자에 대한 관계를 구성하는, 또는 바로 그러한 타자와의 관계를 통해 구성되는 바의, 적어도 두 개의 주체가 근저에 놓여 있어야 하는 것이다. 여기서 4.2.4장의 대강의 내용을 미리 언급하지 않더라도, 체계론적 분석의 결과로서 언제나 말할 수 있는 것은, 헤겔은 개념논리학에 항상 거듭해서 하나의 종합적인 위상을 부여하고자 하지만, 그럼에도 개념논리학은, 내용적 측면에서뿐 아니라 규정들의 상관방식에 관련된 형식적 측면에서 보더라도, 실제로는 단지 존재논리학과 본질논리학의 한 직선적인 연장만을 나타낼 뿐이라는 사실이다. 하지만 그렇다면 ─전적으로 헤겔 내재적인 관점에서 질문하자면─ 논리학에는 종합적인 부분이 없는 게 아닌가? 또한 그렇다면 개념논리학은, 그것이 '주관논리학'이라는 이름으로 실제로 수행하고 있는 것에 상응하여, 기실은 논리학의 **두 번째** 부분을 구성해야 하지 않겠는가?

이 장에서 내가 말하고자 하는 근본명제는 사실상 다음과 같다. 형식적으로 보면 논리학의 삼분적 구성은 물론 객관논리학과 주관논리학으로 나누는 이분법에 비해 의심할 바 없이 하나의 진보된 면모를 보여준다. 그러나 **내용적인** 측면에서 보면 개념논리학에서 ─특히 적어도 그 첫 번째 장[="주관성"]에서─ 다루어지는 것은 기실은 이 저작 전체를 종결짓는 부분이 아니라 오히려 두 번째 부분에 속한다고 하는 것이 옳다─단지 대논리학에서 "객관논리학"과 "주관논리학"이라는 표제를 삭제하는 것으로 모든 문제가 해결되었다고 치부해버리는 지극히 단순한 해석은 이러한 사정을 전혀 제대로 간파하지 못한다.─또한 논리학과 실재철학의 상응 문제에서 보더라도 내가 방금 제기한 테제는 더욱 확실성을 띠게 되는데, 이는 실재철학에 대한 매우 간략하고 예비적인 고찰만으로도 분명히 드러난다. 먼저 주관정신철학을 보면, 거기에서 [논리학적] '개념'의 실재철학적 대응물인 '자아'는 두 **번째**

부분인 "현상학"에서 다루어진다——즉 '자아'는 한편으로는, '영혼'과는 달리 자연적 객관성에 구속된 상태에서 해방되었지만, 다른 한편으로는 '정신'과 달리 아직 논리적-객관적 내용에 다다르지는 못한 주관정신의 형태로서 다루어진다. 이와 마찬가지로 '객관정신'의 경우, 가장 강력하게 주관성에 의해 지배되는 형태인 '도덕성'(Moralität) 역시 〔세 번째가 아닌〕 두 번째 부분에서 다루어진다. '추상법'(Recht)에서는 사물들에 대한 자신의 객관적인 관계 속에 존재하는 개인(Person)이, '인륜성'(Sittlichkeit)에서는 간주관적인 제도들이 주제화된다. 그리고 '절대정신'에 관해서 보면, 최고의 예술인 시문학의 여러 장르 가운데 서정시는 주관성의 자기언표(Sich-Aussprechen der Subjektivität)로서, 서사시의 객관주의와 드라마의 여러 간주관적 갈등 사이에 있는 중간위치(Mittelstellung)를 차지한다. 마지막으로『종교철학』의 제1부인 "종교의 개념" 부분을 보면, 신에 대한 주관적 관계는 반정립적 범주로, 객관성의 원리인 신〔=정립적 범주〕과, 신앙인들과 신의 간주관적 화해인 제의(Kultus)〔=종합적 범주〕 사이에 위치한다. 즉 실재철학의 이러한 모든 영역에서 주관성은 두 번째 부분에 속하는 것이다. 그러나 기이하게도 헤겔 논리학의 최종본에서는 이러한 방식의 구성이 이루어지지 않는다.

4.2.1.2. 헤겔 논리학 초기 판본들의 구성방식

우리의 주목을 끄는 것은, 대논리학이 씌어지기 전의 헤겔의 거의 모든 논리학 구상에서는, 이후의 대논리학과『철학대계』판 논리학의 경우 개념논리학의 첫 번째 절을 구성하는 것이 논리학의 두 번째 부분에서 다루어지고 있다는 사실이다. 이 점은 1801/02년에 씌어진 헤겔의 최초의 논리학에서도 마찬가지이다. 이 글의 초록은 로젠크란츠의 저술(1844; 189ff.)을 통해 전해져오다가,[119] 나중에 진품의 수고(手稿)가

---

119) 로젠크란츠가 전하는 바에 따르면, 헤겔은 (이미 예나 시기 초반에) "최근의

발견되어 『전집』의 제5권에 정식으로 실릴 예정이다.[120] 이 수고에서
헤겔은 개혁과 이행의 시대에 이루어지는 철학의 등장을 주제로 한, 매
우 수려한 문체의 서언(序言)에 이어 그의 강의의 본격적인 주제인 논
리학과 형이상학을 다룬다. 이 논리학 구상에서 논리학과 형이상학은
219 아직 분리되어 있다. 즉 논리학은 유한한 형식들과 그 형식들의 자기지
양을 다루며, 형이상학에 가서야 비로소 절대자 그 자체가 주제화된
다—1805/06년에 이러한 구상은 논리학과 형이상학을 통일하고자 하
는 구상으로 대체된다.[121] 어쨌거나 1801/02년까지는 무한자의 인식
—곧 사변—으로서의 무한한 인식[122]에 대해 반성으로서의 유한한
인식은 여전히 대립해 있다(GW 5, 271). 즉 반성적 인식(Reflexion-
serkenntnis)인 논리학의 과제는 첫째, "유한성의 형식들을 제시하는
것"(272)이라고 기술되고 있다. 유한성의 형식들은 경험적으로 무분별
하게 취합되어서는 안 되는바, 오로지 이성으로부터 나타나야만 한
다—물론 그 형식들은 동시에 "오성을 통해 이성적인 것을 잃어버린"
것들이다. 이 말이 의미하는 것은, 유한한 범주들은 물론 오성의 내용
을 가리키지만, 그럼에도 그것들의 질서에는 이성이 작동하고 있다는
것이다. 둘째, 논리학에서는 "동일성을 산출한다는 점에서는 이성을 모

철학이 논리학을 **경멸**하면서도 동시에 보편적으로 요청하고 있다는 사실"을
기묘한 것으로 생각했다(188).

120) 이하에서 나는 헤겔의 이 글을 조만간 정식 출간될 조판에 의거해서 인용한
다. 제3장, 주 167 참조.

121) 이 이후의 구상의 근저에는 유한자의 자기지양에 이미 절대자가 현재한다는
올바른 통찰이 명백하게 놓여 있다.

122) 여기에는 관념론적 전통 전체에 핵심이 되는 하나의 사상이 표현되고 있는
데, 그것은 존재론적으로 최고의 가치를 지니는 것(무한자)은 또한 최고의
확실성을 통해, 즉 무한한 방식으로 인식될 수 있고 또 인식되어야 한다는
사상이다. 나는 (1984a; 402, 주 310)에서 이러한 사상을 '존재론적 그리고
인식론적 대응의 정리'(das Theorem von der ontolgischen und gnoseo-
ligischen Korrespondenz)라고 지칭한 바 있다. 같은 곳에서 나는 또한 플
라톤과 아리스토텔레스를 예로 들었는데, 그들은 (파르메니데스에게까지
소급되는) 이러한 테제를 더욱 광범위하게 구성했다.

방하지만 그럼에도 단지 하나의 형식적인 동일성만을 산출할 수 있을 뿐인 오성의 고투"가 다루어져야 한다. 헤겔은 그럼에도 오성의 이러한 모방적 활동을 그 자체로 파악하기 위해서는 이미 이성에 대한 하나의 인식이 요구된다고 분명하게 언급한다. 끝으로 셋째, "우리는 궁극적으로는 오성적 형식들 자체를 이성을 통해 지양하고, 인식의 이러한 유한한 형식들이 이성에 대해 어떤 의미와 어떤 내용을 지니는지를 드러내야 한다"(272).

논리학의 이러한 세 주제를 언급한 뒤 헤겔은 논리학을 세 영역으로 나눈다(273). 그리고 이 세 영역이 방금 언급한 세 주제에 상응하리라는 것은 충분한 개연성을 지닌다.[123] 제1부는 "유한성의 일반적 형식들 또는 법칙들"을 다룬다. 이 부분 텍스트의 가장자리에는 "일반논리학, 범주들"이라는 말이 적혀 있는데, 이는 헤겔이 이후에 객관논리학에서 다루는 여러 규정 가운데 일부분이 이 제1부에서 주제화되고 있음을 분명하게 보여준다.[124] 제2부의 주제는 "유한성의 주관적 형식들, 또는 유한한 사유"이다. 여기서 헤겔은 그가 오성을 "개념, 판단, 추론의 순 220 서로 단계적으로 고찰"하고자 함을 분명히 밝힌다. '추론'과 관련해서 그는 추론은 "그것이 한갓 형식적인 추론행위인 한, 오성에 속한다"고 언급한다. 추론이 지니는 이성적인 것이란 한갓 오성에 의한 이성의 모방에 지나지 않는다는 것이다. 끝으로 제3부에서는 "추론이 지니는 사변적 의미"와 "학적 인식의 토대들"이 언명됨으로써, 유한한 인식의 지양이 제시되고 또한 사변적 형이상학으로의 이행이 이루어진다 (273f.).──논리학 구상의 이 판본을 좀더 정확하게 상론하지 않더라도, 개념과 판단 그리고 (형식적) 추론이 여기서는 제2부에서 다루어진

---

123) K. 뒤징은 심지어 그러한 대응관계를 "명백한" 것으로 여긴다(1976 ; 82).

124) 뒤징은 이 시기에 쓰여진 헤겔의 다른 글들을 토대로 어떠한 범주가 개별적으로 취급되었는지를 재구성하고자 시도했다(1976 ; 82-87). 그러나 이러한 물음에 관해 우리는 텍스트의 현재 상태만을 본다면 개연성의 수준을 넘어설 수 없다.

다는 점을 우리는 분명히 확인할 수 있다――즉 개념·판단·추론은 결코 종결부인 제3부에서 다루어지는 것이 아니거니와, 이에 이 종결부는 아직 규정되지 않은 채 남아 있게 되는 것이다.――게다가, 물론 이 책에서의 우리의 작업을 통해 아직 완전히 해명된 것은 아니지만, 그럼에도 내가 보기에 분명하다고 여겨지는 것은, 주관성이 두 번째 순서로 등장하는, 논리학의 이러한 삼분적 구성은 사분적으로 구성된 헤겔의 맨 처음 체계구상과 연관된다는 점이다(헤겔은 이 논리학 강의가 있었던 바로 그 학기에 이 최초의 체계구상을 강연하였다). 왜냐하면 이 논리학의 세 부분은 그 체계구상 중 실재철학의 세 부분인 '자연', '유한정신' 그리고 '절대정신'에 명확하게 상응하기 때문이다――그리고 이러한 상응이 우연적일 가능성은 전적으로 배제할 수 있는 것으로 보인다. 물론 헤겔이 사분적인 체계구조를 1802/03년에 포기했음에도 논리학의 이러한 구분법을 1808년까지 견지했다는 점은 다소 기이해 보이기는 한다.

1804/05년에 씌어진 『예나 시기의 체계구상 II』에 수록된, 헤겔의 두 번째 논리학은――그것이 헤겔의 논리학 가운데 거의 완전한 상태로 발견된 최초의 판본이라는 사실을 전혀 논외로 하더라도―― 1801/02년의 논리학에 비해 여러 면에서 매우 중요한 변화를 보이고 있다. 즉 이 논리학은, 뒤징(K. Düsing)이 정확하게 지적하듯이, "형이상학을 위한 한갓 입문에 불과한 유한한 반성의 논리학에서 이미 그 자체가 형이상학을 포함하고 있는 **사변적 논리학**으로 이행하는 단계에" 속한다 (1976; 150.[강조는 옮긴이]). 이 점이 가장 분명하게 드러나는 곳은, '무한성'이란 더 이상 논리학에 의해서는 단지 추구만 될(angestrebt) 뿐 그 피안의 영역인 형이상학에서야 비로소 다루어질 수 있는 목적 (Telos)으로 남아 있는 것이 아니라, 그 무한성 자체가 논리학의 한 범주가 된다는 대목(GW 7, 29ff.)이다. 그렇지만 이때 형이상학은 아직 완전하게 논리학 속으로 포섭되지는 않고 있다. 즉 논리학에 이어서 다시 하나의 독자적인 형이상학이 뒤따르며(126ff.), 이 형이상학은 "원

칙들의 체계로서의 인식"과 "객관성의 형이상학" 그리고 "주관성의 형이상학"으로 나누어진다. 그러나 여기서 우리의 관심을 끄는 것은 형이상학의 그러한 구분이 아니라, 바로 논리학의 구성이다. 이 논리학은 세 부분으로 이루어져 있다. 제1부는 그 첫 부분이 남아 있지 않아 정확히 어떤 말이 씌어 있는지는 알 수 없지만, 아마도 그 제목은 "단순한 연관"(Einfache Beziehung)이었던 것으로 추정된다. 어쨌거나 분명한 것은 이 제1부에서는 훗날 존재논리학에서 주제화되는 범주—즉 221 '질' '양' '정량' '무한성'—가 다루어진다는 사실이다. 제2부는 "관계"(Das Verhältnis)를 그 제목으로 하면서 이분적으로 —즉 "존재의 관계"와 "사유의 관계"로— 나뉘어 있다. 그 중 "존재의 관계" 부분에서는 나중에 대논리학에서 본질논리학의 종결부를 구성하는 이른바 '절대적 관계들'이라는 범주들, 즉 '실체성'과 '인과성' 그리고 '상호작용'이 다루어지며, "사유의 관계" 부분에서는 '개념' '판단' 그리고 '추론'이 고찰된다. 이 두 관계는 전자에서는 무한한 매개가, 그리고 후자에서는 "연관의 고요한 단순성"(ruhige Einfachheit der Beziehung)이 지배하고 있다는 점에서 서로 구별된다(105). 이 두 관계는 그 자체가 또한 〔한 관계를 구성하는〕 상관항들이 되는데, 그 둘의 통일은 이 논리학의 제3부인 "비례"(Proportion)를 구성한다(105ff.). 그렇지만 이 〔마지막〕 절에서 다루어지는 것이 사유와 존재의 종합을 나타낸다고 말하기는 어렵다. 이 부분의 주제는 '정의' '구분' 그리고 '인식'으로, 이것들은 대논리학에 가서는 '진(眞)의 이념'(Idee des Wahren)에 관한 장에서, 그 중에서도 특히 '종합적 인식'에 관한 장에서 다루어지는 것들이다. 그럼에도 우리가 분명히 확인할 수 있는 것은, 1801/02년의 논리학에서처럼 여기에서도 역시 '개념' '판단' '추론'은 두 번째 부분에서 다루어진다는 사실이다—그 이유는 헤겔이 오로지 존재와 사유의 통일, 즉 객관성과 주관성의 통일을 나타내는 것만이 종합적인 범주에 속한다고 생각하고 있기 때문임이 명백하다.[125] 물론 여기서 두 번째 부분이 주관성의 범주에 국한되는 것은 아니다. 즉 이 논리학의 제2

부에서는 '상관적 존재'(das relationale Sein) 또한 주제로 다루어지고 있다.

1805/06년의 논리학에 대해서는 『예나 시기의 체계구상 III』의 말미에 수록되어 있는 몇 안 되는 구절밖에 남은 게 없기 때문에(GW 8, 286), 이 판본의 논리학을 재구성하는 데에는 특히 많은 어려움이 있다.[126] 따라서 여기서 나는 이 판본의 논리학에 대해서는 상술하지 않고, 곧바로 뉘른베르크 시기의 예비학에 수록되어 있는, 헤겔의 그 다음 판본의 논리학들로 넘어가고자 한다. 이 시기의 논리학 중 몇몇은 그 거시구조에서는 이미 대논리학과 거의 동일하다.[127] 따라서 그것들에 대한 상세한 검토는 별로 필요 없는 일이다. 그러나 1808년부터 다년간에 걸쳐 씌어진 「상급반을 위한 철학대계」의 논리학 부분에서는 대논리학과 비교해볼 때 근본적인 차이점이 발견되는바, 바로 이 부분에 대한 상세한 분석이 있어야 한다. 철학대계 논리학과 마찬가지로 여기서도 논리학은 단 하나의 구성을, 그것도 삼분적인 구성을 채택하고 있다. 그러나 여기서 "주관논리학"은 제3부가 아닌 제2부의 제목이 되고 있

---

125) 물론 "주관성의 형이상학"에 등장하는 형이상학은 분명한 모순을 안은 채 정점에 오른다.

126) 이 시기의 논리학이 도대체 삼분적으로 구성되는지 아니면 이분적으로 구성되는지조차도 분명하지 않다.

127) 이러한 동일성은 특히 1810/11년에 씌어진 「중급반을 위한 논리학」(4.162-203)의 경우 강하게 드러난다. 이 논리학이 대논리학과 비교해볼 때 거시구조 면에서 차이가 있다면, 그것은 전자에는 "절대자"의 범주와 양상규정들(Modalbestimmungen)이 빠져 있고 〔그 대신〕 "이율배반들에 관한 부록"(Anhang über die Antinomien)이 들어 있으며(4.184-192), 또한 '기계론'과 '화학론'이 빠져 있다는 점에서이다. 〔이에 반해〕 1809/10년에 씌어진 「상급반을 위한 개념론」(4.139-161)은 모든 중요한 핵심사항에서 1816년의 개념논리학과 일치한다(다만 후자의 경우 「기계론」과 「화학론」이 「목적론」 다음으로 등장한다는 점에서는 차이가 있다). 1809/10년에 씌어진 「초급반을 위한 논리학」(4.124-138)에서는 그 어떤 차이도 찾아볼 수 없다. 왜냐하면 여기에서는 오로지 개념, 판단 그리고 추론만이 다루어지거니와, 이 부분은 ─그것이 논리학 전체 속으로 편입될 경우─ 아무리 늦게 잡아도 1801/02년에 이미 이러한 순서로 된 내적 구분으로 확정되었기 때문이다.

다. 다시 말해 이 제2부는 존재론적 논리학과 이념론 사이에서 가운데 위치를 차지하고 있으며,[128] 더욱이 나중에 대논리학에서 개념논리학의 첫 부분에서 다루어지는 주제――즉 개념·판단·추론――를 그 내용으로 포함하고 있다.[129] 한편 다른 부분들은 어떻게 나뉘어 있을까? '존재론적 논리학'은 수미일관하게 (존재논리학과 본질논리학이라는) 이분적 구조가 아닌, 삼분적 구조로 되어 있다. 즉 존재론적 논리학에 속하는 범주들은 '존재'[130]와 '본질' 그리고 '현실성'[131]('이 부분은 '실체' '원인' '상호작용'을 포괄한다[132])이다. 이러한 내용구성은 결코 엄 223

---

128) 이와 유사하게 1808/09년에 씌어진 「중급반을 위한 논리학」(4.86-110)은 "객관적인 것의 논리학, 주관적인 것의 논리학 그리고 이념의 논리학으로" 나뉜다(86). 그러나 이 텍스트의 주관논리학 부분은 '판단'을 취급하는 도중에 중단되어 있다. 따라서 이념론에 대한 상론은 이루어지지 않고 있다.

129) '목적'에 관해 씌어진 §§78-83(4.28f.)은 주관논리학의 마지막 부분을 구성하는데, 이 부분은 훨씬 나중에 추가로 삽입되었다――그렇지만 이 절들은 결코 내용구성상의 한 요소로 채택된 것이 아니라, 단지 '추론' 부분에 외적으로 덧붙여졌을 뿐이다.

130) '존재'는 '질' '양' 그리고 (나중의 구분에서 등장하는 '척도' 대신) '무한성'으로 구분된다. 그렇지만 '무한성'에 관해 씌어진 유일한 절(§32, 4.16)은 본질적으로 특수한 크기(spezifische Größe)를, 즉 나중의 기준에 따를 때 '척도'에 해당하는 범주의 한 하위범주를 취급한다.――"무한성"은 1804/05년의 논리학에서도 제1부의 마지막 범주를 지칭한다. 그러나 이 경우에는 그것은 '척도'에 상응하는 것이 아니라, 대논리학의 '질' 장에서 다루어지는 '진무한성'에 상응한다.

131) 1808/09년의 「중급반을 위한 논리학」에서 객관논리학 제3부의 범주들은 "자립적 관계의 범주들"(Kategorien des selbständigen Verhältnisses)이라고 불린다(4.87). 물론 '실체성' '인과성' '상호작용'도 그 범주들에 속하며, 이에 따라 이 판본의 논리학의 구분법은 「상급반을 위한 철학대계」의 논리학 구분법과 똑같이 일치한다. 「중급반을 위한 논리학」에서는 물론 객관논리학은 "오성" "판단력" 그리고 "이성"이라는 제목으로 각각 다루어진다. 그 경우 범주들의 본격적인 변증법은 "이성"이라는 제목의 절에서야 비로소 (칸트의 이율배반들과 관련하여) 제시되지만, 그럼에도 "오성"과 "이성"에 해당하는 것은 내용적으로는 상응한다.

132) 1813년의 대논리학에서 '현실성'이 다루어지는 부분에는 모두 세 개의 장이 속하는데――그것은 「절대자」(이 주제는 이미 『하이델베르크 철학대계』에서 삭제되는데, 이 점은 매우 온당하다고 여겨진다. 앞의 주 107 참조), 「현실성」

밀성을 결여하고 있는 것이 아니다. '개념'에 대해서 그것이 '존재와 본질의 통일'이라고 하는 것은 별로 설득력이 없지만, 반면 '현실성'에 대해서 그것이 '본질의 존재', 즉 '객관화된 본질성'이라고 하는 것은 충분히 수긍이 가는 생각이다.[133] 물론 이러한 방식으로 뉘른베르크 시기의 철학대계에서는 "현상"이라는 제목이 붙여진, 대논리학과 소논리학판 본질논리학의 두 번째 절이 누락된다. 〔아니,〕 정확히 말하자면 누락되는 것은 이러한 제목이 붙은 별도의 절이지, 그것과 관련된 내용마저 누락되어 있는 것은 아니다. 본질적인 관계——전체와 부분, 힘과 외화, 내적인 것과 외적인 것——는 "근거와 근거지어진 것"(Grund und Begründetes)이라는 제목으로 「상급반을 위한 철학대계」 속에 통합되어 있다(18ff.). 물론 이 판본에는 뒤에 나오는 '현상'에 관한 절의 처음 두 장——즉 대논리학과 『하이델베르크 철학대계』의 경우 "실존"과 "현상"에 관한 장, 그리고 베를린 시기의 『철학대계』에서는 "현상의 세계"

(이 범주는 양상규정들을 포함한다) 그리고 「절대적 관계」(즉 실체성의 관계, 인과성의 관계 그리고 상호작용)이다. 그 이후 세 판본의 철학대계 논리학(1817, 1827, 1830)에서 '현실성' 장은 ——예비학에서의 "철학대계"에서와 마찬가지로—— 절대적 관계의 이 세 가지 형식만을 내용으로 한다. 양상규정들은 정규 내용구성에 제대로 편성되지 않고 이 세 형식들 앞쪽에 삽입되어 있는데, 이러한 조치는 그리 만족스러운 것으로 여겨지지 않는다.—— 양상규정들을 주관성에 대한 객관성의 연관으로 보는 칸트의 생각에 대해 헤겔은 『차이』에서 『철학대계』에 이르기까지 줄곧 비판을 가하는데(2.10; E. §143A, 8.281f.), 내가 보기에 헤겔의 그러한 반박은 설득력이 있다. 어떤 것이 가능한 것인가 아니면 필연적인 것인가 하는 것은 오로지 이 '어떤 것'이 사유에 대해 지니는 연관에 의거해서만 파악될 수 있다——물론 이때 '사유'는 주관적인 사유가 아니라 절대적인 사유로 이해되어야만 할 것이다. (그런 한에서 양상규정들은 바로 개념논리학에 속한다. 그리고 실제로 헤겔은 〔현존재의 판단을 존재논리학에, 또한 반성판단과 필연성의 판단을 본질논리학에 위치시키는 반면〕 양상판단들을 개념의 판단들이라고 부르며, 양상판단에서는 개념이 다시금 직접적으로 나타나지만, 그럼에도 그것은 특수한 주관성이라는 의미의 한갓 주관적인 것으로 잘못 이해되어서는 안 된다고 설명한다[6.344f.].)

133) 대논리학에서도 헤겔은 종합적 규정인 "절대적 필연성"을 "현실성"에 관한 (절이 아닌!) 장에서 존재와 본질의 통일로 설명한다(6.215).

와 "내용과 형식"에 관한 장——의 내용이 빠져 있기는 하다.[134] 이러한 변화는 이미 여기에 문제가 숨어 있다는 것을 보여준다. 그리고 '사물' '사물이 질료로 존립함' '사물의 소멸' 등과 같은 범주들은 오히려 부분 존재론(Regionalontologie)에 속하는 문제가 아닌지에 대한 검토는 세부적으로 탐구해볼 가치가 있을 것이다.[135] 게다가 법칙의 영역이 현상의 영역에 대해 지니는 관계[136]가 자연철학의 시작부에서 더 훌륭하 224

---

134) '실존'과 '사물'(이것은 대논리학과 하이델베르크 시기의 논리학에서는 '실존'에 속한다)은 베를린 시기의 철학대계에서는 '본질' 부분의 첫 번째 절 속으로 ——즉 순수한 반성규정들 다음에 등장하는 두 번째와 세 번째의 규정으로서—— 편입된다(여기서 반성규정들에는 '근거'도 포함되는데, 이 점은 대논리학에서와는 다르지만, 『하이델베르크 철학대계』에서와는 동일하다). —— 헤겔이 철학대계를 저술하는 과정에서 가장 현저한 변화를 보인 것이 언제나 두 번째 순서를 차지하는 각각의 부분들(즉 자연철학 전체와 본질논리학, "물리학" 그리고 객관정신철학)이었다는 사실은 이미 글로크너(H. Glockner)에 의해 지적된 바 있다(1927; XXXVf.). 그러한 사정은 결코 우연으로 치부할 수 없는, 그 이상의 문제에서 비롯된 것인바, 바로 부정적 계기의 본성에 특히 많은 어려움이 가로놓여 있는 것이다(E. §114A, 8.236; §273Z, 9.110; §291Z, 9.158 참조).

135) 이를 뒷받침해주는 첫 번째의 것은, 이러한 규정들의 성격은 자기연관적이지 않다(nicht-selbstbezüglich)는 점이다. 가령 "사물"의 개념은 결코 사물로 이해될 수 없는 것이다. 둘째, 헤겔은 칸트가 '정신' 또는 심지어는 '신'까지도 '사물'이라고 부르는 것을 또한 논박한다(이 점에 대해서는 예컨대 Kant, KdrV B 402/A 344, A 398, B 639 그리고 Hegel, E. §44A, 8.120을 참조할 것). 하지만 그렇다면 '사물'은 하나의 부분존재론적 범주로, 더 정확히는 자연철학적 범주로 되는 것이 아닌가?——어쨌거나 분명한 것은, "사물들의 상호작용"이라는 범주(6.137-130)는 "상호작용"(일반)의 범주를 다루기 전에는 결코 논의되어서는 안 된다는 점이다.

136) 특히 베를린 시기의 철학대계에서 기이하게 보이는 것은 "현상의 세계"라는 범주이다(§132, 8.264). 다른 경우에서는 범주들은 개별화된 것으로서의 존재자에 연관지어지는 반면(모든 것은 현존한다, 모든 것은 근거를 갖는다 등등), 여기에서는 총체성으로서의 세계에 대한 고찰의 방식이 논쟁거리가 된다. (실제로 "현상과 초감각적 세계"는 "사물과 기만"과 마찬가지로 『정신현상학』에서 다루어지는 특정한 의식형태들의 근본범주로서 친숙한 것들이다. 3.93ff., 107ff.)——"내용과 형식"이라는 범주(E. §§133f., 8.264ff.)는 보편존재론에 속하는 것이 분명하다. 헤겔이 이 범주에 할당하는 지점이 정확하게 어디인지는 또다른 물음거리이다.

게 지양되어 있는 게 아닌지, 아니면 — '법칙'을 단지 자연법칙으로서가 아니라 존재자 일반의 법칙으로 이해해야 한다면 — 개념논리학에서 더 훌륭하게 지양되어 있는지도 의심스러운 것으로 남을 수밖에 없다.[137] 어쨌거나 내가 보기에, 「상급반을 위한 철학대계」의 객관논리학은 거기에서 이 범주들이 다루어지지 않는다고 해서 무조건 불리한 처지에 놓이는 것은 아니라고 여겨진다. 그것의 분명한 삼분적 구성은 여기에 있을 수 있는 결점을 충분히 상쇄할 수 있다.

이 시기 논리학에서 다루어지는 그 이상의 범주들, 그리고 그 범주들이 이후 논리학의 범주들에 대해 지니는 관계에 관해서 말하자면, — 구성에 관련된 물음을 별도로 제쳐둔다면— 가장 중대한 차이점은 의심할 바 없이, 「상급반을 위한 철학대계」에서는 이후의 개념논리학의 두 번째 절을 이루는 "객관성"이 빠져 있다는 점이다. 4.2.2.2장에서 다시 한 번 보게 되겠지만, 이는 매우 탁월한 조치이다—즉 적어도 '기계론'과 '화학론'은 결코 보편존재론에서 자리를 차지할 수 있는 범주가 아니다. 그리고 '목적론'에 관해서 보자면(적어도 이 목적론만은 순수한 범주론에서 다루어질 수 있는 것이 아닌지의 여부는 좀더 상세하게 논의되어야겠지만), 「상급반을 위한 철학대계」에는 그것이 —물론 나중에 보충적으로 덧붙여진 부분으로서, 그리고 명백히 그것이 다루어질 수 없는 지점에서 취급되고 있기는 하지만— 분명히 다루어지고 있다(4.28f.). 그 반면 (이후에는 [개념론이라는] 단 하나의 부분으로 통합되는) 주관논리학과 이념론은 모든 각각의 범주에서 대논리학과 소논리학의 개념논리학 중 첫 번째와 세 번째 절에 정확히 대응한다—다만 '인식의 이념'은 「상급반을 위한 철학대계」에서는 매우 짤막하게 다루어지며(4.32), 또한 진의 이념과 선의 이념으로 나뉘지 않는다.

---

137) 실제로 기계론에 관한 장에서는 한 하위 절에 "법칙"이라는 제목이 붙어 있다(6.426f.).

물론 '이념'의 개념에 존재하는 중요한 차이는 결코 간과되어서는 안 된다. '이념'은 예비학의 철학대계에서는 객관성을 통해 매개되지 않는다. 얼핏 보면 후기의 이념 개념이 이로 인해 초기의 이념 개념보다 더 많이 객관성을 내용으로 지닌 것처럼 여겨질 수도 있다. 그러나 실제로 맞는 것은 그 정반대이다. 왜냐하면 종합적 규정은 바로 반정립적 규정으로부터 정립적 규정에 이르는 복귀이기 때문이다. 따라서 대논리학 225 과 소논리학에서는 이념이 객관성으로부터 주관성으로 되돌아가는 복귀인 반면, 예비학의 철학대계에서는 이념은 개념으로부터 존재로 가는 바의 복귀를 나타낸다. 그런데 더욱 주목을 끄는 것은, 후기의 헤겔 역시 논리학(6.464ff.)과 실재철학의 수많은 지점에서(예컨대 13.135; 17.121, 159, 169) 이념을 '개념과 객관성의 통일'로 정의하고 있다는 점이다——이는 적절한 정의임에 틀림없지만, 그럼에도 별로 특별한 정의는 아니다. 왜냐하면 "통일"이라는 범주는 운동이 어디에서 비롯되며 또한 어디로 나아가는지를 규정하지 않기 때문이다. 그러나 때때로 헤겔은 이념은 실재화된 개념(der realisierte Begriff)이라고 암시한다——이는 후기에 씌어진 논리학 판본들의 틀에서 보면 분명히 그릇된 것이다. 왜냐하면 후기의 논리학 판본들에서 '실재화된 개념'이란 '객관성'을 가리키며, 이념은 바로 이러한 객관성을 관념성 속으로 다시 복귀시키는 것(Rücknahme)이기 때문이다. 이러한 관점에서 볼 때 특히 눈에 띄는 것은 『법철학』의 첫 번째 절인데, 이에 대한 상세한 고찰은 뒤에 가서 이루어질 것이다. 이 지점에서는 거기에서 사용되는 이념의 개념이 대논리학의 이념 개념과 모순된다는 점을 밝히는 것으로 충분하다. 즉 『법철학』의 첫 절에서 나타나는 이념의 개념은 오히려 「상급반을 위한 철학대계」의 이념 개념과 연관지어질 수 있다. 왜냐하면 이 대목에서는 단지 관념적인 것을 〔다시〕 객관화하는 것이 〔개념의 변증법적〕 전개의 목표로 여겨지는 반면에, 헤겔의 대논리학과 소논리학에서의 이념은 이러한 해석과 분명하게 상충하기 때문이다. 즉 개념의 객관성은 이 두 〔후기〕 판본의 논리학에서는 단지 이념의 전단계에 지나지 않는다.

다시 「상급반을 위한 철학대계」와 대논리학의 비교로 돌아가서 보면, 이 두 논리학 판본이 서로 어긋나는 것은 단지 이념의 개념에서만이 아니다. 오히려 초기의 논리학과 후기의 논리학 사이에서 보이는 가장 중요한 차이점은, 전자에서는 논리학 전체가 세 부분으로 나뉘어 있으며, 그 중에서도 주관논리학은 〔마지막이 아닌〕 가운데 지점에 위치한다는 사실에 있다——그리고 우리는 앞의 4.2.1.1장에서 헤겔의 이후 논리학의 구분법이 안고 있는 난점들을 지적한 바 있는데, 거기에서 지적된 내용이 전적으로 그릇된 것이 아니라면, 우리는 거시구조상의 문제들이 이후의 논리학에서보다는 「상급반을 위한 철학대계」에서 훨씬 잘 해소되고 있다는 것을 인정해야 한다. ——그로부터 드러나는 것은, 예비학 판본의 논리학은 이후의 논리학에 비해 결코 손색이 없으며, 나아가 심지어는 이후의 논리학보다도 더 탁월한 것일 수도 있다는 점이다(물론 이는 논리학의 전반적인 구분과 구성 면에서 그렇다는 것이지, 논증 면——예비학에서 논증들은 최소한도로 축약되어 있다——이나 상세함 면에서 그렇다는 말은 아니다). 더욱이 삼분적으로 구성된 초기의 논리학 구상을 제대로 수행하고 또 완성하고 있는 이 예비학 판본의 논리학과 표준으로 채택되고 있는 이후의 논리학 구상 사이에 존재하는 중요한 체계적 차이가 지금까지 전혀 주목받지 못했다는 사실은 실로 유감스러운 일임에 틀림없다. 즉 예비학 판본의 철학대계 논리학——헤겔의 『논리학』에 대한 가장 유의미한 수정작인 로젠크란츠의 『논리적 이념의 학』은 거의 모든 점에서 바로 이 판본의 논리학으로 돌아가고 있다[138]——

226 은 우리 시대에 단 한 번도 수용된 적이 없다.[139]

---

138) 이에 대해서는 4.2.3장 참조.
139) 바이어(W. R. Beyer)가 편집한, 뉘른베르크 시기의 헤겔을 주제로 하는 국제헤겔연맹의 연례학회 논문집에서도 본적으로는 "지의 논리학"(Logik des Wissens)만이 다루어졌을 뿐, 이 대안적인 논리학에 관해서는 단 한 편의 논문도 씌어지지 않았다.

이 시기의 논리학에 대해 이처럼 긍정적인 평가를 내리는 데서 당연히 떠오르는 물음은, 도대체 무엇 때문에 헤겔은 그러한 실로 많은 장점을 지닌 논리학 구분법을 견지하지 않았는가 하는 것이다. 이에 대한 대답은 비교적 간단하다. 먼저 헤겔은 도대체 어떤 점에서 이념이 개념과 구별되는지를 정확히 얘기할 수가 없다. 재객관화의 계기는 단지 형식적인 채 남아 있을 뿐, "이념"이라는 범주의 내용을 유의미하게 "개념"이라는 범주의 내용 이상의 것으로 확장하지 못한다. 나아가 뉘른베르크 시기의 철학대계에서는 심지어 하나의 모순까지 존재하는데, 그 모순은 이후의 대논리학과 소논리학에 가서야 비로소 해소된다. 왜냐하면 「상급반을 위한 철학대계」에서 이념은 한편으로는 개념의 존재로의 복귀를 나타내는 것이어야 하지만, 다른 한편으로 그 이념의 전개는 ―대논리학의 전개와 마찬가지로― 생명의 외면성으로부터 절대이념으로, 즉 순수 지로 나아가는 방향으로 이루어지기 때문이다. 따라서 후자의 경우 궁극적인 목표지점은 바로 하나의 절대적 주관성인 것이다. 그리고 이러한 조건에서라면 이념이 주관성에서 빠져나와 하나의 〔새로운〕 객관성을 지향하도록 하는 것이 아니라, 역으로 이념의 운동 방향을 대논리학에서처럼 해석해야 하는 것, 즉 객관성으로부터 주관성을 복구시키는 방향으로 해석해야 하는 것은 실로 필연적이다. 따라서 헤겔의 주체형이상학과 논리학의 최고범주가 '사유의 사유'라는 그의 규정에는 이후의 구분법이 훨씬 더 잘 들어맞는다.―여기에 뿌리박혀 있는 양면성은 1804/05년의 논리학과 형이상학에서 특히 극명하게 나타난다. 즉 논리학에서 이후의 "주관성"에 해당하는 개념·판단·추론은 제2부에서 다루어진다. 이와는 반대로 형이상학의 경우 그것이 정점에 이르는 제3부가 주관성의 형이상학인 반면, 제2부는 ―개념논리학의 두 번째 절과 유사하게― 객관성의 형이상학이 되고 있다.

이상의 내용을 요약하면 우리는 다음과 같이 말해야만 한다. 절대자의 내용을 주관성으로 보는 헤겔의 규정에는 후기의 논리학 구성이 초기의 그것보다 훨씬 더 잘 상응하며, 따라서 후기의 구분성이 초기의 구성보다 더 진보된 모습을 보여주지만, 그럼에도 형식적인 관점에서 보면 오히려 초기 논리학 판본들에서 보이는 명확히 삼분적이고 변증법적인 구성이 후기의 이분법적인 (또는 삼분법적이지만 직선적인) 구성보다 구조적으로 더 탁월하다. 이 중에서 어떤 판본의 구성을 선호하는 것이 합당할까? 이상적인 판본은 한편으로는 ―「상급반을 위한 철학대계」까지의 논리학처럼― 명확히 삼분적으로 구성되고, 또한 개념·판단·추론을 제2부에서 다루면서도, 다른 한편으로는 ―후기의 구성에서처럼― 방금 열거된 규정들의 기체인 '자기 스스로를 파악하는 주관성'을 〔그 규정들이 다루어지는 부분과〕 동일한 부분에서 ―즉이 주관성 역시 〔제3부에서가 아니라〕 제2부에서― 취급하도록 구성된 판본일 것이다. 하지만 그 경우 제3부에 속할 수 있는 것은 과연 무엇일까? 그것은 무엇보다도 객관성과 주관성의 종합―즉 '자기 스스로를 파악하는 주관성'의 객체이면서도 동시에 그 자체 역시 주관성인 것―이다. 따라서 그것은 다른 하나의 주체를 의미하는 셈이다. 아니, 정확하게 말하자면 그것은 그저 다른 하나의 주체에 그치는 것이 아니라 바로 논리적 간주관성의 구조(die Struktur einer logischen Intersubjektivität)를 가리키는바, 이는 '주관성의 반성성'을 '타자성'과 '차이'라는 객관논리학적 범주와 연결하는 것―다시 말해 하나의 매개된 반성성―이다. 논리학에 대한 이와 같은 구상은 또한 논리학과 실재철학이 서로 정확히 상응해야 한다는 점을 통해서도 이미 제시된 바 있다. 그러나 이 새로운 구상에 대한 개략적인 논의(4.2.4장)에 들어가기에 앞서, 나는 먼저 헤겔의 후기 논리학에서의 개념논리학의 구조를 면밀하게 고찰함으로써, 〔개념논리학에서 다루어지는〕 개개의 범주가 정녕 논리학에 속하는 것인지, 또 만약 그렇다면 그 범주들은 헤겔이 그것들에 부여한 바로 그 위치에 속하는지를 체계내적으로 검토해보고자 한다.

4.2.2. 개념논리학의 범주들

대논리학(1816년)에서 헤겔의 개념논리학은 정확히 세 판본의 철학대계 논리학에서와 동일하게 구성된다. 기계론·화학론·목적론의 순서에서 보이는 작은 차이를 제외한다면, 이와 같은 구성은 심지어는 1809/10년에 씌어진 예비학 중 "상급반을 위한 개념론"에서도 이미 발견된다. 이 구성에 따르면 개념론은 '주관성' '객관성' '이념'이라는 세 개의 범주군(範疇群)으로 이루어지며, 이 세 부분 역시 각기 세 개의 범주로 나누어진다. 즉 주관성은 '개념' '판단' '추론'으로, 객관성은 '기계론' '화학론' '목적론'으로, 그리고 이념은 '생명의 이념' '인식의 이념' '절대이념'으로 구성된다.

4.2.2.1. 개념 · 판단 · 추론

"주관성"을 '개념' '판단' 그리고 '추론'으로 나누는 것은 ——물론 그이상의 하위범주들의 상세한 구분에 대해서는 적지 않은 의혹이 제기되기도 하지만—— 개념논리학에서 가장 그 근거가 분명한 구분법이다. 그렇지만 무엇보다도 먼저 인정되어야 하는 것은, 자기 스스로를 근거짓는 근본철학에서는 그것이 따르는 논리적 규칙들 자체도 또한 주제화되어야 한다는 점, 나아가 논리학에는 한갓된 심리학적인 기능을 넘어서는 기능이 부여되어야 한다는 점,[140] 이에 『논리학』에서 형식논리학에 대해 철학적 근거를 제공하고자 한 것은 헤겔이 이룩한 이론의 여지 없는 유의미한 업적의 하나라는 점이다——특히 형식논리학은 그의 시대에 아직 전혀 공리화되지(axiomatisiert) 않은 채로 남아 있었으며, 그 때문에 그것은 마치 어떤 혼란된 학문이라는, 심지어는 하나의 경험과학이라는 인상을 풍기기까지 해야 했다.[141] 불(G. Boole), 드모르간(A. de Morgan), 프레게, 화이트헤드(A. N. Whitehead) 그리

228

---

140) 앞의 70쪽 이하 참조.
141) 앞의 63쪽 이하 참조.

고 러셀 등에 의해 논리학의 탁월한 혁신이 이루어진 이후인 오늘날에
도,[142] 논리학을 철학적으로 정당화하는 과제는 완전히 수행되었다고
할 수 없다. 왜냐하면 적어도 공리들과 파생규칙들이 정초불가능하다
는 시각에는 변함이 없으며, 또한 [하나가 아닌] 다수의 논리체계가 존
재한다는 사실은 그 중 하나의 체계가 다른 체계들보다 과연 우월한 것
으로 평가될 수는 없는지를 검증하는 것을 필요하게 만들기 때문이다.
그럼에도 현대 논리학의 발전으로부터는, 형식논리학에 대한 헤겔의
철학적 관철, 그 중에서도 특히 그의 판단논리학과 추론논리학은 시대
에 뒤진 것이라는 의혹이 제기되는데, 이 의혹은 면밀하게 검토해보면
옳은 것으로 증명된다.

　　헤겔의 판단논리학과 추론논리학에 대한 논의로 들어가기 전에, 먼
저 헤겔의 개념의 개념에 관한 상론이 있어야 하는데, 이 '개념'에 대한
헤겔의 논의는 실로 "주관성"에 관한 가장 중요하고도 가장 독창적인
부분을 이룬다. 물론 내가 보기에 헤겔의 '개념'이 한편으로는 최후정
초된 자기규정이라는 형이상학적 원리여야 하면서도 다른 한편으로는
전적으로 고전논리학의 전통적 개념——즉 공허한 보편성으로서 그로
부터는 어떤 특수성도 도출될 수 없는 개념——이어야 한다는 사실에는
큰 문제가 있다고 여겨진다. 헤겔은 오성 개념과 이성 개념의 관계에
대한 물음을 극히 단순하게 처리했다(E. §160Z, 8.308). 이 둘의 관계
에 대한 본격적인 탐구가 이루어질 경우 맞닥뜨리게 될 난점들은, 오성
의 존재론적 객관성 주장(ein ontologischer Objektivitätsanspruch
des *Verstandes*)이라는 문제와 연관되며, 또한 이성에 대한 오성의
관계의 문제와도 연관되지만, 그에 관한 해명을 나는 여기서는 하지 않
겠다.

　　헤겔은 '개념'을 우선 스피노자적 '실체'의 진리로서 끌어들인다

---

142) 논리학을 정식화하려는 17세기와 18세기의 ——즉 라이프니츠·람베르트(J.
　　 H. Lambert)·플루케(G. Ploucquet)에 의한—— 시범적 시도들을 헤겔은
　　 그 의미를 충분히 파악하지도 않은 채 거부했다(6.293ff., 377ff.).

(6.246ff.).[143) 그의 논증을 매우 짧게 축약하면 다음과 같다. "절대적 229
관계"라는 제목이 붙여진, 본질논리학의 마지막 장에서 맨 먼저 다루어
지는 주제는 '실체성의 관계'(das Verhältnis der Substantialität)인
데, 이는 존재와 본질의 통일이 되어야 하는 것이다——그것은 "반성되
지 않은 직접적인 것도 아니며, 또한 실존과 현상의 뒤편에 서 있는 추
상적인 것도 아닌, 직접적 현실성 그 자체이다"(6.219). 즉 여기서 관
건이 되는 것은 하나의 반성된 규정이면서도, 동시에 그것에 부적합한
현상 뒤에 숨겨진 채 머무르는 것이 아니라 오히려 그 현상 속에서 스
스로를 현시함으로써 그것의 가상과 동일해지는 것이거니와, 이로써
이러한 반성규정의 가상은 더 이상〔부정적인 의미에서의〕'가상'이라
고 지칭되어서는 안 된다. 이러한 한에서 실체와 우연적인 것은 서로
상이한 것이 아니다——"실체는…… 전체의 총체성이며,……우연성은
곧 전체의 실체 그 자체이다"(220). 물론 우연적인 것들은 변화하며,
이에 실체는 그러한 우연적인 것들에 대해〔그것들을〕창조하고 또 파
괴하는 힘으로 나타나거니와, 이러한 점에서 이 두 개의 측면은 하나가
다른 하나와 더불어 정립되는 한에서 동일하다고 할 수 있다(220f.) 그
러나 실체와 우연적인 것들의 이러한 동일성에 기대면 그 이 둘 사이에
는 "어떠한 실제적 차이도 현존하지 않는다"(221). 즉 우연적인 것들과
대립되는 실체의 절대성은 여기서 표현되지 않는다. 실체 개념에 대한
헤겔의 내재적 비판에 따르면, 그 속에서는 모든 것이 ——즉 차이뿐만
아니라, 지금까지 확고한 토대로 굳어져온 동일성마저— 소멸할 수밖
에 없다(222).

---

143) 내가 보기에 헤겔의 실체 개념에서 문제의 소지가 있다고 여겨지는 것은, 그
것이 한편으로는 하나의 스피노자주의적 실체(이는 존재론적 범주라기보다
는 하나의 철학사적 범주이다)를 계속 밀고 나가고자 하는 것이지만, 다른
한편으로는, 그가 '인과성'과 '상호작용'으로 주제를 옮겨가는 것을 보면,
오히려 (아리스토텔레스의 실체 개념과 마찬가지로) 다수의 실체를 포함하
고 있음이 분명한 칸트의 실체 개념에 매우 근접해 있다는 점이다. 4.100
참조.

이렇게 해서 실체에서는 "스스로를 자기 자신에 연관시키는 부정" (sich auf sich beziehende Negation)이 나타난다——이러한 부정은 대자적으로 존재하는 것으로서의 실체 스스로와 우연적인 것들 사이의 간극을 만들어내며 인과관계로 이행하게 한다. 이하에서 나는 인과관계의 다양한 형식에 대한 헤겔의 개별 설명을 일일이 다루지는 않고,[144] 다만 매우 세밀하게 씌어진 이 절의 전체적인 경향만을 언급하고자 한다. 중요한 것은 원인과 결과 사이에 존재하는 동일성을 더욱더 강하게 부각시키는 일이다. 작용과 반작용에 관한 장에서 헤겔은 다음과 같이 논증한다. 능동적 실체의 작용을 받는 수동적 실체에게는 오로지 이러한 타자에 의한 규정(Fremdbestimmung)을 통해서만 그 자격이 주어진다. 〔이로써〕 수동적 실체가 종속된 실체라는 것이 명시적으로 드러난다. "수동적 실체는 힘(Gewalt)을 통해 오로지 그것의 **참된 존재태** 그대로 **정립**된다. 즉 그것이 단순한 긍정적인 것 또는 직접적인 실체라는 바로 그 이유로 그 수동적 실체는 단지 하나의 **정립된 것일 뿐이다**" (235). 그러나 헤겔에 따르면 수동적 실체는 그것의 즉자태가 정립됨을 통해 자립성을 얻게 된다. 왜냐하면 이 경우 함축된 것과 명시된 것

230 은 서로 일치하기 때문이다. "그런데 이제 그것(수동적 실체)은 그것의 **피정립태**(Gesetztsein) 또는 그 **자신의 고유한 규정** 속에서 정립됨으로써, 오히려 지양되는 것이 아니라, 오로지 자기 **스스로와 일치**하며, 이에 그것은 바로 그것이 **규정되는** 가운데 〔그것 자신의〕 근원성 (Ursprünglichkeit)에 맞게 존재하게 되는 것이다"(235f). 수동적 실체의 즉자태와 피정립태가 이제 일치하지만, 그럼에도 그 수동적 실체는 결과(Wirkung)로서 정립되는 것이기 때문에, 이러한 피정립존재는 동시에 "그것 자신의 결과이다. 즉 그것은 그 자체가 원인으로서 나타난다"(236). 이로써 수동적 실체는 그 자체가 원인으로 된다. 하지만 그

---

144) 이것들은 부분적으로는 '근거'에 대한 언급과 중복된다(이에 대해서는 예컨대 6.96ff.와 6.226ff. 참조).

것은 어떤 제3의 실체에 작용하는 원인이 아니라—왜냐하면 만일 그렇다면 무한진행(infiniter Progress)이 일어날 것이기 때문이다—, 그것 자신의 원인에 다시 작용하는 원인이거니와, 이러한 원인은 그 수동적 실체와 동일한 것으로 드러난 것이다. "상호작용에서……원인과 결과의 무한한 과정은 참된 방식의 진행으로서 지양되어 있다. 왜냐하면 원인에서 결과에 이르는, 그리고 결과에서 원인으로 이르는 직선적인 진행이 〔여기에서는〕 그 자체 속으로 **굽어져 되돌아가기**(in sich um- und zurückgebogen) 때문이다"(E. §154A, 8.300).

인과성에서 상호작용으로 나아가는 이러한 이행에는 바로 논리학 전체를 관통하는 징후가 나타난다. 즉 이러한 이행에서는 —단지 함축된 것이 명시화됨으로써— 하나의 확실한 유형의 도약(Typensprung)이 일어난다. 왜냐하면 원인의 개념은 본질적으로는 결과의 개념에 의존하고 있음이 분명하기 때문이다. "원인은 오로지 그것이 하나의 결과를 가져오는 한에서만 원인이 된다. 그리고 원인이란 곧 하나의 결과를 갖는다는 이러한 규정에 다름 아니며, 또한 결과란 곧 하나의 원인을 갖는다는 이러한 규정에 다름 아니다"(6.224). 그러나 의미의 지평에서 보면 원인과 결과의 관계는 비대칭적인 것이다. 그리고 상호작용으로 가는 이행은 이러한 비대칭성을 지양하고, 오로지 상호적인 관점에서 파악되어야 하는, 원인과 결과의 개념의 지평에 이미 존재하는 바의 대칭성을 산출하는 것에서 정초된다. 그런 한에서 볼 때 이제 원인의 개념에 대해서도 그것이 모순적이라고 말할 수 있다. 즉 원인의 개념은 그것이 개념의 지평에서 이미 전제하고 있는 것을 의미의 지평에서 명시화하지 않는다. 이러한 사상을 헤겔은 다음과 같이 표현한다. "이와 같은 제약 또는 수동성은 바로 원인 그 자체를 통한 원인의 부정이다. 왜냐하면 원인은 그 스스로를 본질적으로 **결과**로 만들며, 바로 그럼으로써 원인이 되기 때문이다. 따라서 **상호작용**이란 단지 인과성 그 자체일 뿐이다. 원인은 단지 하나의 결과를 **갖는** 데 그치는 것이 아니다. 오히려 결과 속에서 그것은 **원인으로서** 자기 자신과 관계를 맺고 있는 것이다"(238).

물론 상호작용——헤겔은 '상호작용'을 말하자면 자동제어 시스템의 피드백적인 인과성과 같은 것으로 여기는 것처럼 보인다——에는 '개념'으로의 이행을 촉발시키는 또 하나의 결함이 놓여 있다.[145] 상호작용에서 두 개의 실체들은, 하나가 다른 하나와 동일한 것인데도, 형식적으로는 여전히 구분되고 있다. 즉 하나는 다른 하나에 작용하며, 마찬가지로 후자는 전자에 작용한다. "따라서 여기서 언급된 두 원인의 차이는 공허한 것이다. 그리고 즉자적으로는 오로지 하나의 원인만이, 즉 그것이 낳은 결과 속에서 실체로 지양되면서도 또한 이러한 작용 속에서야 비로소 스스로를 자립화하는 원인이 있을 뿐이다"(E. §155, 8.301). 그러나 헤겔의 생각에 따르면 차이의 이러한 지양은 단지 우리의 반성에서만 존재하는 것이 아니다. 오히려 "상호작용이란 그 자체가 이렇듯 정립된 규정들 각각을 다시금 지양하고 대립된 규정으로 전도시키는 것, 즉 계기들이 지니는 저러한 즉자적인 무의미성(Nichtigkeit)을 정립하는 것이다"(§156, 8.301). 서로에게 작용하는 두 실체의 동일성이 인식됨으로써 그 두 실체는 단 하나의 실체로 통일된다——이는 〔실체 범주의〕 전개의 출발지점에 단 하나의 실체만이 있었던 것과 마

---

145) 나는 이러한 이행을 대논리학보다는 소논리학에 의거하여 서술하고자 한다. 왜냐하면 내가 보기에 그 이행은 전자(6.238ff.)보다는 후자에서 더 명확하게 진술되어 있기 때문이다. 대논리학의 개념논리학 서두에서 헤겔은 이 이행을 다시 한 번 재구성했다(246ff.)——이러한 재구성은 특히 스피노자주의적 실체로부터 출발하는 과정에서 이루어지는데, 이 스피노자주의적 실체에 의거하여 능동적 실체와 수동적 실체의 관계는 진정한 '카우사 수이'(causa sui), 즉 **"자기원인"**(Ursache ihrer selbst)인 개념의 반성성으로 발전해간다 (251). 이러한 의미에서 헤겔은 철학사 강의에서 다음과 같이 말한다. **"자기원인에 무엇이 놓여 있는지를 스피노자가 좀더 상세하게 개진했더라면, 그의 실체는 경직된 것이 되지 않았을 것이다"**(20.168). 나아가 같은 강의에서 헤겔은 스피노자에 대해 그의 절대자는 부정의 부정이 아니라고 비난하며 (20.164; 비슷한 주장이 6.195에서도 보인다), 실체의 추상성에 대해 다음과 같이 비판한다. "여기에서 신은 정신이 아니다. 왜냐하면 이 경우 신은 삼위일체적인 존재가 아니기 때문이다"(20.166).

찬가지이다(그 실체 역시 하나의 다른 실체와 관계하는 것이 아니라 오로지 자신의 고유한 우연성들과 관계했다. 그리고 이때의 우연성들은 그 실체와 직접적으로 동일한 것이었다). 그런데 이와는 달리 이제는 상관성(Relationalität)의 계기가 이러한 통일된 구조 속으로 통합되며, 이로써 범주의 진행은 개념에 다다르게 되는바, 개념은 "무한한 **부정적** 자기연관(unendliche *negative Beziehung auf sich*)이다——여기서 이 자기연관이 부정적이라는 것은, 구별과 매개가 그러한 연관 안에서는 상호 자립적인 현실태들을 넘어 그것들의 근원성(Ursprünglichkeit)으로 전환된다는 의미에서이다.——즉 그 현실태들의 자립성이 기실은 오로지 그것들의 동일성으로서만 존재하는 까닭에, 이는 무한한 **자기연관**인 것이다"(§157, 8.302f.). 개념은 자기원인이요 또한 자기결과〔자기작용〕이다——즉 개념은 자기 스스로를 구성하고 정초하는 구조, 다시 말해 자기 스스로를 자기구성적인 것으로서 구성하는 구조(eine sich als sich konstituierend konstituierende Struktur)이다. 그러나 개념은 객관논리학을 통해 매개된 것이기 때문에, 그것은 ——자기원인으로서—— 또한 객관논리학의 원인이기도 해야 한다. 즉 개념은 자기구성의 행위를 통해 객관논리학 또한 함께 구성하고 또 함께 사유해야만 한다.

개념에서는 하나의 반성적 연관이, 즉 "자기 **스스로에** 머무르는, 오로지 자기 **자신과의** 상호운동"(eine *bei sich selbst* bleibende Wechselbewegung nur *mit sich*)이 이루어지기 때문에(§158, 8.303), 이러한 개념을 통해서는 필연성이 극복되고 자유가 이루어진다(§158, 8.303; §159A, 8.305f.; §160, 8.307)——게다가 반성성은 바로 자율성(Autonomie)과 등가의 것이다. 우연적인 것들과의 관계 속에서 실체에 주어졌고, 또 실체와의 관계 속에서 우연적인 것들에 주어졌던 바의 타자연관은 하나의 자기연관으로 되었다. "따라서 개념에서는 자유의 왕국이 열려 있다"(6.251). 이러한 순수한 자기연관은 보편성과 규정성의 통일로서 드러난다——개별적인 규정들은 더 이상, 존재 232

논리학과 본질논리학에서럼, 근저에 놓여 있는 보편성에 대립해 있는 타자가 아니다. 보편성은 개별적 규정들 속에서 바로 자기 스스로와 관계한다. 이것이 구체적으로 의미하는 것은, 특수자는 바로 개념의 자기 규정으로부터 연역되어야 하는 것이지, 한갓 경험적으로 취해져서는 안 된다는 것이다. 지금까지 기술된 〔실체성으로부터 개념에 이르는〕 전개는 『논리학』 안에서 개진된 범주의 전개 중에서 가장 탁월한 것에 속하는 게 분명한데, 이는 다음과 같은 개괄을 통해 정식화될 수 있을 것이다.

실체성:　　　$^b a^b$

인과성:　　　$a {\rightarrow} b$

상호작용:　　$a {\longleftarrow} b$

개념:　　　　$\leftarrow a \rightarrow$ (또는 $\leftarrow \leftarrow a \rightarrow \rightarrow$)

이러한 진행에서는 바로 관계(Relation)가 갈수록 점점 더 중요한 의미를 지니게 된다는 점을 쉽게 알아차릴 수 있다. 즉 실체성의 관계에서 우연적인 것들에 대한 실체의 관계는 직접적 동일성의 관계이다. 따라서 여기서 실체는 그 자체로 있으며, 따라서 전혀 정립되어 있지 않다. 인과성에서는 두 항 사이의 비대칭적인 관계가 이루어지며, 이러한 관계는 무한진행으로 나아간다──그리고 이 무한진행은 상호작용에서 관계의 대칭성을 통해 지양된다. 끝으로 개념은 순수한 반성성을 통해 특징지어진다.──이러한 전개가 흄과 칸트 이래로 근대철학을 지속적으로 괴롭혀온 범주 문제에 대해 본원적인 답변을 제공하고 있음을 우리는 인정하지 않을 수 없다. 헤겔에 따르면 실체성·인과성·상호작용 등은 현실의 규정들이다. 왜냐하면 그것들은 모든 사유와 모든 존재의 원리인, 반성적 자기파악의 절대적 구조에 속하는 계기들이기 때문이다. 특히 유명론적 사고가 지배하는 시대에 살고 있는 사람들에게 이러한 답변은 자못 '형이상학적'인 것으로 비칠 수 있다──〔범주의〕

물음에 대해 (흄의 경우와 달리) 어느 정도 구체적이면서도 (칸트에게서와는 달리) 그 해명들을 한갓 주워모은 사실들로 소급시키지 않는 어떠한 다른 해결책도 존재하지 않는 한, 우리는 이러한 형이상학적 답변을 진지하게 받아들여야 할 것이다.

개념의 이어지는 하위범주들에 관해서 보면, 헤겔은 개념의 계기들을 보편성·특수성·개별성으로 나눈다. 보편성은 "절대적 자기동일성"(die *absolute Identität mit sich*)을 나타낸다(6.274). 그렇지만 보편성은 한갓된 긍정성이 아니라, 오히려 ——규정들(그 자체로 부정일 뿐인)의 추상으로서—— "부정의 부정"이다(275). 논리학의 다른 범주들과는 반대로, 보편자는 그것의 반대개념인 특수자에 의해 부정되는 것이 아니라, 오히려 특수자 속에서[도] 스스로를 유지한다. 이데아에 대한 플라톤의 설명을 연상케 하는 단어들을 사용하면서 헤겔은 다음과 같이 말한다. "그에 반해 보편자는, 그것이 아무리 하나의 규정 속으로 정립된다고 하더라도, 그것이 [본래적으로] 존재하는 바 그대로 계속 유지된다. 보편자는 구체적인 것의 영혼이다. 즉 보편자는 어떠한 장애도 받지 않고, 또 구체적인 것의 다양성과 상이성 속에서도 자기동일성을 견지하면서 그 구체적인 것 속에 존재한다. 이와 더불어 보편자는 결코 생성으로 끌려가는 것이 아니라, 변함없이 **스스로를 지속**하며, 또한 불변적이고 불멸적인 자기유지의 힘을 지닌다"(276). 물론 이러한 보편자는 마치 가장 추상적인 유(類)인 것처럼 오해되어서는 안 되거니와, 오히려 **구체적인 것으로서** 생각되어야 한다. 이러한 보편자에 대한 범례는 가령 동물성(Tier*heit*)과 같은 것이 아니라, 바로 정신이다(279). 특수자는 그 자체가 이러한 보편자로부터 파생될 수 있는 것이다——특수성으로의 바로 이와 같은 자기규정에서 개념의 "창조적인 힘"(schöpferische Macht)이 드러난다(279). 보편자의 비규정성으로부터 특수성의 범주에 이르는 이행을 이끄는 것은 존재논리학의 시작부에서 수행되었던 것과 유사한 반성이다. 즉 보편자는 그 자체가 비규정적인 것으로서 규정되어 있는 것이다(281, 285).[146] 스스로를 규정된

233

것으로서 파악하는 이러한 보편자에 특수자는 대립되어 있다——이 둘은 앞에서 언급된 첫 번째의 보편자로부터 파생되는 것으로, 이러한 보편자와 특수자는 저 첫 번째 보편자의 종(種, Art)인 것이다(281; 342 참조). 따라서 여기에서는 —— '동일성과 비동일성의 동일성'이라는 개념에서 보이는 것과 같은(앞의 208쪽 참조)—— 긍정적 규정과 부정적 규정을 포괄하는 하나의 긍정적 규정의 구조가 다시 한 번 나타난다. 그러나 역으로 특수한 개념 역시 보편자와 같은 것, 즉 좀더 정확하게 말하자면 "〔특수한 개념〕 그 자신과 보편자의 통일"이다(287). 왜냐하면 그러한 보편자의 토대는 그 특수한 개념으로부터 사라진 것이 아니기 때문이다. 물론 헤겔은 이러한 규정들은 오로지 개념의 개념에 대해서만 (그리고 좀더 보충하자면, 이 개념의 개념에 의해 구성되는 논리학과 실재철학의 범주들에 대해서) 타당하다고 분명하게 지적한다. 자연적 존재자들의 개념에서는 특수성은 무한하게 진행되는 것이지, 보편자로부터 연역될 수 있는 것이 아니다(282f.).

헤겔에 따르면 보편성과 특수성에 대한 종합적 규정은 개별성이다.[147] 물론 이러한 규정에는 약간의 난점이 있는데, 이에 대해서는 아주 간략하게만 언급하고자 한다. 좀 단순화시켜 말하면 이 문제들은 개념의 세 번째 계기에 관한 장에서 헤겔이 두 개의 전혀 다른 주제를 취급하고 있다는 사실에서 기인한다. 그리고 실제로 이 장은 논리학의 장으로서는 매우 드물게 두 개의 절(296-299; 299-301)로 구성되어 있

---

146) 그밖에 "개별자"에 관한 장에서도 이와 매우 비슷하게, 고립된 보편자와 특수자는 그 자체가 하나의 개별성이라는 것이 지적되고 있다(6.297ff.).

147) 이때 특이하게 보이는 것은 헤겔은 개별성에 관한 장의 제목을 "개별적 개념"이라고 붙이지 않는다는 점이다. 그 앞의 두 장의 제목이 "보편적 개념"과 "특수한 개념"이라고 붙여진 데서 쉽게 유추할 수 있는 제목이 바로 이와 같은 것이지만, 헤겔은 그렇게 하지 않고 "개별자"라는 제목을 붙인다——그가 이렇게 하는 것은 이미 그 제목에서부터 개념의 영역을 벗어나 이제 〔'이것' '저것'과 같은〕 개별적 존재자(τόδε τι)의 영역으로 이행하는 것을 예고하기 위해서임이 분명하다.

을 뿐, 그에 이어지는 세 번째의 절은 없다——그것은 이 두 규정이 결코 하나로 통일될 수 없는 것이기 때문임이 명백하다. 즉 한편으로 개별성은 "개념의, 그 규정성으로부터 자기 스스로 속으로 향하는 반성"(*die Reflexion* des Begriffs aus seiner Bestimmtheit in *sich selbst*)이어야 한다(296). 그럼에도 이러한 반성은 점점 더 추상적인 영역으로 나아가는 상승으로 이해되어서는 안 된다—— 그와 같은 "벗어남" 234 (Abweg)을 통해서는 진리에서 멀어지게 된다. 헤겔에 따르면 오히려 개별성은 보편성과 특수성의 구체적인 통일로 이해되어야 한다. "개별성이 스스로를 고양시켜 이르게 되는, 그 개별성의 더 높은 그리고 최고의 보편자란 단지 갈수록 점점 더 무내용적으로 되는 표피일 뿐이다. 그러한 피상성에서 벗어난 개별성은, 그 속에서 개념이 자기 스스로를 파악하고 또한 개념으로서 정립되는 바의 심저(深低)이다"(297). 여기서의 개별성을 구체적 주관성으로 이해하는 것은 그리 어려운 일이 아니다——헤겔 스스로도 개별성을 "개인성(Individualität)과 인격(Persönlichkeit)의 원리"라고 부른다(297). 일반적인 관점에서 보면 이미 "개념 일반에 관하여"라는 제목의 도입절에서도, 개념의 실재철학적 대응물은 바로 '자아'라고 언명된 바 있다. 자아는 한편으로는 모든 규정성 속에서도 스스로를 견지하는 보편성이며, 다른 한편으로는 "스스로를 자기 자신과 연관시키는 부정성으로서의 개별성이다. 즉 자아는 스스로를 타자에 대립시키고 또한 타자를 배제하는 절대적 규정존재(absolutes Bestimmtsein)로, 바로 개인적 인격(individuelle Persönlichkeit)이다"(253). 이러한 방식으로 개별성은 실제로 ——개별적 정신이 특수한 정신이면서도, 그것이 모든 것을 관념화할 수 있기 때문에 또한 보편적 정신이기도 한 것과 마찬가지로—— 하나의 종합적 규정으로 된다. 물론 이에 대해서는 다음과 같은 반박이 제기된다. 개별성의 한 계기를 이루는 특수성에는 '그러한 개별자는 다수로 존재해야 한다'는 규정이 놓여 있는 것이 아닌가? 개념의 최고 형태인 절대이념을 다루는 장에서 헤겔은, 개념은 인격을 지닌다고 쓰고 있다——"실천적이고, 즉자대자적으로 규정된, 객관적 개념은 인격체로서 관철될 수 있는 원자적 주관성(atome Subjektivität)이다. 그러나 이와 마찬가지로 이러한 인격으로서의 개념은 배타적인 개별성(ausschließende Einzelheit)이 아니라, 그 자체가 **보편성**이자 인식이며 자신의 타자 속에서 자신의 고유한 객관성을 대상으로 가지는 것이다"(549). 물론 절대자는 (존재논리학적 의미에서는) 자신에 대립하는 어떤 타자를 가질 수 없다. 그러나 만약 그러한 개별성이 단 하나만 존재한다면 개별성에 대해, 〔더욱이〕원자적 주관성에 대해 얘기하는 것이 과연 의미있는 일일까? 그러한 개별성이 다수로 존재해서는 과연 안 되는가? 즉 그것이 한갓 보편성에 머무르는 것이 아니라면, 그리고 그것이 동시에 특수성이기도 하다면, 그러한 개별성은 자신과 마주하고 있는 또 하나의 개별성을 지니고, 나아가 바로 그 타자 속에서 자신과의 통일을 이루어야 하지 않겠는가?[148]

구체적 주관성으로서의 개별성에서 완성되는 헤겔의 '개념' 개념을 하나의 간주관적인 구조로까지 변증법적으로 확장시키는 작업은 4.2.4장에 가서야 비로소 검토될 것이다. 여기에서는 헤겔이 개별성이라는, 오로지 '정신'에만 대응할 수 있는 이러한 종합적 개념에 이어서 곧장 일반적으로 통용되는 개별성 개념으로, 즉 가령 (아리스토텔레스적인 의미에서) 제1실체를 개별자로 언급하는 것과 같은 맥락*의 개별성 개념으로 넘어가버린다는 점을 지적하는 것만으로 충분하다. 〔개별성에 관한〕두 번째 절에 따르면 "그러나 개별성은 개념의 자기 내 복귀일 뿐만 아니라, 직접적으로 개념의 상실이기도 하다"(299). 물론 이러한 이행—주관성으로부터 객관성으로의 이행을 이미 어느 정도 선취하고 있는—에 대한 정당화는 전혀 찾아볼 수 없다. 더욱이 개별자를 "질적

---

148) 실제로 헤겔은 『종교철학』에서 그리스도라는 개별성을 다수의 개별자로, 즉 공동체의 간주관성으로 이행시켜나간다(17.299).

* 아리스토텔레스는 앞에서 언급된 바 있는 '개별적인 이것'(τόδε τι)을 "제1실체"(πρωτη ουσία)라고 부른다.

인 하나 또는 이것"으로 규정하는(300) 헤겔의 이어지는 진술은 명확히 존재논리학적 차원으로의 후퇴이다. 게다가 **보편자의 개념** 단계에 들어선 뒤에 이 '이것'——이는 이미 『정신현상학』의 첫 번째 단계에서 그 비진리가 드러난 범주이다(3.82ff.)——이 다시 한 번 주제로 부각될 수 있다는 것은 생각하기 힘든 일이다. 더욱이 보편자에서 출발하여 특수자를 거쳐 '개별적인 이것'으로 진행되는 순서는 더 이상 변증법적인 것이 아니라 직선적이다. 또한 본질논리학의 종결부에서와 마찬가지로 (240), 개별자에 대한 이러한 규정에서는 (개별자가 아닌) 특수자를 개념의 다른 두 계기의 "단순한 동일성"으로 해석하는 것이 실질적으로 더 적합하다. 게다가 개별자에 대한 이러한 두 번째 규정이 헤겔 저작의 거의 전체에 걸쳐 관철되고 있다는 사실은 실로 유감스러운 일이다. 즉 실재철학에서 개별성을 거론할 때 헤겔은 대부분의 경우 그것을 "감각적 통각의 **개별적 사물들**"이라는 의미로 이해하며(E. §421, 10.210),[149] 또한 논리학의 이어지는 전개에서도 ——즉 판단논리학과 추론논리학에서도—— 개별자는 최고도로 특수화된 것으로 이해되고 있다. 이러한 처리방식이 더더욱 유감스러운 것은, 헤겔이 열거한 개별자의 개념 중 오히려 첫 번째 것이 전체 관념론적 전통이 처했던 하나의 문제를 해결할 수 있을 것이기 때문이다. 관념론에서는 주로 보편자에 더 주안점이 주어져 있었기 때문에 개별성은 비중 있는 관심을 받지 못한 것으로 보인다. 이 점은 자연적인 개별성의 경우에는 계속 별 장애 요인이 되지 않는 반면——즉 유기체의 경우 유(類)가 개별적 사례보다 더 중요한 것은 명확하다——, 개별 인간에 대해서는 우리는 자연계에 대해서와 동일한 결론을 내리는 것을 주저할 수밖에 없는데, 이는 결코

---

149) 이와는 다른 중요한 예외는 『종교철학』의 구성이다(16.64f.). 거기에서는 먼저 종교의 **보편적** 개념이 다루어진 뒤에 **특수한** 종교들이 기술되며, 마지막에 가서는 기독교가 **개별적** 종교로서 중심에 서 있다. 다시 말해 이 경우 기독교는 한편으로는 하나의 특수한, 즉 역사화된 종교이지만, 다른 한편으로 그것은 동시에 종교의 보편적 개념에 상응하는 종교로 이해되는 것이다.

그리 부당한 것이라고 할 수 없다. 개별 인간이 보편성과 특수성의 구체적인 통일, 즉 자못 강한 의미에서의 개별자를 뜻한다면, 그에게는 (헤겔적인 의미의) 개별성 개념을 아직 알지 못했던 예컨대 플라톤 철학의 틀에서는 결코 부여될 수 없었던 높은 존엄성이 부여될 수 있게 된다.

236   "주관성"의 영역에서 개념에 이어서는 먼저 판단이, 그리고 그 다음 순서로 추론이 다루어진다. 한편으로 볼 때 이러한 순서는 주목을 끌만큼 매우 엄밀하게 이루어져 있다. 판단에서는 하나의 "근원적 분리" (Urteilung)(301, 304, 348)가 일어난다――즉 개념적 계기들은 〔여기서〕 서로 분열되며, 계사(繫辭, Kopula)에 의해 외적으로 연결된다. 그것들이 지니는 함축적으로 존재하는 통일은 추론에서 정립된다. 그러나 추론에서도 ――물론 개념에서와는 다르지만―― 판단에서와 마찬가지로 그 계기들은 동시에 자립적인 극단으로 존재한다(272). 추론은 "판단에서 이루어지는 개념의 복원이며, 따라서……그 둘〔개념과 판단〕의 진리이다(351). 헤겔에서 더 나아가 우리는 다음과 같이 말할 수 있다. 추론이 개념과 판단의 종합인 것은 추론의 결론에서는 판단의 진리가 매개념(결론에서 매개념은 단지 진리의 매개항으로서 존재하지, 정립된 개념으로 있는 것이 아니다)을 통해 보장되기 때문이기도 하며, 또한 추론에서는 개념과 판단의 정확한 상응이 이루어지기 때문이기도 하다――즉 개별적 판단이 두 개의 개념만을 지니는 데 반해, 추론에서는 세 개념으로 이루어진 세 개의 판단이 존재하는 것이다. 그러나 다른 한편으로 문제가 있다고 여겨질 수밖에 없는 것은, 개념의 엄밀한 반성성은 이성의 수준에 도달하는 것이고, 더욱이 궁극적으로 구조적으로는 이미 종결을 이루는 것인데,[150] 그 구체적인 실행에서 볼 때

---

150) 개념에 대해 절대이념은 분명히 그 개념의 개념으로서 관계한다. 즉 절대이념의 내용은 바로 개념의 개념, 즉 개념의 반성성에 대한 지, 다시 말해 개념에 〔함축적으로 이미〕 주어져 있으면서도 〔아직〕 개념에 의해 명시적으로 정립하지 않은 채로 있던 바의 반성성을 인식하는 것이다. 개념과 절대이념의

이성보다는 오히려 오성에 속하는 형식들이 그러한 개념의 반성성에
이어서 다루어지고 있다는 점이다. 즉 헤겔의 추론이론에서는 무한퇴
행이 범해지는 경향이 있으며, 개념의 반성성에 의거해서 볼 때 이러한
무한퇴행은 실로 의외로 여겨진다.

　헤겔이 행하는 판단형식의 구분은 본질적으로 칸트를 따른다. 물론
헤겔은 칸트가 그저 주워모은 판단형식들을 개념의 변증법적 전개를
통해 [필연적으로] 생성되도록 해야 한다고 요구한다. 그리고 특히 중
요한 것은 주어와 술어, 즉 개별자와 보편자 내지 보편자와 개별자를
더욱 거대한 대응관계 속으로 가져오는 것이다. 근거지어진 가치판단
인 필증적(必證的, apodiktisch) 판단—예를 들면 "행위는 그것이 존
재해야 하는 바대로 존재하는 것이다"(Die Handlung ist so, wie sie
sein soll)—에서 계사는 규정되고 채워져 있다. 왜냐하면 [여기서] 계
사는 "모름지기 근거로까지 발전되었기" 때문이다. 술어는 "이러한 대
응 그 자체 또는 주어를 보편성에 연관시키는 것 이외에는" 다른 어떠한
내용도 지녀서는 안 된다(348). 이러한 의미에서 헤겔은 판단의 내재 모
델(Inhärenzmodell)과 마찬가지로 포섭 모델(Subsumptionsmodell)
도 똑같이 일면적인 것으로 보고 이 둘을 극복하고자 시도한다(308f.).
물론 헤겔에 따르면 포섭 모델은 비록 가능한 최고의 모델은 아닐지라 237
도, 이 둘 중에서는 좀더 고차적이고 적합한 모델이다(328). 그러나
[판단에 대한] 헤겔의 구체적인 구분법에 대해서는 강한 의구심이 생길
수밖에 없는데,[151] 이는 단지 오늘날의 논리학적 견지에서 볼 때만 그
러한 것이 아니라, 헤겔 스스로가 칸트에 의존하는 방식이 이미 문제점

　　관계를 실재철학적 범주를 써서 좀더 알기 쉽게 표현하면 다음과 같다. 절대
　　자와 관계하는 가운데 그 절대자를 주관성으로 이해하면서도 동시에 그 스
　　스로도 주관성으로 존재하지만, 그럼에도 이 두 주관성이 동일하다는 점을
　　아직 **반성**하지 못하는 종교적 의식은 개념에 상응한다. 그러한 반성은 철학
　　에서 이루어지거니와, 이에 철학은 절대이념의 [실재철학적] 대응물이다.
151)『논리학』에서 이루어지는 헤겔의 판단논리학에 대한 포괄적인 설명과 비판
　　은 H. Lenk (1968), 289-377에서 볼 수 있다.

을 갖고 있다는 점에서도 그러하다. 왜냐하면 칸트에서는 판단형식들과 범주들 간의 정확한 대응이 이루어지만, 반대로 헤겔은 범주들을 바꾸면서도 칸트의 판단형식들을 계속 사용하며, 그로 인해 그에게서는 범주들과 판단형식들 간의 부조화가 발생하기 때문이다. 가령 양(量, Maß)의 판단과 같은 것은 헤겔에게서 찾아볼 수 없다. 칸트에 대한 헤겔의 의존성은 특히 뉘른베르크 예비학의 논리학들에서 분명하게 나타난다──즉 여기서 헤겔은 표제들까지도 칸트로부터 그대로 이어받고 있다. 「상급반을 위한 철학대계」에서 판단은 질, 양 그리고 관계에 따라 구분된다──이들 각각에서는 술어, 주어 그리고 이 둘의 관계가 규정된다(4.23f.). 그뒤 1809/10년의 「초급반을 위한 논리학」에서는 양상판단이 추가로 등장하며(4.136f.), 이러한 사분적 구성은 〔같은 해의〕 「상급반을 위한 개념론」과 1810/11년의 「중급반을 위한 논리학」에서도 그대로 유지된다(4.143ff., 196ff.). 대논리학에서 이 판단들은 다르게 지칭된다──질적 판단은 현존재판단으로, 양적 판단은 반성판단으로, 관계적 판단은 필연성판단으로, 그리고 양상판단은 개념판단으로 각각 불리게 된다. 물론 이 점에서 칸트와의 차이는, 이러한 형식적인 구분기준에는 개별적 판단들을 내용적으로 규정하고자 하는 시도가 더불어 이루어진다는 점에 있다. 즉 반성판단에서는 단지 주어에 대한 양적인 규정만이 이루어져서는 안 되거니와, 이제는 술어 역시 주어가 외부 세계와 맺는 관계를 의미해야 한다(6.326f.와 E. §174, 8.326; 여기서 헤겔은 '유용한'〔nützlich〕과 같은 관계술어를 염두에 두고 있다). 나아가 필연성판단은 하나의 본질언명(Wesensaussage)이어야 하며, 따라서 술어는 주어가 속하는 유 또는 종이어야 한다 (6.335; E. §177, 8.328). 하지만 그 자체가 형식적인 구분에 이와 같은 내용적인 부담을 지우는 것은 그다지 설득력이 없어 보인다. 왜냐하면 판단에는 가언적 판단도 존재하거니와, 이는 ──헤겔에 따르면 필연성판단에 속하는 것임에도── 결코 본질언명이라고 할 수 없는 것이기 때문이다.

칸트의 판단논리학에 대한 헤겔의 개별적 변경작업은 흥미롭고도 논의해볼 만한 가치가 있다. 가장 중요한 수정은 질적으로 규정적인 판단(현존재판단)을 양적으로 규정적인 판단(반성판단) 앞에 위치시킨 것이다. 이는 헤겔의 존재논리학에서 이루어지는 질과 양의 위치변경에 상응하는 것으로, 그는 이로써 전체의 전통에서 이탈하게 된다(5.1.2장 참조). 물론 양적 판단이 반성판단이라고 불리면서 필연성판단과 더불 238 어 본질논리학에 속하는 것으로 설정되는 점(E. §171Z, 8.322)은 자못 기이하다. 즉 질과 마찬가지로 양은 존재논리학적 범주이지 본질논리학적 범주는 아닌 것이다. 무한판단의 개념에는 칸트와 비교해볼 때 작은 차이가 존재한다. 즉 칸트의 경우 무한판단에서 중요한 문젯거리는 가령 "영혼은 불사적이다"와 같이, 형식의 면에서는 긍정적이지만 술어의 내용을 볼 때는 부정적인 판단이다(KdrV B 97f./A 71ff.). 이와는 반대로 헤겔에 따르면 긍정적 무한판단은 동어반복적 명제이며, 부정적 무한판단은, 예컨대 "정신은 붉지도 노랗지도 않다"와 같이, 술어가 표현하는 보편적 유(예컨대 색채) 또한 주어에 해당되지 않는다(6.324ff.; E. §173과 보론, 8.324f.).[152] 나아가 「반성판단」 장에서 진행되는 판단형식의 순서 역시 칸트에게서와는 다르다. 즉 헤겔은 ——개념의 계기들의 고유한 순서와는 분명히 모순되게—— 단칭판단에서 시작하여 전칭판단으로 끝을 맺는데, 이는 명백히 논의를 점점 더 고차적인 형식의 판단으로 상승시키기 위해서이다. 끝으로 주목할 만한 것은 단언적(assertorisch) 판단과 개연적(problematisch) 판단의 위치를 바꾼 것이다. 즉 칸트의 경우와는 달리 ——그리고 대논리학에서와는 달리 '가능성'에서 출발하는 소논리학에서의 자신의 양상이론과는 부분적으로 모순되게—— 헤겔은 개연적 판단에다 하나의 반정립적 위상을 부여한다. 왜냐하면 개연적 판단은 (마찬가지로 반정립적인) 특칭적

---

152) 이에 대해서는 또한 H. Schmitz (1957), 104-118도 참조할 것.——무한판단에 대한 헤겔의 이론은 명백히 피히테 (1.115ff.)의 영향을 받고 있다.

(特稱的, partikulär)이고 가언적(hypothetisch)인 판단형식에 상응하기 때문이다(6.347).[153]

헤겔의 판단논리학보다도 추론논리학은 훨씬 더 시대에 뒤진 것으로 간주되고 있다. 헤겔의 추론이론은 아리스토텔레스의 추론이론에 매우 가까운 것이어서,[154] 그는 (거의 모든 동시대인들과 마찬가지로) 아리스토텔레스의 한계 또한 여전히 공유하고 있다. 즉 그는 단지 일항술어들만을 알고 있었기 때문에, 퍼스와 슈뢰더(E. Schröder)에 가서야 비로소 이루어지는 〔이항술어 또는 다항술어(多項述語)가 제대로 고찰되는〕 관계논리학을 아직 알지 못했다——물론 이는 헤겔의 개념론도 마찬가지로 안고 있는 결함이다. 게다가 헤겔은 명제논리학과 술어논리학을 구분하지 않는다(특히 곤혹스러운 것은 「필연성추론」 장인데, 여기에서 정언적 추론은 술어논리적 관계를, 가언적 추론은 명제논리적 관계를 나타내며, 또한 선언적 추론은 관계의 이 두 종류를 함께 포괄한다). 더 나아가 '귀납'과 '유비'(Analogie)는 논리학이 아니라 오히려 정신론(Psychologie)에 속하는 주제이지 않은가 하는 물음이 제기될 수밖에 없는데도, 그는 이 두 주제를 "반성추론"에 관한 장에서 다

239

---

153) 반정립적 추론군의 반정립적 형태인, 귀납 추론명제가 지니는 개연적 성격에 대해서는 또한 6.386도 참조할 것.——또한 『철학사 강의』의 칸트 장에서 범주표를 상론하는 과정에서도 헤겔은 "가능성은 두 번째 것이 되어야 한다"고 말한다(20.345).

154) 물론 헤겔은 ——아리스토텔레스와는 달리—— 그 가정이 비단언적인 추론들은 다루지 않는다. 이 점을 설득력 있게 근거짓지 않은 채, 그는 여타의 추론형식이 여타의 판단형식에 상응하는 것처럼 "개념판단"에 상응해야 할 "개념추론"을 거론하지 않는다.——물론 이는 당시의 양상논리학이 처했던 사정과 결부되어 있다. 『분석론 전서』(Analytica priora) 제1권에서 보이는 아리스토텔레스의 양상논리학은 극히 이해하기 어려운 것이어서, 그뒤에 이어지는 전개에 대한 어떠한 토대도 제시하지 못한다——나아가 아리스토텔레스의 양상논리학에 대한 완전한 해독은 오늘날까지도 성사되지 못하고 있다. 내가 보기에 철학사를 통틀어 유능한 연구자들의 실로 의미 있는 노력에도 불구하고 제대로 된 이해가 이 텍스트만큼 이루어지기 어려운 경우는 찾아보기 힘들다.

룬다(아리스토텔레스, An. pr. B 23ff. 참조). 아리스토텔레스와 마찬가지로[155] 헤겔은 「현존재추론」장에서 처음의 세 가지 형식(Figur)만을 취급한다.[156] 이른바 갈레노스 형식(Galenische Figur)*을 그는 별도로 다루지 않는데, 그 이유는 그가 ──가령 칸트처럼[157]── 이 형식을 "부자연스러운" 것으로 여겨서가 아니라, 그것이 [단지] "하나의 전적으로 공허하고 상관 없는 차이"에 관계하기 때문이다(6.370; E. §187A, 8.338 참조). 마지막으로 개개의 형식에서 전제들이 서로를 통해 순환적으로 근거지어진다는 헤겔의 생각은 지지될 수 없으며 결코 [무한]소급의 문제를 잘 해결할 수 있는 대답을 제공하지 못하는데, 이 점은 이미 앞의 180쪽에서 지적된 바 있다.

4.2.2.2. '객관성'과 '생명의 이념'

헤겔의 추론이론은 개별적 개념계기들의 일반적인 매개는 마지막 단계인 선언적 추론에서 이러한 매개의 지양을 그 결과로 가진다는 언급으로써 끝을 맺는다──그럼으로써 얻어지는 직접성은 "하나의 존재인데, 이때의 존재는 매개와 동일한 것이면서도, 동시에 자신의 타자로부터 그리고 자신의 타자 속에서 스스로를 산출한 개념이기도 하다. 따라서 이러한 존재는 즉자대자적으로 존재하는 사태, 즉 객관성이다" (6.401). 이 객관성은 헤겔에 따르면 기계론, 화학론 그리고 목적론을 포함하는데, 이것들은 특히 대논리학에서 더욱 상세하게 세분화된다.

---

155) 아리스토텔레스가 무엇 때문에 네 번째의 형식을 거론하지 않는지에 대한 근거에 관해서는 G. Patzig (1969), 118-127에서 설득력 있는 설명을 찾아 볼 수 있다.

156) 헤겔이 제기하는 네 번째의 형식은 예를 들면 에우클레이데스의 『기하학 원론』 제1권에서 제1공리로 설정된 '동일성의 타동성' 명제(Satz von der Transitivität der Identität)와 맞아떨어진다.

* P→M, M→S; S→P의 형태로 이루어지는 추론형식.

157) "삼단논법의 네 가지 형식의 그릇된 억지"(Die falsche Spitzfindigkeit der vier syllogistischen Figuren), A 18.

[그러나] 이러한 상론에 관해서는 여기서 언급하지 않겠다. 그 대신 나는 다음과 같은 두 가지 질문에 대해 답을 제공하고자 한다. ① 주관성에서 객관성으로 향하는 이러한 이행은 과연 실제로 논리정연한 것인가? ②기계론·화학론·목적론이 과연 논리학에 속하는 주제들인가? '목적론'과 '생명의 이념'은 긴밀하게 연결되는 문제이므로, 나는 이 절에서 생명의 이념에 대해서도 과연 그것이 정당하게 하나의 논리학적 범주가 될 수 있는지, 그리고 만약 그렇다면 어느 정도까지 그러한지를 또한 검토해보고자 한다.

240   주관성에서 객관성으로 향하는 이행, 그리고 기계론과 화학론 같은 범주들을 존재론과 논리학에서 다루는 것에 대해서는 헤겔이 사망한 직후에는 물론, 이미 그의 생전에도 크나큰 의구심을 불러일으켰다. 자연철학의 범주들이 부당하게도 논리학 속으로 편입되었다는 비난은 거의 모든 헤겔 비판가들에게서 보인다.[158] 그리고 헤겔의 가장 충직한 제자들 중 한 사람으로 자신의 저작 (1834: 64ff.)에서 헤겔의 개념논리학을 바흐만(C. F. Bachmann)의 비판으로부터 옹호했던 로젠크란츠마저도 1840년대 이후부터는 헤겔 논리학에 대한 수정작업을 전개하여 기계론과 화학론을 논리학에서 제외시켰다. 그리고 그가『논리적 이념의 학』에서 이러한 생각을 상세히 개진했을 때 자신에게 가해진 미슐레와 라살레(F. Lassalle)의 반박에 대해, 로젠크란츠는 그러한 반박이야말로 바로 그 스스로가 오래 전 바흐만의 비판에 대해 헤겔을 옹호하는 가운데 행했던 반박과 똑같아서 매우 재미있었다는 어조로 대응했다.[159]

---

158) C. F. Bachmann (1828), 12; ders. (1833), 186f.; H. Ch. W. Sigwart (1831), 133, 137; H. Ulrici (1841), 107f.

159) (1862), 118. "객관적 개념에 대한 라살레의 설명을 읽었을 때, 나는 특히 이 호적수의 주장에서 매우 재미있는 점을 감지했다. 1834년에 썼던 바흐만에 대한 공개서한 64쪽 이하에서 바로 나 자신이 헤겔의 객관성에 대해 라살레와 똑같이 말했던 것이다."

이제 가장 먼저 검토해볼 것은 헤겔이 주관성으로부터 객관성에 이르는 이행을 옹호하기 위해 동원하는 논증이다——이때 즉시 우리의 눈에 띄는 것은 헤겔이 그에 대한 〔상세한〕 논증을 그다지 많이 제공하고 있지는 않다는 점이다. 개념논리학 「서론」에 의하면 개념은 첫째로 —— 즉 "주관성"에서는—— "단지 하나의 내적인 것"일 뿐이며, 따라서 "마찬가지로 또한 단지 하나의 외적인 것"일 뿐이기도 하다(6.270).[160] 직접적인 것으로서의 개념은 단지 하나의 주관적인 것으로서만, 즉 "사태에 대해서는 외면적인 반성"으로서만 간주될 수 있을 뿐이다(271). 이러한 〔단지 주관적이고 직접적인〕 개념의 규정들은 여전히 어떤 경직된 존재를 갖는 것에 머물거니와, "이를 통해서는 모든 규정은 그 자체로 제각기 고립된 것으로, 즉 자신의 타자에 대한 단지 외적인 관계 속에 존재할 뿐인 바의 질적인 것으로 나타난다." 객관적 개념만이 비로소 이러한 고립된 규정들을, 분리를 지양하는 "변증법적 운동 속으로" 정립한다(271). 그리고 결정적인 주장은 객관성에 관한 절의 시작부에서 보인다. 거기서 헤겔은 "이러한 마지막 이행〔즉 객관성을 향한 개념의 이행〕은 그것의 규정에 따라서 보자면, 형이상학에서 개념으로부터 〔존재를〕 **추론**하는 것으로 나타났던 것, 즉 신의 개념으로부터 신의 현존재를 추론하는 것으로 나타났던 것, 또는 신의 현존재에 대한 이른바 **존재론적 증명**으로 나타났던 것과 똑같은 것이라는 사실이 자명하게 드러난다"고 쓰고 있다(402). 『철학대계』판 논리학〔=소논리학〕[161]에서는 헤 241

---

160) 단지 내적일 뿐인 것은 단지 외적일 뿐인 것이라는(그리고 그 역도 마찬가지라는) 사상은 헤겔에게서 무수히 등장한다(예컨대 3.258; 6.182ff., 346, 351, 387, 444, 474, 511, 540; E. §140 mit Zusatz, 8.274ff.; §275 Z, 9.111; 15.450; 16.366 참조). 그것은 다음과 같은 생각에 근거를 두고 있다. 진정한 의미에서 성립하는 대립은 내적인 것과 외적인 것의 대립이 아니라, 그 두 계기의 (내면적인) 동일성이라는 한편과 그 자체에서 내면성과 외면성으로 분리되는 외적인 것 사이에서 성립하는 대립이다. 따라서 외면성과 구별되는 내면성은 그 자체가 단지 외적인 것의 한 계기일 뿐이다(6.180 참조).
161) 또한 소논리학의 경우 개념논리학의 첫 번째 절과 두 번째 절은 "주관성"과 "객관성"으로 불리는 것이 아니라, 각각 "주관적 개념"과 "객체"로 불린다.

겔은 존재론적 신증명에 관해 그의 탁월한 역사적 식견이 엿보이는, 이 저작을 통틀어 가장 긴 하나의 주해를 할애하여 자세하게 설명한다—헤겔은 안셀무스(Anselmus Cantuariensis)의 『프로슬로기온』(*Proslogion*)을 인용하며, 또한 데카르트와 스피노자를 언급한다(§193A, 8.345-350). 헤겔의 철학에서 존재론적 증명은 실로 중심적인 역할을 수행하는바—『논리학』에서만 헤겔은 존재론적 증명을 적어도 다섯 차례 언급한다(5.87ff., 119f.; 6.78, 126, 402ff.)—, 주관성에서 객관성으로 가는 의문스러운 이행을 받아들이고자 하는 시도도 바로 이 증명의 권위에 기대어 이루어질 수 있을 정도이다. 그러나 이러한 이행이 과연 존재론적 증명을 통해 뒷받침될 수 있는 것인지를 좀 더 자세히 검토하기에 앞서, 먼저 헤겔의 이어지는 주장을 분석해보아야 한다.

먼저 개념이 한갓 내면적인 것이라고 불리는 것은 극히 기이하게 여겨질 수밖에 없다—사실 개념은 현실의 직접적 진리이다. 그리고 현실성에 관해서는 그것은 "내적인 것과 외적인 것의 통일"을 나타낸다고 일컬어진다(6.186). 이보다도 더욱 당혹스러운 것은, 헤겔이 객관성으로의 이행을 촉발시키기 위해 개념은 사태에 대해 외면적인 반성이라고 주장한다는 점이다. 이는 단지 개념을 본질논리학 출발지점의 지평으로 후퇴시키는 것으로 그치지 않는다. 나아가 이는 개념은 분명히 "자기의식적 오성의 행위"가 아니라 "즉자대자적 개념"으로 여겨져야 한다는(257), 헤겔의 객관적-관념론적 입장에 전적으로 모순되는 것이다. 끝으로 개념의 계기들이 아직 서로 떨어져 있기 때문에 그 개념은 객관성으로 이행해야 한다는 주장도 별 설득력이 없다. 왜냐하면 첫째, 개념의 계기들이 지니는 고유한 특징은 바로 그것들이 —논리학의 선행하는 지평들에서는 결코 찾아볼 수 없을 정도로(6.298f. 참조)— 서로 긴밀하게 연관되어 있으며, 〔따라서〕 결코 서로 분리될 수 없다는 것이기 때문이며, 둘째, 무엇보다도 하나의 단순한 집합(Aggregat)으로 나타나는 기계적 객체에서 개별 부분들의 긴밀한 연관이 이루어지기는 극히 어렵기 때문이다.[162] 그리고 끝으로 존재론적 증명에 관해서 보자면, 우리는 헤겔이 이 증명을 다른 곳에서와 마찬가지로 여기에서도 일반적인 해석과는 달리 해석하고 있다고, 나아가 심지어 잘못 이해하고 있다고 판정할 수밖에 없다. 즉 존재론적 신증명에서 의도되고 있는 바의 '개념으로부터 존재로의 이행'은 헤겔이 의도하는 이행과는 전혀 다른 것이다.[163] 왜냐하면 존재론적 신증명은 사람들이 우선적으로 242 하나의 주관적인 착상으로서 행하는 신에 대한 생각은, 만약 신에게 우리의 사유로부터 독립되어 있으면서도 전적으로 관념적인 본성의 실존방식이 주어지지 않는다면, 일관되지 못하다는 것을 보여주고자 할 뿐이기 때문이다. 헤겔의 범주들을 응용해서 말하자면, 여기에서는 정신론

---

162) 이러한 점에 분명히 모순되게 헤겔은 개념의 대자존재로서의 주관성은 즉자존재인 객관성으로 이행해야 한다고 설명한다(6.461). 이러한 이행은 물론 여기에서 실제로 일어나는 것에 상응하는 것이기는 하다. 그러나 이에 대해 곧바로 떠오르는 물음은, 헤겔 저작의 다른 어떤 곳에서 이처럼 대자존재로부터 즉자존재로의 이행이 이루어지는가 하는 것이다.

163) 존재론적 증명에 대한 칸트의 비판을 [다시금] 메타비판하는 지점에서 헤겔은 스스로를 객관화하는 것은 바로 개념의 본질에 속한다는 주장——이 주장은 주관성으로부터 객관성으로의 이행을 시사한다—— 이외에도 다음과 같은 두 가지 주장을 내놓는다. [첫째,] 존재는 전적인 무규정성으로서 개념 속에 언제나 포함되어 있다(6.404; E. §51A, 8.136; 17.206f., 525). [둘째,] 존재와 개념이 상이하다는 칸트의 생각은 물론 유한자에 대해서는 맞는 말이지만, 즉 유한자의 개념에는 실로 이러한 차이가 속하는 것이지만, 칸트는 단지 존재와 개념 사이에뿐만 아니라 유한자와 무한자 사이에도 차이가 존재한다는 점을 보지 못했다(5.92; 17.527).——자신의 중요한 저작에서 디터 헨리히는 존재론적 신증명의 두 가지 유형(그 중 하나는 신을 최고의 완전한 존재자로 이해하며, 다른 하나는 신을 필연적인 본질로 이해한다)을 매우 설득력 있게 구분하는 가운데, 칸트에 대한 헤겔의 모든 비판에도 불구하고 이 두 사람 사이에는 중요한 일치점들이 있다고 지적했다. 즉 이 두 사람은 공히 증명에 대한 이른바 논리적 반박(이에 따르면 오로지 사유 속에서만 필연적인 것이 실재성의 영역에서[도] 반드시 필연적이어야 할 필요는 없다)을 물리치고, 증명의 두 가지 유형 사이의 연관을 인식했으며, 또한 '필연적 본질'을 중심으로 하는 두 번째 유형이 [첫 번째 유형보다 더] 결정적이라는 점을 파악했다(1960: 196ff., 특히 208).

적 차원에서의 개념으로부터 논리학적 (또는 존재론적) 차원의 개념으로 가는 이행이 이루어지고 있다. 즉 후자의 개념은 전자의 이른바 '단지 주관적일 뿐인' 개념 속에 이미 전제되어 있는 것이다.[164] 그에 반해 헤겔이 말하는 주관성으로부터 객관성으로의 이행은 존재론적 신증명이 끝나는 지점에서, 즉 존재론적 개념에서 출발하고자 한다. 그리고 그의 목표지점은 기이할 만큼 무규정적인 ——즉 실재적이면서도 여전히 논리학의 영역에 머무르는—— 실존의 방식인데, 이는 존재론적 신증명이 신에게 부여하는 실존의 방식과는 전혀 무관한 것이다. 존재론적 신증명을 견지하는 전통에서 신은 어떤 객체의 종류에 따라서가 아니라(그리고 어떤 객체의 개념의 종류에 따라서가 아니라), 하나의 이상적 구조의 종류에 따라서 사유된다.[165] 이러한 존재방식에 만족하지 않는 헤겔의 이러한 태도는 오히려 그가 퇴치하려 했던 입장을 상기시킨다. 개념을 객체로 이행시키는 것을 헤겔이 여전히 필요한 것으로 여긴다면, 그는 개념은 그 자체로는 "한갓 추상적인 사상을 벗어나지 못하며, 추상적 사상은 존재에 대립해 있다"는 것을 전제하고 있음이 명백

243

---

164) 실제로 바로 이러한 [정신론적이고 주관적인 개념으로부터 존재론적·논리학적 개념으로의] 이행이야말로 헤겔 논리학의 가장 내면에서 바탕을 이룬다고 말할 수 있다. [따라서] 로어(Q. Lauer)의 다음과 같은 말은 정당하다 (1982: 231). "'존재론적 주장'은 논리학에 의해 정당화되는 하나의 근거에 그치는 것이 아니다. 오히려 그것은 논리학을 정초하는 궁극적 실재로 나아가는 구체적인 전진으로서의 사유를 기술하는 것이다. 헤겔 『논리학』의 타당성은 존재론적 주장의 타당성에 의존한다."

165) 헤겔이 본래 정초하고자 하는 것은 오히려 신에 의한 세계 '창조'의 전(前) 형태와 같은 것으로, 이는 존재론적 신증명의 문제와는 큰 상관이 없는 문제이다. ——로어에 따르면 헤겔에게서는 신에게서 이루어지는 존재와 개념의 동일성을 증명해야 하는, 두 가지 행보의 논증이 존재한다. 신은 한편으로는 "모든 실재의 생성의 근원"(the source of the becoming of all reality)이며, 다른 한편으로는 바로 그 자체가 "그 안에 개념과 존재의 절대적 동일성이 존재하는 바의 유일한 실재"(the only reality in which there is absolute identity of concept and being)이다(1982: 194). 그러나 로어는 이 두 가지가 전혀 상이한 행보임을 보지 못한다. 이에 대해서는 V. Hösle의 서평 (1984e), 100쪽을 볼 것.

하다——그런데 이러한 견해는 원래는 헤겔이 "존재의 문제에 관한 한 감각의 영역을 넘어서지 못하는" 철학함의 방식으로 간주하는 것이다 (404).

따라서 주관성에서 객관성으로의 이행은 납득할 수 없다는 결론을 우리는 견지할 수 있다. 물론 개념의 재객관화가 전적으로 유의미한 것이라는 점은 계속해서 언급되어야 할 것이다——그리고 오로지 이러한 방식으로만이 논리학의 이분법적 또는 직선적 구성은 하나의 삼분적-변증법적 구성으로 바뀔 수 있을 것이다. 다만 이러한 객관화는 이미 오래 전에 극복된 범주들로의 퇴행을 통해서는 이루어질 수 없는 것이다. 오히려 더 나아가, 헤겔이 만족스럽게 해명하지 못한, 객관성과 주관성에 이은 제3의 것이 필요하다고 하겠다.

단순한 객관성은 결코 이 제3의 것이 될 수 없는데, 이는 "객관성"의 범주에 대한 더욱 정확한 분석을 통해서도 드러난다. 맨 먼저 불만족스러운 것으로 여겨지는 것은 헤겔이 규정하는, 객관성에 대한 개념의 관계가 매우 모호하다는 점이다. 즉 객관성은 한편으로는 "전적으로 개념에 의해 관철되어야" 하지만, 다른 한편으로는 개념에 대립해 있기 때문에, 개념과 객관성은 목적론에서[야 비로소] 하나의 관계 속으로 들어서게 된다(6.408). 게다가 기계론, 화학론, 목적론 그리고 생명으로 연결되는 범주들의 순서는 실로 기이하다. 물론 (이때 논리학적 범주들이 제대로 취급되고 있다고 잠정적으로 인정할 경우) 이러한 순서에서 기계론, 화학론 그리고 생명이 차례로 이어져야 한다는 것은 ——순수 개념적인 근거에 따라서는 물론이거니와(즉 이 세 범주에서 부분들의 관계는 범주의 발전에 따라 점점 더 한갓된 외면성에서 벗어난다), 그 것들이 실재철학에서의 순서와 상응해야 한다는 점에 근거하더라도—— 분명하다. 그러나 목적론이 생명 앞의 순서를 차지하는 것은 선뜻 이해하기 어려워 보인다. 왜냐하면 목적론에 상응하는 실재철학적 대응물은 바로 자기의식적 정신의 유한한 목적적 활동이며, 이는 생명보다는 훨씬 더 복잡한 것일 수밖에 없기 때문이다. 어쨌든 「목적론」 장에서 이루어지는, '주관적 목적', '수단' 그리고 '완수된 목적'에 관한 상세한 설명은 어떤 정신적 존재의 그와 같은 구체적인 목적적 활동——즉 처음에는 단지 주관적일 뿐이었던 내용을 객관성의 형식으로 바꾸는 것 (17.31)——이 목적론의 주제가 되고 있음을 입증해준다. 그에 반해 목적론에 대한 도입부에서는(6.436-445) 목적론이 기계적인 원인에 대한 반대개념으로 파악되고 있다. 즉 목적론은 내적 합목적성과 외적 합목적성을, 생명과 그 이후에 정확히 완수되는 목적론——유한한 합목적성——을 포괄하는 것으로 파악된다. 물론 이 도입부의 언급으로부터 헤겔이 무엇 때문에 생명을 목적론보다 상위에 위치시키는지가 드러난 244 다——하지만 그는 목적론을 17세기와 18세기의 유한한 자연신학이 행했던 외적인 목적연관의 모델에 따라 이해하는데, 칸트의 『판단력비판』(§63, B 279ff.)에 의해 이루어진 그러한 자연신학의 극복을 그는 철학을 처음 시작할 때부터 실로 해방적인 것으로 여겼다.

칸트에 따르면 유기체는 "그 스스로가……원인이자 결과"이며(B 286), "그것〔유기체〕 안에서 모든 것이 목적이면서 또한 서로에게 수단이 되는" 것인데(B 296), ——물론 자연의 객관적 합목적성이라는 개념은 단지 반성적 판단력을 위한 이성의 비판적 원리일 뿐이라는(§75, B 333) 칸트의 주관주의적 전환에 대해서는 비난의 화살을 겨누지만,[166] 그럼에도—— 이러한 유기체가 지니는 내적인 합목적성에 대한 칸트의

---

166) 이미 「신앙과 지식」에서 헤겔은 ——합목적성을 하나의 한갓된 '마치……인 양'의 원리(Als-Ob-Prinzip)로 여기는 칸트의 규정을 신랄하게 비판한 다음 (2.326ff.)——, 칸트의 『판단력비판』이 지니는 모호함은 거기에서는 이념이 제대로 파악되면서도 동시에 주관주의적으로 왜곡된다는 점에 있다고 설명한다. "칸트 철학의 진정으로 사변적인 측면은 오로지 이념이 그토록 분명하게 사유되고 또 언표된다는 점에서만 있을 수 있으며, 또한 우리의 유일한 관심사는 그의 철학의 바로 이러한 측면을 따라가는 데에 있다. 그러나 이에 상응하여 〔칸트에게서〕 이성적인 것이 단지 또다시 혼란에 빠질 뿐만 아니라, 최고의 이념이 자못 의식적으로 훼손되고, 반성과 유한한 인식이 최고의 이념보다도 더 높은 위치를 차지하고 있음을 목격하는 것은 더더욱 괴로운 일이다"(328). 칸트의 유기체 철학에 대한 이러한 이중적인 판단을 헤겔은

분석에서 헤겔은 절대자의 이념을 파악하기 위한 돌파구를 보고자 했다. 헤겔에 따르면 생명에서 원인과 결과, 수단과 목적, 단일성과 다수성이 서로를 제한한다는 바로 그 점이, 즉 목적이란 한갓 주관적인 것이 아니라는 바로 그 점이 생명이 지니는 높은 범주적 위상을 근거짓는다.[167] 그에 반해 목적론에서는 수단과 목적이 여전히 구분되어 있어서 (6.458)[168] 무한한 퇴행이 발생하거니와(E. §211, 8.366), 이는 생명   245

평생토록 견지했다(E. §§57f., 8.141f.; 20.374, 378ff.).──이와는 달리 헤겔은 아리스토텔레스의 목적 개념에 대해서는 자신의 목적 개념의 선구적인 모델로 찬사를 보냈다(19.172ff.). 왜냐하면 아리스토텔레스의 목적 개념은 외적 합목적성의 유한성을 뛰어넘으면서도 동시에 객관주의적 본성을 지니는 것이기 때문이다.

167) 이러한 주장은 이미 「1800년의 체계단편」에서도 보인다(1.419ff.).──잘 알려져 있듯이 마르쿠제(H. Marcuse)는 자신의 유명한 저작(1932)의 제2부에서, 생명의 개념이 헤겔 존재론의 근원적인 토대였음을 입증하고자 한다(225-368)──물론 마르쿠제의 이러한 주장이 얼마만큼 정당한 것인지는 여기서 해결될 수 없는 문제이지만, 그럼에도 생명이 적어도 헤겔 초기 사유의 근본개념 가운데 하나라는 점에는 의심의 여지가 없다. 물론 헤겔은 예나 시기 마지막에 가서야(1805/06) 생명을 논리학의 주제로 편입시켰다. 뉘른베르크 예비학에 나오는 그 어떤 판본의 논리학에도 생명은 등장하지 않는다(이에 대해서는 O. 푀겔러가 1963년에 편집한 「헤겔의 한 논리학에서 나온 단편」[Fragment aus einer Hegelschen Logik]을 또한 참조할 것. 이 단편을 푀겔러는 뉘른베르크 시기의 것으로 분류하지만, 헤겔 전집 편찬자들[즉 호게만(F. Hogemann)과 예쉬케(W. Jaeschke)─옮긴이]은 밤베르크 시기의 것으로 분류한다[GW 12, 330f.]).

168) 이에 상응하여 미학의 영역에서 헤겔은, 예술작품에서 전체와 부분의 관계는 "한갓된 합목적성이어서는 안 된다"고 요구한다. "왜냐하면 목적론적 관계에서 목적은 대자적으로[자신을 위해] 표상되고 의지된 보편성으로, 그러한 목적은 그것을 실존할 수 있게 해주는 특수한 측면들에 의해 존재하는 것으로 이해되는 것임에도 오히려 그 측면들을 단지 수단으로서만 사용하며, 그런 한에서 그 측면들의 모든 스스로를 위한 자유로운 존립과 모든 종류의 생동성을 빼앗기 때문이다.……[그러나] 예술의 자유로운 미는 이러한 자유롭지 못한 오성적 관계들과는 대립되는 것이다"(15.253).──유기체와 예술작품의 비유는 칸트의 제3비판에서만 볼 수 있는 것이 아니다. 헤겔 역시 1810/11년의 「중급반을 위한 논리학」에 나오는 한 짤막한 지점에서 생명의 이념을 미와 연관시켜 다루거니와, 그는 미를 "우연적 현존재의 제약들과 제한들에서 해방된" 삶으로 이해하고자 한다(4.202. 또한 대논리학 6.472에

에 가서 극복된다. 그러나 목적론과 생명에 대한 헤겔의 논리학적 배열에 관해서는 계속해서 의구심이 생겨날 수밖에 없다. 왜냐하면 헤겔은 목적론과 생명에서 오로지 목적-수단 관계의 분석에만 관심을 둘 뿐, 목적론에서는 개념이 실제로 목적을 정립하는 정신으로서 대자적으로 등장하는 반면, 생명에서는 이에 관한 그 어떤 것도 발견할 수 없다는 점, 즉 생명에서는 개념이 단지 즉자적으로만 존재한다는 점을 간과하고 있기 때문이다. 더욱이 생명은 목적론이라는 객관논리학적 범주에 비해 더 많은 주관성을 지니고 있어야 할 것인데, 그렇다면 어떻게 생명은 목적론보다 더 나아간 것일 수 있을까? 내가 보기에 〔이와 관련된〕 근본적인 문제는 〔목적론을〕 범주적으로 〔상이한 차원들로〕 구분함으로써 해결될 수 있다고 여겨진다. 즉 헤겔은 목적론을 〔하나의 의미에서가 아니라〕 두 가지 상이한 것으로 구분하여 이해한다. 그 중 하나는 자연에서 나타나는 바의 우연적이고 외적인 목적연관이다. 자연신학을 물리치는 가운데 그는 이러한 목적연관에는 어떤 "멍청한 것" (Läppisches)이 있다고 여기거니와(6.469),[169] 이러한 우연적·외적 목적연관에 비해 생명은 확실히 더 높은 단계에 속한다. 그러나 이와는 다른 하나는 의식적 존재의 유한한 목적활동인데, 이 의식적 존재는 수단을 통해 자신의 목적과 스스로를 결합시킨다. 목적론 장(章)을 완결하는 데 중심이 되는 이러한 목적론적 작용에서는 물론 한편으로는 방금 앞에서 언급된 외면성이 다시 나타나는 것은 사실이지만, 다른 한편

나오는 짤막한 언급도 참조할 것. 물론 그 언급으로부터는 헤겔이 미를 실재철학적 범주로 보고 있다는 것이 드러난다. 실제로 헤겔은 다우프〔K. Daub〕의 질문에 대해 미는 논리학에 속하는 것이 아니라는 점을 분명히 했다. Ber. Nr. 413, S. 269).——헤겔의 제자들 가운데 미슐레는 미를 논리학 속으로 편입시켰다(1837f.; II 747 참조).

169) 이에 대한 적절한 예로 헤겔은 ——괴테와 쉴러의 풍자시(Xenie)와 연관해서—— 코르크 나무는 우리 인간들이 그 껍질에서 병을 막을 수 있는 마개를 잘라낼 수 있게 되기 위해 성장한다는 생각을 인용한다(E. §205Z, 8.362f.; §245Z, 9.14; 17.520; 20.24).

으로는 이때의 외면성은 그보다 더 높은 지평에서 나타나는바, 이러한 지평에서는, 거기에 이미 정신이 전제되어 있다면, 그에 따라 더더욱 생명이 전제되어 있다. 따라서 합목적성에 관해서는 세 가지 형식을 구분해야 할 것이거니와, 그것은 ①한갓 외적-자연적인 합목적성, ②생명의 내적인 합목적성, ③정신이 지니는 외적인 합목적성이다. 그리고 헤겔이 이 중에서 첫 번째와 세 번째를 단 하나의 것으로 뭉뚱그려 취급한다는 주장은 별로 설득력이 없다.

그러나 이제 이상에서 거론된 범주들—기계론·화학론·목적론·생명—이 과연 실제로 논리학에 속하는 것인가 하는 물음으로 넘어가 보자. 헤겔이 논리학적 범주들을 위한 결정적 기준으로 제시한 것들을 상기해보자. 그것들은 절대이념의 계기들이어야 하며, 표상에서는 그 어떤 직접적 대응물도 지녀서 안 되는 것으로, 모든 존재자에 존재하는 것으로서 주어지며 또한 자기지시적이어야 한다.—〔이러한 기준에 따 246 라〕 일단 기계론·화학론·생명부터 보면, 가장 먼저 명확하게 드러나는 것은, 그것들은 결코 자기지시적이지 않다는 사실이다—즉 기계론의 개념은 기계적인 것이 아니며, 화학론의 개념은 화학적인 것이 아니며, 생명의 개념은 영양을 섭취하고 번식하는 생물이 아니다.[170] 이와 마찬가지로 이 개념들이 결코 보편존재론적(allgemein-ontologisch) 본성의 것이 아니라는 것도 분명하다. 물론 헤겔은 이러한 반박을 미연에 방지하기 위해, 정신적인 태도의 형식을 부를 때도 '기계적' '화학

---

170) '이념의 우주(Ideenkosmos)야말로 생명을 그 속에 지니고 있다'고 판단할 경우, 그것은 물론 순전한 메타포일 것이다. 그러나 생명을 논리학 속으로 편입시키기로 한 헤겔의 결정에는 아마도 이러한 메타포적인 사고방식이 근저에 놓여 있는 것으로 보인다. 그 점에서 그는 플라톤(Sph. 249a)에게서 출발해 아리스토텔레스(Metaph. 1072b 26ff.)를 거쳐 프로클로스(Proklos, 예컨대 Inst. 188f.)까지 이르는 고귀한 전통에 의거할 수 있었을 것이다. 그리고 내가 보기에 그러한 영향은 실제로 존재한다고 여겨진다—어쨌거나 헤겔의 『철학대계』의 마지막을 장식하는, 〔아리스토텔레스의〕 『형이상학』에서 따온 인용문은 정확히 생명을 신적 정신(νοῦς)에 귀속시키는 것으로 끝을 맺고 있다(10.395; 또한 17.514도 참조).

적' 그리고 '살아 있는'이라는 표현을 쓴다——즉 그에 따르면 우리는 기
계적 기억, 기계적 행위방식을 거론하며(6.410; E. §195 mit Zusatz,
8.352ff.), 욕구와 사교충동은 서로 다른 기계론의 심급이며(E. §196,
8.355),[171] 운명의 개념은 기계론 내부에 속하며(6.421), 국가는 절대
적 기계론의 체계이며(6.425; E. §198A, 8.356), 끝으로 우정과 사랑
은 화학론의 정신적인 예로 해석될 수 있다(6.429). 생명의 이념에 대
해서는 헤겔은, 그것이 "워낙 구체적이고⋯⋯실제적인 대상"과 연관
되기 때문에 "논리학에 대한 대개의 표상에 따를 경우 생명의 이념을
끌어들이는 것은 논리학의 영역을 넘어서게 되는 것으로 여겨질 수 있
다"고 시인하는데(469), 이 점에 관해 그는 생명은 정신을 위해서도
——부분적으로는 정신에 대립해 있는 수단으로서, 부분적으로는 정신
이 지니는 신체로서, 또 부분적으로는 예술의 변용된 이상으로서—— 한
역할을 수행한다는 언급으로 그친다(471f.).

　이 중 후자와 관련된 문제부터 보면, 이 경우 생명의 보편존재론적
성격이란 결코 근거지어지지 않은 것임은 자명하게 드러난다. 왜냐하
면 자연을 통해 매개된 개별적 정신은 그 자체가 또한 하나의 유기체이
고, 이러한 유기체가 여러 상이한 유기체와 다양한 관계를 맺는다는 것
은 물론이지만, 그렇게 주장할 경우 자연철학의 모든 범주가 논리학 속으로
편입될 수 있을 것이기 때문이다. 왜냐하면 육체를 거쳐 이루어지는 것
인 한에서의 정신은 그 역시 어떤 시공간적인 것이며, 정신의 생산에서
공간과 시간은 커다란 역할을 수행하기 때문이다——하지만 그렇다고
해서 공간과 시간이 논리학적 범주여야 하는가? 본질적으로 자연적 존
재인 인간 안에는 거의 모든 자연철학적 범주가 나타나 있다(präsent).
인간은 예컨대 보고, 또 나아가 그린다——그렇다고 빛이 논리학적 범주

---

171) 『철학대계』에서 「기계론」 장은 대논리학에서와는 약간 다르게 구성되어 있
　　다. 즉 거기에는 '기계적 객체'가 빠져 있다. 그 대신 형식적 기계론과 절대
　　적 기계론 사이에는 상이한 기계론(der differente Mechanismus)이 등장
　　한다.

가 되는가? ─그리고 정신의 '기계적'이고 '화학적'인 활동에 관해서
보면, 사람들은 많은 상상력을 동원하여 가지각색의 메타포를 사용할
수 있다. 즉 사랑만이 화학적 현상으로 이해될 수 있을 뿐 아니라, 명민
한 대화 파트너는 전기가 통한다고, 다정다감한 사람은 따뜻하다고, 경직
된 태도는 돌과 같다고 불릴 수 있는 것이다. 이미 로젠크란츠는 특히
언어 사용에 의거하여 기계론, 화학론 그리고 생명이 논리학적 범주라
고 옹호하는 미슐레와 라살레에 맞서, 다음과 같이 자못 조롱조로 반박
한 바 있다. "우리가 언어의 용법에 따라 판정하고자 한다면, 물론 우리
는 〔논리학적 범주의 설정에서〕 훨씬 더 많이 나아가야 할 것이다. 왜
냐하면 메타포를 씀으로써 우리는 자연의 여러 형식과 과정을 정신에
그리고 자연에 대한 정신적 규정들에 확대적용하기 때문이다. 서술을
할 때 우리는 단지 연극의 매력, 혐오스러운 행동, 관계의 압박, 신분의
혼합 등등을 말할 뿐 아니라, 또한 우리 감정의 따뜻함과 차가움, 우리
상상력의 불길 등도 말한다.……〔이러한 것들은〕 논리학을 확장하기
에 얼마나 좋은 기회가 되는가!"(1862; 46)─나아가 기계론·화학
론·생명을 논리학에서 다루는 것에 대한 또 하나의 반박으로는 범주
의 이중화에 대한 논박을 들 수 있다. 즉 방금 언급된 범주들은 실재철
학에서 다시 한 번 등장하는 것들이다. 〔논리학에 나오는〕 "생명의 이
념"은 〔실재철학에 나오는〕「유기체론」의 요약본에 다름 아니다─물론
〔논리학에는〕 지질학적 자연, 식물적 자연 그리고 동물적 자연으로 나
누어 이루어지는 상세한 설명은 빠져 있다. 그리고 "살아 있는 개체"
(das lebendige Individuum)에 관한 장에서는 이에 상응하는「동물
적 유기체」장(§354, 9.439f.)에서처럼 신경계·혈관계·소화계가 거
론되지 않는다는 것 또한 사실이다. 그러나 헤겔은 이 규정을 논리학에
서(6.478ff.) 언급한다. 감수성(Sensibilität), 민감성(Irritabilität) 그
리고 생식(生殖)과 같은 규정이『자연철학』에 의하면 결코 모든 생명체
가 아닌 동물에게서만 나타나는 것인데도 말이다!

따라서 요약해서 말하자면, 기계론·화학론·생명은 존재론과 논리

학 같은 근본철학에 속하는 문제가 아니라고 할 수 있는 것이다. 그렇지만 기계적인 것, 화학적인 것 그리고 생명체의 여러 부분 사이에 존재하는 관계방식들[172]을 그 보편적인 형식에 따라 논리학에서 다룰 수 있지 않은지에 대해서는 충분히 검토해볼 가치가 있다고 여겨진다. 실제로 기계론, 화학론 그리고 생명의 범주에 귀속되어야 하는 관계유형들 중 하나가 본질논리학에서 다루어지고 있다——그것은 바로 전체와 부분 사이의 관계로, 이 관계는 본질적 관계의 첫 번째 단계를 이루며,

248 또한 우리는 이것이 기계론 중에서 하나의 범주론 속으로 편입될 수 있는 논리적 구조라는 것을 쉽게 알아챌 수 있다. 즉 그 명칭에서 기대하게 될 법한 것과는 달리, 헤겔에게서 전체와 부분의 관계는 전적으로 외적인 관계이다——부분들은 전체에 대해서나 서로에 대해서나 자립적으로 존재한다(6.166ff.). 그리고 『철학대계』의 이에 상응하는 절의 보론에서도 헤겔은 이 〔부분과 전체의〕 관계는 유기체를 파악하기에는 부족한 것이라고 분명히 설명한다(§135 Z, 8.268). 이제 상세하게 탐구해볼 가치가 있는 것은, (〔기계론에 관한 논의에서〕 부분존재론적인 성격을 띠는, 힘과 외화의 관계에서 훨씬 더 나아가) 부분〔의 합〕이 직접적으로 전체를 가리키는 것이 아니라 부분들끼리 서로를 대극적(對極的)으로(polar) 지시하는 관계가 바로 이러한 기계적 관계에 따라 논의될 수는 과연 없겠는가 하는 물음이다. 즉 이 관계는 헤겔이 〔기계론이 아닌〕 화학론이라고 이해하는 바의 논리적 기본개념인데, 이러한 관계를 화학론이 아닌, 기계론의 관점에서 논의할 수는 없는가 하는 것이다. 이와 마찬가지로 또한 숙고해볼 만한 것은, 이러한 관계 다음의 순서로 '유기적' 관계가 이어져서는 과연 안 될 것인가 하는 물음이다. 내가 말하는 이 관계는, 부분들이 바로 전체로부터 도출될 수 있는 바의 관계이다.[173]

---

172) 본질논리학이 무엇보다도 구체적인 관계유형들을 다루는 것인데도 헤겔의 논리학에서 '관계'라는 보편적 범주가 빠져 있다는 것은 기이하게 보인다.

끝으로 이러한 고려들은 목적론이 도대체 논리학적 범주일 수 있는 가 하는 물음——이는 지금까지 여러 정당한 근거를 통해 미결로 남겨두었던 물음이다——에 대한 대답을 가능케 한다. 왜냐하면 한편으로 헤겔이 「목적론」 장에서 구체적으로 다루는 것은 하나의 실재철학적 범주, 그것도 정신철학적 범주여야 한다는 것은 분명하기 때문이며, 다른 한편으로 목적론은, 우리가 그것을 헤겔이 이해하는 것보다 더 일반적인 관점에서 ——즉 앞의 245쪽에서 구별한 유형들의 상위개념으로서—— 이해한다면, 전적으로 하나의 전통적인 존재론적 범주이기 때문이다. 그리고 인과성을 '작용인'(causa efficiens)이라는 의미로 논리학에 편입시킨다면, '목적인'(causa finalis)으로서의 목적론은 결코 빠질 수 없다. 게다가 목적론은 극히 자기지시적인 범주이다. 왜냐하면 우리는 목적론은 예컨대 인과성의 목적인이라고 말할 수 있기 때문이다. 모름지기 논리학의 범주체계는 절대이념에 목적론적으로 정향되어 있는 것으로 이해되어야 한다. 그런데 목적론은 정확히 어떤 지점에 속해야 하는가? 논리학과 실재철학의 대응 문제에 대한 사고를 여기에 응용한다면 ——그리고 개념이 정신을, 목적론이 생명을 논리학에서 선취하고 있음을 상기한다면—— 목적론은 개념 앞에 놓이는 것이 옳을 것이다. 또한 내가 보기에 실제로 이러한 제안은 논리학 내적인 측면에서도 정당화될 수 있다고 여겨진다. 즉 목적론은 상호작용과 개념의 반성성 사이에 있는 중간항임이 분명하다. 다시 말해 가령 '싹의 궁극목적은 완전히 자란 나무이다'라고 말할 경우, 이는 싹을 통해 산출되는 것—— 즉 목표——은 〔시간적으로는 뒤에 오지만 논리적으로는〕 이미 궁극원인(End*zweck*)으로서 〔전체의〕 전개를 이끌고 있다는 것을 뜻한다. 따라서 다음과 같은 구조가 성립한다.

249

---

173) 오늘날 체계라는 범주로 논의되는 것이 바로 이러한 범주들과 연관된다고 할 수 있다.

$$a \rightarrow b \rightarrow a'$$

물론 여기서 a와 a′는 동일한 것은 아니다. 그러나 이 둘은 또한 상이한 것도 아니다. 즉 a′는 ——그것이 그 자체대로의 모습으로 현존하기에 앞서—— a 속에서 일정한 작용을 하는 것이다. 이제 이러한 구조에서 상호작용의 구조는 분명히 지양되어 있다. 즉 a는 b에 작용하며, b는 a(′)에 작용한다. 그런데 이러한 구조 속에는 동시에 반성성의 한 선형식(先形式, Vorform)이 현존한다. 즉 a는 b를 거쳐 a′에 작용하거니와, 결국 a는 자기 스스로에게 작용하는 것이다——즉 피드백을 통해 상호작용은 목적론으로 되는 것이다.[174]

흥미롭게도 궁극적 원인을 이처럼 순수 반성성의 선형태(先形態, Vorgestalt)로 해석하는 것은, 물론 실재철학적 지평에서이긴 하지만, 헤겔의 경우에서도 보인다. 주목을 끄는 한 지점에서 헤겔은 생명체와 정신적인 존재 사이의 차이에 관해 다음과 같이 쓰고 있다. "식물의 싹은 ——즉 이처럼 감각적으로 현존하는 개념은—— 열매를 산출함으로써 자신의 개념에 일치하는 현실성과 더불어 자신의 전개를 종결한다. 이는 정신에 관해서도 마찬가지이다. 정신의 발전 역시 그 개념이 스스로를 완전히 실현했을 때, 또는 같은 말이지만, 정신이 그 개념을 완전히 의식하는 데 이르렀을 때, 그 목표를 성취한다. 시작과 끝이 이처럼 하나로 통일되는 것(Sich-in-Eins-Zusammenziehen des Anfangs mit dem Ende), 즉 개념이 자신을 실현하는 가운데 이처럼 스스로에 도달한다는 것은 한갓 생명체에서보다는 정신에서 더욱 완전한 형태로 나타난다. 왜냐하면 생명체의 경우 산출된 열매는 그것을 산출했던 것과

---

174) 그렇다면 정신적 존재의 외적인 목적행위는 다음과 같이 정식화될 수 있을 것이다. ←a→ → b → a′. 따라서 여기서 a는 이미 반성적으로 존재한다고 할 수 있을 것이다. 그러나 이러한 직접적 반성성은 단지 부분존재론적인 특수한 경우에 불과한 것으로, 이는 목적론의 보편적 구조상으로는 결코 중요한 관건이 되지 않는다.

동일하지 않은 데 반해, 자기 자신을 인식하는 정신에서 산출된 것은 바로 산출하는 것과 동일하기 때문이다"(E. §379Z, 10.15).[175]

따라서 우리가 목적론과 관련하여 말해야 할 것은, 목적론은 물론 실제로 하나의 논리학적 범주이기는 하지만, 그럼에도 그것은 첫째로 헤겔이 '목적론'이라는 이름으로 다루는 것보다 더 보편적인 본성을 지닌 것이어야 하며, 둘째로 헤겔이 그것에 할당한 지점과는 다른 지점에 속   250
한다는 점이다.

4.2.2.3. 이론적 이념, 실천적 이념 그리고 절대이념. 포이에시스와 프락시스

생명의 이념 이후 개념논리학의 나머지 부분은 인식의 이념과 절대이념을 포함한다. 여기에서 흥미로운 것은, 인식의 이념이 두 개의 절로 ──즉 진(眞)의 이념과 선(善)의 이념으로── 나뉜다는 점이다.[176] 이에 따라 절대이념은 단지 생명의 이념과 인식의 이념의 종합일 뿐 아니라(6.549), 또한 그리고 정확하게는 바로 인식의 이념의 이 두 부분 영역의 종합이어야 한다── "절대이념은······이론적 이념과 실천적 이념의 동일성이다"(548). 이 절에서 중요한 관건은 이러한 요구를 제대로 개념적으로 파악하는 일이다. 특히 헤겔의 선 개념을 해명하는 일은 가치가 있다고 여겨진다. 나는 "진의 이념"의 내용구성을 좀더 정확하게 논구하지는 않고자 한다. 내가 주안점을 두는 중요한 문제는 "진의 이념" 부분에서는 분석적 인식과 종합적 인식이 다루어지며,[177] 절대이

---

175) 전적으로 이러한 방향으로 목적론을 개념보다 앞에 위치시키는 것은, 헤겔이 『종교철학』에서 로마의 종교에 목적론적 신증명을, 그리고 바로 그 다음에 이어지는 기독교에 존재론적 신증명을 각각 귀속시킨다는 사실에서도 드러난다(Rph 407ff., 501ff.; 17.31ff., 155ff., 205ff.). 그러나 논리학에 따르면 순서는 이와는 반대로 되어야 할 것이다── 왜냐하면 존재론적 신증명이 주관성에서 객관성으로 나아가는 이행의 단계에서 다루어지는 반면, 목적론적 신증명은 목적론에 속하기 때문이다.

176) 『철학대계』에서 이 두 절은 각각 "인식"과 "의지"를 제목으로 하고 있다.

넘의 인식은 이 둘의 종합으로 나타난다는 점이다. 「절대이념」 장에 가
서야 비로소 **참된** 인식이 다루어진다는 점에는 실제로 어떠한 의혹도
있을 수 없다. "진의 이념" 부분은 단지 인식의 유한한 형식들만을 다
루며, 이 유한한 형식들의 유한성은 바로 그것들이 각각 고립된 채 서
로 대립하고 있어서 하나로 통일되지 않는다는 점에 있다. (그러한
형식들의 유한성은 또한 방법에 관한 장에서는 삼분적 [내지 사분적]
구성이 개념에 적합한 유일한 구성이자 완전한 구성임을 증명하는 것
이 본질적 관건인 반면, 종합적 인식에서의 내용구성은 [단지] 외면적
인 기준들만으로도 충분히 이루어진다는 점[524ff.]에서도 드러난다.)
251 그러나 우리가 제기하고자 하는 물음은 다음과 같은 것이다. 절대이념

---

177) 여기에서 불만족스러운 것으로 여겨지는 것은, 헤겔이 분석적 인식은 물론
종합적 인식을 거론하는 데서도 선험적인 인식형식들과 후험적인 인식형식
들을 [함께] (이 중에서 후자는 특히 『철학대계』에서) 다룬다는 점이다. 이
에 대해서는 후험적 인식은 ──자기연관적인 것이 아니기 때문에── 논리학
의 대상이 아니라 다만 정신론의 대상일 수밖에 없다는 반박이 곧장 제기된
다. 물론 이 점에 관해 헤겔은 특히 수학을 염두에 두었던 것으로 보인다. 예
컨대 그는 분석적 인식에 ──분석이 아니라(6,509f.)── 산술학(算術學)을
귀속시키며(505ff.), 종합적 인식에는 기하학을 귀속시킨다(514f., 528ff.).
그러나 이러한 구성은 설득력이 없는데, 이는 단지 수학을 산술학과 기하학
으로 나누는 것이 오늘날 더 이상 아무런 역할도 수행하지 못하기 때문만은
아니다. 산술학에서나 기하학에서나 분석적 본성을 지니는 것은 명제들이
아니라 오로지 공리들과 정리들 사이에 존재하는 연역적 관계일 뿐이다. 게
다가 분석적 인식과 종합적 인식의 차이에 대한 헤겔의 정의는 불명료하며,
또한 논리학적이라기보다는 오히려 심리학적인 본성을 지니고 있다(특히
509 참조). ──그밖에도 우리를 곤혹스럽게 하는 것은, 헤겔이 (칸트와 마찬
가지로) 산술학은 예컨대 5+7=12와 같은 명제로 언표될 것이라고 생각한
다는 점이다. 에우클레이데스의 산술학적-수이론적(數理論的) 저작들만 봤
더라도, 심지어는 그의 위대한 동시대인인 가우스(J. C. F. Gauß)의 『정수
론 연구』(整數論 硏究, *Disquisitiones arithmeticae*)만 봤더라도 이미 그는
자신의 생각이 잘못된 것임을 깨달았을 것이다. 프란츠(C. Frantz) 역시 [분
석적 인식과 종합적 인식이라는] 두 인식형식을 산술학과 기하학에 각각 대
응시키는 헤겔의 처사를 비판했는데, "5+7=12"가 산술학의 명제가 아니
라는 그의 생각은 실로 정당하다. "산술학은 계산을 하는 것이 아니라 보편
적인 규칙을 찾는 것이다"(1842: 108).

이 종합적 인식과 분석적 인식의 종합이라면, 도대체 무엇 때문에 그 속에서는 선의 이념마저도 지양되어 있는 것일까? 모름지기 절대이념이란 본질적으로 존재에 대한 순수한 선험적 연역의 이념, 즉 사유의 사유가 아닌가? 그리고 사유는 자기 스스로를 파악하고 드러냄으로써 존재자의 근본구조를 발생시키는 것이 아닌가? 게다가 이 존재자의 근본구조란 이러한 반성적 사유가 ―자신의 계기들로― 지니는, 필연적이면서도 스스로를 지양하는 전제들이 아닌가? 그렇다면 도대체 무엇 때문에 절대이념은 또한 선의 이념의 진리로도 간주될 수 있는 것인가?

먼저 헤겔이, 선의 이념을 논리학의 최종단계 직전의 단계로 다루는 가운데, 플라톤주의의 전통에 기여하고 있다는 점은 분명하다. 하지만 플라톤의 경우 최고의 이데아는 바로 선의 이데아이며(R. 505 aff.), 변증법은 바로 이 선의 이데아를 고찰하는 데서 정점에 도달하는 것이 아닌가?[178] 나아가 헤겔은 선의 이념을 『논리학』의 근본철학적 구상 속으로 편입시키는 가운데, 독일관념론의 발전을 추동시킨 결정적인 동기들 중 하나인 실천이성의 자율성에 대한 통찰을 개념적으로 밝히고자 한다―그런데 실천이성의 우위에 대한 확신은 바로 칸트와 피히테의 가장 근본적인 철학적 명제들 가운데 하나였다. 이성의 자율성―헤겔의 관심을 선의 이념으로 이끈 것이 과연 무엇이었는지는 이것으로도 이미 설명된다. 즉 진의 이념과 비교해볼 때 선의 이념이 이룩한 전진은 헤겔에 따르면, 유한한 인식에서와는 달리 이제는 더 이상 이념 안에서 객관성의 계기가 일차적이고 그에 반해 인식주체는 〔단지〕 수용적인 것이 아니라, 오히려 주체, 즉 개념이 객체를 규정하는 능동자(能動者, das Aktive)가 된다는 데에 있다. "진의 이념" 부분의 말미에서 헤겔은, 종합적 인식에서 대상은 개념에 아직 "적합하지 않은" 것이

---

178) (1984a) 424ff. 특히 441f.에서 나는 『카르미데스』(*Charmides*)를 해석하는 가운데, 플라톤의 근본철학에서는 절대적 사유의 반성성과 선의 인식이 불가분의 통일을 이루고 있음을 밝히고자 하였다.

라고(6.540), 즉 아직 "외적인 소재, 다시 말해 개념에 의해 규정되지 않은 소재"(541)라고 설명한다. 따라서 개념은 "대자적인 것, 즉 자신의 통일성에 따라 동시에 즉자대자적으로 규정된 것이 아니며", 그 때문에 여전히 필연성의 영역에 남아 있다. 그러나 필연성이 개념의 자유로 이행하는 것과 마찬가지로, 진의 이념은 실천적 이념으로 이행하거니와, 이 실천적 이념에서 "개념은 이제 대자적으로 [보더라도] 즉자대자적으로 규정된 것으로 존재한다"(541). 따라서 실천적 이념에서는 운동이 주체로부터, 즉 개념으로부터 시작된다. "개념은 스스로를 실현하려는 **충동**, 즉 자기 자신을 **통해** 객관적 세계에서 스스로에게 객관성을 부여하고 또한 자신을 실현하고자 하는 목적이다"(541f.). 개념은 더 이상, 이론적 이념처럼, 객관성으로부터 특정한 내용을 받아들이는 것이 아니라, 오히려 객관성에 그 내용을 부여한다(542f.). 본래 선의 이념은 단지 목적론의 합목적성을 좀더 강화한 것일 뿐이다. 즉 목적론은, 비록 그 내용이 아직 언제나 유한하긴 하지만, 이제는 절대적이어야 한다는 명확한 요구를 띠고 등장하는 것이다(543).

헤겔의 『논리학』에서 자주 그러하듯이, 여기서 논의되는 범주는 특정한 철학사적 지점, 특히 칸트의 실천철학에서 나타나는 범주이다. 칸트의 실천철학에 대해 헤겔이 가하는 비판은 『정신현상학』을 통해 이미 잘 알려져 있는데(3.442ff.), [논리학에서도] 헤겔은 이 비판을 언급한다(6.545). 그 비판은 본질적으로 다음의 내용을 핵심으로 한다. [칸트에게서] 선은 그것의 주관성이 절대적인 것이라고 확신하기 때문에, 선에게 그것의 실현은 궁극적으로 무차별적이다. 선의 내용이 유한하기 때문에, 그것의 여러 상이한 규정은 서로 충돌하게 된다. 선은 한갓된 당위이자 요청으로, "즉 주관성의 규정성에 종속된 절대자인 채"(544) 머무른다. 물론 결정적인 비난은 "실천적 이념이 이론적 이념의 계기를 아직 결여하고 있다는 점"(545)이다——즉 이론적 이념에 대응하는 참된 존재자가 바로 객관성임이 마땅한데, 이러한 계기가 실천적 이념에는 결여되어 있다는 것이다. 선의 이념은 객관성에 대하여 극단적으로 대립된 관계를 맺고 있다. 즉 선의 이념에게 객관성은 한편으로는 극복할 수 없는 장애이지만, 다른 한편으로는 무가치한 것(ein Nichtiges)이기도 하다. 선은 객관성 속에서 자기 스스로와 화해를 이루지 못한다. "따라서 의지는 자신의 목표에 도달하는 데서 단지 그 스스로에게 장애가 될 뿐이다. 왜냐하면 의지는 자신을 인식으로부터 분리시키며, 〔이에〕 의지에게 외적 현실은 참된 존재자의 형식을 지니는 것이 아니기 때문이다. 그 때문에 선의 이념은 오로지 진의 이념에서만 스스로를 보충할 수 있다"(545; 547 참조). 그리고 헤겔이 말하듯이 이러한 보충은 사실상 선의 이념의 두 가지 "전제" 안에 이미 함축되어 있다. 왜냐하면 그 전제들은 첫째, 대자적으로 존재하는 선의 절대성을 말하며, 둘째, 개념과 객관성 사이에 대립이 현존하고 있음을 말하기 때문이다. 따라서 헤겔에 의하면 중요한 것은 "오로지 선의 이념의 두 전제에 함축된 사상들을 합일시키는 것이다"(546)——즉 두 번째 전제 속에 정립된 객관성을 선의 절대성에 의해 이미 관철되고 있는 것으로 파악하는 일이 필요한 것이다. "객관적 개념의 활동을 통해 외적 현실이 변화하고, 이에 따라 그 현실의 규정이 지양되는바, 바로 이를 통해 외적 현실 또한 한갓 현상적인 실재성, 외면적 규정가능성 그리고 무가치성이라는 성격을 벗게 되며, 이로써 그 현실성은 즉자대자적으로 존재하는 것으로서 **정립된다**"(547f.). 따라서 객관성은 개념을 통한 변화를 필요로 하지 않는다. 왜냐하면 객관성은 이미 개념에 적합하기 때문이다——진의 이념의 견지에서 보면 객관성은 즉자대자적 존재자인바, 더 이상 개념에 맞서 있는 외적인 것이 아니라 그것의 본질이 바로 개념인 것이다. "이로써 인식은 바로 이와 같은 결과 속에서 산출되며, 실천적 이념 253 과 통일을 이루게 된다. 앞에 놓여 있는 현실은 동시에 수행된 절대적 목적으로 규정된다. 즉 현실은 모색단계에 머무르는 인식에서처럼 개념의 주관성이 없는 한갓 객관적일 뿐인 세계가 아니라, 그것의 내면적인 근거와 현실적인 존립이 바로 개념인 바의 객관적 세계이다. 바로 이것이 절대이념이다"(548).

요약하자면 이는 다음과 같이 말할 수 있다. 진의 이념, 선의 이념 그리고 절대이념에서 나타나는, 이념의 두 계기인 개념과 객관성의 관계를 보면, 이념의 이 세 형태마다 이 두 계기에 부여되는 강조점은 각기 상이하다. 즉 진의 이념에서는 객관성의 계기가, 선의 이념에서는 개념의 계기가 지배적이며, 절대이념에서는 그 두 계기가 서로 일치한다. 『철학대계』에서 진의 이념과 선의 이념의 차이는, 이 두 형태의 이념의 운동방향이 각각 다르다고 적절하게 설명되고 있다. 즉 진의 이념에서 관건이 되는 것은 "존재하는 세계를 자기 속으로, 즉 주관적 표상과 사유 속으로 받아들임으로써 이념의 주관성이 지니는 일면성을 지양하고, 또한 스스로에 대한 추상적인 확신을 이러한 진정으로 타당한 객관성을 내용으로 하여 채우는 것이다." 이와 반대로 선의 이념의 목적은 "단지 가상이라고 간주될 뿐인, 즉 우연성과 그 자체 무가치한 형태들의 집합이라고만 간주될 뿐인 객관적 세계의 일면성을 지양하는 것, 다시 말해 주관적인 것——여기서는 바로 이 주관적인 것이 진정으로 존재하는 객관적인 것으로 여겨진다——의 내면을 통해 규정하고 또한 그러한 객관적 세계의 일면성에다 이러한 주관성의 내면을 각인시키는 것이다" (E. §225, 8.378). 이로써 우리가 앞에서 제기한 질문, 즉 어째서 절대이념이 이론적 이념과 실천적 이념의 통일인가 하는 질문에 대한 대답이 가능해진다. 즉 절대이념은 선험적 인식의 이념으로, 그것은 유한한 인식, 즉 수용적인 인식을 선의 이념이 지니는 형성적 힘(die gestaltende Kraft)과 통일시킨다. 절대이념은 인식의 계기를 진의 이념으로부터, 그리고 선험성의 계기를 선의 이념으로부터 취한다. 절대이념은 진의 이념과 마찬가지로 객관성을 인식하지만, 동시에, 선의 이념과 마찬가지로 객관성 속에서 오로지 자기 스스로를 발견한다. "절대이념은 바로 학의 내용이다. 즉 그것은 즉자대자적인 개념에 적합하게 존재하는 바의 우주를 고찰하는 것, 또는 즉자대자적으로 존재하며 또한 세계 속에서 객관적으로 또는 실재적으로 존재하는 바의 이성개념을 고찰하는 것이다" (4.203).[179]

선의 이념에 관한 헤겔의 생각에서는 두 가지 문제가 나타나는데, 그 254 중에서 특히 두 번째 문제가 중요한 의미를 지닌다. 첫 번째 문제는, 절대이념을 통해 이루어지는 선의 이념의 이러한 극복에서 헤겔의 철학은 필연적으로 정적주의(靜寂主義, Quietismus)의 찬양으로 치닫고 있지 않은가 하는 물음이다. 즉 〔이미〕 "즉자대자적인 선이 달성되어" (E. §235, 8.387) 있는데, 무엇 때문에 또다시 우리의 활동이 필요할까? 이 질문에 대해서는 객관정신과 절대정신의 관계 규정과 연관하여 뒤에 상세하게 논의될 것이므로, 이 지점에서는 그에 대한 약간의 짧은 언급만으로도 충분하다.[180] 더욱이 이 물음에 대한 정확한 대답은 본격적인 실재철학적 맥락에서만이 제대로 얻어질 수 있다——인간이라는 정신적 존재의 유한성에 근거하는 존재와 당위의 차이는 구체적인 정신철학에서는 주된 관심사가 되겠지만, 신학적인 것으로서 이해되는 〔논리학과 같은〕 이러한 근본철학의 테두리 안에서는 관심의 집중도가 상대적으로 떨어질 수밖에 없다.

우선 칸트에게서 유래하는, 이념형적으로〔만〕 기안된 선 개념에 대한 헤겔의 비판, 즉 주관성과 객관성 사이의 화해불가능한 이원론에서 출발하는 선 개념에 대한 헤겔의 비판이 옳다는 점은 인정되어야 한다. 그의 주장 중에서 특히 엄밀한 것은, 이원론에 묶여 있는 견해는 궁극적으로는 결코 더 이상 존재와 당위의 화해나 조화가 이루어질 수 있으

179) 절대이념이 이렇게 종합적 성격을 지닌다고 해도, 그 속에서 주지주의적 계기가 지배적이라는 점은 바뀌지 않는다. 이러한 점은 뉘른베르크 시기 예비학의 논리학 구상들에서 잘 드러나거니와, 거기에서 절대이념은 "절대이념 또는 지"(4.32) 내지 "지의 이념 또는 진리의 이념"(4.161)이라고 불린다.——이와 더불어 또한 흥미를 끄는 것은, 진의 이념과 선의 이념이 인식의 이념의 형식들이라고 지칭된다는 점이다.
180) 이하에서 나는 『정신현상학』에서 개진되는 칸트 윤리학에 대한 비판에서 나온 주장들에 주로 의거하고자 한다. 왜냐하면 그 주장들은 물론 "선의 이념" 부분에서도 보이기는 하지만 극히 간략하게만 기술되어 있기 때문이다. 게다가 〔논리학의〕 이 부분에서는 『정신현상학』의 추가적인 주장들은 다루어질 수 없는 것이기도 하다.

리라 소망할 수 없다는 점에서 그 모순을 드러낸다는 것이다. "왜냐하면 그러한 화해가 실제로 이루어진다면 도덕적 의식은 지양되기 때문이다. 그 까닭은 도덕성이란 단지 부정적 본질로서의 도덕적 의식에 불과한 것으로, 그러한 의식이 지니는 순수한 의무에 대해 감성은 단지 어떤 **부정적인** 의미만을 지니며, 또 오로지 그 의무에 부합하지 않을 뿐이기 때문이다"(3.446f.). 이와 마찬가지로, 객관성에 대해 [칸트처럼] 순전히 부정적인 관계만을 고집한다면 도대체 무엇 때문에 관념적 선의 실현이 목표가 되어야 하는가에 대한 이유가 전혀 통찰될 수 없다고 헤겔은 비판하는데, 이러한 비판 역시 설득력이 있다. 만약 순수한 의무가 절대적인 것이라면, "전체 목적인 순수 의무의 실현은 사실상 관건이 되지 않는다. 왜냐하면 실현이란 순수 의무를 목적으로 하는 것이 아니라 오히려 그것과 대립되는 것, 즉 현실을 목적으로 하는 것이기 때문이다"(3.455). 따라서 헤겔에 대해서, 형성되는 현실에 대한 선의 형성적 관계(das gestaltende Verhältnis des Guten zur gestalteten Wirklichkeit)가 단지 부정적인 관계여서는 안 된다는 점을 우리는 인정해야만 한다. 즉 세계를 성공적으로 개선하고자 하려면 이미 어떻게든 그 세계를 선하고 사랑할 만한 가치가 있는 것으로 여겨야 한다. 그러나 선이 객관성에 대해 지니는 한갓 부정적인 위치를 이렇게 비판한다고 해서 그와 정반대의 입장이 옳다는 결론——즉 세계가 이미 개념에 완전히 그리고 전적으로 일치한다는 결론——이 나오는 것은 아니다. 즉 악무한, 즉 한갓 피안적인 것에 대한 헤겔의 비판은 물론 정당한 것이지만, 그는 종종 이 비판에서 악유한적(schlecht endlich)이라고 불릴 법한 극단적 반대입장으로 치닫곤 했다. 즉 지속적으로 추구되어야 하는 화해를 그는 이미 완성된 것으로 언명하는 것이다——물론 이는 이러한 추구 속에 절대자가 이미 현재한다는 의식에서 비롯된 것이기는 하다. 헤겔의 칸트 비판을 변명적 정적주의로부터 보호하기 위해서는, 절대자는 과정이면서 동시에 목표이기도 하다는 점을 견지해야 할 것이다——즉 결코 완성되지 않은 그것의 실현을 향해 가는 도정에

255

서 이미 절대자의 임재(臨在, Parusie)는 일어나야만 하는 것이다. 절대자는 존재와 당위 사이의 긴장으로 이해되어야 한다——이는 끊임없이 스스로를 새로이 지양하고 발생시키는 긴장으로서, 이러한 긴장은 그 자체가 그것이 응당 존재해야 하는 바대로 존재하는 것이며, 따라서 그 속에서는 존재와 당위가 일치를 이룬다. 실제로 이와 같은 고찰을 위한 단초는 헤겔 자신에게서도 발견된다. 즉 주관성과 객관성의 동일성은 역동적인 동일성이다——객관적 세계가 즉자대자적으로 이념이기는 하다. 그러나 이는 "동시에 이념이 영원히 스스로를 목적으로 정립하고 활동을 통해 자신의 현실성을 산출하는"(E. §235, 8.387; 6.468 참조) 한에서이다. 헤겔에 따르면 "세계의 궁극목적이 영원히 스스로를 완수해갈 뿐 아니라 또한 완수되어 있음을 우리가 인식할 때……만족을 얻지 못한 고투는 사라진다.……존재와 당위의 이러한 일치는……어떤 경직되고 무과정적인 일치가 아니다. 왜냐하면 세계의 궁극목적인 선은 오로지 스스로를 부단히 산출함으로써 존재하기 때문이다"(E. §234Z, 8.387; 16.219 참조).

방금 언급된 것에서 또한 드러나는 것은, 존재와 당위의 차이——물론 스스로를 지양하는——는 빨라야 개념논리학의 지평에 이르러서야 비로소 주제화될 수 있는, 극히 복잡한 범주라는 점이다. 헤겔 자신도 『종교철학』을 위한 수고(手稿)에서 오로지 주체만이 ——그것이 지니는 자유로 인해—— 악할 수 있다고 쓰고 있다. 행성·식물·동물은 "그것들의 본성이 지니는 필연성, 즉 그것들의 종을 지배하는 여러 법칙에서 벗어날 수 없다"——"그것들은 자신들이 응당 되어야 할 바대로 되는바, 거기에서는 존재와 당위가 분리되어 있지 않다."[181] 실제로 실재철학의 지평에서 보면 적어도 비유기체는 그것이 응당 존재해야 하는 바대로

---

181) RPh 17. 이 수고의 313쪽에서도 이와 매우 비슷한 내용이 보인다. "식물은 그것이 응당 존재해야 하는 바대로 존재한다." 오로지 (자연적인) 정신만이 "본질적으로 그것이 응당 존재하고 지속해야 할 바와는 다르게 존재한다"(561; 567 참조).

존재하며, 또한 바로 그 때문에 비유기체는 저급한 단계에 속한다는 점에는 의심의 여지가 없다. 이와는 반대로 유기체에서는 ——물론 자연적인 지평에서이기는 하지만—— 존재와 당위 사이의 최초의 차이가 나타난다. 배고픔은 실제의 포만상태와 〔요구되는〕 기준치 사이의 차이를 알리는 일종의 신호와 같은 것이다(5.2.3장 참조). 당위의 이보다 훨씬 더 고차적인 형식은 결국 ——윤리적 규범의 총괄개념으로서—— 정신에 256 속하는 것이다. 실제로 헤겔 자신도 『철학대계』에서, 죽은 것은 결코 당위와 존재의, 그리고 개념과 현존재의 화해되지 않은 차이에서 비롯되는 불쾌(Übel)나 고통을 알지 못한다고 말한다. "이러한 내재적 구별은 생명에서도 이미 현존하지만 특히 정신에서 더욱 많이 현존하며, 바로 이와 더불어 당위가 나타난다. 그리고 이러한 부정성·주관성·자아·자유는 불쾌와 고통의 원리인 것이다"(§472A, 10.293).——따라서 헤겔이 존재논리학의 첫 번째 절에서 한계(Schranke)와 연관하여 다루고 있는 '당위'의 범주가 실제로 그 지점에 속하는지에 관해서는 ——또는, 만약 그러하다면, 그 범주는 헤겔이 각주(5.144ff.)에서 비판하는 도덕적 범주로서의 당위와는 전혀 다른 어떤 것이 되는 게 아닌지에 관해서는—— 의혹이 제기된다.[182] 존재가 하나의 양상논리적 개념임을 고려한다면 이러한 의혹은 더욱더 강하게 제기된다. 그렇다면 도대체 무엇 때문에 당위는 여타의 양상범주들에서 분리되는가? 어쨌든 헤겔이 1809/10년의 "상급반을 위한 개념론"에서 당위를 존재논리학에서가 아니라 이념론에서 다루었다는 사실은 주목할 만한 가치가 있다——그 글에서 "당위 또는 선"은 이후 논리학의 "선의 이념"에 대응하

---

182) K. Ph. 피셔는 (1834; 38)에서 헤겔이 존재논리학에서 다루는 당위 개념에 대해 "무한히 구체화되어가는 도덕적 당위의 의미"(unendlich konkretere Bedeutung des moralischen Sollens)를 언급하는데, 이는 크게 잘못된 견해가 아니다.——물론 헤겔의 당위 개념에 관한 비치(B. Bitsch)의 작업(물론 이 작업은 비판적이라기보다는 보고의 성격이 강하다)에 따르면 당위는 논리학의 세 부분 모두에서 ——즉 존재논리학·본질논리학·개념논리학 모두에서—— 역할을 담당하는 범주이다(1976; 29-170).

는, 끝에서 두 번째 범주로 불리고 있다(4.160).

헤겔의 선의 이념 개념에서 제기되는 첫 번째 문제에 대한 이러한 간략한 언급에 이어서, 이제 두 번째 문제를 짤막하게 개관해보기로 한다. 선에 대한 헤겔의 개념규정에서 눈에 띄는 것은, 선에 대한 일상언어적 개념과는 다른, 의미의 독특한 전이가 일어나고 있다는 점이다. 즉 헤겔에 따르면 선은 개념의 주관성이 그것 앞에 전제되어 있는 객관성 안에서 스스로를 실현하는 것이다. 헤겔 자신이 말하듯(6.543), 선의 이념은 목적론이 더 높은 지평에서 반복되는 것이다. 따라서 이러한 개념에 따르면 모든 산출활동이 선의 이념에 속하는 셈이다. 이때 어떤 하나의 산출활동이 어떤 선한 것에 정향될 수 있다는 점에는 확실히 이론의 여지가 없다. 그러나 헤겔에 따르면 산출의 행위는 그 자체가 —— 그것의 기능화(Funktionalisierung)와는 무관하게— 선한 것이지만, 그럼에도 그의 실천적 이념 정의에 따르면 그 이념에서는 —이론적 이념에서와는 정반대로— 주체가 객체에 영향을 행사한다고 되어 있다. 주객관계의 이러한 두 가지 다른 형식인 이론과 실천은 실천에서는 주체가, 그리고 이론에서는 객체가 각기 능동적인 역할을 한다는 점을 통해 구별되는데, 이론과 실천에 대한 이러한 생각은 피히테로까지 소급된다. 즉 피히테는 『전체 지식론의 기초』에서 "자아는 스스로를 비아에 의해 제한된 것으로서 정립한다"(1.126)와 "자아는 비아를 자아에 의해 정립된 것으로서 정립한다"(1.125)를 각각 이론철학과 실천철학의 근본명제로 제시한다.[183] 이러한 —여기서 특히 흥미를 끄는— 실천 개념 257 은 함축적으로는 이미 칸트에게서도 보이기는 한다. 즉 칸트에 따르면 '실천적'이란 "자유를 통해 가능한 모든 것"(alles, was durch die Freihsit möglich ist)(KdrV B 828/A 800)이다. 그러나 피히테가 이

---

183) 이와 전적으로 유사하게 『도덕론의 체계』(*System der Sittenlehre*) 서두에서는, 이론철학의 주제는 주관적인 것에 대한 객관적인 것의 작용이며, 실천철학의 주제는 객관적인 것에 대한 주관적인 것의 작용이라고 일컬어지고 있다(4.2).

룩한, 칸트보다 더 나아간 전진은 철학을 이론철학과 실천철학으로 나눌 때 이러한 구분이 완전하다는 주장을 상당한 근거를 가지고 제기함으로써 그 구분을 선명하게 한다는 점에 있다.[184] 그러한 구분은 두 가지 조건 아래에서, 즉 ①만약 각기 하나의 항이 우위에 있는 이러한 두 가지 관계유형 이외에 그 어떤 관계유형도 더 이상 존재하지 않는다면, 그리고 ②만약 주체와 객체가 철학의 두 근본범주라면, 사실상 완전하다고 할 수 있다.

이 중 ①에 관해서 보면, 절대이념에 대한 헤겔의 생각도 어떤 의미에서는 이미 하나의 수정된 모습을 띠고 있다고 말할 수 있다. 즉 절대이념에서 운동은 단지 하나의 항에서만 비롯되는 일면적인 것이 아니라, 두 항 모두에서 출발한다. 즉 헤겔은 두 항의 상호작용이 이루어지는 제3의 관계유형이 있음을 알고 있는 것이다. 다른 한편 ②에 관해서 보면, 헤겔은 적어도 피히테와는 일치된 견해를 보인다. 즉 헤겔 역시 주체와 객체를 철학의 근본개념으로 여긴다. 물론 헤겔의 객관논리학에서는 ──예컨대 '인과성'과 '상호작용' 부분에서는── 객체-객체의 관계 또한 다루어지고 있다고 해야 할 것이다. 즉 그 부분에서는 객체끼리의 상호작용이 이루어지고 있다.

그러나 피히테의 근본철학에서도, 헤겔의 근본철학에서도, 주체-주체의 관계, 즉 간주관적 관계는 보이지 않는다. 그런데 실천철학에서 중요한 문젯거리가 바로 이 간주관적 관계라는 점을 이해하는 것은 그다지 어려운 일이 아니다. 왜냐하면 윤리학과 법철학은 사물의 생산을 다루는 것이 아니라 바로 주체들 상호간의 관계를 다루기 때문이다. 피히테와 헤겔이 실천철학의 개념으로서 끌어들이는 것은 그 개념규정에 따라서 보면 오히려 아리스토텔레스가 '포이에시스'(ποίησις=제작)라고 부르는 것을 그 내용으로 한다고 말할 수 있다.[185] 잘 알려져 있듯이 아리

---

184) 원칙적인 근거에서 볼 때 이론과 실천 이외에는 정신의 그 어떤 제3의 형태도 있을 수 없다는 확신은 B. 크로체에게서도(1973; 207) 여전히 나타난다. 즉 크로체 역시 주체와 객체라는 두 범주에 기대어 문제들을 취급한다.

스토텔레스는 몇몇 지점에서 철학을 이론적인 철학,[186] 실천적인 철학
그리고 제작적인 철학으로 나누었다(예컨대 Top. 145a 15ff.와
Metaph. 1025b 25, 1064a 16f. 참조)[187]——(근본적으로는 전통철학
의 대부분과 마찬가지로) 독일관념론은 이러한 구분을 전혀 받아들이
지 않았다.[188] 그럼에도 이러한 구분법은 내 생각으로는 포이에시스와
프락시스를 구별하는 데 필요한 매우 섬세한 구분기준을 갖고 있거니
와, 피히테와 헤겔처럼 그것을 소홀히 취급하는 것은 정당하지 못하다
고 보인다. 물론 내가 보기에 포이에시스와 프락시스를 구별하는 지표
가 무엇인지를 언명하는 데서는, 포이에시스의 목표는 산출행위의 밖
에 있는 반면 프락시스에서 행해지는 것은 자기목적이라고 하는, 아리
스토텔레스식 구분법(EN 1140b 6f.)과는 다른 기준을 제시하는 것이
더 유의미하다고 여겨진다.[189] 이러한 아리스토텔레스의 기준은 매우
예리하지 못한 것이라고 할 수 있다. 왜냐하면 인간이 행하는 실로 많
은 활동이 부분적으로는 자기목적이면서, 부분적으로는 다른 어떤 것

---

185) 여기서 말하고자 하는 것은 단지, 피히테와 헤겔이 프락시스에 대해 내리는
    정의가 본래적으로는 포이에시스를 의미한다는 것일 뿐, 피히테와 헤겔이 그
    들의 실천철학에서 다루는 대상이 곧 포이에시스라는 것은 결코 아니다. 실
    제로 헤겔이 '실천적'이라는 단어를 아리스토텔레스적인 의미에서도 '프락
    시스'(πρᾶξις)에 해당하는 것으로 사용하고 있는 지점도 충분히 많다(예컨
    대 14.90; 17.67 참조).
186) 이론철학에는 제일철학(신학)과 수학 · 자연학이 속한다. Metaph. 1026a
    18f., 1064b 1ff.
187) 이와 달리 Top. 105b19ff.에서는 철학을 윤리학 · 논리학 · 자연학으로 나누
    는데, 이러한 구분은 아카데미아식 구분을 따르고 있음이 명백하다
    (Xenokrates bei Sextus Empiricus, M. VII 16 참조. [1984a], 389ff.에서
    나는 이러한 구분——이는 또한 헤겔식 구분이기도 하다——이 플라톤의 체
    계를 정확하게 파악하고 있음을 지적한 바 있다).
188) 물론 이에 대한 원인은 아리스토텔레스의 구분이 하나의 원리에서 근거지어
    진 것이 아니라, 철학의 그러한 세 영역이 단순히 경험적으로 열거되었을 뿐
    이었다는 사실에서 찾을 수 있다.
189) 또한 Metaph. 1048b 18ff., Pol. 1254a1ff.도 참조할 것——2차 문헌에 관해
    서는 가령 Th. Ebert (1976)을 참조할 것.

을 위한 수단이기 때문이다.[190] 내 생각으로는 포이에시스와 프락시스를 다음과 같이 정의하는 것이 좀더 설득력 있다고 보인다.[191] 포이에시스는 주체에서 출발하는, 객체에 대한 작용이며,[192] 프락시스는 주체에서 출발하는, 주체——이 두 번째 주체는 원칙적으로는 다른 주체이지만, 그렇다고 필연적으로 그런 것은 아니다[193]——에 대한 작용이다.

　방금 언급된 것에 근거해서 주장될 수 있는 것은, 헤겔의 선의 이념은 프락시스의 이념이라기보다는 오히려 포이에시스의 이념이며, 따라서 ——선이란 곧 프락시스의 최고규범인 한에서 볼 때—— 그 이름을 부당하게 사용하고 있다는 점이다. 독일관념론 철학자들처럼 철학을 이론철학과 실천철학으로 나누는 것은 완전한 구분법일 수 없다. 참된 프락시스의 특징을 그들은 제대로 통찰하지 못하는 것으로 보인다.[194] 피히테와 헤겔이 '실천적'이라고 부르는 것은 원래는 '제작적'이라고 불려야 하는 것이다.[195] 그러나 실재철학적 지평에서 볼 때 실천적 관계

---

190) 나아가 아리스토텔레스에게서 또한 불만족스러운 것은, 이러한 기준에 따르면 철학적으로 볼 때 가장 중요한 포이에시스인 작시(作詩, Dichtung)가 자기목적적으로 여겨지지 않는다는 점이다.

191) 이하의 정의는 J. 하버마스의 (1967)을 통해 촉발된 것이다. 그는 (예나 시기의 헤겔과 연관하여) 노동과 상호작용(Interaktion)을 구별하는데, 이는 포이에시스와 프락시스의 구별과 극히 정확하게 일치한다.

192) 동화과정마저도 이러한 정의에 해당하는 것으로 만들지 않기 위해서 이 규정을 다음과 같이 좀더 정확하게 다듬는 것은 유의미하다. "포이에시스는 주체에서 출발하는, 객체에 대한 의식적인 형성작용이다." 물론 이러한 방식의 정의에 의해서는 단지 기술적인 활동만이 파악될 뿐이기는 하다.

193) 내가 보기에 이러한 보충적 언급이 필요한 것은 예컨대 자살과 같은 현상을 실천철학의 주제로 다룰 수 있기 위해서이다.

194) 프락시스를 주체-객체 관계로 보는 것이 적절한가 하는 물음은 [어떻게 보면 단순히] 강단철학적인 문제에 불과한 것처럼 여겨질 수도 있다——[그러나] 이 물음에 대한 대답에는 실로 많은 중요한 문제가 걸려 있다. 왜냐하면 특히 피히테의 경우 정치철학에서의 그의 혁명적 경향과 이러한 개념규정 사이에는 명백히 하나의 긴밀한 연관이 존재하기 때문이다. 만약 프락시스가 객체에 대한 작용이라면, 우리는 가치에 대한 공동의 확신을 담론적으로 지향하지 않은 채 너무나도 쉽사리 타자를 극단적으로 개조하는 것으로, 즉 타자를 기껏해야 사회공학적으로 개조하는 것으로 이끌리게 될 것이다.

란 바로 앞에서 말해진 의미의 관계에서, 즉 간주관적인 관계에서 성립한다는 것이 명확하다 하더라도, 그러한 간주관적 관계가 논리학에서도 또한 다루어져야 한다는 점은 아직 [확실하게] 말해진 것이 아니다. 물론 몇 가지 점——첫째로 논리학과 실재철학의 대응 문제(앞의 3.3.2.4장 참조), 그리고 둘째로 논리학의 이분적 구성과 삼분적 구성 사이의 경쟁적 관계(앞의 4.2.1장 참조)와 같은——이 그것을 은연중에 설명해주기는 한다. 간주관성의 선형태가 이미 논리학에서 다루어졌더라면, 아니 더 나아가 논리학이 바로 그러한 선형태를 기술하는 데서 정점에 이르렀더라면, 헤겔의 철학은 실로 훨씬 더 강력한 일관성을 얻을 수 있었을 것이다. 그리고 이러한 테제를 뒷받침하는 더 이상의 체계론적인 주장은 이 장을 마무리하는 절에서 다소 열거될 것이다. 하지만 그에 앞서 먼저 헤겔의『논리학』에 대한 가장 포괄적인 내재적 비판이 짧게나마 분석되어야만 한다——그러한 비판과 연관하여 내가 염두에 두는 것은 바로 로젠크란츠의『논리적 이념의 학』이다.

4.2.3. 로젠크란츠의『논리적 이념의 학』

헤겔의 논리학에 대해 4.2.2장에서 개진된 비판의 많은 부분은 새로운 것이 아니다. 오히려 그것들 중 상당 부분은 논리학 분야에서 헤겔의 가장 독창적인[196] 제자인 로젠크란츠에 의해, 그것도 헤겔의 서거

---

195) 헤겔의 '실천적인 것' 개념에 대해서는 6.4.1장에서 좀더 정확하게 논의될 것이다. 왜냐하면 그 개념은 정신철학의 테두리 안에서야 비로소 자세하게 전개되기 때문이다. 이 자리에서 미리 주장하자면, 헤겔의 실천적 정신은 간주관성과 무관하다고 말할 수 있다.

196) 로젠크란츠의 강점은 특히 논리학과 미학 분야에서 (그리고 매우 부분적으로는 종교철학에서도) 잘 드러난다.——로젠크란츠의 저작들 중 가장 강한 영향력을 발휘하는 것은 ——『헤겔의 생애』를 제외한다면—— 확실히『추의 미학』(*Ästhetik des Häßlichen*)이다. 이 저작은 1979년에 다름슈타트 학술 도서협회(Wissenschaftliche Buchgesellschaft Darmstadt)에 의해 (헨크만[W. Henckmann]의 해제를 겸한 서문을 담아) 재인쇄되었으며, 1984년에는 심지어 이탈리아어로 번역되어 출간되기까지 했다. [1990년과 1996년

바로 직후에 이미 통찰되었다. 로젠크란츠는 심지어 헤겔에게서 발견되는 결함들을 구체적으로 제거하고자 하였다──즉 그는 『논리학』을 아예 새로 쓰고자 하였다. 즉 그는 단지 ──저마다 자신의 논리학과 형이상학을 썼으나 기실은 헤겔 논리학에 대한 모호한 부연 이상의 수준을 넘지 못했던, 헤겔의 거의 모든 다른 제자들처럼── 별로 무의미한 수정작업에 그치는 것이 아닌, 전적으로 중대한 구조변경을 단행한 것이다. 1858/59년에 나온 로젠크란츠의 『논리적 이념의 학』은 실질적으로 유의미하게 헤겔의 『논리학』을 가일층 발전시킨 유일한 작업이라고 우리는 감히 말할 수 있다. 이는 당시 베를린 소재 "철학연맹"(Philosophische Gesellschaft)이 이 저작에 보였던 분개에 찬 반응에서도 잘 나타난다. 미슐레가 편집을 맡았으며 또한 19세기 독일 헤겔주의자들의 마지막 학술지이기도 했던, 이 연맹의 기관지 『사상』(*Der Gedanke*) 1861년 판에서 미슐레 자신(그는 헤겔 학파의 대부라고 불렸는데, 이는 결코 부당한 칭호가 아니다)[197]과 F. 라살레(이후 "독일 노동자 총연맹" 〔Allgemeiner Deutscher Arbeiterverein〕 의장이 되는)는 각각 자못 신랄하고도 몰이해에 가득 찬 서평을 통해 장광설의 변명을 늘어놓으며 로젠크란츠에 맞서 헤겔을 옹호하였다.[198] 1862년 『나의 '논리적 이념의 학'에 대한 에필레고메나』(*Epilegomena zu meiner Wissenschaft der logischen Idee*)에서 로젠크란츠는 미슐레와 라살레의 공격에 응

에는 레클람〔Reclam〕 출판사에서도 클리헤〔D. Kliche〕의 편집과 해제를 통해 각각 제1판과 증보판을 발간하였다─옮긴이〕

197) J. d'Hondt (1982a), 44 참조.

198) 정치적으로 좌파에 속하면서 진보를 표방하는 미슐레와 라살레가 오히려 헤겔의 『논리학』이 본질적으로 변화되어서는 안 된다는 논조로 일종의 성배 수호자 역할을 자처하고 나서고 있음을 보는 것은 실로 재미있는 일이다. 1862년 로젠크란츠는 그가 자신에게 가해진 이러한 공격에 의해 "최고로 멋있게 헤겔에게서 빠져나왔다"고 자못 익살스럽게 말했다(15). 이들과는 반대로 오히려 정치적으로는 보수적인 로젠크란츠가 "헤겔의 논리학이 그가 남겨놓은 상태 그대로 유지되어야 한다는 것은 무비판적 독단주의의 망상이다"(138)라고 생각하는 것이다.

수하였다. 그리고 헤겔의 논리학과 대결한 19세기의 마지막 저작이 "에 필레고메나"라는 제목을 달고 있는 데에는 아이러니한 점이 없지 않다――로젠크란츠는 쾨니히스베르크에서 예전에 칸트가 담당했던 그 교수직을 물려받고 있었지만, 칸트와는 달리 "프롤레고메나"를 쓸 수 없었고, (그 스스로도 잘 알고 있었듯이) 단지 아류에 머물렀다. 실제로 로젠크란츠의 『논리적 이념의 학』이 어떤 철학적 신기원을 의미하지는 않는다는 점에는 의심의 여지가 없다. 게다가 이 저작은 종종 장황한 수사로 진행되고 있으며, 또한 미슐레가 올바르게 지적했듯이, 논리학이라는 뒷문을 통해 기실은 유신론의 복구를 지향하고 있거니와, 그것이 논증적 수준 면에서는 헤겔의 『논리학』에 한참 못 미친다는 점에도 마찬가지로 의심의 여지가 없다. 더욱이 이 저작은 순전히 기술적인 (deskriptiv) 것으로, 거기에서는 변증법이 전혀 전개되지 않고 있다는 라살레의 비난(1861; 125)도 전적으로 올바른 지적이다. 예컨대 방법적 반성(Methodenreflexion)에 관해서 그 저작에서 발견할 수 있는 것은 많지 않다.[199] 그럼에도 우리가 인정해야만 하는 것은, 로젠크란츠는 헤겔의 제자들 중 그 누구와도 달리 헤겔 논리학 특유의 구성상의 결함을 인식하고 또 제거하고자 했다는 점이다. 261

흥미로운 점은 헤겔 전기(傳記)의 저자 로젠크란츠가 이러한 결함들을 특히 헤겔의 초기 논리학 판본들을 연구하는 가운데 발견했다는 사실이다. 헤겔 사상의 발전사――헤겔의 다른 어느 직계제자들에게서도 보이지 않는――에 대한 그의 관심은 헤겔에 대한 그의 비판능력을 요구했음이 명백하다. 어쨌든 로젠크란츠 스스로가 시인하는 바에 따르면

---

199) 메츠케(E. Metzke) 역시 미슐레와 라살레의 경멸적인 판정을 이어받았다. 로젠크란츠에 관한 가장 중요한 작업이 바로 그에 의해 이루어졌는데, 그 작업에서는 로젠크란츠의 『논리적 이념의 학』 역시 상세하게 다루어지고 있다 (1929; 14-47). 메츠케의 꽤 설득력 있는 주장에 따르면 헤겔의 『논리학』과 비교해볼 때 로젠크란츠의 논리학은 "추상적인 비생동적 성격"을 띤다(47). 물론 그러한 일반적인 판정만으로는 로젠크란츠의 논리학이 지니는 독창성은 결코 제대로 파악되지 않는다.

(1852; 27f.; 1858f.; I, XIII), 「상급반을 위한 철학대계」에서 보이는 논리학의 삼분적 구성에 대한 분석은 그 자신의 비판적 통찰을 위한 결정적인 계기를 제공했다. 잘 알려져 있듯이 로젠크란츠는 헤겔의 뉘른 베르크 시기 예비학을 최초로 편찬한 인물이거니와, 이미 1840년에 그는 이 편찬본에 대한 서문을 통해, 헤겔의 이 시기 예비학에 들어 있는 철학대계 논리학이 "기묘한" 삼분적 구성을 취하고 있음을 지적한다 (17). 그뒤 로젠크란츠는 "논리학의 수정"(Die Modificationen der Logik)에 관한 한 논문의 말미(1846; 246ff.)에서 헤겔의 논리학이 안고 있던 몇 가지 결함을 간략하게 지적하였다. 이 지적에 따르면 우리를 특히 곤혹스럽게 하는 것은 헤겔 논리학의 전체적 구성이 이분법과 삼분법 사이에서 왔다 갔다 한다는 점이다. 나아가 헤겔이 '생명'과 '선의 이념'을 논리학에서 다루는 것도 역시 받아들이기 어렵다. 게다가 기계론과 화학론은 ─일반적으로 그것들이 자연과 정신을 포괄하는 것이라고 이해된다면─ 인과성의 형식에 속하는 것이 온당할 것이다. 끝으로 목적론은 인과성과 개념을 매개하는 것이 되어야 할 터이다. 그 글에서 암시된 제안들은 1850년에 쓰어진 자신의 『학의 체계』─이는 어찌 보면 로젠크란츠판 "철학대계"라 할 수 있다─에서 상세하게 기술된다─물론 이 저작은 하나의 체계 전체라는 틀에서 볼 때는 여전히 부족하다. 그럼에도 나중에 『논리적 이념의 학』에서 세부적으로 전개되는 바의 논리학의 구성은 이 저작에서 이미 발견된다.

그렇다면 로젠크란츠에 의해 이루어진 가장 중요한 변화는 어떤 것들일까? 첫째, 로젠크란츠는 논리학의 일관된 삼분법을 ─그것도 헤겔의 상급반 철학대계에서처럼 개념·판단·추론이 제2부에 속하고, 뒤이어 이념이 제3부로 따라나오는 식의 삼분적 구성을─ 택한다. 둘째, 로젠크란츠는 기계론, 화학론, 생명의 이념 그리고 선의 이념을 논리학에서 제외시킨다. 왜냐하면 그렇게 하지 않으면 실재철학에 가서 그것들 각각에 상응하는 범주에서 반복이 일어나는 것이 불가피하기 때문이다(1859f.; I, XXXVIIIf., 29, 33). 게다가 그는 개념논리학의

'객관성' 부분에서 셸링주의의 유산이 남아 있다고 보는데, 이는 그리 틀린 지적이 아니다(28). 셋째, 로젠크란츠는 목적론의 위치를 인과성과 개념 사이로 이동시킨다.[200] 이로써 그는 드디어 객관논리학의 이분적 구성을 성공적으로 극복하는 데까지 나아간다. 즉 이제 목적론은 객관논리학의 세 번째 부분을 구성하는 것이다. 이리하여 로젠크란츠의 논리학은 세 부분으로 이루어지거니와, 그 제1부는 형이상학(이는 헤겔의 객관논리학에 상응한다)이요, 제2부는 논리학(이는 헤겔의 개념논리학 중 "주관성" 부분에 상응한다)이며, 제3부는 이념론(독일어로 이념론은 'Ideenlehre' 또는 ――그 당시로서는 아직 혹사되지 않은 단어인―― 'Ideologie'로 불리는데, 이 부분은 헤겔의 개념논리학의 세 번째 절을 더욱 진척시킨 것이다)이다. 그리고 형이상학을 구성하는 세 부분은 존재론(Ontologie: 이는 헤겔의 존재논리학에 상응한다)·원인론(Aetiologie: 이는 헤겔의 존재논리학에 상응한다)·목적론이고, 논리학은 개념·판단·추론으로 나뉘며, 마지막으로 이념론은 원리·방법·체계로 나뉜다.

여기서 우리의 관심은 로젠크란츠의 논리학을 (물론 이 저작이 그것을 별도로 연구할 만한 충분한 가치는 있지만) 좀더 정확하게 분석하는 것이 아니다. 우리의 맥락에서는 그의 비판의 핵심점이 본질적으로는 바로 우리가 앞에서 논의했던 것과 같다는 점을 언급하는 것으로 충분하다. 분명한 삼분적 구성에 대한 로젠크란츠 선호, 기계론, 화학론 그리고 생명의 이념을 논리학적 범주로 여기는 것에 대한 그의 비판, 그가 단행한 목적론의 위치이동(더욱이 이는 순수 논리적인 것이지, 실재철학에 대한 상응의 필요에 의해 정당화되는 것은 아니다)――이 모든 핵심주장에 우리는 전적으로 동의할 수 있다.

그렇지만 로젠크란츠의 논리학 구성에서 나타나는 한 가지 사상――

---

200) 이와 유사하게 울리치도 그의 『논리학의 체계』(1852)와 『논리학 개요』 (*Compendium der Logik*, 1860)에서 '목적'을 개념 바로 앞에 위치시킨다.

즉 이념에 대한 그의 규정——은 받아들이기가 어렵다. 〔로젠크란츠에게서도〕물론 이념은 존재와 개념을 종합하는 범주여야 한다. 그러나 로젠크란츠가 이 〔'이념'〕장에서 다루는 것은 순수 정초론적인 규정들이거니와, 그것들이 어떤 한에서 재객관화를 의미하는지에 관해서는 최소한의 통찰도 보이지 않는다. 따라서 로젠크란츠의 논리학 구성 역시 ——철저한 삼분법에 따라 이루어졌음에도—— 〔헤겔의 그것과 마찬가지로〕직선적이다. 그의 구성 역시 객관성에서 출발하여 주관성이 점점 더 강화되는 방향으로 되어 있다. 더욱이 헤겔의 개념논리학과 로젠크란츠 논리학의 마지막 두 부분을 비교해보면, 심지어 우리는 헤겔에게서보다는 오히려 로젠크란츠의 논리학에서야말로 객관성의 상실이 발생하고 있다고 생각하지 않을 수 없게 된다.[201] 또한 로젠크란츠가 선의 이념마저도 논리학에서 제외시키려 한 것 역시 이러한 객관성의 상실과 동일선상에 있다. 그러한 한에서 우리는 로젠크란츠의 논리학도 ——헤겔을 넘어선 주목할 만한 진보를 이룩했음에도—— 헤겔 논리학의 구성에서 비롯되는 문제를 여전히 해결하지 못했을 뿐만 아니라 로젠크란츠는 그러한 문제를 전혀 날카롭게 인식하지 못하고 있다고 판정하지 않을 수 없다. 왜냐하면 본래적으로 중요한 문제는 이분법과 삼분법 사이에서 일어나는 동요가 아니라(이러한 동요의 문제는 이분법의 제거를 통해 이미 해소될 수 있을 것이다), 바로 내용구성의 직선성이기 때문이다. 그리고 이러한 문제는 로젠크란츠에게서도 여전히 해결되지 못한 채 남아 있는 것이다.

263   ### 4.2.4. 간주관성과 논리학:
        ### 헤겔 『논리학』을 확장해야 하는 필연성에 대한 고려

로젠크란츠의 『논리적 이념의 학』에 대한 앞서의 고찰을 통해 우리는

---

201) 라살레가 로젠크란츠에게 가한 비판의 핵심도 바로 이 점에 있었다. 물론 라살레도 논리학의 한갓 직선적인 삼분법이 아닌, 변증법적 삼분법이 필요하다는 문제는 여전히 인식하지 못하고 있다.

헤겔의 초기 논리학 구성이 ──즉 이후의 개념논리학의 "주관성"에 해당하는 것이 [제3부가 아닌] 제2부에서 다루어지며 그에 이어 종결부인 제3부가 뒤따르도록 되어 있는 구성이── 이후의 구성보다 진지하게 받아들여질 수 있을 뿐 아니라, 아마도 초기의 구성이 후기의 구성보다 더 탁월할 것이라는 테제를 더욱더 확실하게 주장할 수 있게 된다. 물론 로젠크란츠의 구상 중에서 제3부의 내용에 대한 규정은 그다지 만족스럽지 못한 것으로 여겨지거니와, 그것이 제1부와 제2부의 종합이라고는 결코 해석하기 힘들다. 지금까지의 고찰결과에 의거해볼 때, 문제가 된 제3부에서는 간주관성의 논리적 선형식이 다루어져야 한다고 생각하는 것이 설득력을 지닌다고 보인다. 이러한 생각은 헤겔의 개념논리학의 전개로부터 직접적으로 도출되는 주장을 통해서도 뒷받침될 수 있다. 내가 말하고자 하는 것은 다음과 같다. 헤겔 논리학의 종결부에서는 "진의 이념"과 "선의 이념"이라는 두 계기, 즉 객체에서 주체로 향하는 운동과 주체에서 객체로 향하는 운동이 일어나는 두 계기를 하나의 통일체로 결합하는 과제가 설정된다. 왜냐하면 주체는 자신에 대립해 있는 객체를 바로 자기 스스로와 동일한 것으로 인식하기 때문이다. 이러한 동일성의 인식은 절대이념의 순수한 반성성에서 이루어진다. 즉 개념이 사유하는 대상은 바로 개념 자신이다. 따라서 개념은 곧 사유의 사유이다. 그러나 중요한 것은 이러한 순수 사유는 공허한 것으로 생각되는 것이 아니라는 점이다. 왜냐하면 만약 그렇다면 객관성은 사유의 밖에 있게 될 것인바, 사유를 제한하고 또 사유의 절대성을 박탈할 것이기 때문이다. 실재철학적 지평에서 헤겔은 자기의식이 오로지 '나=나'라고 하는 (피히테의) 자기의식 관념을 비판한다. 그러한 자기의식은 단지 "실재성이 결여된⋯⋯추상적 자유에 불과하다. 왜냐하면 자기의식의 **대상**인 자기의식 자신은, 대상과 자기 스스로 사이의 그 어떤 차이도 현존하지 않음으로 인해, 대상이 아니기 때문이다"(E. §424, 10.213). 헤겔의 [실재철학적 지평에서의 이러한] 자기의식 개념뿐만 아니라, 그의 절대이념 개념 역시 이러한 결함을 논리학적 지평에서 해소해야 한다. 사유의 객체는 사유와 구별되는 것이므로, 그 객체는 직접적으로는 사유와 합일되는 것이 아니다. 그런데 동시에 그 객체는 사유와 동일한 것이기도 하다. 객체에 이렇게 주체가 관통하고 있음으로 인해 물론 그러한 객체를 객체라고 규정하는 것은 곤혹스러운 일이다. 헤겔이 자신의 철학적 이력의 초기부터 줄곧 강조했듯이,[202] 〔그에게〕 중요한 문제는 바로 주체-객체, 즉 주체와 구별되면서도 동시에 주체와 동일한 객체인 것이다.

264   그런데 무엇이 참된 주체-객체일까? 이 〔'주체-객체'라는〕 개념은 좀더 상세히 해명될 수 있는가? 헤겔에서 이 두 용어는 어찌 보면 외면적인 상태로 상호 병렬적으로 존립한다. 그것들은 하나의 새로운 제3의 것으로 통일되지 않는다. 하지만 그럼에도 그 둘이 종합을 이루어야 한다는 것은 명약관화한 요청이다. 피히테는 이미 '나'와 '그것'(Es), 즉 주체와 객체라는 두 개념의 종합은 바로 '너'(Du)의 개념임을 통찰한 바 있다——즉 동시에 주체이기도 한 객체는 바로 또 하나의 주체인 것이다. 1791년에 씌어진 「지식론에 대한 두 번째 서론」(Zweite Einleitung in die Wissenschaftslehre)에서 피히테는 다음과 같이 말한다. "자아성(Ichheit)은……근원적으로 그것, 즉 한갓된 객체성에 대립된다. 그리고 이러한 개념들의 정립은 절대적인 것으로, 그 어떤 다른 정립행위를 통해서도 제약되지 않는다. 즉 그것들은 종합적인 것이 아니라 정립적(thetisch)이다. 〔그런데〕 이 첫 번째 정립에서 '그것' 또는 한갓된 객체, 즉 우리 외부에 있는 어떤 것으로 정립되었던 것으로는 바로 우리 자신 안에서 생성된 '자아성'이라는 개념이 옮겨가거니와, 이로써 주체와 객체라는 두 개념은 종합적으로 통일된다. 그리고 이러한 제약된 종합을 통해서야 비로소 우리에게는 '너'가 생성된다. '너'의 개념은 '그것'과 '나'의 통일에서 생겨나는 것이다" (1.502).

---

202) 그의 이러한 철학적 화두 설정은 이미 『차이』 2.94ff.에서도 잘 드러난다.

방금 말한 것으로부터는, 주체와 객체의 완전한 동일성인 절대이념을 좀더 엄밀하게 밀고 나가면 바로 '너'의 개념으로 넘어가야 한다는 주장이 도출되는 것이 아닐까? 물론 우리의 관심을 끄는 중요한 문제는 〔단순한〕 '너'가 아니라, 오히려 첫 번째 주체와 '너' 사이의 관계임이 분명하다. 왜냐하면 '너'의 관점에서는 다른 주체 역시 〔또 하나의〕 '너'가 되는 까닭에, 그 '너'는 오로지 한갓된 객체 이상의 것으로서만 드러나기 때문이다. 즉 '너'-관계는 필연적으로 상호적인 것이다. 따라서 여기에서 간주관성의 개념이 도출되는 것은 명백하다. 즉 간주관성은 객관논리학과 주관논리학에 이어지는, 논리학의 제3의 종합적인 부분이 도대체 어떤 방식의 것이어야 하는가 하는 문제를 가장 잘 해결할 수 있는 개념이라고 여겨진다.[203]

물론 이러한 간주관적 구조가 어떤 비반성적인 것으로 이해되어서는 결코 안 된다는 점은 매우 중요하다.[204] 왜냐하면 관념론적 정초의 근

---

203) 간주관성이 논리학의 주제로 편입되어야 한다고 할 때, 도대체 왜 그것이 '주관성'보다 먼저 다루어질 수는 없고 오로지 그 다음 순서로만 다루어질 수 있는지를 설명해주는 근거는 바로 방금 언급된 것으로부터 밝혀진다. 즉 간주관성에서 중요한 문제는 주관성보다 더 복잡한 구조의 범주로, 그것은 주관성을 계기로서 전제하며 따라서 주관성보다 먼저 다루어질 수 없거나 주관성 안에서 해소될 수 없는 것이다.——내가 아는 한 〔철학사에서〕 객관성·주관성·간주관성이라는 삼분구조를 최초로 ——물론 단지 함축적으로이긴 하지만—— 전제하는 글은 모든 객관적 관념론적 철학에 맞서는 절대적 반대강령이라 할 수 있는 고르기아스의 「비존재에 관하여」(περὶ τοῦ μὴ ὄντος)이다(V. Hösle 〔1984a〕, 228ff.와 Jermann 〔1986a〕, 16ff. 참조).

204) 내가 생각하기에 독일관념론의 주체철학을 극복할 수 있는 실질적인 기회는 오로지 간주관성과 반성성이 함께 사유될 때만이 존재한다.(에브너〔F. Ebner〕·부버〔M. Buber〕·에렌베르크〔H. Ehrenberg〕·그리제바흐〔E. Griesebach〕 같은, 그리고 최근에는 레비나스〔E. Lévinas〕 같은) '대화론자들'(Dialogiker)처럼 주체철학과 반성철학을 동시에 거부하는 식으로 가서는 아무런 희망도 없다. 왜냐하면 첫째, 인간의 간주관성이 (동물의 사회성과는 달리) 반성성을 통해 매개된다는 것은 논박하기 어려운 인간학적 사실이기 때문이며, 둘째, 최종의 원리를 정초하는 것은 반성적인 방식에 의하지 않고서는 해결할 수 없는 문제이기 때문이다. 그런데 그러한 〔반성적〕 정초

265 본사상은 그 핵심에서 무엇보다도 반성성 또는 반성에 토대를 두고 있
거니와, 변증법의 추동적 원리인 반성성을 포기한다는 것은 곧 관념론
적 단초 자체를 아예 버리는 것이 될 것이기 때문이다. 따라서 간주관
성을 반성을 대체하는 것으로 내세우면서 동시에 객관적 관념론의 틀
을 견지하기를 요구하는 것은 결코 진지하게 고려할 사항이 될 수 없을
것이다. 〔따라서〕 우리가 생각해볼 수 있는 것은 오로지 간주관성을 반
성개념의 필연적인 결과로 해석하고, 또한 한갓된 주관성에 맞서는 간
주관성에 주어지는 바의, 반성의 특수한 형식을 최고의 것으로 드러내
는 방식의 구상일 것이다. 사실 앞에 개괄된 통찰에서 언급되고 있다고
여겨지는 것은, 간주관성은 바로 반성적 주체-객체-동일성으로부터
도출되거니와, 그러한 주객동일성은, 그것이 정녕 동일성이라면, 오로
지 주체-주체-관계일 수밖에 없다는 점이다. 더욱이 반성성은 간주관
적 구조의 결과로 쉽사리 해석될 수 있는 것이다. 우리는 ──여기서 실
재철학적 용어를 다소간 유보적으로 사용하자면── 상호인정의 개념,
즉 대칭적이면서〔도〕 타동적인 관계(symmetrische und transitive
Relation)의 개념을 생각해볼 수 있다(반면에 가령 증오는 대칭적이지
만 자동적〔intransitiv〕이며, 정반대로 지배관계는 타동적이지만 비대
칭적이다).[205] 그러한 관계의 계기인 대칭성과 타동성으로부터는 매개

를 포기하는 철학은 그것이 독일관념론을 능가한다고 결코 주장할 수 없다.
20세기의 많은 철학자들(나는 예컨대 M. 하이데거와 J.-P. 사르트르를 염
두에 두고 있다)에 의해 수행된, 간주관성의 영역에 대한 새로운 현상분석들
에서도 ──반성과 간주관성 사이의 연관이 내재적으로 제시될 수 없을 경우
에는── 간주관성을 주관성의 관념론 속으로 통합될 수 있는 것으로 여기는
일은 언제나 가능할 뿐 아니라, 심지어 근본적으로는 요청되고 있기까지 하
다.──절대자를 반성적 주관성으로 보는 헤겔의 규정은 그것을 단순히 추상
적으로 부정함을 통해서가 아니라 그것을 하나의 좀더 복잡한 범주로 '지
양'함을 통해서야 비로소 극복될 수 있는데, 이는 헤겔이 스피노자의 실체형
이상학을 〔단순히〕 절대자에 대한 그릇된 규정으로 보는 것이 아니라, 다만
절대자에 대한 하나의 하위규정(Unterbestimmung)이라고 비판하는 것이 더
온당한 것과 마찬가지이다(6.249 참조).

된 반성성이 도출된다. 왜냐하면 타동성을 함축하는 논리적 관계인 $R(a, b) \land R(b, c) \supset R(a, c)$와 대칭성을 보증하는 언명인 $R(a, b) \land R(b, a)$가 타당하다면, c에 a를 대입할 경우, 바로 $R(a, a)$가, 즉 관계 R의 반성성이 타당하게 되기 때문이다.[206] 실재철학의 지평에서 볼 때 거의 모든 자기의식이 매개적으로 반성적(vermittelt reflexiv)이라는 266 점, 즉 상호적인 인정에 의해 제약된다는 점은 경험적으로 그리 어렵지 않게 확인할 수 있다. 내 생각으로는 이러한 매개된 반성성의 논리적 구조는 논리학의 지평에서도 다루어져야만 한다고 여겨진다. 왜냐하면 오로지 그러한 구조만이 객관논리학적 관계유형과 주관논리학적 관계 유형의 종합을 나타낼 수 있기 때문이다. 앞의 217쪽에서는 그러한 종합적 관계의 근본 모델이 순수 형식적 차원에서 언급된 바 있다. 이제 내용적인 지평에서 보자면 그러한 형식적 구조는 바로 대칭적이고 타동적인 간주관적 관계에 의해 성취된다는 것이 드러난다. 왜냐하면 a 와 b의 반성성은 여기에서는 그것들의 관계를 통해 조건지어지기 때문이다. 즉 그것들은 상호적으로 연관됨으로써 자기 스스로에 관계하는 것이다.[207]

---

205) 인정을 비롯하여 그에 이어지는 긍정적인 간주관적 관계들은 사람들이 일반적으로 반성적·대칭적·타동적인 관계를 위한 패러다임이라고 내세우는 한갓된 동일성에 비해 전혀 다른, 훨씬 더 참된 의미에서 반성적이고 타동적이며 대칭적이다. 단순한 동일성에서 대칭성과 타동성을 거론하는 것은 실은 한갓된 가상에 불과하다. 만약 a=b라면 b는 본래적으로는 결코 b가 아니라 a이다. 즉 이 경우 상관항들은 결코 구별되는 것들이 아니거니와, 동어반복을 넘어서는 실질적인 대칭성과 타동성의 가능성은 전혀 존재하지 않는다.

206) 여기서 우리는 윤리적으로 유의미한 구조들을 논리적으로 나타낼 수 있는 단초를 보게 된다.——비대칭적 관계에 대한 대칭적 관계의 우위——가령 인과성으로부터 상호작용으로 가는 이행에서 드러나는 바와 같은——는, 비대칭적인 연관에서도 메타지평에서 보면 두 상관항의 상호적인 의존성이 [이미] 존재한다는 반성으로부터 도출된다.

207) 따라서 존재논리학적 범주인 '타자성'(Andersheit)이 주체의 영역에서 적용될 경우 엄청난 의미변이가 일어난다는 것은 자명한 일이다. 인간들은 돌

내가 보기에 여기에서 거론되는 긍정적인 간주관적 관계는 두 가지의 이어지는 계기들을 반드시 더 지녀야만 한다는 점이 명확하다. 이미 말했듯이 간주관성을 반성에 대립되는 방식으로 표방하는 것은 어불성설이므로, 앞에서 언급된 구조가 반성을 포함할 수 있는 것도 그것이 바로 '사유'로서 구상되는 한에서이다——물론 이때의 '사유'는 독백적인 것이 아니라 대화적인 것으로 파악되어야 할 것이다. 그리고 둘째로 이러한 구조는, 그것이 실제로 〔범주 진행의〕 종결부를 이루는 것이라면, 자기목적이어야 한다. 이는 그 구조가 종결부라는 데서 즉각 도출된다. 가령 헤겔의 경우 사유의 사유로서의 절대이념은 최종의 목적이지 다른 어떤 것을 위한 수단이 아니다. 이와 유사하게 간주관성은 한낱 주관적인 목적에 ——그리고 한낱 고유한 자기의식의 산출에도—— 봉사하는 것이어서는 안 되거니와, 〔오로지〕 간주관성 그 자체의 자격으로 (qua Intersubjektivität), 즉 주관성을 〔궁극적으로〕 완수하고 또 입증하는 것으로 생각되어야만 할 것이다. 가장 중요한 문제는 '타자 속에서〔도 오로지〕 자기 자신에 있음'(im Anderen bei *sich* zu sein)*이 아니다. 오히려 우리는, 중요한 문제는 '타자와 더불어 상호적으로 바로 타자 속에서 자기 자신에 있는 것'(zusammen mit dem Anderen wechselseitig im Anderen bei sich zu sein)이라고 말할 수 있을 뿐이다. 이 경우 우리는 '사랑'의 개념을 떠올릴 수 있는데, 이는 큰 무리

들이 서로 다르게 존재하는 것과는 다른 방식으로 서로 다르게 존재한다. 타자성은 여기서는 더 이상 단지 즉자적으로 존재하는 상관성이 아니라, 의식적인, 즉 진정으로 구성적인 상관성으로 존재한다. '어떤 것'과 '다른 것'은 단지 즉자적으로만 서로를 지시한다. 〔그러나〕 '나'와 '다른 사람'은 저마다의 타자에 대한 연관을 통해서 스스로를 구성한다.——아마도 절대자는 객관성-논리적 범주들에서는 즉자적으로 존재하고, 주관성-논리적 범주들에서는 대자적으로 존재하며, 간주관성-논리적 범주들에서는 즉자대자적으로 존재한다고 말할 수 있겠지만, 이를 환언하면 그 절대자의 계기들은 최고의 단계에서는 서로에 대해(füreinander) 존재한다고 말할 수 있을 것이다.
* 이것이 바로 헤겔의 '자유' 규정이다.

가 아닐 것이다. 실제로 기독교적 전통에서 사랑의 개념은 항상 거듭해서 신 개념과 연결되었다(1. Joh. 4, 8 참조).[208] 반성과 간주관성 그리

---

208) 간주관적 구조들을 도입할 때 주체의 복수성(Subjekte-Pluralität)이 논리학에 들어오게 된다는 점은 분명하다. 하지만 그렇다고 해서 이러한 것이 반드시 어떤 중요한 문제점을 지니고 있다고는 생각되지 않는다. 헤겔의 절대이념 역시 삼분적으로 구조화되어 있지 않은가. 또한 모름지기 구체성을 낳을 수 있는 것은 오로지 복수성──물론 이것은 실재적인 영역에서처럼 관계항들의 상호외재성(Außereinander)으로 귀결되어서는 안 된다(만약 그렇다면 그것은 가령 삼위이체론[三位異體論, Tritheismus]에서처럼 다수의 절대자가 존재한다는 부조리한 주장으로 치달을 것이다)──밖에 없다. 대저 절대적인 것은 개별적 주체들이 아니라, 그러한 주체들로 이루어진 간주관적인 구조일 것이다. 물론 주체들을 단지 비자립적인 계기로만 생각하는 것도 불가능한 일이다──만약 그렇다면 주체들은 기관(器官)이지 주체가 아닐 터인즉, 주체에게는 언제나 일정한 자율성이 속하는 것이다.──한편 그러한 간주관적 구조가 이원적인 것으로 생각되어야 하느냐 아니면 삼원적인 것으로 파악되어야 하느냐는 흥미로운 질문이라고 할 수 있다. 왜냐하면 첫눈에 보기에 간주관성은 다수성의 근본형식인 이원성으로 충족되는 것처럼 여겨지기 때문이다. 물론 우리가 고려해볼 만한 것은, 상관항들의 연결을 위해 반드시 필요한 연관이 과연 그 상관항들 자체에도 본질적이어야만 하는지의 여부, 즉 그 상관항들이 주체이듯 그 연관도 주체여야만 하는지의 여부이다. (헤겔 역시 '혼인'에서 '가족'으로 이행하는 지점에서 이와 유사한 주장을 근거로 삼고 있다. 즉 자식들 안에서 부모들은 그들의 사랑을 사랑한다. 즉 그들의 관계 그 자체가 인격으로 된 것이다[R. §173, 7.325]. 물론 실재철학적 지평에서는 이러한 구조는 여러 세대로 이루어지는 무한전진에 빠진다. 정신의 자연성은 그것이 끝나는 것을 방해한다.) 어쨌거나 오로지 그와 같은 간주관적 구조의 주체들만이 단어의 본래적인 의미에서 개별적 주체라고 (그리고 그럼으로써 또한 개인들 또는 개별인들이라고) 불릴 수 있다. 왜냐하면 하나의 유일한 주체는 단지 보편적일 뿐이기 때문이다. 다른 하나의 주체로부터 자신을 구별하고 동시에 스스로를 그 타자와 매개하는 주체만이 비로소 [단지 보편성에만 머무르지 않고] 또한 특수하기도 한 주체이며, 이에 그러한 주체야말로 ──보편자와 특수자의 통일로서── 진정한 개별적 주체인 것이다(앞의 234쪽 참조).──내가 아는 한에서 볼 때 중세의 사상가들 중에서 가장 결정적으로 삼위일체론에 대한 철학적-존재론적 근거짓기를 모색한 이는 룰루스(R. Lullus)이다. 심지어 그에게서는 선의 개념은 다격성(多格性, Pluripersonalität)을 전제로 하거니와, 오로지 다격적인 신만이 실제로 선할 수 있으며 최고의 의미에서 자신을 타자에게 선사할 수 있다는 사상마저도 발견된다(*Liber de quinque sapientibus*, MOG II 161. 이에

고 이론적 이념과 실천적 이념이 바로 이렇게 해서 최고의 지점에서 합일된다는 것은 물론 놀라운 것으로 여겨질 수도 있다——그러나 내가 보기에는 이러한 합일이야말로 논리학뿐만 아니라 실재철학을 정초하는 데서도 많은 장점을 지닌다.[209]

"반성과 간주관성"이라는 주제에 대한 이러한 간략한 언급은 '체계적인' 작업이 아닌, 우리의 이러한 '체계론적인' 작업에서는 더 이상 자세하게 상론될 수 없다. 그 대신 나는 논리학에서 대두된 간주관성의 문제를 간파하고 다루었던 헤겔 논리학 해석가들에 관해 짤막하게 고찰하고자 한다. 물론 그 중 두 사람——맥타가트와 특히 토이니센——은 헤겔의 논리학이 간주관성의 이론을 이미 본격적으로 포함하고 있다는 테제를 옹호한다. 이에 맞서 논리학을 이러한 〔간주관성의〕 의미에서 보완할 필요가 있다는 주장은 귄터(G. Günther)에 의해 제기되었다.[210] 맥타가트는 그의 논리학 주석서를 '절대이념의 실재철학적 대응

268

대해서는 V. Hösle 〔1985b〕, XLIX, Anm. 115를 참조. 또한 '자기확산〔自己擴散〕으로서의 선'(bonum als diffusivum sui)에 관해서는 Vita coëtanea 37, ROL VIII 298을 볼 것).

209) 이와 연관하여 스피노자의 '지적 사랑'(amor intellectualis)이라는 개념이 떠오르는 것은 극히 자연스러운 일이다.

210) 여기서 나는 오로지 헤겔 연구가임이 분명한 이들만 거론하겠거니와, 이미 19세기에 ——그들이 독일관념론의 입장에 가까이 서 있었음에도—— 독일관념론이 간주관성의 문제를 도외시한다고 비난했던 두 명의 사상가는 제외하겠다. 내가 말하는 이 두 명의 사상가 중 첫 번째 인물은 스웨덴의 위대한 역사가이자 시인이며 또한 작곡가이기도 했으며, 일반적으로 지식인들에게는 민족낭만주의적인 '고트 연합'(Götischer Bund)의 창설자 가운데 한 사람으로 잘 알려져 있는 예이예르(E. G. Geijer, 1783-1847)이다(물론 예이예르는 1838년부터는 자유주의를 신봉했다). 그러나 참된 철학의 근본개념이 '나'와 '너'여야 하는 반면, 독일관념론의 근본범주는 '자아'와 '비아', 즉 주체와 객체라는 점에서 독일관념론의 주된 약점이 있다는 것을 위대한 지적 명민함으로써 드러낸 최초의 비판가가 바로 예이예르였다는 사실은 그리 잘 알려져 있지 않다. 유감스럽게도 이러한 통찰이 제시되어 있는 예이예르의 논문들은 스웨덴어로만 쓰여져 있다(특히 관건이 되는 글은 1811년에 쓰여진 「종교와 연관해서 본 그릇된 계몽과 올바른 계몽에 관하여」〔Om falsk och sann upplysning med afseende på religionen〕라는 논문에 덧붙여

1842년에 쓰어진 「보론」〔Tillägg, 1852; 67-118〕과 『인간의 역사에 관한 강의들』〔*Föreläsningar öfver manniskans historia*〕 중 〔1842년 4월 4일 행해진〕 강의 II 4〔1856; 209-220〕인데, 이 글들에는 예이예르보다 앞선 시기에 개진되었던 역사철학—예컨대 볼테르, 헤르더, 칸트, 피히테, 셸링 그리고 헤겔—에 대한 중요한 논의들이 들어 있다). 예이예르가 자신의 철학적 소신도 함께 피력했던, 1846년에 쓰어진 『현금의 종교적 물음에 관한 또 하나의 언명』(*Också ett ord öfver tidens religiösa fråga*)만이 독일어로 (그것도 이미 1847년에) 번역되었다. 바로 이러한 점들로 인해 예이예르는 독일에서 실질적으로 수용되지 않았다(나 자신도 스웨덴인 쿨베르히〔J. Cullberg〕가 독일어로 쓴 논문〔1933; 26-30〕을 통해서야 비로소 예이예르를 처음 접할 수 있었다. 이 논문은 대화체 철학에 관한 최초의 역사적 서술을 담고 있으며, 특히 이 역사적인 고찰 부분은 오늘날까지도 그것을 능가하는 다른 글이 없다고 평가될 수 있을 정도이다). 이렇게 볼 때 앞에서 언급된 글들에 대한 독일어 번역서가 없다는 것은 아쉬운 점이다.—여기에서는 예이예르의 기본적인 언명들 중 몇 가지를 극히 짤막하게 인용할 수 있을 뿐이다. (1811; 156)에서만 해도 예이예르는 관념론적 입장에 대한 비판의 필요성을 전혀 의식하지 못한 채 전적으로 피히테의 『자연법의 기초』의 취지에 동조하였다. 즉 그는 우리는 우리 자신을 자유로운 본질을 지닌 종에 속하는 것으로 파악하지 않고서는 결코 우리 자신을 사유할 수 없다고 생각했던 것이다. 반면에 (1842)에서 예이예르는 자못 논박적인 태도로 독일관념론과 결별을 고하는 가운데, 최고의 통일과 최고의 대립은 자연과 지성 사이에 또는 객관성과 주관성 사이에 존재하는 것이 아니라, 바로 주관성과 주관성 사이에, 즉 지성과 지성 사이에 존재한다고 언명한다. 그에 의하면 이때 중요한 문제가 되는 것은 통일(Einheit)이 아니라 화합(Einigkeit), 즉 이원성 속에서 이루어지는 실제적이면서도 동시에 관념적인 동일성이다(132). "하나만으로 성립하는 인격은 없거니와, 그것은 모름지기 또다른 인격 안에서 그리고 그러한 또 하나의 인격을 통해서 존재한다. 너가 없이는 그 어떤 나도 없다. 최고의 대립은 자아와 비아 사이의 대립이 아니라 자아와 또다른 자아 사이의 —즉 나와 너 사이의— 대립이다"(Ingen *personlighet* utan i och genom en *annan.*— Intet *du*— intet *jag*. Hvarföre också den högsta motsatsen ingalunda är jag och *icke*-jag, utan jag och ett annat jag— *jag och du*)(133; 〔1856〕, 210 참조). "지성의 법칙은 바로 그것이 스스로를 오로지 하나의 타자 안에서만 발견할 수 있다는 것이다. 물론 모든 각각의 지성은 그 자체만 놓고 보면 그 자신의 고유한 실존의 가능성뿐만 아니라 모든 지성의 실존의 가능성을 포괄한다(그렇지 않다면 지성들은 결코 서로에 대해 실존할 수 없을 것이다). 그러나 이러한 가능성은 하나의 다른 지성을 통하지 않고서는 현실성이 될 수 없을 뿐 아니라, 심지어는 가능성으로서 의식되지도 못한다"(1846; 51). 이를 예이예르는 그 어떤 고립된 자기의식도 존재하지 않는다는 경험적인 사실에 의거해 근거짓는다. 한 사람을 처음부터 혼자만 있도록 방치한다면 그는 동물의 수준을 넘어설 수 없다. 따라서 고립된 인격은 불가능하다. 인격이란 오로지 또다른 인격과의 접촉을 통해서만 발전할 수 있다(1856; 210). 더 나아가 예이예르는 ──1년 뒤 포이어바흐가 (물론 예이예르와는 전혀 무관하게이긴 하지만) 『미래 철학의 원칙들』 §42와 §52(1975; 306f.와 316)에서 말하고 있는 것과 유사하게── 타인에 의해 맞는 것으로 확인될 수 있는 감각적 인상만이 공인된 것으로, 즉 객관적인 것으로 간주된다는 점을 지적한다(1842; 134). 그러나 이러한 주장이 단지 경험적인 것임에도 예이예르는 ──포이어바흐와는 달리── 자신의 생각을 하나의 거대한 종교철학적 연관 속으로 편입시키고자 하였다. 그의 설명에 따르면 기독교의 출현 이후 "철학의 최고과제는 객체에 대한 주체의 관계가 아니다──물론 그것에 대한 탐구가 준비과정으로서는 필요했지만 말이다. 진정한 최고의, 그 자체 객관적인 과제는 주체에 대한 주체의 관계이다──그리고 이러한 주체-주체 관계는 인간들의 사안에만 있는 것이 아니라, 신의 사안에도 또한 존재한다. 그 때문에 나는 학문 발전의 이러한 요체를 인격의 원리(Persönlichkeitsprincip)라고 불렀던 것이다"(1846; 20). 이교(異敎)가 공포의 종교이고, 유대교와 이슬람이 단순한 복종의 종교였던 반면(1846; 46ff.), 기독교는 사랑의 종교이다(49). 특히 그리스도는 신의 사랑의 표현이다(49f.). 나아가 예이예르에 따르면 삼위일체론은 신은 자신의 모상을 벌써 오래 전부터 자신 안에 지니고 있다는 것을 의미한다(58). 왜냐하면 신의 인격 역시 고립된 인격으로서 생각될 수는 없기 때문이다. 그리고 만일 신이 '너'를 가지고 있지 않았다면 그 어떤 인간도 존재할 수 없었을 것이다(1856; 215). 마지막으로 특히 명민한 것은 예이예르의 '악' 개념이다. 그에 따르면 악은 인격의 원리의 부정적 형식이거니와, 그것은 오로지 자기파괴로 끝날 수 있을 뿐이다. "악은……모든 지성적 존재에게 생명의 공기가 되는 상호성(Gegenseitigkeit)을 부정하는 것이다. 왜냐하면 너가 없이는 사실상 그 어떤 나도 존재할 수 없으며, 따라서 악 또는 악인은 그 어떤 너도 인정하지 않는 나임으로 인해 스스로를 오로지 자기파괴적인 것으로서만 경험할 수 있기 때문이다. 이러한 자기파괴적인 경향은 또한 정신이 다다를 수 있는 유일한 무(無)이기도 하다. 즉 그것은 실존의 단순한 박탈에 불과한 무가 아니라, 부정적인 방향 속에 정립되어 있는, 자기 스스로에 대해서마저 적대적인, 그럼에도 자기 스스로를 파기할 능력이 없는 활동이다"(1846; 55f. 또한 1842; 141도 참조). 이러한 자기파괴적 허무주의──야코비와 마찬가지로 예이예르는 바로 이러한 허무주의가 독일관념론의 본질을 이룬다고 본다──의 위험을 우리는 오로지 철학을 다음과 같이 이해할 때만이 물리칠 수 있다. "철학은 솔로가 아니라 여러 소리의 조화이다. 즉 그것은 여러 지성의 조화가 없이는 불가능한 것이다"(Filosofien är ej ett solo, utan en harmoni af toner, hvilken ej är möjlig utan en harmoni af intelligenser. 1856; 211) 〔스웨덴어 원문은 옮긴이가 추가로 직역했다〕. ──두 번째로 언급할 수 있는 인물은 미국인 헤겔주의자 로이스(J. Royce,

물은 무엇인가?' 하는 물음에 대한 탐구로 끝맺으면서 다음과 같이 설명한다. "나는 절대이념을 예시할 수 있는 의식의 상태란 곧 사랑이라고 믿는다. 왜냐하면 바로 사랑 안에서 우리는 주체도 그리고 객체도 일방적인 규정자로 여겨질 수 없는 바의 조화로운 상태에 있기 때문이다." 물론 맥타가트 자신도 이러한 해석이 과연 헤겔의 자기 스스로에 대한 이해와 일치하는지에 대해서는 의구심을 품고 있다. 왜냐하면 〔헤겔의 경우〕 실재철학은 바로 철학에서 정점에 이르거니와, 철학에서는 간주관성에 관한 그 어떤 것도 발견되지 않기 때문이다. 그러나 다른 한편으로 종교철학은 성령의 영역과 더불어 끝을 맺으며, "성령은 사랑 269 으로 함께 맺어지는 공동체로서 재현된다"(1910; 310).

오늘날에는 특히 M. 토이니센이 그의 『존재와 가상』(*Sein und Schein*)에서 헤겔의 논리학을 간주관성의 이론으로 해석하고자 하였다. 토이니센의 주장을 뒷받침할 수 있는 지점은 예컨대, 개념은 바로 그것의 타자 속에서 "안정을 얻고 또한 자기 스스로에 존재한다"고 언급되는 지점이다. 따라서 개념은 "또한 자유로운 사랑 또는 무한한 희열 (schrankenlose Seligkeit)이라고도 불릴 수 있다. 왜냐하면 이는 개념이 타자를 오로지 자기 스스로와 동일하게 대하는 바의 태도(ein

---

1855-1916)이다. 그는 퍼스 이론의 계기들을 관념론적 입장에다 편입시키고자 했으며(1968; 39와 1919; 258 참조), 특히 자기의식 일반이 비로소 형성될 수 있게 해주는 사회적 과정들에 대해 기호의 해석이 어떤 의미를 지니는지에 관해 언급하였다(이에 대해서는 1916년에 쓰어진 소논문 「마음」 〔Mind〕을 참조할 것. 이 논문은 현재 1969; II 735-761에 수록되어 있다). 그의 이러한 생각은 그의 제자 미드(G. H. Mead)에게 영향을 끼쳤지만 (K.-Th. Humbach 〔1962〕, 23 참조), 물론 로이스는 ——미드나 퍼스와는 달리—— 사변적인 입장을 견지했다. 그러나 그에 따르면 사변적인 입장을 이루는 원리는 헤겔에게서처럼 주관성의 범주가 아닌, 바로 공동체의 범주여야만 한다. "자기도, 로고스도, 일자도 그리고 다수도 아닌, 오로지 공동체 (Community)만이 그러한 철학의 지배적인 범주가 될 것이다"(1968; 344). 더욱이 신 역시 기독교의 삼위일체론에 따라 해석의 공동체(Inter-pretationsgemeinschaft)로서 파악되어야 한다(318). 로이스에 관한 2차 문헌으로는 예컨대 J. E. Smith (1950)을 참조할 것.

Verhalten seiner 〔=des Begriffs〕 zu dem *Unterschiedenen* nur als *zu sich selbst*)이기 때문이다. 바로 이러한 태도 속에서 개념은 자기

270 자신으로 복귀해 있는 것이다"(6.277; E. §159A, 8.306 참조). 본질논리학의 말미에 〔이와는 달리 오히려〕 '힘'(Macht) 또는 '강제력'(Gewalt) 같은 용어가 자주 강조적으로 사용되고 있는 점을 감안할 때 (특히 6.235 참조), 이러한 생각은 더더욱 주목을 끈다.[211] 따라서 토이니셴은 개념에 주어져 있는 자유를 곧 간주관성을 구성하는 자유라고 해석한다. "개념은 그 자체가 곧 사랑이기 때문에, 그러한 개념과 더불어 나타나는 자유는 규정된 자유, 즉 **의사소통적**(kommunikativ) 자유여야만 한다. 의사소통적 자유란, 한 사람이 다른 사람을 그의 고유한 자기실현을 막는 장애물로서가 아니라, 오히려 그것을 가능하게 하는 조건으로서 경험한다는 것을 의미한다"(1978; 45f.). 물론 토이니셴도 헤겔의 『논리학』이 그 어떤 전문적인 간주관성 이론도 포함하고 있지 않다는 점을 시인할 수밖에 없다. 〔그렇지만〕 이 점에 대해 그는 논리학도 전체적으로는 "보편적 의사소통 이론의 소질을 띠고 있다"는 말로써 해명하고자 한다(46). 토이니셴은 이러한 입장을 신학적인 입장과 연결하고자 한다. 즉 그에 의하면 의사소통 이론과 신학은 하나의 통일체를 이룬다(50). 그러나 토이니셴의 지극히 독창적인 테제에 대해 풀다와 호르스트만은 몇 가지 비판적인 질문을 던졌는데, 내가 보기에 그 질문들은 토이니셴의 저작이 안고 있는 핵심적인 취약점을 꿰뚫고 있다고 여겨진다. 풀다와 호르스트만은 "주관성이론적 판단론에 따르면 판단에서 말해지는 대상들은……언제나 언명에 대한 피지시체(Referent)들이지, 이미……그 판단들을 표명하는 가운데 서로 말하는, 의사소통의 파트너인 것은 아니다"라고 지적한다(1980; 45f.). 나아가 이 두 사람은 판단론에서 다루어진 형식들 중 그 어떤 것도 "의사소통적 자유 이론을 위해 불가결한, 주체의 복수성"을 함축

---

211) 이 점에 대해서는 이미 앙에른이 (1977; 65ff.)에서 주의를 환기시킨 바 있다.

하고 있지 않다는 점을 환기시킨다. 이에 대해서는 빨라야 '인식의 이념' 단계에 가서야 거론될 수 있다. 어쩌면 인식의 이념 단계에서는 "주체-주체 관계와 주체-객체 관계 사이의 구별"이 이루어질 수도 있을 것이다. 아무튼 헤겔 자신은 "비록 전달(Mitteilung)의 개념을 통해서, 그리고 생명의 이념과 인식의 이념을 연결시킴으로써 그러한 구별을 위한 토대를 예비한 것은 사실이지만, 그렇다고 해서 그러한 구별을 명시적으로 언급하지는 않았다. 토이니센에게 좀더 바라고 싶은 것은, 바로 이 대목에 대해서 그가 앞으로의 연구에서는 헤겔 논리학 안에서의 비판에서 벗어나 헤겔 논리학에 대한 비판으로 넘어갔으면 하는 것이다"(46).

유감스럽게도 토이니센은 이러한 지적에 응수하는 과정에서 자신의 테제가 품고 있던 흥미로운 관점을 다시 철회하였다. 이제 그는 오로지 정신철학에만 의거하는바, 의사소통이론적인 관점에서 중요한 계기들이 바로 정신철학에 포함되어 있다고 한다(1980; 104. 여기서 그는 특히 E. §§563ff.를 거론한다). 이와는 달리 그는 논리적 개념과 의사소통적 사유를 동일시하지는 않는데, 왜냐하면 그는 첫째, 논리학과 실재철학은 다른 것이며, 둘째, 의사소통적 자유는 개념에 의해서 단지 정초될 뿐이라고 [즉 이 둘이 곧 동일한 것은 아니라고] 생각하기 때문이다. "헤겔이 전적으로 토대로 여기는 것을, 즉 절대적 주관성의 이론을 [새 271롭게 해석하여] 의사소통 이론과 간주관성 이론을 위한 토대로 내가 제시할 수 있는 것은 바로 이러한 한도 내에서이다"(101). 내가 보기에 그가 이렇게 한 걸음 물러선 것은, 한편으로 헤겔이 명확하게 말한 것과, 다른 한편으로 헤겔에게 비록 중요한 단초로 있긴 하지만 그럼에도 헤겔 자신이 직접 말한 것이 아니라 그에 의해서야 비로소 명시적으로 드러난 입장을 정확히 어떻게 구분할지에 관해 토이니센이 그다지 확실한 태도를 취할 수 없었던 사정에서 비롯된 것이 아닌가 여겨진다. 왜냐하면 분명한 것이 있다면, 그것은 바로 헤겔의 논리학은 그 어떤 주체-주체 관계도 다루지 않는다는 사실이기 때문이다. 헤겔이 비록 사랑으로서의 개념을 거론한다고 해도, 그것은 순전히 메타포 수준에서이지, 간주관성 이론을 정초하기에는 불충분하다. 더욱이 인식의 이념에서도(이 점에서 우리는 풀다와 호르스트만의 견해에도 찬성할 수 없다) 간주관성은 거론되지 않는다(게다가 간주관성은 인식의 이념 부분에서가 아니라 실천의 이념으로서, 즉 본래적인 선의 이념으로서 전개되어야 할 것이다). 물론 헤겔의 논리학은 그것의 고유한 자기이해에 따른다면 (실재철학적인) 간주관성 또한 정초하는 것이 당연하다. 그러나 논리학은 모든 것을 정초해야 하므로, 단지 그렇게 말하는 것만으로는 부족하다. 오히려 우리의 관심은 논리학이 실제로 그러한 정초를 행할 수 있는지를 검토하는 일이다. 그리고 앞에서 논리학과 실재철학의 관계를 고려하는 가운데 우리는, 단지 개념논리학까지만 전개되는 논리학에 의거해서는 객관정신과 절대정신은 전혀 논리적으로 해명되지 않는다는 점을 드러내고자 하였다. 따라서 나는 토이니센이 헤겔로부터 명확히 거리를 두고 ——풀다와 호르스트만 식으로 말해서—— 헤겔 체계 안에서의 비판으로부터 헤겔 체계에 대한 비판으로 넘어갔더라면 더 나았을 것이라고 생각한다.[212] 물론 그러기 위해서는 분석의 대상이 되는 텍스트와 자신의 생각을 예리하게 구분할 필요가 있을 것이다. 토이니센에 비해 맥타가트에 대해서는 우리는 그러한 구분을 잘 수행했다고 인정할 수 있을 것이다. 그는 헤겔의 『철학대계』 이후부터는 절대이념을 사랑으로 보는 해석은 근거지어질 수 없다는 점을 언제나 분명하게 직시한다. 그렇지만 맥타가트 역시 명확한 간주관성 개념을 가졌던 것은 아니며, 이에 정신과 사랑의 차이를 그 역시 제대로 짚어내지

---

212) 내가 보기에 토이니센은 그뒤에는 그러한 이행을 단행한 것으로 여겨진다. 어쨌든 (1982), 359에서 그는 헤겔의 사유가 "주체와 객체 이외에 이 둘을 매개하는 제3의 것을 인정하지 않는다"는 점을 비판한다. 이 중요한 논문에서 토이니센은, 그의 해석학적 목표는 "헤겔 법철학이 지향하는 것을 '그대로' 특징짓는 것"이 아니라 "오로지 내가 훌륭하다고 생각하는 지향만을 해명하는 것"이라고 매우 의미심장하게 설명한다(318).

못한다.[213)]

그에 반해 G. 귄터는 헤겔의 논리학이 '너'의 이념을 포함하고 있지 272
않다는 점을 분명하게 인식했다. 그는 자신의 저서 『비-아리스토텔레
스적 논리학의 이념과 개요』(*Idee und Grundriß einer nicht-
Aristotelischen Logik*)에서, 그 이전의 전체 전통과 마찬가지로 헤겔
역시 "반성의 양가적(兩價的)인 기술"에만 매달려 있다고 설명한다.
왜냐하면 "논리적 원리로서의 '너'는……그의 체계에서는 전혀 나타
나지 않기" 때문이다(1959; 102). 이에 대해 귄터는 비-아리스토텔레
스적인 삼위일체적 논리학을 대안으로 채택한다. 즉 이러한 논리학의
근본범주는 '그것' '나' 그리고 '너'인데(112), 이때 '너'는 ——전래의
전통에서와는 달리—— "주체에 해당하는 것이라고도 객체에 해당하는
것이라고도 할 수 없다"(109). 물론 귄터는 헤겔의 논리학 역시 제대
로 충족시키지 못한 요구를 그 자신의 논리학이 충족시킨다고 주장하
지만, 그의 논리학이 과연 실제로 그러한 요구에 부응하는지에 대해서
는 충분히 의심의 소지가 있다. 왜냐하면 귄터의 논리학은, 비록 삼가
적(三價的)이라 할지라도, 한갓 형식논리학이 그칠 뿐 그 어떤 순수
범주론도 아니라는 점에서는 헤겔에 비해 뒤떨어지는 것이기 때문이
다. 그렇지만 나는 이 지점에서 귄터에 관해 상론할 수는 없다. 왜냐하
면 그의 이론에 대한 비판적 평가는 이 책의 범위를 넘어서는 것이기
때문이다.

---

213) 이 두 개념에 대한 뚜렷한 시각을 제시하지 못하는 전형적인 예는 G. A. 가
블러에게서 볼 수 있다. 즉 그는 이성과 사랑은 동일한 것이어서 "신은 정신
이다"라는 언명과 "신은 사랑이다"라는 언명 사이에는 그 어떤 중요한 차이
도 없다고 기술한다(1843; 164). 물론 사랑에서 간주관성의 계기를 도외시
해버린다면, 그의 말은 옳다. 그러나 그렇다면 사랑은 또한 더 이상 사랑이
되지 못한다.——I. H. 피히테에 대해서도 이와 유사한 판단이 적용될 수 있
다. 그는 신은 간주관적 구조로서 해석되어서는 안 된다고 설명하면서도
(1833ff.; III 320ff.), 나중에 가서는 신을 사랑이라고 해석한다(III 332-
346).

물론 이 책에서 개진된, 간주관성을 최고의 논리적 범주로 설정하는 구상에 대해서는, 우리가 예비학판 철학대계의 논리학 구성을 더 선호한 것에 대해 제기될 수 있었던 반박과 유사한 반박이 제기된다. 즉 헤겔 자신도 프랑크푸르트 시기에는, 좀더 정확히 말하자면 1797/98년에 씌어진 「종교와 사랑에 관한 구상들」(Entwürfen über Religion und Liebe)에서는 절대자를 사랑으로 규정했지만, 정신의 개념을 위해 이 사랑의 개념을 이내 지양했다는 비판이 나올 수 있다. "그는 사랑이 비록 신의 개념을 위해서는 더 적합하고 설득력 있는 표현이지만, 정신은 그보다도 훨씬 더 심오한 것이라고 생각했다."[214] 이러한 반론에 대해 우리는 첫째, 헤겔의 정신 개념(이는 이념의 개념과는 엄격하게 구별되어야 한다)은 결코 정신을 [오로지] 주관성으로서 명확히 결정짓는 것으로 이해되어서는 안 된다고 말할 수 있다. 오히려 이 정신의 개념은 주관성과 간주관성 사이에서 동요하고 있다. 그것은 한편으로는 최고도로 간주관성에 의해 규정되지만, 그럼에도 다른 한편으로 우리의 기대에 상응하는 분명한 어조로 이 간주관성 그 자체가 제대로 반성되고 있는 것은 아니다(6.1.1장 참조). 둘째, 우리는 초기의 헤겔에게서도 사랑의 개념은 객관성과 주관성에 대한 제3의 것으로, 즉 간주관성으로 인식되고 있지는 않다는 점을 확인할 수 있다. 사랑의 개념은 주체와 객체의 대립을 극복하는 단지 하나의 형태일 뿐이며, 헤겔은 그것이 어떤 새로운 영역을 여는 것이라고는 결코 생각하지 않는다. 방금 언급된 구상에서 헤겔은 [어떤 간주관성의 범주의 가능성을 모색하는 것이 아니라] 오직 객체와 주체, 자연과 자유에 관한 칸트적-피히테적 이원론을 해소하고자 할 뿐이다——"주체와 객체 또는 자유와 자연이 하나로 어우러져 사유됨으로써, 자연이 곧 자유이고, 또한 주체와 객체가 불가분의 것이 될 때, 바로 그때 신적인 것은 존재한다." 그리고 그에 따르면 이는 사랑에서 이루어지거니와, 사랑은 구상력에 의해 곧바로 신성

<hr>

214) Rosenkranz (1844), 102.

(神性, Gottheit)으로 만들어진다. "오로지 사랑에서만 우리는 객체와 하나가 되는바, 이때 객체는 지배하지도, 지배되지도 않는다"(1.242). 물론 방금 인용된 지점에서는 사랑이 이론적 태도와 실천적 태도(좀더 엄밀하게 말하자면 제작적 태도)의 일면성을 해소시킨다는 중요한 언급이 발견된다. 왜냐하면 "이론적인 종합은 전적으로 객관적인 것이, 즉 주체에게 전적으로 대립되는 것이 되며, 실천적인 활동은 객체를 무화시키며 전적으로 주관적인 것이기 때문이다." 더 나아가 헤겔은 사랑에서 동일성과 차이의 통일을 본다. 즉 사랑받는 사람[215]은 사랑하는 사람에게 대립되어 있지도 않으며, 동시에 그와 상이하지도 않다. "사랑받는 자는 우리의 본질과 하나이다. 우리는 그 사람 안에서 오로지 우리 자신을 본다. 비록 그가 다시 우리가 되는 것이 아님에도 말이다—이는 우리가 결코 이해할 수 없는 경이로운 일이다"(244). 오로지 생명체만이 느끼는 사랑에서 반성에 의해 산출된 분리는 지양된다. 헤겔은 "사랑은 〔주체에 대립된〕 객체가 완전히 사라진 가운데 반성을 지양하고, 대립된 것이 지녔던 모든 생소함을 제거하며, 또한 그 어떠한 것도 더 이상 부족하지 않은 생명 그 자체를 발견한다"고 쓰고 있다 (246). 사랑의 분리가능성은 물론 사랑하는 사람들이 언젠가는 죽는다는 점에 놓여 있으며(246f.), 사랑은 이를 〔자신의〕 불완전함의 징표로 여겨 두려워한다(247). 그러나 새로 태어난 아이에게서 "통일 그 자체는 분리된 것이 아니다"(249).

이와 같은 의미 있는 진술들에도 불구하고 우리는, 헤겔이 사랑을 여

---

215) 이때 '사람'이 남성형(Maskulinum)으로 표현되는 것은〔이 '사랑받는 사람'과 '사랑하는 사람'은 독일어로는 *der* Geliebte"와 *der* Liebende"로 표현되므로, 문자 그대로 직역하면 각각 '사랑받는 남자'와 '사랑하는 남자'로 번역된다—옮긴이〕 이 대목이 바로 플라톤주의적인 맥락에 따라 쓰여진 데에서 연유한다. 바로 이어서 헤겔은 플라톤의 『파이드로스』(251a)를 인용한다.──헤겔 초기의 미적 플라톤주의에 관해서는 K. Düsing (1981b)를 참조할 것. 그리고 헤겔의 청년기 저작들이 정확히 언제 쓰여졌는지에 관해서는 기본적으로 G. Schüler (1963)을 볼 것.

기서도 단지 주체-객체 도식에 의해서만 생각하고 있다는 사실을 견지해야 한다. 즉 그는 그러한 도식을 극복하고자 하지만, 바로 그 때문에 여전히 그 도식에 사로잡혀 있는 것이다. 어쨌거나 헤겔은 초기의 구상들에서도 주체-주체 관계라는 긍정적인 귀결에 이르지 못하고 있거니와, 그 결과 그는 자신이 조탁해낸 '주체와 객체의 통일' '동일성과 차이의 통일'이라는 구조를 위해 후기에 가서는 사랑이라는 이름을 포기할 수밖에 없는 것이다. 이러한 포기는 헤겔이 사랑을 동시에 반성적인 구조로 구상할 수 없다는 데에서도 기인한다. 헤겔에게 사랑은 단지 어떤 정감적인 것이지, 결코 지적인 것이 아니다. 「기독교 정신에 대한 기본구상」(Grundkonzept zum Geist des Christentums)에서 헤겔은 도덕·사랑·종교의 개념을 차례로 다루며, 앞단계의 개념보다 뒷단계의 개념

274 이 우월한 것은 전자의 한계를 후자가 지양하기 때문이라고 설명한다. 즉 "신조(信條, Gesinnung)는 계명(誡命, Gebot)의 실정성과 객관성을 지양한다. 그리고 사랑은 신조의 한계들을, 종교는 사랑의 한계들을 지양한다"(1.302). 구체적으로 헤겔이 사랑의 한계로서 지적하는 것은, 그것이 한갓된 "감정"(Empfindung)에 불과하다는 점이다――즉 "사랑은 반성과 통일된 것이 아니다"(308). 사랑에는 어떠한 객관성도 결여되어 있으며, 그 때문에 사랑은 아직 종교가 아닌 것이다. 「기독교의 정신」에서 헤겔은 예수의 최후의 만찬은 사랑의 만찬으로, 아직 본래적으로 종교적인 것이 아니라고 말한다. "왜냐하면 오로지 구상력을 통해 객관화된, 사랑에서의 통일만이 종교적 경배의 대상일 수 있기 때문이다.……사랑은 그 자체만으로는 단지 감정으로서만 현존하지, 동시에 상(像, Bild)으로서도 존재하는 것이 아직 아니다"(364). 따라서 사랑의 직접성은 그것이, 비록 단지 구상력의 수준에서라도, 스스로를 대상화하고 반성하는 것을 방해한다. "그러나 사랑 그 자체는 아직 불완전한 본성이다. 행복한 사랑의 계기에는 객관성을 위한 그 어떠한 공간도 없다. 하지만 모든 반성은 사랑을 지양하고, 객관성을 다시 산출하며, 또한 이 객관성과 더불어 온갖 제한의 영역이 다시 시작된다." 여

기서 종교적인 것은 사랑과 반성의 통일로서 기능하는데, 헤겔은 이를 '플레로마'(πλήρωμα=충만)로, 즉 사랑의 완성으로 파악한다(370).

그러나 이렇게 오로지 종합을 얻고자 노력함에도 불구하고 대립은 남아 있다.[216] 그리고 이렇게 서로 대립되는 주관적 반성과 간주관적 직접성 사이에서 헤겔은 ──자신의 청년기의 구상들을 초월[철학]적으로 정초하고자 노력하면 할수록── 주관적 반성을 선택할 수밖에 없었다.[217] 어떤 반성적 간주관성의 개념이나 대화적 합리성의 개념을 그는 생애가 끝날 때까지 알지 못했다. 『철학대계』의 종교철학 부분에서도 정신의 간주관적 형태들──즉 국가와 종교──은 본질적으로 비반성적이며, 따라서 더 높은 단계의 범주에 의해 지양되어야 한다. 정신은 철학에서 정점에 이르며, "철학은 고독한 어떤 것이다"(Briefe I 137). 그렇지만 철학에 대한 이러한 규정은 실로 설득력이 있는 것인가? 철학자가 행하는 반성──실재철학이 이 철학적 반성과 더불어 종결되어야 한다면, 그러한 종결은 결코 필연성을 결여해서는 안 된다──도, 특히 그것이 해석학적 과정인 한에서는, 언제나 이미 간주관성에 의해 잉태된 것이 아닌가? 실제로 헤겔에게서는 줄곧 이러한 방향의 언명이 눈에 띈다(6.3.3장 참조). 그럼에도 헤겔의 논리학은 적어도 명시적으로는 그 어떠한 간주관성 이론도 아니라는 점은 명확하다. 물론 그의 논리학을

275

---

216) 이 인용구에 대해 F. 바그너는 다음과 같이 쓴다. "사랑과 반성의 변증법적 통일로서의 종교는 하나의 소망상(Wunschgebilde)인 채로 머무른다. 즉 그것은 하나의 유토피아일 뿐이다. 왜냐하면 헤겔에 따르면 그러한 [변증법적 통일로서의] 종교를 위한 장소는 실제로는 없기 때문이다"(1971; 153).

217) 이러한 징후는 『예나 시기의 체계구상 III』의 한 지점에서 드러나는데, 거기에서 헤겔은 비록 여전히 사랑의 개념을 절대자에 대한 지칭으로 사용하고 있지만, 그럼에도 [예전과는 달리 이제는] 사랑을 순전히 주관적인 반성성으로 이해한다. "신은 그가 정신적인 본질, 거대한 인식, 인식의 인식이라는 점에서 사랑이다"(GW 8, 211).──일반적으로 볼 때, 프랑크푸르트 시기에 통일의 절대적 원리로 여겨졌던 '사랑'은 이미 예나 시기에 오면 하나의 부분존재론적 범주로 ──즉 가족에서 이루어지는 감정적 관계의 총괄개념으로── 축소된다고 말할 수 있다.

간주관성의 이론으로 가일층 발전시켜나가는 것이 여러 근거에서 타당하며, 더욱이 그것이야말로 헤겔의 체계에서 제기되는 문제들을 해결할 수 있으리라 여겨진다.[218]

---

218) 논리학의 종결과 절대이념의 자연으로의 '외화'에서 제기되는 어려운 문제들에 대해서 나는 단지 이 하나의 각주를 통해서만 다루고자 한다——이 문제들은 이미 헤겔의 동시대인들에 의해서도 예리하게 지적되었다 (Schelling, Zur Geschichte der neueren Philosophie, in: *Schriften von 1813-1830*, 433ff.; *Philosophie der Offenbarung*, I 88f.; C. F. Bachmann [1835], 102; H. Ulrici [1841], 117ff. 참조). 명확히 우리는 헤겔이 굳게 견지하는, 절대이념의 외화에 존재하는 자유(6.573; 279 참조)를 동시에 논리적 자기규정의 필연적이고 합리적인 행위로서 해석하고자 해야 한다(이에 대해서는 J. Schaller [1837], 237f.에 적절하게 지적되어 있다). 오로지 그렇게 함으로써만 주의주의(主意主義)적 유신론(voluntaristischer Theismus)의 난제들을 피해갈 수 있다. 그러나 이러한 외화의 배후에 있는 합리적인 구조는 어떤 것일까? 무엇 때문에 절대이념은, 그것이 실로 절대적임에도 (그리고 그런 한에서 무모순적임에도), 더 나아가야 하는가? 이에 대해 반트슈나이더와 나는 (1983; 176ff.)에서 다음과 같이 논증한 바 있다 (Wandschneider [1985]에서도 유사한 논증이 이루어진다). 절대이념에 속하는 결정적인 계기는 ①자기파악의 반성성(die Reflexivität des Sich-Selbst-Erfassens), ②그 자체로 정립된 삼분적 구조 그리고 ③자유이다. 그중 ①과 ②에서 도출되는 것은, 절대이념으로서의 이념은 자신이 오로지 삼분적·변증법적 과정으로서만 존재함을 인식한다는 것이다. 그런데 절대이념은 스스로를 동시에 자유로운 것으로, 즉 자기규정적인 것으로 파악하기 때문에, 그것은 자신의 본질인 이 삼분성을 이제 자유로이 정립하고 자신의 변증법을 자기 스스로에 적용해야 한다——즉 그것은 전체로서 자기 스스로에 복귀하기 위하여, 전체로서의 자신을 부정해야 한다. 이로부터 전 체계의 삼분구조가 도출되는 것이다.——아마도 이러한 논증은 전달(Mitteilung)의 계기를 이미 내포하고 있는 간주관성의 개념을 통해 보충될 수 있다고 여겨진다. 즉 사랑으로서의 절대자는 그의 전적인 타자에게도, 즉 자연을 통해 매개된 유한한 정신에게도 자신을 주고자 한다. 실로 사랑의 최고의 증명은 자기 스스로를 타자를 위해 희생하는 것인데, 이는 오로지 신에게만 가능한 일이다. 즉 신은 스스로 유한한 정신이 됨으로써 이 사랑을 행하는 것이다. 이에 예이예르는 신이 (신에 내재한) '너'를 가지지 않았다면 그 어떤 인간도 없었을 것이라고 생각한다. "[유아론적으로] 고립된 신격(神格)이란 생각할 수 없다. 신은 언제나 자신의 대응물을 가지고 있으며, 이 대응물[=인간]은 신과 마찬가지로 자유로운 존재이다. 신이 만약 너를 가지고 있지 않았다면, 인간은 존재하지 않았을 것이다"(Ty äfven den gudomliga

472

personligheten är, såsom isolerad, otänkbar; Gud kan såsom person endast så fattas, att han af evighet satt sin motbild såsom lika fri som han sjelf, och hade icke äfven Gud ett *du*, så skulle aldrig ett menskligt väsende hafva funnitts. [1856: 215. 스웨덴어 원문은 옮긴이가 추가로 직역했다]).——이밖에도 분명한 것은, 외화는 시간 속에서 단 한 번 이루어지는 행위로 이해되어서는 안 된다는 점이다. 시간 그 자체도 이념에 따라 원리지어져야 한다. 따라서 헤겔은 '끊임없는 창조'(creatio continua)라는 개념을 선호한다(E. §247Z, 9.26: §339Z, 9.344와 17.56, 193, 247도 참조). (게다가 이러한 개념으로부터는 결코 현재의 순간까지 흘러간 시간이 무한해야 한다는 결론이 나와서는 안 될 것이다.)

제2판 후기

　한 권의 책이 절판되어 새로운 판의 간행이 필요할 경우, 이에 대해서는 두 가지 방식의 대응이 있을 수 있다. 한편으로 먼저 나온 책을 새로이 손질하는 것도 의미 있는 선택이지만, 다른 한편으로는 초판본에 그저 하나의 후기를 덧붙이는 것도 생각할 수 있는 대안이다. 이 중에서 나는 후자의 방식을 택했는데, 물론 되도록이면 적은 노력으로도 새 책을 꾸려내고자 하는 데 그 한 가지 이유가 있었음을 나는 전혀 부인하지 않겠다. 그렇지만 그 본래적인 취지는 좀더 깊은 데에 있다. 첫째, 물론 이 책이 지닌 여러 부족한 점을 나는 현재 잘 알고 있기는 하지만, 1984년에 다섯 달에 걸쳐 씌어진 이 책은 나름대로의 정합성을 갖추고 있기 때문에, 13년이 지난 지금에 와서 그것을 다시 어설프게 손질한다면 그것이 애초에 갖추었던 정합성은 손상될 수밖에 없다. 둘째, 이 책이 처음 세상에 알려질 때와 동일한 형태를 계속 유지하는 것이 오히려 더 바람직하다는 것이 이 책에 대해 내가 겪은 그 동안의 대체적인 반응이다.[1] 더욱이 짐작하건대 제1판을 읽은 독자들의 절대다수는 이　668

---

1) 나는 물론 이 책에 대해 씌어진 모든 서평을 소개할 수는 없지만, 일단 다음과 같은 주요 서평을 소개하고자 한다. (나는 가령 동아시아권 언어로 씌어진 서평들은 일단 논외로 할 수밖에 없다. 왜냐하면 나는 그 글들을 이해할 수도 없을뿐더러, 어떻게 인용해야 하는지도 전혀 모르기 때문이다).
　Ch. Menke-Eggers, "Die letzte Begründung," in: *Frankfurter Allgemeine*

Zeitung vom 8. 12. 1987, L 19; E. Riviera, in: *Naturaleza y Gracia 34* (1987) 2, 305-306; J. Balthasar, in: *Philosophy and History 21* (1988), 155-156 and 22 (1989), 143-144; R. Brauch, in: *Freiburger Zeitschrift für Philosophie und Theologie 35* (1988), 535-536; L. De Vos, "Pleidooi voor een betere Hegel?," in: *Tijdschrift voor Filosofie 50* (1988), 536-540; I. M. Fehér, "Az absolút idealizmus és az interzubjektivitás problémája" (V. Hösle szisztematikus kommentárja a hegeli rendszerröl), in: *Filozófiai Figyelö 10* (1988), 134-146 sowie in: *Philosophischer Literaturanzeiger 41* (1988), 220-225; W. Förster, in: *Referateblatt Philosophie 4* (1988), 223-225; V. Giacché, "Intersoggettività senza ontologia? A proposito di un rencente libro su Hegel," in: *Giornale critico della filosofia italiana 67* (1988), 422-430; P. Hodgson, in: *Religious Studies Review 14* (1988), 140 (nur Bd 1); P. Körte, in: *DIE ZEIT* vom 30. 9. 1988 (40), 81; R. B. Pippin, "Hösle, System and Subject," in: *Bulletin of the Hegel Society of Great Britain 18* (1988), 5-19; R. Schümann, in: *Review of Metaphysics 42* (1988), 387-389; Ch. von Wolzogen, "Absolute Intersubjektivität," in: *Neue Züricher Zeitung* vom 17./18. 12. 1988, 66; O. Depré, in: *Revue philosophique de Louvain 87* (1989), 554-556; M. de Gandillac, in: *Revue de Métaphysique et de Morale 1* (1989), 139-140; A. W. Gulyga/W. S. Malachow, in: *Filosofskie Nauki 11* (1989), 138-141; K. Hartmann, "Neuerscheinungen zu Hegels Logik der Philosophie," in: *Allgemeine Zeitschirft für Philosophie 14.2* (1989), 60-71; L. Martínez G., in: *Pensamiento Núm. 177*, Vol. 45 (1989), 114-115; A. Pažanin, in: *Politička misao 26* (1989), 177-178 und 27 (1990) 199-205; M. W. Roche, in: *Journal of the History of Philosophy 27* (1989), 630-632; W. Schmied-Kowarzik, in: *Philosophisches Jahrbuch 96* (1989), 402-414; A. Buha, in: *Archiv für Geschichte der Philosophie 72* (1990), 108-113; E. Colomer, in: *actualidad bibliográfica 54* (1990), 180-182; Th. Kesselring, in: *History and Philosophy of Logic 11* (1990), 124-129; G. Kruck, in: *Theologie und Philosophie 65* (1990), 437-440; M. de la Maza, "Neuere Literatur über Hegels Logik," in: *Hegel-Studien 25* (1990), 161-186; K. Roth, in: *Praktische Vierteljahresschrift 1* (1990), 145-147; P. Schaber, in: *Zeitschrift für philosophische Forschung 44* (1990), 675-679; L. Illetterati, in: *Schopenhauer-Studien 4* (1991), 344-347; P. J. Labarrière/Jarczyk/J. F. Kervegan, in: *Archives de philosophie 54* (1991), 455-456; R. R. Williams, in: Philosophy of Religion 29 (1991), 125-127; J. Clam, in: *Archives de philosophie du droit 40*: droit et esthétique (1995), 440-443. 브링크만(K. Brinkmann)의 다음 글은 본격적인 논문의 형태로 이 책을 다루고 있다. "Intersubjektivität und konkretes

「후기」마저도 하나의 생각할 수 있는 개작(改作)으로 여길 것이다. 그런 한에서 많은 사람들은 이하에서 개진될 명시적인 자기비판을 일종의 개작의 테두리 안에 숨어 있는 자기비판으로 여길 것이다. 셋째, 『헤겔의 체계』는 나 자신의 철학적 기획의 발전에서 하나의 특정한 위치를 차지한다. 따라서 헤겔의 체계에 대한 체계론적 분석을 계속해서 세분화하거나 수정하는 것보다는 오히려 나 자신의 고유한 체계적 탐구의 일환으로 이 기획을 발전시켜나가는 것이 더 현명하다고 생각된다.

사실 이 책이 지닌 도발적인 면은, 헤겔의 견해를 그 생각의 변천에 따라 재생해내는 것이 아니라, 근대 객관적 관념론의 최종적으로 완성된 형태인 그의 체계구상을 한편으로는 역사적으로, 아니 더 정확히 말하자면 역사철학적으로 ——그것도 나의 『진리와 역사』(*Wahrheit und Geschichte*)[2]에서 조탁된 철학사의 철학(Philosophiegeschichts-philosophie)에 기초하여—— 위치짓고, 다른 한편으로는 바로 이러한 토대 위에서 헤겔의 체계를 그것의 진리주장의 측면에서 진지하게 취

Allgemeines," in: *Kategorie und Kategorialität. Festschrift für K. Hartmann zum 65. Geburtstag*, hg. von D. Koch und K. Bort, Würzburg 1990, 131-169. 폰 베르더(A. von Werder)가 쓴 다음의 박사학위 논문은 부제에서 [내 이름을 헤겔과 나란히 놓음으로써] 나에게 과도한 영예를 안기고 있긴 하지만, 나의 이 책의 취지를 철저하게 이해한 것임에는 틀림없다. *Philosophie und Geschichte. Das historische Selbstverständnis des objektiven Idealismus bei Hegel und bei Hösle*, Diss. Aachen 1993. 헤겔에 관한 저술이나 논문에서 이 책의 몇몇 개별적 테제에 관해 씌어진 수많은 언급은 여기에서 인용될 수 없다. 그리고 나는 이 「후기」가 이 책을 ——종종 매우 적확하게—— 다룬 모든 이들의 질타와 격려를 제대로 이해하고 평가했다고 결코 주장하지 않는다. 여기에서 나는 오로지 자신에게 특히 중요하다고 여겨지는 몇몇 핵심만을 추려서 언급했을 뿐이다.

2) Stuttgart-Bad Cannstatt 1984(이 책의 이탈리아어판은 1998년 밀라노에서 출간되었는데, 원래 독일어판의 제3부가 이 판에는 빠져 있다). 철학사(의 철학)에 대한 그 이후의 상론들은 나의 책 『철학사와 객관적 관념론』(*Philosophiegeschichte und objektiver Idealismus*, München 1996)에 들어 있다.

급함으로써 이후의 학문이 낳은 성과들과 대결시킨다는 점에 있었고 또 지금도 바로 그 점에 있는데, 이는 [우리] 시대에 맞는 객관적 관념론 체계를 위한 초석을 마련하기 위해서였다. 물론 이 책을 쓰던 1984년 당시 나는 그와 같은 우리의 시대에 적합한, 더욱 완성도 높은 객관적 관념론 체계를 구상하는 데서 지금보다는 더 헤겔의 체계와 근접한 생각을 갖고 있었지만, 그럼에도 『헤겔의 체계』는 그러한 초석의 역할 이상으로 더 나아가고자 하지 않는다. 이러한 새로운 체계의 구상과 관련된 실천철학을 나는 최근에 출간된 책을 통해 상세히 개진한 바 있는데,[3] 이 『헤겔의 체계』와 많은 부분에서 가까우면서도 또한 많은 부분에서 거리를 두고 있는 그 책은 21세기를 위한 실천철학이 얼마나 헤겔의 구상에 힘입고 있는지를, 그럼에도 다른 한편으로 헤겔의 구상을 넘어서 나아가야 하는지를, 헤겔은 아직 전혀 알지 못했던 예컨대 생태학적 위기의 문제를 분석하는 가운데 보여주고 있다. 물론 이미 1984년에도 나는 이 책의 7.1장에서 개진된 헤겔에 대한 비판에서, 헤겔을 넘어서는 설득력 있는 실천철학은 동시에 헤겔 이전으로, 특히 칸트로 소급함으로써만 이루어질 수 있다는 것을 암시한 바 있다. 그런 한에서 나의 이 책은 ——물론 제2장에서 칸트에서 헤겔까지의 독일관념론의 전개양상을 보면 [칸트에게서 시작된] 초월철학은 바로 헤겔의 객관적 (또는 절대적) 관념론에서 완성되었다고 볼 수 있게 해주는 고유한 논리가 발견된다는 점을 인식한 것은 사실이지만, 그럼에도—— 이전의 철학사 전체가 헤겔에게서 말하자면 "지양"되었다고 보는 견해를 거부한다.

여기에 제시된 헤겔 해석의 특징적인 표징 가운데 하나가 바로 그러

669

---

3) V. Hösle, *Moral und Politik*, München 1997. 이 책은 『헤겔의 체계』 5.2장에서 7장까지 이르는 커다란 부분과 그 이후에 이루어진 연구들, 특히 현대의 구체적인 윤리적·정치적 문제에 관한 연구들(예를 들면 *Philosophie der ökologischen Krise*, München 1991, ²1994; *Praktische Philosophie in der modernen* Welt, München 1992, ²1995)을 종합한 것이다.

한 점에 있다. 나는 헤겔을 초월철학자로 여기며, 이에 따라 그의 체계를 무엇보다도 정초론적인 관점에서 분석하였다. 물론 헤겔은 단지 그 이전의 철학자들과 연관지어져서만이 아니라, 그의 후계자들의 관점에서 읽혀질 수도 있다——예컨대 이탈리아의 독자들에게 알려져 있는 헤겔은 마르크스나 크로체의 관점에서 이해되고 있다. 따라서 이탈리아에서 대세를 이루는 헤겔의 상은 이 책에서 제시된 헤겔의 모습과는 현저한 거리를 보인다. 그러나 가다머의 해석에서[4] 전형적으로 대변되는 "해석학적"인 헤겔 상(像) 역시 ——마르크스나 크로체에 의해 제시된 헤겔의 모습과 전적으로 비슷하게—— 역사적 현실에 대한 자신들의 관심을 헤겔에 기대어 전면에 내세운다. 이러한 방향들과는 달리 이 책의 고유한 목표는 헤겔의 전체 면모를 ——따라서 초월철학적으로 논증하는 형이상학자(특히 역사주의의 전제들과 양립할 수 없는 형이상학을 옹호하는 철학자)로서의 헤겔과 자연철학자로서의 헤겔까지도—— 파악해내고자 하는 것이었다. 그리고 그의 정신철학 중에서 특히 내 관심을 끌었던 것은 『법철학 강요』에 담긴 그의 규범적 구상이었다. 여기에서 제시되는 헤겔의 모습은 20세기의 지배적인 철학적 조류의 선구자라기보다는 오히려 파르메니데스·플라톤과 더불어 시작된 객관적 관념론 전통의 완성자인데, 이 점을 나는 기꺼이 받아들였다. 더욱이 나는 670 20세기가 서양의 철학사에서 어떤 정점을 이루었다고 결코 생각하지 않았다. 진리는 실제의 현실과는 무관하다. 이 책이 지닌 변하지 않는 강점은 바로 내재적 비판의 방법에 있다고 나는 생각한다. 즉 이 책은 헤겔을 그저 맹목적으로 추종하지도 않으며, 그렇다고 "오늘날의 사람

---

4) P. Redding, *Hegel's Hermeneutics*, Ithaca/London 1996은 가다머의 영향을 매우 강하게 받은 헤겔 해석을 담고 있다. 물론 해석학의 토대를 형성하는 데 헤겔이 매우 중요한 역할을 수행할 수 있다는 것을 부인하는 이는 없다. 그렇지만 해석학은 그의 체계 내부에서는 하나의 형이상학적 논리학 속에 토대를 두고 있는 것이지, 가다머의 경우처럼 그것 자체가 궁극적인 기반을 이루는 분과로 편성된 것은 결코 아니다.

들"이 [헤겔과는] 다른 전제들에서 출발한다는 것을 평계로 헤겔을 무조건적으로 거부하는 것을 충분한 대응이라고 여기지도 않는다――왜냐하면 오늘날의 이러한 전제들이야말로 결코 정당한 것으로 판명될 수 없기 때문이다.

물론 제2장이 지닌 결함은 명백하다――거기에서 헤겔의 체계기획은 단지 칸트, 피히테 그리고 셸링과 연관해서만 설명되고 있다(그 가운데서도 특히, 슈미트-코바르치크[W. Schmied-Kowarzik]가 비판했듯이, 셸링에 관한 언급은 너무나도 짧다). 헤겔에게 중요한 의미를 지니는 고대 철학――적어도 플라톤과 아리스토텔레스――이 이 연구서가 진행되어가는 과정에서 항상 거듭하여 언급되는 반면에, 근대 초기의 위대한 합리론자들은 완전히 뒷전에 머물도록 취급되고 있다. 이는 ―― 솔직히 고백하건대―― 이 책을 집필할 당시 내가 그들의 사상에 대해 충분히 알고 있지 못했던 사정에서 연유한다. [그후] 데카르트, 스피노자[5] 그리고 라이프니츠에 대한 심층적인 연구를 통해 나는, 이 합리론자들이 공유하는 이성 개념에 헤겔이 얼마나 많이 힘입고 있는지를, 그리고 헤겔이 이 고전적 삼인방 중에서 얼마나 유독 스피노자를 선호했는지를 점점 더 분명히 알게 되었다. 만약 헤겔이 라이프니츠를 스피노자만큼 철저하게 연구했더라면(물론 그 당시까지 출간된 라이프니츠의 문헌은 극히 부족하기도 했다), 근대의 객관적 관념론을 완결짓는 체계는 사뭇 다른 모습으로, 그리고 아마도 훨씬 더 설득력 있는 모습으로 나타났을 것이다. 단지 (그의 양상논리학에서처럼) 방법적으로뿐만 아니라, (단자 개념에서와 같이) 내용적으로도 라이프니츠의 체계는 실로 많은 이념을 탁월하게 다루고 있거니와, 그것들은 헤겔의 체계에서

---

5) 이에 관해서는 지금까지 단지 러시아어로만 나와 있는, 근대 형이상학에 대한 강연집 『근대철학의 천재들』(Гении Философии ноьоgo времени, Москва 1992, ²1995)을 참조할 것(이 책에서 나는 데카르트·스피노자·칸트·피히테·헤겔을 다루었는데, 유감스럽게도 라이프니츠에 관한 장은 여기서 빠져 있다).

지양되지 않았을 뿐만 아니라, 오히려 심지어 헤겔은 결코 제대로 숙고해보지 못했던 것이기도 하다. 라이프니츠와 헤겔의 체계에 대한 철저한 비교연구는, 비록 악셀로스(Ch. Axelos)의 책이 나와 있긴 하지만,[6] 여전히 부족한 실정이다. 그러나 객관적 관념론을 더욱더 발전적으로 진척시켜 나아가는 작업에서 그러한 연구가 지니는 의미는 실로 크다.[7] 그 동안 나는 「헤겔과 스피노자」라는 논문(Tijdschrift voor Filosofie 59 〔1997〕, 69-88)을 통해 두 사상가를 체계론적 견지에서 비교하였다. 이 논문은 이 책의 부록으로 실려 있는데, 만약 내가 이 책을 다시 손질했다면 제2장에 포함되었을 것이다.

헤겔 철학과 중요한 연관성이 있으면서도 내가 그 당시엔 아직 제대로 읽어보지 못한 저자가 또 한 명 있는데, 그는 바로 몽테스키외(Charles de Montesquieu)이다. 근대의 이 최초의(아니 사실은 ── 비코〔G. Vico〕가 먼저이니── 두 번째의) 위대한 사회학자의 사상을 상세히 논구하여 이 책의 내용에 포함시켰더라면, 헤겔의 『법철학 강요』가 규범적 법철학과 국가철학이라는 한편과 철학적 사회과학이라는 다른 한편 사이에서 갖는 이중적 위치는 좀더 분명하게 드러날 수 있었을 것이다.[8] 몽테스키외에 대한 구체적인 언급은 『강요』에 수없이 나타

671

---

6) *Leibniz und Hegel: Affinität und Kontroversen*, Münster 1994.
7) 현재 조세 데 수자(José de Sousa)가 에센 대학에서 이 주제에 대한 박사학위 논문을 작성하고 있다. 〔옮긴이의 유학시절 동료이기도 했던 데 수자 교수는 이듬해인 1998년 8월 우수한 논문으로 박사학위를 취득하고 그의 조국인 브라질로 돌아갔다─옮긴이.〕
8) 헤겔과 몽테스키외에 대해서는 B. Coppieters, *Kritik einer reinen Empirie*, Berlin 1994 참조. 몽테스키외의 문화철학적 기획이 지니는 철학적 특성과 그 기본정신 면에서 상당한 유사성을 지닌 이가 바로 비코이다. 하지만 아마도 몽테스키외는 (그리고 헤겔도) 비코의 존재를 몰랐던 것으로 보인다. 비코의 『새로운 학문』(*Scienza nuova*)에 대한 Ch. 예르만과 나의 번역서(Hamburg 1990)에 함께 실린 나의 「해제」(이 해제의 이탈리아어 번역은 1997년에 밀라노에서 출판되었다)에서 나는 비코의 사상을 헤겔의 체계기획과도 연관지어, 아니 더 정확히 말하자면 바로 헤겔의 체계와 연관지어 다루었다.

난다. 그리고 헤겔이 그를 명시적으로 언급하지 않는 경우에도 헤겔에게 끼친 몽테스키외의 영향은 매우 크다. 헤겔의 형이상학이 칸트의 초월철학을 토대로 하여 새로이 형성된 스피노자주의인 것과 마찬가지로, 그의 『강요』는 (비록 기술적 고찰방식과 규범적 고찰방식의 끊임없는 차이 때문에 궁극적으로 볼 때 탁월한 정합성을 갖춘 것으로 보이지는 않지만) 칸트와 피히테의 법철학을 ──물론 그 자신의 고유한 변증법적 방법에 기초하여── 몽테스키외의 사회철학적 기획과 통일하고자 하는 장대한 시도이다.

　나는 아직 원전비판적(textkritisch) 작업에 의한 편찬이 이루어지지 않은 헤겔의 강의를 다룰 경우 우인회판(友人會版) 강의록에 의거했는데, 이 점과 관련하여 때때로 이 책이 객관적으로 불충분하다는 비판이 가해지기도 했다. (물론 나는 그 당시까지 출간된 원전비판을 거친 판본들은 철저히 활용하였다.) 헤겔에 대한 철저한 문헌학적 작업을 통해 여러 개별 강의의 편찬본이 반드시 나와야 한다는 점에 대해 나 역시 흔쾌히 동의한다. 그리고 나 또한 현재 답보상태에 머무르고 있는 원전비판에 의거한 판본이 계속해서 편찬되어 나오기를 당연히 기대하고 있다. 예컨대 헤겔 『미학강의』 필기록 전체가 드디어 출간된다면, 우리 모두는 현재 주어져 있는 텍스트에 가해진 호토(H. G. Hotho)의 〔자의적인〕 개입이 어느 정도인지를 짐작할 수 있게 될 것이다. 그렇지만 각각의 개별 강의가 아직 완전히 출간되지 않은 한, 헤겔 체계를 분석하는 작업에서 ──특히 헤겔에 대한 우리의 일차적인 관심이 어떤 문헌학적인 것이 아니라 체계론적 또는 심지어 체계적인 것이라면── 우인회판 강의록들(그리고 보론들)을 전적으로 도외시하는 것은 어리석은 짓일 것이다. 우인회판을 펴냈던 헤겔 편찬가들은 헤겔에 대해 실로 많은 것을 이해하고 있었다. 그리고 설령 강의록의 몇몇 지점이 헤겔 자신의 것이 아니라 그들에 의해 쓰여졌다 하더라도, 우리는 헤겔 체계의 가능한 더 이상의 발전에 대한 통찰을 그들에게 배울 수 있다. 더욱이 제자들의 내재적 비판을 통해 수행된, 헤겔 체계의 수정 모색을

672

포괄적으로 고찰하는 것이야말로 이 책의 중요한 관심사 중 하나이다. 물론 나는 로젠크란츠나 미슐레가 쇼펜하우어나 니체 같은 독창적인 사상가라고 여긴 적이 결코 없다. 그럼에도 나는 헤겔의 체계적인 천재성으로부터 배움을 얻고자 하는 이들에 의해 이루어진, 헤겔 체계에서 더 나아간 지속적인 사유로부터 우리는 많은 것을 얻을 수 있다고 생각한다.

　헤겔 체계의, 또는 심지어는 독일관념론 일반의 복잡한 태동과정에 대한 물음은 최근 들어 더욱 많이 해명되었는데,[9] 물론 그러한 물음은 이 책의 주요 관심사가 아니었다(그리고 『정신현상학』 역시 ──물론 그것의 현상학적 풍부함에 대해서는 결코 이의를 제기하지 않았지만── 궁극적으로 볼 때 헤겔의 체계 밖에 속하는 것으로 간주하여 본격적으로 다루지 않았다[10]). 하지만 그럼에도 나는 ──예컨대 3.4장에서 이루어진, 삼분적 체계구조와 사분적 체계구조에 관한 상론을 통해── 헤겔 사상의 발전에서 몇몇 중요한 분기점을 종종 성공적으로 조명했다고 생각한다. 체계구조에 대한 헤겔의 고려와 관련하여 특히 나의 주목을

---

9) 이에 대해서는 예컨대 횔덜린에 관한 D. 헨리히의 대작 *Der Grund im Bewußtsein*(Stuttgart 1992)이나 M. De Angelis, *Die Rolle des Einflusses von J. J. Rousseau auf die Herausbildung von Hegels Jugendideal*(Frankfurt 1995)을 참조할 것.

10) 『정신현상학』이 지니는 간주관성이론적 내용을 한 미국인도 강조한 바 있다. D. M. Parry, *Hegel's Phenomenology of the "We"*, New York u. a. 1988. 헤겔 체계의 발전에 관한 최고 전문가 가운데 하나인 해리스는 『정신현상학』에 대한 더욱 새로운 입문서를 썼다. H. S. Harris, *Hegel. Phenomenology and System*, Indianapolis/Cambridge 1995. 그리고 최근 슈미트는 『정신현상학』의 마지막 세 장에 관한 탁월하고도 자세한 주해를 출간하였다. J. Schmidt, *"Geist"*, *"Religion" und "absolutes Wissen"*, Stuttgart u. a. 1997. 「이성」 장에 대해서는 1992년에 이미 캘러(K. E. Kaehler)와 베르너 마르크스(Werner Marx)가 정확한 주해를 내놓았다(*Die Vernunft in Hegels Phänomenologie des Geistes*, Frankfurt 1992). 그리고 P. Cobben, *Postdialectische zedelijkheid*, Kampen 1996에서는 『정신현상학』과 『법철학』 사이에 흥미로운 연결고리가 제시되고 있다.

끄는 것은, 그의 후기의 체계적 결정들이 초기에 비해 결코 더 설득력을 지닌다거나 더 훌륭하게 근거지어진 것이 아니라는 사실이다. 따라서 헤겔 체계의 발생사는 오로지 성공의 역사이기만 한 것이 아니라, 동시에 상실의 역사이기도 하다. 아마도 여기서 기술된 체계론적 논의들이 포퍼의 '세 세계 이론'(Dreiweltenlehre)을 '네 세계 이론'으로 변형하고자 하는 나의 이후 시도와 긴밀한 연관이 있음을 언급하는 것은 흥미를 끌 수 있을 것이다.[11] 체계적 연구와 역사적(특히 체계론적) 연구는 서로 간에 좋은 결실을 맺게 할 수 있다. 반대로 그것들을 673 서로 날카롭게 고립시키는 것은 서로를 적지 않게 손상시킨다. 하나의 고유한 존재영역[=절대적인 논리의 영역]——물론 그가 나중에 가서 이 영역을 너무 성급히 정신의 개념 아래로 포섭하긴 했지만——을 발견한 것은 헤겔이 이룩한 가장 위대한 업적 가운데 하나이다. 그리고 사회적 존재에 관한 그 어떤 설득력 있는 존재론도 헤겔과 연관하지 않고는 이루어질 수 없는데, 이는 헤겔이 내재주의적 사회학주의 (immanentistischer Soziologismus)가 지니는 일면성을 철저하게 거부하기 때문이다——그의 통찰에 따르면 논리적인 것은 논리적인 것에 관한 사회적으로 현실화된 이론들로 결코 소급될 수 없는, 하나의 고유한 존재영역이다. 그것은 객관정신과 절대정신을 구성하는 바의 논리적인 것이지, 역으로 실재적인 정신에 의해 구성된 논리적인 것이 아니다.

간주관성의 논리적 선형식의 문제가 이 책의 틀 속에서 처음으로 제기된 것은 바로 사회적 존재(즉 객관정신과 주관정신)의 이론을 논리적으로 정초하는 작업과 연관된다. 더욱이 나에게 핵심문제로 여겨지는 것은 논리학과 실재철학의 상응에 대한 물음이다. 이 문제는 헤겔의

---

11) V. Hösle, *Die Krise der Gegenwart und die Verantwortung der Philosophie*, München 1990, 31997, 213ff. 참조. (내가 이 『헤겔의 체계』 「책머리에」에서 예고했던, 초월화용론에 대한 연구가 바로 이 책에서 이루어졌다.)

체계에 대해 거의 대부분의 경우 간과되고 있으며, 또 헤겔이 해낸 것보다 더 만족스러운 해결책이 아직 나온 것도 아니지만, 그럼에도 그의 기획 전체를 위험에 처하게 하는 중대한 문제이다. 물론 논리학을 간주관성의 이론으로 확장하는 것이 그 문제를 해결하기 위한 유일한 길은 아닐 수도 있을 것이다. 그러나 체계의 전개가 도대체 어느 지점에 가서 완결된 것으로 여겨질 수 있는지에 대한 선험적 기준이 마련되어야 한다면, 어떤 구체적인 대안이 반드시 제시되어야만 한다. 이 책 전체를 관통하는 사상적 노선은 바로 다음의 테제에 들어 있다. 간주관성은 우연적인 주관성들로부터 파생되는 구조 이상의 것, 즉 그 자연성에 뿌리를 두고 있는 다수의 유한한 주관성들로부터 파생되는 구조 이상의 것인바, 이러한 간주관성은 어디까지나 제일철학의 대상으로 격상되어야 한다. 이 테제를 나는 3.3.2.4장에서도 논의했지만, 4.2장에서도 헤겔 논리학의 구조를 분석하는 가운데 함께 정당화하였다.[12] 나아가 이 테제가 매력적인 까닭은 특히 그것이 간주관성의 문제를 통해 근대철학과는 전혀 다른 방식으로 규정되는, 헤겔 이후의 현대철학과 연결지을 수 있는 다리를 실질적으로 놓기 때문이다. 하이데거, 비트겐슈타인, 가다머 그리고 레비나스처럼 서로 입장이 다른 철학자들이 지닌 공통분모는 바로 데카르트에게서와 꼭 마찬가지로 후설에게서도 여전히 철학의 부동의 토대(fundamentum inconcussum)를 형성하는 코기토를 넘어서는 데에 있다——물론 이들의 입장 가운데 이성의 자율성을 희생시키거나 또는 적어도 위험에 처하게 하는 것은 받아들일 수 없다. 여러 서평자가 정당하게 꼬집었듯이 방금 앞에서 언급한 나의 테제는 아직은 순전히 기획의 단계에 그치는 것이다. 그리고 나는 그 테제를 체계적으로 좀더 정확하게 규정하고 더욱 발전시키는 작업이 나의 이후 글들에서도 여전히 성사되지 않고 있다는 점을 솔직하게 시인한다.

---

12) 이에 관해서는 또한 P. Braitling, *Hegels Subjektivitätsbegriff*, Würzburg 1991도 참조할 것.

674 이는 무엇보다도 내가 지난 10년 동안 이론철학보다는 실천철학에 주
안점을 두고 작업해왔다는 사정과 연관된다.

이 책 제4장의 성격은『논리학』에 대한 포괄적인 주해와는 거리가 멀
다. 특히 본질논리학은 거의 완전히 무시되었다. 가령 헤겔의 양상규정
이론은 비록 자의적이고 또 내가 보기에 불충분한 것이지만, 그럼에도
그의 형이상학의 심층구조를 이해하는 데 결정적인 역할을 하는데도
나는 그것을 제대로 다루지 않았다. 그런데 4.1장에서 이루어진 방법적
상론 역시 헤겔의 복잡한 논증이 함축하고 있는 주제들의 전체 면모를
파악하고 있지 않다. 다행히도 그 사이에 나온 반트슈나이더의 저작
『변증법 이론의 특징들』(*Grundzüge einer Theorie der Dialektik*)[13]
은 변증법을 합리적으로 관철시키는 작업에서 실질적인 진보를 이룩했
다. 그 책은 근본적인 방법적 성찰을 질(質) 논리학의 구체적인 논증적
재구성과 연결시키고 있다. 물론 그 책에서도 모든 물음이 해명된 것은
아니지만, 그럼에도 거기에서 반트슈나이더는 지금까지 미결인 채로
남아 있던 많은 물음에 대한 답을 제공하고 있다. 사실 변증법에 대한
합의는 오로지 헤겔이 형식논리학에서는 무시되는 문제들을 제기하면
서도 형식논리학에 필연적으로 모순되지 않는 방식으로 논증한다는 것
을 인정할 때에만 도출될 수 있다. 분석철학의 개념적 수단들을 통해
헤겔의 체계를 해명하는 것은 실로 유의미한 작업이지만 아직 거의 이
루어지지 못하고 있다.[14] 게다가 헤겔의 입장을 분석적 전통에 속하는
사상가들의 입장과 비교하는 것 역시 환영할 만한 작업이다.[15] 앵글로
색슨 권에서 이루어진 헤겔 연구가 기여한 바를 우리는 전반적으로 감

---

13) Stuttgart 1995.
14) 이러한 방향에서 이루어진 하나의 시도가 바로 P. Stekeler-Weithofer,
Hegels Analytische Philosophie, Paderborn u. a. 1992이다.
15) 이에 대해서는 예컨대 L. Steinherr, "*Holismus, Existenz und Identität*".
Ein systematischer Vergleich zwischen Quine und Hegel, St. Ottilien
1995를 참조할 것.

사하는 마음으로 인정해야 한다. 그들은 헤겔에 관한 담론을 세밀하게 다듬는 데에 본질적으로 기여하였다.[16] 독일 철학에서는 "변증법"이라는 단어가 자못 불명확하게 사용되고 있는데, 특히 이러한 불명확성이 헤겔의 체계를 합리적으로 분석하는 데 불리하게 작용하여 이해를 어렵게 만든다. 그리고 예컨대 "부정적 변증법"이라는 아도르노의 관념연합이 헤겔의 방법과는 거의 무관하다는 사실은 아무리 강조해도 지나치지 않다.[17] 헤겔의 방법을 (물론 그것이 구체적인 관철의 면에서는 종종 결함을 지닌 것이지만, 적어도) 원리 면에서 풍부한 것으로 만드는 것은 한편으로는 그가 범주들을 취급하는 데서 그 범주들의 의미뿐만 아니라 형식적 지평까지도 통찰한다는 점에 있다——즉 헤겔은 수행적 모순을 간파할 수 있는 특출한 감각을 지니고 있다. 다른 한편 헤겔의 변증법은 우리의 기초적 개념들을 체계적으로 구조화하는 것을 또한 목표로 한다. 그리고 가령 로크가 수립한 것과 같은 개념경험주의는 오늘날 일반적으로 좌초한 것으로 간주되며, 그로 인해 우리의 범주들은 결코 경험에서 발원하는 것이 아니라는 것이 인정되고 있기 때문에, 우리의 개념들에 질서 있게 조직화된 연관을 부여하려는 헤겔의 취지에 대해서는 심지어 헤겔의 방법을 결코 공유하려 하지 않는 이들도, 그리고 헤겔과는 달리 미약한 형식의 판단경험주의(Urteilsempirismus) 같은 것을 고집하려는 이들조차도 환영할 수밖에 없는 것이다.

675

이제 헤겔의 실재철학에 관해서 보자면, 나는 실재철학 최고의 강점들 중 하나가 바로 자연철학에 있다고 생각한다(자연철학의 체계적인 의미를 밝힌 것은 특히 반트슈나이더의 공헌이었다). 이 점과 연관하여 내가 한편으로 염두에 두고 있는 것은 헤겔이 ——이 점에 관한 한 영예

---

16) 이에 대해서는 가령 R. B. Pippin, Hegel's Idealism, Cambridge 1989나 A. W. Wood, Hegel's Ethical Thought, Cambridge u. a. 1990을 참조할 것.

17) 물론 이는 아도르노가 역사철학과 미학에서 그 어떤 중요한 것도 언급하지 못했다는 말이 결코 아니다. 이 점에 대해서는 M. Bozzetti, *Hegel und Adorno*, Freiburg/München 1996을 참조할 것.

를 수여하기 어려운 당대의 다른 철학들과는 달리— 자연철학을 극히 능숙하게 취급했으며, 또한 자신의 전체 체계 안에서 자연철학이 지니는 위치를 수미일관하게 정초했다는 사실이다. 위협적인 생태학적 재앙에 직면하여 우리의 생존을 위해 즉각적으로 요청되는 것이 바로 자연에 대한 유의미한 통찰인데, 그러한 통찰을 위한 설득력 있는 토대는 아마도 오로지 이처럼 자연을 존재영역 전체 속으로 편성해넣음으로써만 마련될 수 있을 것이다.[18] 왜냐하면 자연이 고유한 본래적 가치를 지니면서도 동시에 자연보다는 정신이 여전히 상위에 있을 때만이, 자연 속에서 정신이 사라지는 식의 상태가 잘못된 것과 마찬가지로(정신에 적대적인 자연범신론의 편에서 보면 이러한 상태는 비록 환영할 만한 것까지는 아닐지 모르지만, 적어도 이래도 저래도 상관 없는 것임에는 분명하다) 자연을 그릇되게 남용하는 것 역시 잘못된 것임을 설명할 수 있는 설득력 있는 근거가 제시될 수 있기 때문이다. 물론 자신의 법철학에서 헤겔은 자연이 그의 체계에서 지니는 위상에 의거하여 단지 일면적인 결론만을 도출하였다(7.3.3장에서 개진한, 그의 인간중심주의에 대한 나의 비판은 너무도 조심스러운 것이었다). 그러나 그럼에도 생태학적 위기를 해결할 수 있는 적합한 형이상학과 윤리학을 위해 그의 자연철학이 지니는 잠재력은 여전히 큰 것이다. 다른 한편, 자연에 대한 헤겔의 구체적인 세부적 통찰 역시 그것이 지닌 많은 결함에도 불구하고 여전히 주목할 가치가 있다. 헤겔은 하나의 극히 복잡한 과학이론을 능란하게 개진하고 있으며, 그 때문에 자연에 대한 자연과학적 접근은 자연 전체를 조망할 수 없다는 헤겔의 생각은 더더욱 설득력을 지닌다—물론 아쉽게도 나는 이 책에서는 그의 과학이론을 전혀 제대로 다루지 않았다.[19] 특히 생물학 철학(Biologiephilosophie) 영역에서

---

18) F. Reusswig, *Natur und Geist: Grundlinien einer ökologischen Sittlichkeit nach Hegel*, Frankfurt/New York 1993 참조.
19) 최근에는 헤겔의 과학이론에 대한 좋은 문헌이 나왔다. W. Neuser, *Natur und Begriff*, Stuttgart/Weimar 1995 참조.

헤겔의 구상은 아리스토텔레스와 한스 요나스(Hans Jonas)의 유기체
론과 비견될 수 있을 만큼 위대한 전통의 이론에 속한다. 물론 그렇다
고 헤겔이 자신의 생물학적 통찰을 인간학을 위해서도 충분할 정도로
까지 풍부하게 개진한 것은 아니다——동물과 인간을 절대적으로 구별
한다는 점에서 그는 여전히 데카르트 이후의 그리고 다윈 이전의 사상
가로 머무르고 있다.

　내가 이 책을 썼던 당시에는 아직 완전히 무시했던, 헤겔의 입장이
지니는 문제 가운데 하나는 바로 육체적인 것과 심리적인 것의 관계이
다. 헤겔은 객관적 관념론자이기 때문에, 17세기 내내 골치 아픈 문젯
거리였으며 버클리와 피히테의 주관적 관념론이라는 토대 위에서 급기
야 실체가 없는 공허한 것으로 치부되고 말았던 이 문제는 그의 체계의
틀 속에서 새롭게 제기된다(주관적 관념론적 체계가 발전한 것은 바로
이 문제의 해결이 극히 어렵다는 점에도 그 이유가 있다). 데카르트와
는 달리 헤겔은 동물이 여러 감정(Empfindung)을 지니고 있음을 인정
한다. 그러나 그는 동물에 대해서는 이러한 〔육체적인 것과 심리적인
것의 관계와 관련된〕 물음을 도외시한다. 인간학의 틀에서 이루어진 그
의 입장표명(§389)은 그의 저작 중에서도 가장 이해하기 어려운 부분
에 속한다. 그 지점을 처음 읽을 때는 마치 헤겔이 철학의 가장 진지한
문제들 중 하나에 직면하여, 그것이 지극히 풀기 어려운 난해한 것임을
명백하게 시인하는 대신, 오히려 공허한 단어들을 남발함으로써 그 문
제를 슬며시 피해가는 게 아닌가 하는 인상마저 받을 수 있다. 물론 이
와 연관해서는 영혼의 실체성〔여부〕에 대한 물음 또한 제기된다. 여기
서 헤겔이 제시하는 답은 물론 명석하고 판명하다——라이프니츠와는
달리 그는 실체를 초인격적 정신으로 대체하는 일종의 스피노자주의적
인 입장을 대변한다. 그러나 그의 이러한 대답이 과연 맞는 것인지에
대해 제기되는 의혹들은 전적으로 타당하다. 정신철학의 테두리 내에
서 보이는 또다른 문제는, 헤겔이 라이프니츠와 마찬가지로 무의식적
인 것에 관한 이론의 선구자로 여겨질 수 있다는 점으로부터 제기된다.

그러나 무의식적인 정신적 과정은 육체적인 것에도, 심리적인 것에도, 곧장 덧붙여질 수 있는 것이 아니다.

헤겔의 주관정신 이론의 구성은 그의 저작에서도 가장 불만족스러운 것에 속하거니와, 그 이론에서는, 예컨대 정서(Emotion)에 관한 포괄적인 이론이 결여된 데서 보이듯이, 많은 주제가 다루어지지 않고 있음이 뚜렷이 드러난다. 그러나 특히 많은 결과를 유발하는 것은 바로 다음과 같은 결함이다. 물론 헤겔은 인간 정신의 개별적 기형성을 파악하는 탁월한 감각을 지니고 있다—심리적 질병에 관한 그의 이론은 실로 의미 있는 업적이며, 특히 인정투쟁의 논리에 대한 그의 분석은 새로운 영역의 철학을 개척했다고 단언할 수 있다. 그러나 그는 많은 인간적 동기가 지니는 저급성을 간파하는 감각은 제대로 지니고 있지 않다. 프랑스의 도덕론(Moralistik)과 더불어 시작되었으며, 또한 다른 형식과 다른 지향점에서이긴 하지만 홉스나 스피노자 같은 저자들에게서도 마찬가지로 보이는, 인간의 자기기만이 저지르는 파괴행위는 헤
677 겔의 인간론에서 여전히 "지양"되지 않은 채 남아 있다. 물론 그러한 〔파괴적〕 입장에 놓여 있는 몇몇 특정한 경향에 대한 그의 정곡을 찌르는 몇몇 반박은 우리에게 많은 시사점을 주기는 한다(가령 우리는 심리학적 하인〔psychologischer Kammerdiener〕에 대한 그의 탁월한 비판을 그 예로 떠올릴 수 있다). 그러나 바로 19세기와 20세기에 쇼펜하우어, 니체 그리고 프로이트 같은 독일어권 철학자들과 심리학자들에 의해 거의 완성단계에까지 다다른 입장은 헤겔의 그러한 반박으로 논박되었다고 할 수 없다. 도덕주의자들에 의해 촉발된 인간학의 (무엇보다도 문학에 미치는—나는 특히 토마스 만을 염두에 둔다) 매력을 진지하게 고려하지 않는다면, 우리는 19세기 후반에 있었던 헤겔주의의 쇠락을 결코 제대로 이해할 수 없다. 이러한 통찰의 방식을 객관적 관념론 속으로 통합함으로써만 우리는 시대에 걸맞은 객관적 관념론 철학을 만들어낼 수 있다.

객관정신철학에 대한 분석은 이 책에서 가장 많은 지면이 할애된 장

일 뿐만 아니라, 또한 그 고찰대상을 가장 일찍이 낱낱이 뜯어 밝힌 부분이기도 하다. 물론 나의 접근방식은 매우 강하게 규범적 문제제기, 특히 법적인 문제제기를 통해 규정되어 있다. 사회과학적 관점들(특히 국민경제학적 관점[20]과 정치학적 관점)은 매우 간략하게 취급되었다. 왜냐하면 헤겔은 단지 법철학자나 정치철학자로서만이 아니라, ——칸트나 피히테와는 달리—— 사회과학자로서도 일등급에 속하는 인물이기 때문이다——물론 결코 동일화될 수 없는 이 두 입장을 설득력 있게 매개하는 데 비록 그가 성공한 것은 아니지만 말이다. (사회과학적인 경쟁력을 갖추지 못하면 수많은 규범적 문제는 결코 해결될 수 없거니와, 이에 『강요』는 궁극적으로 볼 때 포괄적인 실천철학을 위해 필요한 내용을 같은 문제를 다룬 칸트나 피히테의 저작들에 비해 훨씬 더 많이 포함하고 있다. 게다가 헤겔은 물론 완성된 형태의 개인윤리학을 다듬어낸 것은 아니지만, 그럼에도 "도덕성"에 관한 장에서 공리주의의 입장을 비록 명시적으로 다루지는 않았지만, 칸트와는 달리, 그리고 특히 피히테와는 달리 그 입장이 지니는 부분적인 정당성을 인정한다.) 헤겔이 이후의 사회과학에 끼친 영향에 관해 말하자면, 마르크스의 사회학에서 보이는 속류헤겔주의의 영향도 쉽게 간파될 수 있지만, 『공동체와 사회』(*Gemeinschaft und Gesellschaft*)에서 사회학적 기본범주의 체계를 전개하고자 한 페르디난트 퇴니에스(Ferdinand Tönnies)의 위대한 시도 역시 가령 막스 베버의 신칸트주의적 취급방식보다는 본질적으로 헤겔적인 정신을 훨씬 더 많이 받아들인 것이다. 니체에서 푸코에 이르기까지 현대의 철학과 사회과학의 근본범주가 되고 있는 '권력'(Macht)의 개념이 헤겔이 명시적으로 다룬 범주론에서는 아직 빠져 있는데, 이 점은 여전히 기이한 점으로 남아 있다——권력 개념은 그 추상성과 가치중립성에서 바로 '힘'(Kraft)이라는 자연과학적 개념에 대응하는 것이다.

---

20) 이 점에 관해서는 B. P. Priddat, *Hegel als Ökonom*, Berlin 1990 참조.

678　〔그렇지만〕이러한 결함은 해명될 수 있다. 왜냐하면 헤겔은 기술적인 통찰을 바로 규범적인 담론 속에 포함시켜 전개하며, 이에 그의 사회학은 실질적으로 가치중립적일 수 없기 때문이다——다시 말해 그가 서술하는 사회적인 것의 근본구조들은 바로 개념의 규범성에 참여하는 것들인 것이다. 이 경우 물론 헤겔에 대해서 우리는 모든 각각의 개념은 규범적 기능을 지닌다는 것을 인정할 수 있다("이념형"〔Idealtyp〕이라는 용어가 이를 생생하게 시사해준다). 그러나 가령 "전체주의"와 같은 개념에서 볼 수 있듯이, 이러한 규범성은 엄밀한 의미의 도덕적 규범성과는 반드시 구별되어야만 한다. 왜냐하면 "전체주의 국가"라는 이념형에 가장 잘 일치하는 국가는 그러한 도덕적 규범성을 정당하게 충족시킬 수 없는 것이기 때문이다. 그런데 헤겔은 자신의 '개념' 개념에 언제나 그러한 엄밀한 도덕적 규범성까지도 부여하거니와, 본래적인 선과 악에 관해서는 파악 불가능하고 현실성이 없는 것이라고 봄으로써 선악의 문제를 종결지어버린다. 그러나 유감스럽게도 이러한 방식으로는 모든 객관적 관념론에 대해 제기되는 이러한 근본문제를 해결하지 못한다. 이미 기원전 5세기에 특히 소크라테스의 선 이론과 엘레아 학파의 존재론을 종합하여 '악이란 본래 존재하지 않는다'는 테제를 내놓았던 메가라의 에우클레이데스(Euklid von Megara)의 생각 역시 더 나은 해결책이 될 수 없다.

　이러한 "메가라적" 해결전략이나 이와 구별될 수 있는 변증법적 해결전략, 즉 긍정적인 것은 그 개념상 필연적으로 부정적인 것을 산출한다는 관점 외에도, 헤겔에게서는 변증법적 전략과 연관되어 있는 전형적으로 근대적인, 자못 역사철학적 성격을 지닌 논증의 방식 또한 보인다. 헤겔의 역사철학은 이 책에서는 매우 짧게 다루어졌는데,[21] 이는

---

21) 이 점은 내가 『진리와 역사』에서 다루었던, 헤겔의 역사철학에 관한 철학의 경우에도 마찬가지이다. 헤겔에게서의 철학의 출발 문제에 대해서는 최근에 나온 M. Biscuso, *Tra esperienza e ragione. Hegel e il problema dell'inizio della storia della filosofia*, Milano 1997을 참조할 것.

한편으로는 물론 그것이 내가 이 책에서 탐구하려 했던 관심사가 아니었다는 점에서였다——왜냐하면 역사철학을 헤겔의 체계 속에 편입시키는 것은 설득력이 없다고 생각되기 때문이다. 다른 한편, 헤겔의 사실적 철학(faktische Philosophie)을, 그리고 특히 그의 영향사를 분석할 경우, 우리는 헤겔의 역사철학이 19세기 서구인들의 의식에 엄청난 영향을 끼쳤음을, 더욱이 이후의 철학에 대해서뿐 아니라 〔당대의〕 교양시민 철학(bildungsbürgerliche Philosophie)에 끼친 영향 또한 지대하다는 것을 인정할 수밖에 없다. 모든 초월자를 제거하고 나서 역사를 최종적인 정당화심급으로 격상시키고자 한 마르크스의 시도는 물론 679 헤겔식의 플라톤주의와는 매우 거리가 멀다. 그러나 이 두 사람은 모두 진화론적 스피노자주의를 공유하고 있으며, 헤겔은 신이 최고의 정당화심급이 되었던 시대와 역사가 최고의 정당화심급이 되었던 시대 사이에 놓인 문턱에서 야누스의 얼굴을 하고 서 있다. 헤겔의 역사철학에 들어 있는 통찰의 풍부함은 ——특히 역사과정을 움직인 〔개별적〕 요인들에 관한 보편적 관점의 통찰뿐만 아니라, 근대 서유럽의 태동에 대한 구체적 분석에 관해서 보자면—— 실로 어마어마하다. 그러나 그럼에도 헤겔의 역사철학은 세 가지 점에서 탐탁지 못하다. 첫째, 헤겔은 자못 단순화된 진화론적 입장을 견지함으로써 옛 시대의 여러 문화를 한갓 된 이행단계로 평가절하하는 경향이 있다(물론 예술형식에 관한 미학 이론에서는 이러한 단순한 진화론은 더욱 복잡한 관점을 통해 상당히 후퇴한 모습을 띠고 나타난다). 서구의 문명이 진지하게 받아들여야 할 것들이 옛 시대의 문화에 존재했다는 생각, 즉 서구 문명에서 지양되지 않은 많은 가치가 그 시대에 존재했다는 생각을 깊이 고려할 수 있거나 고려해야만 한다는 것은 헤겔에게는 궁극적으로 낯선 사고방식이었다. 둘째, 헤겔은 서구의 문화가 고유하게 지니고 있는 자기파괴적 잠재성을 거의 전적으로 간과한다(사회적인 물음에 대해 그는 언제나 미리 개념적으로 단정해버렸다). 물론 그가 20세기의 끔찍한 사건들을 예측하지 못했다고 해서 헤겔을 책망하는 이는 없을 것이다. 그러나 20세기의 전율스러운 사건들을 겪은 지금에 와서, 그리고 21세기에 도래할 위험들을 충분히 직시할 수 있는 지금에 와서까지 후쿠야마(F. Fukuyama)처럼[22] 극히 낙관적으로 헤겔의 역사철학에 기대는 것이 결코 정도(正道)가 될 수 없다는 것은 너무나도 자명하다. 셋째, 헤겔은 역사의 패배자들을 너무도 경솔하게 무시해버리는데, 우리에게 이는 언제나 거부감을 불러일으키는 처사이다. 승리에 도취된 절정감으로 인해 그는 수백 수천만의 희생양들을 자유의식의 획득을 위한 필연적인 수단으로 격하시켜 헐값에 처리해버리는데, 이 점에서 세계사는 곧 세계법정이라는 그의 테제(Enz. §548, R. §340)는 [역사에서 일어나는] 가장 야만적인 사태마저도 정당화하고 있는 것처럼 여겨진다. 『법철학』의 마지막 절에서는 권력실증주의적 성향이 뚜렷하게 나타나며, 전쟁에 관한 그의 이론 역시 비록 기술적인 지평에서는 현대 "실재론자들"의 방식으로 보더라도 적확한 고찰을 풍부하게 지니고 있지만, 그럼에도 규범적인 지평에서는(이는 '전쟁 안에서의 법'[jus in bello =전쟁 중의 합법적 군사행위에 관한 규정]의 문제가 아니라, '전쟁을 할 법'[jus ad bellum =전쟁 자체의 정당성에 관한 규정]에 관한 것이다) 예컨대 '정의로운 전쟁'만을 인정하는 기독교적 전통을 너무도 헐값에 처리해버린다. 왜냐하면 헤겔은 거의 모든 전쟁의 근거는 정당하다고 보기 때문이다. 이미 16세기의 비토리아(Vitoria)*도 지배하는 민족 앞에서 "다른 민족의 정신은 아무런 권리가 없다"(R. §347)는 헤겔의 테제를 들었다면 경악을 금치 못했을 것이다.

잘 알려져 있듯이 헤겔은 그 어떤 다른 개별분과학을 통해서도 신정론(神正論, Theodizee)을 별도로 다루려 하지 않았거니와, 그에게 신정론의 문제는 바로 자신의 역사철학과 긴밀하게 연관된 것이었다

---

22) *The End of History and the Last Man*, New York 1992.

* 식민지를 둘러싼 권력과 피지배인들의 인권 문제를 주요 주제로 다루었던 프란치스코 데 비토리아(Francisco de Vitoria, 1483-1546) 신부를 가리키는 것으로 보인다.

(12.28, 540). 이는 방금 언급한 권력실증주의적 경향을 고려해볼 때 680
실로 숨막히는 문제이다. 물론 이반 카라마조프는 현세에서 벌어지는
온갖 불의가 내세에서 보상되는 것을 냉정하게 거부했다는 점에서 신
성모독적일 수 있다. 그러나 이 세계의 불의 그 자체를 치유하는 것은
그보다 더 신성모독적인 것이다. 물론 우리는 칸트의 『만물의 종말』
(*Das Ende aller Dinge*)에서처럼 종말론적 표상에 맞서 유보적인 입
장을 취하는 것은 체계의 완결을 위험에 처하게 할 수 있다는 점을 인
정할 수도 있다. 그러나 그것은 신정론 문제의 만족스러운 해결을 위해
경우에 따라서는 기꺼이 지불해야만 하는 대가이다. 바로 이 지상에서
정의로운 관계를 산출하기 위해 노력해야 하는 의무가 존재한다는 점
에서, 그리고 내세를 앞세워 현상태의 불의를 존속하도록 방치하고자
하는 종교의 대변자들에게는 유죄판결이 내려져야 한다는 점에서 역사
철학적 내재주의는 물론 옳다. 그러나 첫째, 도덕적 근거에서 요청되어
야 하는 진보조차도 바꿀 수 없는 것은, 시간의 불가역성이 지배하는
이 세계에서는 그 어떠한 보상도 역사의 죽은 희생자들에게 제공될 수
없다는 사실이다(그러한 보상이 전적으로 정의의 요청임에도 불구하고
말이다). 둘째, 아무리 우리가 법치국가적 제도에 의해 보호받고 있다
고 할지라도 우리는 인간의 〔사악한〕 본성을 직시해야 하는바, 우리 인
류가 태고의 민족들이 지녔던 야만성보다도 훨씬 더 끔찍한 야만의 단
계로 순식간에 전락해버릴 수 있는 가능성에 대해 언제나 깨어 있는 의
식을 간직해야만 한다──미래에 도래할 더욱 진일보한 법치국가적 발
전에 관심을 둘수록, 더더욱 우리는 20세기에 얻은 이러한 교훈을 결코
잊어서는 안 된다.

스피노자의 일신론과 마찬가지로 헤겔의 일신론은 종말론적 일신론
이 아니다. 이 점에서 그의 일신론은 기독교나 이슬람의 일신론과 구별
된다. 물론 일신론은 그 사안의 본성상 정확하게 규정될 수 있는 분과
가 아니다(이에 가령 개별적 정신이 절대자로 복귀한다는 사상은 유한
한 역사의 무한한 지속과 전적으로 결부되어 있다). 그러나 전통 신학

을 합리적으로 관철하려는 헤겔의 위대한 시도에 견주어보더라도 그 전통 신학이 여전히 지니는 부분적인 탁월함은 바로 종말론적 물음에 그 어떤 확정된 태도도 취하지 않는다는 점에 있다고 하겠다. 물론 그러한 물음에 대한 비확정적인 태도를 옹호하는 주장들은 합리적 본성의 것(정확히 말하자면 윤리신학적[ethikotheolgisch] 본성의 것)이어야 한다. 그러나 헤겔의 합리적 신학은 이성의 개념을 완전하게 해명한 것이 아니라고 여겨진다. 물론 한 가지는 분명하다. 즉 헤겔이 이루어낸, 기독교의 논증적 해명은 미래의 그 어떤 신학에 대해서도 계속해서 모범으로 남아야 한다. 헤겔은 그리스도론을 고난도의 정신철학을 통해 재해석하고――그에 따르면 육화에서 이루어지는 신적인 것의 실현은 바로 인간과 신의 관계규정에서 일어나는 중대한 변화를 의미하거니와, 이러한 변화는 궁극적으로는 근대의 법치국가를 가능케 하는 것이다――, 또한 성령론을 통해 그리스도론을 지양하는데――이것이 바로 그의 이성적 요아킴주의(Joachimitismus)이다――, 그의 이러한 재해석과 지양은 실로 그 이전과 이후의 대부분의 기독교 신학의 구상에서는 성취되지 못한 내적인 논리적 일관성을 갖추고 있다. 더욱이 그의 합리적 신학은 19세기 이래 특히 개신교 신학을 갈수록 그 신빙성의 심각한 위기에 처하게 했던 해석상의 판정에 대해 면역성을 갖추고 있다.

초월철학적 입장은 이성의 자율성을 희생시킬 수 없다(내가 보기에 이성의 자율성은 필연적으로 최후정초의 사상을 함축한다). 따라서 그러한 입장은 신앙의 이성적 분석을 본래적인 계시로 여겨야 한다. 특정한 텍스트들[가령 기독교를 비롯한 여러 종교의 경전]을 정당한 진리주장의 원천으로 숭상하는 방식은 비초월적인 수준에 머무르는 의식의 관점에서는 용인될 수 있을 것이다. 그러나 그 텍스트들에 역사적 방법을 통한 분석이 가해질 경우, 예컨대 그것들 속에는 서로 들어맞지 않는 표상이 매우 많다는 사실이 드러나게 되는데(서로 양립할 수 없는 표상들이 함께 병렬되어 있다는 점에서 기독교의 성서는 이슬람의 경전과 구별된다. 물론 이는 [기독교에 대해] 단지 위험으로만 작용하는 데 그치는 것이 아니라, 또한 하나의 기회이자 더욱 풍부하게 발전될 수 있는 계기가 될 수도 있다), 이렇게 되면 그 텍스트들에 주어졌던 지고의 정초론적 지위는 비초월적인 의식의 입장에서 보더라도 그다지 설득력을 지니지 못한다. 해석자가 궁극적으로 그 텍스트들에 대한 그의 개인적인 선택과 결정을 최종적 기준으로 삼을 경우, 그 설득력은 더더욱 떨어진다. 그럼으로써 그러한 짐짓 가장된 객관주의는 자기 자신과 타인을 기만하는 것일 뿐인 주관주의로 귀결된다. 오로지 객관적인 이성 개념, 즉 비맥락주의적(nicht-kontextualistisch) 이성 개념만이 자신의 선택을 구속력 있는 방식으로 정당화할 수 있는 것이다. 그렇지만 물론 이성의 견지에 가장 가까이 서 있는 그 텍스트들이 역사철학의 틀에서 볼 때 어떤 특별한 의미를 지니고 있음을 인정할 수 있거나 인정해야 한다는 것은 이론의 여지가 없는 사실이다. 이와 마찬가지로, 이성적인 신 개념이야말로 절대자의 역사적 인식에 들어 있는, 그리고 도덕법칙의 실현에 들어 있는 하나의 특수한 발전논리를 인정해야만 한다는 점 또한 이론의 여지가 없다. 이를 성취하고 있는 것이 바로 헤겔의 종교철학이다. 그리고 헤겔은 기독교의 몰락을 무서울 정도로 명확하게 예견했거니와, 그러한 몰락의 과정을 중단시키기 위해서는, 신학은 곧장 헤겔의 종교철학에 각별한 관심을 기울여야 한다고 여겨진다.* 특히 삼위일체론의 합리적 변용에서 헤겔이 기여한 바는 실로 엄청나며, 또한 만약 이 책이 그러한 기획을 촉진하는 새로운 동기를 부여할 수 있었다면, 이 책은 전혀 쓸데없는 것만 아니었을 거라고 자평한다.

끝으로 헤겔의 미학에 대해 조금만 더 부연하고자 한다. 오늘날의 예술학, 음악학 그리고 문예학이 가치평가적 차원에서 갈수록 멀어지고 682

---

* 회슬레의 이러한 주장과 일맥상통하는지는 확인할 길이 없으나, 적어도 나는 1996년 여름학기에 뮌스터 대학 개신교 신학부에서 헤겔의 종교철학을 주 텍스트로 한 교과목이 개설되었던 것을 기억한다.

있는 반면에——그 대가로 그것들은 계몽된 공중 앞에서 갈수록 할 말을 잃어가고 있다——, 의심할 바 없이 헤겔의 미학은 다른 어떤 미학이론과도 달리 가치평가적이고 역사적인 고찰방식을 매우 탁월하게 연결하였다. 특히 그의 시학은, 그리고 그 중에서도 특히 그의 드라마 이론은 실로 의미 있는 기획이다.[23] 그러나 다른 장르의 예술에 대해서도 그의 작품미학적 출발점은 언제나 많은 시사점을 던져준다.[24] 최근 "헤겔의 위대한 업적은 칸트에 이르기까지 대세를 형성했던 주관주의로부터 미학을 해방시킨 것이다"라는 명제를 쓴 한 저자는 결코 헤겔주의자가 아니라 유럽 대륙의 가장 중요한 분석철학자이다.[25] 물론 헤겔의 이론은 매우 강한 개념의 지배를 통해 규정되고 있음으로 인해, 그가 얼마만큼 조형예술이나 음악을 현실적으로 정당하게 취급했는지에 대해서는 여전히 의심이 남아 있다. 헤겔이 제시한 것보다 더 포괄적인 직관이론과 정서이론을 갖추지 못한다면 미학은 결코 완전한 것일 수 없다. 이 점과 연관하여 당연히 제기되는 것이 바로 직관의 지위에 대한 물음이다. 어떤 특정한 색채구성이 우리의 마음에 들거나 안 들거나 하는 것은 우연한 지각심리학적인 요인에, 게다가 심지어 부분적으로는 진화생물학적으로 설명될 수 있는 요인에 달려 있는가? 아니면 예컨대 보색(補色)은 어떤 실질적인 근거로 인해 서로간에 보색으로 작용하는가? 그리고 만약 그렇다면, 그러한 언명은 어떻게 근거지어질 수 있는가? 칸트의 주관주의에서 벗어나면서 가령 막스 셸러(Max Scheller)

---

23) 최근 들어 헤겔의 비극이론은 그것의 윤리적이고 정치적인 의미와 연관되어서도 활발하게 분석되었다. M. Schulte, Die *"Tragödie im Sittlichen". Zur Dramentheorie Hegels*, München 1992; Ch. Menke, *Tragödie im Sittlichen*, Frankfurt 1996. 이 책들에 비해 M. Roche, *Tragedy and Comedy. A Systematic Study and a Critique of Hegel*, Albany, NY 1998 은 그 체계적 독창성과 분석적 사례의 풍부함에서 훨씬 탁월하다. 로치의 이 책은 실로 풍부함을 갖춘 드라마 이론이다.

24) St. Bungay, *Beauty and Truth. A Study of Hegel's Aesthetics*, Oxford 1987 참조.

25) F. von Kutschera, *Ästhetik*, Berlin/New York 1989, 196.

가 생각했던 것처럼, 어떤 순수한 직관의 이론이 〔하나의 대안으로〕 생각될 수 있는 것인가?

이상의 물음들은 헤겔의 체계에 의해 대답되지 않은 미결의 문제들이다. 그렇지만 마지막으로 분명하게 확언할 수 있는 것은, 지금까지 가해진 비판——물론 그 비판은 헤겔의 체계에 대해서보다는 『헤겔의 체계』에 대해 더 많이 가해졌다——도 헤겔의 체계가 지금까지의 철학 체계들 중에서 가장 완결된 것일 뿐 아니라 또한 현상학적으로도 가장 풍부한 것이라는 나의 확신을 바꾼 것은 아니라는 사실이다. 〔체계적 완결성과 현상학적 풍부함이라는〕 두 가지 성질 가운데 어느 하나만을 제대로 실현하는 것만 해도 극히 어려운 작업이다. 그런데 헤겔의 체계는 바로 그 둘을 연결하여 서양의 철학에서 가장 위대한 업적을 이루어냈다. 헤겔 이후 철학이 이루어낸 풍부한 개념분석적·현상학적 발견과 헤겔 이후의 개별과학이 이룩한 풍부한 경험적·논리적 통찰을 그 정합성의 측면에서 헤겔의 체계에 결코 뒤지지 않는 하나의 체계로 683 통합하는 것!——현대의 철학이 가질 수 있는 가장 야심 찬 목표로 남는 것이 바로 이것이다. 이러한 목표야말로 철학이 그 최초의 출발점에서부터 줄기차게 요구하고 추구해온 것을 결코 더 이상 배반하지 않는 규제적 이념일 것이다.

1997년 여름, 에센에서
비토리오 회슬레

참고문헌

1. 1차 문헌

1.1. 헤겔의 저작

기본문헌을 선택할 때 나는 '우인회판'(友人會版, Freundesvereinsausgabe, Berlin ¹1832-1845 ; ²1840-1847)과 '철학도서관'(Philosophische Bibliothek) 판본(hg. von G. Lasson, Leipzig 1911ff. ; hg. von J. Hoffmeister, Hamburg 1952ff.) 중에서 택일해야 했다. 결국 나는 우인회판을 선택하기로 결정했다. 왜냐하면 헤겔 사후에 편집된 강의록 중에서 라손과 호프마이스터의 판본은 내용에서 서로 너무도 현저한 차이가 나며, 일반적으로 볼 때 우인회판보다 조금도 나은 점이 없을 뿐 아니라, 심지어 부분적으로는 오히려 더 못하기 때문이다(이러한 우열은 예를 들면 라손판『종교철학』과 마르하이네케〔Ph. Marheineke〕〔그리고 바우어 B. Bauer〕판『종교철학』사이에서 잘 드러난다). 물론 나도 필요에 따라서는 호프마이스터가 처음으로 편찬한 강의록 텍스트들을 그의 판본에 따라 인용하고 참조하기는 했으나, 기본문헌으로 삼지는 않았다.

헤겔 강의록들을 편찬하는 작업에서 새로운 국면이 마련된 것은 일팅(K.-H. Ilting)에 의해서였다. 그는 헤겔의 수많은 법철학 강의의 필기록들을 처음으로 각기 별도로 출간하였다. 나는 일팅의 이 강의록 판본과 더불어, 그의 주도 아래 이탈리아 철학연구원이 간행한 "헤겔의 강의록"(G. W. F. Hegel, Vorlesungen) 시리즈—물론 이 시리즈에서는 지금까지 단지 종교철학 강의와 자연철학 강의만이 출판되었다—도 활용하고 또한 인용하였다.

나아가 마이너(Felix Meiner) 출판사의 "헤겔의 강의록" 시리즈도 편찬상의 중대한 발전을 이룩하였지만, 지금까지 이 시리즈를 통해 출간된 것은 헤겔의 1817/18년 법철학 강의에 대한 바넨만(P. Wannenmann)의 필기록과 헤겔의 『종교철학』뿐이다. 장차 표준 텍스트로 기능할 이 판본의『종교철학』은 내가 이 책의 주제에 관한 연구에 한창 몰두하던 기간 중에 비로소 출간되었기 때문에 (그 연구 내용은 1984년 6월부터 10월까지에 걸쳐 집필되었다), 나는 단지 가끔씩만 (특히 헤겔 사상의 발전사에 관한 질문이 중요한 역할을 할 경우에) 이 판본을 참조하였다.

우인회판을 인용할 때 나는 원본이나 글로크너(H. Glockner)의 재판본
이 아니라 이 판본을 기초로 하여 몰덴하우어(E. Moldenhauer)와 미헬(K. M.
Michel)이 편집한, 현대의 철자법과 구두점 사용법을 따르는 판본에 의거했는
데, 이 점을 독자들은 의아하게 생각할 수 있을 것이다. 물론 이 판본은 원전비판
에 관련된 요구를 충족시키지는 못한다. 그렇지만 일반 독자들에 의해 가장 보편
적으로 읽히는 텍스트가 바로 이 판본이기 때문에, 나는 인용된 지점을 쉽게 찾
을 수 있게 하려고 이 판본에 따라 인용하기로 하였다(게다가 〔헤겔이 텍스트를
쓰던 당시의〕 맞춤법과 관련된 물음들은 내 연구에서는 아무런 역할도 하지 않
는다). 이와 같은 근거에서 나는 헤겔의 청년기 신학적 저술들을 단지 간헐적으
로만 인용할 때에도 —놀(H. Nohl)의 저술이 아닌— 이 판본의 제1권을 기본
텍스트로 삼았다.

몰덴하우어와 미헬의 편찬본에 누락된 텍스트를 인용할 때는 나는 그 규모도
크지만 장차 원전비판에서 궁극적인 표준이 될 헤겔 "전집"(Gesammelte
Werke)을 인용하였다. 그러나 그 사이에 이 전집을 통해 출간되었지만 이미
몰덴하우어/미헬 판에도 수록된 저작에 관해서는 나는 후자의 판본을 인용하
였다.

아래에서 나는 내가 활용한 헤겔의 텍스트와 판본을 모두 밝힌다. 이 텍스트
들은 경우에 따라서는 널리 통용되는 약호로 표기되기도 한다. (예컨대 18.250
처럼) 약호 없이 쪽수만 표기된 경우에는 기본적으로 몰덴하우어와 미헬의 편찬
본을 따른다. 그밖에 『철학대계』와 『법철학』의 경우에는 —다른 판본에 대한 참
조도 가능케 하기 위해— 절수와 쪽수를 병기했으며, 주석이나 보론이 인용될
경우에는 별도의 약호를 병기한다(예를 들어 "E. §408A, 10.162"는 『철학대계』
408절 주석: 몰덴하우어/미헬 판본 10권 162쪽을 가리킨다).

G. W. F. Hegel, *Werke in zwanzig Bänden*, hg. von E. Moldenhauer und
    K. M. Michel, Frankfurt a. M. 1969-1971
- Bd. 1:   *Frühe Schriften*
- Bd. 2:   *Jenaer Schriften (1801-1807)*
- Bd. 3:   *Phänomenologie des Geistes*
- Bd. 4:   *Nürnberger und Heidelberger Schriften (1808-1817)*
- Bd. 5-6:   *Wissenschaft der Logik*
- Bd. 7:   *Grundlinien der Philosophie des Rechts oder Naturrecht
    und Staatswissenschaft im Grudrisse* ("R."로 줄임)

- Bd. 8-10:   *Enzyklopädie der philosophischen Wissenschaften im Grudrisse (1830)* ("E." 로 줄임)
- Bd. 11:   *Berliner Schriften 1818-1831*
- Bd. 12:   *Vorlesungen über die Philosophie der Geschichte* (ed. von K. Hegel, ²1840)
- Bd. 13-15:   *Vorlesungen über die Ästhetik* (ed. von H. G. Hotho, ²1842)
- Bd. 16 und

  Bd. 17, S.7-344: *Vorlesungen über die Philosophie der Religion* (ed. von Ph. Marheineke/B. Bauer, ²1840)
- Bd. 17, S.345-535: *Vorlesungen über die Beweise vom Dasein Gottes* (ed. Ph. Marheineke/B. Bauer, ²1840)
- Bd. 18-20:   *Vorlesungen über die Geschichte der Philosophie* (ed. K. L. Michelet, ¹1833-1836)

G. W. F. Hegel, *Gesammelte Werke*, Hamburg 1968ff. ("GW" 로 줄임)
- Bd. 4:   *Jenaer kritische schriften*, hg. von H. Buchner und O. Pöggeler, 1968
- Bd. 5:   *Schriften und Entwürfe (1799-1808)*, hg. von M. Baum und K. Meist, 1998
- Bd. 6:   *Jenaer Systementwürfe I*, hg. von K. Düsing und H. Kimmerle, 1975
- Bd. 7:   *Jenaer Systementwürfe II*, hg. von R.-P. Horstmann und J. H. Trede, 1971
- Bd. 8:   *Jenaer Systementwürfe III*, hg. von R.-P. Horstmann, 1976
- Bd. 9:   *Phänomenologie des Geistes*, hg. von W. Bonsiepen und R. Heede, 1980
- Bd. 12:   *Wissenschaft der Logik, Zweiter Band: Die subjektive Logik (1816)*, hg. von F. Hogemann und W. Jaeschke, Hamburg 1981

G. W. F. Hegel, *Schriften zur Politik und Rechtsphilosophie*, hg. von G. Lasson, Leipzig ²1913 (「인륜성의 체계」[System der Sittlichkeit]는 이 판본에 의거해서 인용함)

"Fragment aus einer Hegelschen Logik. Mit einem Nachwort zur

Entwicklungsgeschichte von Hegels Logik," hg. von O. Pöggeler, in:
Hegel-Studien 2 (1963), 11-70

G. W. F. Hegel, *Wissenschaft der Logik, Erster Band, erstes Buch. Das
Sein,* Faksimiledruck nach der Erstausgabe von 1812, hg. von W.
Wieland, Göttingen 1966

"Eine Übersetzung Hegels zu De anima III, 4-5," mitgeteilt und erläutert
von W. Kern, in: *Hegel-Studien 1* (1961), 49-88

G. W. F. Hegel, *Enzyklopädie der philosophischen Wissenschaften im
Grundrisse (1817),* in: G. W. F. Hegel, Sämtliche Werke, hg. von H.
Glockner, Bd. 6, Stuttgart 1927, 1-310 ("HE"로 줄임)

"Unveröffentlichte Diktate aus einer Enzyklopädie-Vorlesung Hegels,"
eingeleitet und hg. von F. Nicolin, in: *Hegel-Studien 5* (1969), 9-30

"Hegels Notizen zum absoluten Geist," eingeleitet und hg. von H.
Schneider, in: *Hegel-Studien 9* (1974), 9-38

"Unveröffentlichte Vorlesungsmanuskripte Hegels," hg. und erläutert von
H. Schneider, in: *Hegel-Studien 7* (1972), 9-59

G. W. F. Hegel, *Die Philosophie des Rechts. Die Mitschriften Wannenmann
(Heidelberg 1817/18) und Homeyer (Berlin 1818/19),* hg. von K.-H.
Ilting, Stuttgart 1983 ("Wa"로 줄임)

G. W. F. Hegel, *Philosophie des Rechts. Die Vorlesung von 1819/20 in
einer Nachschrift,* hg. von D. Henrich, Frankfurt 1983 ("R. Henrich"
로 줄임)

G. W. F. Hegel, *Naturphilosophie, Bd. I: Die Vorlesung von 1819/20,* hg.
von M. Gies, Neapel 1982 ("NPh"로 줄임)

G. W. F. Hegel, *Religionsphilosophie, Bd. I: Die Vorlesung von 1821,* hg.
von K.-H. Ilting, Neapel 1978 ("RPh"로 줄임)

G. W. F. Hegel, *Vorlesungen über die Philosophie der Religion, Tl. 1:
Einleitung. Der Begriff der Religion,* hg. von W. Jaeschke, Hamburg
1983 ("RPh I"로 줄임)

G. W. F. Hegel, *Vorlesungen über die Philosophie der Religion, Tl. 2: Die
bestimmte Religion,* hg. von W. Jaeschke, 2 Bde., Hamburg 1985
("RPh II"로 줄임)

G. W. F. Hegel, *Vorlesungen über die Philosophie der Religion, Tl. 3: Die
vollendete Religion,* hg. von W. Jaeschke, Hamburg 1984 ("RPh III"

으로 줄임)

G. W. F. Hegel, *Vorlesungen über Rechtsphilosophie 1818-1831*, Edition und Kommentar in sechs Bänden von K. -H. Ilting, Bd. III : Philosophie des Rechts nach der Vorlesungsnachschrift H. G. Hotho 1822/23, Stuttgart-Bad Cannstatt 1974 ("R. Ilting III"으로 줄임)

G. W. F. Hegel, *Vorlesungen über Rechtsphilosophie 1818-1831*, Edition und Kommentar in sechs Bänden von K.-H. Ilting, Bd. IV : Philosophie des Rechts nach der Vorlesungsnachschrift K. G. von Griesheims 1824/25, Stuttgart-Bad Cannstatt 1974 ("R. Ilting IV"로 줄임)

G. W. F. Hegel, *Einleitung in die Geschichte der Philosophie*, hg. von J. Hoffmeister, Hamburg ³1959 ("EGPh"로 줄임)

G. W. F. Hegel, *Vorlesungen über die Philosophie der Weltgeschichte*, Bd. I, hg. von J. Hoffmeister, Hamburg ⁵1980 ; Bd. II-IV, hg. von G. Lasson, Hamburg ²1976 ("GPh"로 줄임)

G. W. F. Hegel, *Encyclopädie der philosophischen Wissenschaften im Grundrisse*, Heidelberg 1827

Dokumente zu Hegels Entwicklung, hg. von J. Hoffmeister, Stuttgart 1936 ("Dok."로 줄임)

Briefe von und an Hegel, 4 Bde., hg. von J. Hoffmeister, Hamburg ³1969-1981 ("Briefe"로 줄임)

Hegel in Berichten seiner Zeitgenossen, hg. von G. Nicolin, Hamburg 1970 ("Ber."로 줄임)

1.2. 그밖의 1차 문헌

이 부분에서는 헤겔 이전에 영향을 끼쳤던 저자들(셸링도 이들에 속한다)의 텍스트들만 수록한다. 헤겔 이후와 동시대 저자들의 글은 뒤에 이어질 2차 문헌에 수록하기로 한다.

Allgemeines Landrecht für die Preußischen Staaten von 1794, mit einer Einführung von H. Hattenhauer, Frankfurt/Berlin 1970

Aristotelis Categoriae et liber der interpretatione, rec. L. Minio-Paluello, Oxford 1949

Aristotelis De caelo libri quattuor, rec. D. J. Allan, Oxford 1936

Aristotelis Ethica Nicomachea, rec. I. Bywater, Oxford 1894

Aristotelis Metaphysica, rec. W. Jaeger, Oxford 1957

Aristotelis Physica, rec. W. D. Ross, Oxford 1950

Aristotelis Politica, rec. W. D. Ross, Oxford 1957

Aristotelis Topica et Sophistici elenchi, rec. W. D. Ross, Oxford 1958

S. Aureli Augustini *Confessionum libri tredecim*, rec. P. Knöll, Leipzig 1909

Diogenis Laertii Vitae Philosophorum, rec. H. S. Long, 2 Bde., Oxford 1964

Euclides, *Elementa*, 5 Bde., post I. L. Heiberg ed. E. S. Stamatis, Leipzig 1969-1977

Fichtes Werke, 11 Bde., hg. von I. H. Fichte, Berlin 1834-1846, Nachdruck Berlin 1971

J. G. Fichte, *Gesamtausgabe I 2, Werk 1793-1795*, hg. von R. Lauth und H. Jacob, Stuttgart-Bad Cannstatt 1965

J. G. Fichte, *Gesamtausgabe II 4: Nachgelassene Schriften zu Platners "Philosophischen Aphorismen" 1794-1812*, hg. von R. Lauth und H. Gliwitzky, Stuttgart-Bad Cannstatt 1976

J. G. Fichte, *Gesamtausgabe II 5: Nachgelassene Schriften 1796-1801*, hg. von R. Lauth und H. Gliwitzky, Stuttgart-Bad Cannstatt 1979

J. G. Fichte, *Ausgewählte Politische Schriften*, hg. von Z. Batscha und R. Saage, Frankfurt 1977

Fichte-Schelling, *Briefwechsel*, Einleitung von W. Schulz, Frankfurt 1968

Le opere di G. Galilei, 20 Bde., 1890-1909, Nachdruck Florenz 1964-1966

Goethes Werke, Auswahl in zehn Teilen, 10 Bde., hg. von K. Alt, Berlin u. a. o. J.

Th. Hobbes, *Opera philosophica quae latine scripsit omnia*, 5 Bde., ed. G. Molesworth, London 1839-1845 ("LW"로 줄임)

Hölderlin, *Werke und Breife*, 3 Bde., hg. von F. Beißner und J. Schmidt, Frankfurt 1969

W. v. Humboldt, *Gesammelte Schriften*, Erste Abteilung: Werke, hg. von A. Leitzmann, Bd. VI, Berlin 1907

D. Hume, *The philosophical works*, 4 Bde., ed. Th. H. Green and Th. H. Grose, London 1882-1886

F. H. Jacobi, *Werke*, 6 Bde., hg. von F. Roth und F. Köppen, Leipzig 1812-1825, Nachdruck Darmstadt 1968

I. Kant, *Werke in sechs Bänden*, hg. von W. Weischedel, Darmstadt 1956-1964

Kant's gesammelte Schriften, hg. von der Preußischen Akademie der Wissenschaften, Bd. XII: Kant's Briefwechsel, Bd. III, Berlin 1902 und Bd. XIII: Kant's Breifwechsel, Bd. IV, Berlin/Leipzig 1922

Nikolaus von Kues, *Philosophisch-theologische Schriften*, 3 Bde., hg. von L. Gabriel, übs. von D. und W. Dupré, Wien 1964-1967

Platonis opera, 5 Bde., rec. I. Burnet, Oxford 1900-1907

Plotini opera, 3 Bde., ed. P. Henri et H.-R. Schwyzer, Paris/Bruxelles 1951-1973

Proclus, *The Elements of Theology*, a revised text by E. R. Dodds, Oxford ²1963

Obras de Ramón Lull, 3 Bde., ed. J. Rosselló, Palma de Mallorca 1901-1903

Raymundus Lullus, *Opera*, Bd. I-VI, IX-X, Mainz 1721-1742, Nachdruck Frankfurt 1965 ("MOG"로 줄임)

Raimundi Lulli opera latina, Bd. VI-X, Turnholti 1975-1982 ("ROL"로 줄임)

F. W. J. Schelling, *Schriften von 1794-1798*, Stuttgart/Augsburg 1856-1857, Nachdruck Darmstadt 1980

F. W. J. Schelling, *Schriften von 1799-1801*, Stuttgart/Augsburg 1858-1859, Nachdruck Darmstadt 1975

F. W. J. Schelling, *Schriften von 1801-1804*, Stuttgart/Augsburg 1859-1860, Nachdruck Darmstadt 1976

F. W. J. Schelling, *Schriften von 1813-1830*, Stuttgart/Augsburg 1861, Nachdruck Darmstadt 1976

F. W. J. Schelling, *Philosophie der Kunst*, Stuttgart/Augsburg 1859, Nachdruck Darmstadt 1976

F. W. J. Schelling, *Philosophie der Offenbarung*, 2 Bde., Stuttgart/ Augsburg 1858, Nachdruck Darmstadt 1974

Sexti Empirici Opera, 4 Bde., rec. H. Mutschmann, ed. J. Mau, indices adiecit K. Janáček, Leipzig 1912-1954

P. Lang, *De Speusippi academici scriptis*, accedunt fragmenta, Bonn 1911

Spinoza, *Opera*, 4 Bde., hg. von C. Gebhard, Heidelberg o. J.

S. Thomae de Aquino, *Summa Theologiae*, 5 Bde., Ottawa ²1953

Sechzig Upanishad's des Veda. Aus dem Sanskrit übs. von P. Deussen, Leipzig 1897

Die Fragmente der Vorsokratiker, 3 Bde., Griechisch und Deutsch von H. Diels, Siebente Auflage hg. von W. Kranz, Berlin 1954 ("DK"로 줄임)

J. J. Winckelmann, *Geschichte der Kunst des Altertums* (1764), Darmstadt 1982

Xenopontis opera omnia, rec. E. C. Marchant, Bd. II: Commentarii, Oeconomicus, Convivium, Apologia Socratis, Oxford ²1949

2. 2차 문헌

R. Albrecht (1978): *Hegel und die Demokratie*, Bonn 1978

W. Albrecht (1958): *Hegels Gottesbeweis. Eine Studie zur "Wissenschaft der Logik"*, Berlin 1958

E. Angehrn (1977): *Freiheit und System bei Hegel*, Berlin/New York 1977

K.-O. Apel (1983): "Kant, Hegel und das aktuelle Problem der normativen Grundlagen von Moral und Recht," in: D. Henrich (1983a), 597-624

W. Apelt (1948): *Hegelscher Machtstaat oder Kantsches Weltbürgertum*, München 1948

D. Arendt (1974): *Der Nihilismus als Phänomen der Geistesgeschichte in der wissenschaftlichen Diskussion unseres Jahrhunderts*, hg. von D. Arendt, Darmstadt 1974

R. Aschenberg (1982): *Sprachanalyse und Transzendentalphilosophie*, Stuttgart 1982

Sh. Avineri (1972): *Hegels Theorie des modernen Staats* (engl. 1972), Frankfurt 1976

β. (1847): "Beiträge zur socialen Wissenschaft," in: *Jahrbücher für speculative Philosophie 2* (1847), Heft 5, 980-1000

C. F. Bachmann (1828): *System der Logik*, Leipzig 1828

_____(1833): *Über Hegel's System und die Nothwendigkeit einer nochmaligen Umgestaltung der Philosophie*, Leipzig 1822

_____(1835): *Anti-Hegel*, Jena 1835

M. Baum/K. Meist (1977): "Durch Philosophie leben lernen. Hegels Konzeption der Philosophie nach den neu aufgefundenen Jenaer

Manuskripten," in: *Hegel-Studien 12* (1977), 43-81

H. M. Baumgartner (1980): "Die Bestimmung des Absoluten. Ein Strukturvergleich der Reflexionsformen bei J. G. Fichte und Plotin," in: *Zeitschrift für philosophische Forschung 34* (1980), 321-342

____(1984): "Zur methodischen Struktur der Transzendentalphilosophie," in: *Bedingungen der Möglichkeit. 'Transcendental Arguments' und transzendentales Denken*, hg. von E. Schaper und W. Vossenkuhl, Stuttgart 1984, 80-87

K. Th. Bayrhoffer (1839f.): *Beiträge zur Naturphilosophie*, 2 Bde., Leipzig 1839-1840

____(1840): "Entgegnung," in: *Hallische Jahrbücher für deutsche Wissenschaft und Kunst 3* (1840), Sp. 2349-2352

J. Beaufort (1983): *Die drei Schlüsse. Untersuchungen zur Stellung der "Phänomenologie" in Hegels System der Wissenschaft*, Würzburg 1983

P. Becchi (1984): *Contributi ad uno studio delle filosofie del diritto di Hegel*, Genova 1984

W. Becker (1969): *Hegels Begriff der Dialektik und das Prinzip des Idealismus*, Stuttgart u. a. 1969

____(1978): "Das Problem der Selbstanwendung im Kategorienverständnis der dialektischen Logik," in: D. Henrich (1978a), 75-82

W. Beierwaltes (1982): "Einleitung," zu: F. W. J. Schelling, Texte zur Philosophie der Kunst, Stuttgart 1982, 3-49

D. Benner (1966): *Theorie und Praxis. Systemtheoretische Betrachtungen zu Hegel und Marx*, Wien/München 1966

L. v. Bertalanffy/W. Beier/R. Laue (o. J.): *Biophysik des Fließgleichgewichts*, Braunschweig, ²o. J.

W. R. Beyer (1982): *Die Logik des Wissens und das Problem der Erziehung*, hg. von W. R. Beyer, Hamburg 1982

(?) Binder (1839): Rezension zu: *Hegels Vorlesungen über die Philosophie der Geschichte*, Berlin 1837, in: *Jahrbücher für wissenschaftliche Kritik 1839* (2), Sp. 801-824

J. Binder (1923): "Fichtes Bedeutung für die Gegenwart," in: *Logos 12* (1923), 199-234

____(1925): *Philosophie des Rechts*, Berlin 1925

_____(1934): "Der obligatorische Vertrag im System der Hegelschen Rechtsphilosophie," in: *Verhandlungen des dritten Hegelkongresses vom 19. bis 23. April 1933 in Rom*, hg. von B. Wigersma, Tübingen/ Haarlem 1934, 37-59

H. Birault (1958): "L'onto-théo-logique hégelienne et la dialectique," in: *Tijdschrift voor Philosophie 20* (1958), 646-723

B. Bitsch (1976): *Sollensbegriff und Moralitätskritik bei G. W. F. Hegel*, Bonn 1976

S. Blasche (1975): "Natürliche Sittlichkeit und bürgerliche Gesellschaft. Hegels Konstruktion der Familie als sittliche Intimität im entsittlichten Leben," in: M. Riedel (1975), II 312-337

N. Bobbio (1967): "Hegel und die Naturrechtslehre" (1967), jetzt in: M. Riedel (1975), II 81-108

P. Bockelmann (1935): *Hegels Notstandslehre*, Berlin/Leipzig 1935

Th. Bodammer (1969): *Hegels Deutung der Sprache*, Hamburg 1969

R. Bodei (1975): *Sistema ed epoca in Hegel*, Bologna 1975

E.-W.Böckenförde (1963): "Lorenz von Stein als Theoretiker der Bewegung von Staat und Gesellschaft zum Sozialstaat" (1963), jetzt in: *Staat und Gesellschaft*, hg. von E.-W. Böckenförde, Darmstadt 1976, 131-171

M. Born (1969): Die Relativitätstheorie Einsteins, Berlin/Heidelberg/ New York ⁵1969

B. Bourgeois (1979): "Le prince hégélien," in: E. Weil u. a., *Hegel et la philosophie du Droit*, Paris 1979, 85-130

Ch. J. Braniß (1834): *System der Metaphysik*, Breslau 1834

O. D. Brauer (1982): *Dialektik der Zeit. Untersuchungen zu Hegels Metaphysik der Weltgeschichte*, Stuttgart-Bad Cannstatt 1982

O. Breidbach (1982): *Das Organische in Hegels Denken*, Würzburg 1982

F. Brentano (1980): *Geschichte der mittelalterlichen Philosophie im christlichen Abendland*, Hamburg 1980

M. Brüggen (1971): "Jacobi, Schelling und Hegel," in: K. Hammacher (1971), 209-232

G. Brunner/B. Meissner (1980): *Verfassungen der kommunistischen Staaten*, hg. von G. Brunner/B. Meissner, Paderborn u. a. 1980

R. Bubner (1974): "Zur Struktur eines transzendentalen Arguments," in: *Kant-Studien 65* (1974), Sonderheft, Teil I, 15-27

_____(1984): "Selbstbezüglichkeit als Struktur transzendentaler Argumente," in: *Bedingungen der Möglichkeit. 'Transcendental Arguments' und transzendentales Denken*, hg. von E. Schaper und W. Vossenkuhl, Stuttgart 1984, 63-79

G. Buchdahl (1973): "Hegels Naturphilosophie und die Struktur der Naturwissenschaft," in: *Ratio 15* (1973), 1-25

E. Buschor (1978): *Vom Sinn der griechischen Standbilder*, Berlin ³1978

G. Carabrò (1974): "Il mondo del diritto," in: G. Calabrò u. a., *L'opera e l'eredità di Hegel*, Roma/Bari 1974, 71-87

C. Cesa (1982): "Entscheidung und Schicksal: die fürstliche Gewalt," in: D. Henrich/R.-P. Horstmann (1982), 185-205

P. Chamley (1963): *Economie politique et Philosophie chez Steuart et Hegel*, Paris 1963

_____(1965): "Les origines de la pensée économique de Hegel," in: *Hegel-Studien 3* (1965), 225-261

_____(1982): "La doctrine économique de Hegel d'après les notes cours de Berlin," in: D. Henrich/R.-P. Horstmann (1982), 132-138

A. v. Cieszkowski (1838): *Prolegomena zur Historiosophie*, Berlin 1838

F. Crick (1966): *Von Molekülen und Menschen* (engl. 1966), München 1970

B. Croce (1904): *Äesthetik als Wissenschaft des Ausdrucks und allgemeine Linguistik* (ital. ²1904), Leipzig o. J.

_____(1906): *Lebendiges und Totes in Hegels Philosophie* (ital. 1906), Heidelberg 1909

_____(1973): *Filosofia come scienza dello spirito: III Filosofia della practica. Economia ed etica*, Bari 1973

J. Cullberg (1933): *Das Du und die Wirklichkeit. Zum ontologischen Hintergrund der Gemeinschaftskategorie*, Uppsala 1933

G. Czihak/H. Langer/H. Ziegler (1981): *Biologie. Ein Lehrbuch*, hg. von G. Czihak, H. Langer und H. Ziegler, Berlin/Heidelberg/New York ³1981

C. Dahlhaus (1983): "Hegel und die Musik seiner Zeit," in: *Kunster-*

fahrung und Kulturpolitik im Berlin Hegels, hg. von O. Pöggeler und A. Gethmann-Siefert, Bonn 1983, 333-350

P. D'Angelo (1982): *L'esthetica di Benedetto Croce*, Roma/Bari 1982

J. Derrida (1970): "Le puits et la pyramide. Introduction à la sémiologie de Hegel," in: *Hegel et la pensée moderne*, hg. von J. d'Hondt, Paris 1970, 27-83

F. De Sanctis (1872): "La scienza e la vita" (1872), jetzt in: *Saggi critici*, a cura di L. Russo, Bd. 3, Bari 1965, 161-186

F. De Sanctis (1976/77): "Proprietà privata e società moderna: Hegel e Stein," in: *Quaderni fiorentini per la storia del pensiero giuridico moderno 5/6* (1976/77), 105-163

J. d'Hondt (1982a): *Hegel et l'hégélianisme*, Paris 1982

____(1982b): "Theorie et practique politiques chez Hegel: Le problème de la censure," in: D. Henrich/R.-P. Horstmann (1982), 151-184

K. Domke (1940): Das Problem der metaphysischen Gottesbeweis in der Philosophie Hegels, Leipzig 1940

A. Doz (1970): *Hegel, La théorie de la mesure*, traduction et commentaire par A. Doz, Paris 1970

H. Driesch (1921): *Philosophie des Organischen*, Leipzig ²1921

V. Dröscher (1983): *Überlebensformel*, München ³1983

H. Drüe (1976): *Psychologie aus dem Begriff. Hegels Persönlichkeitstheorie*, Berlin/New York 1976

D. Dubarle/A. Doz (1972): *Logique et dialectique*, Paris 1972

K. Düsing (1975): Rezension zu: W. Krohn, *Die formale Logik in Hegels 'Wissenschaft der Logik'*, München 1972, in: *Hegel-Studien 10* (1975), 326-328

____(1976): *Das Problem der Subjektivität in Hegels Logik*, Bonn 1976

____(1981a): "Idealität und Geschichtlichkeit der Kunst in Hegels Ästhetik," in: *Zeitschrift für philosophische Forschung 35* (1981), 319-340

____(1981b): "Ästhetischer Platonismus bei Hölderlin und Hegel," in: *Homburg vor der Höhe in der deutschen Geistesgeschichte*, hg. von Ch. Jamme und O. Pöggeler, Stuttgart 1981, 101-117

____(1983): *Hegel und die Geschichte der Philosophie*, Darmstadt 1983

G. Dulckeit (1936): *Rechtsbegriff und Rechtsgestalt. Untersuchungen zu Hegels Philosophie des Rechts und ihrer Gegenwartsbedeutung*, Berlin 1936

Th. Ebert (1976): "Praxis und Poiesis. Zu einer handlungstheoretischen Unterscheidung des Aristoteles," in: *Zeitschrift für philosophische Forschung 30* (1976), 12-30

M. Eigen(1971): "Selforganization of Matter and the Evolution of Biological Macromolecules," in: *Die Naturwissenschaften 58* (1971), 465-523

M. Eigen/P. Schuster (1979): *The hypercycle: a principle of natural self-organization*, Berlin/Heidelberg/New York 1979

L. Eley (1976): *Hegels Wissenschaft der Logik*, München 1976

A. Elsigan (1972): "Zum Begriff der Moralität in Hegels Rechts-philosophie," in: *Wiener Jahrbuch für Philosophie 5* (1972), 187-208

D. v. Engelhardt (1976): *Hegel und die Chemie*, Wiesbaden 1976

____(1984): "Hegel's philosophical understanding of illness," in: *Hegel and the Science*, hg. von R. S. Cohen und M. W. Wartofsky, Dordrecht u. a. 1984, 123-141

J. E. Erdmann (1834): *Darstellung und Kritik der Philosophie des Cartesius, nebst einer Einleitung in die Geschichte der neuern Philosophie*, Riga/Dorpat 1834

____(1840): *Grundriss der Psychologie*, Leipzig 1840

____(1841): *Grundriss der Logik und Metaphysik*, Halle 1841

K. Eschweiler (1930f.): "Joh. Adam Möhlers Kirchenbegriff," in: *Verzeichnis der Vorlesungen an der Staatl. Akademie zu Braunsberg im Sommersemester 1930*; und in: *Verzeichnis der Vorlesungen an der Staatl. Akademie zu Braunsberg im Wintersemester 1930/31*

F. Exner (1842): *Die Psychologie der Hegelschen Schule*, Leipzig 1842

____(1844): *Die Psychologie der Hegelschen Schule. Zweites Heft: Die Erwiderungen der Herren K. Rosenkranz und J. E. Erdmann*, Leipzig 1844

W. Felgentraeger (1927): *Friedrich Carl v. Savignys Einfluß auf die Übereignungslehre*, Leipzig 1927

I. Fetscher (1953): "Individuum und Gemeinschaft im Lichte der

Hegelschen Philosophie des Geistes," in: *Zeitschrift für philosophische Forschung* 7 (1953), 511-532

____(1970): *Hegels Lehre vom Menschen. Kommentar zu den §§ 387 bis 482 der Enzyklopädie der Philosophischen Wissenschaften*, Stuttgart-Bad Cannstatt 1970

____(1982): "Ethik und Naturbeherrschung. Eine Problemskizze," in: W. Kuhlmann/D. Böhler (1982), 764-776

L. Feuerbach (1975): Werke in sechs Bänden, hg. von E. Thies, Bd. 3, Frankfurt 1975

I. H. Fichte (1833ff.): *Grundzüge zum Systeme der Philosophie*, 3 Bde., Heidelberg 1833-1846

____(1845): "Vorrede des Herausgebers," in: J. G. Fichtes sämmtliche Werke, hg. von I. H. Fichte, Bd. III, Berlin 1845, V-XLIII

____(1847): *Grundsätze für die Philosophie der Zukunft*, Stuttgart 1847

J. N. Findlay (1964): *Hegel*, London ²1964

K. Fischer (1852): *Logik und Metaphysik oder Wissenschaftslehre*, Stuttgart 1852

K. Ph. Fischer (1834): *Die Wissenschaft der Metaphysik im Grundrisse*, Stuttgart 1834

____(1848ff.): *Grundzüge des Systems der Philosophie oder Encyclopädie der philosophischen Wissenschaften*, 3 Bde., Erlangen 1848-1855

W. Flach (1978): "Die dreifache Stellung des Denkens zur Objektivität und das Problem der spekulativen Logik," in: D. Henrich (1978a), 3-18

O. K. Flechtheim (1975): *Hegels Strafrechtstheorie*, Berlin ²1975

L. Fleischhacker (1982): *Over de grenzen van de kwantiteit*, Amsterdam 1982

E. Fleischmann (1968): *La science universelle ou la logique de Hegel*, Paris 1968

E. Forsthoff (1968): *Rechtsstaatlichkeit und Sozialstaatlichkeit. Aufsätze und Essays*, hg. von E. Forsthoff, Darmstadt 1968

C. Frantz (1842): *Die Philosophie der Mathematik. Zugleich ein Beitrag zur Logik und Naturphilosophie*, Leipzig 1842

H. Freyer (1955): *Theorie des gegenwärtigen Zeitalters*, Stuttgart 1955

H. F. Fulda (1965): *Das Problem einer Einleitung in Hegels Wissenschaft der Logik*, Frankfurt 1965

____(1966): "Zur Logik der Phänomenologie von 1807" (1966), jetzt in: H. F. Fulda/D. Henrich (1973), 391-425

____(1968): *Das Recht der Philosophie in Hegels Philosophie des Rechts*, Frankfurt 1968

____(1973): "Unzulängliche Bemerkungen zur Dialektik" (1973), jetzt in: R.-P. Horstmann (1978), 33-69

H. F. Fulda/D. Henrich (1973): *Materialien zu Hegels 'Phänomenologie des Geistes'*, hg. von H. F. Fulda und D. Henrich, Frankfurt 1973

H. F. Fulda/R.-P. Horstmann (1980): "Fragen zu Michael Theunissens Logik-Deutung," in: H. F. Fulda/R.-P. Horstmann/M. Theunissen, *Kritische Darstellung der Metaphysik*, Frankfurt 1980, 10-46

G. A. Gabler (1827): *System der theoretischen Philosophie, Erster Band. Die Propädeutik der Philosophie; Lehrbuch der philosophischen Propädeutik als Einleitung zur Wissenschaft, Erste Abtheilung. Die Kritik des Bewußtseyns*, Erlangen 1827

____(1843): *Die Hegelsche Philosophie. Beiträge zu ihrer richtigeren Beurtheilung und Würdigung*, Berlin 1843

H.-G. Gadamer (1971): *Hegels Dialektik. Fünf hermeneutische Studien*, Tübingen 1971

E. Gans (1981): *Naturrecht und Universalrechtsgeschichte*, hg. von M. Riedel, Stuttgart 1981

R. Garaudy (1962): *Gott ist tot. Das System und die Methode Hegels* (frz. 1962), Berlin 1965

E. G. Geijer (1811): "Om historien och dess förhållande till religionen" (1811), jetzt in: (1852), 145-192

____(1842): "Tillägg" (1842), zu: *Om falsk och sann upplysning med afseende på religionen* (1811), jetzt in: (1852), 119-144

____(1846): *Auch ein Wort über die religiöse Frage der Zeit* (schwed. 1846, jetzt in: [1852], 363-424), Gotha/Hamburg 1847

____(1852): *Samlade Skrifter, förra afdelningen*, Bd. 5, Stockholm 1852

____(1856): *Föreläsningar öfver menniskans historia*, hg. von S. Ribbing, Stockholm 1856

Th. F. Geraets (1975): "Les trois lectures philosophique de l'Encyclopédie

ou la réalisation du concept de la philosophie chez Hegel," in:
Hegel-Studien 10 (1975), 231-254

A. Gethmann-Siefert (1980): "Die systematische Ästhetik und das
Problem der Geschichtlichkeit der Kunst," in: *Zeitschrift für
Katholische Theologie 102* (1980), 156-183

M. Gies (1982): "Vorbemerkng," Zu: G. W. F. Hegel, *Nuturphilosophie,
Bd. I, Die Vorlesung von 1819/20,* in Verbindung mit K.-H. Ilting
hg. von M. Gies, Napoli 1982, IX-XIX.

G. Giese (1926): *Hegels Staatsidee und der Begriff der Staatserziehung,*
Halle 1926

H. Glockner (1927): "Vorwort," zu *G. W. F. Hegel, Sämtliche Werke, Bd.
6: Enzyklopädie der philosophischen Wissenschaften im Grundrisse
und andere Schriften aus der Heidelberger Zeit,* Stuttgart 1927, V-L
_____(1929ff.): *Hegel,* 2 Bde., Stuttgart 1929-1940

M. Greene (1979): "Towards a notion of awareness," in: D. Henrich
(1979), 65-80

G. Günther (1959): *Idee und Grundriß einer nicht-Aristotelischen Logik,*
1959, Hamburg ²1978
_____(1976ff.): *Beiträge zur Grundlegung einer operationsfähigen
Dialektik,* 3 Bde., Hamburg 1976-1980

P. Guyer (1978): "Hegel, Leibniz und der Widerspruch im Endlichen,"
in: R.-P. Horstmann (1978), 230-260

K. H. Haag (1967): *Philosophischer Idealismus,* Frankfurt 1967

J. Habermas (1966): "Zu Hegels Politischen Schriften" (1966), jetzt in:
Theorie und Praxis, Frankfurt ³1982, 148-171
_____(1967): "Arbeit und Interaktion. Bemerkungen zu Hegels Jenenser
'Philosophie des Geistes'" (1967), jetzt in: *Technik und Wissenschaft
als 'Ideologie',* Frankfurt 1968, 9-47

Th. Haering (1929ff.): *Hegel. Sein Wollen und sein Werk,* 2 Bde.,
Leipzig/Berlin 1929-1938
_____(1934): "Die Entstehungsgeschichte der Phänomenologie des
Geistes," in: *Verhandlungen des dritten Hegelkongresses vom 19. bis
23. April 1933 in Rom,* hg. von B. Wigersma, Tübingen/Haarlrem
1934, 118-138

K. Hammacher (1969): *Die Philosophie Friedrich Heinrich Jacobis*, München 1969

____(1971): *Friedrich Heinrich Jacobi*, hg. von K. Hammacher, Frankfurt 1971

____(1981): *Der transzendentale Gedanke. Die gegenwärtige Darstellung der Philosophie Fichtes*, hg. von K. Hammacher, Hamburg1981

K. Harlander (1969): *Absolute Subjektivität und kategoriale Anschauung*, Meisenheim 1969

E. v. Hartmann (1868): *Über die dialektische Methode*, Berlin 1868

____(1923): *Kategorienlehre*, Leipzig ²1923

K. Hartmann (1973): "Systemtheoretische Soziologie und kategoriale Sozialphilosophie," in: *Philosophische Perspektiven 5* (1973), 130-161

____(1976a): "Ideen zu einem neuen systematischen Verständnis der Hegelschen Rechtsphilosophie," in: *Perspektiven der Philosophie 2* (1976), 167-200

____(1976b): "Die ontologische Option," in: *Die ontologische Option*, hg. von K. Hartmann, Berlin/New York 1976, 1-30

____(1981): *Politische Philosophie*, Freiburg/München 1981

____(1982): "Linearität und Koordination in Hegels Rechtsphilosophie," in: D. Henrich/R.-P. Horstmann (1982), 305-316

N. Hartmann (1923): "Aristoteles und Hegel" (1923), jetzt in: (1957), 214-252

____(1936): "Der philosophische Gedanke und seine Geschichte" (1936), jetzt in: (1957), 1-48

____(1957): *Kleinere Schriften*, Bd. 2, Berlin 1957

____(1965): *Zur Grundlegung der Ontologie*, Berlin ⁴1965

M. Hartwig (1986): "Die Krise der deutschen Staatslehre und die Rückbesinnung auf Hegel in der Weimarer Zeit," in: Ch. Jermann (1986b), 239-275

R. Haym (1857): *Hegel und seine Zeit*, 1857, Leipzig ²1927

R. Heede (1972): *Die göttliche Idee und ihre Erscheinung in der Religion. Untersuchungen zum Verhältnis von Logik und Religionsphilosophie bei Hegel*, Diss. Münster 1972

M. Heidegger (1943): *Vom Wesen der Wahrheit*, 1943, Frankfurt ⁴1961

M. Heinen (1977): "Die Arbeitswertlehre bei Hegel," in: *Archiv für Rechts- und Sozialphilosophie 63* (1977), 413-426

J. Heinrichs (1972): "Fichte, Hegel und der Dialog," in: *Theologie und Philosophie 47* (1972), 90-131

___(1974): *Die Logik der 'Phänomenologie des Geistes'*, Bonn 1974

___(1976): *Reflexion als soziales System*, Bonn 1976

E. Heintel (1968): *Die beiden Labyrinthe der Philosophie*, Wien/ München 1968

R. Heiss (1932): *Logik des Widerspruchs*, Berlin/Leipzig 1932

___(1963): *Die großen Dialektiker des 19. Jahrhunderts*, Köln/Berlin 1963

H. Heller (1921): "Hegel und der nationale Machtstaatsgedanke in Deutschland" (1921), jetzt in: *Gesammelte Schriften*, 3 Bde., Leiden 1971, I 21-240

___(1934): "Staatslehre" (1934), jetzt in: *Gesammelte Schriften*, 3 Bde., Leiden 1971, III 79-406

D. Henrich (1958/59): "Hegels Theorie über den Zufall" (1958/59), jetzt in: (1967a), 157-186

___(1960): *Der Ontologische Gottesbeweis*, Tübingen 1960

___(1963a): "Anfang und Methode der Logik" (1963), jetzt in: (1967a), 73-94

___(1963b): "Die 'wahrhafte Schildkröte'. Zu einer Metapher in Hegels Schrift 'Glauben und Wissen'," in: *Hegel-Studien 2* (1963), 281-291

___(1965/66): "Hölderlin über Urteil und Sein," in: *Hölderlin-Jahrbuch 14* (1965/66), 73-96

___(1967a): *Hegel im Kontext*, 1967, Frankfurt ²1975

___(1967b): *Fichtes ursprüngliche Einsicht*, Frankfurt 1967

___(1974): "Formen der Negation in Hegels Logik" (1974), jetzt in: R.-P. Horstmann (1978), 213-229

___(1976a): *Identität und Objektivität. Eine Untersuchung über Kants transzendentale Deduktion*, Heidelberg 1976

___(1976b): "Hegels Grundoperation," in: *Der Idealismus und seine Gegenwart. Festschrift für W. Marx*, hg. von U. Guzzoni, B. Rang und L. Siep, Hamburg 1976, 208-230

____(1977): *Ist systematische Philosophie möglich?*, hg. von D. Henrich, Red. K. Cramer, Bonn 1977

____(1978a): *Die Wissenschaft der Logik und die Logik der Reflexion*, hg. von D. Henrich, Bonn 1978

____(1978b): "Hegels Logik der Reflexion. Neue Fassung," in: (1978a), 203-324

____(1979): *Hegels philosophische Psychologie*, hg. von D. Henrich, Bonn 1979

____(1982): *Selbstverhältnisse*, Stuttgart 1982

____(1983a): *Stuttgarter Hegel-Kongreß 1981. Kant oder Hegel? Über Formen der Begründung in der Philosophie*, hg. von D. Henrich, Stuttgart 1983

____(1983b): *G. W. F. Hegel, Philosophie des Rechts, Die Vorlesung von 1819/20 in einer Nachschrift*, hg. von D. Henrich, Frankfurt 1983

D. Henrich/R.-P. Horstmann (1982): *Hegels Philosophie des Rechts. Die Theorie der Rechtsformen und ihre Logik*, hg. von D. Henrich und R.-P. Horstmann, Stuttgart 1982

M. Hess (1837): "Die heilige Geschichte der Menschheit. Von einem Jünger Spinozas" (1837), jetzt in: (1961), 1-74

____(1841): "Die europäische Triarchie" (1841), jetzt in: (1961), 65-166

____(1843): "Philosophie der That" (1843), jetzt in: (1961), 210-226

____(1961): *Philosophische und sozialistische Schriften 1837-1850. Eine Auswahl*, hg. von A. Cornu und W. Mönke, Berlin 1961

D. Hilbert (1899): *Grundlagen der Geometrie*, 1899, Leipzig/Berlin 1909

H. F. W. Hinrichs (1854): *Das Leben in der Natur. Bildungs- und Entwicklungsstufen desselben in Pflanze, Thier und Mensch*, Halle 1854

W. Hochkeppel (1970): "Dialektik als Mystik," in: G.-K. Kaltenbrunner (1970), 69-92

O. Höffe (1980): *Naturrecht, ohne naturalistischen Fehlschluß: ein rechtsphilosophisches Programm*, Wien 1980

G. Höhn (1971): "Die Geburt des Nihilismus und die Wiedergeburt des Logos. F. H. Jacobi und Hegel als Kritiker der Philosophie," in: K. Hammacher (1971), 281-300

V. Hösle (1982): "Platons Grundlegung der Euklidizität der Geometrie," in: *Philologus 126* (1982), 180-197

____(1983): Rezension zu: O. D. Brauer, *Dialektik der Zeit*, Stuttgart-Bad Cannstatt 1982, in: *Philosophische Rundschau 30* (1983), 299-303

____(1984a): *Wahrheit und Geschichte. Studien zur Struktur der Philosophiegeschichte unter paradigmatischer Analyse der Entwicklung von Parmenides bis Platon*, Stuttgart-Bad Cannstatt 1984

____(1984b): *Die Vollendung der Tragödie im Spätwerk des Sophokles*, Stuttgart-Bad Cannstatt 1984

____(1984c): "Zu Platons Philosophie der Zahlen und deren Mathematischer und philosophischer Bedeutung," in: *Theologie und Philosophie 59* (1984), 321-355

____(1984d): "Hegels 'Naturphilosophie' und Platons 'Timaios' — ein Strukturvergleich," in: *Philosophia Naturalis 21* (1984), 64-100

____(1984e): Rezension zu: Q. Lauer, *Hegel's Concept of God*, Albany 1982, in: *Theologie und Philosophie 59* (1984), 109-111

____(1985a): Rezension zu: D. Wandschneider, *Raum, Zeit, Relativität*, Frankfurt 1982, in: *Theolgie und Philosophie 60* (1985), 144-145

____(1985b): "Einführung," in: Raimundus Lullus, *Die neue Logik. Logica Nova*, textkritisch hg. von Ch. Lohr, übs. von V. Hösle und W. Büchel, mit einer Einführung von V. Hösle, Hamburg 1985, IX-LXXXII, LXXXVII-XCIV

____(1986a): "Eine unsittliche Sittlichkeit. Hegels Kritik an der indischen Kultur," in: *Moralität und Sittlichkeit*, hg. von W. Kuhlmann, Frankfurt 1986, 136-182

____(1986b): "Raum, Zeit, Bewegung," in: M. J. Petry (1986a), 247-292

____(1986c): "Pflanze und Tier," in: M. J. Petry (1986a), 377-422

____(1986d): "Die Transzendentalpragmatik als Fichteanismus der Intersubjektivität," in: *Zeitschrift für philosophische Forschung 40* (1986), 235-252

____(1986e): "Die Stellung von Hegels Philosophie des objektiven Geistes in seinem System und ihre Aporien," in: Ch. Jermann (1986b), 11-53

____(1986f): "Das abstrakte Recht," in: Ch. Jermann (1986b), 55-99

____(1986g): "Der Staat," in: Ch. Jermann (1986b), 183-226

____(1986h): "La antropología en Fichte," in: *La evolución, el hombre y el humano*, hg. von R. Sevilla, Tübingen 1986, 113-130

____(1986i): Rezension zu: W. Jaeschke, *Die Religionsphilosophie Hegels*, Darmstadt 1983, in: *Hegel-Studien 21* (1986), 244-246

____(1987a): "Moralische Reflexion und Institutionenzerfall. Zur Dialektik von Aufklärung und Gegenaufklärung," erscheint in: *Hegel-Jahrbuch 1987* (oder 1986)

____(1987b): "Begründungsfragen des objektiven Idealismus," erscheint in: *Philosophie und Begründung*, hg. von W. Köhler, W. Kuhlmann und P. Rohs, Frankfurt 1987

____(1987c): "Carl Schmitts Kritik an der Selbstaufhebung einer wertneutralen Verfassung in 'Legalität und Legitimität'," in: *Deutsche Vierteljahrsschrift 61* (1987), 3-36

____(1987d): "Was darf und was soll de Staat bestrafen? Überlegungen im Anschluß an Fichtes und Hegels Straftheorien," erscheint in: *Moralität und Sittlichkeit. Beiträge zur Rechtsphilosophie des deutschen Idealismus*, hg. von V. Hösle, Stuttgart-Bad Cannstatt 1987

____(1987e): "Tragweite und Grenzen der evolutionären Erkenntnistheorie," erscheint in: *Zeitschrift für allgemeine Wissenschaftstheorie 18* (1987)

J. Hoffmeister (1934): *Die Problematik des Völkerbundes bei Kant und Hegel*, Tübingen 1934

W. Hogrebe (1974): *Kant und das Problem einer transzendentalen Semantik*, Freiburg/München 1974

H. H. Holz (1968): *Herr und Knecht bei Leibniz und Hegel*, Neuwied/ Berlin 1968

R.-P. Horstmann (1972): "Probleme der Wandlung in Hegels Jenaer Systemkonzeption," in: *Philosophische Rundschau 19* (1972), 87-118

____(1977): "Jenaer Systemkonzeptionen," in: *Hegel*, hg. von O. Pöggeler, Freiburg/München 1977, 43-58

____(1978): *Seminar: Dialektik in der Philosophie Hegels*, hg. und eingeleitet von R.-P. Horstmann, Frankfurt 1978

G. Hugo (1821): Rezension zu: G. W. F. Hegel, *Grundlinien der*

Philosophie des Rechts, Berlin 1821, jetzt in: M. Riedel (1975), I 67-71

K.-Th Humbach (1962): *Das Verhältnis von Einzelperson und Gemeinschaft nach Josiah Royce*, Heidelberg 1962

C. K. Hunter (1973): *Der Interpersonalitätsbeweis in Fichtes früher angewandter praktischer Philosophie*, Meisenheim 1973

J. Hyppolite (1946): *Genèse et structure de la Phénoménologie de l'Esprit de Hegel*, Paris 1946

I. Iljin (1946): *Die Philosophie Hegels als kontemplative Gotteslehre*, Bern 1946

K.-H. Ilting (1971): "Die Struktur der Hegelschen Rechtsphilosophie" (1971), jetzt in: M. Riedel (1975), II 52-78

_____(1982a): "Rechtsphilosophie als Phänomenologie des Bewußtseins der Freiheit," in: D. Henrich/R.-P. Horstmann (1982), 225-254

_____(1983): *G. W. F. Hegel, Die Philosophie des Rechts. Die Mitschriften Wannenmann (Heidelberg 1817/18) und Homeyer (Berlin 1818/19)*, hg. von K.-H. Ilting, Stuttgart 1983

J. Israel (1979): *Der Begriff Dialektik*, Reinbek 1979

M. Ivaldo (1983): *Fichte. L'assoluto e l'immagine*, Roma 1983

D. Jähnig (1966ff.): *Schelling. Die Kunst in der Philosophie*, 2 Bde., Pfullingen 1966-1969

W. Jaeschke (1977): Rezension zu: L. B. Puntel, *Darstellung, Methode und Struktur. Untersuchungen zur Einheit der systematischen Philosophie G. W. F. Hegels*, Bonn 1973, in: *Hegel-Studien 12* (1977), 210-214

_____(1981): "Absolute Idee—absolute Subjektivität. Zum Problem der Persönlichkeit Gottes in der Logik und in der Religionsphilosophie," in: *Zeitschrift für philosophische Forschung 35* (1981), 358-416

_____(1982): "Kunst und Religion," in: *Die Flucht in den Begriff. Materialien zu Hegels Religionsphilosophie*, hg. von F. W. Graf und F. Wagner, Stuttgart 1982, 163-195

_____(1983a): *Die Religionsphilosophie Hegels*, Darmstadt 1982

_____(1983b): "Die Flucht vor dem Begriff. Ein Jahrzehnt Literatur zur Religionsphilosophie (1971-1981)," in: *Hegel-Studien 18* (1983), 295-354

M. Jammer (1980): *Das Problem des Raumes*, Darmstadt ²1980

W. Janke (1970): *Fichte*, Berlin 1970

Ch. Jermann (1986a): *Philosophie und Politik. Untersuchungen zur Struktur und Problematik des platonischen Idealismus*, Stuttgart-Bad Cannstatt 1986

____(1986b): *Anspruch und Leistung von Hegels "Rechtsphilosophie,"* hg. von Ch. Jermann, Stuttgart-Bad Cannstatt 1986 (oder 1987)

____(1986c): "Die Moralität," in: (1986b), 101-144

____(1986d): "Die Familie. Die bürgerliche Gesellschaft," in: (1986b), 145-182

C. M. Kahle (1845): *Darstellung und Critik der Hegelschen Rectsphilosophie*, Berlin 1845

____(1846): *Die speculative Staatslehre oder Philosophie des Rechts*, Berlin 1846

G.-K. Kaltenbrunner (1970): *Hegel und die Folgen*, hg. von G.-K. Kaltenbrunner, Freiburg 1970

A. Kaufmann (1965): *Die ontologische Begründung des Rechts*, hg. von A. Kaufmann, Darmstadt 1965

F. Kaulbach (1972): "Hegels Stellung zu den Einzelwissenschaften," in: *Weltaspekte der Philosophie. R. Berlinger zum 26. Oktober 1972*, hg. von W. Beierwaltes und W. Schrade, Amsterdam 1972, 181-206

J. v. Kempsky (1951): "'Voraussetzungslosigkeit'. Eine Studien zur Geschichte eines Wortes" (1951), jetzt in: *Brechungen*, Reinbek 1964, 140-159

W. Kern (1980): "Dialektik und Trinität in der Religionsphilosophie Hegels," in: *Zeitschrift für Katholische Theologie 102* (1980), 129-155

Th. Kesselring (1981a): "Voraussetzungen und dialektische Struktur des Anfangs der Hegelschen Logik," in: *Zeitschrift für philosophische Forschung 35* (1981), 563-584

____(1981b): *Entwicklung und Widerspruch: ein Vergleich zwischen Piagets genetischer Erkenntnistheorie und Hegels Dialektik*, Frankfurt 1981

____(1984): *Die Produktivität der Antinomie. Hegels Dialektik im Lichte der genetischen Erkenntnistheorie und der formalen Logik*, Frankfurt

1984

J. M. Keynes (1971ff.): *The collected writings*, bisher 29 Bde., London/ Basingstoke 1971ff.

H. Kiesewetter (1974): *Von Hegel zu Hitler*, Hamburg 1974

H. Kimmerle (1967): "Dokumente zu Hegels Jenaer Dozententätigkeit (1801-1807)", hg. von H. Kimmerle, in: *Hegel-Studien 4* (1967), 21-99

____(1969): "Die von Rosenkranz überlieferten Texte Hegels aus der Jenaer Zeit. Eine Untersuchung ihres Quellenwertes", in: *Hegel-Studien 5* (1969), 83-94

____(1970): *Das Problem der Abgeschlossenheit des Denkens. Hegels "System der Philosophie" in den Jahren 1800-1804*, Bonn 1970

____(1973): "Ideologiekritik der systematischen Philosophie", in: *Hegel-Jahrbuch 1973*, 85-101

P. Klee (1976): *Schriften. Rezensionen und Aufsätze*, hg. von Ch. Geelhaar, Köln 1976

E. F. Klein (1976): *Grundsätze des gemeinen deutschen und preußischen peinlichen Rechts*, Halle 1796

P. Kluckhohn (1941): "Die Arten des Dramas", in: *Deutsche Vierteljahresschrift 19* (1941), 241-278

M. Köhler (1982): *Die bewußte Fahrlässigkeit: eine strafrechtlich-rechtsphilosophische Untersuchung*, Heidelberg 1982

W. Kohlschmidt (1953): "Nihilismus der Romantik" (1953), jetzt in: D. Arendt (1974), 79-98

A. Kojève (1947): *Introduction à la lecture de Hegel*, Paris 1947

A. Koyré (1957): *Von der geschlossenen Welt zum unendlichen Universum* (engl. 1957), Frankfurt 1980

H. Krämer (1982): *Platone e I fondamenti della metafisica*, Milano 1982

____(1983): "Die Ältere Akademie", in: *Die Philosophie der Antike, Bd. 3: Ältere Akademie—Aristoteles—Peripatos*, hg. von H. Flashar, Basel/Stuttgart 1983, 1-174

____(1984): Artikel "Noesis Noeseos", in: *Historisches Wörterbuch der Philosophie*, hg. von J. Ritter und K. Gründer, Bd. 6, Basel/Stuttgart 1984, Sp. 871-873

_____(1985): "Funktions- und Reflexionsmöglichkeiten der Philosophie-historie," in: *Zeitschrift für allgemeine Wissenschaftstheorie 16* (1985), 67-95

M. Kriele (1975): *Einführung in die Staatslehre*, Reinbek 1975

W. Krohn (1972): *Die formale Logik in Hegels 'Wissenschaft der Logik'*, München 1972

R. Kroner (1921ff.): *Von Kant bis Hegel*, 2 Bde., 1921-1924, Tübingen ³1977

W. Tr. Krug (1830ff.): *Gesammelte Schriften*, 12 Bde., Leipzig 1830-1841

H. Krumpel (1972): *Zur Moralphilosophie Hegels*, Berlin 1972

W. Kuhlmann/D. Böhler (1982): *Kommunikation und Reflexion. Zur Diskussion der Transzendentalpragmatik*, hg. von W. Kuhlmann und D. Böhler, Frankfurt 1982

H. Kuhn (1931): *Die Vollendung der klassischen deutschen Ästhetik durch Hegel*, Berlin 1931

F. v. Kutschera/A. Breitkopf(1979): *Einführung in die moderne Logik*, Freiburg/München ⁴1979

B. Lakebrink (1968): *Die europäische Idee der Freiheit, Tl. I: Hegels Logik und die Tradition der Selbstbestimmung*, Leiden 1968

_____(1979ff.): *Kommentar zu Hegels "Logik" in seiner "Enzyklopädie" von 1830*, 2 Bde., Freiburg/München 1979-1985

P. Landau (1973): "Hegels Begründung des Vertragsrechts (1973)," jetzt in: M. Riedel (1975), II 176-197

K. Larenz (1927): *Hegels Zurechnungslehre und der Begriff der objektiven Zurechnung*, Leipzig 1927

_____(1932): "Hegel und das Privatrecht," in: *Verhandlungen des zweiten Hegelkongresses vom 18. bis 21. Oktober 1931 in Berlin*, hg. von B. Wigersma, Tübingen/Haarlem 1932, 135-148

_____(1934): "Die Rechts-und Staatsphilosophie des deutschen Idealismus und ihre Gegenwartsbedeutung," in: *G. Holstein/K. Larenz, Staatsphilosophie=Handbuch der Philosophie IV D*, München/Berlin 1934, 89-188

_____(1937/38): "Hegels Nürnberger Schriften in ihrer Bedeutung für die Entwicklung seiner Rechts- und Staatsphilosophie," in: *Archiv für*

Rechts- und Sozialphilosophie 31 (1937/38), 358-370

____(1940): *Hegelianimus und preußische Staatsidee. Die Staatsphilosophie Joh. Ed. Erdmanns und das Hegelbild des 19. Jahrhunderts*, Hamburg 1940

____(1981): *Lehrbuch des Schuldrechts, Bd. 2: Besonderer Teil*, München ¹²1981

F. Lassale (1861): "Die Hegel'sche und die RosenkrnazischeLogik und die Grundlage der Hegel'schen Geschichtsphilosophie im Hegel'schen System," in: *Der Gedanke 2* (1861), 123-150

A. Lasson (1882): *System der Rechtsphilosophie*, Berlin/Leipzig 1882

____(1906): *Das Kunstideal und der Krieg*, Berlin ²1906

G. Lasson(1916): *Was heißt Hegelianismus?*, *Philosophische Vorträge, Nr. 11*, Berlin 1916

____(1932): Einleitung des Herausgebers, zu: *G. W. F. Hegel, Wissenschaft der Logik*, hg. von G. Lasson, Leipzig ²1932, XV-CVI

M. Laue (1911): *Das Relativitätsprinzip*, Braunschweig 1911

Q. Lauer (1982): *Hegel's Concept of God*, Albany 1982

R. Lauth (1962/63): "Die Bedeutung der Fichteschen Philosophie für die Gegenwart," in: *Philosophisches Jahrbuch 70* (1962/63), 252-270

____(1971): "Fichtes Verhältnis zu Jacobi unter besonderer Berücksichtigung der Rolle Friedrich Schlegels in dieser Sache," in: K. Hammacher (1971), 165-197

____(1984): *Die transzendentale Naturlehre Fichtes nach den Prinzipien der Wissenschaftslehre*, Hamburg 1984

G. Le Bon (1895): *Psychologie der Massen* (frz. 1895), Stuttgart ¹⁵1982

H. Lenk (1968): *Kritik der logischen Konstanten*, Berlin 1968

A. Léonard (1974): *Commentaire littéral de la logique de Hegel*, Paris/Louvain 1974

R. Leuze (1975): *Die außerchristlichen Religionen bei Hegel*, Göttingen 1975

B. Liebrucks (1964ff.): *Sprache und Bewußtsein*, 7 Bde., Frankfurt 1964-1979

D. Liebs (1975): *Römisches Recht*, Göttingen 1975

Th. Litt (1919): *Individuum und Gemeinschaft*, 1919, Leipzig ³1926

_____(1953): *Hegel. Versuch einer kritischen Erneuerung*, Heidelberg 1953

K. Löwith (1953): *Weltgeschichte und Heilsgeschehen*, Stuttgart 1953

_____(1964): "Hegels Aufhebung der christlichen Religion," in: *Heidelberger Hegel-Tage 1962*, hg. von H.-G. Gadamer, Bonn 1964, 193-236

_____(1979): "Die Ausführung von Hegels Lehre vom subjektiven Geist durch Karl Rosenkranz," in: D. Henrich (1969), 227-234

D. Losurdo (1983): *Hegel questione nazionale restaurazione*, Urbino 1983

G. Lukács (1948): *Der junge Hegel*, 1948, Frankfurt 1973

_____(1963): *Die Eingenart des Ästhetischen*, 2 Hbbde., Neuwied/Berlin 1963

C. B. Macpherson (1962): *Die politische Theorie des Besitzindividualismus* (engl. 1962), Frankfurt 1973

J./E. McTaggart (1910): *A Commentary of Hegel's Logic*, 1910, New York, 1964

Th. Mann (1930): "Über die Ehe. Brief an den Grafen Hermann Keyserling," in: Th. Mann, *Gesammelte Werke: Die Forderung des Tages. Reden und Aufsätze aus den Jahren 1925-1929*, Berlin 1930, 165-183

R. Marcic (1970): "Hegel und das Recht," in: G.-K. Kaltenbrunner (1970), 182-212

H. Marcuse (1932): *Hegels Ontologie und die Theorie der Geschichtlichkeit*, 1932, Frankfurt ²1968

Karl Marx/Friedrich Engels (1982): *Gesamtausgabe*, Bd. I, 2, 1, Berlin 1982

A. Masullo (1979): "Das Unbewußte in Hegels Philosophie des subjektiven Geistes," in: D. Henrich (1979), 27-63

R. K. Maurer (1968): "Teleologische Aspekte der Hegelschen Philosophie" (1968), jetzt in: *Hegel und das Ende der Geschichte*, Freiburg/München ²1980, 173-207

K. Mayer-Moreau (1910): *Hegels Socialphilosophie*, Tübingen 1910

F. Meinecke (1924): Werke, Bd. I: *Die Idee der Staatsräson in der neueren Geschichte* (1924), hg. von W. Hofer, München ³1963

K. R. Meist (1980): "Hegels Systemkonzeption in der frühen Jenaer

Zeit," in: Hegel in Jena, hg. von D. Henrich und K. Düsing, Bonn 1980, 59-79

Ph. Merlan (1934): "Beiträge zur Geschichte des antiken Platonismus I: Zur Erklärung der dem Aristoteles zugeschriebenen Kategorienschrift," in: *Philologus 89* (1934), 35-53

_____(1971): "Ist die 'These-Antithese-Synthese' -Formel unhegelisch?," in: *Archiv für Geschichte der Philosophie 53* (1971), 35-40

P. Méthais (1974): "Contrat et volonté générale selon Hegel et Rousseau," in: *Hegel et le Siècle des Lumières*, hg. von J. D'Hondt, Paris 1974, 101-148

E. Metzke (1929): *Karl Rosenkranz und Hegel*, Leipzig 1929

J. van de Meulen (1958): *Hegel. Die gebrochene Mitte*, Hamburg 1958

C. L. Michelet (1831): Rezension zu: Troxler, *Logik*, 3 Bde., Stuttgart/Tübingen 1829-1830, in: *Jahrbücher für wissenschaftliche Kritik 1831* (1), Sp. 680-700

_____(1832): "Einleitung in Hegel's philosophischen Abhandlungen," in: *G. W. F. Hegel's Werke, Bd. I: G. W. F. Hegel's philosophische Abhandlungen*, hg. von K. L. Michelet, Berlin 1832, I-LI

_____(1837f.): *Geschichte der letzten Systeme der Philosophie in Deutschland von Kant bis Hegel*, 2 Bde., Berlin 1837-1838

_____(1838): Rezension zu: A. v. Cieszkowski, *Prolegomena zur Historiosophie*, Berlin 1838, in: *Jahrbücher für wissenschaftliche Kritik 1838* (2), Sp. 785-798

_____(1840): *Anthropologie und Psychologie oder die Philosophie des subjectiven Geistes*, Berlin 1840

_____(1846): "Die Frage des Jahrhunderts," in: *Jahrbücher für speculative Philosophie 1* (1846), Heft 2, 90-101

_____(1849): *Die gesellschaftliche Frage in ihrem Verhältnisse zum freien Handel*, Berlin 1849

_____(1859f.): *Die Geschichte der Menschheit in ihrem Entwicklungsgange seit dem Jahre 1775 bis auf die neuesten Zeiten*, 2 Bde., Berlin 1859-1860

_____(1861): "Logik und Metaphysik: Rosenkranz und Hegel," in: *Der Gedanke 1* (1861), 20-58, 81-111

_____ (1866): _Naturrecht oder Rechts-Philosophie als die praktische Philosophie_, 2 Bde., Berlin 1866

_____ (1870): _Hegel, der unwiderlegte Weltphilosoph_, Leipzig 1870

_____ (1876ff.): _Das System der Philosophie als exacter Wissenschaft enthaltend Logik, Naturphilosophie und Geistesphilosophie_, 4 Bde., Berlin 1876-1881

J. Monod (1970): _Zufall und Notwendigkeit_ (frz. 1970), München ³1977

A. Moretto (1984): _Hegel e la "matematica dell' infinito,"_ Trento 1984

G. E. Mueller (1958): "The Hegel-Legend of 'Thesis-Antithesis-Synthesis'," in: _Journal of History of Ideas 19_ (1958), 411-414

_____ (1959): _Hegel_, Bern/München 1959

G. R. G. Mure (1950): _A Study of Hegel's Logic_, 1950, Oxford 1959

F. Nicolin (1960): "Hegels Arbeiten zur Theorie des subjektiven Geistes," in: _Erkenntnis und Verantwortung. Festschrift für Th. Litt_, hg. von J. Derbolav und F. Nicolin, Düsseldorf 1960, 356-374

_____ (1967): "Zum Titelproblem der Phänomenologie des Geistes," in: _Hegel-Studien 4_ (1967), 113-123

L. Noack (1846): "Die Jahrbücher für speculative Philosophie. Zur Einleitung," in: _Jahrbücher für speculative Philosophie 1_ (1846), 3-26

A. Nowak (1971): _Hegels Musikästhetik_, Regensburg 1971

L. Oeing-Hanhoff (1977): "Hegels Trinitätslehre," in: _Theologie und Philosophie 52_ (1977), 378-407

W. Oelmüller (1959): _Friedrich Theodor Vischer und das Problem der nachhegelschen Ästhetik_, Stuttgart 1959

T. Oizerman (1982): "Zur Frage einer positiven Bewertung der Widersprüche der Rechtsphilosophie Hegels," in: D. Henrich/R.-P. Horstmann (1982), 277-304

H. B. Oppenheim (1850): _Philosophie des Rechts und der Gesellschaft_, Stuttgart 1850

J. Ortega y Gasset (1954ff.): _Gesammelte Werke_, 4 Bde., Stuttgart 1954-1956

H. Ottmann (1973): _Das Scheitern einer Einleitung in Hegels Philosophie_, München/Salzburg 1973

_____ (1977): _Individuum und Gemeinschaft bei Hegel, Bd. I: Hegel im_

Spiegel der Interpretationen, Berlin/New York 1977

____(1982): "Hegelsche Logik und Rechtsphilosophie. Unzulängliche Bemerkungen zu einem ungelösten Problem," in: D. Henrich/R.-P. Horstmann (1982), 382-392

M. Pasch (1882): *Vorlesungen über neuere Geometrie*, 1882, Leipzig/ Berlin ²1912

G. Patzig (1969): *Die aristotelische Syllogistik*, Göttingen ³1969

H. E. G. Paulus (1821): Rezension zu: G. W. F. Hegel, *Grundlinien der Philosophie des Rechts*, Berlin 1821 (1821), jetzt in: M. Riedel (1975), I 53-66

A. v. Pechmann (1980): *Die Kategorie des Maßes in Hegels "Wissenschaft der Logik,"* Köln 1980

Ch. S. Peirce/W. T. Harris (1868): "Nominalismus versus Realismus" (engl. 1868), jetzt in: R.-P. Horstmann (1978), 177-193

R. Pelzer (1962): "Studien über Hegels ethische Theoreme," Diss. Frankfurt 1962, in: *Archiv für Philosophie 13* (1964), 3-49

A. Peperzak (1982a): "Hegels Pflichten- und Tugendlehre," in: *Hegel-Studien 17* (1982), 97-117

____(1982b): "Zur Hegelschen Logik," in: D. Henrich/R.-P. Horstmann (1982), 103-131

M. J. Petry (1970): *Hegel's Philosophy of Nature*, edited and translated by M. J. Petry, 3 Bde., London/New York 1970

____(1978): *Hegel's Philosophy of Subjective Spirit*, edited translated by M. J. Petry, 3 Bde., Dordrecht/Boston 1978

____(1981): "Hegels Naturphilosophie—die Notwendigkeit einer Neubewertung," in: *Zeitschrift für philosophische Forschung 35* (1981), 614-628

____(1986a): *Hegel und die Naturwissenschaften*, hg. von M. J. Petry, Stuttgart-Bad Cannstatt 1986 (oder 1987)

____(1986b): "Hegels Verteidigung von Goethes Farbenlehre gegenüber Newton," in: (1986a), 323-347

A. A. Piontkowski (1947): *Hegels Lehre über Staat und Recht und seine Strafrechtstheorie* (russ. 1947), Berlin 1960

A. Pitt (1971): *Die dialektische Bestimmung der Natur in der Philosophie*

Hegels und der statistische Charakter der quantenmechanischen Naturbeschreibung, Diss. Freiburg 1971

H. Plessner (1975): *Die Stufen des Organischen und der Mensch*, Berlin ³1975

O. Pöggeler (1961): "Zur Deutung der Phänomenologie des Geistes," in: *Hegel-Studien 1* (1961), 255-294

____(1966): "Die Komposition der Phänomenologie des Geistes" (1966), jetzt in: H. F. Fulda/D. Henrich (1973), 329-390

____(1969): "Hegel, der Verfasser des ältesten Systemprogramms des deutschen Idealimus," in: *Hegel-Tage Urbino 1965. Vorträge*, hg. von H.-G. Gadamer, Bonn 1969, 17-32

____(1970): "Hegel und die Anfänge der Nihilismus-Diskussion" (1970), jetzt in: D. Arendt (1974), 307-349

____(1982): "Der junge Hegel und die Lehre vom weltgeschichtlichen Individuum," in: D. Henrich/R.-P. Horstmann (1982), 17-37

K. Popper (1940): "Was ist Dialektik?" (engl. 1940), jetzt in: *Logik der Sozialwissenschaften*, hg. von E. Topitsch, Köln/Berlin 1965, 262-290

____(1965): *Das Elend des Historizismus*, Tübingen 1965

A. Portmann (1970): Vorwort zu: J. v. Uexküll/G. Kriszat, *Streifzüge durch die Umwelten von Tieren und Menschen. Bedeutungslehre*, mit einem Vorwort von A. Portmann und einer Einleitung von Th. v. Uexküll, Frankfurt 1970

I. Prigogine (1979): *Vom Sein zum Werden*, 1979, München/Zürich ³1982

L. B. Puntel (1973): *Darstellung, Methode und Struktur. Untersuchungen zur Einheit der systematischen Philosophie G. W. F. Hegels*, Bonn 1973

____(1977): "Hegels 'Wissenschaft der Logik' — eine systematische Semantik?," in: D. Henrich (1977), 611-630

____(1983): "Transzendentaler und absoluter Idealismus," in: D. Henrich (1983a), 198-229

G. Radbruch (1973): *Rechtsphilosophie*, hg. von E. Wolf und H.-P. Schneider, Stuttgart ⁸1973

H. Rademaker (1979): *Hegels 'Wissenschaft der Logik'*, Wiesbaden 1979

M. Ravera (1974): Studi sul teismo speculativo tedesco, Milano 1974 _____(o. J.): "Il problema del brutto nell'estetica dell'idealismo. Da Hegel a Rosenkranz," in: *Estetica posthegeliana. Figure e problemi*, Milano o. J., 47-67

H. A. Reyburn (1921): *The ethical theory of Hegel. A Study of the Philosophy of Right*, Oxford 1921

U. Richli (1982): *Form und Inhalt in G. W. F. Hegels "Wissenschaft der Logik"*, Wien/München 1982

M. Riedel (1965): *Theorie und Praxis im Denken Hegels*, Stuttgart u. a. 1965

_____(1969): *Studien zu Hegels Rechtsphilosophie*, Frankfurt 1969

_____(1970a): "Hegel und Marx. Die Neubestimmung des Verhältnisses von Theorie und Praxis," in: G.-K. Kaltenbruner (1970), 273-294

_____(1970b): *Bürgerliche Gesellschaft und Staat*, Neuwied/Berlin 1970

_____(1975): *Materialien zu Hegels Rechtsphilosophie*, hg. von M. Riedel, 2 Bde., Frankfurt 1975

J. Ritter (1962): "Person und Eigentum. Zu Hegels 'Grundlinien der Philosophie des Rechts' §§34-81," in: M. Riedel (1975), II 142-175

H. Röttges (1976): *Der Begriff der Methode in der Philosophie Hegels*, Meisenheim 1976

P. Rohs (1969): *Form und Grund. Interpretation eines Kapitels der Hegelschen Wissenschaft der Logik*, Bonn 1969

K. Rosenkranz (1834): *Hegel. Sendschreiben an C. F. Bachmann*, Königsberg 1834

_____(1835): "Probe eines Commentar's zu Hegels Lehre vom Raum und Zeit" (1835), in: *Kritische Erläuterungen des Hegel'schen Systems Königsberg 1840*, 107-136

_____(1836a): Rezension zu: Hegel's *Vorlesungen über die Ästhetik*, 1. Tlbd., Berlin 1835, in: *Jahrbücher für wissenschaftliche Kritik 1836 (1)*, Sp. 1-15, 17-20

_____(1836b): "Eine Parallele zur Religionsphilosophie" (1836), in: *Studien, Bd. 1*, Berlin 1839, 116-154

_____(1837): *Psychologie oder die Wissenschaft vom subjectiven Geist*, Königsberg 1837

_____(1838): "Ueber Hegel's Eintheilung der Naturwissenschaften," in:

Hallische Jahrbücher für deutsche Wissenschaft und Kunst 1 (1838),
Sp. 2137-2140, 2145-2149, 2153-2156, 2161-2164

____(1839): Rezension zu: Hegel's *Vorlesungen über die Ästhetik*, 2. und
3. Tlbd., Berlin 1837-1838, in: *Jahrbücher für wissenschaftliche Kritik
1839 (1)*, Sp. 363-390

____(1840): Vorwort in: G. W. F. Hegel, *Philosophische Propädeutik,
Gymnasialreden und Gutachten über den Philosophie-Unterricht*, mit
einem Vorwort von K. Rosenkranz (1840), jetzt in: G. W. F. Hegel,
Sämtliche Werke, Jubiläumsausgabe in 20 Bänden, hg. von H.
Glockner, Bd. 3, Stuttgart 1927, 3-20

____(1844): *Georg Wilhelm Friedrich Hegels Leben*, Berlin 1844, Nach-
druck Darmstadt 1977

____(1846): *Die Modificationen der Logik, abgeleitet aus dem Begriff des
Denkens* = Studien, Bd. 3, Leipzig 1846

____(1850): *System der Wissenschaft*, Königsberg 1850

____(1852): *Meine Reform der Hegelschen Philosophie. Sendschreiben an
Herrn Dr. I. U. Wirth*, Königsberg 1852

____(1853): *Ästhetik des Hässlichen*, Königsberg 1853

____(1858f.): *Wissenschaft der logischen Idee*, 2 Bde., Königsberg 1858-
1859

____(1862): *Epilegomena zu meiner Wissenschaft der logischen Idee. Als
Replik gegen die Kritik der Herren MICHELET und LASSALE*, Königs-
berg 1862

____(1870): *Erläuterungen zu Hegel's Encyklopädie der philosophischen
Wissenschaften*, Leipzig 1870

F. Rosenzweig (1920): *Hegel und der Staat*, 2 Bde., München/Berlin
1920

M. Rossi (1960): *Da Hegel a Marx II: Il sistema hegeliano dello Stato*,
1960, Milano 1976

J. Royce (1919): *Lectures on modern idealism*, New Haven 1919

____(1968): *The Problem of Christianity*, with a new introduction by J. E.
Smith, Chicago/London 1968

____(1969): *The Basic Writings*, ed. by J. J. McDermott, 2 Bde., Chicago
1969

A. Ruge (1840): "Zur Kritik des gegenwärtigen Staats- und Völkerrechts," in: *Hallische Jahrbücher für deutsche Wissenschaft und Kunst 3* (1840), Sp. 1201-1204, 1209-1212, 1217-1221, 1225-1230, 1233-1243

____(1842): "Die Hegelsche Rechtsphilosophie und die Politik unserer Zeit" (1842), jetzt in: M. Riedel (1975), I 323-349

B. Russell (1903): *The Principles of Mathematics*, Vol. I, Cambridge 1903

____(o. J.): *Einführung in die mathematische Philosophie*, Wiesbaden o. J.

A. Sarlemijn (1971): *Hegelsche Dialektik*, Berlin/New York 1971

F. C. v. Savigny (1840 ff.): *System des heutigen Römischen Rechts*, 8 Bde., Berlin 1840-1849

J. Schaller (1837): *Die Philosophie unserer Zeit. Zur Apologie und Erläuterung des Hegelschen Systems*, Leipzig 1837

Cl. A. Schleier (1980): *Analytischer Kommentar zu Hegels Phänomenologie des Geistes*, Freiburg 1980

W. Schild (1979): "Die Aktualität des Hegelschen Strafbegriffes," in: *Philosophische Elemente der Tradition des politischen Denkens*, hg. von E. Heintel, Wien/München 1979, 199-233

____(1981): "Der strafrechtsdogmatische Begriff der Zurechnung in der Rechtsphilosophie Hegels," in: *Zeitschrift für philosophische Forschung 35* (1981), 445-476

____(1982): "Das Gericht in Hegels Rechtsphilosophie," in: *Überlieferung und Aufgabe. Festschrift für E. Heintel*, hg. von H. Nagl-Docekal, Wien 1982, 267-294

E. Schmidhäuser (1974): "Selbstmord und Beteiligung am Selbstmord in strafrechtlicher Sicht," in: *Festschrift für H. Welzel*, hg. von G. Stratenwerth, A. Kaufmann u. a., Berlin/New York 1974, 801-822

C. Schmitt (1927): *Der Begriff des Politischen*, 1927, Berlin 1979

____(1932): *Legalität und Legitimität*, 1932, Berlin ³1980

H. Schmitz (1957): *Hegel als Denker der Individualität*, Meisenheim 1957

____(1982): "Die transzendentale Kommunikationsgemeinschaft bei Kant," in: W. Kuhlmann/D. Böhler (1982), 240-248

A. Schönke/H. Schröder (1982): *Strafgesetzbuch. Kommentar*, München ²¹1982

534

G. Schüler (1963): "Zur Chronologie von Hegels Jugendschriften," in:
Hegel-Studien 2 (1963), 111-159

W. Schulz (1955): *Die Vollendung des Deutschen Idealismus in der
Spätphilosophie Schellings*, 1955, Pfullingen ²1975

____(1963): *Das Problem der absoluten Reflexion*, Frankfurt 1963

K. Seelmann (1979): "Hegels Straftheorie in seinen 'Grundlinien der
Philosophie des Rechts'," in: *Juristische Schulung 1979*, 687-691

L. Siep (1970): *Hegels Fichtekritik und die Wissenschaftslehre von 1804*,
Freiburg/München 1970

____(1979): *Anerkennung als Prinzip der praktischen Philosophie.
Untersuchungen zu Hegels Jenaer Philosophie des Geistes*,
Freiburg/München 1979

____(1982): "Intersubjektivität, Recht und Staat in Hegels 'Grundlinien
der Philosophie des Rechts'," in: D. Henrich/R.-P. Horstmann
(1982), 255-276

(H. Ch. W. Sigwart) (1831): *Vermischte philosophische Abhandlungen,
zweites Bändchen: Kritik von Hegel's Encyklopädie der philosophischen
Wissenschaften, nach der zweiten Ausgabe. Heidelberg 1827*,
Tübingen 1831

J. Simon (1966): *Das Problem der Sprache bei Hegel*, Stuttgart u. a. 1966

C. I. Smith (1965): "Hegel on war," in: *Journal of the History of Ideas 26*
(1965), 282-285

J. E. Smith (1950): *Royce's Social Infinite. The Community of Interpretation*,
New York 1950

U. Spirito (1934): "Economia ed etica nel pensiero di Hegel," in:
*Verhandlungen des dritten Hegelkongresses von 19. bis 23. April
1933 in Rom*, hg. von B. Wigersma, Tübingen/Haarlem 1934, 214-
223

J. Splett (1965): *Die Trinitätslehre G. W. F. Hegels*, Freiburg/München
1965

W. Stegmüller (1979): *Hauptströmungen der Gegenwartsphilosophie*, Bd.
II, Stuttgart ⁶1979

L. Stein (1850): *Geschichte der socialen Bewegung in Frankreich von
1789 bis auf unsere Tage*, 3 Bde., Leipzig 1850

H. Stuke (1963): *Philosophie der Tat*, Stuttgart 1963

Th. Süß (1951): "Der Nihilismus bei F. H. Jacobi" (1951), jetzt in: D. Arendt (1974), 65-78

E. Sulz (1910): *Hegels philosophische Begründung des Strafrechts und deren Ausbau in den Deutschen Strafrechtswissenschaft*, Berlin/ Leipzig 1910

P. Szondi (1970): "Theorie des modernen Dramas, 1880-1950" (⁷1970), jetzt in: *Schriften I*, Frankfurt 1978, 9-148

____(1974): *Poetik und Geschichtsphilosophie*, 2 Bde., Frankfurt 1974

A. Tarski (1935): "Einige methodologische Untersuchungen über die Definierbarkeit der Begriffe," in: *Erkenntnis 5* (1935), 80-100

Ch. Taylor (1975): *Hegel* (engl. 1975), Frankfurt 1983

M. Theunissen (1970a): *Hegels Lehre vom absoluten Geist als theologisch-politischer Traktat*, Berlin 1970

____(1970b): *Die Verwirklichung der Vernunft. Zur Theorie-Praxis-Diskussion im Anschluß an Hegel*, Tübingen 1970 (=Philosophische Rundschau, Beiheft 6)

____(1975): "Begriff und Realität. Hegels Aufhebung des metaphysischen Wahrheitsbegriffs" (1975), jetzt in: R.-P. Horstmann (1978), 324-359

____(1978): *Sein und Schein. Die kritische Funktion der Hegelschen Logik*, Frankfurt 1978

____(1980): "Antwort," in: H. F. Fulda/R.-P. Horstmann/M. Theunissen, *Kritische Darstellung der Metaphysik*, Frankfurt 1980, 47-106

____(1982): "Die verdrängte Intersubjektivität in Hegels Philosophie des Rechts," in: D. Henrich/R.-P. Horstmann (1982), 317-381

F. Tönnies (1932): "Hegels Naturrecht," in: *Schmollers Jahrbuch 56* (1932), 71-85

E. Topitsch (1981): *Die Sozialphilosophie Hegels als Heilslehre und Herrschaftsideologie*, München ²1981

J. H. Trede (1975): "Phänomenologie und Logik," in: *Hegel-Studien 10* (1975), 173-209

A. Trendelenburg (1840): *Logische Untersuchungen*, 2 Bde., Berlin 1840

A. v. Trott zu Solz (1932): *Hegels Staatsphilosophie und das inter-*

nationale Recht, Göttingen 1932

H. Ulrici (1841): *Ueber Princip und Methode der Hegelschen Philosophie,* Halle 1841

___(1852): *System der Logik,* Leipzig 1852

___(1860): *Compendium der Logik,* Leipzig 1860

R. Valls Plana (1979): *Del yo al nosotros,* Barcelona ²1979

M. Villey (1975): "Das Römische Recht in Hegels Rechtsphilosophie," in: M. Riedel (1975), II 131-151

F. Th. Vischer (1843): "Plan zu einer neuen Gliederung der Äesthetik," in: *Jahrbücher der Gegenwart 1* (Dez. 1843), 345-346, 349-350, 355-356, 359-368

___(1846ff.): *Äesthetik oder Wissenschaft des Schönen,* 1846ff., hg. von R. Vischer, 6 Bde., München ²1922-1923

P. Vogel (1925): *Hegels Gesellschaftsbegriff und seine geschichtliche Fortbildung durch Lorenz Stein, Marx, Engels und Lassale,* Berlin 1925

F. Wagner (1971): *Der Gedanke der Persönlichkeit Gottes bei Fichte und Hegel,* Gütersloh 1971

F. D. Wagner (1974): *Hegels Philosophie der Dichtung,* Bonn 1974

K. Wais (1931): *Henrik Ibsen und das Problem des Vergangenen im Zusammenhang der gleichzeitigen Geistesgeschichte,* Stuttgart 1931

D. Wandschneider (1979): "Selbstbewußtsein als sich selbst erfüllender Entwurf," in: *Zeitschrift für philosophische Forschung 33* (1979), 499-520

___(1980): "Selbstbewußtsein. Forschungsbericht," in: *Information Philosophie 1980,* Heft 5, 2-6

___(1982): *Raum, Zeit, Relativität,* Frankfurt 1982

___(1984): Artikel "Notwendigkeit: III Neuzeit," in: *Historisches Wörterbuch der Philosophie,* hg. von J. Ritter und K. Gründer, Bd. 6, Basel/Stuttgart 1984, Sp. 971-981

___(1985a): "Die Absolutheit des Logischen und das Sein der Natur," in: *Zeitschrift für philosophische Forschung 39* (1985), 331-351

___(1985b): "Die Möglichkeit von Wissenschaft. Ontologische Aspekte der Naturforschung," in: *Philosophia Naturalis 22* (1985), 200-213

____(1986a): "Die Stellung der Natur im Gesamtentwurf der Hegelschen Philosophie," in: M. J. Petry (1986a), 33-64

____(1986b): "Die Kategorien 'Materie' und 'Licht' in der Naturphilosophie Hegels," in: M. J. Petry (1986a), 293-321

____(1986c): "Anfänge des Seelischen in der Natur," in: M. J. Petry (1986a), 443-475

D. Wandschneider/V. Hösle (1983): "Die Entäußerung der Idee zur Natur und ihre zeitliche Entfaltung als Geist bei Hegel," in: *Hegel-Studien 18* (1983), 173-199

C. Warnke (1972): "Aspekte des Zweckbegriffs in Hegels Biologieverständnis," in: *Zum Hegelverständnis unserer Zeit. Beiträge marxistisch-leninistischer Hegelforschung*, hg. von H. Ley, Berlin 1972, 224-252

Th. R. Webb (1980): "The Problem of Empirical Knowledge in Hegel's Philosophy of Nature," in: *Hegel-Studien 15* (1980), 171-186

E. Weil (1950): *Hegel et l'Etat*, Paris 1950

____(1961): *Philosophie morale*, Paris 1961

____(1979): "La 'Philosophie du droit' et la philosophie de l'histoire hégélienne," in: E. Weil u. a., *Hegel et la philosophie du Droit*, Paris 1979, 5-33

Ch. H. Weiße (1829): *Ueber den gegenwärtigen Standpunct der philosophischen Wissenschaft. In besonderer Beziehung auf das System Hegels*, Leipzig 1829

____(1830): *System der Aesthetik als Wissenschaft von der Idee der Schönheit*, 2 Bde., Leipzig 1830

____(1832): *Ueber das Verhältniß des Publicums zur Philosophie in dem Zeitpuncte von Hegel's Abscheiden*, Leipzig 1932

____(1835): *Grundzüge der Metaphysik*, Hamburg 1835

____(1838): Rezension zu: Hegel's *Vorlesungen über die Ästhetik*, Berlin 1835-1838, in: *Hallische Jahrbücher für deutsche Wissenschaft und Kunst 1* (1838), Sp. 1673-1676, 1681-1720

J. Weizenbaum (1976): *Die Macht der Computer und die Ohnmacht der Vernunft* (engl. 1976), Frankfurt ²1980

H. Welzel (1962): *Naturrecht und materiale Gerechtigkeit*, Göttingen

⁴1962

F. Wieacker (1974): "Die vertragliche Obligation bei den Klassikern des Vernunftrechts," in: *Festschrift für H. Welzel*, hg. von G. Stratenwerth, A. Kaufmann u. a., Berlin/New York 1974, 7-22

R. Wiehl (1979): "Das psychische System der Empfindung in Hegels 'Anthropologie'," in: D. Henrich (1979), 81-139

W. Wieland (1973): "Bemerkungen zum Anfang von Hegels Logik" (1973), jetzt in: R.-P. Horstmann (1978), 194-212

A. Wildt (1982): *Autonomie und Anerkennung. Hegels Moralitätskritik im Lichte seiner Fichte-Rezeption*, Stuttgart 1982

G. Wohlfart (1981): *Der spekulative Satz*, Berlin/New York 1981

M. Wolff (1981): *Der Begriff des Widerspruchs. Eine Studie zur Dialektik Kants und Hegels*, Königstein/Ts. 1981

J. Yerkes (1978): *The Christology of Hegel*, Missoula 1978

R. Zaczyk (1981): *Das Strafrecht in der Rechtslehre J. G. Fichtes*, Berlin 1981

Z. C. (1822): Rezension zu: G. W. F. Hegel, *Grundlinien der Philosophie des Rechts* (1822), jetzt in: M. Riedel (1975), I 100-145

E. Zeller (1843): "Die Philosophie und die Praxis. Einige Worte über das Verhältniß beider," in: *Jahrbücher der Gegenwart 1* (Dez. 1843), 321-323, 326-328, 330-332, 334-336

E. Ziesche (1975): "Unbekannte Manuskripte aus der Janaer und Nürnberger Zeit im Berliner Hegel-Nachlaß," in: *Zeitschrift für philosophische Forschung 29* (1975), 430-444

헤겔과 스피노자

"철학하기를 시작하는 자는 무엇보다도 먼저 스피노자주의자여야만 685
한다."[1] 스피노자에 관한 헤겔의 이 강조적인 말은 확실히, 플라톤과
아리스토텔레스를 비롯하여 그의 직접적인 선구자들인 칸트, 피히테
그리고 셸링과 더불어, "프랑스어 번역들의 비교를 통해"(Bd. 20,
S.160) 파울루스판 간행에 협력한 것에 이르기까지 헤겔이 매우 근본
적으로 관계했던 철학자인 이 사상가에 대한 특별한 친화성을 암시한
다. 물론 헤겔의 명시적인 스피노자 수용이나 18세기 후반 스피노자의
학설에 관해 멘델스존에게 보낸 야코비의 서한들과 함께 시작된 이 수
용의 맥락, 또는 헤겔의 스피노자 해석의 구체적인 성과나 결함이 이
글의 주제는 아니다. 가령 무신론이라는 비난에 대한 반작용으로서만
이해될 수 있는 스피노자의 '무우주론'(Akosmismus)에 대한 헤겔의
완고한 테제는 이 글의 주제가 아니다. 오히려 내가 관심을 갖는 것은
두 체계구상에 나타나는 유사점과 차이점들이며, 그러한 만큼 나는 이
에 대한 헤겔의 입장을 고려하게 될 것이고, 또 그러한 한에서 헤겔의
입장에 대한 고찰에만 한정하지도 않을 것이다.

첫 번째 공통성부터 시작하자면, 스피노자 철학과 헤겔 철학이 오로

---

1) G. W. F. Hegel, *Vorlesungen über die Geschichte der Philosophie*, in:
Ders., Werke in 20 Bde., Frankfurt 1969ff., Bd. 20, S.165.

지 체계로서만 이해될 수 있다는 것은 명백하다. 가령 로크의『정부론』(*Two Treatises of Government*)은『인간 오성론』(*An Essay concerning Human Understanding*)에 대한 지식 없이도 파악될 수 있는 반면, 스피노자의 윤리학이나 헤겔의 법철학을 그들의 절대자 이론에 정통하지 않고서 통찰하고자 하는 것은 불가능한 일이다. 그들에게서 개별적인 철학 분과들은 아주 밀접하게 서로 관계되어 있으며 서로 고립될 수 없다. 그들의 진리이론은 정합설적인바, 지식의 전체에서 차지하는 한 명제의 위치에 대한 규정이 그 명제의 진리에 대한 인식의 필연적인 조건으로 여겨지는 것이다. 두 철학자는 그들이 각각 그 속에서 전체에 대한 자신들의 이론을 서술할 수 있었던 하나의 저작을 저술했다. 스피노자의『기하학적 질서에 따라 증명된 윤리학』(*Ethica ordine geometrico demonstrata*) 이전에는 그에 비교될 만한 체계구상은 존재하지 않았다. 그리고 비록 스피노자가 행한 증명의 질이 확실히 갖가지일지라도(증명상의 결함은 매우 많다), 신과 인간에 관한 엄청나게 많은 정리를 몇 가지 소수의 공리로 환원시키려는 시도는 여전히 존경을 불러일으킬 만하다. 헤겔의『철학대계』역시 그와 비슷하게 하나의 유일한 저작에서 현실의 핵심구조를 모사할 것을 요구한다. 물론 두 가지 결정적인 차이가 곧바로 드러난다——즉 스피노자는 에우클레이데스의 공리적-연역적 방법을 본받으려고 노력하는 반면, 헤겔의 변증법은 비록 그에 대해 모순율과 같은 기본적인 논리적 공리를 훼손하고 있다고 생각하는 것이 오도하는 것이긴 할지라도 에우클레이데스의 방법으로 환원될 수 없다. 나아가 스피노자의『윤리학』은 헤겔의『철학대계』에 견주어 덜 완전하다. 가령 스피노자의 국가철학은 실제로 윤리학에 통합되어 있지 않으며, 미학 같은 분과는 스피노자의 체계에서 어떠한 자리도 차지하고 있지 않다.

두 번째 유사점은 두 사상가의 합리론에 관계된다. 양자는 이성의 인식능력에 대한 무한한 신뢰를 지니고 있다. 우리는,『지성개선론』(*Tractatus de intellectus emendatione*)에도 불구하고, 또한 영국 경험론의 영향을 받은 칸트의 엄밀한 이성비판을 자신의 체계 속에서 고려했으며 심지어 '지양'했다는 헤겔의 주장에도 불구하고, 인식론이 두 사상가의 특장이 드러난 분과는 아니라는 점을 인정해야만 할 것이다. 어쨌든 두 사상가는 그들이 —가령 칸트와는 달리, 그러나 다수의 고대 철학자들과는 일치되게— 인식론을 제일철학으로 삼지 않는 근거를 갖고 있다. 그들에 따르면 인식은 현실 내부에서 발생하는 과정이며, 따라서 인식은 체계의 전(前)단계로서가 아니라 체계 내부에서 다루어져야만 한다. 스피노자의 『윤리학』의 틀 내에서는 인간 인식의 현상이 제2부에서 주제로 다루어지며, 헤겔에게서는 주관정신의 철학의 틀 내에서 다루어진다. 확실히 두 사상가는 이러한 현상을 무시한 체계를 불완전한 것으로 여길 것이다. 뿐만 아니라 일정한 의미에서 양자의 체계는 절대자에 대한 인식의 이론으로 종결된다—나는 제5부 말미와 헤겔의 절대정신철학에서 나타나는, 그리고 절대정신 내에서는 『철학대계』 종결부인 철학에서 나타나는 신에 대한 지적 사랑(*amor Dei intellectualis*)의 개념을 상기하고자 한다. 그러나 두 체계는 그것으로 종결된다. 인식은 세계내적 사건이며, 심지어 절대자 자체의 양태이지, 세계 또는 절대자에게 외부로부터 접근하는 어떤 것이 아닌 것이다. 우리는 근대철학을 두 개의 노선으로 나눌 수 있는데, 그 둘은 그들의 창시자인 데카르트에 터전을 두고 있다. 왜냐하면 데카르트는 한편으로는 자아의 자기확신으로써 흔들림 없는 인식론적 기초를 놓았다고 믿었지만, 다른 한편으로는 더 나아가 신에게 존재론적 원리의 지위를 확증해주었기 때문이다. 그런데 이 존재론적 원리가 없었다면 데카르트 687 는 자신의 형이상학을 완성하는 데서 그리 멀리 나아갈 수 없었을 것이다. 데카르트의 기획에서 자아와 신이라는 두 원리가 맺고 있는 불만족스러운 관계가 이후의 두 노선의 경향을 설명해준다. 그것들 가운데 하나는 점점 더 신을 밀어내고 자아를 세계 구성의 중심으로 삼는다—칸트, 초기 피히테, 후설은 이 노선의 가장 중요한 옹호자들이다. 그에 반해 다른 노선은 신을 철학의 시원으로 삼고자 시도하며, 셸링과 결국 라이프니츠와 더불어 스피노자와 헤겔이 이 두 번째 노선에 속하는 것으로 이해된다. 그들은 일차적으로 형이상학자이며, 그들이 구상하는 인식론은 형이상학에 종속되어 있다.

물론 그들의 형이상학은 합리론적이다. 일반적으로 합리론(Rationalismus)은 그리고 특별히 스피노자에게서 합리론은 무엇을 뜻하는가? 하나의 철학적 입장으로서의 합리론은 일반적으로 경험론에 대립되며, 이성을 의미하는 라틴어 'ratio'와 결합된다. 사람들은 합리론을 현실을 파악하는 데서 이성인식이 경험적 인식보다 더 크고 더 근본적인 역할을 수행한다는 견해로 이해하지—결코 이성인식이 유한한 존재에 대해서 무조건 배타적인 역할을 담당한다고 생각하는 견해로 이해하지는 않는다. 데카르트·스피노자·라이프니츠·피히테·셸링·헤겔은 이러한 의미에서 합리론자들이다. 그러나 최소한 스피노자와 라이프니츠는 전적으로 다른 의미에서, 즉 그 의미에서는 경험론자도 합리론자일 수 있지만 반드시 그러한 것은 아니며 경험적 인식에 비해 이성인식이 탁월하다는 것을 믿는 모든 사람이 반드시 합리론자인 것은 아니라는 의미에서 합리론자들이다. 합리론의 이 두 번째 개념은 "라티오"의 "원인·근거"라는 의미들과 관계된다. 물론 원인과 근거는 비록 스피노자가 용어법적으로 이 두 개념을 구별하고 있지 않다 하더라도(이것이 그가 사태적 구별을 의식하지 못했다는 것은 아니다) 동일한 것은 아니다. 그런 한에서 합리론의 두 번째 개념 자체가 두 개의 부분언명으로 나누어질 수 있다. 첫 번째 언명은 (현대적으로 사건에 한정해서 말하자면) 모든 사건에는 원인이 있다는 것을 의미한다. 두 번째 것은 사태에 관한 모든 참된 언명이 근거지어져야만 한다는 것을 의미한다. 스피노자에 따르면 두 명제는 일정하게 일치될 수 있는데, 왜냐하면 스피노자에 따르면 사태에 상응하는 인식은 그 사태를 있게 한 원인(또는 근거)을 파악해야만 하기 때문이다. 물론 두 번째 부분명제가 첫 번째 부분명제보다 본질적으로 더 근본적이라는 것은 분명하다. 우리는 아마도 모든 참된 인식이 근거지어져 있어야만 한다거나 아니면 단지 그럴 수 있을 뿐이라고 가정하지 않고서도 모든 경험적 사건이 원인에 의해 일어난다는 견해를 가질 수 있을 것이다. 여기에 못이 있다는 것은 하나의 원인, 요컨대 그것 자체는 비록 다른 원인에 의해 제약되어 있을 수 있고 그 원인은 또다른 원인에 의해 제약되어 있다 할지라도 내가 그것을 거기 놓았다고 하는 원인을 갖는다. 그러나 저 명제의 진리는 아마도 내가 저 못을 본다는 것을 가지고서만, 그리고 688 그밖의 다른 어떤 것을 갖지 않고서도 근거지어질 수 있다.

왜 스피노자는 두 번째 명제 역시 ——조건부로—— 수용하며, 따라서 직관주의를 부인하는 것인가?[2] 한편으로 스피노자는 이성에 자율성을 보장하고자 하며, 따라서 비록 아주 확고한 확신 위에 기초하는 것이라 하더라도 전통의, 특히 종교의, 그러나 또한 철학의 근거지어지지 않은 진리주장들을 거부한다. 그럼으로써 그는 데카르트와 일맥상통하는바, 데카르트의 근본적인 회의는 전통적인 확실성의 상실에 상응하여 근대 철학과 과학을 특징짓는 저 포괄적인 근거짓기에 대한 욕구를 산출하는 것이다. 나는 아주 신중하게 철학과 더불어 과학을 언급하고 있다. 왜냐하면 과학은 근대 초기에 철학과 아주 밀접하게 연관되어 있기 때문이다. 데카르트와 라이프니츠는 근대 과학의 창시자에 속하며, 비록 스피노자 자신은 창조적인 개별과학자가 아니었을지라도 『윤리학』의 제1부가 신학적으로 근거지어진 과학론이고자 한다는 점에 대해서는 어떠한 의심도 있을 수 없다. 대체로 스피노자의 형이상학은 모든 사건에 대한 포괄적인 인과적 설명의 프로그램, 즉 그 내부에서만 참된 지식의 목표가 달성될 수 있는 프로그램이 의미 있게 드러낼 수 있는 현실의 저 심층구조에 대한 논증적인 재구성으로 이해된다. 생활세계적 증거들은 이 프로그램에 대해서는 평가절하된다.

스피노자의 인과성 이론을 현대적인 개념으로 옮겨놓고 이를 통해

---

2) II, p. 40, schol. 2에서 "직관지"(scientia intuitiva)의 개념은 타당성이론적인 의미가 아니라 심리학적인 의미가 있다.

체계적 이해를 향한 문을 연 것은 에드윈 컬리(Edwin Curley)의 공헌이었다. 그의 경탄할 만한 저작 『스피노자의 형이상학』(*Spinoza's Metaphysics*)[3]이 출간된 이후 우리는 스피노자가 인과적 설명에 대한 헴펠-오펜하임-도식(Hemple-Oppenheim-Schema)을 선취했다는 것을 알고 있다. 왜냐하면 명백히 스피노자는 인과적 설명들이 보편적 법칙과 선행조건들을 ——비록 그가 이 용어들을 사용하지는 않을지라도—— 전제한다는 견해를 지니고 있기 때문이다. 그러나 그가 절대적 자연으로부터 생겨나 항상 실존하는 것과 유한자와 개별자(I, p. 21ff.)를 구별하는 것은 정확히 다음과 같은 것을 뜻한다. 즉 오로지 신으로부터만 또는 좀더 일반적인 자연법칙들로부터만 연역되고 오로지 그것들로부터만 좀더 특수한 법칙이 도출될 수 있는 자연법칙은 필연적으로 그리고 언제나 실존하는 것이다. 그에 반해 개별적인 사건은 다른 개별적 사건으로부터만, 물론 바로 자연법칙을 통해 확정되는 일반적 관계의 도움을 받아서 도출될 수 있다. 스피노자가 사용하는 신학적 언어에도 불구하고 좀더 나중의 정리(I, p. 28)로부터 무언가 아주 중요한 것이, 다시 말하자면 신은 직접적으로 개별적인 사건의 원인일 수 없고 오로지 다른 유한한 사물을 매개로 해서만 그러하다는 결론이 따라나온다——이것은 스피노자의 격식을 차린 방식으로 하자면 어떠한 기적도 있을 수 없다는 것으로 말할 수 있다. 그러므로 원인들 또는 근거들에 대한 추구는 두 가지 방향으로 ——즉 한편으로는 모든 사건이 다른 사건을 통해서 (물론 보편적인 자연법칙을 근거로 하여) 원인지어지는 까닭에 무한한 수평적 방향으로, 다른 한편으로는 최고의 원리로부터 자연법칙을 연역하는 수직적 방향으로—— 나아간다. 실재적인 원인으로서가 아니라 근거짓기로 이해될 수 있을 이 연역계열은 전자와는 달리 유한하다. 스피노자의 존재론을 이후의 자연주의적 체계들로부터

---

3) Cambridge, Mass. 1969. J. Bennett, *A Study of Spinoza's 'Ethics'*, Indianapolis 1984. 이 책 역시 스피노자에 대한 체계적 이해를 위해 최소한 마찬가지로 중요하다. 나는 이 책에 많은 것을 빚지고 있다.

구별짓는 것은 수직적 근거짓기 계열의 가정이다. 물론 스피노자의 체계 역시 자연주의적이라고 불려야만 하는데, 왜냐하면 그는 신을, 곧바로 묘사될 것처럼, 구성된 현실의 총괄로서의 자연과 등치시키기 때문이다. 그러나 관건이 되는 것은 낱말이 아니라 개념이기 때문에 스피노자의 자연개념은 이후의 자연주의자들의 자연개념과 그 의미가 구별된다고 말해야 할 것이다. 한편으로 스피노자는 유물론자가 아니다. 즉 그는 연장(res extensa)을 하나의 신적 실체의 우리에게 인식가능한 두 가지 속성 가운데 하나로서만 고찰하며, 그 속성과 더불어 동등한 권리를 지니는 것으로서 사유(res cogitans)가 나타나기 때문이다. 의식은 물질의 부수현상으로 고찰될 수 없는 것이다. 다른 한편 스피노자는 자연과학에 의해 가정된 자연의 합법칙성이 자명한 것도 아니고 개별적인 경험으로부터 근거지어질 수 있는 것도 아니지만,『윤리학』제1부에서 제시되는 것과 같은 복합적인 자연의 형이상학을 전제하는 종속적인 것이라는 점을 분명히 하고 있다.

스피노자의 매우 높은 수준의 자연주의는, 앞에서 말한 것처럼 그가 수직적인 근거짓기 계열을 가정하고 이 계열을 유한한 것으로 하는 한에서 소박한 자연주의를 넘어선다. 스피노자의 자기원인(causa sui) 개념이 체계적으로 요구되는 것은 여기에서이다. 오로지 그와 같은 구조만이 수직적 근거짓기의 연쇄를 중단시킬 수 있다는 것은 명백하다. 스피노자가 용어상으로 원인과 근거를 구별하지 않는 까닭에 자기원인은 종종 자기 자신의 원인으로서 오해받곤 한다. 그리고 이 자기 자신의 원인이라는 개념이 무엇보다도 시간이 뒤로 흐를 수 있다는 것을 전제하기 때문에 불합리하다는 것을 파악하기는 어렵지 않다. 그러나 스피노자는 자신의 자기원인 이론을 그러한 반대를 회피하는 논증——요컨대 존재론적 신증명——과 명시적으로 연계시킨다. 왜냐하면 자기의 개념으로부터 실존이 따라나오는 존재는 자기의 개념 이외에 어떠한 외적인 원인도 지니지 않기 때문이다. 또한 이 개념은 시간적인 어떤 것이 아니기 때문에 자기 자신의 원인이라는 개념 속에 포함되어 있는 690

난점들을 포함하고 있지 않다.

　스피노자의 존재론적 가정들로부터는 어쩔 수 없이 결정론이 생겨난다. 결정론은 연장뿐만 아니라 사유에 대해서도 타당하다——즉 인과원리는 그 두 속성 모두를 포괄한다. 의식의 모든 양태는 선행하는 것에 의해 결정되며, 자유의지의 환상은 오로지 우리가 이러한 결정요인을 모른다는 데서만 발생한다. 물론 스피노자의 결정론은 우리가 충동에 의해 이끌려지는 존재라는 것을 함축하지 않는다——우리의 감정을 통제하는 능력이 스피노자에 의해 인정될 뿐만 아니라 오히려 그 능력의 강화야말로 윤리학의 목표이다. 그러나 이러한 능력은 그 자체 인과적으로 매개된다. 오류가 의지로 소급된다는 데카르트의 학설을 스피노자는 거부하지 않을 수 없다. 다시 말하면 그에게 의지와 오성은 의지가 오성적인 인식에 대해 동의하지 않을 수 없는 한에서 결국 동일하다 (II, p.49). 스피노자의 결정론은 아인슈타인에 이르기까지 수많은 사람들을 저항할 수 없는 방식으로 매혹시켰던 결론을 지니고 있다. 자연법칙들과 임의의 선행조건들의 주어진 체계에서 나중의 모든 사건이 결정되어 있는 까닭에 우연은 아무런 존재론적 의미를 지니지 않는 인식론적 범주이다. 모든 것을 예지할 수 있는 자에게는 신의 본질이 알려져 있을 것이다——그에게 시간은, 시간의 흐름에서 본래적으로 새로운 어떠한 것도 발생하지 않고 자연, 본성의 영원한 본질의 개현만이 생기하는 까닭에 환상일 것이다. 스피노자의 표어인 "영원의 상 아래에서"(sub specie aeternitatis)는 바로 사물들이 신적 자연의 필연성으로부터 따라나오는 것으로 고찰한다는 것을 의미한다(II, p.44, cor. 2; IV, p.62).

　물론 스피노자의 불명확한 필연성 개념은 다양한 반대를 불러일으킨다. 사람들은 스피노자에 대해 결정론적 우주에서 모든 사건은 가언적으로 필연적이라는 것을 ——요컨대 만약 선행조건과 자연법칙이 주어진다면 이후의 사건은 필연적이라는 것을—— 승인할 수 있다. 그러나 물론 그것으로도 여전히 두 가지 물음이 대답되지 않고 있다. 첫째, 왜 이러한 선행조건들이 타당한가? 둘째, 왜 자연법칙의 이러한 체계가 타당한가? 스피노자는 첫 번째 물음에 대해 더 이전의 선행조건들을 지시함으로써 대답하고자 할 것이다. 그러나 이 선행조건들 역시 마찬가지로 가언적으로만 필연적인 까닭에 그는 결코 가언적 필연성을 넘어서지 못할 것이다. 칸트와 더불어 우리는 다음과 같이 말할 수 있다. 계열 내부에서 모든 것이 설명될 수도 있지만, 그것으로도 여전히 계열 그 자체는 설명되지 않는다. 두 번째 물음은 좀더 진지하다. 우리는 스피노자를 마치 그가 현실적인 세계가 논리적으로 가능한 유일한 세계라고 말하고자 하는 것처럼 이해할 수 있다. 그러나 그로부터는 무엇보다도 자연법칙의 체계가 분석적으로 참된 명제들로 기술되어야만 한다는 것이 따라나올 것이다. 스피노자에게서는 그러한 구체적인 도출을 위한 아주 자그마한 발상도 발견되지 않을 뿐만 아니라, 스피노자가 진지하게 그와 같은 기획을 가능한 것으로 여길 수 있었다고 거리낌없이 생각될 수도 없다. 그는 자연법칙의 필연성을 오로지 그것의 변경 불가능성만으로 생각하는 것인가? 따라서 그는 사실적으로 존립하는 자연법칙이 언제나 존립할 것이며, 오직 하나의 자연만이 존재할 수 있는 까닭에 자연법칙의 어떠한 대안적인 체계도 그것의 실존과 양립할 수 없다고 생각하는 것인가? 그 자신의 고유한 전제에서 보면 스피노자는 오직 후자만을 주장할 수 있겠지만, 추측하건대 그는 차라리 그렇게 요구하고 있다고 해야 할 것이다. 그런 한에서 그는 그가 자연법칙의 사실성을 필연적인 어떤 것으로 실체화했다는 비난에서 벗어날 수 없다.

691

물론 스피노자의 견해는 그가 가능세계론에 충분히 정통할 수 없었다는 것과 연관된다. 양상들에 관한 고대의 사변에서는 전적으로 낯설었던 이 이론이 중세에야 비로소, 요컨대 13세기의 선구자들 이후 특별히 둔스 스코투스(Duns Scotus)에 의해서 발전되었다는 점을 보게 되는 것은 매혹적이다. 이 이론은 득히 세계의 내적 필연성에서 생겨나는 세계의 내재적 가치에 대한 고대의 확신에 반대하는 가장 강력한 논박 가운데 하나이며, 그 자체가 이미 세계의 가상적 자명성으로부터 거리를 두는 능력, 요컨대 플라톤과 아리스토텔레스에게는 아직 허락되지 않았고 세계에 맞서 초월적으로 존재하는 원리에 대한 믿음과 명백히 연관되어 있는 능력을 전제한다. 라이프니츠의 천재 덕택에 우리는 라이프니츠가 청년 시절 둔스 스코투스를 연구함으로써 자기 것으로 했던 가능세계의 다양성에 관한 학설을 토대로 우주의 필연성에 대한 고대적 견해로 복귀하고자 하는 최초의 시도를 만나게 된다. 스피노자의 합리론과 폭넓게 일맥상통하는 라이프니츠의 합리론에 따르면 세계와, 그리고 그와 더불어 또한 자연법칙의 체계는 논리적으로가 아니라 도덕적으로 필연적이다. 그리하여 라이프니츠는 자연법칙이 논리학으로부터가 아니라 가능한 모든 세계 가운데 가장 좋은 세계를 창조하고자 하는 신의 의지로부터 생겨난다고 생각한다. 그러나 스피노자는 그와 같은 목적론적 논증을 전적으로 거부한다. 한편으로 그는 실체가 가령 자연법칙을 선의 관점 아래에서 시작하게 한다면 그 실체는 뭔가 외적인 것에 의존하게 된다고 생각한다. 다른 한편 『윤리학』의 가장 중요한 관심사 가운데 하나는 목적론적 표상 일반을 쫓아내는 데 있다. 그런데 목적의 제시가 사건에 대한 인과적인 설명을 대체할 수 없다는 것은 확실히 올바르다. 현대 자연과학의 전체 기획은 이러한 확신을 견지하고 있다. 그러나 라이프니츠의 목적론적 구상은 결코 사건에 대한 인과적 설명과 경쟁하지 않는다. 그것은 오로지 자연법칙의 체계를 근거짓는 692 역할만을 담당한다. 그리고 그러함에서 그것은 철저히 정당할 수 있다. 물론 라이프니츠의 프로그램은 그가 다양한 가능세계를 평가하기 위한 신의 도덕적인 기준이 어디에서 유래하는지를 설명하지 못한다는 데서 취약함을 보여준다.

현실의 인과적 구조에 관한 가정은 『윤리학』의 연역적 구성에 상응한다. 물론 우리는 플라톤 이후로 연역적 방법이 가언적이라는 것—즉 (제아무리 정확히 구사되었다 할지라도) 연역법이 보여줄 수 있는 것이란 단지 공리가 참일 때만 정리도 참일 수 있다는 사실뿐이라는 것—

을 알고 있다. 〔그런데〕 공리 자체의 진리는 도대체 어떻게 정당화될 수 있는가? 가령 조너선 베넷(Jonathan Bennett) 같은 여러 해석자에 의해 옹호되고 있는 견해, 즉 공리의 진리는 그것에서 도출된 정리들을 매개로 하여 현실에서 검증될 수 있다는 견해는 그에 대해 스피노자 자신이 어떻게 생각할 수 있었든지 간에 사태적으로 거부될 수 있다. 상이한 공리결합이 주어진 다수의 정리를 도출할 수 있게끔 한다는 것만이 그 견해에 반대하는 것은 아니다. 더 중요한 것은 스피노자의 형이상학적 명제 가운데 대다수는 아닐지라도 많은 것이 경험적으로 전혀 검증될 수 없다는 사실이다. 스피노자는 자기의 공리와 정의들이 직관적으로 명증적이라고 가정할 수도 있었겠지만——그것은 모든 것을 근거지으라는 합리론적인 요청에 모순된다. 또는 그는 그것들을 분석명제로 여길 수도 있었을 것이다. 그러나 근거율은 자연법칙과 마찬가지로 확실히 그러한 것이 아니다. 그리고 우리는 스피노자가 저 대단히 중요한 명제를 공리로 제시하고(I, a. 3) 그로부터 자신의 결정론을 도출할 때 너무 쉽게 그렇게 한다고 그를 철저히 비난해야만 한다. 물론 결정론은 사실상 그 명제로부터 그리고 자연법칙들의 체계에 관한 가정으로부터 따라나온다. 그렇지만 저 공리의 타당성은 철저히 의문시될 수 있으며, 인과원리——이것은 근거율만큼이나 그렇게 포괄적인 것은 아니다—— 그 자체가 근거지어져야만 한다는 칸트의 견해는 확실히 스피노자보다 진보한 것이다. 어쨌든 스피노자에게서 자기원인의 이론과 근거율은 내적으로 연관된 것처럼 보인다. 근거율은 근거짓기의 소급이 자기원인에서 중단될 때에만 의미 있는 것이다. 그러나 역으로 스피노자가 I, p.14에서 그의 유일성을 증명하는 자기원인은, 자기 스스로로부터 존립할 수 없고 따라서 근거 또는 원인지어져야만 하는 다른 모든 존재자의 원리를 이룬다.

그러나 우리가 이러한 것을 승인한다 할지라도 스피노자의 절대자 이론의 구체적인 성취가 불충분하다는 점은 인정되어야만 한다. 스피노자는 자신의 개념형성을 결코 정당화하지 못하는 것이다. 그가 사용하는 범주들은 전통에서 유래하며, 그것들은 내적인 근거짓기의 연관 속에서 전개되지 않는다. 요컨대 명시적인 범주론의 어떠한 흔적도 결여되어 있는 것이다. 그러나 개별적인 판단들 역시 근거지어져 있지 않다. 물론 술어의 주어인 모든 것이 이미 존재론적으로 자립적인 실체가 아니라는 스피노자의 실체개념의 혁명이 납득될 수 없는 것은 아니다. 연장과 관련해서 보면 이것은 중요한 결론, 즉 스피노자가 모든 원자론적 모델을 거부함으로써, 베넷이 분명히 한 것처럼 현대 장이론의 선구자로 간주될 수 있다는 결론에 이른다. 사유와 관련해서는 실체개념의 혁명이라는 테제는 물론 본질적으로 덜 분명하다. 라이프니츠와 달리 스피노자는 주관적 개별화의 원리, 요컨대 자아의 동일성을 정당하게 평가하지 않으며, 특별히 어떠한 발전사상도 결여된 그의 형이상학은 어떻게 해서 우주의 발전에서 개별화의 경향이 점증하는지를 설명할 수 없다. 어쨌든 스피노자가, 연장과 사유를 대칭적으로 취급하고 데카르트에게서 그것들이 처해 있는 절대적 이원론을 극복하기 위한 강력한 논증을 가지고 있다는 것은 올바르다. 그러나 우리가 스피노자에 대해 거기에서는 오로지 하나의 실체의 서로 다른 두 가지 속성이 문제된다는 점을 인정한다 할지라도, ——실체에서 속성들로 그리고 심지어 양태들로 나아가는—— 역전된 도정은 훨씬 더 난해하다. 그의 증명은 너무 많은 것을 논증하고 있다. 그는 신적 실체의 무한성으로부터 속성들의 무한성을 추론한다. 사람들은 종종, 오로지 연장과 사유의 두 가지만이 특별히 언급되어 다루어짐에도, 그리고 그밖의 속성의 인식불가능성이 자연의 인식가능성이라는 스피노자의 근본원리에 모순됨에도, 왜 스피노자가 실체에 무한히 많은 속성을 귀속시키고 있는지 궁금하게 여겨왔다. 어째서 스피노자가 실체의 무한히 많은 속성에 도달하게 되는지를 파악하기는 어렵지 않다. 왜냐하면 그의 실체 개념으로부터는 '무한히 많은'이라는 추상이 '둘'이라는 수보다 연역하기가 더 쉽기 때문이다. 특히 스피노자는 왜 그 두 가지 속성이 바로 연장과 사유인지에 대한 어떠한 근거도 제시할 수 없다. 스피노자는 두 가지 속성의 개별적 양태들의 사실적 실존을 지시하는 데에 만족하지만(II, p.1f.), 이것은 연역적 이론의 틀 내에서는 확실히 불충분한 것이다. 뿐만 아니라 심지어 우리는 연장의 양태들이 존재한다는 그의 경험적 출발 테제가 데카르트의 개연적 관념론에 따르는 것과는 전혀 다른 수단을 가지고 근거지어져야만 한다는 견해를 취할 수도 있다. "어떻게 해서 무한한 다수성이 필연적으로 대립으로, 그것도 사유와 연장의 이와 같은 규정적인 대립으로 환원되는지는 제시되고 있지 않다."4)

혜겔이 극복하고자 하는 것은 스피노자의 체계기획에서 보이는 이미 언급된 결함들 가운데 몇 가지이다. 물론 다음의 한 가지는 분명하다. 혜겔은 스피노자와 라이프니츠처럼 철학을 세계에 관한 과학적 진술 694 가운데 어떤 것이 정당화되는지를 설명하는 이론으로 이해하고 있지 않다. 오히려 그는 왜 세계가 지금 있는 그대로 있는지의 물음에 대답하고자 한다. 중력이 존재한다는 것을 확인할 수 있다고 해서 우리가 왜 세계에 중력이 속하는가의 물음에 대답을 가지고 있는 것은 아니다. 혜겔을 매혹시키는 것도 이러한 종류의 문제이다. 이러한 문제는 혜겔의 시대에 스피노자의 시대와는 전적으로 다른 절박성을 획득했는데, 왜냐하면 그 사이에 철학으로부터 자연과학의 해방이 이루어졌기 때문이다. 그리고 스피노자의 체계가 과학이론뿐만 아니라 형이상학적으로 근거지어진 자연철학이고자 하는 반면, 혜겔은 일차적으로 후자에 관심을 기울이고 있다. 세계를 그 필연성에서 파악해야만 한다는 스피노자의 견해는, 그로써 우리가 불변적으로 타당한 자연법칙을 발견해내야 한다는 것 이상이 의도되었던 한에서, 순수하게 계획에 그치는 것이었다. 그리고 그 계획이 만약 이러한 일이 오로지 형식논리학의 수단을 가지고서만 이루어져야 한다는 것을 함축하는 것이라면, 그것은 명백

---

4) 혜겔은 『논리학』의 「절대자」 장에 붙인 주석 '스피노자와 라이프니츠의 철학'에서 이렇게 말하고 있는데, 「절대자」 장의 세 절은 스피노자의 기본범주에 상응한다(Bd. 6, S.196).

히 잘못이었고 더 이상 추구될 가치가 없는 것이었다. 그 계획을 라이프니츠가 개혁한 것은, 비록 라이프니츠가 계속해서 학의 근거짓기에서 논리학이 차지하는 의미를 과도하게 평가했을지라도(나는 칸트가 그에 반대했던, 라이프니츠의 기하학을 포함한 수학의 논리주의적 구상을 상기하고자 한다), 이러한 순진성을 회피하는 것이었다. 물론 라이프니츠에 따르면 왜 이 세계가 가능한 모든 세계 가운데 가장 좋은 세계인지를 개별적으로 파악하는 것은 우리에게 허락되지 않는다. 이러한 믿음은 신의 지고한 선의 가정에 근거하지만, 귀납적으로 정당화될 수 없다. 물론 라이프니츠는 개별적인 자연법칙들—특히 극치원리들—을 저 가정으로부터 도출하고자 시도한다. 그러나 우주가 가능한 모든 세계 가운데 가장 좋은 세계여야 한다는 사상으로부터 우주를 완전히 연역하려는 기획은 그에게 불합리하고 심지어 불손한 것으로 나타날 것이다.

물론 헤겔은 바로 이 지점에서 시작한다. 『철학대계』는 비록 다른 수단과 중요한 유보사항을 가지고서이긴 하지만 스피노자와 라이프니츠에 의해 시도된 계획의 완성이다. 그리하여 헤겔은 —비록 그의 자유 개념과 스피노자와 라이프니츠의 자유개념이 결정론과 양립할 수 있을지라도— 결정론적 우주의 구상을 포기하고 현실적인, 곧 존재론적인 우연을 가정했던 것처럼 보인다. 나아가 그는 철학의 과제를 과학의 과제와는 달리 제1의 개념들과 공리들의 정초로 제한한다.[5] 나아가 그는 수평적인 원인들이 아니라 수직적인 근거짓기의 계열에 주목한다. 물론 헤겔은 공리들로부터의 구체적인 연역이 아니라—그에 따르면 이것은 오히려 개별과학의 과제인바, 스피노자는 개별과학의 방법을 부당하게 철학에 전용했다—, 하나의 존재영역의 근본개념들과 원칙들

695

---

5) 이것이 D. 헨리히의 저명한 논문 「우연에 관한 헤겔의 이론」("Hegels Theorie über den Zufall," in: *Hegel im Kontext*, Frankfurt 1967, S.157-168)의 요점이다. 또한 V. Hösle, *Hegels System*, 2 Bde., Hamburg 1987, S.79ff. 참조.

로부터 다른 존재영역의 그것들을 향한 이행에 관심을 기울이고 있다. 개념경험론과 판단경험론에 대한 칸트의 천재적인 비판은 그로 하여금 일찍이 포괄적인 범주론의 전개가 철학의 중심과제여야만 한다고 확신 케 하였다. 『철학대계』는 현실의 핵심구조를 구성하는 플라톤적-아리 스토텔레스적 형상들의 체계이고자 한다. 물론 하나의 범주에서 다른 범주로의 이행은 실재적인 근거화로 이해될 수 없다. 그럼에도 내가 보 기에는 헤겔에게 실존을 정립하지 못하는 이론을 귀속시키는 것은 일 면적이다.[6] 왜냐하면 그에 따르자면 필연적인 범주들은 모두, 다른 합 리론자들과 마찬가지로 헤겔이 그 속에서 철학의 궁극적인 토대를 보 는 존재론적 증명으로부터 친숙해져 있는 개념과 존재의 통일에 참여 하기 때문이다. 형상들의 체계를 충족시키는 세계는 헤겔에 따르자면, 형상들에 상응하는 존재들의 실재적 발생을 야기하는 인과적 메커니즘 이 무엇이든 간에 필연적이다. 물론 헤겔은 그 인과적 메커니즘에는 관 심을 두지 않는다.

그러나 헤겔은 정확히 어떻게 범주에서 범주로의 이행을 성취하고자 하는가? 비록 가언적-연역적 방법을 거부한다 할지라도 헤겔은 철저 히 방법적으로 나아가고자 한다. 헤겔은 어떤 방법을 염두에 두고 있는 가? 헤겔은 가능한 세계의 표상과 같은 라이프니츠적인 기준을 마찬가 지로 거부한다.[7] 그의 철학은, 스피노자의 철학이 최소한 일정한 해석 에 따르자면 그러한 것처럼, 당연히 범논리주의적이라고 불려왔다. 물 론 논리학에 대한 양자의 이해는 근본적으로 구별된다——즉 헤겔의 논 리학은 변증법적이다. 여기서 내가 헤겔의 변증법적 논리학을 상세하 게 분석하는 것은 가능하지 않다.[8] 다만 스피노자와의 유사점과 차이

6) K. Hartmann, Hegel: A Non-Metaphysical View, in: *Hegel. A Collection of Critical Essays*, ed. by A. MacIntyre, Notre Dame/London 1976, S. 101-124 참조. 하르트만의 헤겔 해석은 분명 후설의 영향을 강력히 받고 있다.
7) Bd. 20, S.247ff.의 라이프니츠에 대한 거친 표현들 참조.
8) D. 반트슈나이더의 매우 인상적인 저작 『변증법적 이론의 근본특징』(*Grund-*

를 좀더 잘 이해할 수 있게 해주는 몇 가지 특징만을 언급할 수 있을 것이다. 헤겔이 그 스스로 이를테면 전도시키고 있다 할 스피노자의 유명한 명제 "규정은 부정이다"(determinatio negatio est)[9]로 소급시키는 규정된 부정의 방법은 그에 의해서 스피노자에게서는 전혀 발견되지 않는 삼분법적 또는 사분법적 도식으로 확대된다. 나아가 헤겔은 방법적으로 칸트의 선험적 전회(轉回)로부터 강력한 영향을 받고 있는데, 이 점에 관해서는 칸트에 대한 그의 격렬하고 종종 부당한 논박 때문에 쉽사리 오해받고 있다. 칸트는 비록 주관주의적 토대 위에서이긴 하지만, 왜 세계가 우리에게 현상하는 그대로 우리에게 현상하는지의 물음에 대한 대답을 철저히 추구했으며, 세계에 대한 단순한 기술에 만족하지 않았다. 물론 헤겔에게서 논증의 출발점을 이루는 것은 경험의 가능성의 조건들이 아니라 사유의 조건들이다. 그리하여 그는 스피노자의 자기원인을 존재론적으로 그리고 동시에 근거짓기이론적으로 해석하는바, 그 해석에 따르면 자기원인이란 더 이상 그뒤로 물러설 수 없는 구조를 가리킨다. 왜냐하면 그것은 모든 근거짓기의 가능성의 조건일 뿐만 아니라 ──헤겔에 따르면 원리적으로 우리의 사유하는 파악을 벗어나 있는 존재를 가정하는 것은 무의미하거나 심지어 모순적인 까닭에── 모든 존재의 가능성의 조건이기도 하기 때문이다. 헤겔의 『논리학』은 이러한 의미에서 이해되어야 하며, 그렇다면 우리는 그것을, 비록 자기원인의 그와 같은 선험론적 재구성이 스피노자에 의해 명시적으로 의도되지는 않았을지라도, 스피노자주의적 개념의 정당한 상속인으로 해석할 수 있다. 요컨대 우리가 일차적으로 스피노자 자신이 어떠한 표상을 가지고 있었나 하는 심리학적인 물음을 다루지 않고 그의 개념들에서 사태적인 의미를 발견하고자 한다면 저 해석이 허용될 수 있다는 것이다. 헤겔의 절대자 이론에서 이루어진 선험론적 전회

---

züge einer Theorie der Dialektik, Stuttgart 1995) 참조.
9) J. Jelles에게 보낸 1674년 2월 6일의 50번째 서한에서.

로부터는 아주 중요한 원리, 즉 이론의 필연적 자기종합이 나타난다. 존재의 개념과 절대자에 관한 철학함은 존재와 절대자에게 외면적일 수 없다. 개념과 철학에서 논리학과 체계가 각각 정점에 이르러야만 하며, 따라서 헤겔의 방법에는 스피노자에게 결여되어 있는 목적론적 계기가 특유하다는 것이다. 나아가 헤겔이 자신의 절대이념 속으로 하나의 계기로서 선의 이념을 통합시키고 있다는 점을 고려한다면, 우리는 헤겔의 근거짓기 발상이 라이프니츠적 발상의 측면들을 ──물론 선험적 논리학의 토대 위에서── 통합하고 있다고 말해야만 할 것이다. 라이프니츠에게 유한한 이성존재가 없는 세계는 가능한 가장 좋은 세계가 아니라고 한다면, 헤겔이 보기에는 그러한 세계는 선험적으로 완전하지 않을 것이다──왜냐하면 우리는 철학함에서 사유의 대상에 대한 우리 자신의 능동성을 잊어서는 안 될 것이기 때문이다. 이것이야말로 헤겔이 절대자를 한갓 실체로서가 아니라 주체로서 사유하고자 할 때 의미하는 것이다.

그러므로 헤겔은 어째서 절대자가 두 개의 속성으로 분리되는지의 물음에 스피노자보다 더 훌륭한 대답을 갖고 있다고 믿을 수 있다. 첫째, 헤겔은 그가 고유한 존재영역, 즉 바로 스피노자에게는 결여되어 있는 논리적인 것을 가정한다는 점에서 스피노자와는 다르다. 왜냐하면 스피노자에게서는 신은 자기의 속성들 속에서만 그리고 그것들을 통해서만 실존하기 때문이다. 물론 헤겔에게서 이념의 자연으로의 외화는 오로지 스피노자 역시 신을 자유롭다고 부르는(I, d. 7) 의미에서만 자유롭다. 두 철학자에 따르면 신은 오로지 자기 자신의 자연, 본성의 필연성을 통해서만 존립하며, 이것이야말로 그들에게는 자유의 유일하게 의미 있는 개념으로 여겨진다. 그러나 어쨌든 헤겔은 의미 깊은 방식으로 자연과 유한한 정신의 창조 이전의(물론 시간적이지 않은 의미에서) 신에 대한 서술에 관해 말할 수 있다.[10] 그에 반해 스피노자의

697

---

10) Bd. 5, S. 44.

신은 언제나 이미 속성들 속에서 실존한다. 논리적 이념의 자립화에 따라 헤겔은 세 가지 존재영역에 도달하며, 그는 정신을 자연으로부터 논리적 이념으로의 복귀로 해석할 수 있다──이것은 두 속성의 절대적 대칭성에서 출발하여 그를 위해 라이프니츠와 마찬가지로 범심론(汎心論)의 대가를 치를 수밖에 없는 스피노자에게는 허락되지 않는 가능성이다. 그에 반해 삼분법적 모델은 헤겔로 하여금 자연에서 정신으로의 발전을 구상할 수 있게 해주는데, 여기에서 그는 가령 유기체적인 것을 중간단계로 끼워넣을 수 있다. 목적을 지향하는 발전개념을 가지고 헤겔은 18세기에 점차적으로 포괄적인 철학에서 고려될 것을 요구하고 있던 진화적이고 역사적인 사유를 통합하는 데 성공한다. 앞에서 말한 것으로부터 헤겔에게서의 자연과 정신이 스피노자의 연장과 사유에 정확하게 일치하는 것은 아니라는 것이 따라나온다. 왜냐하면 스피노자가 말하는 속성들은 수직적으로 전체 존재를 교차하기 때문이다. 그러나 헤겔의 두 영역은 수평적으로 서로서로의 위에서 생겨난다. 뿐만 아니라 헤겔은 데카르트와 스피노자 사이에서 중간입장을 취한다──즉 그는 감각을 단지 인간에게만 돌리거나 또한 모든 존재자에게 돌리는 것이 아니라 비로소 동물의 수준에 도달한 유기체들에게 돌린다. 그러나 그와 함께 헤겔은 심신이원론의 존재론적 문제가, 자기의 체계에서 가장 중요한 것이자 인간을 동물로부터 분리하는 존재론적 단절과 더불어 비로소 등장하는 것은 아니라는 점을 인정해야만 한다. 물론 헤겔은 대단히 수정된 형식으로 또한 스피노자와 라이프니츠의 비(非)상호작용론적 해결책의 근저에도 놓여 있는 데카르트적 이원론을 자신이 아리스토텔레스적 구상을 재수용하고 더욱 발전시킨 것에 의해 '지양'된 것으로 간주함으로써 만족한 것으로 보인다. 그러나 이러한 확신이 근거지어지지 않은 것이라는 데 대해서는 거의 의심할 여지가 없다. 『철학대계』에서 심신문제에 관한 절(§389)은 헤겔의 저작에서 가장 모호한 것에 속하며, 중요한 해석자들의 노력[11]에도 불구하고 이 절을 납득할 만한 것으로 만드는 일은 제대로 수행되지 못

했다. 이것은 자기 이전의 철학을 "지양"했다는 헤겔의 주장이 결코 일
반적으로 적절한 것은 아니라는 것을 보여주는 다양한 실례 가운데 하
나일 뿐이다.

　물론 헤겔은 당연히 자신이 실재철학 내에서 상호주관적이고 사회적
인 현상들을 정당하게 평가하는 최초의 합리론적 체계를 기획했다고
주장할 수 있다. 데카르트에서 칸트에 이르기까지는 객체와 주체, 연장
과 의식이 근본적인 범주이며, 그와 유사하게 자연과학과 심리학이 기
초에 놓여야 할 학문이다. 의심할 바 없이 스피노자는 해석학의 역사에
서 중요한 위치를 차지하고 있다. 그럼에도 이해가 차지하는 인식상의
특별한 위치는 그의 체계에서 아무런 결과도 지니지 못한다. 그에 반해
헤겔은 ──그 이전의 비코와 마찬가지로── 학문들을 철학적으로 정초
하려는 계획을 사회과학과 해석학적 학문들로 확대하고자 시도하며,
그에게서 그것이 빛나는 성공을 거두었다는 것을 논박하기는 어렵다.
가령 헤겔의 객관정신철학은 그의 체계의 가장 중요하고 가장 결실 있
는 부분이다. 그렇지만『법철학 강요』는 생각하건대 일찍이 스피노자가
주조한 것으로 소급되는 문제에서 취약점을 보인다. 스피노자가 자신
의 내재주의를 근거로 하여 규범적인 것과 기술적인 것 사이의 모든 존
재론적 차이를 논박하는 까닭에, 최소한 칸트적인 전망에서 보면『윤리
학』의 윤리적인 부분들이 개인심리학과 윤리학의 결합을 서술하는 것
과 전적으로 마찬가지로, 헤겔의『법철학 강요』는 규범적 제도론과 철
학적으로 근거지어진 사회학의 주목할 만하고 동시에 천재적인 융합이
다. 첫 번째 측면에서 헤겔은 근대 초의, 특별히 칸트와 피히테의 법철
학적이고 국가철학적인 기획을 계승하며, 두 번째 측면에서는 이후의
사회학적 발전을 선취하고 있다. 마르크스도 퇴니에스도 그 복잡성 때
문에 정당하게 취급되기가 쉽지 않은 헤겔의 발상의 한 측면을 계승한

---

11) M. Wolff, *Das Körper-Seele-Problem: Kommentar zu Hegel, Enzyklopädie (1830)*, §389, Frankfurt 1992 참조.

자들이다. 확실히 사회적 제도의 구조에 대한 헤겔의 통찰은 지극히 놀랄 만한 것이며, 확실히 『법철학 강요』는 칸트와 피히테에게서는 전혀 찾아볼 수 없는 통찰들을 포함하고 있다. 그러나 우리는 헤겔을 독해하면서 왜 근대 부르주아 사회가 천민을 산출하는지를 이해한 것에 대해 고마워하면서도, 우리가 헤겔의 저작 역시 그것이고자 하고 폭넓은 범위에서 확실히 그것인 규범적 이론에서 무엇을 추구해야 하는지 스스로 묻게 된다. 그 저작의 두 구절에서 구체적으로 스피노자를 상기하게 되는 것은 특히 예사롭지 않다. 한편으로 헤겔은 자신의 인륜 개념을 전개하는 데서 실체 개념을 사용한다. 물론 헤겔이 자연이 아니라 사회적 현상을 본래적인 실체로 만드는 것은 특징적이다. "객관적 인륜은 …… 무한한 형식으로서의 주관성에 의해 구체적인 실체이다."[12] 인륜의 논리에 대한 분석은 무척 인상적이다. 방법론적 개인주의를 옹호하지 않는 이후의 모든 사회학자들은 근본적으로 볼 때 헤겔이 여기서 개념으로 옮겨놓은 것을 단지 상세하게 실행했을 뿐이다. 그러나 헤겔이 개인들을 이러한 실체의 '우유'(偶有, Akzidenzen)로 격하시키는 것은 여전히 예사롭지 않으며, 언제나 거듭해서 표명되는 비판, 즉 헤겔에게서는 개별자가 실체에 비해 결국 어떠한 도덕적 자율성도 더 이상 지니지 못한다는 비판은 오직 부분적으로만 부당하다. 확실히 인륜은 추상법과 도덕의 종합이고자 하며, 확실히 헤겔은 주관성의 권리를 인륜 내에서 인정하고자 시도한다.[13] 그러나 도덕에 관한 장은 아주 불만족스러워서, 종합으로서의 인륜은 반정립적 계기의 취약성으로 인해 고통을 겪고 있다. 계속해서 헤겔은 비록 전체적으로 볼 때 규범적인 함축이 지배적임에도 불구하고 인륜개념을 기술적으로 사용한다.[14] 다

---

12) §144, Bd. 7, S. 293.

13) §152, Bd. 7, S. 302f.

14) V. Hösle, "Eine unsittliche Sittlichkeit. Hegels Kritik an der indischen Kultur," in *Moralität und Sittlickeit*, hrsg. von W. Kuhlmann, Frankfurt 1986, S. 136-182 참조.

른 한편으로 헤겔이 그 저작 끝부분에서 다룬 자신의 국제법 이론에서 위험스럽게도 그에 접근해간 권력실증주의가 언급될 수 있다. 『신학-정치학 논고』(*Tractatus theologico-politicus*) 제16장에 나타난 스피노자의 법이론에 대한 접근은, 헤겔이 국내법에서 역사주의와 권력실증주의를 거부하고 있는만큼 당혹스럽지 않을 수 없다.[15] 헤겔의 '개념의 개념'이 지닌 규범적 가치에서 따라나오는 것과 같은 스피노자에 대한 현저한 차이 때문에 우리는 『법철학』의 종결부를 가능한 한 호의적으로 해석하고자 할 수 있다.[16] 그럼에도 내 생각으로는 헤겔의 국제법 이론은 칸트에 의해서 도달된 것에 미치지 못하는, 받아들일 수 없는 것이다.[17] 어쨌든 『법철학』의 결론은 탈선으로 간주될 수 있다. 현실적인 것의 이성성에 대한 테제는 사실적인 것의 신격화가 아니다. 오히려 헤겔 자신은 그것을 무해한 분석명제로 만들었다. 그럼에도 여전히 심각한 불안이 남아 있다. 존재와 당위의 포기할 수 없는 구별이 스피노자에 의해서만 포기된 것은 아니다. 헤겔의 당위비판 역시 언제나 거듭해서 그러한 방향을 지시하고 있는 것이다. 물론 헤겔의 당위비판은 스피노자의 비판보다 더 복잡하며 더 분화되어 있다. 스피노자의 우주가 궁극목적에 전혀 접근하지 못하는 반면, 그리고 라이프니츠 역시 『세계는 완전하게 될 것인가』(*An mundus perfectione crescat*)에서 어떻게 하여 가능한 모든 세계 가운데 가장 좋은 세계가 더 이전의 덜 가치 있는 세계 상태와 양립할 수 있는지가 즉시 통찰될 수 없는 까닭에 그에 의해 제기된 물음에 대한 긍정(그는 결국 이에 도달하게 되지만)에 얽힌 난점을 지니는 반면, 헤겔은 법이념의 규범적 요구에 접근하는 것

700

---

15) 구스타프 후고(Gustav Hugo)에 대한 비판(§3 Anm., Bd. 7, S. 37ff.)과 카를 루트비히 폰 할러(Karl Ludwig von Haller)에 대한 비판(§258 Anm., Bd. 7, S. 401ff.)을 참조하는 것만으로도 충분할 것이다.

16) L. Heyde, *De verwerkelijking van de vrijheid. Een inleiding in Hegels Rechtsfilosofie*, Leuven/Assen/Maastricht 1987, S. 240ff. 참조.

17) V. Hösle, *Hegels System*, 2 Bde., Hamburg 1987, S. 579ff. 참조.

으로 해석될 수 있는 역사에서의 진보를 선택한다. 그러나 그는 그 진보를 ─ 어쨌든 간에 명백한 해석에 따르자면 ─ 자기 자신의 시대에서 종결되게끔 한다. 물론 존재-당위-이원론에 대한 비판의 근저에는 절대자를 전적으로 세계 속에서 현현시키는 절대자 이론이 놓여 있다 ─ 그러나 그럼으로써 현실을 초월하는 어떠한 척도도 결여되게 된다. 여하튼 그와 유사한 것이 가능한 모든 세계 가운데 가장 좋은 세계에 대한 라이프니츠의 이론에도 적용된다. 물론 라이프니츠는 규범적인 것과 기술적인 것 사이의 구별을 보존하는 데 성공하는데, 그것은 한편으로 그가 신을 그리고 신만을 모든 것을 알고 있는 유용성총계 공리주의자로 만드는 반면, 우리들 죽을 수밖에 없는 자들은 종종 비록 실제로는 우리의 실패가 더 좋은 것일지라도 우리에게 좋게 보이는 것을 달성하려고 시도해야만 한다는 것을 통해 이루어진다. 그러나 거기서 우리는 왜 객관적으로 덜 좋은 것을 행하고자 하는 것이 우리의 의무인지를 알 수 없다. 다른 한편으로 라이프니츠는 그 스스로 스피노자·헤겔과는 달리 믿고 있는 최후의 날 이후 나타나게 될 것도 세계로 생각한다.

어쨌든 수행적 자기모순들은 존재와 당위의 이원론을 거부하기 위해 치른 대가이다 ─ 왜냐하면 사람들은 무조건적으로, 이원론을 견지하는 자들은 다른 태도를 취해야 할 것이라고 생각하기 때문이다. 도덕주의에 대한 스피노자와 헤겔의 비판이 종종 심오한 것은 확실하다. 그러나 그 비판은 존재-당위-차이를 거부하는 데서가 아니라 윤리학의 윤리학에서만 지양될 수 있다. 존재와 당위의 이원론은 물리적인 것과 정신적인 것 사이의 이원론보다 덜 심오한 것이 아니라 더 심오하다. 근대에 어느 누구도 칸트처럼 그렇게 날카롭게 인식하지 못했던 이 차이를 진지하게 받아들이지 않는 어떠한 형이상학도 확신을 주지 못할 것이다. 어쨌든 그러한 형이상학은 헤겔과 스피노자로부터 이원론이 다시금 매개되어야만 한다는 것을 ─ 구체적으로 말하자면 규범성과 기술성은 한 가지 현실의 두 가지 차원으로 이해되어야만 한다는 것을 ─

배우게 될 것이다. 규범적인 것의 배후를 캐물을 수 없다는 것에 대한 칸트의 통찰이 어떻게 스피노자와 헤겔의 절대자 이론과 통합될 수 있는가 하는 것은 현대 형이상학의 흥미로운 과제 가운데 하나이다. 그러나 그것은 더 이상 이 논고의 주제가 아니다.

이신철 옮김
국제문제조사연구소 연구위원 · 숭실대 기독교대학원 겸임교수

옮긴이의 말

  이 책은 비토리오 회슬레 교수(Vittorio Hösle, 미국 Notre Dame 대학)의 『헤겔의 체계: 주관성의 관념론과 간주관성의 문제』(*Hegels System. Der Idealismus der Subjektivität und das Problem der Intersubjektivität*, Hamburg ¹1988, ²1997) 가운데 제1권인 『체계의 발전과 논리학』(*Systementwicklung und Logik*)을 번역한 것이다.[1] 저자의 교수자격논문(Habiltitationsschrift)이기도 한 이 책의 초판본이 간행된 때는 1988년이지만,[2] 그가 「제1판 제1권 서문」과 「제2판 후

---

[1] 1997년에 나온 제2판은 내용적으로 제1판과 완전히 동일하지만, 바뀐 것이 있다면 가격을 낮추기 위해 1·2권이 합본되었고, 「제2판 후기」와 부록인 「헤겔과 스피노자」가 추가된 정도이다. 이 번역서에는 추가된 두 글도 함께 포함되어 있다. 이 중 「헤겔과 스피노자」는 이미 한국헤겔학회 학술지인 『헤겔 연구』 제8호(1999년), 71-91쪽에 번역되어 실렸던 글이어서, 그것을 번역한 이신철 박사의 동의를 얻어 ——꼭 필요하다고 생각한 몇몇 부분을 제외하고는—— 되도록이면 자의적 수정 없이 실었다. 이 번역서를 위해 이신철 박사는 자신의 1999년 번역을 다시 수정하고 다듬는 수고를 마다하지 않았다. 그리고 「제2판 후기」는 원저의 1·2권 전체를 염두에 두고 쓰어진 글이어서 이 제1권의 번역판에서 아직 볼 수 없는 내용도 다수 거론되고 있지만, 이 번역서의 1·2권이 원저와는 달리 시차를 두고 간행될 것임을 감안하여 각권 모두의 끝부분에 포함하기로 했다.

[2] 물론 드물긴 하지만 이 초판본의 간행연도가 1987년으로 표기된 판본도 있다. 그것은 1987년에 이 판본이 주로 도서관 소장용으로 출판되었다가, 1년 뒤 일반 독자를 위한 상대적으로 저렴한 판본으로 다시 대량 출간된 데서 연유하는

기」에서 밝히고 있듯이, 그 기본적인 내용은 이미 1984년에 여러 편의 논문과 강연으로 나뉘어 씌어지고 발표되었다. 따라서 이 책은 그 내용이 세상에 처음 알려진 지 약 22년 만에 지구의 약 반 바퀴를 돌아 전혀 다른 문화권의 언어로 재현될 수 있게 되었다. 책 전체의 구성을 보면 잘 드러나겠지만, 이 책의 전체적인 인상은 '서양 철학사 전체를 통틀어 가장 방대한 체계에 대한 방대한 비판적 연구서' 또는 '가장 야심찬 철학체계에 대한 야심찬 체계론적 비판서' 정도로 압축될 수 있으리라 생각된다.

헤겔(G. W. F. Hegel, 1770-1831)의 철학체계는 그 규모나 완결성 면에서 실로 타의 추종을 불허한다. 그리고 그럼으로써 그것은 적어도 지금까지 우리가 보아온 여러 형태의 철학 중에서 "제1의 보편학문" 또는 "다른 모든 학문을 근거짓는 근본학"이라는, 철학의 근원적인 궁극 목적에 가장 근접해 있는 것으로 평가되기도 한다. 그럼에도 많은 학도들이 인정하듯이 "용어의 장갑"이라고까지 불릴 만큼 고밀도로 압축되고 또 현란하게 구사되는 그의 개념적 유희와, 인간의 이성적 사유능력을 그 가능한 극한까지 발휘하여 도달하는 세계의 깊이와 넓이는 종종 극심한 난해성을 띠고 나타나기 때문에, 대부분의 독자들은 그 체계에 대한 동의나 비판은커녕 기본적인 접근마저도 언제나 어렵게 느끼는 것 또한 사실이다. 이러한 사정에서 촉발되는 헤겔 체계에 대한 반응은 내가 보기에 크게 네 가지 유형으로 나뉠 수 있다.

첫째, 헤겔이라는 철학적 거인은 실로 그 명성만으로도 많은 이들을 주눅들게 하며, 그 때문에 적지 않은 이들은 그의 사상세계의 일원이 되었다는 주장만으로도 자신의 지적 수준을 과시할 수 있다고까지 믿곤 한다. 서거한 피히테의 교수직을 이어받아 당대 철학의 수도라 할

연도 표기상의 차이라고 여겨진다. 어쨌거나 이 저작이 인용되는 대부분의 경우 초판본의 간행연도는 1988년으로 표기된다.

수 있는 베를린에서 철학자로서의 전성기를 구가하던 시기에는 물론이거니와, 그의 서거 직후와 심지어 오늘날까지도 우리는 "우리 헤겔주의자들!"이라는 슬로건 아래 결집력을 과시하고자 하는 충성스러운 후예들을 종종 볼 수 있다. 그러나 '진정한 충성'은 '무조건적 복종'과는 다른 법이다. 단지 헤겔이 말했다는 이유만으로 그의 모든 명제를 맹신하거나, 그의 개별명제들이 서로간에 명확한 모순을 드러내는 경우에도 어떻게든 마치 그것들이 어떤 미지의 깊은 차원에서는 이미 서로 조화로운 것인 양 지나친 선의로 묵과해버리는 자세는, 진정한 충성은 비판적 계승이라는 점을 완전히 망각한 데서 범해지는 과오이다. 더욱이 많은 경우 이러한 맹목적 추종은 헤겔의 사상에 대한 몰이해를 필연적으로 수반한다. 그나마 이 첫 번째 방식 중에서 몰이해의 혐의를 피해갈 수 있는 최선의 길은, 헤겔에 대한 어떠한 독자적 해석과 비판도 시도함이 없이 그의 사상적 발전의 궤적을 그대로 추적 · 발굴하여 보고하는 문헌학적 작업일 것이다. 보훔의 헤겔 서고(Hegel-Archiv)를 중심으로 이루어진 이러한 방향의 접근은 지금까지 발견되지 않았던 헤겔의 모습을 실증적 자료의 발굴을 통해 우리에게 알려준다는 점에서 매우 의미 있는 것임에 틀림없다. 그러나 다른 한편으로 이러한 작업은 그것이 극단적으로 추구될 경우 목적과 수단이 전도되어 종종 헤겔에 대한 논증적 접근은 이루어지지 않고 단지 기삿거리를 보도하는 정도로 그칠 위험성을 내포할 수 있으며, 또한 그러한 위험성은 실제로도 그 구성원들의 연구에서 종종 현실화되고 있다고 보인다. 지금 우리에게 중요한 것은 헤겔이 언제 어디서 어떤 말을 어떤 표현을 통해 했느냐를 비평가적(非評價的)으로 기술하는 것이 아니라, 그의 명제들 중 어떤 것이 그 논증과 사실성 면에서 여전히 타당하고 유의미할 수 있는가를 따지는 비판적 접근임을 견지한다면, 다소 미안한 생각은 들지만 문헌학 일변도의 접근방식 역시, 설령 맹목적인 추종의 최악의 판본은 아닐지라도, 적어도 그 하나의 사례에 속한다고 말할 수 있다.

둘째, 이러한 맹목적 추종은 많은 해석가 또는 얼치기의 자칭 헤겔주의자들로 하여금 그들의 몰이해를 은폐하려는 목적으로 헤겔의 체계를 자칫 극히 신비화된 형태로 채색하거나 왜곡하는 방향으로 종종 오도하기도 한다. 게다가 그나마 개별적인 차원에서 어렵게 이해된 내용마저도 그것이 전달되는 과정에서는 사뭇 비의적(秘儀的)인 모습을 띠고 나타나곤 한다(나에게는 특히 헤겔의 체계를 일종의 "신화"라고 폄하했던 루카치의 명제가 떠오른다). 이러한 비의화된 헤겔의 모습은 특히 과거의 헤겔 연구에서 드물지 않게 목격할 수 있는 일종의 관행이었는데(물론 이러한 현상은 비단 헤겔 연구에서만 볼 수 있는 것은 아니다), 그 관행의 주인공들이 개인적인 차원에서 이룬 헤겔 이해를 충분히 인정한다손 치더라도, 헤겔 연구자들 사이에서만 통용되는 '은어'의 사용이나 과도한 문학적 수사에서 벗어나지 못한 것은 분명 잘못된 것으로 비판받아 마땅하다. 더욱이 어떤 헤겔 연구자들은 오늘날까지도 세밀한 분석적 탐구방식을 거대한 사변철학과 근원적으로 양립할 수 없는 '한갓 오성적인 것'으로 치부하여 원천적으로 거부해버리고 마는, 순진한 당파성에 사로잡혀 있는 것으로 보인다(그러나 그들에 의해 우상화된 헤겔이야말로 오히려 '실정성'〔實定性, Positivität〕의 타파를 역설하지 않았던가!). 즉 많은 분석철학자들이 헤겔의 체계를 부정적인 의미에서, 즉 마치 어떤 종교적 도그마를 지칭하는 것과 유사한 의미에서 '형이상학'이라고 부르는 것이 잘못된 것이듯, 헤겔의 방법에 대한 형식논리적 분석과 비판을 거부하는 것도 헤겔 연구가 답보상태에 빠지는 데 결정적인 요인으로 작용해왔다고 솔직히 인정하지 않으면 안 된다.

셋째, 헤겔 체계에 있을 수밖에 없는(헤겔 역시 유한성의 영역에서 살다 간 한 유한한 인간이다!) 논리적·사실적인 오류들을 내적으로 비판하는 것이 아니라, 사변철학과의 그 모든 합리적 대화의 가능성을 근본적으로 거부하고 그것을 싸잡아 비난하는 방식으로 철학적 스트레스를 풀고자 하는 이들도 적지 않다. (나에게 이들은 이솝 우화에 나오는, 포도를 먹지 못한 여우를 상기시키기도 하는데, 물론 ——모든 경우는 아니더라도— 적지 않은 경우 이러한 여우들의 행태는 두 번째 예로 든, 헤겔에 대한 신비주의적 개작자[改作者]들의 과오에 대응하는 자연스러운 반작용이기도 할 것이다.) 앵글로-아메리칸권의 현대 철학자들도 종종 이러한 경향을 드러내지만, 특히 프랑스권의 적지 않은 자칭 현대 '철학자'들이 이러한 범주에 들 것인데, 플라톤이 고르기아스에 대해 제기한 반박만 상기하더라도, 아니면 무지한 궤변론자들에 대한 단테의 언명만 상기하더라도 이들의 주장은 단번에 터무니없는 것으로 드러날 것이다. (물론 그럼에도 불구하고 극히 유감스럽게도 오늘날 절대다수의 '철학 동호인'들이 이들의 '팬'임을 마치 '영광된' 일로 여기고 있는 것 또한 사실인데, 역설적이게도 이는 이 책의 저자 회슬레의 주장처럼 역사의 발전과 인류의 지적 수준의 발전은 평행을 이루는 것이 아니라 종종 반비례하기도 한다는 것을, 또는 잠바티스타 비코[Giambattista Vico]의 명제처럼 인간 정신의 이성적 반성능력도 그 발전의 최정점에 이르면 오히려 다시 타락의 단계에 접어든다는 것을 확실히 증명하는 셈이다. 그러한 주장들에 대해서는 플라톤이나 단테의 권유대로 그냥 내버려두는 것이 상책일까? 아니면 바이러스 감염과 면역을 통해 오히려 더욱 건강한 신체가 형성되듯이, 이들을 21세기의 더욱 새롭고 건강한 철학을 위해 요청될 수도 있는 일종의 필요악으로 활용할 수 있는 관대한 건설적 지혜를 추구해야 할 것인가?)

넷째, 헤겔에 대한 가장 어려우면서도 가장 바람직한, 따라서 매우 드물게만 볼 수 있는 접근방식은 이 책의 주장처럼 "그 체계에 대한 지적인 자기굴복이라는 극단뿐 아니라, 그것을 싸잡아서 무조건 거부하는 극단까지도 피해갈" 수 있는 "내재적 비판"의 방식인데, 이는 "헤겔에 대해 무턱대고 적대적인……입장을 취해서도, 거꾸로 헤겔의 사상적 연쇄를 아무런 반성 없이 무조건적으로 옳다고 맞장구치거나 반복해서도 결코 충족될 수 있는 것이 아니다." 다시 말해 헤겔 철학이 우리에게 남겨준 것 가운데 오늘날까지도 결코 지양되었다고 할 수 없는 유의미한 명제들을 견지하면서도, 하나의 과거 유산으로서의 헤겔 철학에 반드시 있을 수밖에 없는 오류를 제거하여 훨씬 개선된 체계의 가능성을 모색함으로써, 플라톤·라이프니츠·헤겔 등을 거쳐 이어져온 객관적 관념론 철학의 지속적인 발전을 도모하는 것이 가장 의미 있는 비판적 접근일 것이다. 물론 이러한 접근방식에서 ——특히 앞에서 본 두 번째 유형의 어리석음을 저지르지 않기 위해서—— 반드시 갖추어야 할 중요한 것 가운데 하나는 헤겔의 언명들을 지금 우리의 언어로, 모든 선입견을 배제하고 그것의 논리적 정합성과 사실성 여부만을 기준으로 하여 검토하는 자세일 것이다. 크로체의 표현을 조금 바꾸자면, 헤겔에게서 죽은 것은 가차없이 죽이되(이는 결코 신성모독이 아니다), 그 연후에도 살아남는 것은 기꺼이 받아들여야 할 것이다.

이러한 의미에서 이 책이 수행하는 역할은 다대하다. 회슬레는 헤겔의 체계를 가장 헤겔적으로, 그러나 가능한 한 헤겔 고유의 용어법에서 벗어나 논증하며, 원칙적으로 객관적 관념론을 가장 정열적으로 옹호하면서도 헤겔의 체계라는 한 역사적 개별자를 그것의 완성된 판본 또는 가능한 유일한 판본으로 결코 보지 않는다. 구체적으로 이는 ① 외형적으로 삼분구조로 구성된, 그러나 실질적으로는 이분구조로 구성된 헤겔의 논리학을 진정한 변증법적 삼분구조로 개조하고, 그럼으로써 전체 체계를 사분구조로 완성시키려는 구조적 시도와, 이를 위해 ② 주관성 개념을 능가하는, 실질적인 제3의 종합적 범주로서의 간주관성[3]을 ——다만 사회적 합의나 의사소통과 같은 현상론적인 차원에서가 아니라—— 논리적으로 정초하려는 내용적 또는 범주적 시도, 그리고 이를 통해 ③ 헤겔 체계의 숨길 수 없는 아킬레스건인 "과거주의"와 "이론지상주의"를 구조적으로 지양하여 헤겔판 종말론과 허무주의를 극복하려는 시도를 통해 이루어지고 있다. 이에 대한 자세한 설명은 이 번역서의 맨 앞에 수록된 해제 「간주관성의 범주를 통한 헤겔 체계의 혁신」을

---

3) 일반적으로 "Intersubjektivität"는 "상호주관성"으로 번역되지만, 나는 이 말의 원래 의미를 좀더 충실하게 부각시키기 위해 "간주관성"(間主觀性)으로 옮긴다.

참고하기 바란다.

물론 이 책은 초보자를 위한 입문서가 결코 아니다. 즉 이 책은 헤겔의 사상세계에 막 첫발을 들여놓은 학생들이 보기에는 (또 더러는 전공자가 보기에도) 단번에 소화하기 힘든 전형적인 고난도의 학술연구서임에 틀림없다. 그러나 비판적으로 배우는 것이 ──칸트의 표현을 빌려 말해── 진정한 '철학함'이라면, 적어도 헤겔의 사상에 심취하되 비판적 긴장감을 줄곧 놓치지 않도록 해준다는 점에서 이 책은 저자가 「책머리에」에서 바라는 훌륭한 학습서의 역할 또한 나름대로는 하고 있다고 평가된다.

나는 1994년에 이 책을 처음 접했고, 1996년부터 6년 동안 유학생으로 독일에 머무르면서 몇 차례 탐독하였다. 물론 이 책을 읽을 당시 나 자신의 철학적 관심도에 따라 각 부분에 투여된 지적 집중도에는 차이가 있지만, 헤겔보다도 더 헤겔적인 자세를 ──아니, 정확하게 말하자면 헤겔이 그러했던 것보다도 더 엄밀한 객관적 관념론적 논증의 자세를── 견지하면서도 오히려 가장 적극적으로 헤겔과 대결하고 또 헤겔을 넘어서려는, 그리고 그럼으로써 21세기의 객관적 관념론을 위한 근본강령이 모색되는 이 명저와의 대화에 탐닉했던 그 시절은 실로 행복한 고통의 시간으로 기억된다. 내가 이 책의 번역에 처음 착수한 것은 2004년 초이다. 나 스스로도 이 명저를 반드시 한국의 독자들에게 소개하고 싶다는 생각을 오래 전부터 품고 있었고, 또한 내가 2003년 1학기에 계명대학교 철학과에 부임하던 당시, 다른 학술적인 생산도 중요하지만 특히 이 책의 번역이 한국의 철학적인 수요에 더 잘 부응할 수 있지 않겠느냐는 이진우 교수님(현재 같은 대학 총장)의 권유도 있었던데다, 무엇보다도 이 책의 한국어 번역만큼은 당신의 제자인 나에 의해 이루어졌으면 좋겠다는 저자의 말이야말로 나 자신에게는 하나의 '불감청(不敢請)이나 고소원(固所願)'격의 낭보로 여겨졌기에 사뭇 설레는 마음으로 번역작업에 들어갔다. 그러나 내가 소속한 대학과 학회 등, 안팎의 여러 불가피한 사정으로 인해 나는 이 번역작업에 집중적으로 온힘을 쏟을 수 있는 고립된 시간적 여유를 좀처럼 얻을 수 없었다. 이 때문에 이 제1권의 번역작업이 끝날 때까지는 거의 2년이 걸렸을 뿐 아니라 작업에 임한 시간들 사이에도 많은 간격이 있었으며,[4] 그 때문에 —물론 초역본을 두 번 이상 나름대로 세심하게 검토하고 수정함으로써 그 간격에서 자연스럽게 초래되는 (여러 원[原]개념어에 대응하는 번역어의 선정 등에서) 편차를 제거하고자 최대한 노력했지만— 그러한 시간적 간격의 흔적이 완전히 사라졌다고는 감히 장담하지 못한다.

물론 헤겔 전공자의 한 사람으로서 나는 사유의 절대적인 존재론적 보편타당성을 믿고 있으며, 이에 그러한 '존재론적 범주로서의 사유'의 현실태가 되는 사유행위와 그 내용은 —예를 들면 지금 여기의 우리와 그때 거기의 헤겔 사이에 놓인— 시간적·공간적 간격을 뛰어넘어 우리 인간에게 논리적 본능이 있는 한 원칙적으로 전달될 수 있다고 또한 믿는다. 그리고 이러한 보편성 아래에서는 '그때 거기의' 헤겔과 '지금 여기의' 우리 모두가 다 함께 "우리"라는 이름의 대화공동체를 이룰 수 있다고 믿는다. 보편학문의 한 전형적인 예라 할 수 있는 수학에 공간적·인종적 특수성을 개입시켜 가령 "한국 수학은 인도 수학이나 프랑스 수학과 다른 민족적 차별성이 있다"고 말하는 것이 얼마나 터무니없는 것인지는 말할 필요가 없다. 이러한 수학의 보편성을 능가하는 것이 철학이라면(헤겔은 수학마저도 철학에 의해 정초하고자 하였다), 철학에서의 국적 구분이야말로 지양되어 마땅한 것이라고 생각한다. 물론 철학적 명제들은 대부분 수식(數式)이 아닌 일종의 "내러티브" 양식으로 생산되어왔기에, 원텍스트만이 지닐 수 있는 미묘한 미적 특수성은

---

4) 그 사이에 헤겔 체계의 실재철학 부분을 다룬 제2권 『자연철학과 정신철학』(Bd. 2, *Philosophie der Natur und des Geistes*) 중 미학에 관한 제8장(589–638쪽)은 별도로 한 권 편역서를 통해 우리말로 소개되었다. 『예술의 죽음과 부활』, 김문환·권대중 편역, 지식산업사 2004, 173–238 참조.

그대로 번역될 수 없다. 그러나 그러한 특수성은 훌륭한 변용을 거쳐 국적의 차이를 극복할 수도 있으며(하물며 하이데거와 니체가 우리말로 번역되고 있지 않은가!), 더욱이 헤겔의 텍스트나 회슬레의 이 책처럼 특수한 미감적 언어유희를 최대한 자제하여 엄밀한 개념에 입각한 논증 전개에 중점을 두고 씌어진 글들은 타국의 언어로 번역될 수 있는 보편화 가능성 면에서는 훨씬 유리하기도 하다.

그럼에도 "아는 만큼 보이는 법"이라는 금언은 이 번역서에서도 그대로 입증될 수밖에 없을 것이다. 다시 말해 비록 헤겔과 객관적 관념론 철학에 대한 저자와 나의 입장이 근본적으로 일치한다고 하더라도, 철학사·수학·논리학·자연과학 등에서 세세한 해명이 이루어지는 지점에서는 내 식견이 저자의 식견에 한참 미치지 못함으로 인해 간혹 번역상의 오류가 발생할 수 있을 가능성 또한 배제할 수 없다. 다만 (나자신도 이 번역서에 부친 원저자의 서문을 통해 비로소 알게 되었지만) 이 책이 『헤겔의 체계』에 대한 세계 최초의 번역서라는 점에서는 그나마 섣부른 위안을 얻을 수도 있을 것이다. 어쨌거나 이 번역서가 이렇게 정식 단행본의 형태로 출간되었다고 하나, 나 자신은 원저에 대한 번역작업을 언제나 현재진행형으로 여기고자 한다. 그리고 이는 독자 여러분의 선의어린 질정을 당연히 함께 요청하며, 나 역시 그것을 언제나 기꺼이 받아들이고자 한다.

회슬레의 근본사상을 따르는 그의 동료학자와 제자들의 집합을 나는 독일 유학시절 종종 "회슬레움"(Hösleum)이라고 일종의 자화자찬 격 유머로 일컫곤 했는데, 특히 이 책과 관련하여 나의 뇌리에는 많은 분들의 얼굴이 떠오른다. 함께 '회슬레움의 일원'임을 다짐했고 또한 타당성(Geltung)과 발생(Genese)의 문제나 최후정초 문제 그리고 칸트의 초월철학 등에 관해 오랫동안 대화를 나누었던 잊을 수 없는 벗 크리스티안 일리에스 교수(Christian Illies, 에인트호펜), 역시 회슬레움의 '열혈신도'였던 안드레아스와 크리스티안 슈판 형제(Andreas &

Christian Spahn, 각각 보훔과 아헨), 이 책에 대한 서평을 직접 썼으며 또한 세미나 시간에 이 책의 특정 부분을 함께 정독하면서 나의 이해를 심화시키는 데 큰 도움을 준, 이율배반 개념과 피아제 심리학의 대가 토마스 케셀링 교수(Thomas Kesselring, 베른), 회슬레의 튀빙엔 시절 동료이자 나에게 미학 부분에서 간주관성의 범주가 지닐 수 있는 의미에 대해 많은 가르침을 주었으며 앵글로-아메리칸 문화권의 탁월한 헤겔 미학 연구자들을 소개해주었던, 드라마 이론의 빠질 수 없는 대가 마크 윌리엄 로치 교수(Mark William Roche, 노터데임), 회슬레의 스승이면서 또한 회슬레가 미국으로 적을 옮기는 바람에 잠시 행정적인 난관에 빠진 나를 흔쾌히 자신의 문하로 받아들였을 뿐 아니라, 많은 정곡을 찌르는 지적으로 나의 헤겔 이해 발전에 결정적인 도움을 준 또 한 분의 스승 디터 반트슈나이더 교수(Dieter Wandschneider, 아헨) 등이 그들이다.

그렇지만 내가 가장 많은 정신적 빚을 지고 있는 이는 누구보다도 바로 이 책의 저자이자 나의 박사학위 논문 지도교수였던 회슬레 교수이다. 우리에게 회슬레는 주로 '2500년 철학사에서 단지 드물게만 나타나는 천재'나 '다시 살아 돌아온 헤겔'로 알려져 있다. 그리고 최근에는 "신동(Wunderkind)이 이제 대가(Meister)의 길에 접어들었다"라든가 "사상가 회슬레, 세계 구원의 메시지를 던지다"라는 식의, 저널리스트들의 화려한 문구 정도가 주로 세간에 알려진 그의 모습이다. 하기야 거의 20개 국어에 이르는 어학능력을 지녔고(물론 스스로는 겸손하게 이 수치를 10 이하로 줄여서 말한다), 22세에 『진리와 역사』(*Wahrheit und Geschichte*)라는 대저로 박사학위를 취득하고, 교수자격논문인 이 『헤겔의 체계』가 씌어진 것이 그의 나이 겨우 24세 때였으며, 막 서른 줄에 접어들자마자 최고직급 정교수 신분(C4)으로 교수직에 올랐을 정도이니, '신동'이니 '천재'니 하는 수식어들이 전혀 황당무계한 것은 결코 아닐 것이다. 물론 이러한 점들 때문에 그에 대한, 시기심에 가득 찬 악의적 적대자들의 반발 또한 만만치 않지만, 이는 천재에 대한 범인(凡人)들의 자연스러운 상정(常情)의 발로로서 너그럽게 해석될 수도 있다.

그러나 그러한 화려한 경력이나 주위의 찬사는 오히려 그의 인간적인 진면목을 가릴 위험이 있다고도 여겨진다. 왜냐하면 내가 몸소 체험한 회슬레는 단지 천재 스타라기보다는 오히려 '자애로우면서도 엄격한 아버지' 또는 '골칫덩이 막내 동생을 웃음으로 감싸는 너그러운 만형'의 모습에 더 가까웠기 때문이다. 진정한 스승의 상이 어떤 것인지를 이 제자에게 생생하게 경험하게 해준 회슬레 교수와의 만남은 내가 지금까지 만난 큰 행운 가운데 하나이다. 컴퓨터 자판의 기호가 다 닳아 지워질 정도로 언제나 많은 지적 생산과 사유에 몰입해 있었고, 또 너무 무리한 독서 탓에 두 눈의 근육에 심대한 손상이 왔던, 학자에게는 치명적일 수 있는 병력을 지녔으면서도, 못난 이 제자에게 "당신을 위해서는 난 언제나 시간이 있소"라며 웃음짓던 선생님의 모습은 '학생이라는 고객을 대하는 업자로서의 교수'에 속할지도 모르는 지금의 나에겐 언제나 규제적 이념이 될 것이다.

독일어로 박사학위 지도교수를 "Doktorvater"라고 한다. 그러니까 스승이 곧 아버지와 같다는 관념은 우리만의 통념에 불과한 것이 아니다. 더욱이 선생님은 당신의 소망 가운데 하나가 바로 제자에 의해 철학적 '부친살해'(Vatermord)를 당하는 것이라고 말하곤 했는데, 다른 뛰어난 동학(同學)들은 몰라도 적어도 나 자신에게는 그러한 부친살해는 아직은 (아니, 아마도 영원히) 불가능한 경지이고, 지금으로서는 그저 이 '아버지'의 발자국을 놓치지 않고 따라가는 것만도 힘겨운 실정이다. 이 책의 번역 역시 그러한 따라감의 하나로서 나에게는 큰 의미가 있다. 저자가 「한국어판 간행에 부쳐」에서 우리 문화권에 기대하는 "세계정신의 서진운동의 징후"는 물론 당장은 나타나지 않을지도 모른다. 그러나 아직은 미미한 그 징후의 발단에 이 번역서가 아주 작은 한 자리라도 차지할 수 있다면 나로서는 더 바랄 것이 없다.

이밖에도 내가 회슬레 선생님 문하로 들어가는 데 결정적인 계기를 마련해주셨던 임석진·이창환 교수님, 이 유한정신의 세계에서 미학을 하는 참된 의미를 깨우쳐주신 김문환 교수님, 어쩌면 영악하게 세속적인 쾌락만을 좇았을지도 몰랐을 이 제자를 환희와 고통으로 가득 찬 "학문의 미로"(!) 속으로 유혹하고 지금껏 이끌어주신 오병남 교수님을 비롯한 서울대학교 미학과의 존경하는 은사님들과 선후배님들 그리고 동학들, 또한 애정어린 선배학자로서 나에게 언제나 큰 힘이 되고 있는 계명대학교 철학과 교수님들께도 깊은 감사의 마음을 전하고 싶다. 대부분의 독자들은 알 리가 없겠지만, 나 스스로는 이 번역서의 곳곳에 숨어 있는 이분들의 가르침과 도움의 흔적을 언제나 발견하고 있다. 끝으로, 이 책의 색인작업을 도와준 이화여대 대학원 철학과의 오현주 양, 자신이 번역한 「헤겔과 스피노자」 부분을 이 번역서에 포함시키는 데 기꺼이 동의해주신 국제문제조사연구소의 이신철 박사에게 감사드린다. 그리고 국내 출판시장의 열악한 환경에도 불구하고 흔쾌히 이 번역서의 간행을 수락하여 세상에 나올 수 있게 해주신 김언호 사장님과 한길사의 여러분에게도 진심어린 감사의 말씀을 드린다.

헤겔의 체계 중 "실재철학" 부분에 상응하는 제2권의 번역이 함께 이루어지지 못한 것은 실로 유감스럽다. 그러나 이 제2권의 번역은 누구보다도 나 자신부터가 목마르게 고대하고 있으니, 되도록이면 빠른 시일 안에 그 모습을 나타내기를 독자들과 함께 기대한다.

2007년 6월, 영암관 연구실에서
권대중

찾아보기

지은이 비토리오 회슬레

비토리오 회슬레(Vittorio Hösle, 1960~)는 이탈리아 밀라노에서 태어났다.
레겐스부르크, 튀빙엔, 보훔, 프라이부르크에서 철학, 고전문헌학, 인도학 등을 공부했다.
1982년 튀빙엔 대학에서 파르메니데스로부터 플라톤에 이르는 서양 고대철학사의 흐름을
유형학적으로 재구성한 박사학위논문 『진리와 역사』로 일약 독일 철학계의 신동으로 떠올랐다.
1986년 이 책의 근간이 된 교수자격논문 『주관성과 간주관성: 헤겔의 체계에 대한 연구』로
객관적 관념론의 현대적 부활 가능성을 더욱 현실성 있게 정초했다. 그의 나이 28세이던 1988년
거장 한스 요나스의 후임으로 뉴욕의 신사회연구원(New School for Social Research)에서
정년보장 교수직에 오르면서 철학교수로서의 본격적인 활동을 시작했다.
그 후 독일 에센 대학 교수, 하노버 철학연구소 소장 등을 역임한 뒤, 1999년부터 지금까지
미국 노터데임 대학(University of Notre Dame) 교수로 재직 중이다. 철학사적 측면에서 보면
그는 플라톤, 헤겔로 이어지는 객관적 관념론을 21세기적 유형으로 계승·발전시키고자 노력한다.
이 작업에서 중심 역할을 담당하는 것이 바로 이 책의 핵심범주인 간주관성이며,
최근에 출간된 해석학적 저작에서도 그의 이러한 노선은 그대로 반영되고 있다.
뿐만 아니라 한스 요나스와 카를-오토 아펠을 그 스스로가 정신적 스승으로 인정하듯,
그는 생태학적 문제를 다른 모든 가치들에 우선하는, 현대 실천철학의 핵심화두로 설정하며,
또한 모든 철학적 명제를 비로소 의미 있게 만드는 초월적·선험적 논증을 통해
철저한 학적 엄밀성으로 철학을 강화하고자 한다. 그의 깊고 폭넓은 철학적 사색과 왕성한 생산은
언제나 현재진행형이어서 논리학, 형이상학, 인식론, 역사철학, 문화철학, 정치철학, 윤리학,
자연철학, 생태철학, 해석학, 심리철학, 미학, 언어철학 등 거의 모든 철학 영역에서
사유의 흔적이 쌓여가고 있다. 저서로 『진리와 역사』, 『헤겔의 체계』, 『생태학적 위기의 철학』
『현대의 위기와 철학의 책임』, 『도덕과 정치』, 『다윈』, 『우디 앨런』, 『철학적 대화』 등이 있다.

옮긴이 권대중

권대중(權大重)은 서울대학교 철학과(미학 전공)를 졸업하고,
같은 대학 대학원 미학과에서 석사학위를, 그리고 독일 아헨 대학(RWTH Aachen)에서
이 책의 저자인 회슬레 교수와 반트슈나이더 교수의 지도로 박사학위를 취득했다.
귀국 후 서울대, 한신대 등에 출강하다가 2003년부터 계명대학교
철학부 교수로 재직하고 있다. 헤겔의 정신철학과 논리학, 미학 등을 중심으로
연구활동을 하고 있으며, 여러 유형의 현대철학에도 관심을 두고 있다.
저서로 *Das Ende der Kunst. Analyse und Kritik der Voraussetzungen von Hegels These*
(Würzburg 2004)가 있고, 역서로 『예술의 죽음과 부활』(디터 헨리히 외, 편역) 등이 있다.
주요 논문으로 「헤겔의 〈이론정신철학〉에서의 "사유"」
「전통적 진리대응론의 전개 및 문제점들: 플라톤에서 칸트까지」
「헤겔의 '예술의 종언' 명제의 수정가능성 모색」, 「관념론적 정합론으로서의 헤겔의 진리관」
「3의 변증법과 4의 변증법」, 「일면적인 자연적 주관성으로서의 '욕망'」
「헤겔의 언어철학」 등이 있다.

GB
한길그레이트북스

한길 그레이트북스 88

헤겔의 체계 1 체계의 발전과 논리학

지은이 비토리오 회슬레
옮긴이 권대중
펴낸이 김언호
펴낸곳 (주)도서출판 한길사

등록 • 1976년 12월 24일 제74호
주소 • (413-756) 경기도 파주시 교하읍 문발리 520-11
www.hangilsa.co.kr
E-mail: hangilsa@hangilsa.co.kr
전화 • 031-955-2000~3
팩스 • 031-955-2005

상무이사 · 박관순 | 영업이사 · 곽명호
편집 · 배경진 서상미 신민희 김미경 | 전산 · 한향림 김현정
저작권 · 문준심 | 마케팅 및 제작 · 이경호
관리 · 이중환 문주상 장비연 김선희

출력 · 지에스테크 | 인쇄 · 만리문화사 | 제본 · 성문제책

제1판 제1쇄 2007년 7월 10일

값 27,000원
ISBN 978-89-356-5668-4 94160
ISBN 978-89-356-5669-1 (세트)

● 이 도서의 국립중앙도서관 출판시도서목록(CIP)은
e-CIP 홈페이지(http://www.nl.go.kr/cip.php)에서 이용하실 수 있습니다.
(CIP제어번호: CIP2007001896)

● 잘못 만들어진 책은 구입하신 서점에서 바꿔드립니다.